普通高等教育“十一五”国家级规划教材

工程制图

Gongcheng Zhitu

第三版

修 妍 孙兰凤 安蔚瑾 主编

中国教育出版传媒集团
高等教育出版社·北京

内容提要

本书是普通高等教育"十一五"国家级规划教材，是在第二版的基础上，根据教育部高等学校工程图学课程教学指导分委员会 2019 年制定的《普通高等学校工程图学课程教学基本要求》，按照高等教育对高素质人才培养的要求，基于最新颁布的技术制图、机械制图、电气制图、化工制图和建筑制图等相关的国家标准，并针对第二版的使用意见修订而成的。

本书以增强学生的工程意识、培养学生的工程文化素质和树立创新设计的思维为出发点，以掌握基本知识、绘制和阅读工程图样的方法和技能，突出应用并开阔技术知识视野为目的，贯彻以创新构形设计为主线，以培养学生的徒手绘图和尺规绘图等的实践能力为重点，将图形学的交、并、差运算及图形变换和创新设计的内容有机地融入工程制图之中。全书文字通俗易懂，条理清晰，插图规范，便于自学。

本书内容包括绪论、工程制图的基本知识与技能、正投影法的基本概念与基本理论、基本几何元素的投影、基本几何体的投影、被截切基本几何体的投影、相交立体的投影、组合体的画图与读图、图样的基本表示法、零件图、常用标准件和弹簧的表示法、装配图、轴测图、电气制图简介、化工制图简介、房屋建筑图简介等。

与本书配套使用的《工程制图习题集》（第三版）由高等教育出版社同时出版。为满足多媒体教学和学习的需要，本书配有电子教案、习题解答等数字课程资源，部分课程资源以二维码的形式在书中和习题集中呈现，学习者可以随时使用手机、平板等移动端扫描二维码，查看三维模型，生成轴测图和标准视图，以及三维动态剖切和动态爆炸等。

本书可供普通高等院校 40~100 学时的机类、非机类各专业制图课程使用，也可供其他类型院校的相关专业选用，还可供相关工程技术人员和教师参考。

图书在版编目（CIP）数据

工程制图 / 修妍，孙兰凤，安蔚瑾主编．--3 版．北京：高等教育出版社，2025．8．--ISBN 978-7-04-064603-0

Ⅰ．TB23

中国国家版本馆 CIP 数据核字第 2025SC0760 号

策划编辑 杜惠萍　　责任编辑 杜惠萍　　封面设计 赵 阳　　版式设计 曹鑫怡
责任绘图 黄云燕　　责任校对 张 然　　责任印制 张益豪

出版发行	高等教育出版社	网　　址	http://www.hep.edu.cn
社　　址	北京市西城区德外大街 4 号		http://www.hep.com.cn
邮政编码	100120	网上订购	http://www.hepmall.com.cn
印　　刷	河北鹏盛贤印刷有限公司		http://www.hepmall.com
开　　本	787mm×1092mm　1/16		http://www.hepmall.cn
印　　张	25.5	版　　次	2004 年 11 月第 1 版
字　　数	630千字		2025 年 8 月第 3 版
购书热线	010-58581118	印　　次	2025 年 8 月第 1 次印刷
咨询电话	400-810-0598	定　　价	48.60 元

物 料 号　64603-00

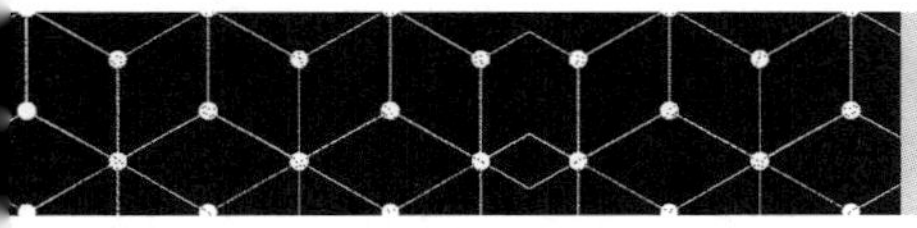

新形态教材网使用说明

工程制图
第三版

修妍　孙兰凤　安蔚瑾
主编

计算机访问：

1　计算机访问https://abooks.hep.com.cn/12442110。
2　注册并登录，进入“个人中心”，点击“绑定防伪码”，输入图书封底防伪码（20位密码，刮开涂层可见），完成课程绑定。
3　在“个人中心”→“我的图书”中选择本书，开始学习。

手机访问：

1　手机微信扫描下方二维码。
2　注册并登录后，点击“扫码”按钮，使用“扫码绑图书”功能或者输入图书封底防伪码（20位密码，刮开涂层可见），完成课程绑定。
3　在“个人中心”→“我的图书”中选择本书，开始学习。

受硬件限制，部分内容无法在手机端显示，请按提示通过计算机访问学习。

第三版前言

本书是普通高等教育“十一五”国家级规划教材，是在第二版的基础上，根据教育部高等学校工程图学课程教学指导分委员会2019年制定的《普通高等学校工程图学课程教学基本要求》，按照高等教育对高素质人才培养的要求，基于最新颁布的技术制图、机械制图、电气制图、化工制图和建筑制图等相关国家标准，并针对第二版的使用意见修订而成的。

本次修订的主要内容及特点如下：

1. 由于计算机绘图软件多样化，以及版本更新换代较快的现状，本次修订将“第15章　用AutoCAD 2007软件绘制工程图样”变更为“第15章　房屋建筑图简介”，其余章节保持不变。

2. 本书涉及的机械、电气、化工和建筑等工程图样相关国家标准均采用了最新国家标准。

3. 对全书的文字和插图做了全面的修订，对部分建筑图例进行了更新并配以BIM建模的模型。

4. 配套研制了电子教案、习题解答等数字资源，部分资源以二维码的形式在书中和习题集中呈现，学习者可以随时使用手机、平板等移动端扫描二维码，查看三维模型，生成轴测图和基本视图，以及三维动态剖切和动态爆炸等。在此感谢广州中望龙腾软件股份有限公司李卫卫的鼎力支持。

5. 与本书配套的，修妍、孙兰凤、倪皓主编的《工程制图习题集》（第三版）由高等教育出版社同时出版。

参加本书修订工作的人员有天津大学孙兰凤、安蔚瑾，天津城建大学修妍、倪皓。本书由石家庄铁道大学池建斌教授审阅，池教授对书稿提出了很多宝贵意见和建议，在此表示诚挚的感谢。

在此向曾为第一版和第二版作出贡献及为教材编写出版给予关爱、支持、帮助的各界朋友和单位表示衷心的感谢，并向参考文献的作者表示感谢。限于水平，书中难免有不妥之处，恳请读者继续批评指正。作者邮箱为 gongchengzhitu3@163.com。

编　者

2024年12月于天津

目　录

绪 论

1. 本课程的性质、作用及其研究的内容

工程图样是准确地表达工程对象的形状、大小、材料、加工要求、检验指标、功能原理等众多信息集成的载体，是推进技术革新、设备改造、技术交流的国民经济建设不可缺少的重要技术资料和工具。图 0–1 为一输出轴的零件图。工程图样记录和传递着设计者的智慧和设计意图，在制造加工、施工、检验、装配等过程中发挥着主导作用，起到了文字和有声语言无法比拟的更直观、更形象的作用。故称工程图样为“工程界的技术语言”。

通常，按照国家标准规定和有关技术规定，将物体按正投影方法表达在图纸上，并附有加工、检验或特性功能、装配、运转等所需的全部信息和必要的技术说明的图称为工程图样，包括机械工程图（装配图、零件图）、其他工程图（如电气仪表图、电路图、化工设备图、化工流程图、建筑图等）。工程图样暗含的内容涉及工程设计及绘图、制造工艺、材料、公差等有关专业知识。

本课程就是一门研究工程图样的构形设计、绘制和阅读的原理、方法的，既有系统理论又有较强实践性的技术基础课，是一门培养空间思维能力（包括形象思维能力和逻辑思维能力）、构思创想能力、动手能力和相关知识综合应用能力的不可多得的课程，是高等工科院校学生必修的一门重要的技术基础课，是开启“技术语言”智慧宝库大门的钥匙。

本课程的主要内容包括工程制图的基本知识与技能、正投影法的基本概念和基本理论、投影制图、机械制图和其他工程制图的绘制与阅读，以及运用所学内容进行构形设计、实现二维图形与三维图形的互相转换。

一个具有创造性的优秀设计可以为社会带来极大的生产效益和社会效益，也可以改变人们的生存环境、丰富人们的物质财富和精神财富。因此，培养空间想象能力、敏捷的创新思维能力是工程技术人员进行创新构形、创新设计的基础。掌握绘制和阅读工程图样的基本知识和基本技能是每一个工程技术人员必备的基本工程素质和能力，是掌握现代计算机绘图技术，提高设计绘图的准确度和效率的前提。学好本门课程是进入设计领域的第一把钥匙。

2. 学习目的和任务

学习本课程的主要目的是培养学生具备较高的工程文化素质、较强的绘制和阅读工程图样的能力、丰富的空间想象能力和树立创新意识，掌握一定的构形设计的理论、方法和思路，为后续课程和未来从事的工程技术工作打下良好的基础。

本课程的主要任务如下。

（1）学习正投影法，培养空间想象力和用二维平面图形图示空间物体的能力。

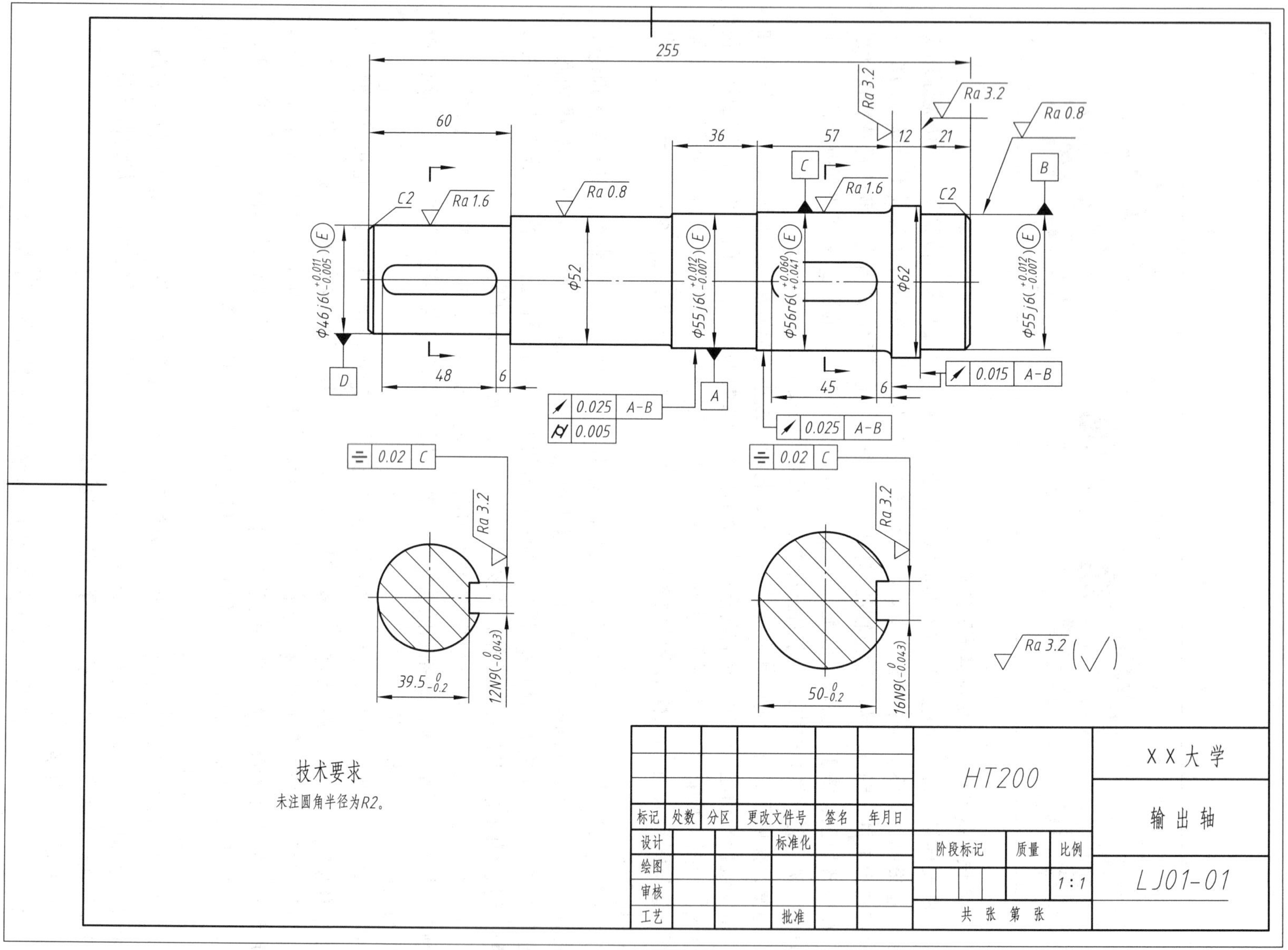

技术要求
未注圆角半径为R2。

图 0-1　输出轴零件图

（2）学习、了解国家标准《技术制图》和《机械制图》中的有关规定，养成遵守国家标准规定的自觉性，培养查阅国家标准的能力。掌握图样的画法、标准功能结构和标准件的规定画法，培养绘制和阅读工程图样的基本能力。

（3）学习创新构形设计的理论、原则与方法，培养创造性的构形设计能力。

（4）学会使用一种设计绘图软件（AutoCAD）绘制工程图样，培养运用现代工具迅速进行设计绘图和三维造型的能力*。

学完本课程应达到如下要求。

（1）掌握正投影法的基本理论和基本方法。

（2）能运用所学的基本理论、基本知识和基本技能绘制和阅读中等复杂程度的零件图和装配图。

（3）掌握徒手绘图、尺规绘图和计算机绘图的基本技能。

（4）能运用所学的创新构形设计的理论、原则与方法，按给定的约束条件较快地进行构形设计。

（5）了解其他工程制图的绘制和阅读的基本知识、方法。

3. 学习方法

（1）掌握三个“基本”，做到四个“多”，独立完成一定数量的习题练习，多实践，尽快入门。

本课程自始至终研究的是空间几何元素及物体与其投影之间的对应关系。绘图和读图是反映这一对应关系的具体形式。因此，在学习过程中应彻底理解并掌握基本概念、基本理论和基本方法，由浅入深地进行绘图和读图的实践。要结合实际多看、多想、多画、多记，不断地由物画图，由图想物，独立完成一定数量的习题练习，逐步提高空间想象和空间分析能力。这是尽快入门、学好本课程的基本点。

（2）确立“严格遵守标准”的意识，贯彻执行国家标准。

国家标准《技术制图》《机械制图》是使工程图样成为国内外技术交流的工具、工程界的技术交流语言的保障，是生产和设计部门共同遵守的设计制图标准。因此，必须认识国家标准的权威性、法制性，应树立“严格遵守标准”的观念，主动贯彻执行国家标准，这是画出符合标准的图样和看懂符合标准的图样的保障。

（3）掌握绘图和读图共同运用的线面分析法、形体分析法和结构分析法，以提高投影分析能力和空间想象力，为培养绘图和读图的能力打下良好基础。

（4）有意识地培养自己的工程人文素质，养成认真负责的工作态度。

工程图样是设计和制造机器设备过程中的重要技术资料，图样的设计质量和设计精度直接影响产品的生产过程和产品的性能，与经济和安全有直接关系。因此，必须养成高度认真负责的工作态度和细心、耐心、严肃、一丝不苟的工作作风。

（5）学习要有求知欲望和主动性、自觉性和勤奋精神。

求知欲望是主动、自觉学习的动力，是克服学习中困难、不断求知求新的动力，只有这样才能自觉地独立思考，主动地完成作业。要学好本课程还要做到脑勤、眼勤、手勤，学会纵向分析、横向对比、逆向思维，多方总结，细心按步骤画图和认真读图，方能尽快入门。

学习本课程有一定难度，很耗时，但难中有乐趣。掌握本门课程、具备绘图和读图的能力、会创新构形设计对工程设计很有价值，对人类文明建设和经济建设很有意义。

---

* 本项能力可以通过自学或学习相关课程获得。

第 1 章　工程制图的基本知识与技能

本章学习导读

学习目的与要求： 理解国家标准的作用，严格遵守国家标准的基本规定，掌握平面图形的基本作图及尺寸注法和手工绘图的基本技能；树立和培养平面图形构形设计的创新意识。

学习内容： 国家标准关于“图纸幅面和格式”“比例”“字体”“图线”“尺寸注法”等的基本规定；平面图形的基本作图及尺寸注法；平面图形构形设计的基本原则与方法。

重点与难点： 重点是掌握图框、图线、字体等基本规定和尺寸注法的规定；掌握平面图形的作图方法并能熟练运用平面构形设计原则进行设计。难点是正确理解尺寸注法的基本规则、平面图形的线段和尺寸分析及图线连接的圆心、切点的确定。

地位及特点： 本章是学习和掌握后续各章的基础和前提。为掌握制图基本规定、尺寸标注的正确性、绘图基本技能的形成，以及培养工程素质、创新构形设计奠定基础。其特点是涉及的概念和规定较多，实践性较强，动手技能练习多。

工程图样是现代工业生产中必不可少的重要技术资料，是加工要求、检验指标、功能原理等众多信息集成的载体，传递着设计者的意图，是国内外工程界共同的技术语言。工程图样在国内外的这一职能是凭借国家标准来实现的。为了适应生产和管理、建立最佳经济秩序、获得最佳社会经济效益和便于准确无误地进行国内外技术交流，国家市场监督管理总局和国家标准化管理委员会依据国际标准组织的标准，制定并颁布了与 ISO 国际标准接轨的我国国家标准《技术制图》和《机械制图》，简称“国标”，代号“GB/T”。这两个国家标准统一规定了我国有关生产和设计部门共同遵守的制图基本标准，同时消除了国际技术壁垒，为国际技术交流和贸易往来打开了通道。所以，我们必须认识国家标准的严肃性、权威性和法制性，确立“标准”意识，在绘制工程图时，必须自觉、严格地遵守这些规定。

1.1　制图的基本规范及规则

我国各种标准较多，但各种标准都必须遵守国家的基础标准。国家标准《技术制图》是我国基础技术标准之一，它包括机械制图、工程建设制图、电气制图和其他制图四类。

这里仅介绍国家基础标准中的《技术制图》和《机械制图》中的图幅、比例、字体、图线、尺寸等基本规定。下面以“GB/T 4457.4—2002 机械制图 图样画法 图线”为例来说明标准的编号规定和名称的构成：

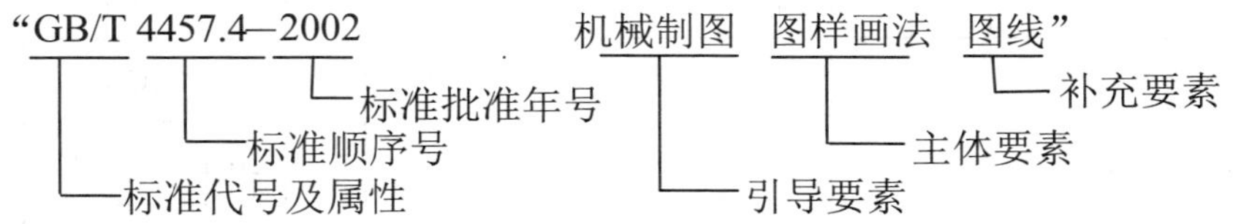

1.1.1 图纸幅面及格式（GB/T 14689—2008）

1. 图纸幅面尺寸及代号

图纸幅面是指图纸的宽度与长度（$B \times L$）围成的图纸面积。图纸幅面有**基本幅面**（第一选择）、**加长幅面**（第二选择）、**加长幅面**（第三选择）三类。其各自幅面尺寸规格及三类图纸幅面之间的关系如表 1–1 和图 1–1 所示。绘制技术图样时，应优先采用基本幅面尺寸。必要时，允许采用第二选择所规定的幅面尺寸。加长幅面尺寸是由基本幅面的短边成整数倍增加后得出的，详见表 1–1。

2. 图框格式

图框是图纸上限定绘图区域的线框。图纸上必须用粗实线画出图框，图样画在图框内部。其格式分留装订边和不留装订边两种，如图 1–2 和图 1–3 所示。但同一产品的图样只能采用一种格式。图中的 a、c、e 尺寸规格根据图纸幅面大小在表 1–1 中选取。

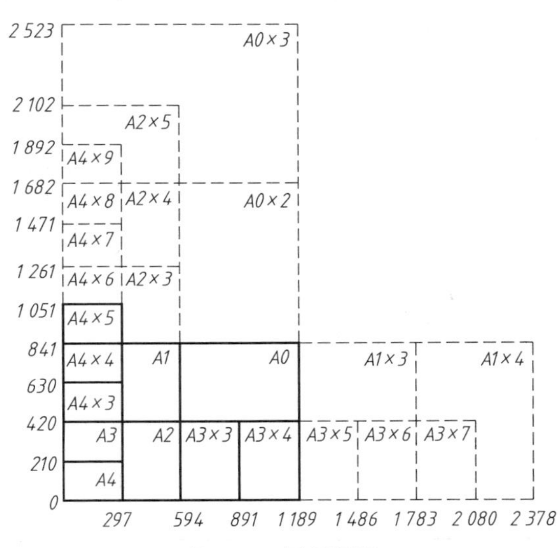

图 1–1 图纸幅面

表 1–1 幅面尺寸规格

基本幅面（第一选择）					加长幅面						
					第二选择					第三选择	
幅面代号	尺寸 $B \times L$	c	a	e	幅面代号	尺寸 $B \times L$	c	a	e	幅面代号	尺寸 $B \times L$
A0	841 × 1 189	10	25	20			10	25	20	A0 × 2	1 189 × 1 682
										A0 × 3	1 189 × 2 523
A1	594 × 841									A1 × 3	841 × 1 783
										A1 × 4	841 × 2 378

续表

<table>
<tr><th colspan="5" rowspan="2">基本幅面（第一选择）</th><th colspan="7">加长幅面</th></tr>
<tr><th colspan="5">第二选择</th><th colspan="2">第三选择</th></tr>
<tr><th>幅面代号</th><th>尺寸 $B\times L$</th><th>c</th><th>a</th><th>e</th><th>幅面代号</th><th>尺寸 $B\times L$</th><th>c</th><th>a</th><th>e</th><th>幅面代号</th><th>尺寸 $B\times L$</th></tr>
<tr><td rowspan="3">A2</td><td rowspan="3">420 × 594</td><td rowspan="3">10</td><td rowspan="15">25</td><td rowspan="15">10</td><td colspan="2" rowspan="3"></td><td rowspan="8">10</td><td rowspan="15">25</td><td rowspan="3">20</td><td>A2 × 3</td><td>594 × 1 261</td></tr>
<tr><td>A2 × 4</td><td>594 × 1 682</td></tr>
<tr><td>A2 × 5</td><td>594 × 2 102</td></tr>
<tr><td rowspan="5">A3</td><td rowspan="5">297 × 420</td><td rowspan="12">5</td><td>A3 × 3</td><td>420 × 891</td><td rowspan="12">10</td><td colspan="2" rowspan="2"></td></tr>
<tr><td>A3 × 4</td><td>420 × 1 189</td></tr>
<tr><td colspan="2" rowspan="3"></td><td>A3 × 5</td><td>420 × 1 486</td></tr>
<tr><td>A3 × 6</td><td>420 × 1 783</td></tr>
<tr><td>A3 × 7</td><td>420 × 2 080</td></tr>
<tr><td rowspan="7">A4</td><td rowspan="7">210 × 297</td><td>A4 × 3</td><td>297 × 630</td><td rowspan="3">5</td><td colspan="2" rowspan="3"></td></tr>
<tr><td>A4 × 4</td><td>297 × 841</td></tr>
<tr><td>A4 × 5</td><td>297 × 1 051</td></tr>
<tr><td rowspan="4"></td><td colspan="2" rowspan="4"></td><td>A4 × 6</td><td>297 × 1 261</td></tr>
<tr><td>A4 × 7</td><td>297 × 1 471</td></tr>
<tr><td>A4 × 8</td><td>297 × 1 682</td></tr>
<tr><td>A4 × 9</td><td>297 × 1 892</td></tr>
</table>

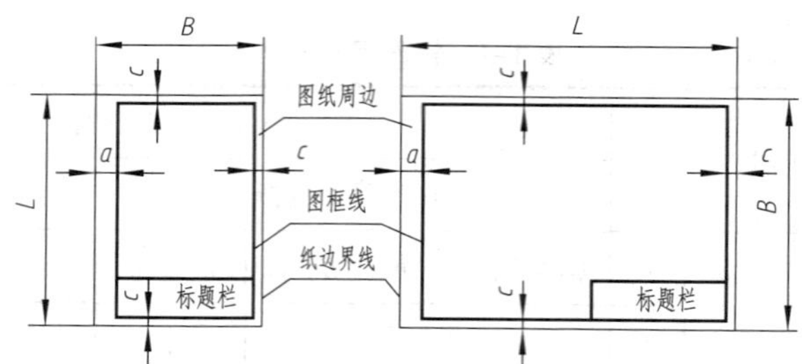

图 1-2 留装订边的图框格式

加长幅面的图框尺寸按所选的基本图幅大一号的图框尺寸确定。如 A3 × 4 的图框按 A2 的图框尺寸确定，即 e 为 10（或 c 为 10）；A2 × 3 的图框按 A1 的图框尺寸确定，即 e 为 20（或 c 为 10）。

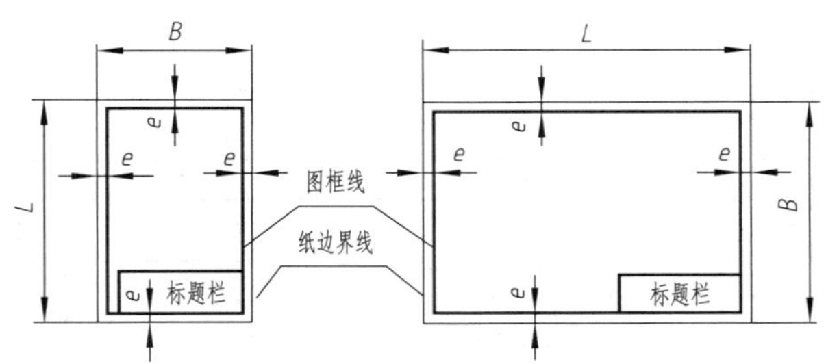

图 1–3 不留装订边的图框格式

1.1.2 标题栏

国家标准 GB/T 10609.1—2008 对标题栏的内容、格式和尺寸作了规定，如图 1–4 所示。

1. 标题栏的内容

标题栏是由名称及代号区、签字区、更改区和其他区组成，也可按实际需要增加或减少。每张图样都必须画有标题栏。根据教学的实际需要，在制图作业中推荐使用简化标题栏，如图 1–5 所示。

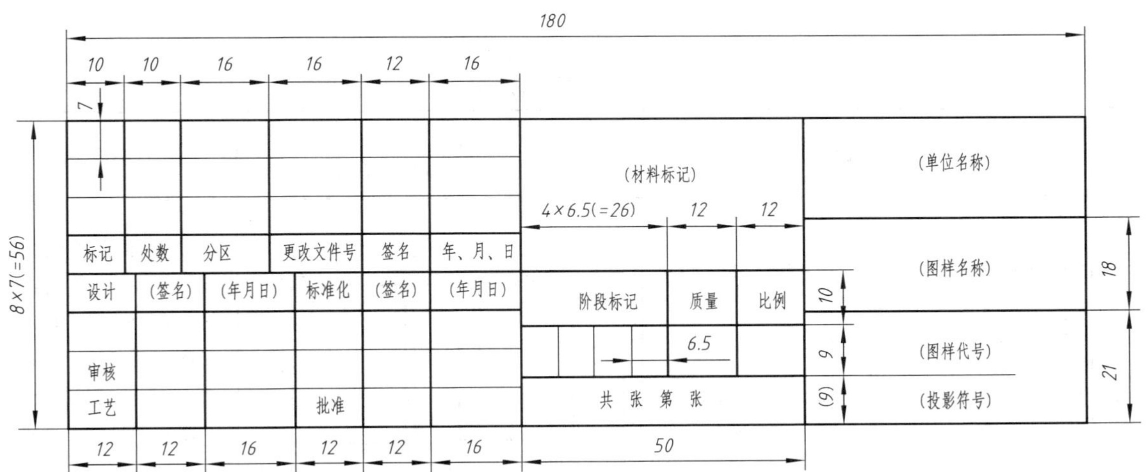

图 1–4 国家标准规定的标题栏规格与尺寸

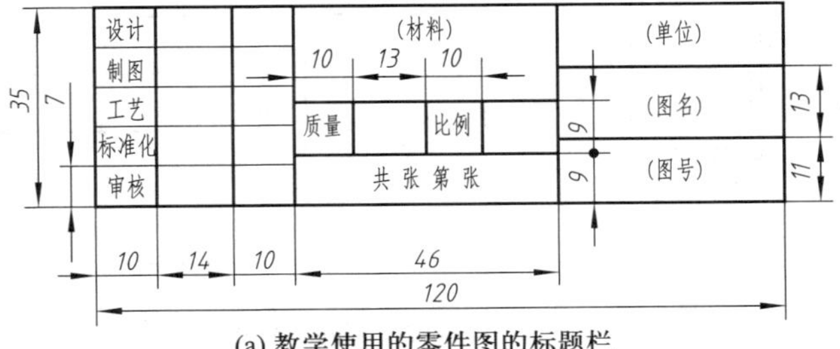

(a) 教学使用的零件图的标题栏

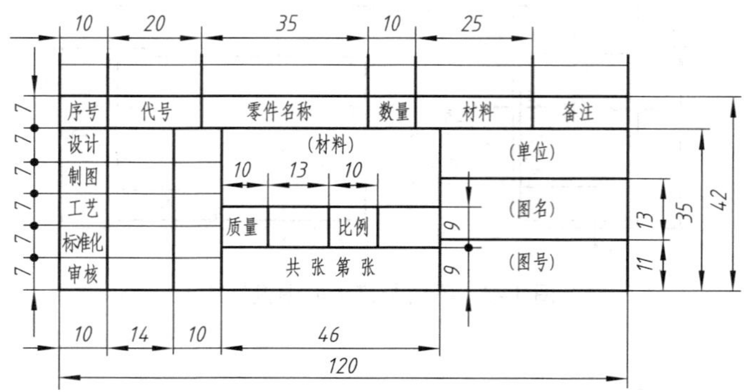

(b) 教学使用的装配图的标题栏和明细栏

图 1–5　推荐教学使用的标题栏规格及尺寸

2. 标题栏的方位

标题栏的位置一般位于图纸的右下角，如图 1–2、图 1–3 所示。当标题栏的长边置于水平方向并与图纸的长边平行时，构成 X 型图纸；当标题栏的长边与图纸的长边垂直时，构成 Y 型图纸，在此情况下，看图方向与标题栏内的文字填写方向一致。如表 1–2 中基本方位中的图样所示。

表 1–2　标题栏的方位

	基本方位	允许方位 （一般用于预先印刷的图纸）	方向符号
X型图纸	留装订边　不留装订边	对中符号　方向符号	对于标题栏允许方位，为了明确绘图与看图时图纸的方向，应在图纸的下边对中线处画一个方向符号 方向符号的尺寸及画法如下： 用细实线绘制等边三角形　图框线　3　5　6　对中符号　纸边界线
Y型图纸	留装订边　不留装订边	对中符号　方向符号	
说明	看图方向与标题栏填写方向一致，不标注方向符号	看图方向与标题栏填写方向不一致，须标注方向符号	

为了充分利用预先印制的图纸，允许将 X 型图纸的短边置于水平位置使用（如 A3 竖放、竖画、竖看），或允许将 Y 型图纸的长边置于水平位置使用（如 A4 横放、横画、横看），这时看图方向与标题栏内的文字填写方向不一致，必须用方向符号指示看图方向，如表 1–2 中的允许方位中的图例所示。标题栏的填写仍按常规处理，与图样的尺寸注法、文字说明无确定的直接关系。

3. 附加符号

（1）**方向符号** 方向符号的位置及尺寸规格，如表 1–2 所示。

（2）**对中符号** 为使图样复制和缩微摄影时定位方便，对表 1–1 所列的各号图纸均应绘制对中符号。对中符号是从纸边界线的各边中点开始，画入图框内约 5 mm 的一段粗实线（线宽一般不小于 0.5 mm），对伸入标题栏内的那部分不再画出，如表 1–2 所示。

（3）**剪切符号** 为使复制图样时便于自动剪切，可在图纸（如供复制用的底图）的四个角上分别绘出剪切符号。剪切符号可采用直角边边长为 10 mm 的黑色等腰三角形（图 1–6a）；当自动切纸机不适合黑色等腰三角形时可采用画成两条线宽为 2 mm、线长为 10 mm 的粗线段，如图 1–6b 所示。

（4）**投影符号** 第一角画法和第三角画法的投影识别符号的画法及格式如图 1–7 所示。投影符号一般放置在标题栏中名称及代号区下方。第一角画法的投影识别符号必要时才画出，而第三角画法必须画出其投影识别符号。

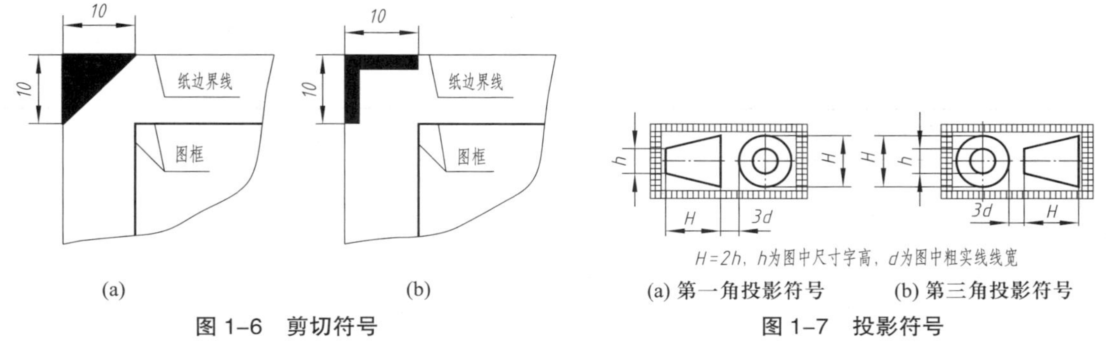

(a) (b)

图 1–6 剪切符号

(a) 第一角投影符号 (b) 第三角投影符号

图 1–7 投影符号

4. 图幅分区的格式

对于较大的图纸或复杂的图样，为便于修改图样，必要时可用细实线在图纸周边画出分区，图幅分区数目按图样的复杂程度确定，但必须取偶数，每一分区的长度应在 25~75 mm 之间选取。左、右两边用大写拉丁字母从上到下顺序编写，沿水平方向用阿拉伯数字从左到右顺序编写，字母和数字的位置应尽量靠近图框线，如图 1–8 所示；分区代号由左、右两边的大写拉丁字母和上、下两边的阿拉伯数字组合而成，在图样中标注分区代号时，字母在前数字在后并排书写，如 B3、C5 等；若分区代号与图形名称须同时标注，则图形名称在前分区代号在后，中间空出一个字母的宽度，如 $A\quad B3$；$B—B\quad A6$；$\dfrac{D}{2:1}\quad C4$ 等。

1.1.3 比例（GB/T 14690—1993）

图形与其实物相应要素的线性尺寸之比，称为比例。线性尺寸是指用直线表达的尺寸，如直线长度、圆的直径等。

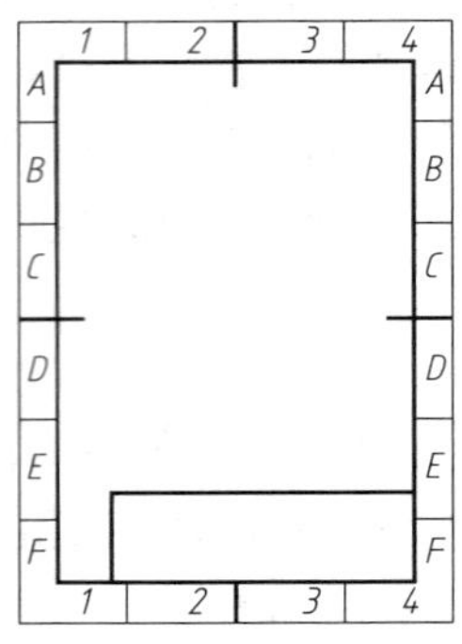

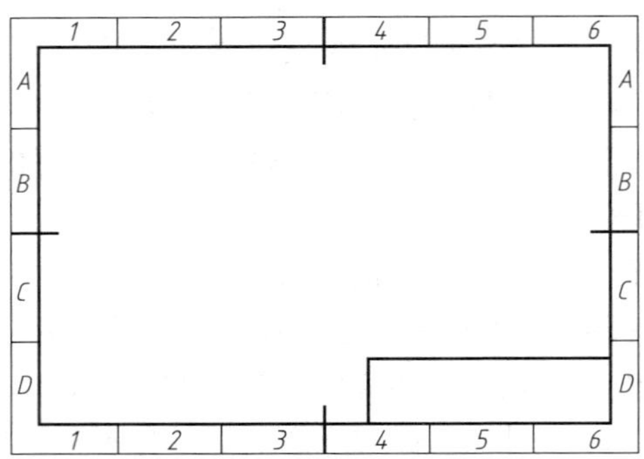

图 1–8 图幅分区

图样比例分为**原值**比例、**放大**比例、**缩小**比例三种。

比值为 1 的比例，称为原值比例（full size），即 1∶1；

比值大于 1 的比例，称为放大比例（enlargement scale），如 2∶1 等；

比值小于 1 的比例，称为缩小比例（reduction scale），如 1∶2 等。

绘制图样时，应根据实际需要选择表 1–3 中的优先选用的比例。必要时选择允许选用的比例。一般应尽量按实物的实际大小（1∶1）画图，便于直接从图样上看出物体的真实大小。不管按什么比例绘图，图样上的尺寸数值均应按原值比例标注，如图 1–9 所示。

表 1–3 比 例

种类	优先选用的比例	允许选用的比例
原值比例	1∶1	
放大比例	2∶1　5∶1 1×10^n∶1　2×10^n∶1　5×10^n∶1	2.5∶1　4∶1 2.5×10^n∶1　4×10^n∶1
缩小比例	1∶2　1∶5　1∶10 1∶2×10^n　1∶5×10^n　1∶1×10^n	1∶1.5　1∶2.5　1∶3　1∶4　1∶6 1∶1.5×10^n　1∶2.5×10^n　1∶3×10^n　1∶4×10^n　1∶6×10^n

注：n 为正整数。

同一物体的各视图应采用相同的比例，一般应填写在标题栏的比例栏内。当某个视图需要采用不同比例表达时，必须另行标注，可在视图名称的下方标注比例，如图 1–10 所示。标注格式如下：

$\dfrac{A}{2:1}$　$\dfrac{I}{2:1}$　$\dfrac{B\text{—}B}{2:1}$　平面图 1∶10

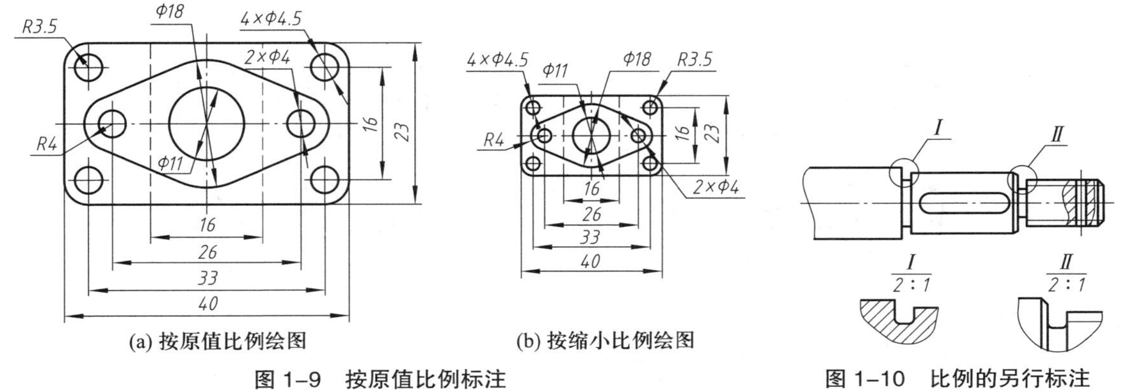

(a) 按原值比例绘图 (b) 按缩小比例绘图

图 1–9 按原值比例标注

图 1–10 比例的另行标注

1.1.4 字体（GB/T 14691—1993）

图样中的字体书写必须做到“**字体工整、笔画清楚、间隔均匀、排列整齐**”。

字体高度（用 h 表示），单位为 mm，其公称尺寸系列为 1.8、2.5、3.5、5、7、10、14、20 八种，该数系的公比为 1 : $\sqrt{2}$（≈ 1 : 1.4）。如需要更大的字，其字体高度应按 $\sqrt{2}$ 的比率递增。

1. 汉字

汉字应写成直体长仿宋体字，并应采用我国正式公布推行的简化汉字。字的高度不应小于 3.5 mm，其字宽一般为字高的 $h/\sqrt{2}$。

长仿宋体汉字的书写要领是**横平竖直、注意起落、字体端正、结构匀称，呈长方形，若在方格内注写，则还应填满方格**。

长仿宋体的基本笔画和偏旁部首有点、横、竖、撇、捺、挑、钩、折等。其书写过程和实际笔画见表 1–4。书写示例如图 1–11 所示。

表 1–4 仿宋体的基本笔画

横	竖	撇	挑	捺	点
横弯—横折	竖钩	横折钩	横弯钩	弯钩	特殊偏旁

2. 字母和数字

字母和数字分为 A 型和 B 型两类，如图 1–12 所示。A 型字的笔画宽度（d）与字高（h）的关系为 $d=h/14$。B 型字的笔画宽度（d）与字高（h）的关系为 $d=h/10$。在同一张图样上，只允许选用一种形式的字体。

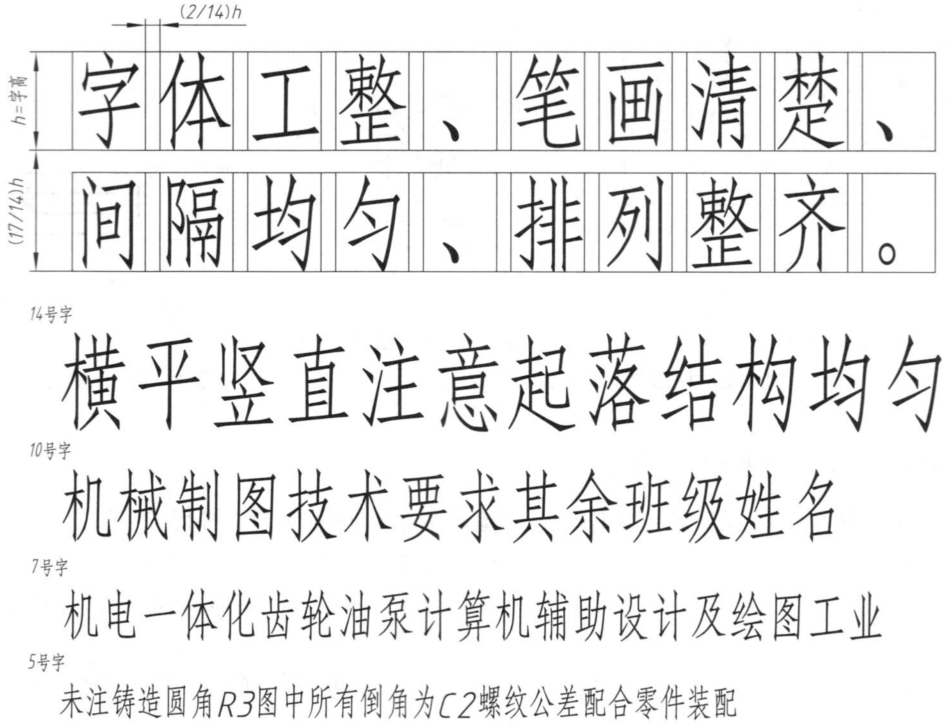

(2/14)h

h=字高

(17/14)h

字体工整、笔画清楚、

间隔均匀、排列整齐。

14号字

横平竖直注意起落结构均匀

10号字

机械制图技术要求其余班级姓名

7号字

机电一体化齿轮油泵计算机辅助设计及绘图工业

5号字

未注铸造圆角R3图中所有倒角为C2螺纹公差配合零件装配

图 1-11 长仿宋体示例

A型斜体拉丁字母

ABCDEFGHIJKLMNO

PQRSTUVWXYZ

abcdefghijklmnopq

rstuvwxyz

A型直体拉丁字母

ABCDEFGHIJKLMNO

PQRSTUVWXYZ

abcdefghijklmnopq

rstuvwxyz

B型斜体拉丁字母

ABCDEFGHIJKLMNO

abcdefghijklmnop

B型直体拉丁字母

ABCDEFGHIJKLMNO

abcdefghijklmnopq

A型阿拉伯数字

1234567890

1234567890

B型阿拉伯数字

1234567890

1234567890

A型罗马数字

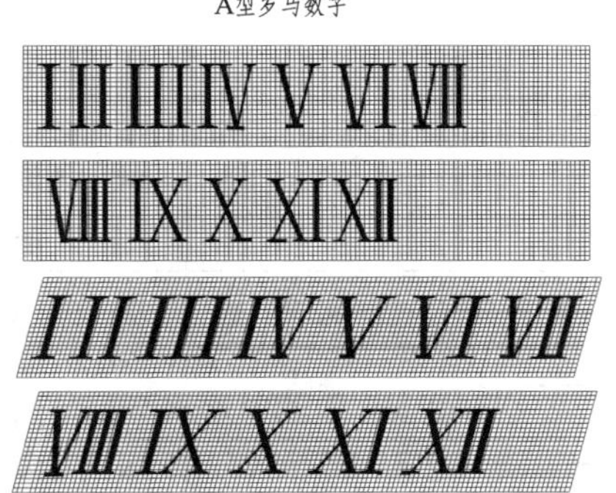

A型希腊字母

图 1-12 字母与数字

字母和数字均可写成直体或斜体。斜体字头向右倾斜与水平基准线成 75°。但是，量的单位、化学元素、数学、物理、计量单位符号及其他符号、代号一定是直体。如 *m*/kg，其中 *m* 表示质量的符号，应用斜体，kg 表示质量的单位，应用直体，如图 1-13a 所示。

3. 字体综合应用规定及示例

（1）图样中的数学、物理、计量单位符号及其他符号、代号应符合相应的规定，如图 1-13a 所示。

（2）用作指数、分数、极限偏差、注脚等的数字及字母一般应小一号，如图 1-13b 所示。

（3）各种字母和数字组合书写时，其排列格式和间距应符合规定，如图 1-13c 所示。

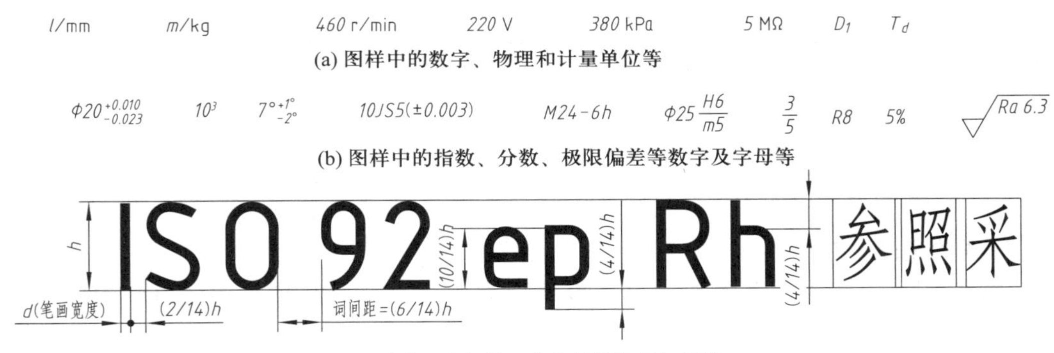

(c) 数字及字母等组合书写的格式与间距

图 1-13 字母数字组合的写法

1.1.5 图线

1. 图线形式

GB/T 17450—1998《技术制图 图线》、GB/T 4457.4—2002《机械制图 图样画法 图线》规定了技术制图所用图线的名称、线型、结构、标记及画法规则。它适用于各种技术制图，如机械、电气、建筑和土木工程图样等。

图线是指起点和终点间以任意方式连接的一种几何图形，其形状可以是直线或曲线、连续线或不连续线。图线有基本线型、基本线型的变形和图线的相互组合。15 种基本线型见表 1–5。

表 1–5 基 本 线 型

代码 No.	基本线型	名 称	常用图线的代号及名称
01		实线	No.01.1（细实线） No.01.2（粗实线） No.01.1（波浪线） No.01.1（双折线） No.02.1（细虚线） No.02.2（粗虚线） No.04.1（细点画线） No.04.2（粗点画线） No.05.1（细双点画线）
02		虚线	
03		间隔画线	
04		点画线	
05		双点画线	
06		三点画线	
07		点线	
08		长画短画线	
09		长画双短画线	
10		画点线	
11		双画单点线	
12		画双点线	
13		双画双点线	
14		画三点线	
15		双画三点线	

2. 图线的宽度（*d*）

国家标准规定了 9 种图线宽度。其**宽度系列**为 0.13、0.18、0.25、0.35、0.5、0.7、1、1.4、2，线宽 *d* 数系的公比为 $1:\sqrt{2}$（≈ 1：1.4），单位为 mm。

绘制工程图时，所有图线宽度（*d*）应按图样类型、尺寸大小、比例和缩微复制的要求在上述系列中选择，为保证图样清晰易读，便于缩微复制，图样上尽量避免采用线宽小于 0.18 mm 的图线。另外，手工绘图因绘图工具偏差引起的线宽误差不得大于 $\pm 0.1d$。

国家标准规定，建筑图样采用比率为**“粗线：中粗线：中线：细线 =1：0.7：0.5：0.25”的粗、中粗、中、细四种宽度的图线，而机械图样采用比率为“粗线：细线 =2：1”的粗、细两种宽度的图线。**

3. 图线的画法及其应用范围

机械制图中常用的几种图线的代号、名称、线型、规格及应用见表 1–6。各种图线的应用实例如图 1–14 所示。

表 1–6 图线的规格及其应用

图线代号及名称	图线名称	线型及规格	图线的一般应用
No.01（实线）	No.01.2 粗实线		（.1）可见棱边线；（.2）可见轮廓线（含移出断面的轮廓线）；（.3）相贯线；（.4）螺纹牙顶线；（.5）螺纹长度终止线；（.6）齿顶圆（线）；（.7）表格图、流程图中的主要表示线；（.8）系统结构线（金属结构工程）；（.9）模样分型线；（.10）剖切符号用线
	No.01.1 细实线		（.1）过渡线；（.2）尺寸线；（.3）尺寸界线；（.4）指引线和基准线；（.5）剖面线；（.6）重合断面的轮廓线；（.7）短中心线；（.8）螺纹牙底线；（.9）尺寸线的起止线；（.10）表示平面的对角线；（.11）零件成形前的弯折线；（.12）范围线及分界线；（.13）重复要素的表示线（如齿根线）；（.14）锥形结构的基面位置线；（.15）叠片结构位置线（如变压器叠钢片）；（.16）辅助线；（.17）不连续同一表面连线；（.18）成规律分布的相同要素连线；（.19）投影线；（.20）网格线
	No.01.1 波浪线（基本线型的变形）		（.21）断裂处边界线；视图与剖视图的分界线 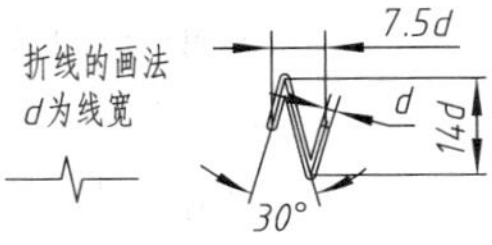
	双折线（图线的组合）		（.22）断裂处边界线；视图与剖视图的分界线 折线的画法 d为线宽 7.5d d 14d 30°
No.02（虚线）	No.02.1 细虚线	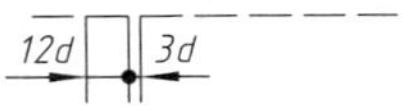 12d 3d	（.1）不可见棱边线；（.2）不可见轮廓线
	No.02.2 粗虚线	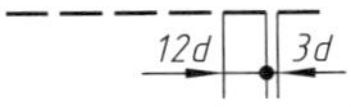 12d 3d	（.1）允许表面处理的表示线
No.04（点画线）	No.04.1 细点画线	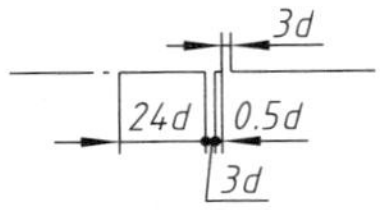 3d 24d 0.5d 3d	（.1）轴线；（.2）对称中心线；（.3）分度圆（线）；（.4）孔系分布的中心线；（.5）剖切线
	No.04.2 粗点画线	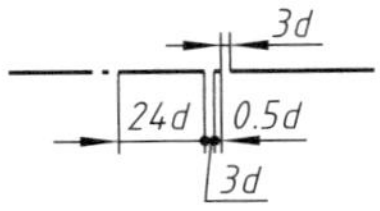 3d 24d 0.5d 3d	（.1）限定范围表示线（如限定测量热处理表面的范围）
No.05（双点画线）	No.05.1 细双点画线	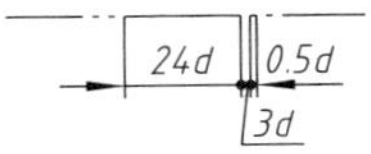 24d 0.5d 3d	（.1）相邻辅助零件的轮廓线；（.2）可动零件的极限位置的轮廓线；（.3）重心线；（.4）成形前轮廓线；（.5）剖切面前的结构轮廓线；（.6）轨迹线；（.7）毛坯图中制成品的轮廓线；（.8）特定区域线；（.9）延伸公差带表示线；（.10）工艺用结构的轮廓线；（.11）中断线

注：表中 d 为相应的线宽。

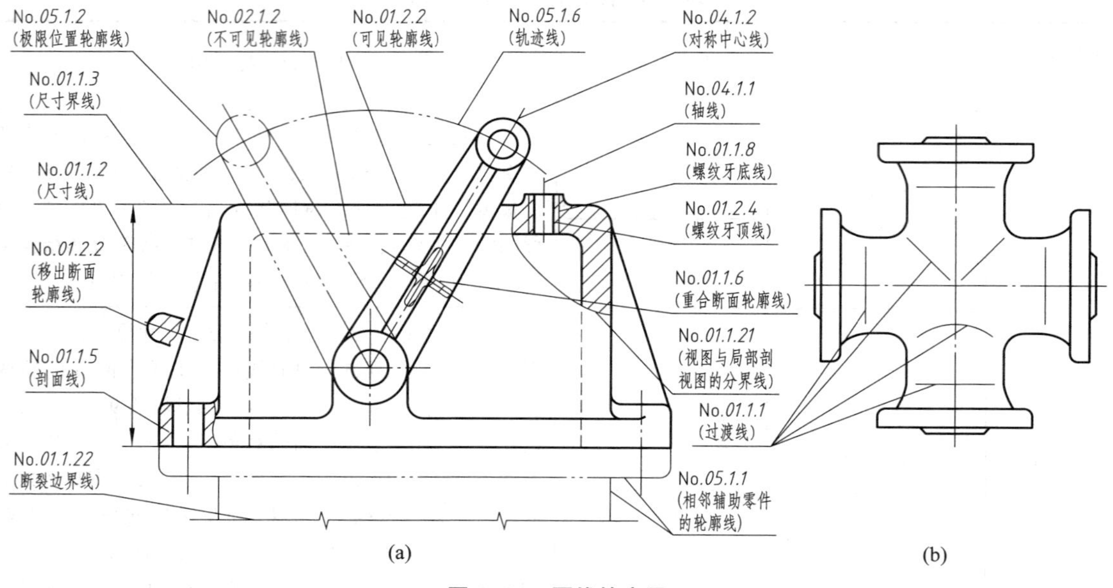

图 1–14　图线的应用

图线的画法应遵守下列要求。

（1）在同一张图样中，同类图线的宽度应一致。画虚线、点画线、双点画线时，画的长度和间隔应各自大致相等。一般在图样中应保持图线的匀称协调。

（2）虚线、点画线、双点画线的相交处应是画，而不应是点或间隔处，如图 1–15 所示。

（3）虚线在粗实线的延长线上时，虚线应留出间隙，如图 1–15 所示。

（4）细点画线应伸出图形轮廓线，且伸出长度一般为 2~3 mm。当细点画线较短时，允许用细实线代替。点画线和双点画线的首末两端应是长画，而不是点。如图 1–15 所示。

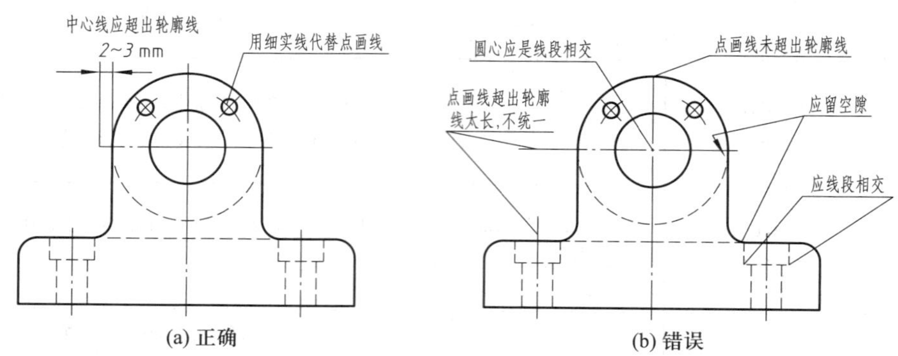

图 1–15　细点画线与细虚线的画法

（5）图线重合时的绘制原则：当两种或两种以上图线重合时，其重合部分应视线型的优先顺序而定。例如，粗实线、细虚线和细点画线重合时，应画粗实线；粗实线与细虚线重合时，应画粗实线；细虚线与细点画线重合时，应画细虚线。

1.2　尺寸注法

尺寸是图样的重要组成部分，国家标准 GB/T 4458.4—2003《机械制图　尺寸注法》和 GB/T 16675.2—2012《技术制图　简化表示法　第 2 部分：尺寸注法》对尺寸注法作了一系列的规定。在绘制图样时必须严格遵照国家标准的规定，正确标注尺寸。

1.2.1　基本规则

（1）图样中（包括技术要求和其他说明）的尺寸，以 mm 为单位时，不需标注单位符号或名称。否则，必须标注相应的单位符号或名称，如图 1–16b 所示。

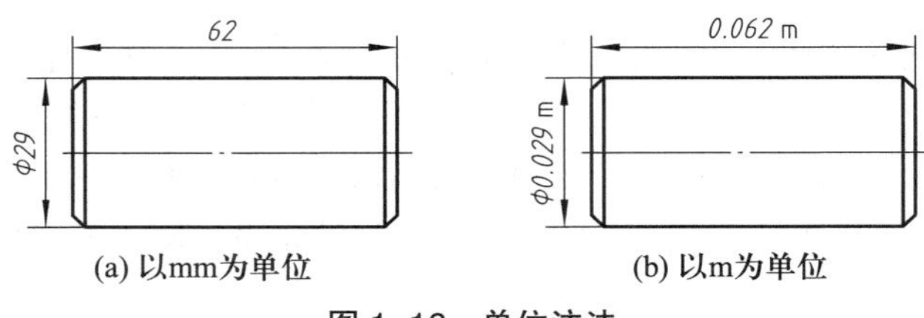

图 1–16　单位注法

（2）机件的真实大小以图样上所标注的尺寸数值为依据，与图样绘制比例的大小和绘图的准确度无关，如图 1–9 所示。

（3）机件的每一个尺寸，在图样上一般只标注一次，并应标注在反映该结构最清晰的图形上。

（4）图样中所注的尺寸为该图样所示机件的最后完工的尺寸，与达到该图样最后要求所经过的各中间工序尺寸无关。否则，应另加说明。

1.2.2　尺寸要素及其画法规定

一个完整的尺寸由**尺寸界线**、**尺寸线**、**尺寸线终端**、**尺寸数字**组成，如图 1–17 所示。

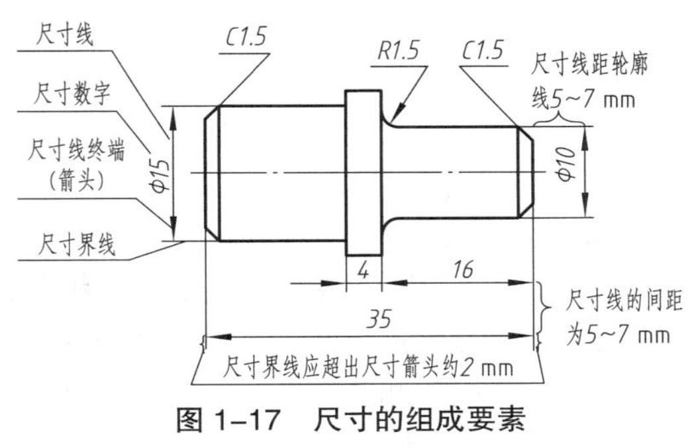

图 1–17　尺寸的组成要素

1. 尺寸界线

尺寸界线表示所注尺寸的起止范围。

（1）尺寸界线用细实线绘制。一般由图形轮廓线、轴线或中心线引出，也可直接用图形轮廓线、轴线或中心线作为尺寸界线，如图 1–18a 所示。尺寸界线一般应超出尺寸线终端 1.5~2 mm，如图 1–17 中的注解。

（2）尺寸界线一般与尺寸线垂直，必要时允许倾斜。即在光滑过渡处标注尺寸时，必须用细实线将轮廓线延长，从它们的交点处引出尺寸界线，如图 1–18b 所示。

2. 尺寸线

尺寸线表示所标注尺寸的方向。

（1）尺寸线必须用细实线单独绘制，不能用其他图线代替，也不得与其他图线重合或画在其他线的延长线上，如图 1–19b 所示。

（2）标注线性尺寸时，尺寸线必须与所标注的线段平行。尺寸线与轮廓线的距离以及相互

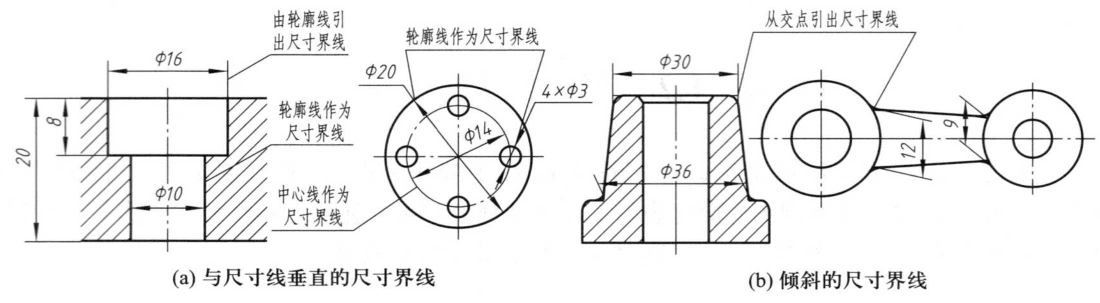

(a) 与尺寸线垂直的尺寸界线　　(b) 倾斜的尺寸界线

图 1–18　尺寸界线

平行的尺寸线间的距离应尽量一致，一般为 5~7 mm，以便注写尺寸数字和有关符号，如图 1–17 所示。相互平行的尺寸线，小尺寸应靠近图形轮廓线，大尺寸应依次等距离地平行向外排列，如图 1–19a 中的尺寸 12、34 和尺寸 17、23 的排列。

（3）尺寸标注时应尽量避免尺寸线与尺寸界线相交，如图 1–19c 所示。

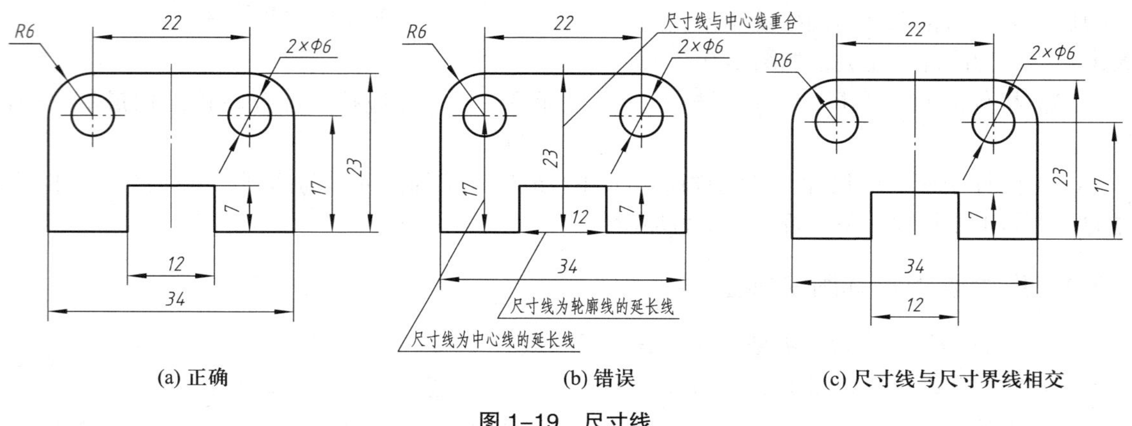

(a) 正确　　(b) 错误　　(c) 尺寸线与尺寸界线相交

图 1–19　尺寸线

3. 尺寸线终端

机械图样的尺寸线终端有**箭头**和**细斜线**两种形式，如图 1–20a 所示。

（1）箭头形式　箭头形式及其大小如图 1–20a 所示。箭头与尺寸界线应接触，如图 1–20b 所示，不应出现如图 1–20c 所示的错误。

在同一张图样上，箭头的大小要一致，箭头一般是由内向外指。但当尺寸界线内侧没有足够位置画箭头时，可将箭头画在尺寸界线的外侧，由外向内指；当尺寸界线内、外均无足够位置画箭头时，可在尺寸线与尺寸界线的相交处用圆点或细斜线代替。圆点的直径为粗实线的宽度 d，如表 1–8 中的小间隔、小圆弧的尺寸注法。

（2）细斜线形式　尺寸线终端也允许用细斜线代替箭头。其大小和画法如图 1–20 所示。

当采用细斜线时，尺寸线与尺寸界线必须保持垂直。一般用于机械制图中的草图或在没有足够的位置画箭头或注写数字处。

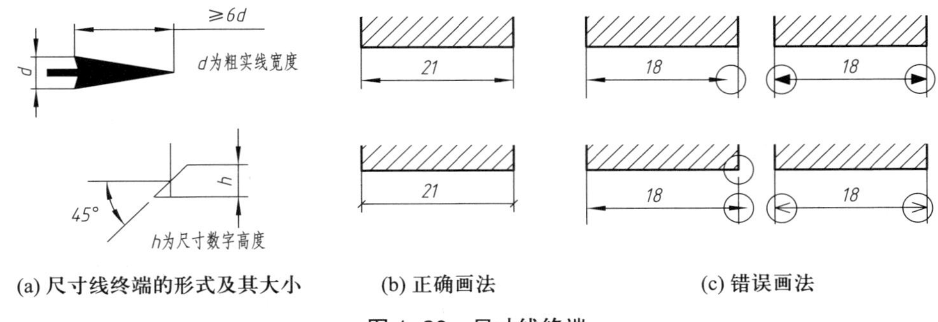

(a) 尺寸线终端的形式及其大小　(b) 正确画法　(c) 错误画法

图 1–20　尺寸线终端

在同一张图样中，尺寸终端只能采用其中一种形式，一般不混合使用，如图 1–21 所示。机械图样的尺寸线终端一般采用箭头形式。

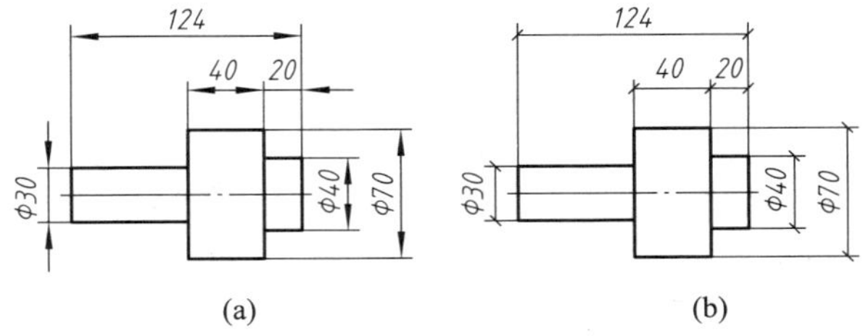

(a)　(b)

图 1–21　同一张图中尺寸终端形式应统一

4. 尺寸数字

尺寸数字表示机件的真实大小，与绘图的比例和绘图精度无关。一般尺寸数字用斜体字。

（1）**线性尺寸数字的位置**　一般注写在尺寸线的一侧，允许注写在尺寸线的中断处，也可以两种位置混用，如图 1–22 所示。

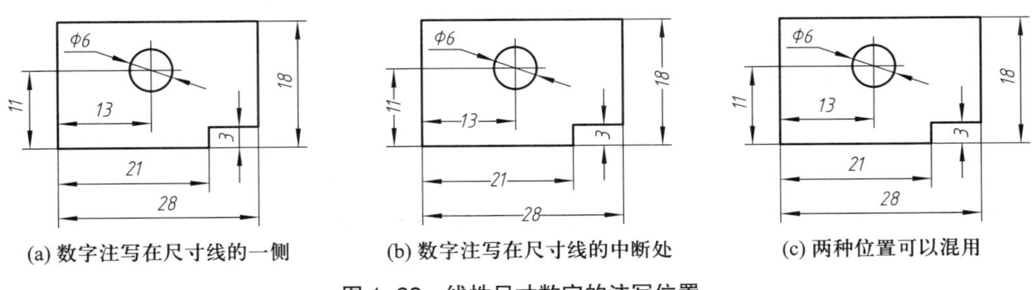

(a) 数字注写在尺寸线的一侧　(b) 数字注写在尺寸线的中断处　(c) 两种位置可以混用

图 1–22　线性尺寸数字的注写位置

（2）**线性尺寸数字的方向**　有以下两种注写方法。

方法 1：如图 1–23a 所示，水平方向的尺寸数字在尺寸线的上方，字头朝上；竖直方向的尺寸数字在尺寸线的左侧，字头朝左；倾斜方向的尺寸数字字头趋于朝上。尽可能避免在图 1–23a 所示的 30°范围内注尺寸，无法避免时，可按图 1–23b 所示的形式标注。其综合应用如图 1–24a 所示。

方法 2：对于非水平方向的尺寸，其数字可水平地注写在尺寸线的中断处。如图 1–24b、c 所示。

标注线性尺寸时，一般应采用方法 1；在不致引起误解时，也允许采用方法 2。但在同一张图样中，应尽可能采用同一种方法。

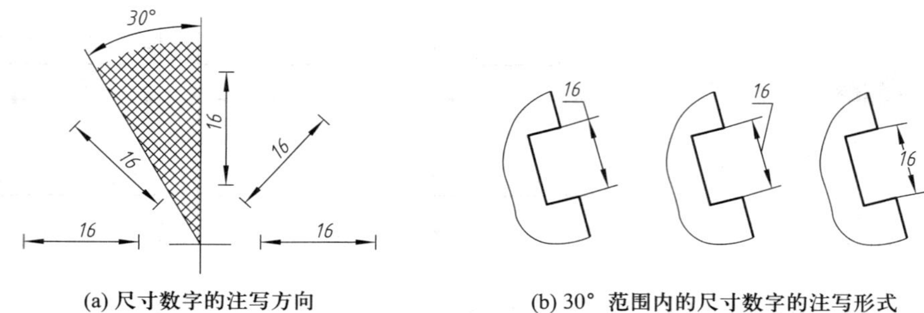

(a) 尺寸数字的注写方向　　(b) 30° 范围内的尺寸数字的注写形式

图 1–23 线性尺寸数字的注写方向

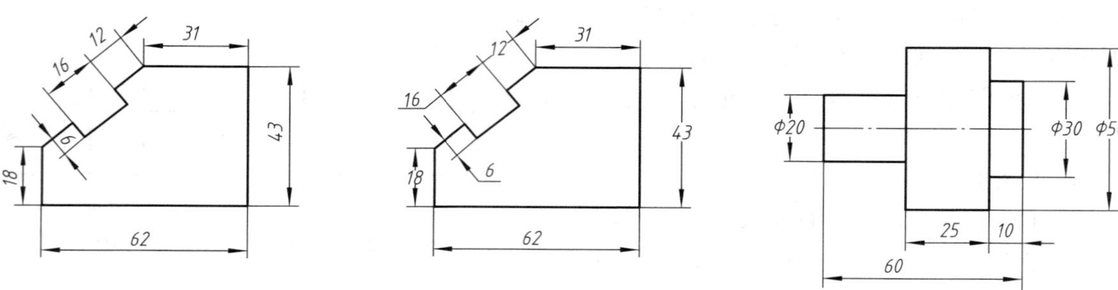

(a) 注写方向方法1的应用　　(b) 非水平方向的尺寸注法的应用一　　(c) 非水平方向的尺寸注法的应用二

图 1–24 线性尺寸数字方向的两种注写方法的应用

（3）**尺寸数字前面的符号是对数字标注的补充与说明** 国家标准中规定了一些表示特定意义的符号和缩写词，见表 1–7。标注尺寸时，应尽可能使用符号和缩写词。

（4）**尺寸数字不得被任何图线通过** 当无法避免时，必须把图线断开，如图 1–25 所示。

表 1–7 尺寸符号和缩写词

名　称	符号或缩写词	名　称	符号或缩写词	符号的比例画法（h 为字体高度）
直径	ϕ	正方形	□	
半径	R	深度	↧	
球半径	SR	沉孔或锪平	⌴	
球直径	$S\phi$	埋头孔	⌵	
厚度	t	弧长	⌒	
均布	EQS	展开长	○→	
45°倒角	C	锥度	◁	
斜度	∠	表中符号的线宽为 h/10		

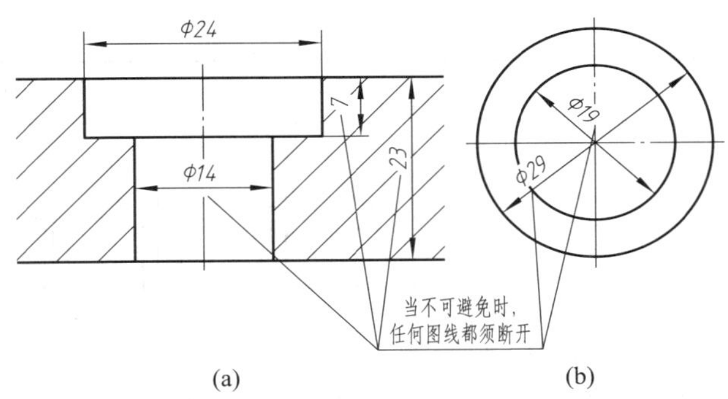

图 1-25 尺寸数字不得被任何图线通过

1.2.3 常用的尺寸注法示例

机械图样中常用的尺寸注法见表 1-8。

表 1-8 常用尺寸注法示例

内容	说　明	图　例
直径与半径	圆的直径和半径尺寸的尺寸线终端应画成箭头。 （1）标注直径尺寸时，应在尺寸数字前加注符号“*ϕ*”；标注半径尺寸时，应在尺寸数字前加注符号“*R*”。 （2）圆或大于半圆的圆弧应注直径。 （3）通常对小于或等于半圆的圆弧注半径，半径尺寸必须标注在反映圆弧实形的图形上。 （4）在同一个图形中，对于尺寸相同的孔，可仅在一个孔上注出其尺寸，并在其尺寸数字前加注“*n*×”，其中 *n* 表示相同尺寸孔的个数。如图例中的 2×*ϕ*3，*n*=2。 （5）标注球面的直径或半径尺寸时，应在符号“*ϕ*”或“*R*”前再加注符号“*S*”。如图例中的 *SR*8、*SR*18、*Sϕ*20。 对于螺钉、铆钉头部、轴和手柄的端部等，在不至于引起误解的情况下，可省略符号“*S*”，如图例中的 *R*16、*R*4。 （6）当圆弧的半径过大或在图纸范围内无法标注其圆心位置时，可按图 c 所示的形式标注。如果圆心位置不需注明，可按图 d 所示的形式标注	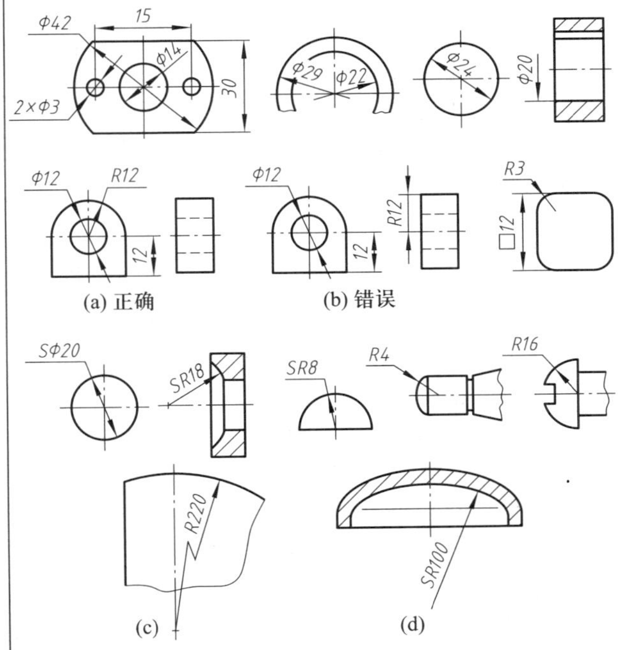 (a) 正确　(b) 错误 (c)　(d)

续表

内容	说　明	图　例
小间隔、小圆和小圆弧	（1）对于狭小部位，没有足够位置画箭头或写字时，箭头可画在尺寸界线外面，或用小圆点代替两个箭头；尺寸数字也可写在尺寸界线的外面或引出标注，详见图例中的尺寸标注形式。 （2）标注小直径或小半径时，箭头和数字都可布置在图的外面，也可用简化注法。但无论是简化还是未简化的注法，尺寸线一定要过圆或圆弧的中心，或箭头指向圆心	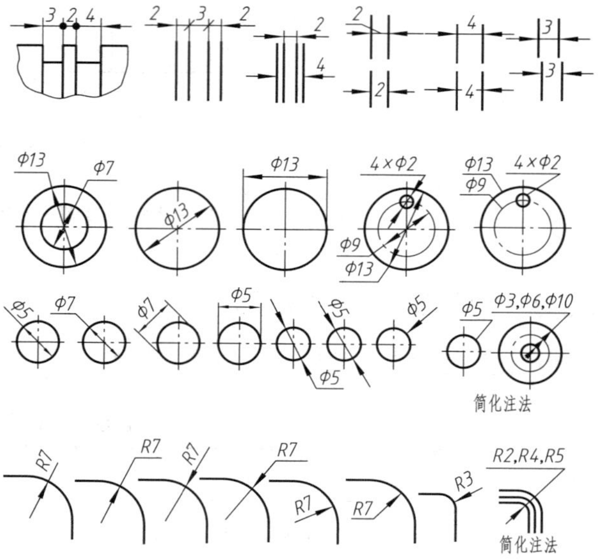
正方形结构	标注断面图形为正方形结构的尺寸时，可在正方形边长尺寸数字前加注符号“□”或用“*B*×*B*”代替（*B* 为正方形的边长）	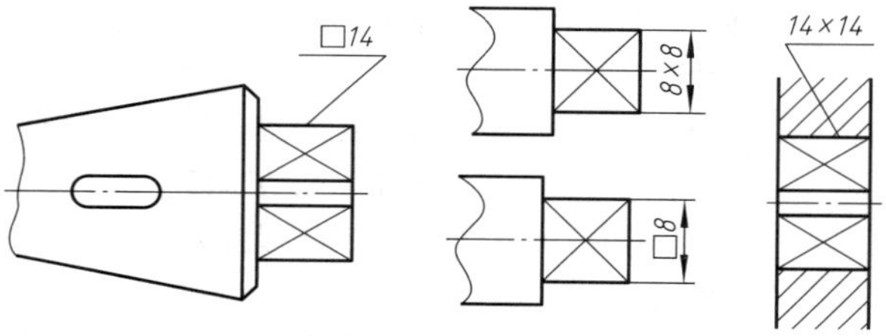
对称图形及板状零件	（1）当图形具有对称中心线时，分布在对称中心线两边的相同结构要素仅标注其中一组要素的尺寸。 （2）当对称物体的图形只画出一半或略大于一半时，要标注完整物体的尺寸数值。此时，尺寸线一端画至尺寸界线并画出箭头，另一端一般略超过对称中心线而不画箭头，如尺寸 36、28、*ϕ* 10、M20–5H 和 120°的标注形式。 （3）标注板状物体时，在厚度尺寸数字前加注符号“*t*”，如图例中所示的尺寸“*t*2”	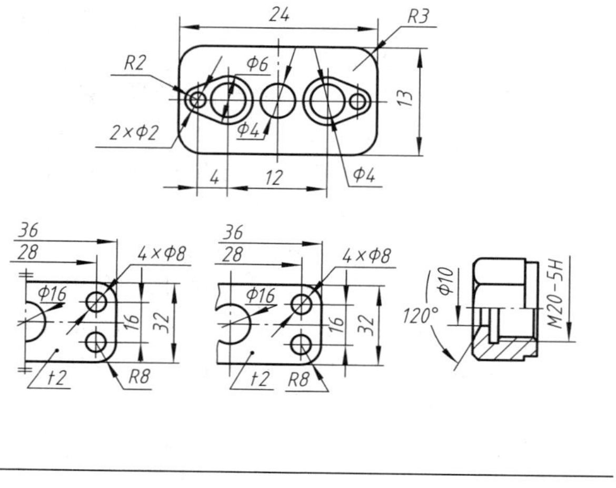

续表

内容	说　　明	图　　例
角度	（1）角度的尺寸界线必须沿径向引出。 （2）角度的尺寸线为圆弧。 （3）角度的数字一般写在尺寸线的中断处，如图 a 所示。必要时，允许写在尺寸线的上方或外边，也可引出标注，如图 b 所示。但角度的数字一律水平注写	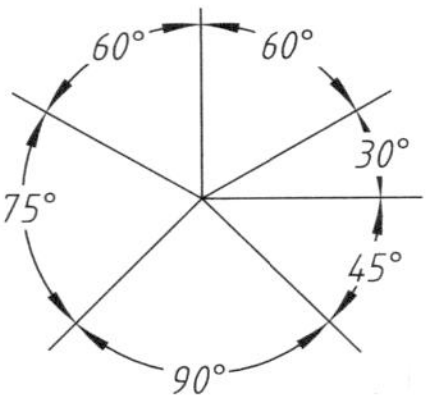 (a) 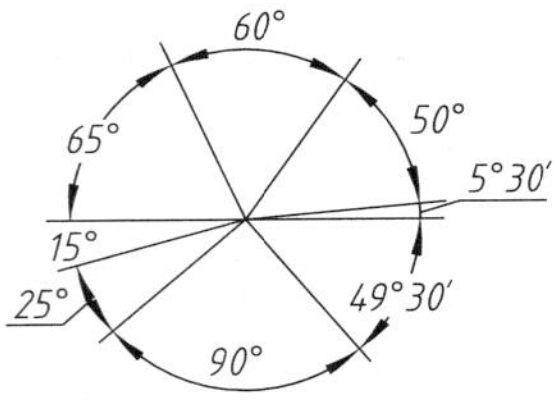　(b) 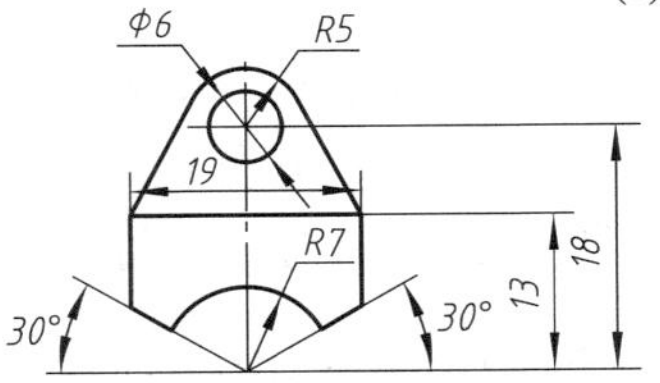　(c)
弧长与弦长	（1）标注弦长的尺寸界线应平行于弦的垂直平分线；尺寸线用直线，如图 a 所示。 （2）标注弧长尺寸的尺寸界线应平行于该弧所对圆心角的角平分线，尺寸线用平行于该弧的圆弧，尺寸数字前面加注“⌒”符号，如图 b 所示；弧度较大时，尺寸界线可沿径向引出，如图 c 所示	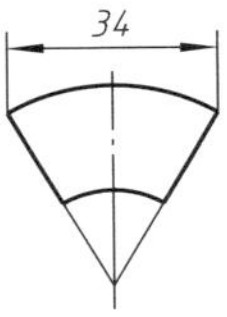 (a) 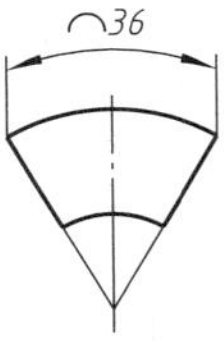　(b) 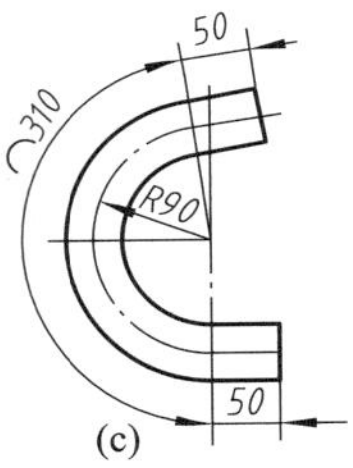　(c)
锥度与斜度	斜度与锥度的标注方法以及符号的画法分别如图 a、b 所示。符号的方向应与斜度、锥度的方向一致。符号的线宽为 $h/10$，h 为字高。 锥度也可注在轴上。 一般在锥度与斜度符号后面用比值形式标注。 一般不需要在标注锥度的同时再注出其角度值（α 为锥顶角），如有必要，则可如图例中所示，在括号内注出其角度值	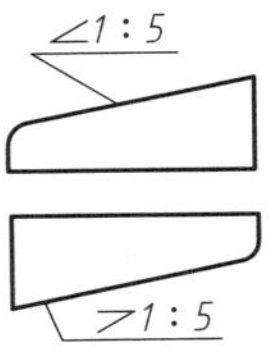 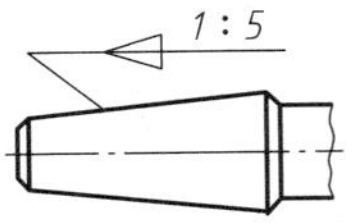 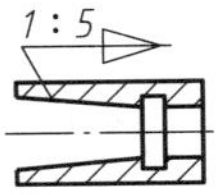 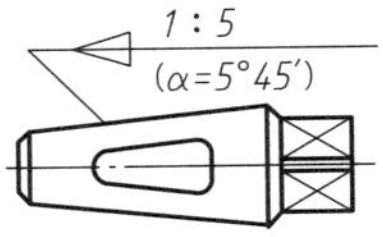 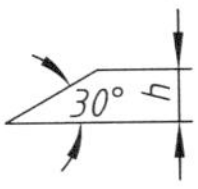 (a) 斜度符号 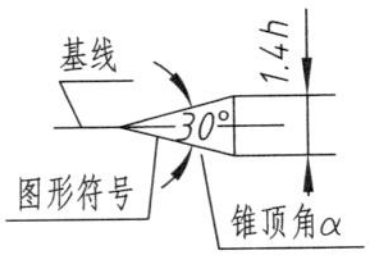　(b) 锥度符号

1.3 几何作图的基本原理及方法

机件的轮廓图形是由直线、圆弧和其他曲线组成的几何图形。因此，熟练掌握几何图形的正确作图方法是提高绘图速度、保证绘图质量的基本技能之一。

1.3.1 任意等分直线段

下面以用平行线法对任意直线段 *AB* 作三等分为例介绍作图步骤：

（1）过直线段一端点 *A* 作任意一直线 *AC*，并用分规或直尺以任意长度在 *AC* 上截取三等份，得等分点 *1*、*2*、*3*，如图 1–26a 所示。

（2）连接点 *B*、*3*，并分别过点 *1*、*2* 作 *B3* 的平行线分别交 *AB* 线段于 *1′*、*2′*，即将线段 *AB* 分为三等份，如图 1–26b 所示。

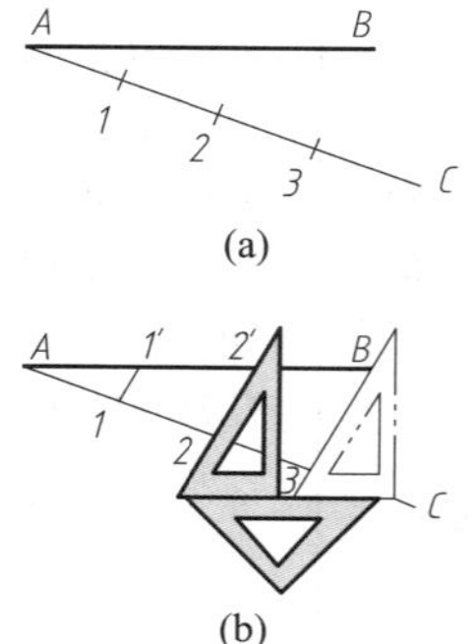

图 1–26 任意等分线段

1.3.2 平行线和垂直线的画法

作任意角度的一系列平行线及垂直线可用两块三角板配合完成。例如，过点 *k* 作 *ab* 的平行线或垂直线的作图方法，如图 1–27 所示。

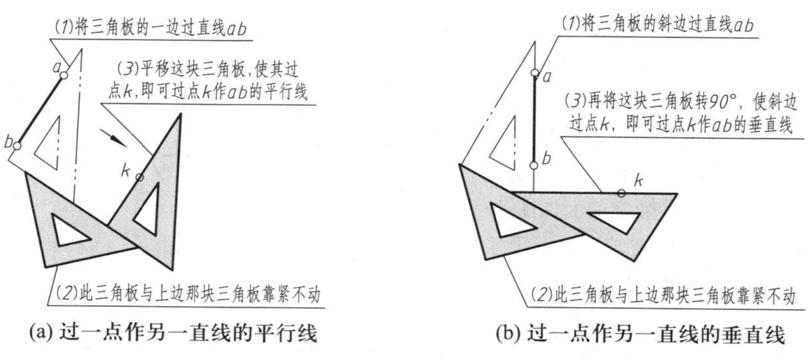

图 1–27 过一点作另一直线的平行线或垂直线

1.3.3 正多边形的画法

正多边形的画法基本上有圆内接正多边形及圆外切正多边形两种画法。这里主要介绍圆内接正多边形的画法，如常用的正五边形、正六边形，并以正七边形为例介绍圆内接正多边形的画法，如图 1–28a、b、c 所示。用丁字尺与三角板配合画正六边形的方法与步骤如图 1–28d 所示。

1.3.4 椭圆的画法

椭圆为常见的非圆曲线，在已知长、短轴的条件下，通常采用同心圆画法和四心近似画法。

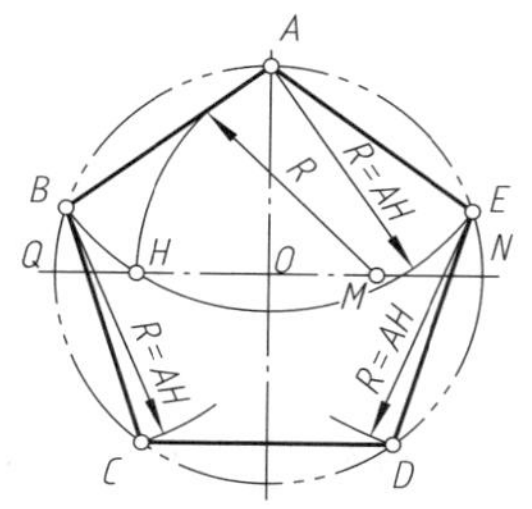

(a) 正五边形的画法

① 画正五边形的外接圆，并作ON的中点M；
② 以点M为圆心、MA为半径画弧交圆的水平直径于点H；
③ 以点A为圆心、AH为半径画弧交圆于点B、E，再分别以点B、E为圆心，以AH为半径画弧交圆于点C、D；
④ 依次连接点A、B、C、D、E、A得正五边形。

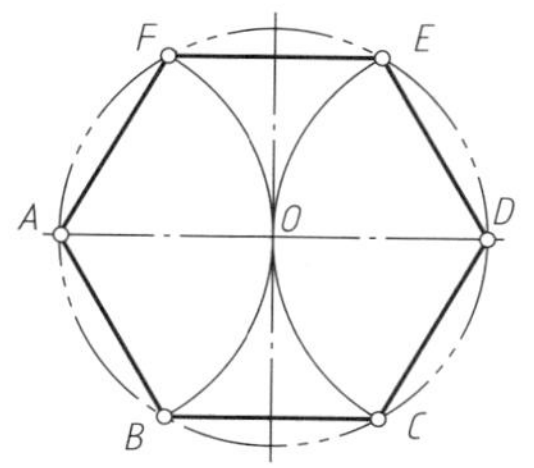

(b) 正六边形的画法

① 画正六边形的外接圆；
② 以圆上点A、点D为圆心，圆的半径为半径画弧交圆于点B、C、E、F；
③ 依次连接点A、B、C、D、E、F、A得正六边形。

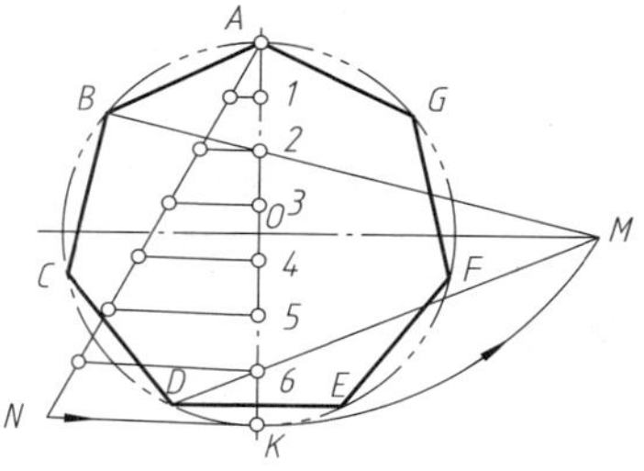

(c) 正多边形的画法（以正七边形为例）

① 画正七边形的外接圆；
② 将竖直直径分成7等份（如果画正n边形，就分为n等份），得等分点1、2、3、4、5、6；
③ 以点A为圆心、AK（外接圆的直径）为半径画弧，交水平中心线于点M；
④ 分别连接$M2$、$M4$、$M6$，并延长与圆周分别相交得点B、C、D，再作出它们的对称点G、F、E；
⑤ 连接点A、B、C、D、E、F、G、A得正七边形。

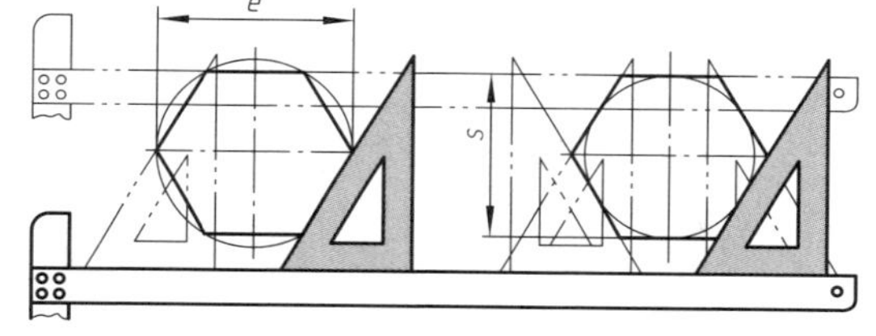

(d) 三角板与丁字尺配合画正六边形

图 1-28 正多边形的画法

1. 同心圆画法

其作图步骤如下。

（1）以点 O 为圆心，分别以长半轴 OA、短半轴 OC 为半径画圆，如图 1-29a 所示；

（2）过圆心作若干射线，分两圆周为若干等份（例如十二等份），如图 1-29b 所示；

（3）从大圆各等分点作竖直线，与过小圆各对应等分点所作的水平线相交，得椭圆上各点，如图 1-29c 所示；

（4）用曲线板将椭圆上各个点光滑连成椭圆，如图 1-29d 所示。

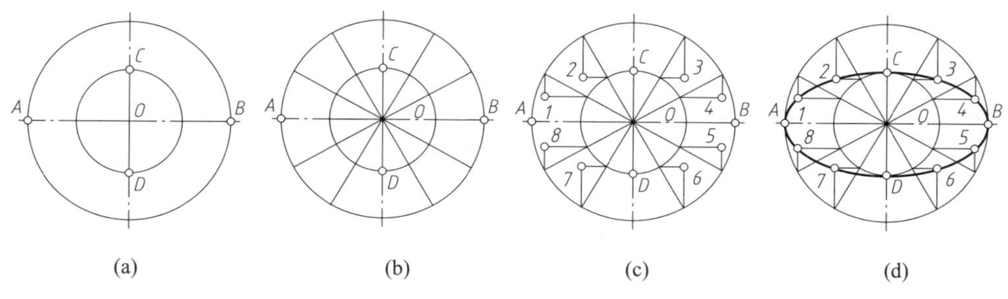

(a) (b) (c) (d)

图 1-29 椭圆的同心画法

2. 四心近似画法

这种画法最适用于长、短轴相差不多的椭圆。

四心近似画法画椭圆的作图步骤如图 1–30 所示。

（1）连接长、短轴的端点 A、E，以点 E 为圆心，长、短半轴之差（EC）为半径画弧，与 AE 线交于点 H，如图 1–30a 所示。

（2）作 AH 的中垂线与长、短轴分别交于 O_1、O_3，并分别求 O_1、O_3 的对称点 O_2、O_4，如图 1–30b 所示。

（3）分别以点 O_3、O_4 为圆心，O_3E、O_4F 为半径画弧，分别交 O_3O_1、O_3O_2 延长线于 N、M 点，交 O_4O_1、O_4O_2 延长线于点 K、L，如图 1–30c 所示；再分别以 O_1、O_2 为圆心，O_1K、O_2L 为半径画弧得弧 $\widehat{KN}$、$\widehat{LM}$，如图 1–30d 所示，四段圆弧近似地代替了椭圆。圆弧间的连接点为 K、L、M、N。

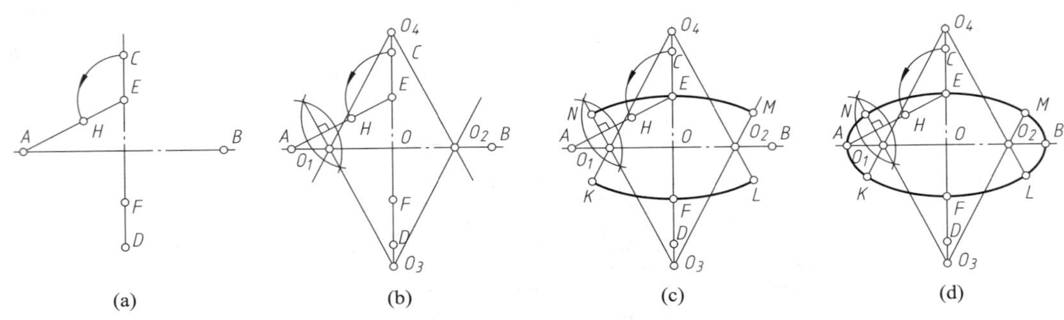

图 1–30 椭圆的四心近似画法

1.3.5 锥度与斜度的画法

1. 概念及符号

（1）**锥度 正圆锥底圆直径与其轴向距离之比或正圆台的两直径之差与其轴向距离之比，称为锥度**。如图 1–31a 所示，正圆锥或正圆台的锥度 $=D/L=(D-d)/l=2\tan\dfrac{\alpha}{2}$，$\alpha$ 为锥顶角。故锥度的大小即为半锥角正切的两倍。

（2）**斜度 一直线（或平面）对另一直线（或平面）的倾斜程度，称为斜度**。如图 1–32 所示，直线 CD 对直线 AB 的斜度 $=(T-t)/l=T/L=\tan\alpha$。故斜度的大小即为直线与直线（或平面与平面）夹角的正切。

2. 标注

斜度和锥度在图样上是以符号和简比形式标注的。其注法见表 1–8 所示。

3. 画法

锥度的画法如图 1–31c 所示。

也可将锥度转化为斜度，如锥度为 1∶5，则斜度为 1∶10，按斜度的画法来作图。

下面以图 1–33a 中工字钢翼缘的斜度 1∶6 的局部放大图来介绍斜度的画法。

（1）按比例 2∶1 的尺寸画出水平线 AB 和对称中心线，并从水平线 AB 的右端点 A 开始，

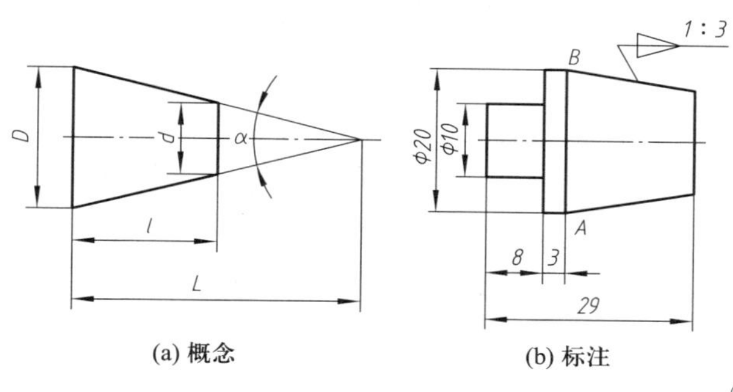

(a) 概念　　(b) 标注

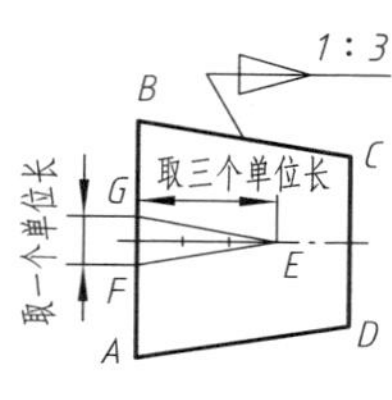

(c) 画法

① 画点画线并按尺寸ϕ20画出线段AB。

② 按图中说明取点E、F、G，连接点E、F和点E、G，直线EF、EG的锥度即为1∶3。

③ 分别过点A、B，作$AD/\!/FE$、$BC/\!/GE$，即AD、BC的锥度为1∶3。

图 1–31　锥度的概念、标注和画法

向左取六个单位得点 E。在对称中心线上自点 A 开始向上取一个单位得点 D，连接点 D、E，即得斜度 1∶6 的直线 DE，由到点 B 的 16 mm 和 7.6 mm 的尺寸求得点 C，过点 C 作 DE 的平行线，即为所求斜度为 1∶6 的工字钢翼缘，如图 1–33b 所示。

（2）按比例 2∶1 尺寸画圆角，并加粗完成放大图，如图 1–33c 所示。

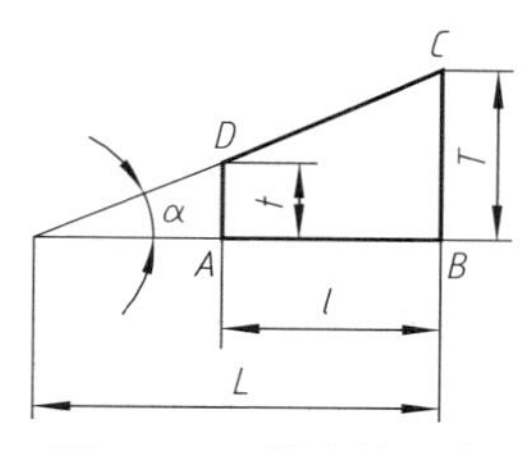

图 1–32　斜度的概念

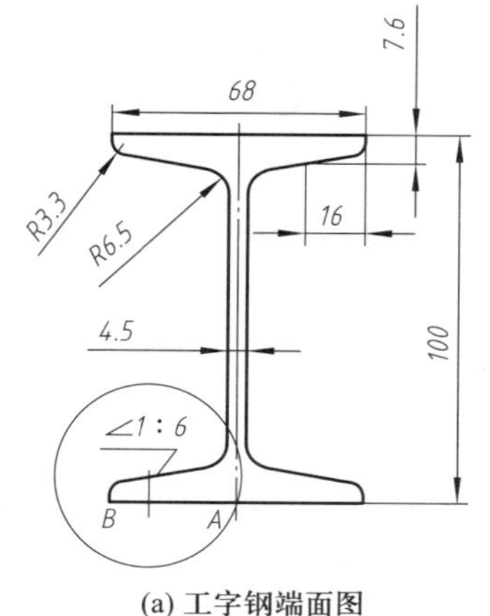

(a) 工字钢端面图

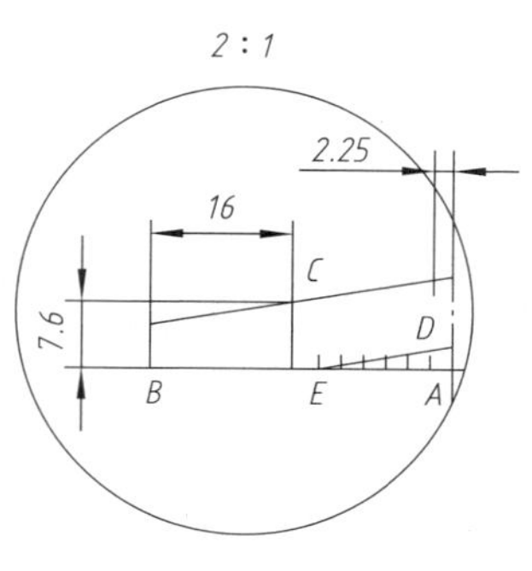

(b) 斜度1∶6的画法

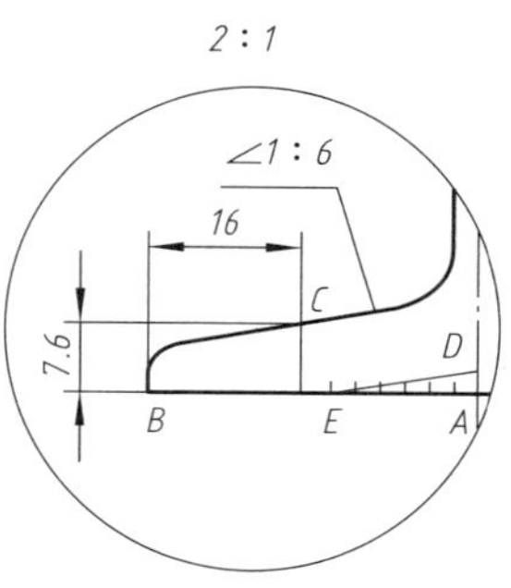

(c) 斜度1∶6的局部放大图

图 1–33　斜度的画法与步骤

1.3.6　图线连接的作图原理及方法、步骤

在工程图样中，用一条图线（线段或圆弧）将两条已知图线平滑连接起来称为图线连接。图线连接有四种基本形式，其几何作图方法及步骤分别详见表 1–9~ 表 1–14。

在图线连接中，准确地求出**切点和连接圆弧的圆心**是保证图线之间光滑相切的关键。

表 1–9 用圆弧连接两相交直线

连接方式	已知条件	求圆心和切点	画弧连接
圆弧与相交两直线连接	直线 l_1、l_2，连接圆弧的半径 R	(a) 夹角为锐角　(b) 夹角为钝角	(a) 夹角为锐角　(b) 夹角为钝角
圆弧与垂直相交两直线连接	直线 l_1、l_2，连接圆弧的半径 R	方法1　方法2	方法1　方法2

表 1–10 用圆弧连接两平行直线

圆弧与一条直线连接（已知直线 l_1 和圆弧半径 R）	圆弧与两条平行直线连接（已知直线 l_1、l_2，圆弧半径 R）
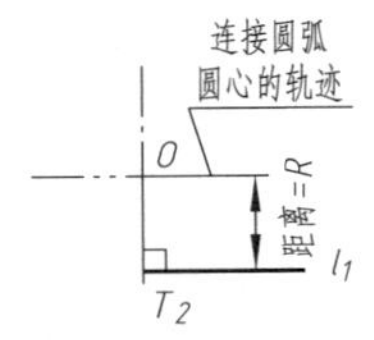 (a) 求圆心和切点　(b) 画圆弧 （1）连接圆弧圆心的轨迹为一条与已知直线距离等于 R 的平行线； （2）过圆心（平行线上任一点）作已知直线的垂线，其垂足为切点	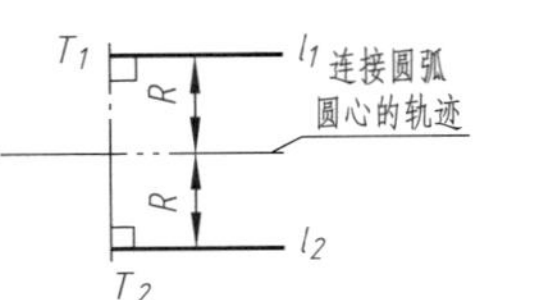 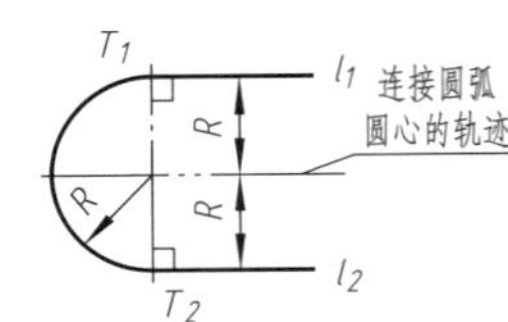 (a) 求圆心和切点　(b) 画圆弧 （1）连接圆弧圆心的轨迹为与两已知直线平行，且距离相等的直线； （2）过圆心（平行线上任一点）分别作已知直线的垂线，其垂足为切点

表 1–11 用圆弧连接圆弧（或圆）的基本作图原理

基本连接方式	圆弧外切连接	圆弧内切连接
作图		

续表

基本连接方式	圆弧外切连接	圆弧内切连接
基本原理	（1）连接圆弧圆心的轨迹为一条与被连接弧（或圆）同心的圆，其半径为两圆弧的半径之和，即 R_1+R； （2）两圆心的连线与被连接圆弧（或圆）的交点即为切点	（1）连接圆弧圆心的轨迹为一条与被连接弧（或圆）同心的圆，其半径为两圆弧的半径之差，即 R_1-R； （2）两圆心连线的延长线与被连接圆弧（或圆）的交点即为切点

表 1–12　用圆弧连接直线和圆弧

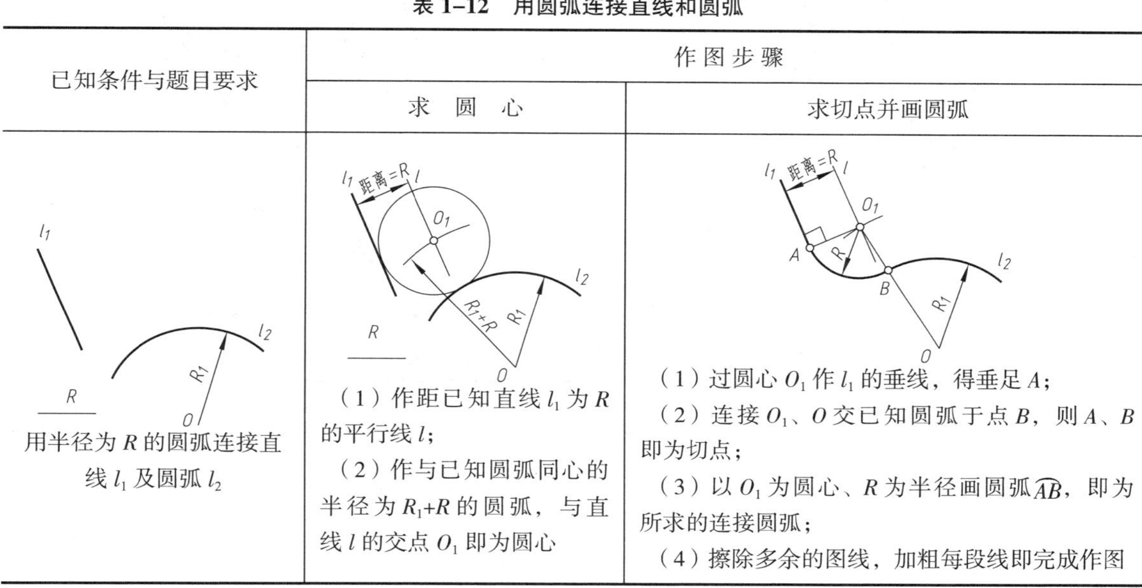

已知条件与题目要求	作图步骤	
	求　圆　心	求切点并画圆弧
用半径为 R 的圆弧连接直线 l_1 及圆弧 l_2	（1）作距已知直线 l_1 为 R 的平行线 l； （2）作与已知圆弧同心的半径为 R_1+R 的圆弧，与直线 l 的交点 O_1 即为圆心	（1）过圆心 O_1 作 l_1 的垂线，得垂足 A； （2）连接 O_1、O 交已知圆弧于点 B，则 A、B 即为切点； （3）以 O_1 为圆心、R 为半径画圆弧 $\overset{\frown}{AB}$，即为所求的连接圆弧； （4）擦除多余的图线，加粗每段线即完成作图

表 1–13　线段连接两已知圆弧（两圆弧公切线的画法）

画两圆弧（或圆）的外公切线	画两圆弧（或圆）的内公切线
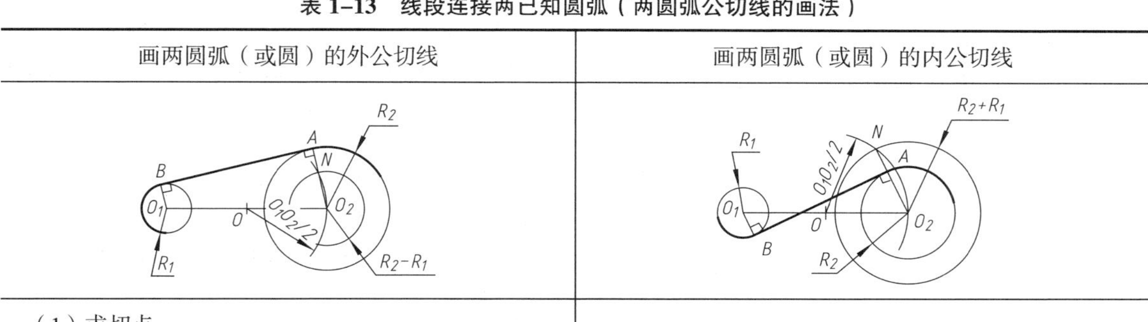	
（1）求切点。 ① 以已知大圆弧（或圆）的圆心 O_2 为圆心、R_2-R_1 为半径画圆； ② 以已知两圆弧（或圆）的圆心距（O_1O_2）的中点 O 为圆心、OO_2 为半径画圆弧与刚画的圆交于点 N； ③ 连接 O_2N 并延长与已知大圆弧（或圆）交于点 A，即为切点；	（1）求切点。 ① 以一个已知圆弧（或圆）的圆心（如 O_2）为圆心、R_2+R_1 为半径画圆； ② 以两圆弧（或圆）的圆心距（O_1O_2）的中点 O 为圆心，OO_2 为半径画弧与刚画的圆交于点 N； ③ 连接 O_2N 与已知弧交于点 A，即为切点；

续表

画两圆弧（或圆）的外公切线	画两圆弧（或圆）的内公切线
④ 过 O_1 作 $O_1B/\!/O_2A$，O_1B 与 O_1 弧（或圆）交于点 B，即得切点。 （2）连接线段 AB，即得两已知圆弧（或圆）的外公切线	④ 过 O_1 作 $O_1B/\!/O_2A$，O_1B 与 O_1 圆交于点 B，即得切点。 （2）连接线段 AB，即得两已知圆弧（或圆）的内公切线
用两三角板完成两圆弧的外公切线 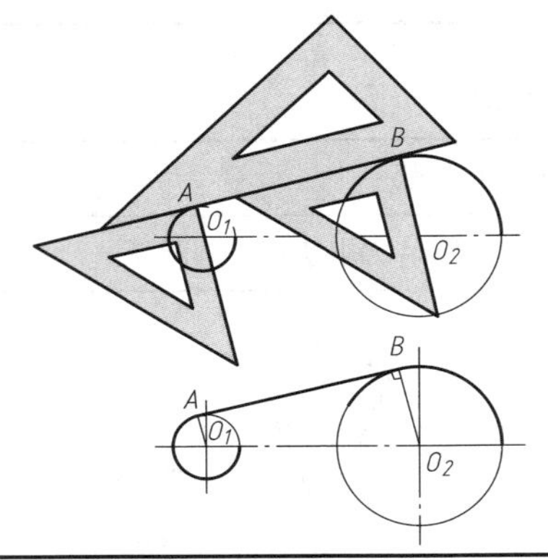 	用两三角板完成两圆弧的内公切线 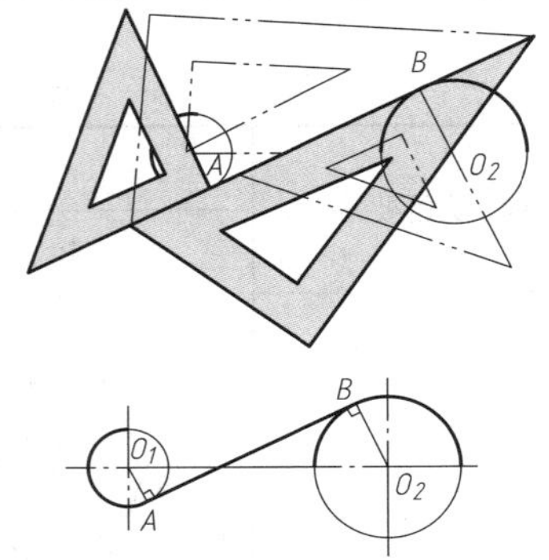

表 1–14　用圆弧连接两已知圆弧

已知条件与题目要求	作图步骤	
外切圆弧的半径 r 内切圆弧的半径 R 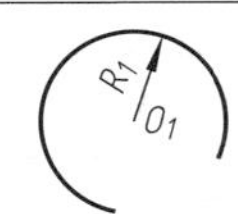 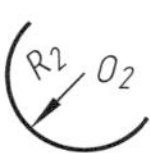 （1）用半径为 r 的圆弧外切于两已知圆弧，两已知圆弧的半径分别为 R_1、R_2； （2）用半径为 R 的圆弧内切于两已知圆弧，两已知圆弧的半径分别为 R_1、R_2	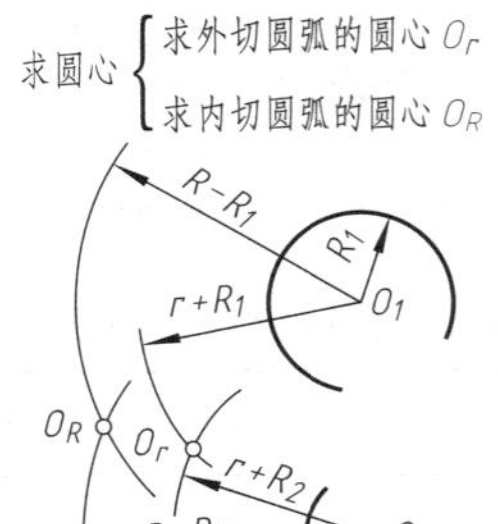 （1）求半径为 r 的外切圆弧的圆心。以 O_1、O_2 为圆心，$r+R_1$、$r+R_2$ 为半径分别画圆弧得交点 O_r，即为外切圆弧的圆心； （2）求半径为 R 的内切圆弧的圆心。以 O_1、O_2 为圆心，$R-R_1$、$R-R_2$ 为半径分别画圆弧得交点 O_R，即为内切圆弧的圆心	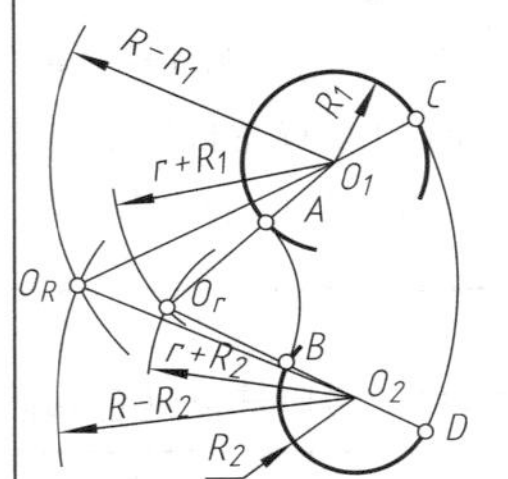 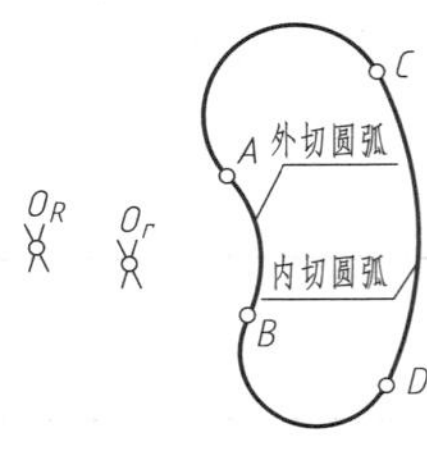 **(a) 求切点并画连接圆弧　(b) 擦除多余线，依次加粗各段圆弧** （1）求外切圆弧与两已知圆弧的切点 A、B，并画外切圆弧。 ① 连接 O_r 和 O_1 交已知圆弧 O_1 于点 A； ② 连接 O_r 和 O_2 交已知圆弧 O_2 于点 B； ③ 以 O_r 为圆心、r 为半径从 A 到 B 画圆弧即完成外切连接。 （2）求内切圆弧与两已知圆弧的切点 C、D，并画外切圆弧。 ① 连接 O_R 和 O_1 并延长交已知圆弧 O_1 于点 C； ② 连接 O_R 和 O_2 并延长交已知圆弧 O_2 于点 D； ③ 以 O_R 为圆心、R 为半径从 C 到 D 画圆弧即完成内切连接。 （3）擦除多余线，依次加粗各段圆弧

1.4 平面图形的画法

平面图形的构形元素一般有直线段、圆弧或圆。平面图形是由一个或由多个线段组成的封闭图形。下面以图 1-34 所示的手柄的平面图形为例来介绍平面图形的画法和尺寸注法。

1.4.1 平面图形的尺寸分析

平面图形的尺寸可以分为**定形尺寸**和**定位尺寸**两类。

1. 定形尺寸

确定平面图形中各几何元素大小的尺寸。例如直线段的长度、圆的直径或半径等。如图 1-34 中的 15、ϕ5、ϕ30、ϕ20 以及各圆弧的半径等尺寸。

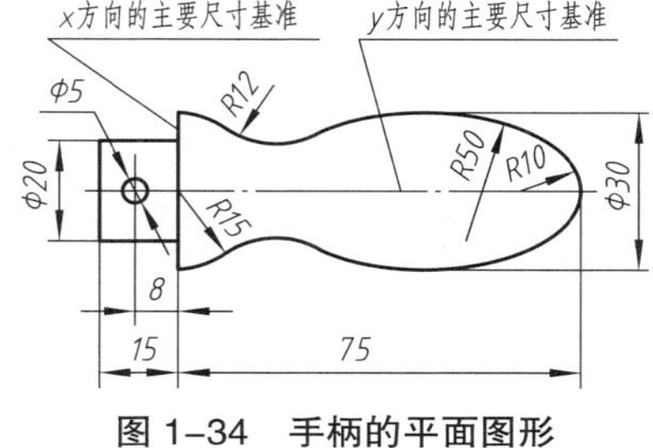

图 1-34 手柄的平面图形

2. 定位尺寸

确定平面图形中各几何元素相对位置的尺寸为定位尺寸。一般指圆心的 x、y 两个方向定位、线段的定位。例如图 1-34 中的 8 是确定 ϕ5 圆心的 x 方向位置的尺寸，75 是确定 R10 圆心位置的尺寸。标注定位尺寸时，首先要确定尺寸基准。定位尺寸为零时，不标注。

3. 尺寸基准

从几何角度理解尺寸基准是确定尺寸位置的几何元素，通常以点、直线、对称中心线等为尺寸基准。一个平面图形应有 x、y 两个方向的尺寸基准，在每个坐标方向上有一个主要尺寸基准，还可有一个或几个辅助尺寸基准。如图 1-34 中的两个方向的主要尺寸基准。

4. 常见平面图形的尺寸注法示例

常见平面图形的尺寸注法见表 1-15。

表 1-15 常见平面图形的尺寸注法

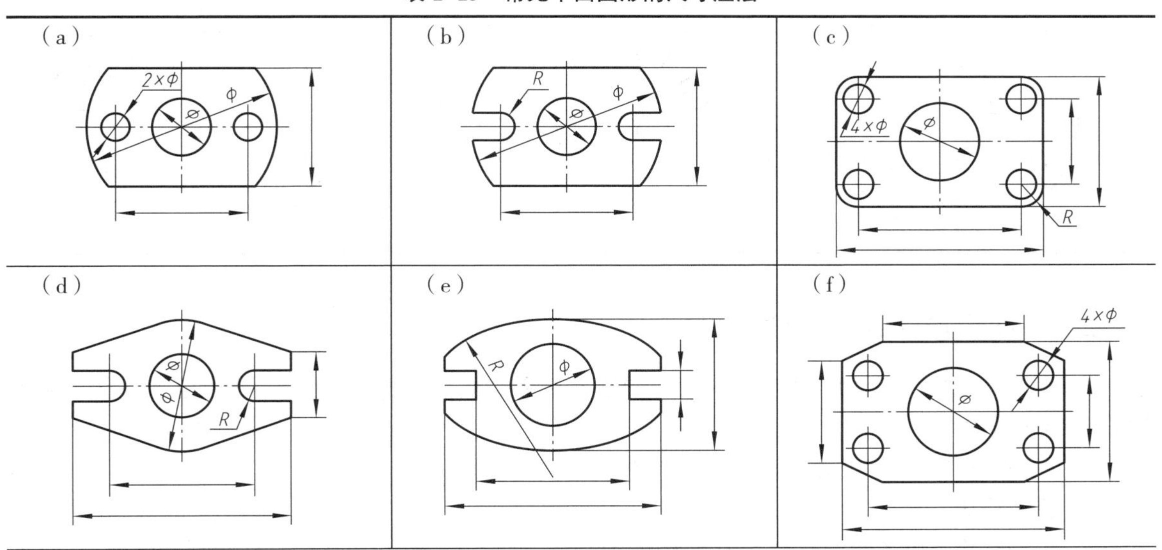

续表

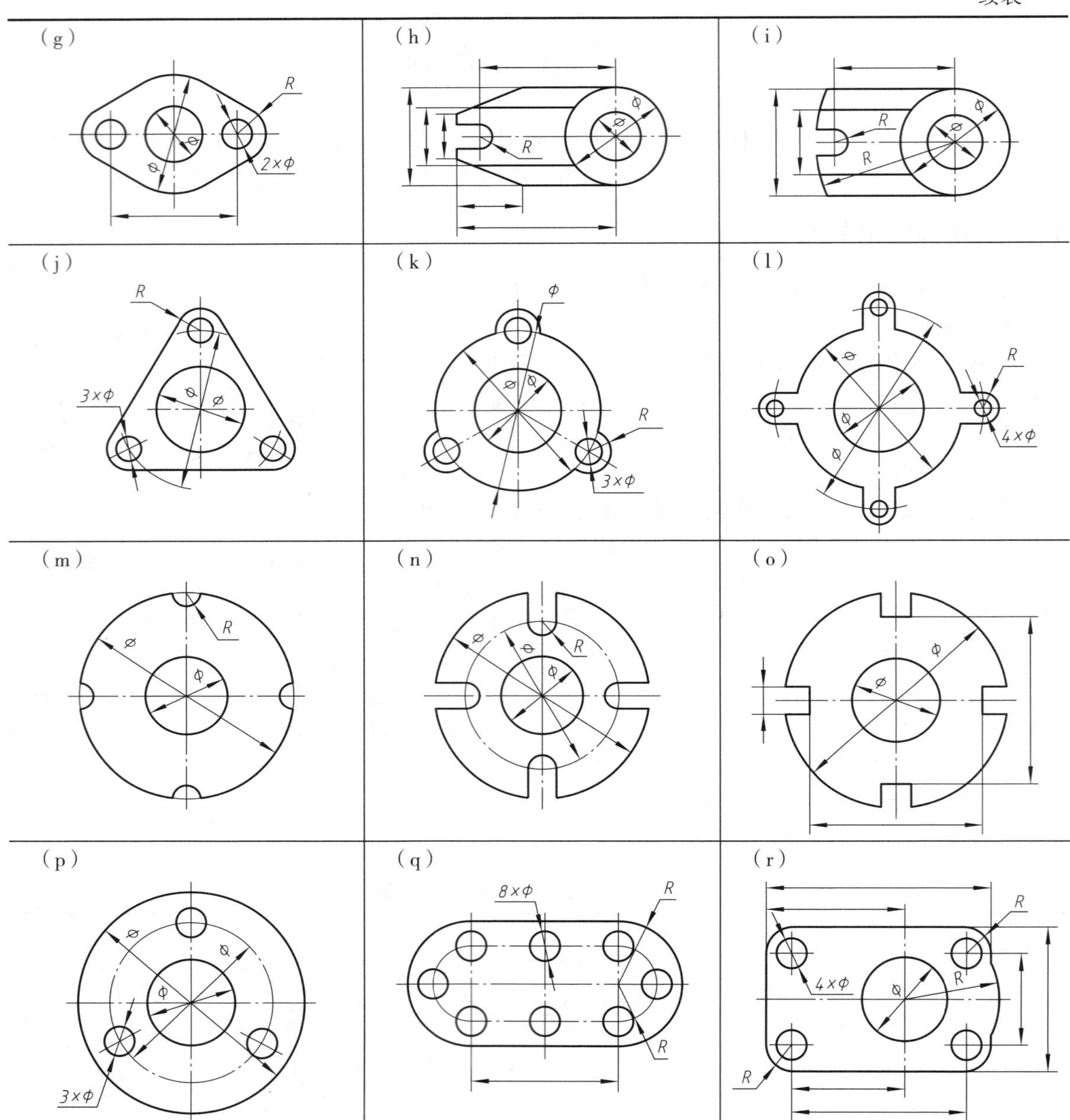

1.4.2 平面图形中的线段分析

根据平面图形所标注的尺寸和线段间的连接关系，可将图形中的线段分为**已知线段、中间线段**和**连接线段**三类。

下面以图 1–34 所示的各线段为例进行分析。

1. 已知线段

具有定形尺寸和齐全的定位尺寸的线段称为已知线段。即可以独立地直接画出的圆弧（圆）

或直线。如图中的 ϕ5、R15 和 R10 为已知圆和已知圆弧，左侧的直线段为已知直线段。

2. 中间线段

具有定形尺寸和不齐全的定位尺寸的线段称为中间线段。即除图形中标注的尺寸外，还需要根据其一侧与已知线段的连接关系才能画出的线段为中间线段。如图中的 R50 圆弧，其圆心的位置需利用其与 R10 圆弧的内切关系才能确定，再连接**中间圆弧和已知圆弧（圆）的圆心并延长与已知圆弧（圆）的交点**得切点，此圆弧才能画出。

3. 连接线段

只有定形尺寸没有定位尺寸的线段称为连接线段。即需要依靠其两侧的连接关系才能画出的线段为连接线段。如图中的 R12 圆弧，其圆心的两个方向定位尺寸均未知，需要利用其左侧与 R15 外切、右侧与 R50 外切的关系才能确定圆心和切点，R12 圆弧才能画出。

1.4.3 平面图形的画图举例

画平面图形的顺序应是先画已知线段，再画中间线段，最后画连接线段。所以，在画平面图形之前必须先对图形进行线段分析和尺寸分析，以确定画图的正确顺序。

图 1–34 所示平面图形的作图步骤如图 1–35 所示。

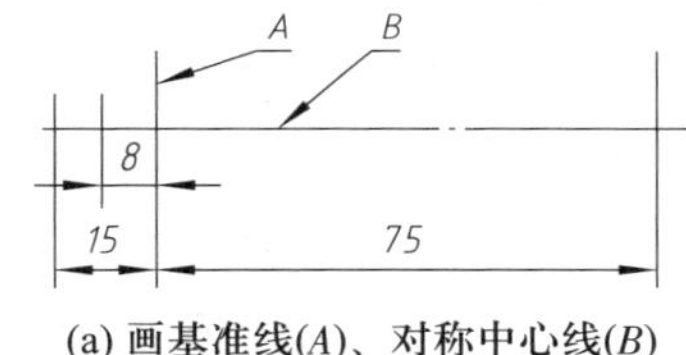

(a) 画基准线(A)、对称中心线(B)

① 画主要基准线和对称中心线，对称中心线B的长=15+75+伸出轮廓线外的量（2~3 mm）；
② 画距离为8、15、75的三条垂直于B的直线。

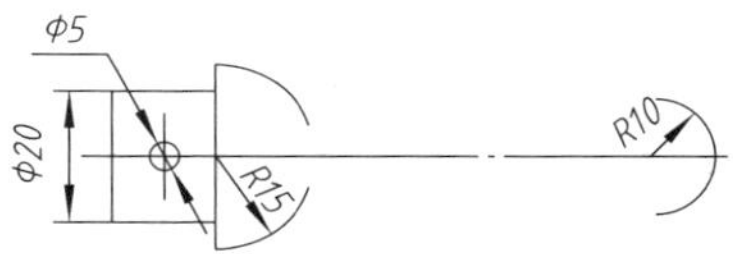

(b)画已知直线段及已知圆弧、圆；

① 画左侧矩形；
② 画已知圆弧R15、R10及圆ϕ5。

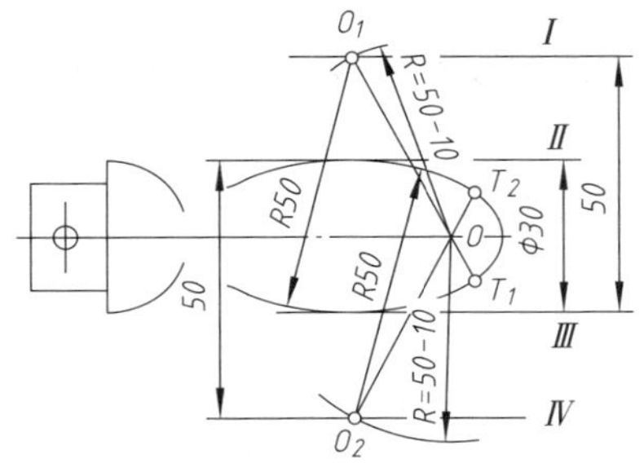

(c) 画中间圆弧——求中间圆弧的圆心及切点

① 按ϕ30尺寸画出与点画线平行的两平行线Ⅱ、Ⅲ；
② 分别作与Ⅱ、Ⅲ线相距50 mm的两平行线Ⅳ、Ⅰ。根据内切的作图原理，以O为圆心、R（50–10）为半径画弧，分别与Ⅰ、Ⅳ相交于O_1、O_2，即为R50的圆心；
③ 分别连接O_1与O、O_2与O，并分别延长与弧R10交于点T_1、T_2，即得切点；
④ 分别以O_1、O_2为圆心，R50为半径，以T_1、T_2为始点画出中间圆弧。

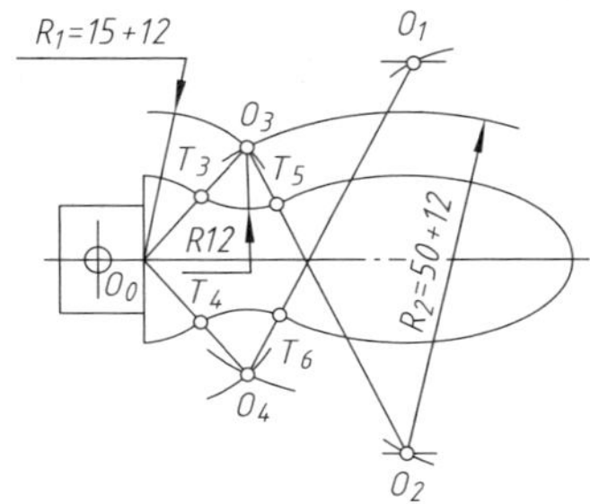

(d)画连接圆弧——求连接圆弧的圆心及切点

① 根据圆弧外切的作图原理，以O_1、O_2为圆心，R(50+12)为半径画圆弧，与以O_0为圆心、R(15+12)为半径的圆弧分别相交于O_3、O_4，即为R12的圆心；
② 分别连接O_0与O_3、O_0与O_4交R15圆弧于T_3、T_4两点，连O_2与O_3、O_1与O_4，交R50圆弧于T_5、T_6两点，即为切点；
③ 分别以O_3、O_4为圆心，R12为半径画出两段连接圆弧，完成手柄平面图形的底稿。

图 1–35 手柄平面图形的画法

1.5 绘图技能

仪器绘图、徒手绘图和**计算机绘图**是工程设计绘图的三种主要绘图手段。作为工程技术人员必须具备这些基本绘图技能。本章主要介绍前两种。

1.5.1 仪器绘图的方法与绘图步骤

1. 准备工作

（1）将绘图工具及仪器擦拭干净，削磨好铅芯（参见习题集），把桌面收拾整洁，洗净双手。

（2）根据图形大小、数量及复杂程度选取比例，确定图纸幅面。

（3）鉴别图纸正反面，将图纸用胶带固定在图板偏左下方适当位置，图纸下方应留出放丁字尺的位置。

2. 画底稿

使用2H或H铅笔，按各类图线的规格，轻轻地用很细的线画底稿。

（1）画纸边界线、图框及标题栏。

（2）布局，确定各图形在图框中的位置。图框与图形、图形与图形之间应留出适当的间隔，通常是在水平或竖直方向采用3∶4∶3布局法，如图1–36所示。

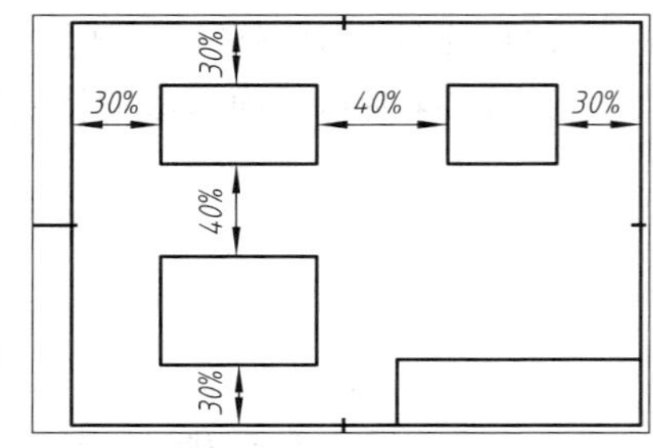

图1–36 图形布局

（3）画图形的底稿，

① 画出各个图形的主要基准线以确定图形的位置。如对称中心线、圆的中心线和图形主要轮廓线等，如图1–37a所示。

② 按图1–35的步骤绘制各个图形的已知线段、中间线段及连接线段，完成主要轮廓线。

③ 画细节，完成全部图形底稿，如图1–37b所示。

（4）画出尺寸界线和尺寸线（根据情况，也可画出箭头）。

（5）检查，擦去多余的图线，完成全部底稿，如图1–37c所示。

3. 加深图线

利用铅芯为B或HB的铅笔及铅芯为2B或B的圆规进行加深。加深时应按照先细后粗的原则进行。同一种图线的加深顺序为：先圆、圆弧后直线，由上而下加深竖直线、由左向右加深水平线，最后加深倾斜线。细线的加深，也可画底稿时一次完成。

4. 完善图样

画箭头、注写尺寸数字、填写标题栏及其他文本。

5. 整理图纸

校核全图，取下图纸，沿纸边界线裁边，如图1–37d所示。

1.5.2 徒手绘制草图的方法

徒手绘图是一种不用绘图仪器与工具，按目测比例徒手画图的方法。这种徒手目测绘制的图称为草图。草图没有比例，但应使图形基本保持物体各部分比例关系。草图并不意味着潦草，应做到图形表达正确，符合绘图标准，图线清晰，字体工整，尺寸标注合理、无误，图面整洁。

(a) (b) (c) (d)

图 1-37 绘图的方法与步骤

1. 握笔的姿势

手握笔的位置要比用仪器绘图时稍高一些，手指距笔尖 4~5 cm。握笔的力量不要过大，手腕悬空，笔杆与纸面成 50°角左右。

2. 目测的方法

对初学者来说，多做一些绘制定长的水平、竖直和具有一定角度的斜线线段的练习及线段等分的练习。画具有一定角度的斜线线段时多以 90°线为参考来练习画角的等分线，如图 1–38 所示。

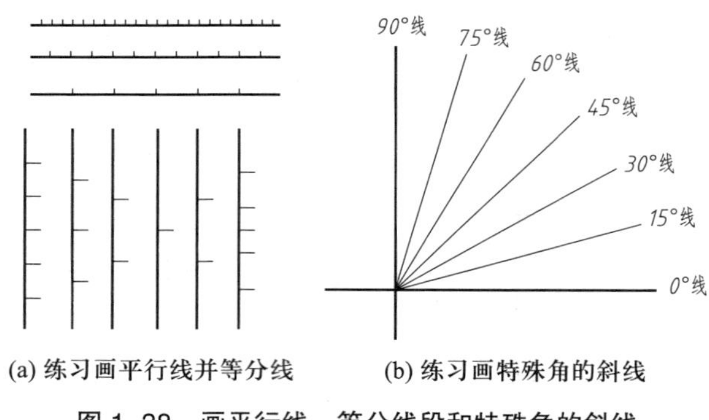

(a) 练习画平行线并等分线　(b) 练习画特殊角的斜线

图 1–38　画平行线、等分线段和特殊角的斜线

3. 徒手画直线

画竖直线或水平线时将纸略微左倾，如图 1–39a 所示。画短线时用手腕运笔，画长线时以手臂动作。小手指压住纸面，眼视线段终点便于控制画线方向。对于画水平线、竖直线和 45°线的运笔方向及图纸的放置如图 1–39b、c 所示。

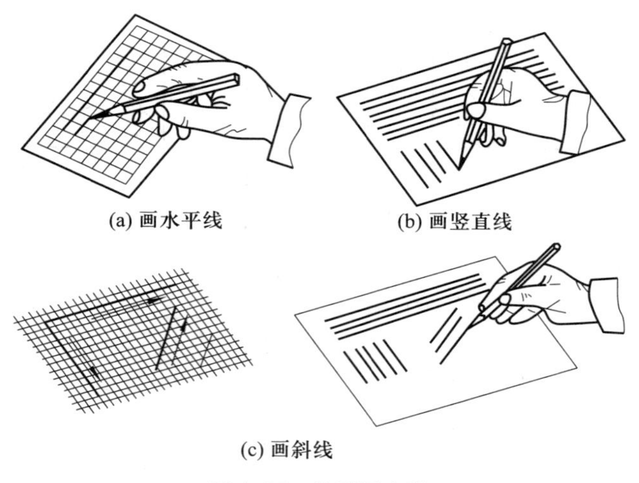

(a) 画水平线　(b) 画竖直线

(c) 画斜线

图 1–39　徒手画直线

画 45°、30°、60°等斜线时，可利用直角三角形对应边的近似比例关系确定斜线的两端点，如图 1–40 所示。

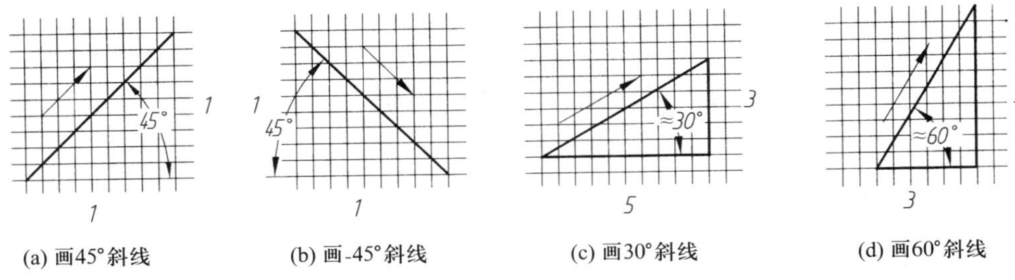

(a) 画45°斜线　(b) 画-45°斜线　(c) 画30°斜线　(d) 画60°斜线

图 1-40　徒手画斜线

4. 徒手画圆

画小圆时，先定圆心位置，过圆心画对称中心线，用目测定出 4 个中心线上的圆的极限位置点，如图 1-41a 所示。画大圆时，应在画小圆所取的四个点的基础上，再过圆心加画两条 45° 的斜线并取四个点，如图 1-41b 所示。也可借助于外切正方形的切点（4 个）和中心线上 4 个圆的极限位置点画圆，如图 1-41c 所示。

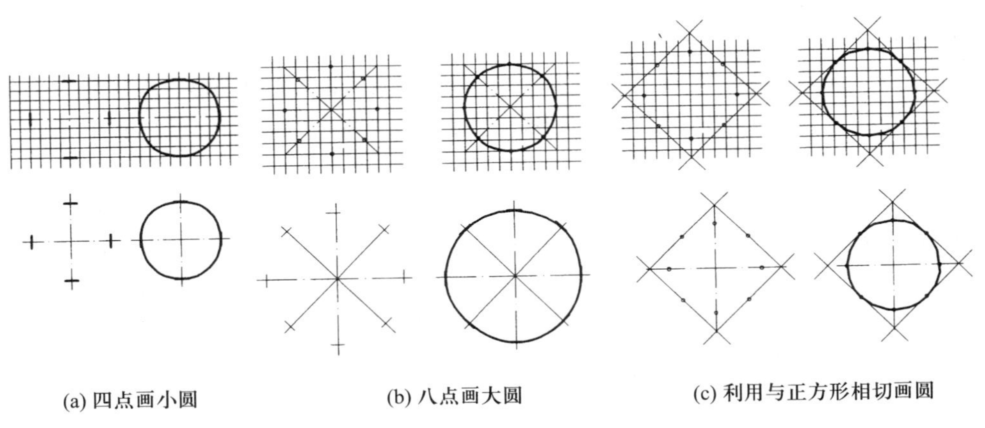

(a) 四点画小圆　(b) 八点画大圆　(c) 利用与正方形相切画圆

图 1-41　徒手画圆弧和圆

对其他曲线，亦可利用其与正方形、矩形、菱形相切的特点来徒手绘制，如图 1-42 所示。

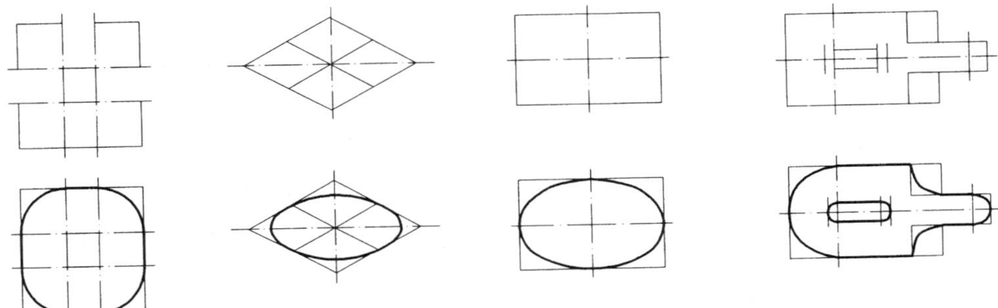

图 1-42　圆角、椭圆和圆弧连接的画法

1.6 平面图形的构形设计

1.6.1 平面图形构形设计的基本原则

平面图形是指反映物体形状特征和其功能特征的轮廓图形。因此，平面图形的构形设计主要应体现下列原则。

1. 构形设计应体现功能特征性和工程应用性

平面图形构形的表达对象主要是各种工具、仪器、设备和日常产品、用品等，因此构造的几何形状应既具功能特征，又具工程应用性。

2. 平面图形的构形设计不仅要有仿形性、实用性，还要有创意性、美观欣赏性

构形设计不应仅仅是仿形或现有产品的翻版、描述，而应在分析、综合的基础上加以总结、抽象、联想、创意，使其超越现实，功能更强大，用途更广泛，外形更美观，精巧，优点更突出。

3. 平面图形构形设计的画图要有简便性，尺寸标注要有方便性

平面图形构形设计应尽可能地考虑采用常用几何元素和常规平面图形，尽量避免应用非圆曲线和自由曲线，这有利于用常规的绘图工具绘图和尺寸标注。平面图形构形设计并非抽象的、不标注尺寸的美术画，而应考虑画图简便，标注尺寸方便，结构合理，创意先进并实用。

1.6.2 平面图形构形设计的方法

1. 用图线连接的方法进行平面图形构形设计

用这种方法进行平面图形构形设计，一般要提出设计的功能要求和轮廓形状特征要求。

例如：设计一个满足下列要求的挂钩轮廓平面图形。

（1）外形轮廓设计要求：包含直线与圆弧外切与内切、圆弧与圆弧内切与外切（或只有一种相切）。外形美观、作图简便，标注尺寸方便。

（2）功能要求：确保有 $\phi 8$ 的轴孔和 $R8$（或更大半径）的挂钩内弧。

分析：按外形轮廓设计要求和功能要求，开启你的思维大门，展开你的丰富想象力，构思设计满足条件的各种各样的挂钩。

画图：满足上述条件的挂钩轮廓设计方案很多，这里仅给出其中三个方案。

下面以图 1–43b 所示的方案二为例说明设计画图步骤。

（1）画 $\phi 8$ 轴孔和 $R8$（或更大半径）挂钩内弧的点画线。上、下距离为 30 mm，左、右距离为 4 mm。

（2）画出 $\phi 8$ 圆和 $\phi 16$ 圆弧，满足功能要求条件。再设计 $\phi 8$ 圆和 $\phi 16$ 圆弧的外部形状轮廓，如画与 $\phi 8$ 圆同心的 $R8$ 圆弧，与 $\phi 16$ 挂钩内弧不同心（向右偏 4mm）的 $R17$ 圆弧。

（3）设计轴孔与挂钩之间的外形：画圆弧 $R8$ 和 $\phi 16$ 圆的内公切线和圆弧 $R8$ 与 $R17$ 的外公切线，满足外形轮廓要求中的包含直线与圆弧外切与内切条件。

（4）设计挂钩钩端形状：画连接圆弧 $R2.3$。$R2.3$ 圆弧左边与 $R17$ 弧内切，右边与 $\phi 16$ 外切，满足外形轮廓要求中的包含圆弧与圆弧外切与内切条件。

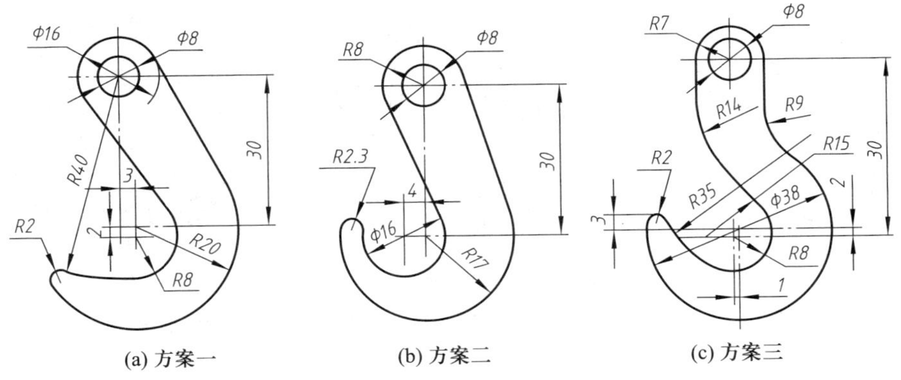

(a) 方案一　(b) 方案二　(c) 方案三

图 1–43　用图线连接的方法进行平面图形构形设计

（5）标注尺寸。

（6）擦去多余图线，加粗、加深，完成全图。

如果改变挂钩内弧 *R*8 为更大半径，则又可构形设计出更多的图案，图 1–44 就是其中一个方案。

2. 用平面基本几何图形按照给定功能要求和尺寸约束条件进行平面图形构形设计

例如，构形设计一个满足下列条件的家用电器或厨房用具的一个附件用品的平面图形。

具体要求：外形轮廓设计为半径为 30 mm 的圆；圆内有规律地分布着直径为 4 mm（或 3 mm）的小圆通孔，个数可为 36~60；根据功能要求可添加一些其他结构以更好发挥其功能并增加其美感。

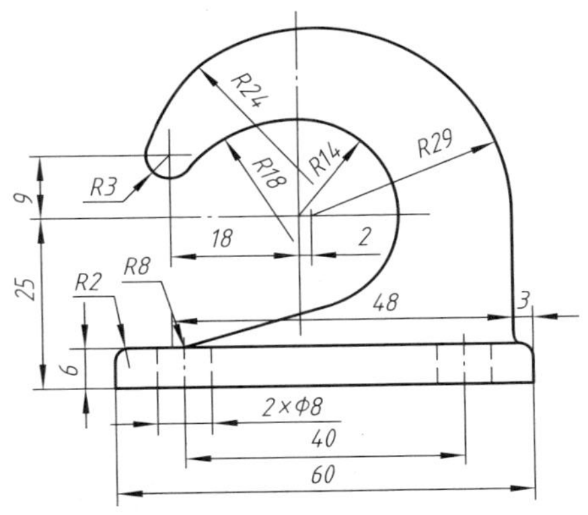

图 1–44　平面图形构形设计方案四

分析：

（1）按其功能要求是家用电器或厨房用具的一个附件用品。

（2）用给定直径 ϕ60 的圆作为外形轮廓设计的约束条件。在 ϕ60 圆内小圆的分布规律是靠近圆心的个数少，远离圆心的个数逐渐多。满足上述条件的设计方案较多，这里给出三个方案。

画图：

（1）画 ϕ60 圆的对称中心线和 ϕ60 圆。

（2）确定分布规律。

① 用纯圆构形设计：小圆分别按 6、12、18 均匀分布在三圈上，如图 1–45a 所示；小圆分别按 8、16、24 均匀分布在三圈上，且每圈之间又增加两道圆，如图 1–45b 所示。

② 用圆和直线构形设计：最外圈均匀分布 24 个圆，使其他各圈小圆分别以 6、12、18，呈放射形分布，并设计放射形直线及圆角，如图 1–45c 所示。

（3）按不同分布规律分别画出各圆。在画每圈上的小圆时，先定圆心再画圆。

（4）标注尺寸（省略）。加粗、加深图线，完成构形设计全图。

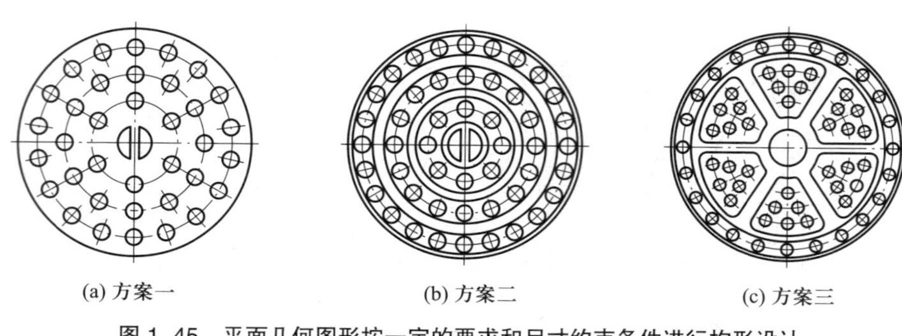

(a) 方案一 (b) 方案二 (c) 方案三

图 1-45 平面几何图形按一定的要求和尺寸约束条件进行构形设计

3. 用平面基本几何图形通过二维图形变换进行平面图形构形设计

用二维图形变换进行构形设计，首先要根据设计要求确定变换对象，再选用变换类型。

二维图形变换常用的有平移复制，旋转复制，矩形、环形阵列，镜像，旋转和比例缩放变换等。可以单独使用某一种变换或几种变换组合应用。对同一种变换而言，改变变换对象或变换项目、变换参数的大小或变换基准，其结果会不同。这里仅给出很少几个图例，如图 1-46 所示。

4. 综合运用上述几种设计方法进行构形设计（略）

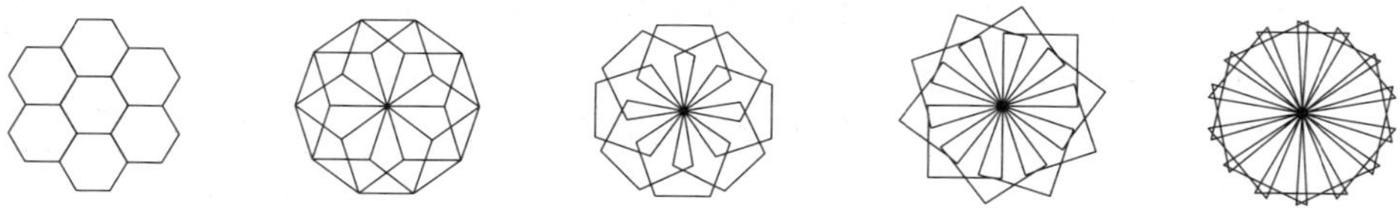

(a) 环形阵列中的变换对象及变换项目不同

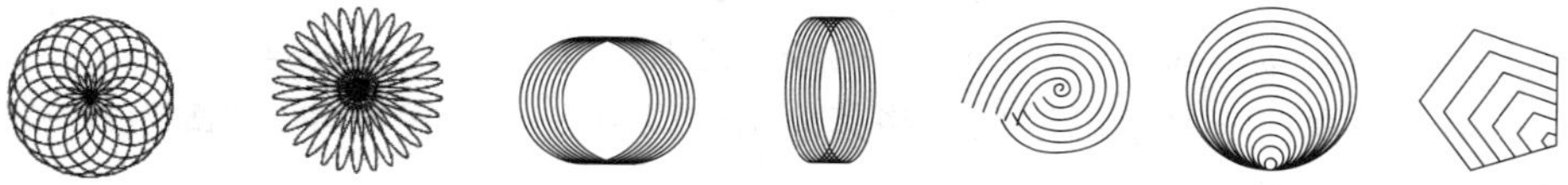

(b) 用圆或圆弧进行环形阵列构形 (c) 用移动复制联合构形 (d) 用缩放、平移复制构形

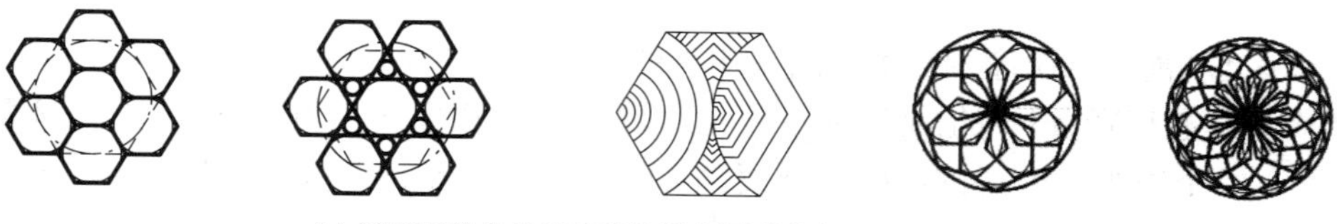

(e) 用平面基本几何元素的组合图形进行环形阵列构形

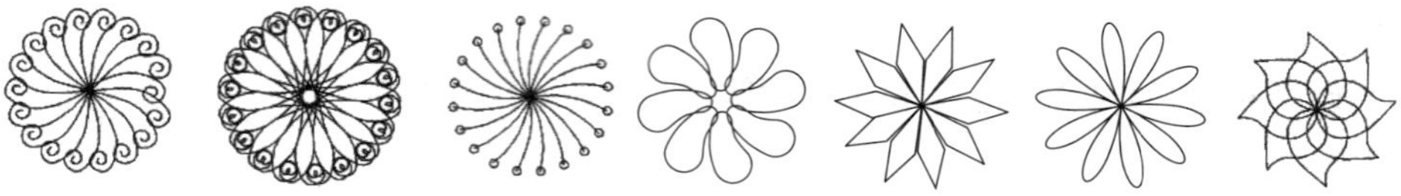

(f) 用平面曲线组合图形进行环形阵列构形

(g) 用平面曲线组合图形进行多种变换构形

图 1-46 用平面几何图形通过二维图形变换进行平面图案构形设计

第 2 章　正投影法的基本概念与基本理论

本章学习导读

学习目的与要求： 理解和掌握投影法的分类、概念及第一角投影体系的建立，重点掌握正投影法的投影原理、投影特征及第一角投影的画法规定。学会用正投影法画图与识图。

学习内容： 投影法的概念术语、分类及各种投影法的投影特点及其应用；正投影法在工程上的应用，投影原理、三面投影图与空间物体间的对应关系及投影规律，三面投影图的画法。

重点与难点： 重点是正投影法的投影原理、投影规律、基本投影特性、三面投影图与空间物体间的对应关系及画法；难点是对投影规律中的“宽相等”的彻底理解及在画图中的运用。

地位及特点： 投影理论在本门课程中起指导作用，是学习和掌握后续各章的基础理论，是学会绘制和识读工程图的前提与关键。

2.1　投影法的基本知识

机械图样是按照正投影法绘制的。掌握正投影法的基本理论并能熟练运用，才能为读图和绘图打好理论基础。

2.1.1　投影和投影法

在日常生活中，我们常见到物体在光线（阳光或灯光）照射下留在地板、墙壁上的影子，这是自然现象，广大劳动人民在长期实践中积累了丰富的经验，把物和影子之间的关系经科学的抽象、总结，从而形成了投影法。

1. 投影法与投影

投射线通过物体向选定的投影面投射，并在该投影面上得到图形的方法，称为投影法。所得到的图形称为该物体在这个投影面上的投影。

2. 投影法的构成要素

（1）**投射中心** 所有投射线的起源点。如图 2-1 中的点 S。

（2）**投射线** 发自投射中心且通过被表示物体上各点的直线。用细线表示，如图 2-1 中的 Sa、Sb 线。

（3）**投射方向** 投射线的方向。

（4）**投影面** 投影法中用于得到投影的平面。用大写字母标记，如图 2-1 中的“P”。

（5）**空间物体** 需要表达的物体。用大写拉丁字母标记，如图 2-1 中的“A”“B”“C”。

（6）**投影（亦称投影图）** 根据投影法所得的图形。用相应小写字母标记，如图 2-1 中的“a”“b”“c”。

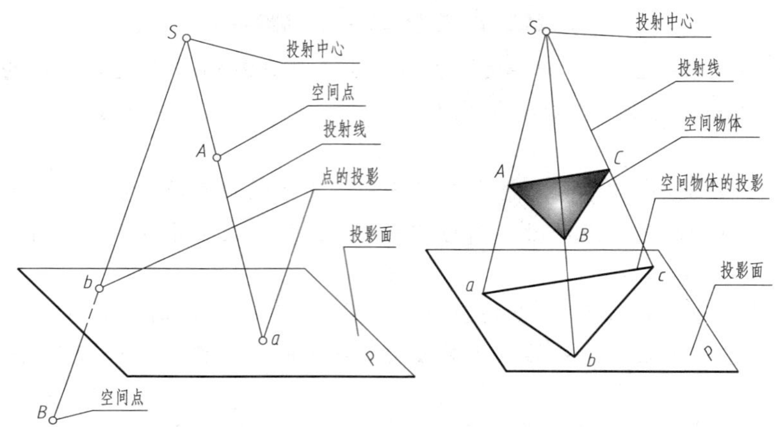

图 2-1 投影法及其基本术语

2.1.2 投影法的分类

根据投射线之间的相互关系（平行或汇交于一点）可分为中心投影法和平行投影法。平行投影法根据投射线与投影面垂直或倾斜，又分为正投影法和斜投影法，如图 2-2 所示。

- 投影法
  - 平行投影法
    - 正投影法
      - 多面正投影
        - 第一角画法
        - 第三角画法
        - 镜像投影
      - 单面正投影
        - 标高投影
          - 等值线图
        - 正轴测投影
          - 正等测
          - 正二测
          - 正三测
    - 斜投影法
      - 单面斜投影
        - 斜轴测投影
          - 斜等测
          - 斜二测
          - 斜三测
  - 中心投影法
    - 单面中心投影
      - 透视投影
        - 一点透视
        - 二点透视
        - 三点透视

图 2-2 投影法的分类及其应用

1. 中心投影法

投射线汇交于一点的投影法（投影中心位于有限远处）称为中心投影法。

中心投影法体系由投射中心、空间物体、投射线、投影面和中心投影组成，如图 2-3 所示。

中心投影法的特点如下。

（1）投射线汇交于投射中心；

（2）当投影面和物体形态不变时，中心投影的大小随空间物体离投射中心的远近而变化，一般不反映空间物体的真实形状和大小，如图 2-4 所示。

中心投影法用于透视投影，如建筑效果图、航空摄影、摄影测量、影视摄影等。

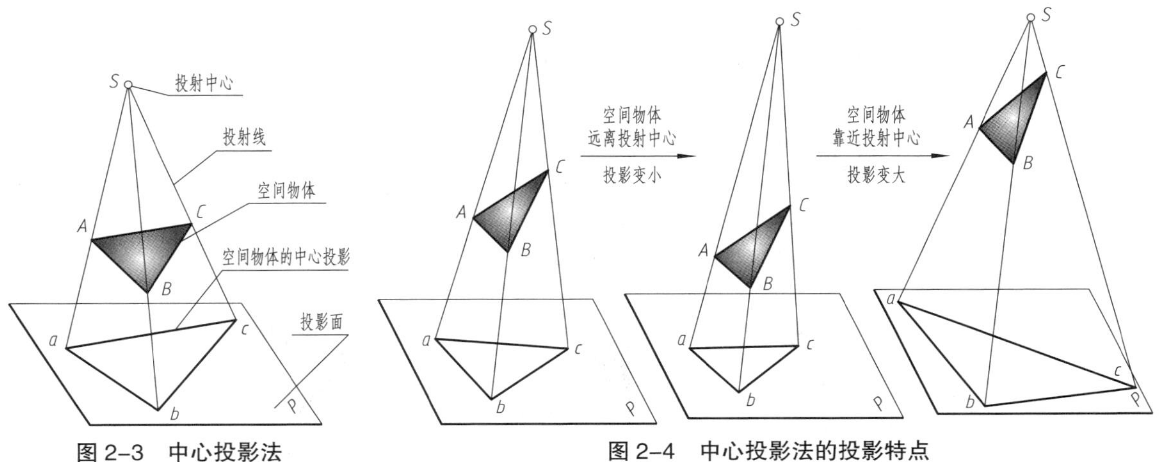

图 2-3 中心投影法

图 2-4 中心投影法的投影特点

2. 平行投影法

投射线相互平行的投影法（投射中心位于无限远处）称为平行投影法。平行投影法可看成将投射中心（有限远位置的点）沿某一不平行于投影面的方向移至无穷远，投射线相互平行的投影法，如图 2-5 所示。

（1）**斜投影法　投射线与投影面倾斜的平行投影法称为斜投影法**。由斜投影法所得的投影为斜投影，如图 2-5a 所示。

（2）**正投影法**　投射线与投影面相垂直的平行投影法称为正投影法。由正投影法得到的投影为正投影，如图 2-5b 所示。

正投影有单面正投影与多面正投影。单面正投影用于正轴测投影和标高投影。多面正投影用于技术制图中的图样画法。

国家标准规定技术图样采用正投影法绘制，并优先采用第一角画法。必要时允许使用第三角画法。

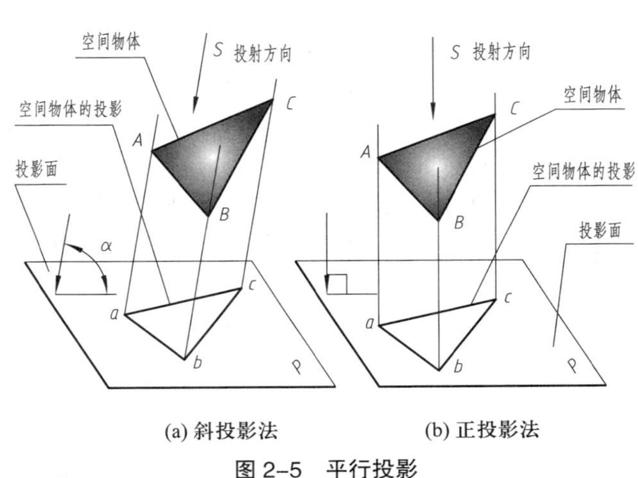

(a) 斜投影法　(b) 正投影法

图 2-5 平行投影

2.1.3 正投影法的基本投影特性

（1）**同素性**　点的投影仍然是点；直线的投影一般仍然是直线，特殊情况是积聚成点；平面的投影仍然是平面，特殊情况是积聚成直线，如图 2-6 所示。

（2）**从属性**　点在直线（或在平面）上，则该点的投影一定在直线（或平面）的同面投影上，如图 2-6a 所示。

（3）**定比性**　点分线段之比等于点的投影分线段同面投影之比，如图 2-6b 中的 $CK:KD=ck:kd$；空间平行的两线段长度之比等于其同面投影长度之比，如图 2-6b 中的 $AB:CD=ab:cd$。

（4）**平行性**　空间两平行直线，其同面投影一定相互平行，如图 2-6c 中 $AB /\!/ CD$，则 $ab /\!/ cd$。

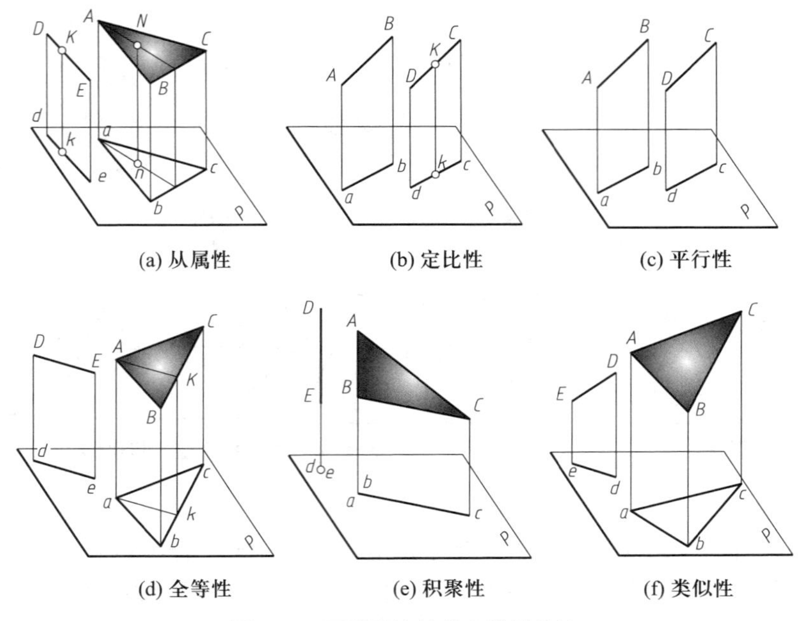

(a) 从属性　(b) 定比性　(c) 平行性

(d) 全等性　(e) 积聚性　(f) 类似性

图 2-6 正投影法的基本投影特性

（5）**全等性**（实形性或实长性） 当平面（或直线）平行于投影面时，在该投影面上的投影反映实形（或实长），如图 2-6d 所示。

（6）**积聚性** 当平面（或直线）垂直于投影面时，在该投影面上的投影积聚成一直线（或积聚成一点），如图 2-6e 所示。

（7）**类似性** 当平面（或直线）倾斜于投影面时，在该投影面上的投影面积变小（或投影变短），但平面投影的形状与原形间保持边数、平行关系、直曲、凹凸不变，呈类似形，如图 2-6f 所示。

由于正投影可以反映实形或实长，具有积聚性，所以其突出优点是图形具有度量性，作图简便。

2.2 工程上常用的投影图

2.2.1 多面正投影

将空间物体同时向多个相互正交的投影面作正投影，并将各正投影绘制在同一平面上的方法，称为多面正投影，如图 2-7 所示。多面正投影在工程上得到广泛应用，也是本课程研究的重点。

2.2.2 轴测投影

将物体连同其参考直角坐标系，沿不平行于任一坐标平面的方向，用平行投影法投射在单一投影面上所得的具有立体感的图形称为轴测投影，又称轴测图。轴测投影根据投射线与轴测投影面的相对位置（垂直或倾斜）又分为正轴测投影与斜轴测投影。

轴测图的优点是立体感强，直观性好，容易看懂，但绘图繁杂，如图 2–8 所示。在机械工程中多作为表达物体直观形状的辅助图样。

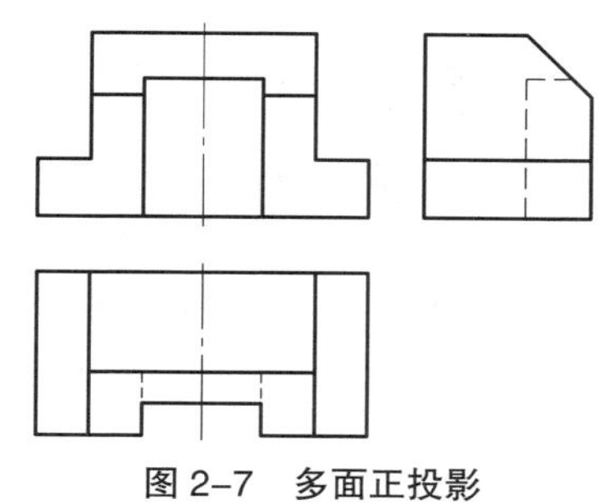

图 2–7 多面正投影

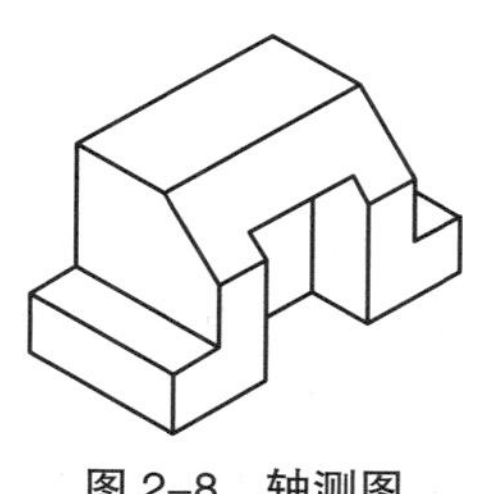

图 2–8 轴测图

2.2.3 标高投影

在工程上当表达一些较复杂的物体形状时，常采用一系列与投影面平行且等距离的平面截切，然后将截交线向投影面作正投影，并在投影面上标注出某些特征面、线以及控制点的高度数值，这种在物体的水平投影上用加注某些特征面、线及控制点的高程数值的单面正投影来表达空间形体的图示方法，称为标高投影。设某水平面为基准面，其高程为零，基准面以上的高程为正，基准面以下的高程为负。

在标高投影中，预定高度的水平面与所表示表面的截交线称为等高线。标高投影图中应标注比例和高程。比例可采用附有长度单位的比例尺形式，如图 2–9 所示，也可采用标注比例形式，如 1 : 1 000 等；常用的高程单位采用“m”。

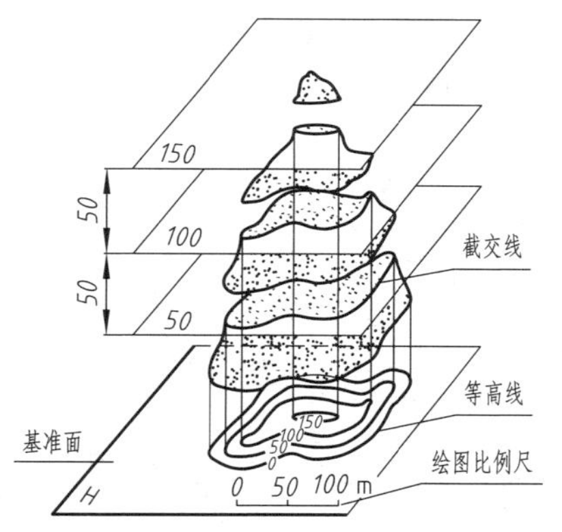

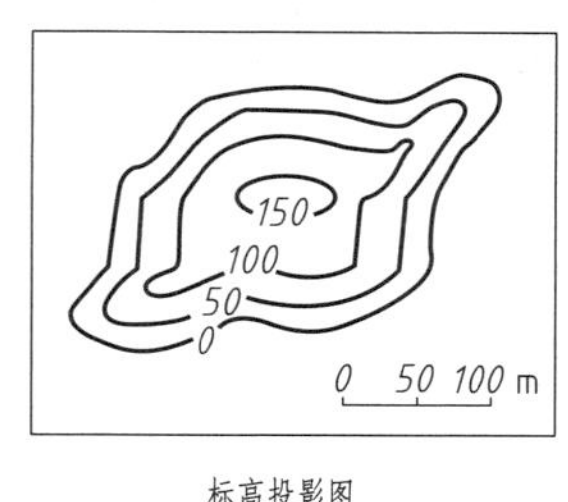

标高投影图

图 2–9 标高投影

标高投影图多用于表示不规则曲面，如船体、飞行器、汽车曲面及地形等。

2.2.4 透视投影

用中心投影法将物体投射在单一投影面上得到具有立体感图形的图示方法，称为透视投影，又称透视图或透视。根据画面对物体的长、宽、高三组主方向棱线的相对关系（平行、垂直或倾斜），透视投影分为一点透视、两点透视和三点透视。可根据不同的透视效果分别选用。

1. 一点透视

一点透视指画面平行于物体的一个坐标平面（长度和高度两组棱线）所得的透视图。如图 2-10a 所示，宽度主方向的棱线与画面垂直，其灭点就是主点。

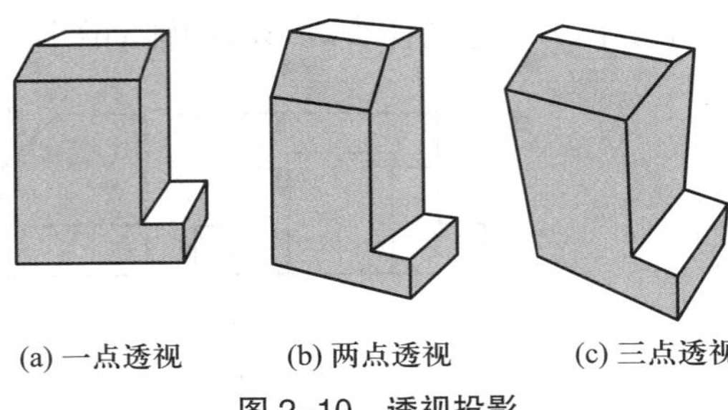

图 2-10 透视投影

2. 两点透视

两点透视指画面与两个坐标平面成一定偏角，且平行于该两坐标面公共轴线所得到的透视图。如图 2-10b 所示，画面与物体的高度方向的棱线平行，物体的长度和宽度两组主方向的棱线与画面相交，有两个灭点。

3. 三点透视

三点透视指画面与物体的三个坐标平面都倾斜时所得到的透视图。如图 2-10c 所示，画面与物体的长、宽和高三组棱线均倾斜，三组主方向的棱线各有一个灭点，共有三个灭点。

2.3 正投影法基础

2.3.1 物体的三面投影图

物体在一个投影面上的投影不能完全表示其形状、大小及位置。如图 2-11a 所示的点 A，在投影面 P 上的正投影是唯一的，但是，若只知道点的一个投影，则不能确定该点的空间位置。如图 2-11b 所示的物体 A、B、C 在 V 面上的正投影是一样的，所以一个投影不能唯一确定该物体的空间形状。因此，机械制图中用多面正投影图表示物体。

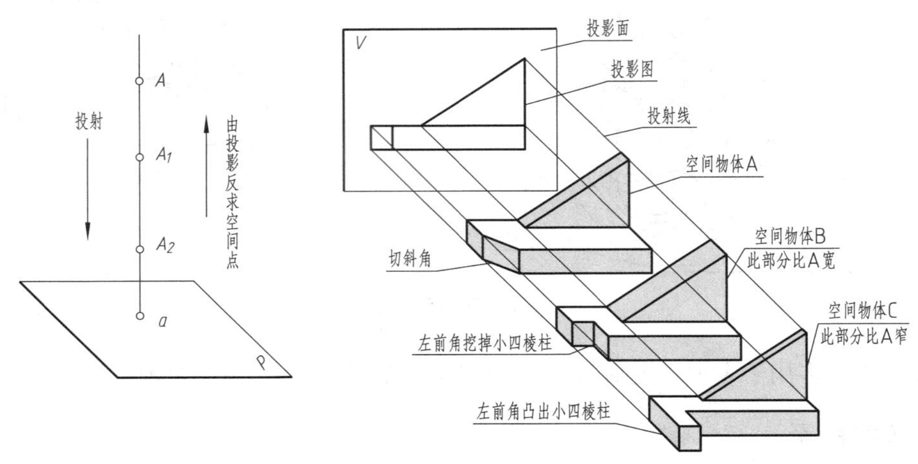

(a) 点的一个投影不能确定其空间位置　(b) 一个投影不能确定空间物体的形状和大小

图 2-11 一个投影面上的投影不能完全确定物体的形状、大小和位置

1. 三投影面体系的形成

分别用 *V*、*H*、*W* 表示的三个相互垂直的投影面，彼此两两垂直相交，其交线分别称为投影轴 *OX*、*OY*、*OZ*，三轴共交于一点称为原点 *O*，构成三投影面体系，如图 2–12a 所示。

三个投影面将空间分成八个部分，每部分称为分角，分角的编排顺序如图 2–12a 中所示的罗马数字注释。我国优先采用第一角投影（第一角画法），如图 2–12b 所示。必要时允许采用第三角投影（第三角画法），如图 2–12c 所示。本章重点介绍第一角投影，第三角投影将在第 8 章中介绍。

第一角投影的三个相互垂直的投影面，用大写字母“*V*”表示正立投影面，简称 *V* 面；用大写字母“*H*”表示水平投影面，简称 *H* 面；用大写字母“*W*”表示侧立投影面，简称 *W* 面。*V* 面与 *H* 面垂直相交于 *OX* 投影轴，*W* 面与 *H* 面垂直相交于 *OY* 投影轴，*V* 面与 *W* 面垂直相交于 *OZ* 投影轴，*OX*、*OY*、*OZ* 分别表示物体的三个测量方向（长、宽、高），如图 2–12d 所示。

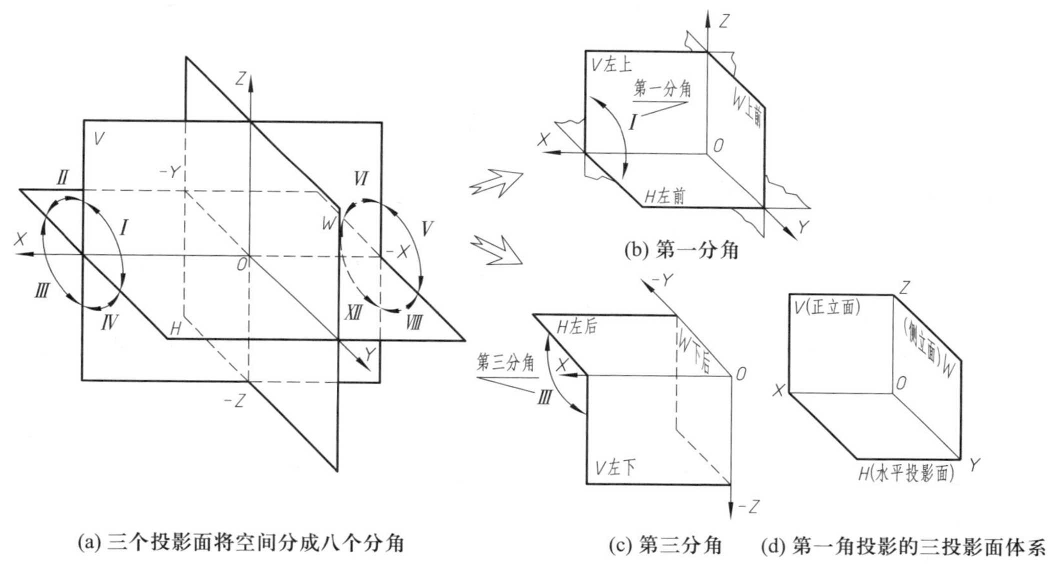

(a) 三个投影面将空间分成八个分角　(b) 第一分角　(c) 第三分角　(d) 第一角投影的三投影面体系

图 2–12　三投影面体系

2. 物体在三投影面体系中的放置原则

将物体置于第一分角内，并使其处于观察者与投影面之间，然后进行投射，如图 2–13a 所示。为了使画图简单，更多的投影反映实形，物体在三投影面体系中的放置原则如下。

（1）使物体放置平稳，并使其有尽可能多的表面平行或垂直于投影面，以便得到反映实形的投影和有积聚性的投影，这样简单易画。

（2）将反映物体主要形状特征的投射方向作为物体正面（*V* 面）投影的投射方向。

3. 物体在三投影面体系中的投影

按照放置原则，将物体置于三投影面体系中，使其对所有投影面保持方位不动，人 – 物 – 投影面的相对位置关系保持不变，分别向三个投影面进行投射，在正立投影面上得到的图形称为**正面投影**，在水平面投影面上得到的图形称为**水平投影**，在侧立投影面上得到的图形称为**侧面投影**。

正面投影的投射方向是投射线自物体的前方向后方投射，**水平投影的投射方向**是投射线自物体的上方向下方投射，**侧面投影的投射方向**是投射线自物体的左方向右方投射，如图 2–13a 所示。

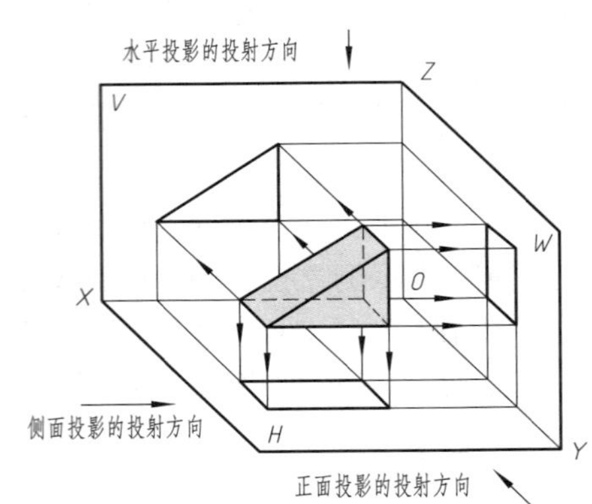

(a) 三投影面体系中的物体、投影面及投射方向

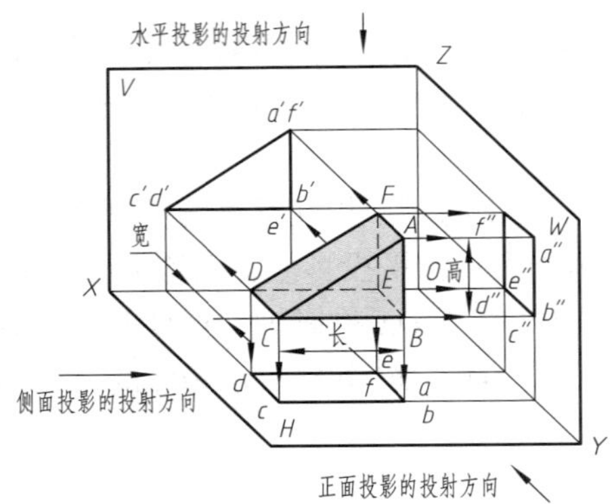

(b) 物体在三投影面体系中的投影

图 2–13 物体在三投影面体系中的投影

4. 投影图与空间物体的对应关系

（1）**标记规定** 如图 2–13b 所示。

① 空间物体用大写拉丁字母表示，*H* 面投影用相应的小写字母表示，*V* 面投影在相应的小写字母右上角加一撇，*W* 面投影在小写字母右上角加两撇。

② 物体的左右（沿 *OX* 轴方向）为长；前后（沿 *OY* 轴方向）为宽；上下（沿 *OZ* 轴方向）为高。

（2）**对应关系** 由图 2–13 可知：

正面投影：反映物体的长（x）、高（z），对应物体的上、下和左、右。在正面投影中物体的前面可见，后面不可见。

水平投影：反映物体的长（x）、宽（y），对应物体的前、后和左、右。在水平投影中物体的上面可见，下面不可见。

侧面投影：反映物体的高（z）、宽（y），对应物体的前、后和上、下。在侧面投影中物体的左面可见，右面不可见。

每个投影图反映物体的两个投影轴方向上的尺寸，每两个投影图反映物体在一个共同投影轴方向上的尺寸。两个投影图清楚地表达物体表面各点在长、宽、高方向上的位置，但往往不能确切反映物体的形状。

5. 三投影面体系的展平——三面投影图

为了将空间的三面投影能画在同一张图纸上，国家标准规定，将空间物体移走，如图 2–14a 所示。正立投影面不动，将水平投影面连同水平投影一起绕 *OX* 轴向下旋转 90°，侧立投影面连同侧面投影一起绕 *OZ* 轴向右旋转 90°，这样就得到在同一平面上的三面投影，如图 2–14b、c、d 所示。

为了简便作图，合理利用图纸，优化布局，可不画投影面边框和轴线，如图 2–14e、f、g 所示。物体的可见轮廓线用粗实线绘制，不可见轮廓线用细虚线绘制。

由展平后的三面投影图可知，以正面（*V* 面）投影为主，水平（*H* 面）投影在其正下方，侧面（*W* 面）投影在其正右方。投影的大小、位置、形状，投影图与空间物体的方位对应关系等没有改变；唯一有变化的是 *OY* 轴一分为二，OY_H 轴在水平投影面上，OY_W 轴在侧立投影面上。

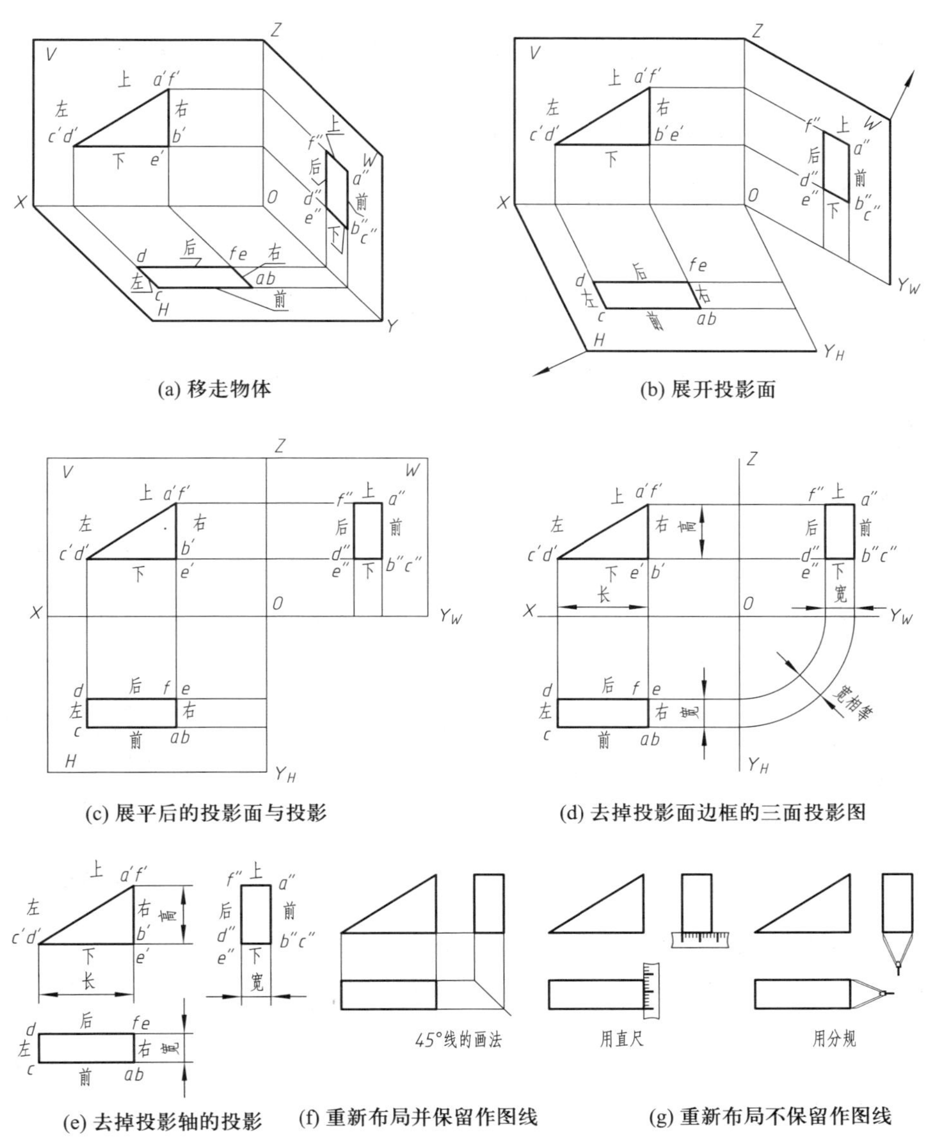

图 2-14 物体的三面投影图的形成及其投影规律

2.3.2 三面投影的投影规律

物体的三面投影之间存在以下内在对应关系。

正面（*V* 面）投影与水平（*H* 面）投影共同反映物体的长，所以应保持“长对正”；

正面（V面）投影与侧面（W面）投影共同反映物体的高，所以应保持“高平齐”；

水平（H面）投影与侧面（W面）投影共同反映物体的宽，所以应保持“宽相等”。

“长对正，高平齐，宽相等”就是三面投影的投影规律。应该注意：

（1）不仅整个物体的三面投影应符合这种投影规律，物体上所有的点、线、面也应符合该规律。

（2）物体的六个面对应于三面投影中的位置关系如图2–14e所示。物体的前面远离正面投影，后面靠近正面投影。

（3）三面投影的最终结果可保留作图线也可不画作图线，如图2–14f、g所示。

2.3.3 物体的三面投影图的画图举例

物体的三面投影图的画图方法与步骤如下。

（1）分析立体模型的形状特征和立体模型在三投影面体系中的放置方位。

（2）画底稿图。

① 按物体在三投影面体系中的放置原则和正面投影投射方向选择原则，确定表达方案。

② 确定绘图比例，选定图幅。

③ 用细实线绘制三面投影的定位基准线。如画图形对称中心线、轴线，底面或端面轮廓线。根据物体上的几何形状和位置，并根据其投影特性（实形性、积聚性、类似性）画出各组成部分的投影。

④ 注意画图次序，一般先画反映实形的投影和有积聚性的投影。严格遵守**“长对正，高平齐，宽相等”**的投影规律。

（3）校核，擦去多余作图线，按线型标准描深投影，完成画图。

例2–1 按图2–15所示的立体图画出其三面投影图。

分析：该立体是在一个原形体为四棱柱的上方中间处挖切了一个V形槽，左右对称。V形槽是该立体模型的主要形状特征，所以应使反映V形槽实形的方向作为正面投影投射方向。

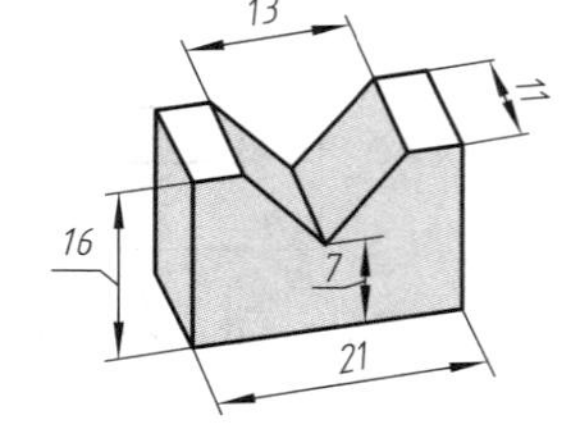

图2–15 由立体图画三面投影图

作图：

（1）画左右对称的点画线和三面投影的定位基准线，如图2–16a所示。

（2）按长为21、宽为11、高为16的尺寸画原形体（四棱柱）的三面投影图，如图2–16b所示。

（3）按V形槽的有关尺寸在正面投影上挖槽，并按照投影规律画V形槽的侧面投影和水平投影，如图2–16c所示。

（4）检查、校核，擦去多余的投影线和作图线，如图2–16d所示。

（5）按各种线型的规格标准加粗、加深投影，如图2–16e所示。

例2–2 如图2–17所示，用相应的字母和规定将立体图中指定的平面P、Q、R和直线AB、CD、DE在投影图中相应位置上标注其投影，并回答相应的问题。

解：答案如图2–18所示。注意平面投影的标注。

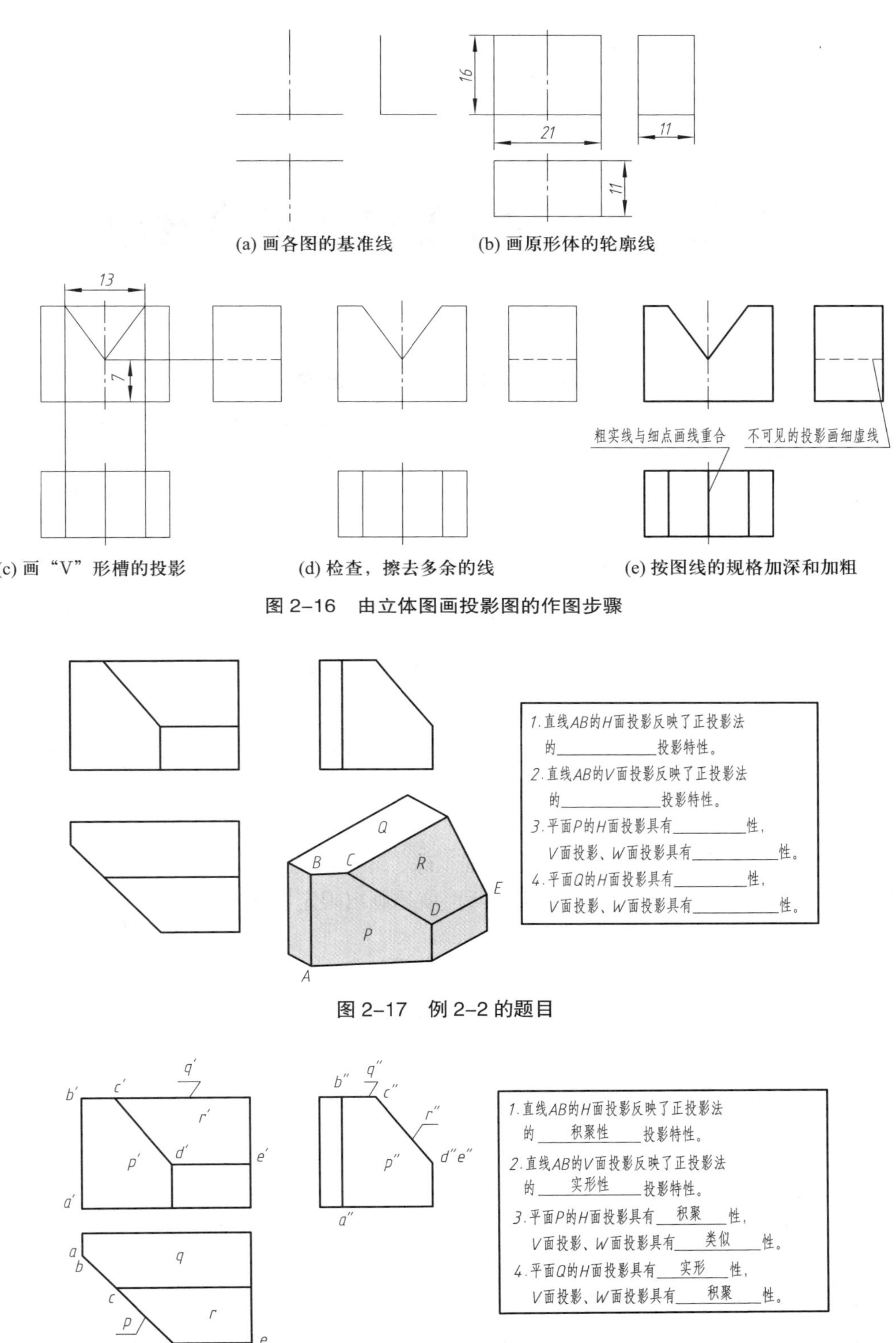

(a) 画各图的基准线　(b) 画原形体的轮廓线

(c) 画“V”形槽的投影　(d) 检查，擦去多余的线　(e) 按图线的规格加深和加粗

图 2-16　由立体图画投影图的作图步骤

图 2-17　例 2-2 的题目

图 2-18　例 2-2 的答案

第 3 章　基本几何元素的投影

本章学习导读

学习目的与要求： 分别掌握点、直线、平面的投影及各种特殊位置直线、平面的投影特性；掌握直线与点的相对位置的投影特性，平面内取线、取点的作图；掌握直线间、平面间相对位置的投影特性与作图，掌握换面法的基本规律，为解决空间问题奠定基础。

学习内容： 点的三面投影及其规律，各种位置直线的投影特性，直线与点的相对位置，各种位置平面的投影特性，平面内取直线和点，两直线间、线面间、面之间的相对位置及求法。

重点与难点： 重点是各种特殊位置直线和平面的投影特性及规律。难点是用换面法解决各种空间问题。

地位及特点： 本章是学习和掌握投影知识、学习立体及其表面取点、取线和解决空间问题的基础。

一般物体可看作是由基本几何体（柱、锥、球、环等）构成的。这些基本几何体由其表面、棱线和顶点等限定。因此，画物体的投影实际上就是画出限定物体的点、线、面的投影。

3.1　点 的 投 影

3.1.1　点的三面投影

点是最基本的几何元素，一切几何形体都可看作点的集合。

1. 空间点及其三面投影

过空间点分别向 H、V、W 面作投射线（作垂线），投射线与各投影面的交点（垂足）即为空间点的三面投影，如图 3-1a 所示。

2. 点在三投影面体系中的投影规律

如图 3-1a 所示，投射线 $Aa \perp H$ 面，$Aa' \perp V$ 面，Aa、Aa' 构成的平面 $Aa'a_Xa$ 不仅垂直于 H 面和 V 面，而且垂直于 OX 轴。该平面与 H 面、V 面的交线 aa_X 和 a_Xa' 必垂直于 OX。a_X 是

aa_X 和 a_Xa' 的交点。当 a 随 H 面旋转至与 V 面在同一平面时，aa_X 和 a_Xa' 在同一直线上且垂直于 OX 轴。投影图上的 a、a_X、a' 三点共线，$aa' \perp OX$。同理，投影图上的 a'、a_Z、a'' 三点共线，$a'a'' \perp OZ$。

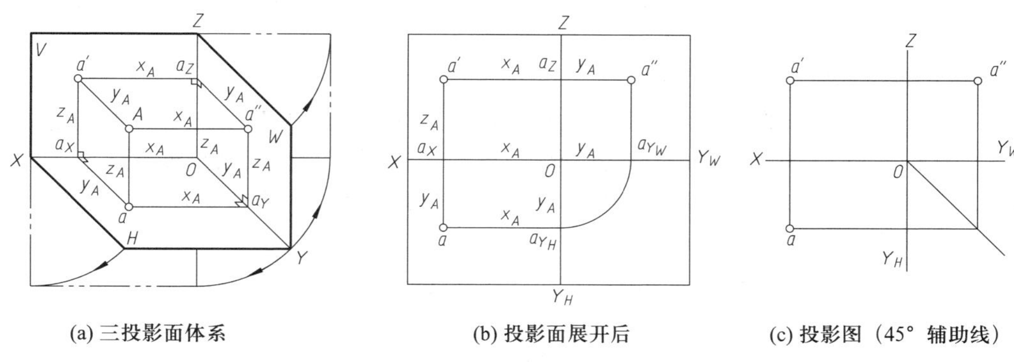

(a) 三投影面体系　(b) 投影面展开后　(c) 投影图（45° 辅助线）

图 3-1　点的三面投影

除了 $aa' \perp OX$ 和 $a'a'' \perp OZ$ 之外，H 面投影与 W 面投影的连线分为两段，在 H 面上的一段垂直于 H 面上的 OY_H 轴，在 W 面上的一段垂直于 W 面上的 OY_W 轴，两者交汇于过点 O 的 45° 辅助线上，即 $aa_X=a''a_Z$，即体现了点到 V 面的距离。

由此可知点的投影规律如下。

（1）点的正面投影与水平投影的连线 aa' 垂直于 OX 轴，即 $aa' \perp OX$；

（2）点的正面投影与侧面投影的连线 $a'a''$ 垂直于 OZ 轴，即 $a'a'' \perp OZ$；

（3）点的水平投影到 OX 轴的距离等于点的侧面投影到 OZ 轴的距离，即 $aa_X=a''a_Z$。

显然，点的投影规律从几何实质上论证了物体的三面投影规律“长对正，高平齐，宽相等”。

根据点的投影规律可由点的两个投影求其第三个投影。

例 3-1　已知图 3-2a 中点 A 的正面投影 a' 和侧面投影 a''，点 B 的水平投影 b 和侧面投影 b''，求点 A 的水平投影 a 和点 B 的正面投影 b'。

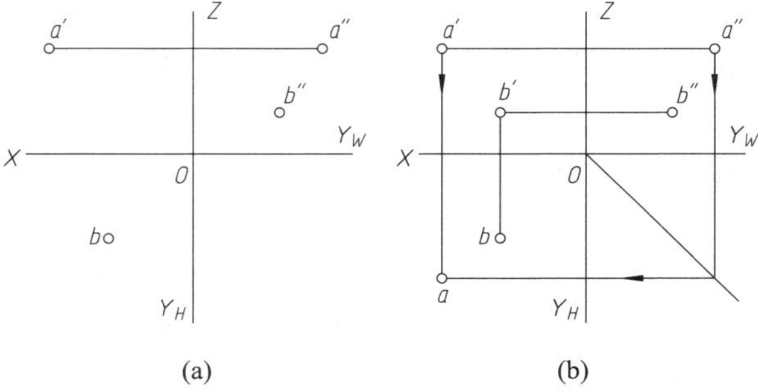

(a)　(b)

图 3-2　求作点的三面投影

作图：如图 3-2b 所示。

（1）过原点 O 作 $\angle Y_H OY_W$ 的角平分线（45°斜线）。

（2）求点 A 的水平投影 a。

过点 a'' 作 OY_W 的垂线与 45°斜线相交后再向左作垂直于 OY_H 的直线，与过 a' 所作的 OX 轴的垂线相交，其交点即为所求的 a。

（3）求点 B 的正面投影 b'。

过 b'' 作 OZ 的垂线与过 b 所作 OX 的垂线相交，其交点即为 b'。

3. 点的三面投影与直角坐标的关系

空间点的坐标等于该点到相应的投影面之间的距离，如图 3-1a 所示，即

点 A 的 x 坐标为点 A 到 W 面的距离。如图中的 $a'a_Z=aa_Y=Aa''=a_XO=x_A$；

点 A 的 y 坐标为点 A 到 V 面的距离。如图中的 $aa_X=a''a_Z=Aa'=a_YO=y_A$；

点 A 的 z 坐标为点 A 到 H 面的距离。如图中的 $a'a_X=a''a_Y=Aa=a_ZO=z_A$。

点的每面投影反映了点的两个坐标，即 a（x_A，y_A）、a'（x_A，z_A）、a''（y_A，z_A）。点的同一个坐标反映在两个投影上。

4. 特殊位置点的投影

点在三投影面体系中的位置有一般位置和特殊位置两种。图 3-1 所示为一般位置点。点在投影面上、在投影轴上、在原点处时称为特殊位置点。位置不同的点，其投影特点也不同。

（1）点在投影面上的特点是有一个坐标为零。其投影特点是：点位于哪个投影面，它在该投影面上的投影与该点重合，另两面投影分别位于点所在投影面的两投影轴上，如图 3-3 中的点 A、B。

（2）点在投影轴上的特点是有两个坐标为零。其投影特点是：点在包含该投影轴的两个投影面上的投影都与该点重合，另一面投影与坐标原点重合，如图 3-3 中的点 C。

（3）点在原点处的特点是三个坐标均为零。三面投影均与原点重合。

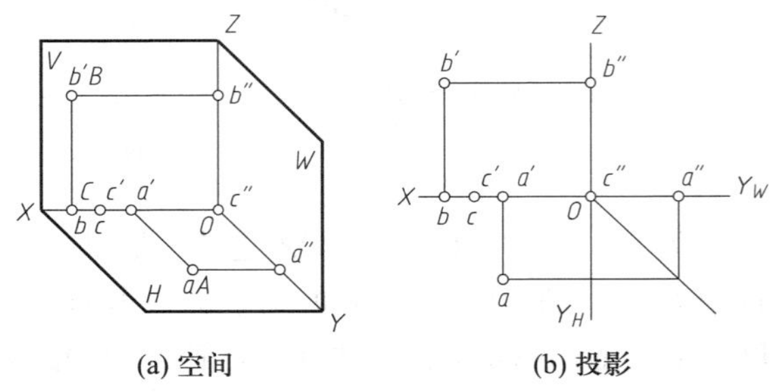

(a) 空间　　(b) 投影

图 3-3　特殊位置点的投影

3.1.2　两点的相对位置

空间两点的方位可用两点的同面投影的坐标差来判断它们的相对位置（亦即由点到三个投影面的距离来确定）。

x 坐标大者（距 W 面远者）在左，小者（近者）在右；y 坐标大者（距 V 面远者）在前，小者（近者）在后；z 坐标大者（距 H 面远者）在上，小者（近者）在下。如图 3-4 所示，点 A 的 y 坐标大于点 B 的 y 坐标，故点 A 在点 B 的前面；点 A、B 的 x、z 坐标均相等，故两点距 H、W 面的距离相等，V 面投影重合。点 A、B 称为对 V 面的重影点。

重影点及其投影的特点：当空间两点有两个坐标相同时，在不相同的坐标方向所垂直的投影面上的投影重合。

重影点可见性的判断方法：在反映坐标不相同的投影面上坐标大者可见，小者不可见。图 3-4 中两点 A、B，$y_A>y_B$，则 a' 可见，b' 不可见，不可见的投影用括号括起来，如（b'）。

例 3-2　如图 3-5a 所示，已知点 B 的投影，且点 B 在点 A 的右方 6 个单位，后方 2 个单位，下方 5 个单位。试求点 A 的投影。

分析：由已知条件可知，点 A 比点 B 的 x 坐标、y 坐标、z 坐标都大，故 $\Delta x=x_A-x_B=6$，$\Delta y=y_A-y_B=2$，$\Delta z=z_A-z_B=5$，则点 A 在点 B 的左前上方。

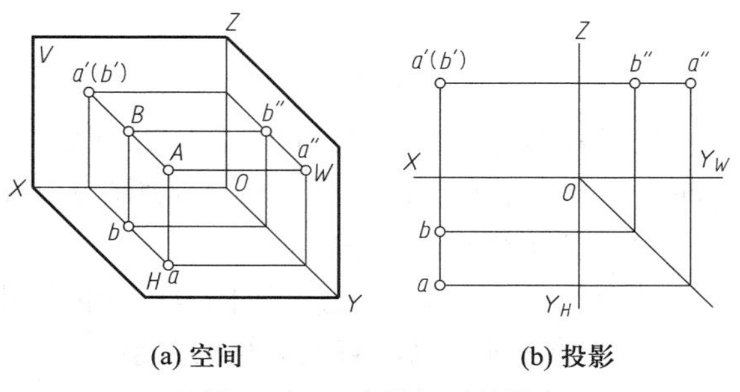

(a) 空间　　(b) 投影

图 3-4　两点的相对位置

作图：如图 3–5b 所示，在 bb' 连线左侧偏移 6 个单位画 OX 轴的垂线，在 $b'b''$ 连线上方偏移 5 个单位画 OZ 轴的垂线，与前者相交，交点就是 a'；过 b 点向前偏移 2 个单位画 OY 轴的垂线，与在 bb' 连线左侧偏移 6 个单位画的 OX 轴的垂线相交，交点就是 a；该垂线与 45°斜线相交，过交点作 OY_W 的垂线与在 b' b'' 连线上方偏移 5 个单位所画的 OZ 轴的垂线相交，交点就是 a''。其空间图如图 3–5c 所示。

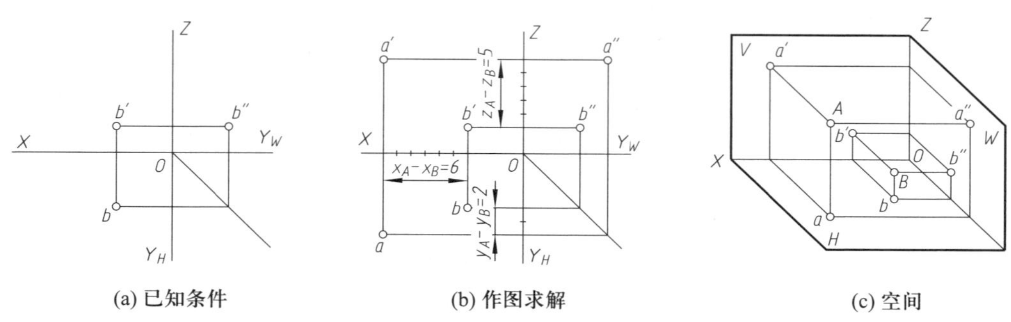

(a) 已知条件　　(b) 作图求解　　(c) 空间

图 3–5　根据与点 B 的距离求点 A 的投影

3.2　直线的投影

本书中所述直线一般指直线段。直线的投影实际上是直线上两端点的同面投影的连线。直线的投影一般还是直线，特殊情况积聚为一点。

直线对一个投影面有三种相对位置，其投影特性如图 3–6 所示。

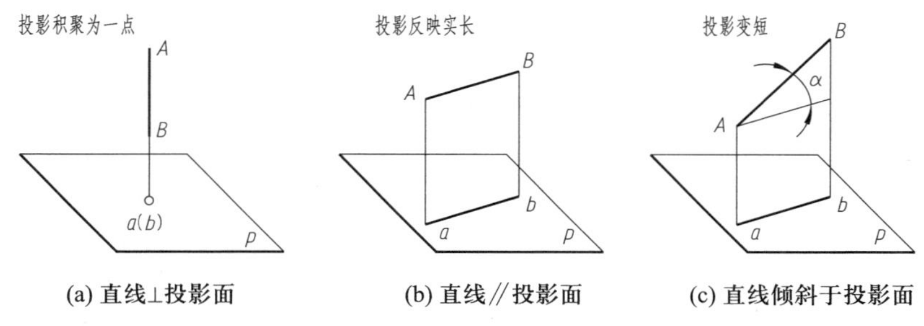

(a) 直线⊥投影面　　(b) 直线∥投影面　　(c) 直线倾斜于投影面

图 3–6　直线的投影特性

3.2.1　各种位置直线的投影特性

1. 直线的分类

在三投影面体系中，根据直线与投影面的相对位置关系分为一般位置直线和特殊位置直线两类。而特殊位置直线又分为投影面平行线和投影面垂直线两种。

2. 一般位置直线

与三个投影面都倾斜的直线为一般位置直线。直线与 H、V、W 面的倾角分别用 α 、β 、γ 表示，如图 3–7 所示。

一般位置直线的特性是与三个投影面都倾斜，倾角一般在 0° 与 90° 之间。其投影特性是：三个投影既不反映实长又没有积聚性，都是变短的倾斜于投影轴的直线段，且分别与空间直线成余弦关系，即 $ab=AB\cos\alpha<AB$，$a'b'=AB\cos\beta<AB$，$a''b''=AB\cos\gamma<AB$。

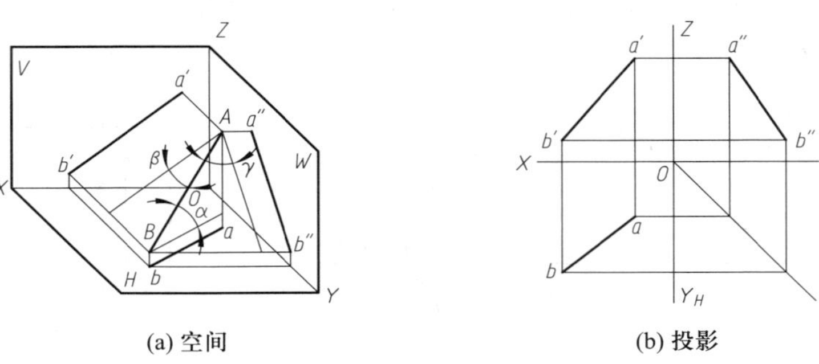

(a) 空间　　(b) 投影

图 3–7 一般位置直线

3. 投影面平行线

只平行于一个投影面的直线为投影面平行线，分为**水平线**、**正平线**、**侧平线**。各种平行线的投影特性见表 3–1。

表 3–1 投影面平行线的投影特性

	水平线（平行于 *H* 面）	正平线（平行于 *V* 面）	侧平线（平行于 *W* 面）
投影图	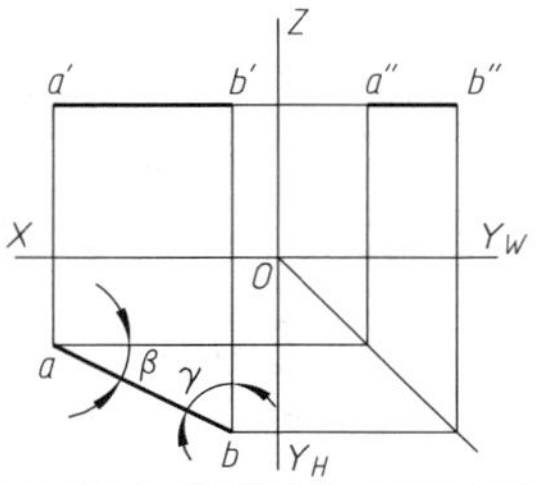	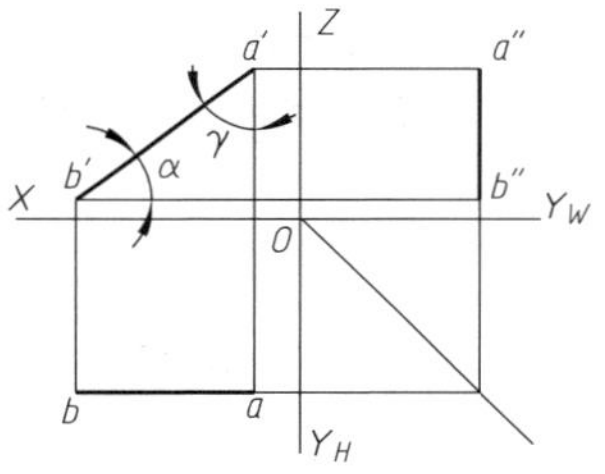	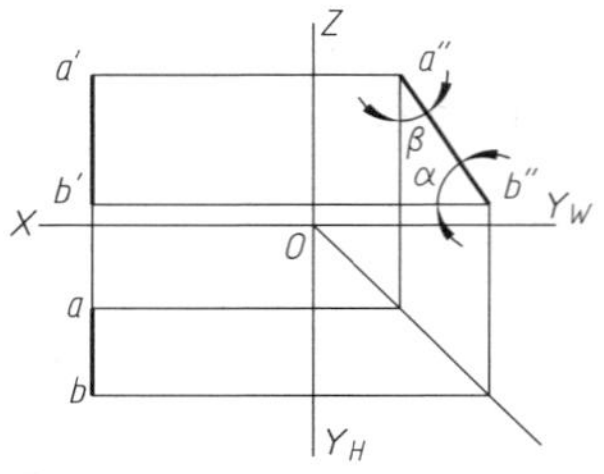
立体图	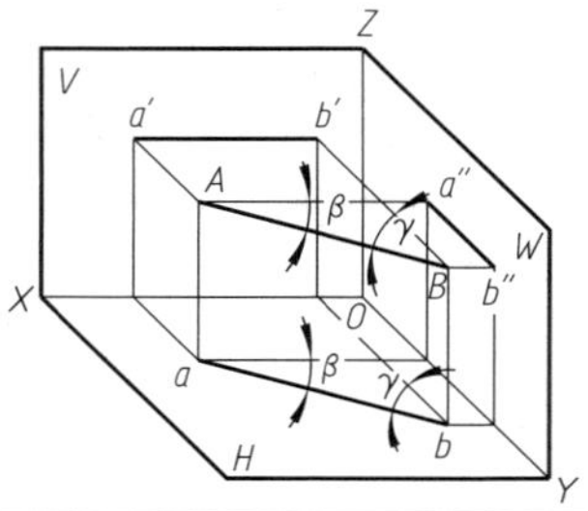	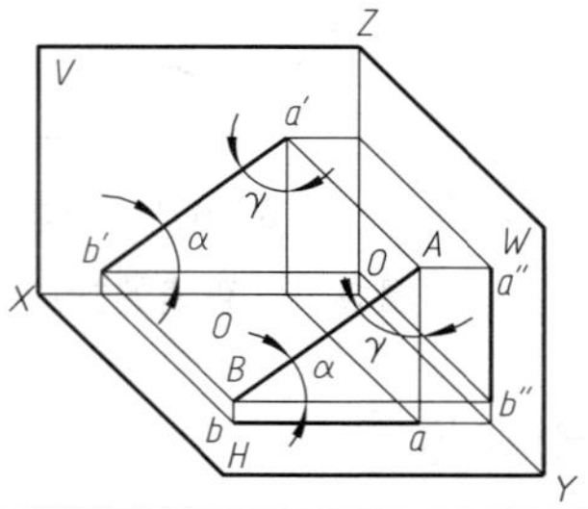	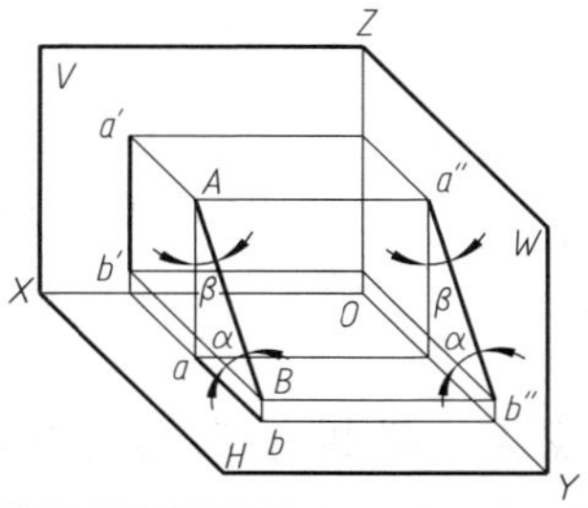
投影特性	（1）$ab=AB$ 水平投影反映 *AB* 的实长，反映 *AB* 对 *V*、*W* 面的倾角 β、γ。 （2）$a'b'/\!/OX$，$a''b''/\!/OY_W$ 另两面投影变短，且分别平行于 *H* 面所包含的两个轴	（1）$a'b'=AB$ 正面投影反映 *AB* 的实长，反映 *AB* 对 *H*、*W* 面的倾角 α、γ。 （2）$ab/\!/OX$，$a''b''/\!/OZ$ 另两面投影变短，且分别平行于 *V* 面所包含的两个轴	（1）$a''b''=AB$ 侧面投影反映 *AB* 的实长，反映 *AB* 对 *H*、*V* 面的倾角 α、β。 （2）$ab/\!/OY_H$，$a'b'/\!/OZ$ 另两面投影变短，且分别平行于 *W* 面所包含的两个轴

总之，投影面平行线的投影特性：直线平行于某投影面，它在该投影面上的投影反映直线实长、该直线对其他两个投影面的倾角。在另两个投影面上的投影分别平行于该投影面所包含的两个投影轴，是变短的直线段。

在读图时，凡遇到一面投影是倾斜的直线，另两面投影是平行于投影轴的直线时，它就是倾斜直线所在投影面的平行线。

4. 投影面垂直线

垂直于一个投影面的直线称为投影面垂直线，分为铅垂线、正垂线、侧垂线。根据直线与投影面相对位置，各种投影面垂直线的投影特性如表 3–2 所示。

表 3–2 投影面垂直线的投影特性

	铅垂线（垂直于 H 面）	正垂线（垂直于 V 面）	侧垂线（垂直于 W 面）
投影图	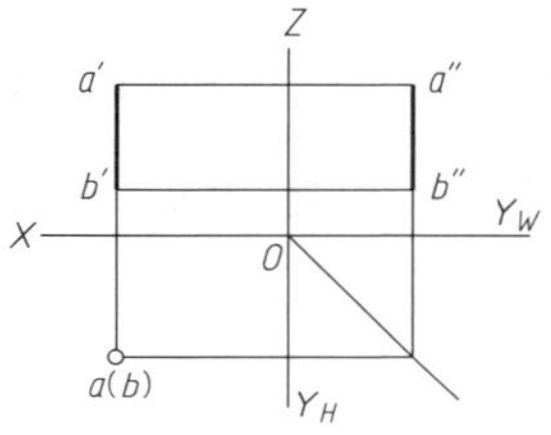	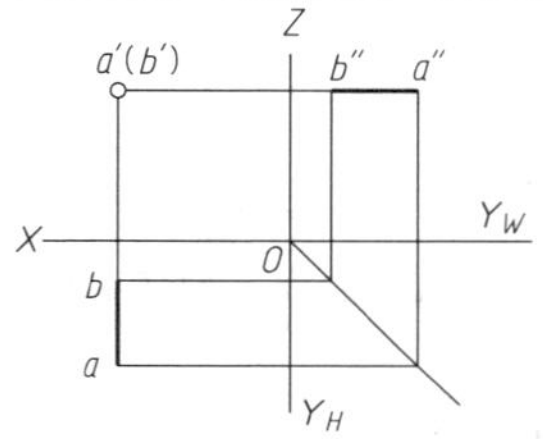	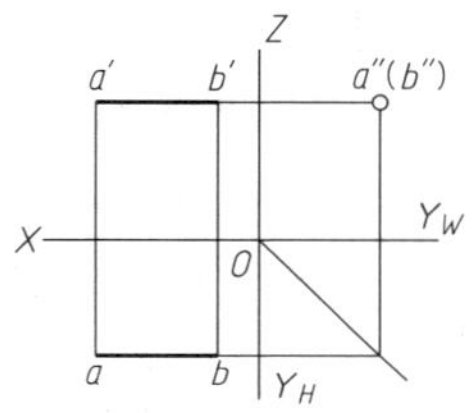
立体图	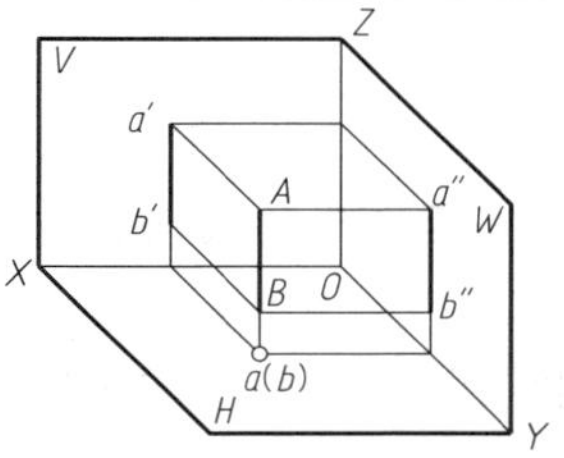	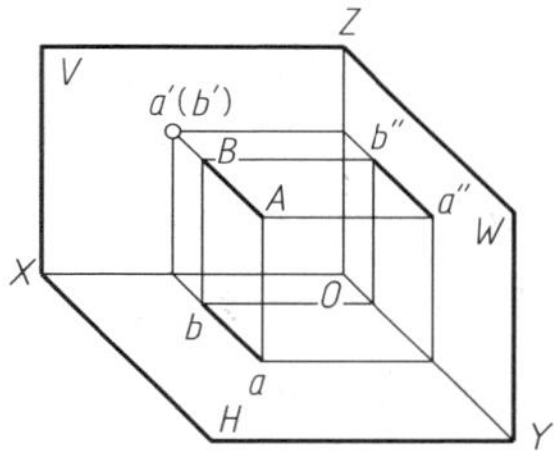	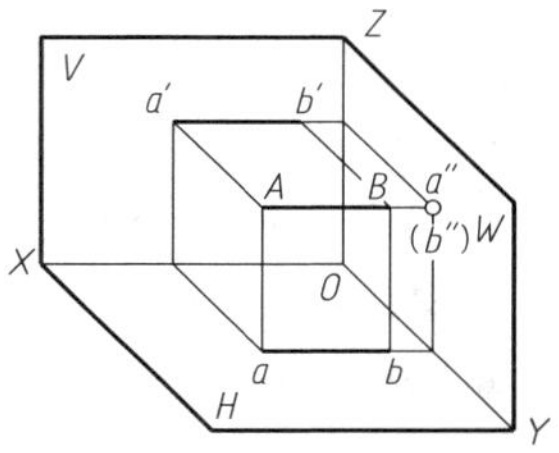
投影特性	（1）水平投影 ab 积聚成一点。 （2）$a'b'=a''b''=AB$，$a'b' \perp OX$，$a''b'' \perp OY_W$。 另两面投影均反映 AB 的实长，且分别垂直于 H 面所包含的轴	（1）正面投影 $a'b'$ 积聚成一点。 （2）$ab=a''b''=AB$，$ab \perp OX$，$a''b'' \perp OZ$。 另两面投影均反映 AB 的实长，且分别垂直于 V 面所包含的轴	（1）侧面投影 $a''b''$ 积聚成一点。 （2）$ab=a'b'=AB$，$ab \perp OY_H$，$a'b' \perp OZ$。 另两面投影均反映 AB 的实长，且分别垂直于 W 面所包含的轴

总之，投影面垂直线的投影特性：直线垂直于某投影面，它在该投影面上的投影积聚为一点，在另两个投影面上的投影分别垂直于该投影面所包含投影轴（或分别平行于该投影面所不包含的那个投影轴），并反映该直线段的实长。

在读图时，凡遇到一个投影积聚为一点的直线，它必然是该投影面的垂直线。

3.2.2 点与直线的相对位置

点与直线的相对位置有点在直线上和不在直线上两种。这里仅讨论前者，如图 3–8 所示。

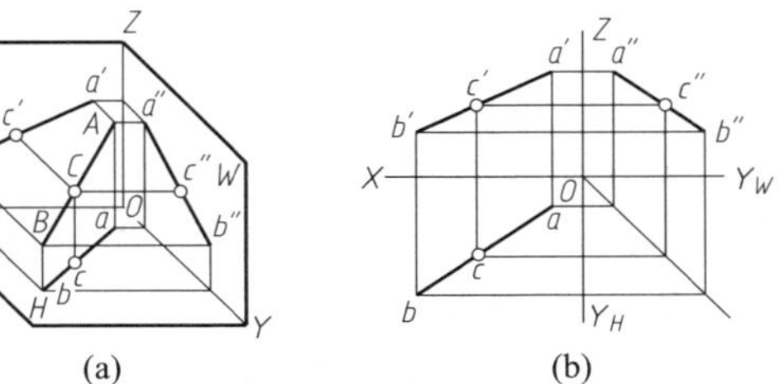

图 3–8 直线上点的投影

点在直线上的投影特性：点在直线上，则点的投影必在直线的同面投影上（即点线从属性），且点分线段之比等于其投影分线段投影之比（即定比性）。如图 3–8 所示的点 C 在直线 AB 上，则 c 在 ab 上、c' 在 $a'b'$ 上、c'' 在 $a''b''$ 上，并且 $AC:CB=ac:cb=a'c':c'b'=a''c'':c''b''$。

点线从属性和定比性是判别点是否在直线上的重要方法和作图的依据。

例 3–3 如图 3–9a 所示，已知线段 AB 的两面投影 ab 和 $a'b'$，且都垂直于 OX 轴，并知线段上点 K 的正面投影 k'，求点 K 的水平投影 k。

解法一 画出第三面投影求解。

如图 3–9b 所示。根据 AB 的两面投影求出第三面投影 $a''b''$，由 k' 求得投影 k''，再由 k'、k''，求得 k。

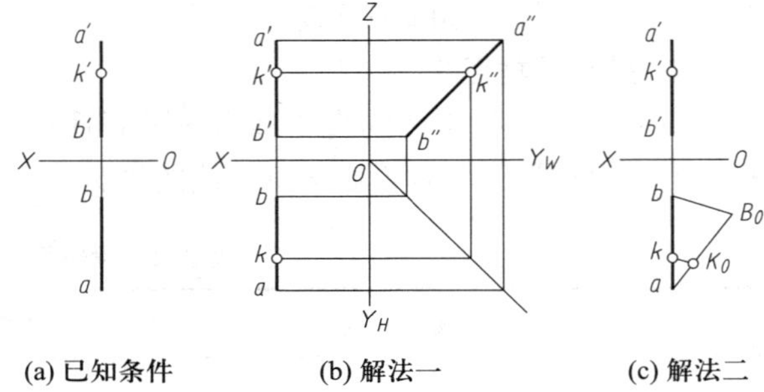

图 3–9 求直线上点 *K* 的投影

解法二 用定比性求解。

如图 3–9c 所示，在水平投影上，自点 a 画任意条辅助线 aB_0，取 $aB_0=a'b'$，取 $aK_0=a'k'$，连接 B_0b，再经 K_0 作 $K_0k \parallel B_0b$，交 ab 于 k。点 k 即为所求。

3.2.3 两直线的相对位置

空间两直线的相对位置有平行、相交和交叉。

1. 平行两直线

空间平行的两直线，其同面投影一般仍然平行。反之，若两直线的同面投影均平行，则该两直线空间一定平行。空间平行的两直线长度之比等于其投影长度之比。

对于两平行一般位置直线，只要两个同面投影平行，则空间必然平行，如图 3–10 所示。

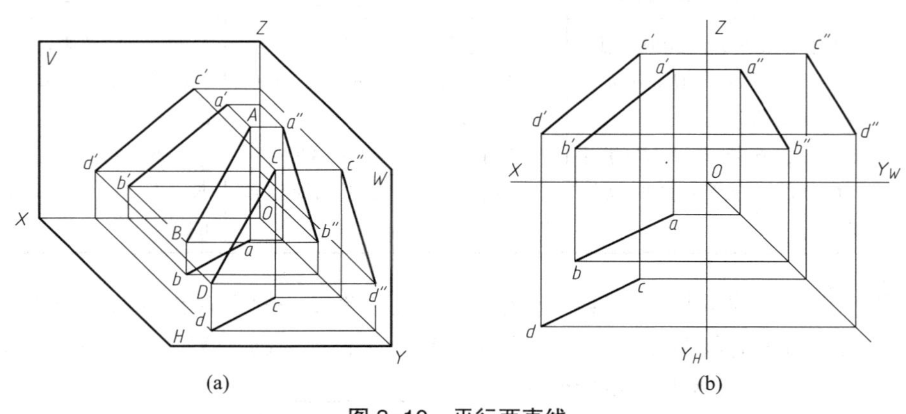

图 3–10 平行两直线

对于两投影面平行线，虽然有两个同面投影平行，但空间未必平行，一般需用第三面投影判断其是否平行，如图 3–11 所示，或用定比性来判断。

2. 相交两直线

相交两直线的同面投影均相交，且交点的投影符合点的投影规律。反之，若两直线的同面投影均相交，且交点的投影符合点的投影规律，则该两直线空间一定相交，如图 3–12 所示。

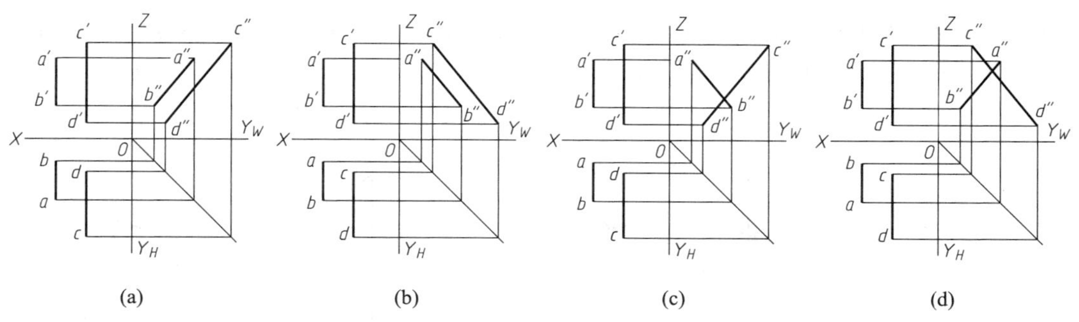

图 3-11 判别两平行线的平行性

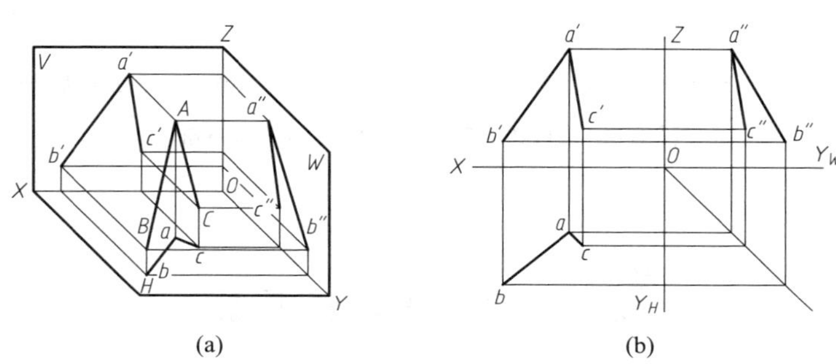

图 3-12 相交两直线

如果其中有一直线是投影面平行线，则需作出两直线在所平行的投影面上的投影或根据点分线段的定比来判断它们是否相交。

3. 交叉两直线

交叉两直线在空间既不平行又不相交。其投影若既不符合平行两直线的投影特性，又不符合两相交直线的投影特性，则可判定这两条直线为空间交叉直线。

图 3-13 所示的交叉两直线，水平投影 ab 和 cd 交于一点 e（f），即为交叉两直线 AB、CD 上对 H 面的一对重影点 E、F 的水平投影。由图可知，直线 AB 在 CD 之上，故点 E 的 z 坐标大，点 F 的 z 坐标小，e 可见，f 不可见。

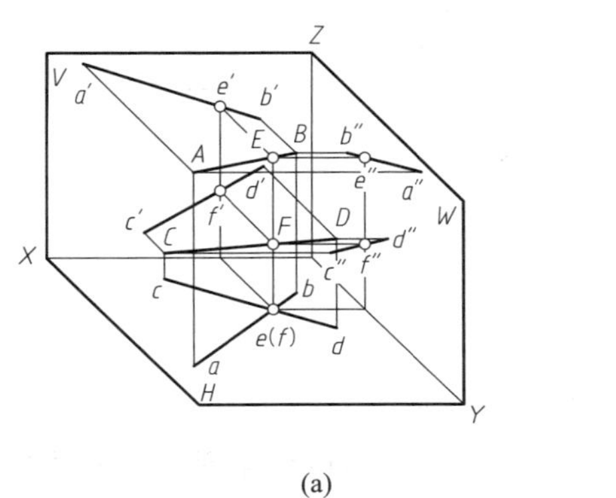

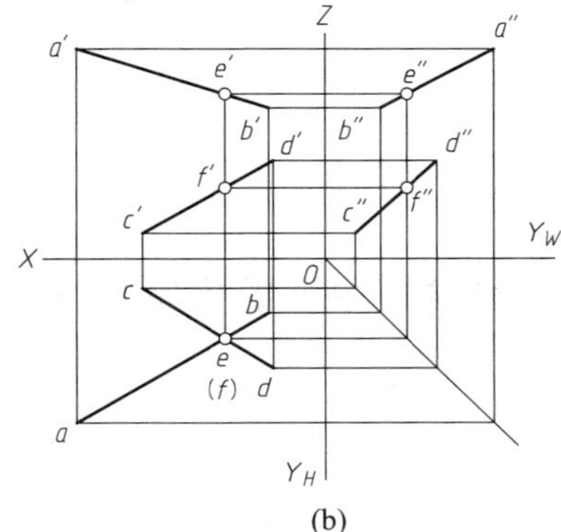

图 3-13 交叉两直线

由两条直线的两面投影判断其空间相对位置的方法：一是用画出第三面投影来判断，如图 3-14b 所示；二是用定比性来判断，如图 3-14c 所示。

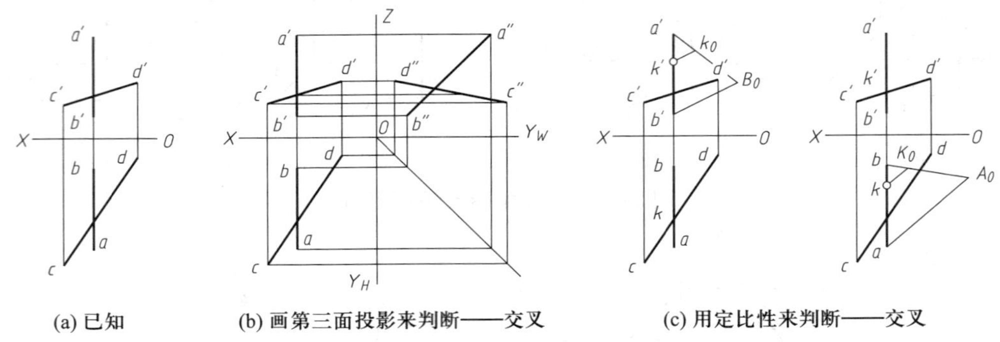
(a) 已知　(b) 画第三面投影来判断——交叉　(c) 用定比性来判断——交叉

图 3-14　直线的空间相对位置的判断方法

 3.3　平面的投影

3.3.1　平面的表示法

由初等几何学可知，不在同一直线上的三点、一直线及线外一点、两相交直线、两平行直线、任意平面图形均可确定一平面。同样，分别用它们的投影也可表示一平面，如图 3-15 所示。

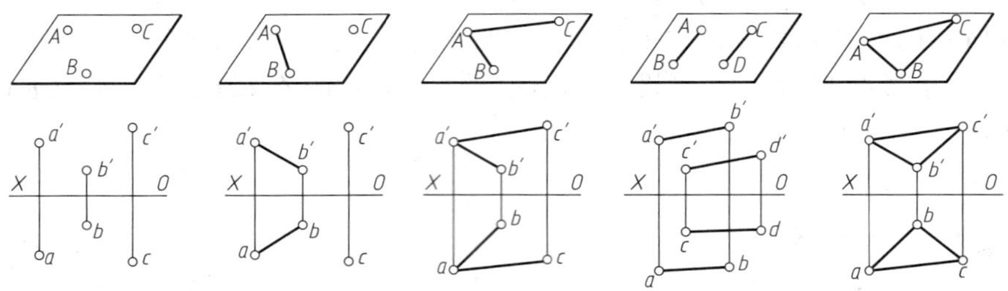
图 3-15　平面的表示法

3.3.2　各种位置平面的投影特性

1. 平面的分类

平面对一个投影面的相对位置及其投影特性，如图 3-16 所示。

在三投影面体系中，根据平面与投影面的相对位置可分为**一般位置平面**和**特殊位置平面**两类。而特殊位置平面又分为投影面平行面和投影面垂直面两种。

2. 一般位置平面

与三个投影面都倾斜的平面为一般位置平面。平面与 *H*、*V*、*W* 面的倾角分别用 α、β、γ 表示。一般位置平面对投影面的倾角一般都在 0° ~90°范围内。

由图 3–17 可看出，一般位置平面的投影特性：三面投影既没有积聚性，又不反映实形，而是面积缩小的类似形。

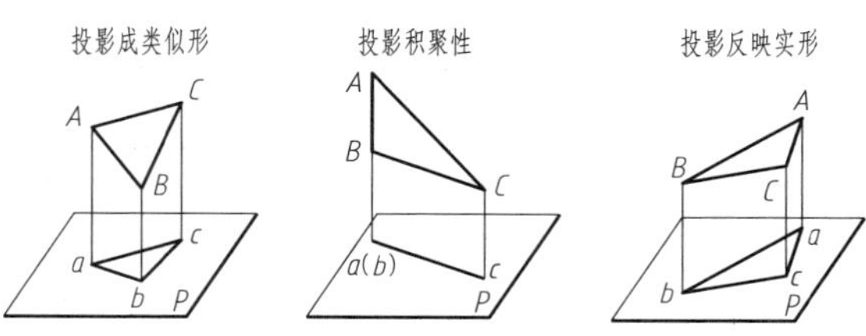

(a) 倾斜于投影面　(b) 垂直于投影面　(c) 平行于投影面

图 3–16　平面对一个投影面的相对位置及其投影特性

在读图时，凡遇到三面投影都是线框围成的平面，其空间必为一般位置平面。

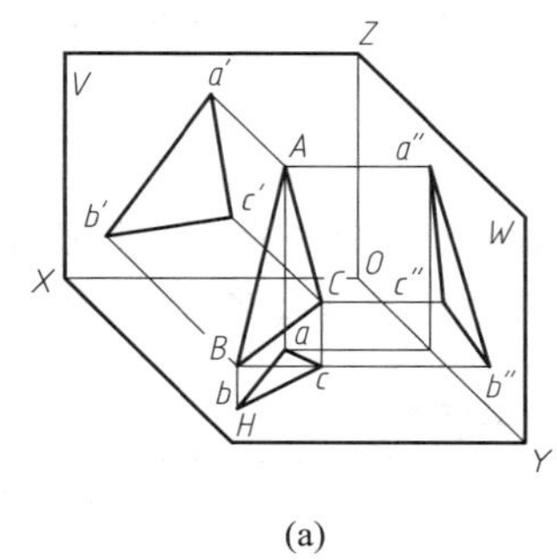

(a)

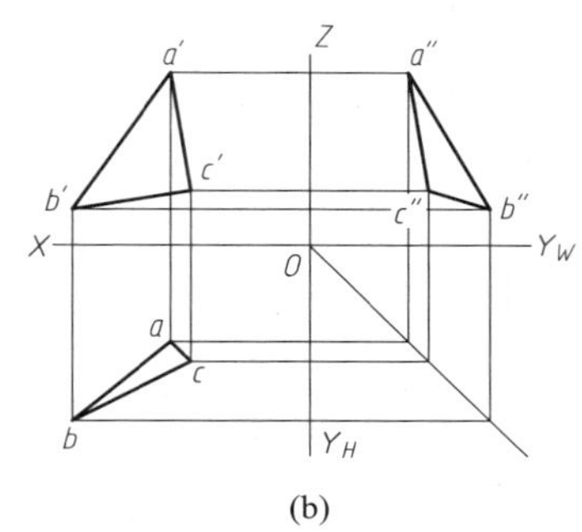

(b)

图 3–17　一般位置平面

3. 投影面平行面

平行于一个投影面的平面为投影面平行面。投影面平行面又分为正平面、水平面、侧平面三种。各种投影面平行面的投影特性见表 3–3。

表 3–3　投影面平行面的投影特性

	水平面（平行于 *H* 面）	正平面（平行于 *V* 面）	侧平面（平行于 *W* 面）
投影图	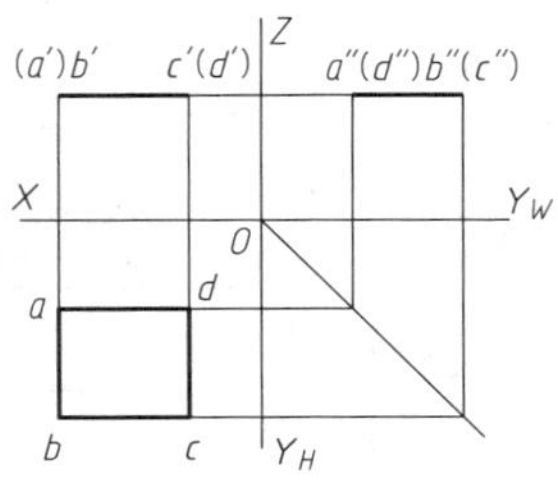	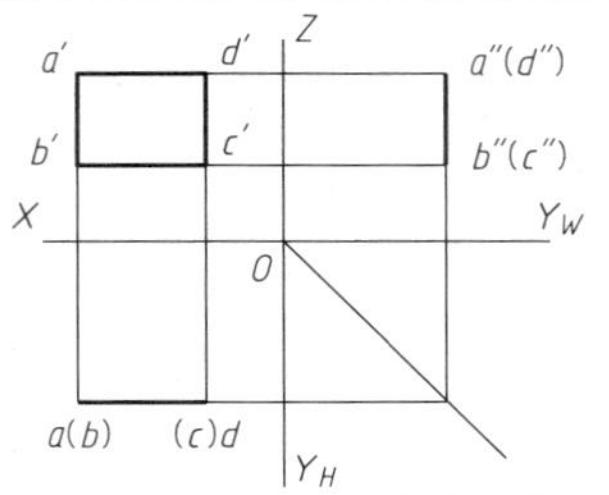	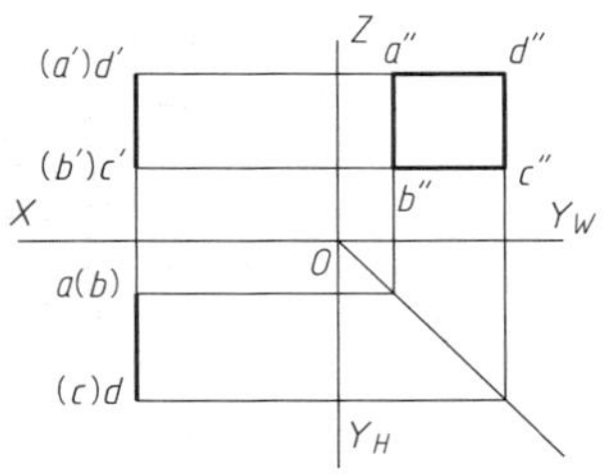
立体图	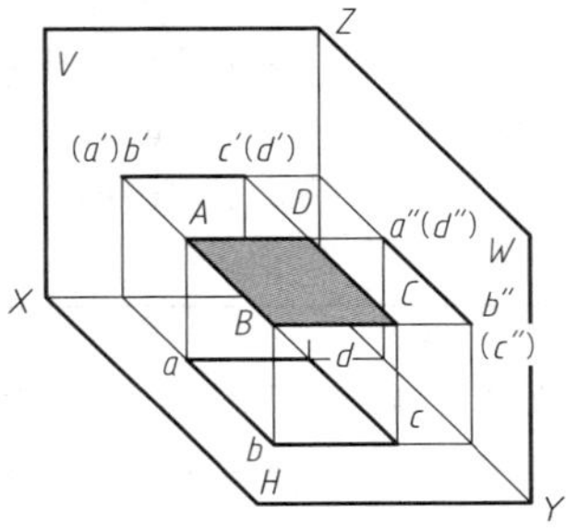	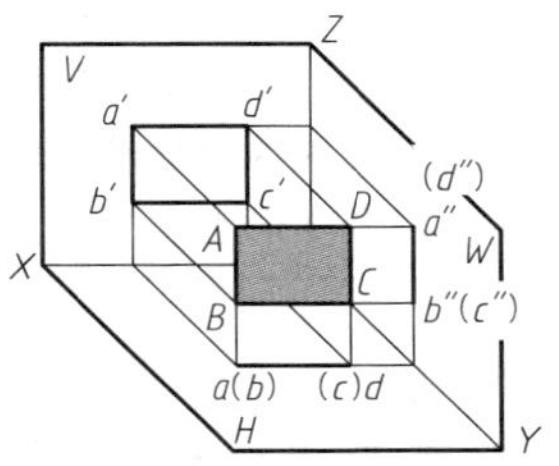	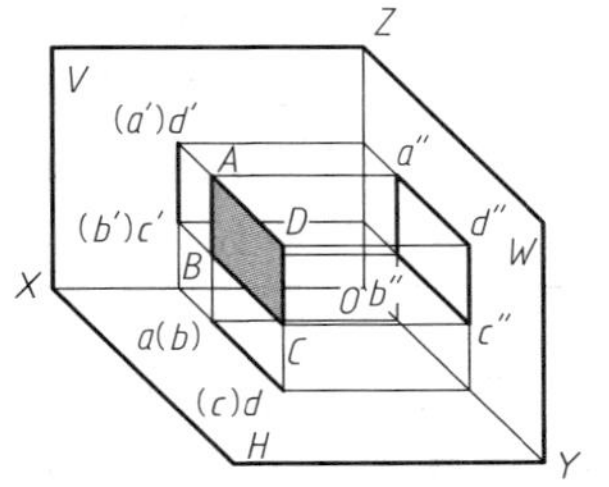

续表

	水平面（平行于 H 面）	正平面（平行于 V 面）	侧平面（平行于 W 面）
投影特性	（1）水平投影反映实形。 （2）正面投影和侧面投影分别积聚成直线，且正面投影 $/\!/ OX$，侧面投影 $/\!/ OY_W$	（1）正面投影反映实形。 （2）水平投影和侧面投影分别积聚成直线，且水平投影 $/\!/ OX$，侧面投影 $/\!/ OZ$	（1）侧面投影反映实形。 （2）正面投影和水平投影分别积聚成直线，且正面投影 $/\!/ OZ$，水平投影 $/\!/ OY_H$

总之，投影面平行面的投影特性：平面平行于某投影面，它在该投影面上的投影反映实形。在其余两面投影都积聚为一直线，且分别平行于该投影面所包含的投影轴。

在读图时，只要有两面投影分别为平行于投影轴的直线和一个线框围成的图形，则必为投影面平行面。线框在哪个投影面，它就是那个投影面的平行面。

4. 投影面垂直面

只垂直于一个投影面，而倾斜于其他投影面的平面为投影面垂直面。投影面垂直面分为正垂面、铅垂面、侧垂面三种。各种投影面垂直面的投影特性如表 3–4 所示。

表 3–4 投影面垂直面的投影特性

	铅垂面（垂直于 H 面）	正垂面（垂直于 V 面）	侧垂面（垂直于 W 面）
投影图	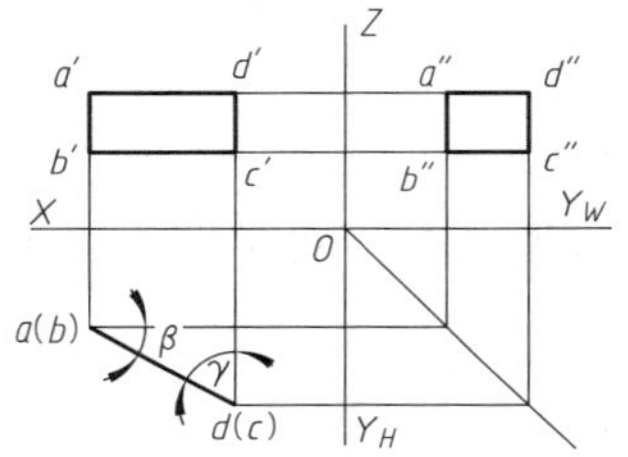	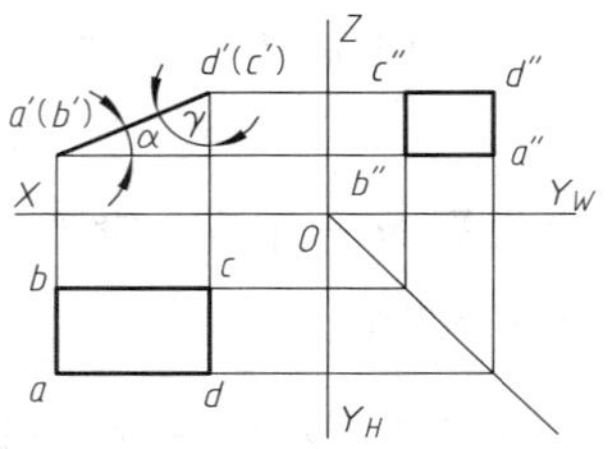	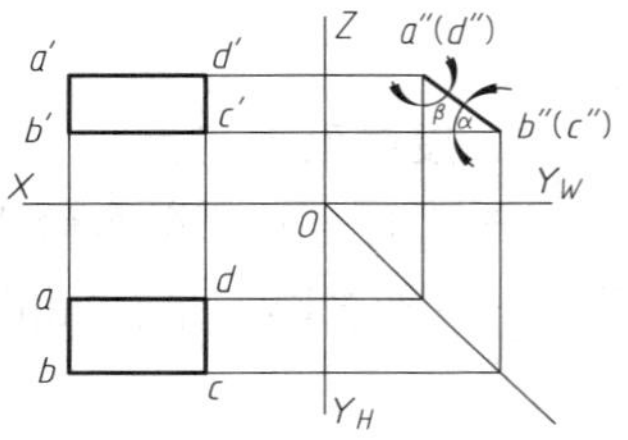
立体图	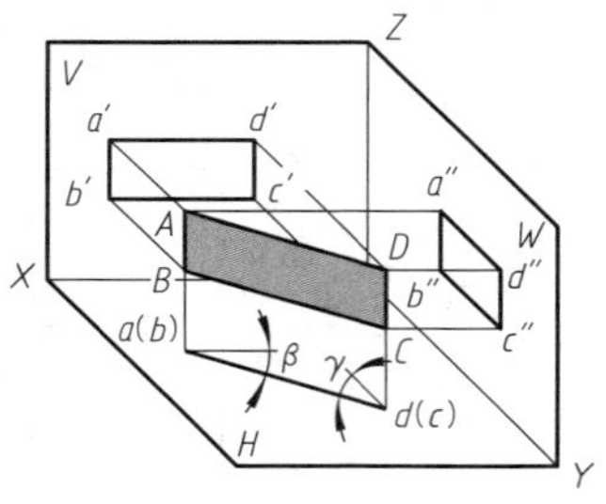	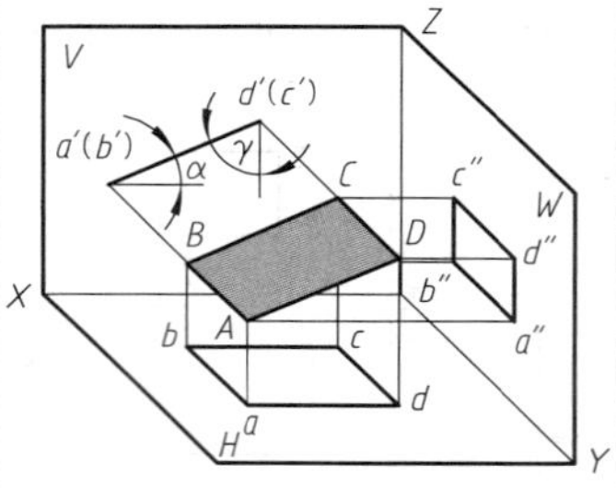	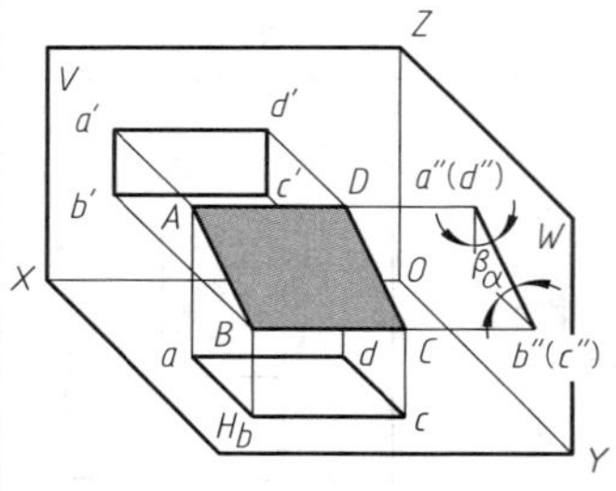
投影特性	（1）水平投影积聚成直线，并反映真实倾角 β、γ。 （2）正面投影、侧面投影反映原平面图形的类似形，但比实形小	（1）正面投影积聚成直线，并反映真实倾角 α、γ。 （2）水平投影、侧面投影反映原平面图形的类似形，但比实形小	（1）侧面投影积聚成直线，并反映真实倾角 α、β。 （2）正面投影、水平投影反映原平面图形的类似形，但比实形小

总之，投影面垂直面的投影特性：平面垂直于某投影面，它在该投影面上的投影积聚为一斜线，斜线与投影轴的夹角反映该平面对另两个投影面的倾角。在其他两个投影面上的投影是

面积小于实形的类似形。

在读图时，只要平面的一面投影积聚为倾斜线，另两面投影为类似形，则空间上必为投影面垂直面。倾斜线在哪个投影面，它就是那个投影面的垂直面。

3.3.3 平面内取直线和点

平面内可画任一直线，亦可画**投影面平行线**。其原理与方法如下。

1. 平面内画任一直线

方法一：过面内的两个已知点画任一直线。

直线在平面内，则直线必通过该平面内的两个点。反之，过平面内的任意两个点作一直线，则所作直线必在该平面内，如图 3–18a 所示。

方法二：过平面内的任一点，作一直线平行于该平面内的一直线。

过平面内的任一点，作一直线平行于该平面内的一直线，则所作直线必在该平面内，如图 3–18b 所示。

2. 平面内画投影面平行线

平面内的投影面平行线是既要在平面内又要平行于投影面的直线，既要符合投影面平行线的投影特性，又要符合直线在平面上的条件。如图 3–18c 中的直线 *BD* 在平面 *ABC* 内，又因 *bd* // *OX* 轴，所以 *BD* // *V* 面，故直线 *BD* 是平面内的投影面正平线。同理，*AB* 是平面内的水平线。

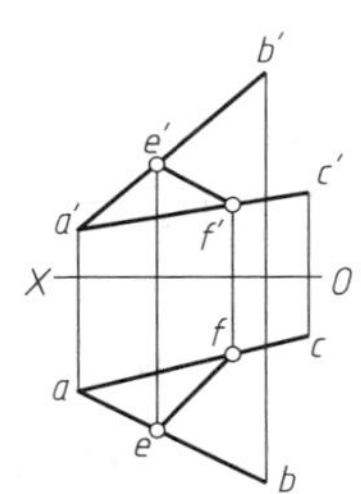

(a) 过平面内两点画直线

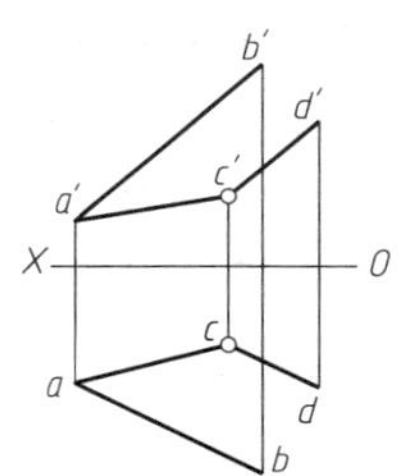

(b) 过平面内一点作直线//该平面内直线

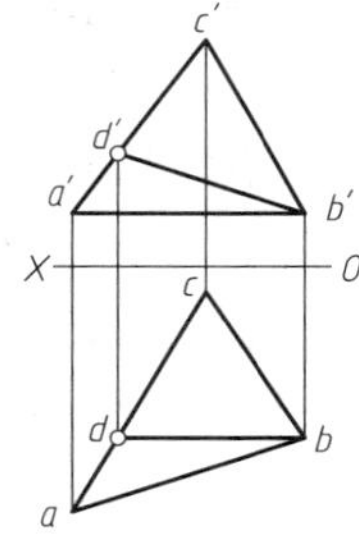

(c) 平面内取正平线

图 3–18 在平面内画直线

例 3–4 如图 3–19 所示，在平面 *ABC* 内作一条距 *V* 面为 10 mm 的正平线。

分析：距 *V* 面 10 mm 的正平线的水平投影一定平行于 *OX* 轴，且距 *OX* 轴为 10 mm。

作图：在平面 *ABC* 的水平投影上作 *de* // *OX* 轴，且距 *OX* 轴 10 mm，按点线从属性和点的投影规律求出 *DE* 的正面投影 *d′ e′*，正平线 *DE* 即为所求。

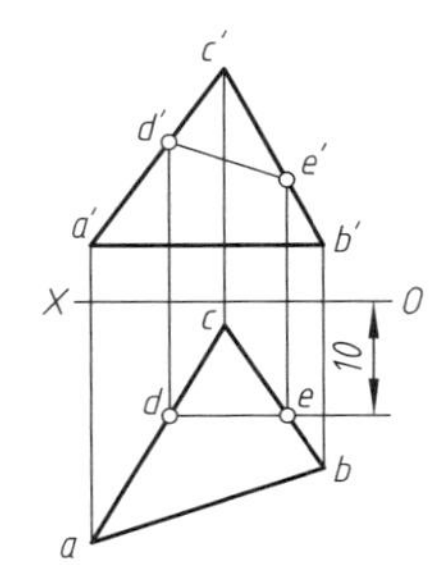

图 3–19 例 3–4 的作图

3. 平面内取点

过平面内任意点可作无数条直线，所以平面内的一点必在该平面内的一条直线上。在平面内任一直线上所取的任一点均在平面内。

（1）点在特殊位置平面上 若已知特殊位置平面内点的一面投影，

要求点的其他投影，则可利用特殊位置平面的投影积聚性直接求点的投影。

例 3–5 如图 3–20a 所示，已知正垂面 *ABC* 上点 *D* 的水平投影 *d*，求 *d′*。

作图：作图过程如图 3–20b 所示。

（2）点在一般位置平面上 若已知平面内点的一面投影，要求点的其他投影，必须利用辅助直线间接确定点的投影。即先过此点在平面内取一条辅助直线，然后再在该直线上确定点的投影。

例 3–6 如图 3–21a 所示，已知平面 *ABC* 上点 *D* 的正面投影 *d′*，求其水平投影 *d*。

作图：作图过程如图 3–21b 所示。

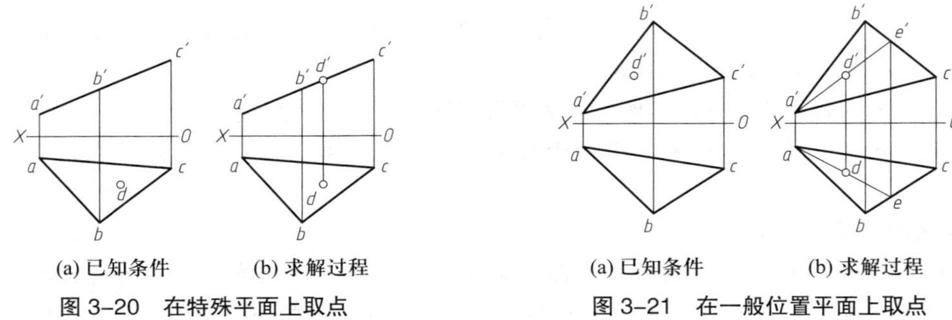

图 3–20 在特殊平面上取点

图 3–21 在一般位置平面上取点

例 3–7 如图 3–22a 所示，*AC* 为正平线，试补全平行四边形 *ABCD* 的水平投影。

解：本题有两种解法。

解法一 利用平面内取点求解。因 *AC* 为正平线，故可过 *a* 作 *ac* // *OX* 轴，并利用点的投影规律确定其水平投影 *ac*，再连平行四边形 *ABCD* 对角线的正面投影 *a′ c′* 和 *b′ d′*，得交点 *k′*，因点 *K* 也在 *AC* 线上，根据点线从属性可求出其水平投影 *k*，连接 *dk* 并延长与点 *B* 的投影连线相交得点 *B* 的水平投影 *b*，连接 *a*、*b*、*c*、*d* 即得平行四边形 *ABCD* 的水平投影，如图 3–22b 所示。

解法二 利用平行四边形的对应边的平行性求解。

因 *AC* 为正平线，故可作出其水平投影 *ac* // *OX* 轴，然后连接 *dc*，利用平行四边形 *ABCD* 对应边的平行性，过点 *c* 作直线 *cb* // *ad*，过点 *a* 作直线 *ab* // *dc*，直线 *ab* 和 *cb* 的交点即为点 *B* 的水平投影 *b*，如图 3–22c 所示。

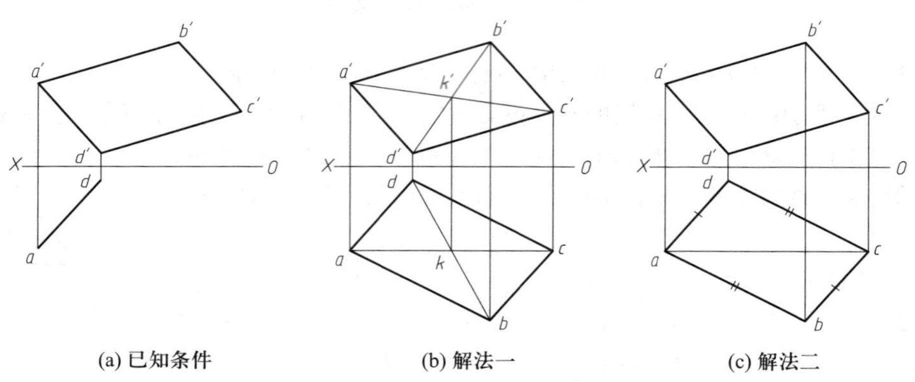

图 3–22 补全平行四边形的水平投影

3.4 直线与平面及两平面的相对位置

3.4.1 平行问题

1. 直线与平面平行

直线与平面相互平行的几何条件：若一已知直线平行于平面内任一直线，则已知直线平行于该平面。反之，若在平面内能作一直线与已知直线平行，则已知直线必平行于该平面。这是在投影图上作一直线平行于平面、或作平面内一直线平行于直线、或判别直线与平面是否平行的作图依据。

例 3-8 如图 3-23a 所示，过点 E 作一水平线平行于平面 ABC。

分析： 过点 E 可作无数条直线平行于已知平面，但其中只有一条水平线。故可先在平面内取一条辅助水平线，然后过点 E 作直线平行于平面内的水平线。

作图： 如图 3-23b 所示。

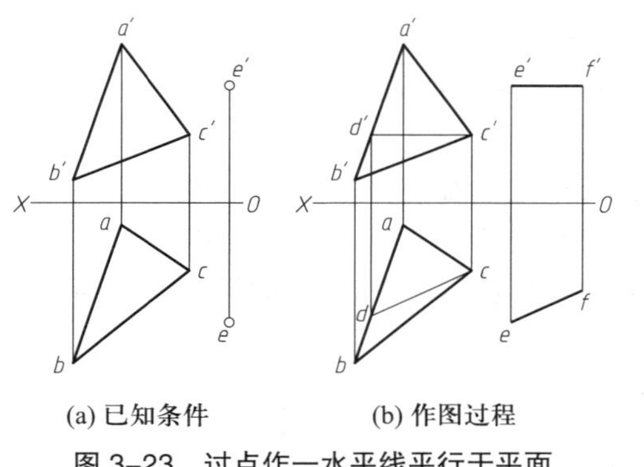

图 3-23 过点作一水平线平行于平面

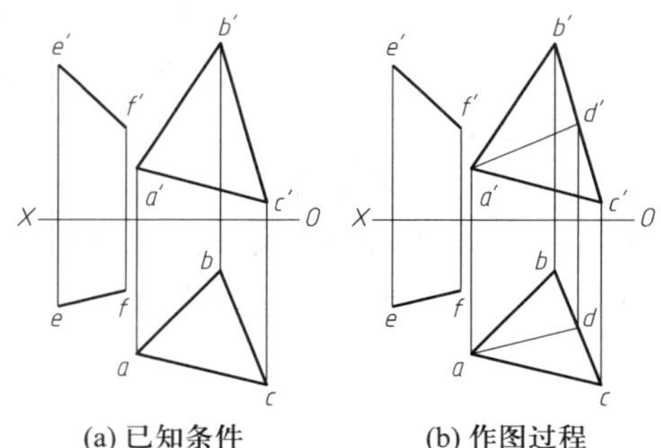

图 3-24 判别直线与平面是否平行

（1）过平面上任一点 C 作一水平线 CD，即作 $c'd' \,/\!/\, OX$ 轴，求得 cd。

（2）过点 E 作 EF 平行于 CD。即 $ef \,/\!/\, cd$，$e'f' \,/\!/\, c'd'$，则 EF 为所求。

例 3-9 如图 3-24a 所示，判别直线 EF 是否平行于 $\triangle ABC$。

分析： 若 $EF \,/\!/\, \triangle ABC$，则在 $\triangle ABC$ 内必可作一直线平行 EF。

作图： 如图 3-24b 所示，在 $\triangle ABC$ 内作一辅助直线 AD。即使 $ad \,/\!/\, ef$，再求出 $a'd'$，而 $a'd'$ 不平行于 $e'f'$。故在 $\triangle ABC$ 内不能作一条直线平行于 EF 直线，所以 EF 不平行于 $\triangle ABC$。

2. 平面与平面平行

平面与平面相互平行的几何条件：一个平面上的两相交直线分别对应平行于另一平面上的两相交直线。这是在投影图上判别两平面是否平行的条件，作一平面平行于另一平面的依据。

例 3-10 试判别图 3-25a 所示的两个三角形 ABC 和 DEF 是否平行。

分析： 要判别两个三角形是否相互平行，只要看它们是否有一对相交直线相互平行。

作图： 如图 3-25b 所示。

（1）在△ *ABC* 内作正平线 *AM* 和水平线 *CN*。

（2）在△ *DEF* 内作正平线 *DK* 和水平线 *DL*。

由于 *a′ m′* 与 *d′ k′*、*cn* 与 *dl* 均不平行，故△ *ABC* 与△ *DEF* 不平行。

例 3-11 如图 3-26a 所示，过点 *D* 作一平面平行于△ *ABC*。

分析： 过点 *D* 只要作相交两直线分别平行于△ *ABC* 内任两相交直线即可。

作图： 如图 3-26b 所示。

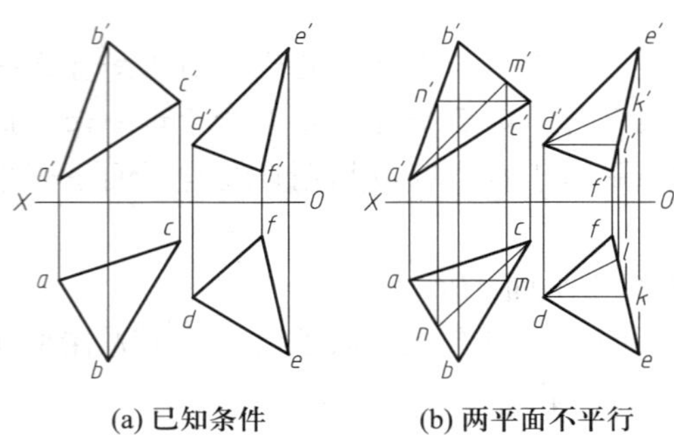

(a) 已知条件　(b) 两平面不平行

图 3-25 判别两个平面是否平行

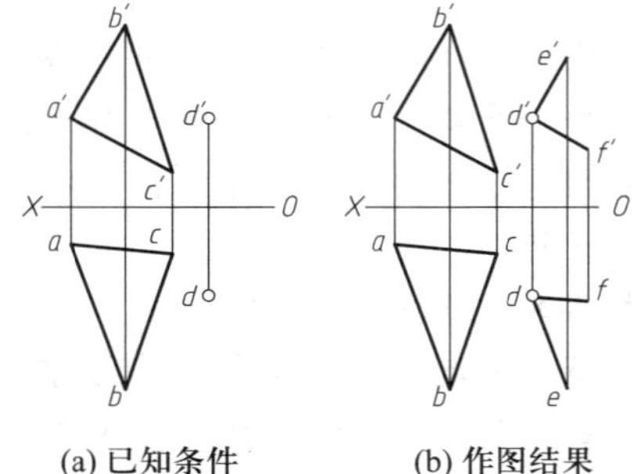

(a) 已知条件　(b) 作图结果

图 3-26 过一点作一平面平行于已知平面

（1）过点 *D* 作 *DE* // *AB*，即作 *de* // *ab*，*d′ e′* // *a′ b′*。

（2）过点 *D* 作 *DF* // *AC*，即作 *df* // *ac*，*d′ f′* // *a′ c′*。则平面 *DEF* 即为所求。

3. 特殊情况

（1）直线与平面垂直于同一投影面，则该直线平行于该平面，如图 3-27a 所示。

（2）直线与平面的积聚性投影相互平行，则该直线平行于该平面，如图 3-27b 所示。

（3）若一投影面的两个垂直面相互平行，则它们积聚性投影必平行，如图 3-27c 所示。

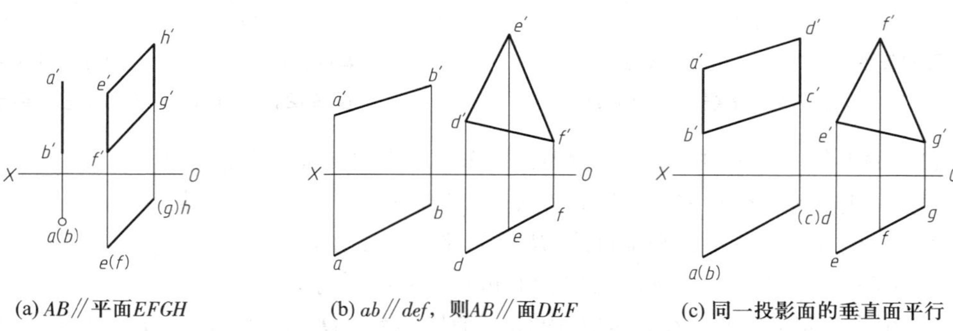

(a) *AB* // 平面 *EFGH*　(b) *ab* // *def*，则 *AB* // 面 *DEF*　(c) 同一投影面的垂直面平行

图 3-27 平行问题的特殊情况

3.4.2 相交问题

1. 直线与平面相交

这里仅讨论相交的直线和平面中至少有一个处于与投影面垂直的情况。

直线与平面相交，其交点是直线与平面的共有点，且是直线的投影可见与不可见的分界点。

（1）**投影面垂直线与一般位置平面相交** 投影面垂直线与一般位置平面相交，其交点的一

面投影与该直线的积聚性投影重合，其他的投影可按平面内取点的方法求出。直线投影的可见性可用重影点来判断。

例 3-12 如图 3-28a 所示，求直线 *DE* 与平面 *ABC* 的交点 *K*，并判别其可见性。

分析：由图可知，直线 *DE* 为正垂线，其正面投影积聚成一个点，交点 *K* 的正面投影 *k'* 与该点重合，同时点 *K* 也在平面 *ABC* 上，故可用平面内取点法求出点 *K* 的水平投影 *k*，然后判别直线的可见性。

作图：如图 3-28b 所示。

① 过点 *K* 作平面内一直线 *AF*，即连 *a' k'* 并延长与 *b' c'* 交于 *f'*，由 *f'* 作投影连线与 *bc* 交于 *f*，连 *af* 与 *de* 交得 *k*。*k* 和 *k'* 即为所求交点 *K* 的两面投影。

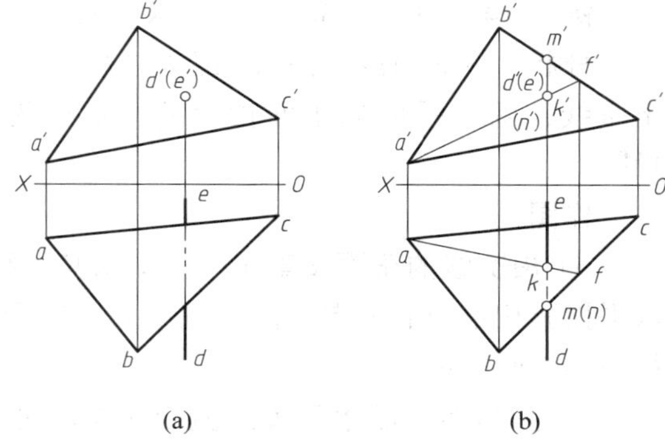

图 3-28 正垂线与平面相交

② 利用重影点判别直线 *DE* 的可见性。直线 *BC* 和 *DE* 的水平投影的重合点，即 *bc* 与 *de* 的交点 *m*、*n*，利用点线从属性，分别在 *b' c'* 和 *d' e'* 上求出 *m'*、*n'*。由于 *m'* 比 *n'* 高，故水平投影 *m* 可见而 *n* 不可见，则水平投影 *k* 到 *n* 为不可见，画成细虚线。水平投影 *k* 到 *e* 可见，画成粗实线。

（2）**投影面垂直面与一般位置直线相交** **一般位置直线与投影面垂直面相交，其交点的一面投影是平面的积聚性投影与直线投影的交点，交点的其他投影利用点线从属性求得**。直线投影的可见性可在投影图中直接判断。

例 3-13 如图 3-29a 所示，求直线 *DE* 与平面 *ABC* 的交点 *K*，并判别可见性。

分析：由图可知，平面 *ABC* 是一铅垂面，其水平投影积聚成一条直线，该直线与 *DE* 水平投影的交点即为点 *K* 的水平投影 *k*。利用交点的共有性、点线从属性和投影规律可求得 *k'*。

作图：如图 3-29b 所示。

① **求交点 *K* 的正面投影**。由 *k* 作投影连线与 *d'e'* 交于 *k'*。

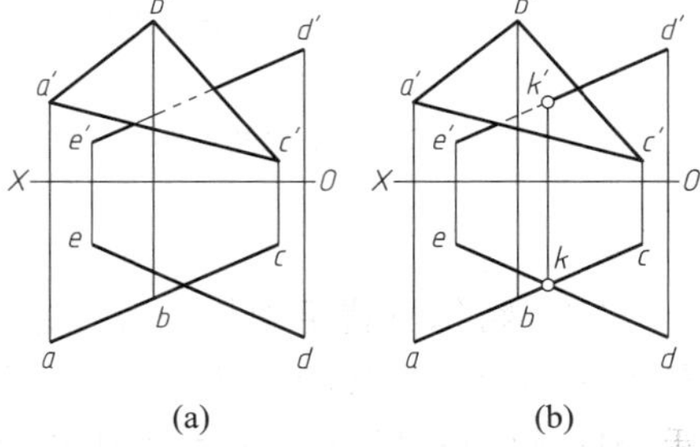

图 3-29 直线与铅垂面相交

② **判别直线 *DE* 正面投影的可见性**。由水平投影可知，直线 *DE* 的右前方段 *KD* 位于平面 *ABC* 之前，是可见的，其投影 *k' d'* 应画成粗实线，左后方段 *KE* 位于平面 *ABC* 之后，被平面遮挡部分不可见，则 *k' e'* 与平面投影重合部分应画成细虚线。

2. 平面与平面相交

这里仅讨论两平面中至少有一个处于特殊位置的相交情况。

两平面相交的交线为直线，交线是两平面的共有线，其投影是两平面投影重合区域的可见与不可见的分界线。求两面的交线的投影一般先求出交线的两个端点的投影，两端点的同面投影连线即为两平面的交线的投影。

（1）**两个同一投影面的垂直面相交** 两个同一投影面的垂直面相交的交线亦为该投影面的垂直线。交线在该投影面上的投影就是两平面的积聚性投影的交点，然后再根据交线端点的共有性求得交线的其他投影。两个平面的投影重合区域的可见性可在投影图中直接判别。

例 3-14 如图 3-30a 所示，求平面 *ABC* 与平面 *DEF* 的交线并判别可见性。

分析： 平面 *ABC* 与 *DEF* 都为正垂面，它们的正面投影都积聚成直线，其交线必为一条正垂线，两正垂面的正面投影的交点即为交线的正面投影 m'（n'），然后求交线的另一个投影。

作图：

① **由交线的正面投影 m'（n'）求其水平投影 mn。** 由 m'（n'）作投影连线，在两个平面的水平投影相重合的范围内作出 mn。mn 为所求交线 *MN* 的水平投影（*M* 在 *AC* 上，*N* 在 *DE* 上），如图 3-30b 所示。

② **判断两平面水平投影重合区域的可见性。** 由正面投影可知，在交线 *MN* 的左侧，平面 *DEF* 高于平面 *ABC*，因而在水平投影中交线 *MN* 左侧的平面 *DEF* 部分可见应画成粗实线，而平面 *ABC* 被遮住部分应画成细虚线，在交线 *MN* 的右侧则相反，如图 3-30c 所示。

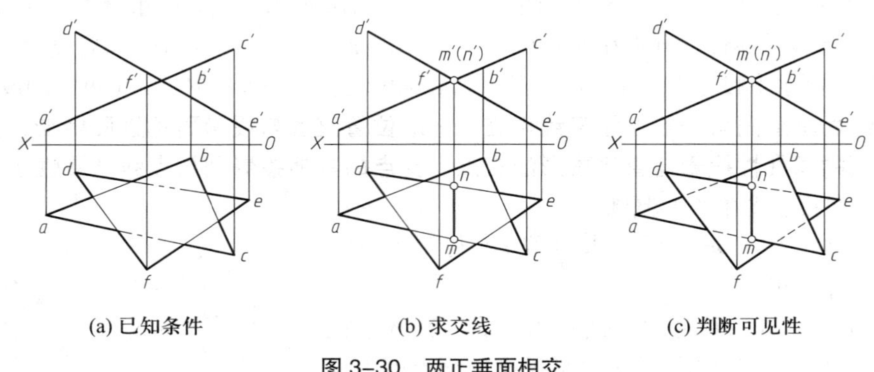

(a) 已知条件 (b) 求交线 (c) 判断可见性

图 3-30 两正垂面相交

（2）**特殊位置平面与一般位置平面相交** 特殊位置平面与一般位置平面相交，交线在特殊位置平面的积聚性投影为已知，再根据交线端点的共有性求得交线的其他投影。两平面的投影重合区域的可见性可在投影图中直接判断。

例 3-15 如图 3-31a 所示，求平面 *ABC* 与平面 *EFGH* 的交线并判别可见性。

分析： 平面 *EFGH* 为侧平面，其正面投影积聚成一条直线，交线的正面投影必在此直线上，交线必为侧平线，交线在此直线与平面 *ABC* 的正面投影的重叠共有部分。

作图： 如图 3-31b 所示。

① **由分析可知，交线 *MN* 的正面投影为 $m'n'$。**

② **求交线 *MN* 的侧面投影。** 根据交线端点共有性和点线从属性，在 $a''b''$ 上求得点 m''，在 $a''c''$ 上求得 n''，连接 $m''n''$ 即为交线的侧面投影。

③ **判断两平面侧面投影重叠区域的可见性。** 由正面投影可知，平面 *ABC* 的 *AMN* 部分在交线 *MN* 的左侧，也在平面 *EFGH* 的左侧，是可见的，因而侧面投影 $a''m''n''$ 部分应画成粗实线，而平面 *EFGH* 的 *FG* 被遮住部分的投影应画成细虚线，在交线 $m''n''$ 的另一侧则相反，如图 3-31c 所示。

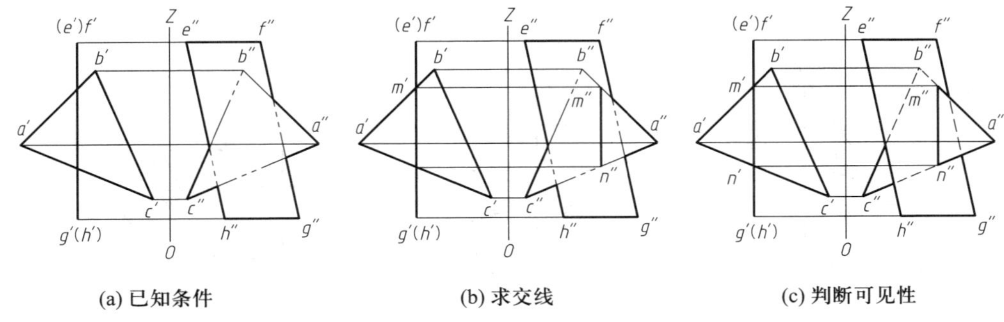

(a) 已知条件　(b) 求交线　(c) 判断可见性

图 3–31　一般位置平面与侧平面相交

3.4.3 垂直问题

1. 直线与平面垂直

若一直线垂直于一个平面内的两相交直线，则此直线垂直于这个平面。这是直线垂直于平面的几何条件和作图的依据。其投影特点：直线的水平投影垂直于平面内的水平线的水平投影，直线的正面投影垂直于平面内的正平线的正平投影，直线的侧面投影垂直于平面内的侧平线的侧面投影。反之，具有上述投影特点的直线与平面垂直。

2. 直线与投影面垂直面垂直

当直线与投影面垂直面垂直时，直线必平行于该平面所垂直的投影面，且在该投影面上的投影既反映实长，又垂直于该平面的积聚性投影。即垂直于铅垂面的直线为水平线，垂直于正垂面的直线为正平线，垂直于侧垂面的直线为侧平线，如图 3–32 所示。

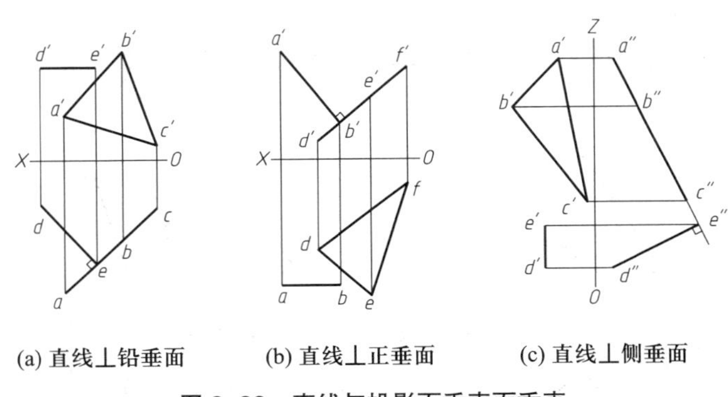

(a) 直线⊥铅垂面　(b) 直线⊥正垂面　(c) 直线⊥侧垂面

图 3–32　直线与投影面垂直面垂直

3. 直线与投影面平行面垂直

当直线垂直于投影面平行面时，直线必垂直于该平面所平行的投影面，且在该投影面上的投影积聚为点，另两面投影分别垂直于该平面积聚性投影，且反映实长。即垂直于正平面的直线为正垂线，垂直于水平面的直线为铅垂线，垂直于侧平面的直线为侧垂线，如图 3–33 所示。

4. 平面与平面垂直

（1）垂直于同一个投影面的两个相互垂直的平面，它们的积聚性投影相互垂直，它们的交线是该投影面的垂直线，如图 3–34 所示。

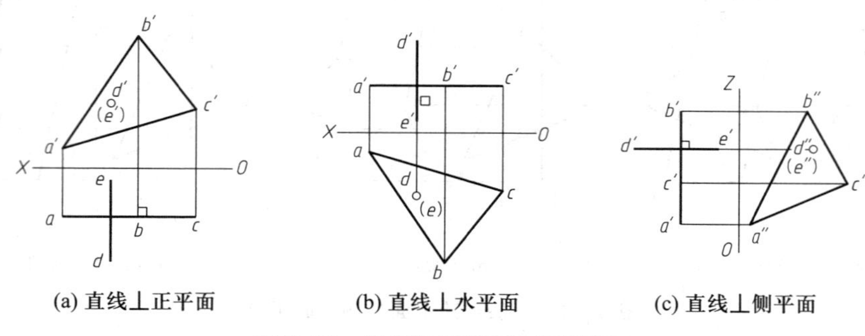

(a) 直线⊥正平面　(b) 直线⊥水平面　(c) 直线⊥侧平面

图 3–33　直线与投影面平行面垂直

（2）直线垂直于某一平面，则过此直线所作的一切平面均与该平面垂直。反之，若一个平面通过另一个平面的一条垂线，则这两个平面必相互垂直。

这是两平面垂直的条件，也是解决平面间垂直问题的依据，其基础是直线与平面垂直。

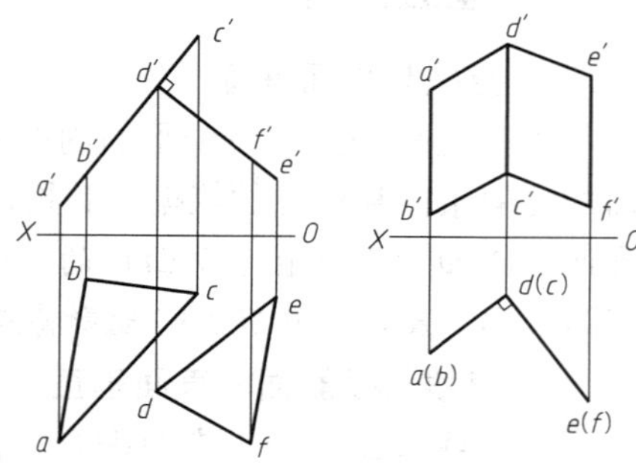

(a) 两正垂面垂直　(b) 两铅垂面垂直

图 3–34　平面与平面垂直

例 3–16　如图 3–35a 所示，过点 *D* 作平面垂直于平面 *ABC*。

分析：过点只能作一直线垂直于给定的平面，但过此直线可作无数个平面，亦即本题有无数个解。这里仅作其中一解。

作图：如图 3–35b 所示。

（1）在给定平面 *ABC* 内作相交两直线，即作正平线 *C Ⅰ*和水平线 *C Ⅱ*。

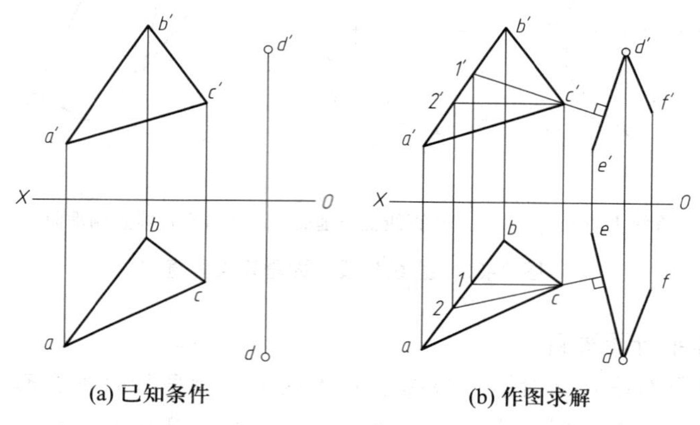

(a) 已知条件　(b) 作图求解

图 3–35　过点作平面垂直于给定的平面

（2）过点 *D* 作直线 *DE* 垂直于平面内的正平线 *C Ⅰ*和水平线 *C Ⅱ*。即作 $de \perp c2$，$d'e' \perp c'1'$。

（3）过点 *D* 作任意直线 *DF*，则 *DE*、*DF* 所决定的平面垂直于给定平面 *ABC*。

3.5 换 面 法

3.5.1 问题的提出

由上述的学习可以看出，特殊位置几何元素间的度量或定位问题解决起来比较容易，而对一般位置几何元素间的度量或定位问题解决起来比较困难和麻烦。将一般位置的几何元素变为特殊位置，使问题变得容易解决，常用有变换投影面法，简称换面法。换面法是保持空间几何元素的位置不动，更换投影面的位置，使空间几何元素在新投影体系中处于有利于解题的特殊位置。

3.5.2 新投影体系的选择原则及有关标记约定

1. 新投影面选择的原则

（1）新投影面应使空间几何元素处于最有利解题的特殊位置。

（2）新投影面必须垂直于某一保留的原投影面，以构成一个相互垂直的新两投影面体系。

2. 换面法作图标记

若用新增的垂直于 H 面的投影面取代原 V 面，则称为新的正立投影面，标为 V_1，与保留的原投影面构成新投影体系为 V_1/H，V_1 面与 H 面的交线为 O_1X_1 轴。

若用新增的垂直于 V 面的投影面取代原 H 面，则称为新的水平投影面，标为 H_1，与保留的原投影面构成新投影体系为 V/H_1，V 面与 H_1 面的交线为 O_1X_1 轴。

点 A 在 V/H 投影体系中的投影为 a'、a，在 V_1/H 投影体系中的投影为 a_1'、a，在 V/H_1 投影体系中的投影为 a'、a_1。保留不变的投影面上的投影不变。

3.5.3 点的投影变换规律

1. 点的一次变换

点是最基本的元素，因此必须首先掌握点的投影变换规律及其作图。

如图 3-36a 所示，点 A 在 V/H 投影体系中的投影为 a'、a，若 H 面不变，则点 A 的 H 面投影不变。设用一新的铅垂面 V_1 取代 V 面，组成新投影体系 V_1/H。V_1 面与 H 面的交线为 O_1X_1 轴，过点 A 向 V_1 面作投射线，得点 A 在 V_1 面的投影 a_1'，则点 A 在新投影体系 V_1/H 中的投影为 a_1'、a。从图中可量出 $a_1'a_{X1}=Aa=a'a_X$，说明点到 H 面的距离保持不变，将 V_1 面绕 O_1X_1 轴旋转 90° 与 H 面重合后，$a_1'a_{X1} \perp O_1X_1$ 轴，$a_1'a \perp O_1X_1$ 轴，这是由正投影原理所决定的。

由此可总结出更换投影面时点的投影变换规律：

（1）点的新投影和不变投影的连线必垂直于新投影轴。

（2）点的新投影到新投影轴的距离等于被更换的旧投影到旧投影轴的距离。

作图： 更换 V 面如图 3-36b 所示。

（1）在适当位置画出新投影轴 O_1X_1。

（2）过不变的投影 a 作新投影轴 O_1X_1 的垂线交于 a_{X1}，并延长。

（3）在 aa_{X1} 的延长线上截取 $a_{X1}a_1'=a'a_X$，即得点 A 在 V_1 面上的新投影。

更换 H 面，组成新投影体系 V/H_1，其作图方法同上，如图 3–37 所示。

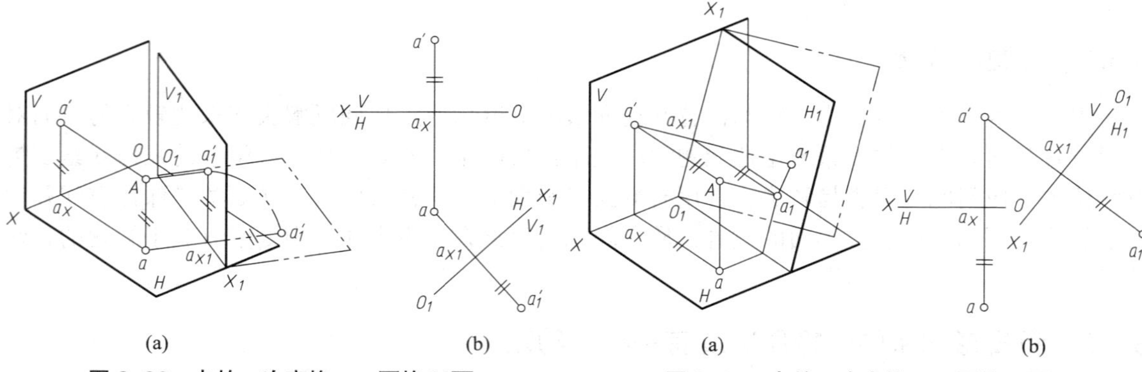

(a)　(b)　(a)　(b)

图 3–36　点的一次变换——更换 V 面　　图 3–37　点的一次变换——更换 H 面

2. 点的二次变换

在运用换面法去解决实际问题时，更换一次投影面，有时不足以解决问题，而必须更换两次或更多次。更换两次投影面时，求点的新投影的方法，其原理与更换一次投影面相同。

但必须指出，在更换投影面时，新投影面的选择必须符合前面所述的两项原则，而且一次不能更换两个投影面，必须一个更换完以后，在新的投影体系中交替地更换另一个。如图 3–38 所示，先由 V_1 面代替 V 面，构成新投影体系 V_1/H，再以这个体系为基础，取 H_2 面代替 H 面，又构成新体系 V_1/H_2。或先由 H_1 面代替 H 面，构成新投影体系 V/H_1，再以这个体系为基础，取 V_2 面代替 V 面，又构成新体系 V_2/H_1。

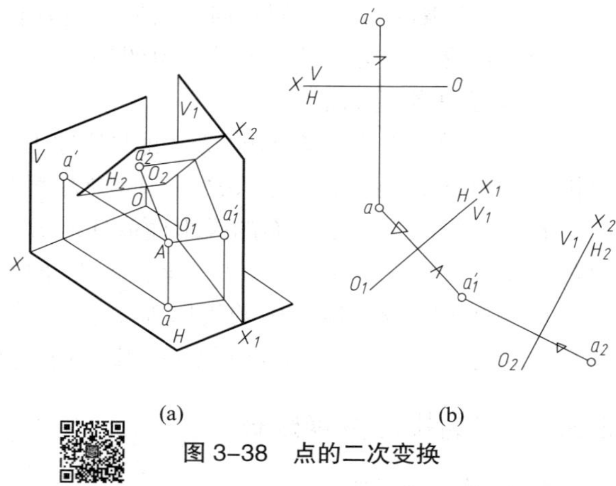

(a)　(b)

图 3–38　点的二次变换

3.5.4　直线的投影变换规律

1. 把一般位置直线变换成投影面平行线

把一般位置直线变换成投影面平行线多用于求一般位置直线的实长及其对投影面的倾角，是将平面变换成投影面垂直面的基础。

如图 3–39a 所示，欲求 AB 的实长和对 H 面的倾角 α，则必须将一般位置直线变换成正平线，即必须用 V_1 面取代 V 面；欲求 AB 的实长和对 V 面的倾角 β，则必须将一般位置直线变换成水平线，即必须用 H_1 面取代 H 面，如图 3–39b 所示。

图 3–39a 求 AB 实长和 α 角的作图说明如下。

（1）在适当位置画新投影轴 O_1X_1，且 $O_1X_1 /\!/ ab$。

（2）过 a、b 分别作 O_1X_1 的垂线并延长，使延长距离分别等于旧投影到旧轴的距离，得 a_1'、b_1'，$a_1'b_1'$即为实长，其与 O_1X_1 轴的夹角即为 α。

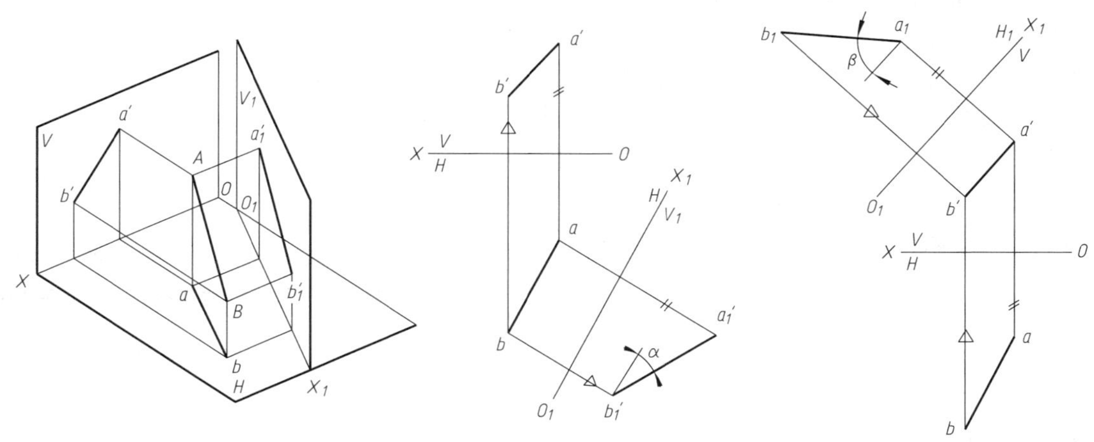

(a) 求直线实长和倾角α　(b) 求直线实长和倾角β

图 3–39　一般位置直线变换成投影面平行线

2. 把一般位置直线变换成投影面垂直线

将一般位置直线变换成投影面垂直线多用于求点到线的距离或平行线间的距离、求相交两面的夹角等。

要把一般位置直线变换成投影面垂直线，必须经过两次换面。先把直线变成投影面平行线，再把投影面平行线变换成投影面垂直线，如图 3–40a 所示。其作图如图 3–40b、c 所示。

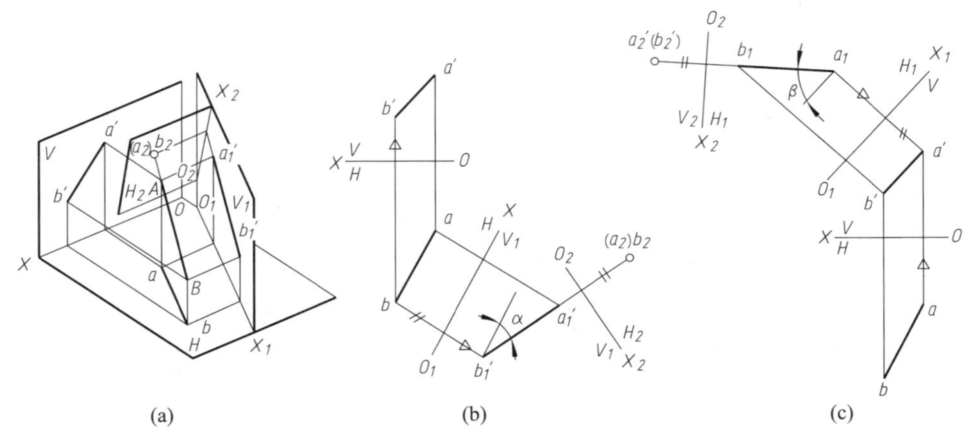

(a)　(b)　(c)

图 3–40　一般位置直线变换成投影面垂直线

显然，欲将正平线变换成铅垂线需更换 H 面，欲将水平线变换成正垂线需更换 V 面，如图 3–41 所示。

3.5.5 平面的投影变换规律

1. 把一般位置平面变换成投影面垂直面

由两平面垂直的条件可知，欲把一般位置平面变换成投影面垂直面，必须使属于该平面内的任意一条直线垂直于新投影面。而把投影面平行线变为投影面垂直线只需更换一次投影面，因此可在平面内作一平行线使其垂直于新投影面，便可将一般位置平面变换成投影面垂直面，如图 3-42a 所示。

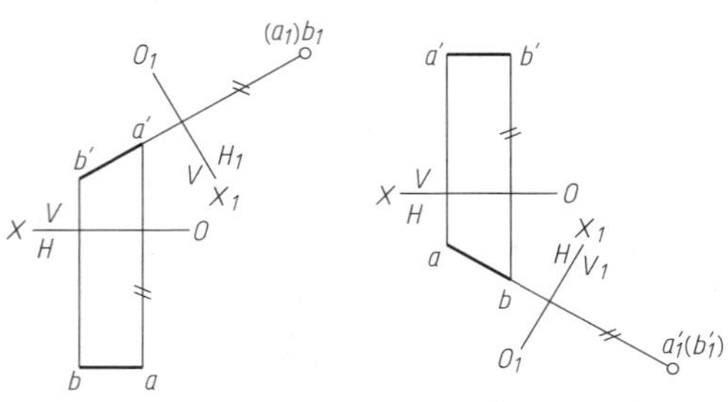

(a) 正平线变换成铅垂线　(b) 水平线变换成正垂线

图 3-41　投影面平行线变换成投影面垂直线

把一般位置平面变换成投影面垂直面多用于求平面对投影面的倾角、点到平面的距离、两平行平面间的距离、直线与其平行平面间的距离。

作图步骤：

如图 3-42b 所示，以将一般位置平面变换成投影面正垂面求 α 角为例。

（1）在平面△ABC 内任取一条水平线 BD，即作 $b'd'$ // OX，并求出 bd。

（2）在合适位置上画新投影轴 O_1X_1，使 $O_1X_1 \perp bd$。

（3）求出平面△ABC 三顶点的新投影，根据更换投影面时点的投影变换规律，在新投影面上求得 a_1'、b_1'、c_1'，此三点必在倾斜于新投影轴的同一条直线上，且 $a_1'b_1'c_1'$ 与 O_1X_1 轴的夹角 α 即为平面△ABC 对 H 面的倾角 α。

总之，欲求一般位置平面的倾角 α，取平面内的水平线，更换 V 面把一般位置平面变换成投影面正垂面；欲求一般位置平面的倾角 β，取平面内的正平线，更换 H 面把一般位置平面变换成投影面铅垂面；欲求一般位置平面的倾角 γ，取平面内的侧平线，更换 W 面把一般位置平面变换成投影面侧垂面。

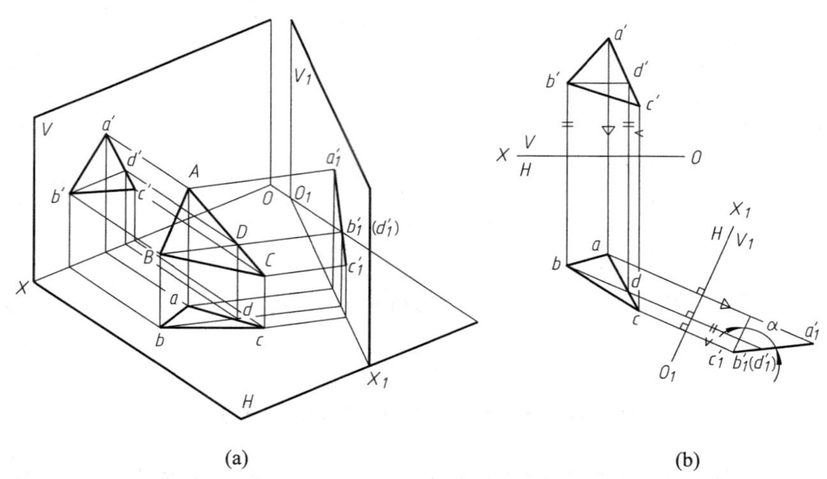

(a)　(b)

图 3-42　一般位置平面变换成投影面垂直面

2. 把一般位置平面变换成投影面平行面

把一般位置平面或投影面垂直面变换成投影面平行面多用于求平面实形和求相交直线的夹角。

欲将一般位置平面变为投影面平行面，则需要进行两次换面，首先将一般位置平面变换为投影面垂直面，再将投影面垂直面变换为投影面平行面，如图 3–43 所示。

显然，要将投影面垂直面变换成投影面平行面，则只需更换一次投影面，如图 3–44 所示。

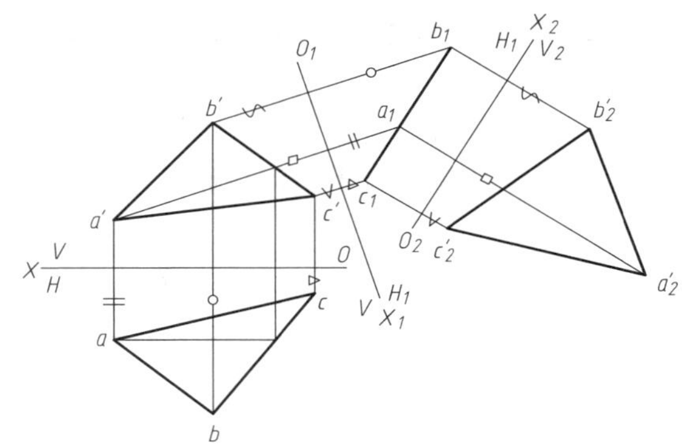

图 3–43 一般位置平面变换成投影面平行面

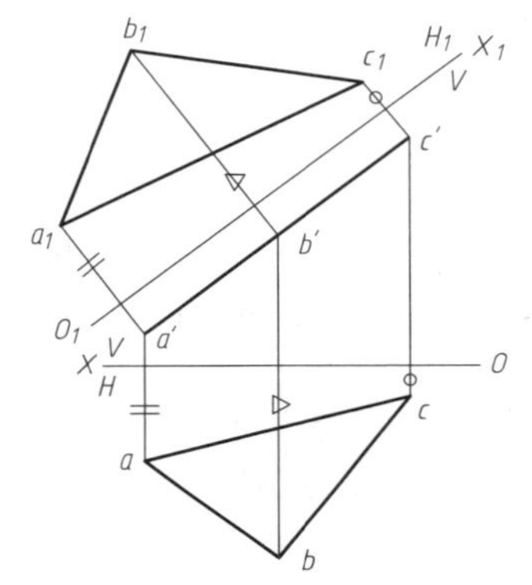

(a) 正垂面变换成水平面

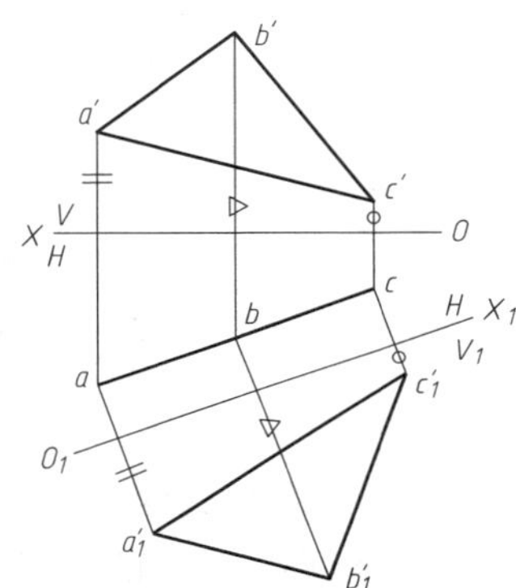

(b) 铅垂面变换成正平面

图 3–44 投影面垂直面变换成投影面平行面

3.5.6 换面法的应用

应用换面法解决实际问题时，一般要注意分析给定条件的空间情况，弄清原始条件中几何元素与原投影面的相对位置；根据要求的结果，选择正确的解题思路与方法，确定有关几何元素应对新投影面所处的特殊位置；作图求解过程中要注意新投影与原投影的变换前后关系，既要在新投影体系中正确无误地求得结果，又能将结果返回原投影体系。

例 3–17 如图 3–45a 所示，过点 A 作直线 AD 与 BC 相交成 60°角。

分析： 夹角只有在投影面平行面上才反映真实大小，如图 3–45c 所示。因此，需将直线 BC 与点 A 所确定的平面变换成投影面平行面，在此投影面上过点 A 作直线 AD 与 BC 相交成 60°角。又因直线 BC 是投影面水平线，可直接利用它进行换面。

作图： 如图 3–45b 所示。

（1）利用水平线 BC 将平面 ABC 变成投影面垂直面。

① 作新投影轴 O_1X_1，使 $O_1X_1 \perp bc$，构成新投影体系 V_1/H。

② 在新投影体系中求点 A、B、C 的投影 a_1'、b_1' 和 c_1'，平面变成了投影面垂直面。

（2）将投影面垂直面变换成投影面平行面。

① 作新投影轴 O_2X_2，使 $O_2X_2 \parallel a_1'b_1'$（$c_1'$），构成新投影体系 V_1/H_2。

② 在新投影体系 V_1/H_2 中求点 A、B、C 的投影 a_2、b_2、c_2，投影面垂直面变成了投影面平行面。

（3）过点 a_2 作直线 a_2d_2，使其与 b_2c_2 成 60°夹角，a_2d_2 有两解。

（4）将求得的 d_2 点返回投影体系 V/H。

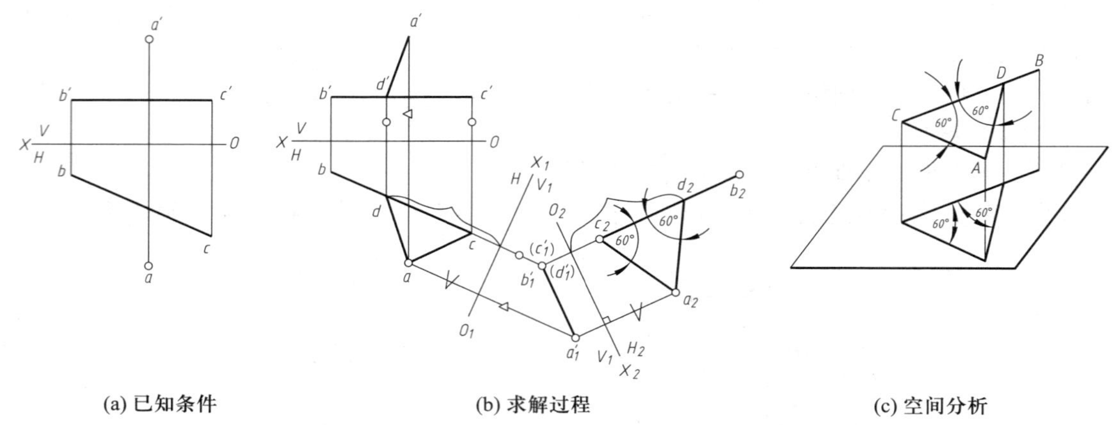

(a) 已知条件　　(b) 求解过程　　(c) 空间分析

图 3–45　过点 A 作直线 AD 与 BC 相交成 60°角

例 3–18　如图 3–46a 所示，已知点 E 到平面 ABC 的距离为 N，求点 E 的 V 面投影。

分析：只有在平面的投影有积聚性的投影面上才能反映点到一个平面的真实距离，故将平面更换成投影面垂直面方能求得点到面的真实距离和点 E 的投影 e'，如图 3–46c 所示。

作图：如图 3–46b 所示。

（1）作面内正平线 AD，利用正平线 AD 来换 H 面。

（2）作新投影轴 O_1X_1，使 $O_1X_1 \perp a'\ d'$，构成新投影体系 V/H_1。

（3）根据点的投影变换规律求得投影 $a_1b_1c_1$，平面变成了铅垂面。

（4）在 H_1 面上投影 $a_1b_1c_1$ 的两侧分别作距离为 N 的平行于投影 $a_1b_1c_1$ 的平行线，再根据 e 到 OX 轴的距离作点 E 的 H_1 面投影轨迹线，与 $a_1b_1c_1$ 的平行线交于点 e_1，点 e_1 即为 E 点的 H_1 面投影，过点 e 及点 e_1 分别作垂直于相应投影轴的投影连线，其交点 e' 即为所求。

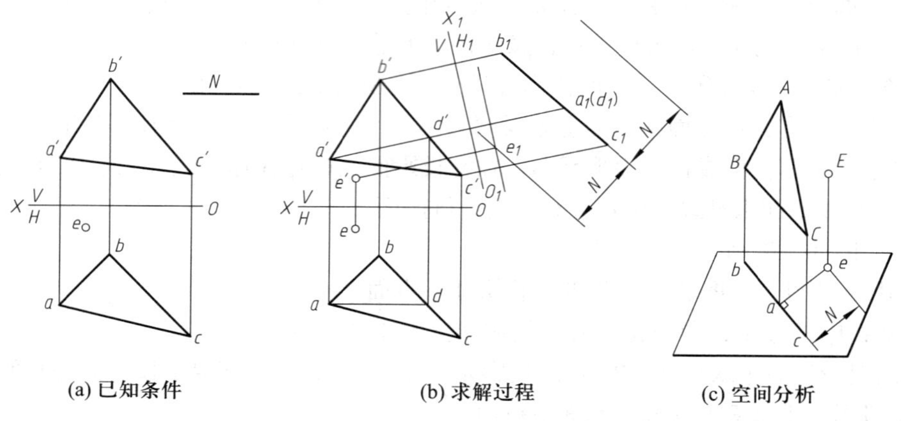

(a) 已知条件　　(b) 求解过程　　(c) 空间分析

图 3–46　求点 E 的 V 面投影

例 3-19 如图 3-47a 所示，已知直线 AB // CD 且相距 12 mm，求 AB 的 V 面投影。

分析： 由图可知，AB、CD 两直线是相互平行的一般位置直线，只有二者均为投影面垂直线时方能反映其相距 12 mm，又因仅知 AB 的 H 面投影，因此将 CD 经两次换面成铅垂线，则直线 AB 也为铅垂线。以 CD 的积聚成点的投影为圆心、12 mm 为半径画圆，则直线 AB 的投影一定积聚在此圆周上，由 AB 的 H 面投影才能确定铅垂线 AB 的有积聚性的投影（有两解）。然后将其中一解返回求其 V 面投影。

作图： 如图 3-47b 所示。

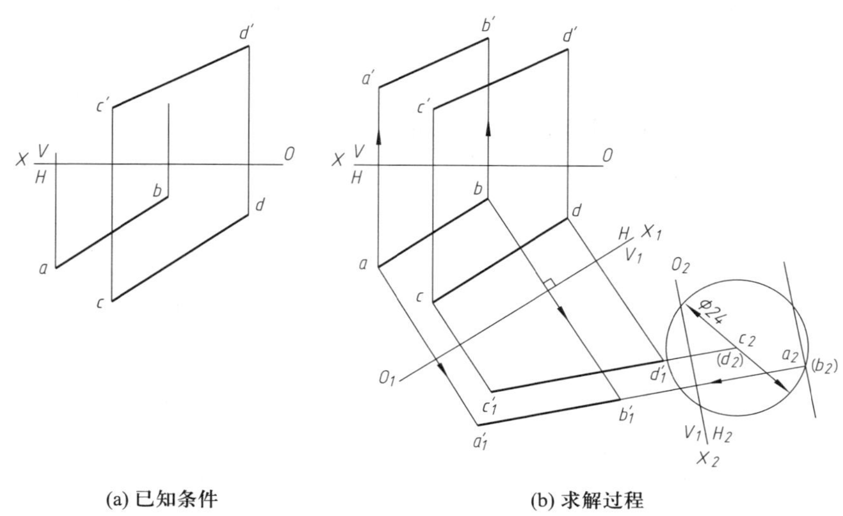

(a) 已知条件　　(b) 求解过程

图 3-47 直线 AB 的 V 面投影

（1）更换 V 面，作新投影轴 O_1X_1 // cd，构成新投影体系 H/V_1。

（2）根据点的投影变换规律求得投影 $c_1'\ d_1'$，直线变成了正平线。

（3）将正平线变换成铅垂线。画出新投影轴 $O_2X_2 \perp c_1'\ d_1'$，构成新投影体系 H_2/V_1。

（4）在投影体系 H_2/V_1 中求投影 c_2（d_2），以此点为圆心、12 mm 为半径画圆，并以 ab 到 O_1X_1 的距离在投影体系 H_2/V_1 中作 O_2X_2 的平行线与圆的交点，即为 a_2（b_2）（有两解）。

（5）返回投影体系 H/V 求 $a'\ b'$。

例 3-20 如图 3-48 所示，过点 I 作一直线垂直于平面 $\triangle ABC$。

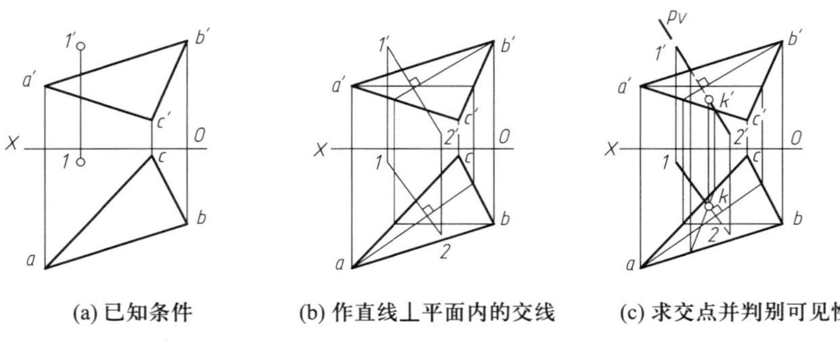

(a) 已知条件　　(b) 作直线⊥平面内的交线　　(c) 求交点并判别可见性

图 3-48 直线与一般位置平面垂直

分析：△ABC是一般位置平面，过点I作一直线垂直于一般位置平面，用几何要素作图比较复杂，如图3-48所示的作图过程的依据是直线与平面垂直和直线与平面交点投影的特点。若用换面法将一般位置平面换成投影面垂直面，再过点I作一直线垂直于投影面垂直面，问题将变得简单。

作图：如图3-49b所示。

（1）更换V面。作面内水平线AD，作新投影轴$O_1X_1 \perp ad$，构成新投影体系H/V_1。

（2）求平面△ABC和点I在新投影体系H/V_1中的投影$a'_1b'_1c'_1$和$1'_1$，平面变成了正垂面。

（3）在新投影体系H/V_1中，过$1'_1$作直线$1'_1\,2'_1$垂直于平面的积聚性投影$a'_1b'_1c'_1$，得交点的投影k_1'。

（4）根据直线与投影面垂直面垂直的投影特点，过1作12 // O_1X_1，在12上求得垂足k。

（5）求直线$I\,II$和垂足的V面投影，即$1'\,2'$和k'。

（6）判别直线投影的可见性。

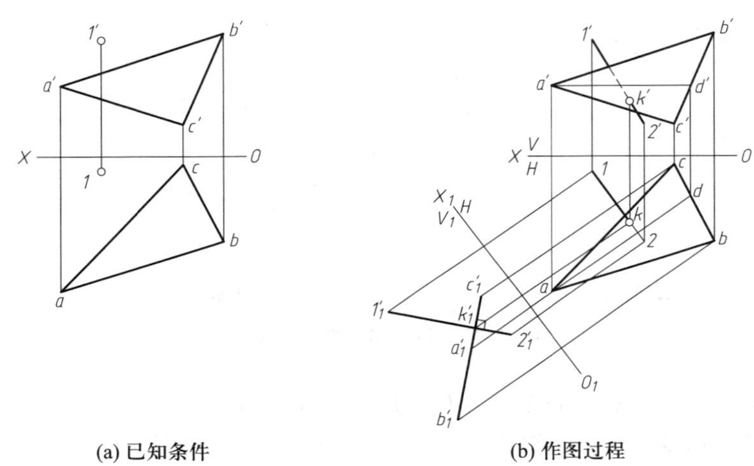

(a) 已知条件 (b) 作图过程

图3-49 直线与一般位置平面垂直

第 4 章　基本几何体的投影

本章学习导读

学习目的与要求： 熟练掌握各种基本几何体的形成、投影及其表面取点的方法，为后续内容打下基础。

学习内容： 学习平面基本几何体（棱柱、棱锥）、曲面基本几何体（圆柱、圆锥和球等）的形成、投影及其表面取点的方法。

重点与难点： 重点是基本几何体的投影及表面取点，尤其是分析各投射方向的转向轮廓素线在各投影图中的位置。

地位及特点： 本章是学好被截切立体、立体与立体相交及更复杂立体投影的基础。

4.1　概　　述

基本几何体是构成复杂物体的基本单位。因此，研究基本几何体的投影是研究复杂物体投影的基础。

按表面形状特征的不同，基本几何体通常分为平面基本几何体和曲面基本几何体，如图 4–1 所示。

4.2　平面基本几何体的投影及其表面取点

表面由平面（如三角形、矩形等）构成的基本几何体，称为平面基本几何体，简称平面体。常见的平面基本几何体有棱柱、棱锥等。其表面特征是若干平面图形，如图 4–1 所示。

平面基本几何体上的点、线、面元素如图 4–2 所示。画基本几何体的投影实际上是画它们的棱线和棱面的投影。

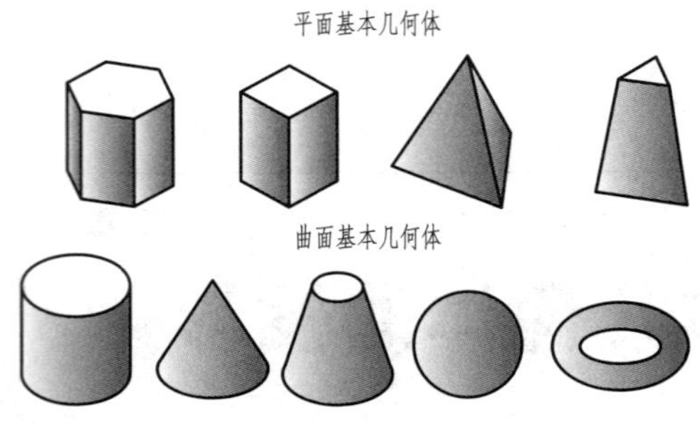

图 4-1 常见的基本几何体

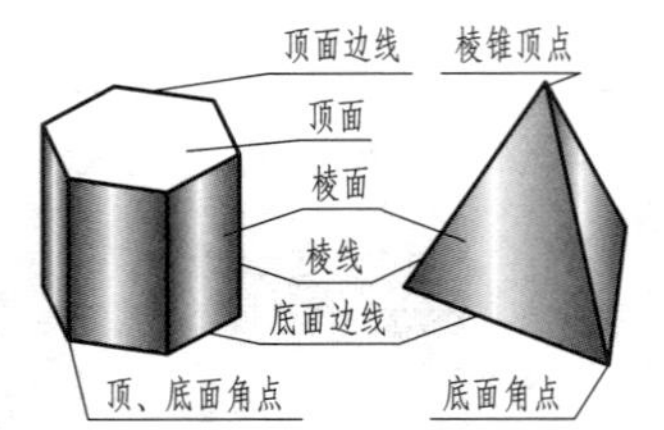

图 4-2 平面基本几何体的元素名称

4.2.1 正棱柱的投影及其表面取点

正棱柱的主要特征是棱面均为矩形，棱线相互平行并垂直于顶（底）面，顶（底）面为边数大于等于 3 的正多边形或一般多边形。

下面以正六棱柱为例介绍棱柱的投影及表面取点。

1. 正六棱柱的表面特征及投影特点

正六棱柱表面是由六个矩形棱面与正六边形的顶面和底面组成。

正六棱柱的放置如图 4-3a 所示，这样放置不仅符合物体在三投影面体系中的放置原则和正面投影投射方向的选择原则，而且使其整体左右对称、前后对称。左、右四个棱面为铅垂面，前、后两个棱面为正平面，上、下顶、底面为水平面。使所有表面为特殊位置平面，便于画图。

图 4-3a 中的水平投影反映顶（底）面的实形（正六边形），其他两面投影为棱面、棱线的投影组成。

2. 画正六棱柱的三面投影图

如图 4-3b 所示。

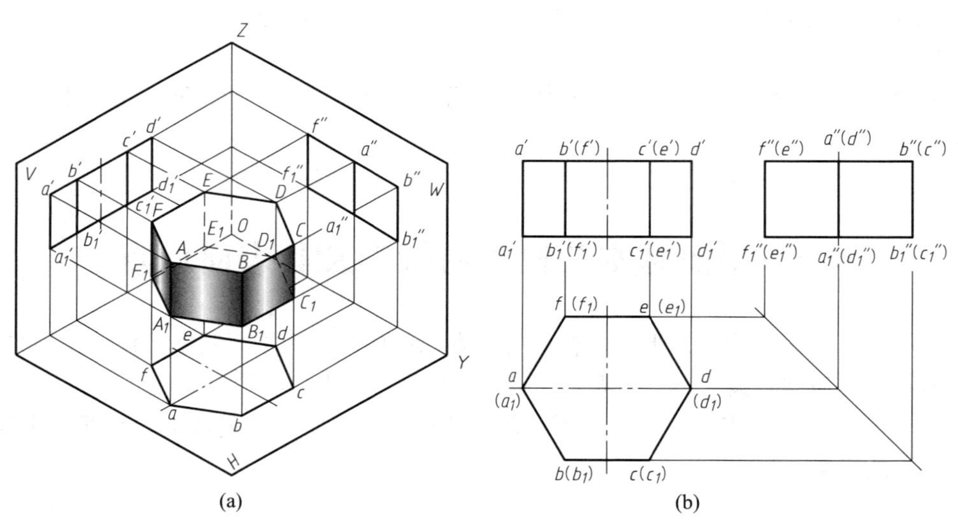

图 4-3 正六棱柱的空间投影及其三面投影图

（1）画出三面投影的对称中心线，以确定三个投影的位置。

（2）画出顶面 $ABCDEF$ 和底面 $A_1B_1C_1D_1E_1F_1$ 的三面投影（先画反映实形的水平投影，后画其余两面投影）。

（3）分别连接同面投影的顶、底面角点对应的投影，便得到正六棱柱的三面投影图。

3. 分析投影

由图 4-3b 可知，所有棱面和棱线的 H 面投影有积聚性，棱线的投影积聚在正六边形的角点上，棱面的投影积聚在正六边形边上。前、后棱面为正平面，V 面投影反映实形，其他棱面均为铅垂面，在 V 面、W 面的投影均为类似形——矩形；对 V 面，前三个棱面可见、后三个棱面不可见，前四条棱线可见；对 W 面的投影，左侧两个棱面可见，右侧两个棱面不可见，左侧三条棱线可见。

在同一投影面上，位于可见表面（线）上的点和线，其投影均可见。反之亦然。点的不可见投影用括号括起来。

4. 表面取点

立体表面取点就是由立体表面上点的一面投影，求点的其余两面投影。其原理和方法与平面上取点相同。立体表面取点的方法：① 利用表面投影的积聚性；② 作辅助线法。

正六棱柱各表面的投影都有积聚性，所以可利用表面投影的积聚性求解表面取点。

例 4-1 如图 4-4a 所示，已知正六棱柱表面上的点 M、N、K 的 V 面投影和点 P 的 H 面投影，求它们的另两面投影。

分析：由给定的投影 m'、(n')、p、k' 可知，点 M 在正六棱柱的左前棱面上，左前棱面为铅垂面；点 N 在正后棱面上，正后棱面为正平面；点 P 在顶面上；点 K 在最右边的棱线上。点 N 的水平投影、侧面投影和点 P 的正面投影、侧面投影可直接用表面投影的积聚性来求。点 M 的水平投影 m 利用其所在棱面的积聚性投影得到，根据投影规律由 m'、m 求得 m''。点 K 的水平投影 k 和侧面投影 k'' 可直接用点线从属性来求。

作图：如图 4-4b 所示。

（1）利用表面投影的积聚性和“长对正”，由 m' 直接求得点 M 的 H 面投影 m。再根据“高平齐”“宽相等”，由 m' 和 m 求得点 M 的侧面投影 m''。

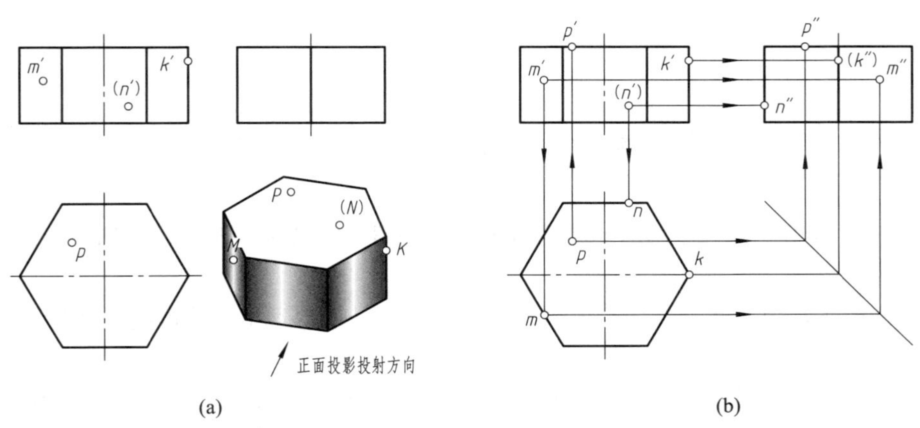

图 4-4 正六棱柱的表面取点

（2）利用表面投影的积聚性和“长对正”“高平齐”“宽相等”直接求得点 N 的水平投影 n 和侧面投影 n''、点 P 的正面投影 p' 和侧面投影 p''。

（3）根据点线从属性来直接求解点 K 的侧面投影 k''、水平投影 k。

4.2.2 棱锥的投影及其表面取点

1. 正三棱锥的表面特征及投影特点

正三棱锥的表面是由三个等腰三角形的棱面和一个等边三角形的底面围成，如图 4–5a 所示。三个等腰三角形的棱面的交点为正三棱锥的顶点。三个棱面与底面的夹角相等。

正三棱锥的放置如图 4–5a 所示，这样放置不仅符合物体在三投影面体系中的放置原则和正面投影投射方向的选择原则，而且使其整体左右对称、后棱锥面为侧垂面，底面为水平面，便于画图。

2. 画正三棱锥的投影图

如图 4–5b 所示。

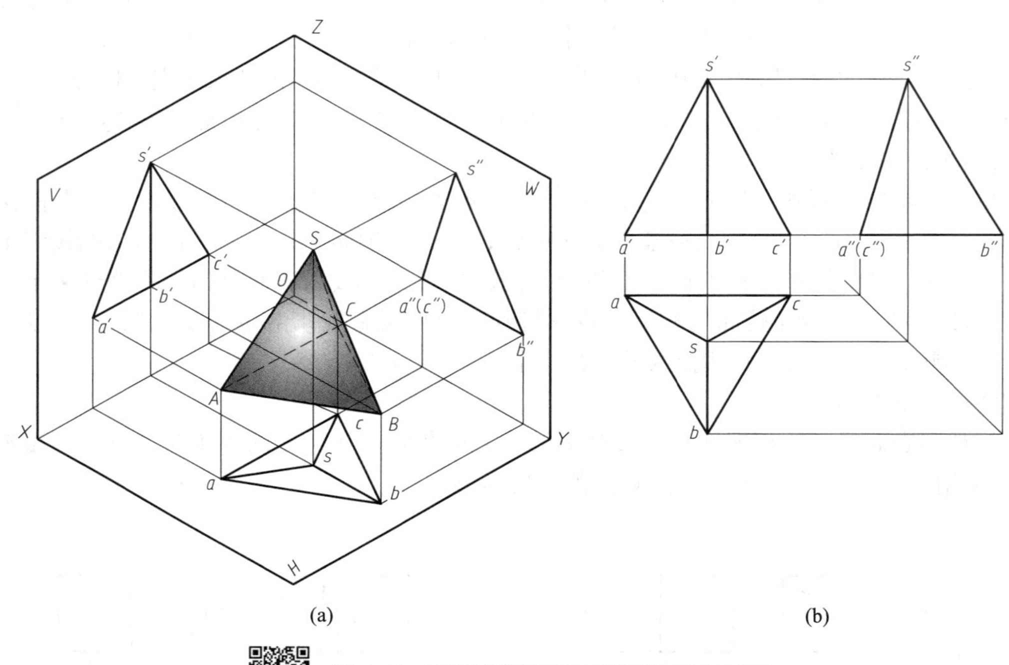

图 4–5 正三棱锥的空间投影及三面投影图

（1）画正三棱锥底面（$\triangle ABC$）和顶点 S 的三面投影。先画反映底面实形的水平投影，并找出顶点 S 的投影，然后画其他投影。

（2）分别连接顶点与底面三角形各角点的同面投影，便得到正三棱锥的三面投影图。

3. 分析投影

由图 4–5b 可知，棱面$\triangle SAC$ 为侧垂面，底面$\triangle ABC$ 为水平面，其余棱面为一般位置平面；最前面的棱线 SB 为侧平线，底边线 AC 为侧垂线，其他底边线为水平线，其余棱线为一般位置直线。

棱锥面的 H 面投影均可见，底面的 H 面投影不可见；在 V 面，左、右两棱面的投影可见，后棱面的投影不可见，底面投影积聚一条线；在 W 面，左棱面投影可见，右棱面的投影不可见，后棱面和底面投影均积聚成一条直线。

4. 表面取点

对于正三棱锥表面上特殊位置平面的表面取点，可利用平面投影的积聚性来作图。在一般位置平面上取点，需要在平面内画辅助线求解，即用在平面内画线取点的原理和方法。

棱锥表面上取线的方法如下。

（1）过平面内两点作线，如图 4–6 立体图中的直线 $S\,I$。

（2）过面内一点作面内一条直线的平行线，如图 4–6 立体图中的直线 $I\!I\,I\!I\!I$。

通过作辅助线来求表面上点的投影的方法称为作辅助线法。

例 4–2　如图 4–6 所示，已知正三棱锥表面上点 M 的 V 面投影 m'，求它的另外两面投影。

分析：由点 M 的 V 面投影 m' 可知，点 M 的 V 面投影可见，则点 M 位于棱面△ SAB 上，△ SAB 在 H、W 面的投影均可见，则点 M 的同面投影也可见。棱面△ SAB 属于一般位置平面，只能借助辅助线来求 m、m''。

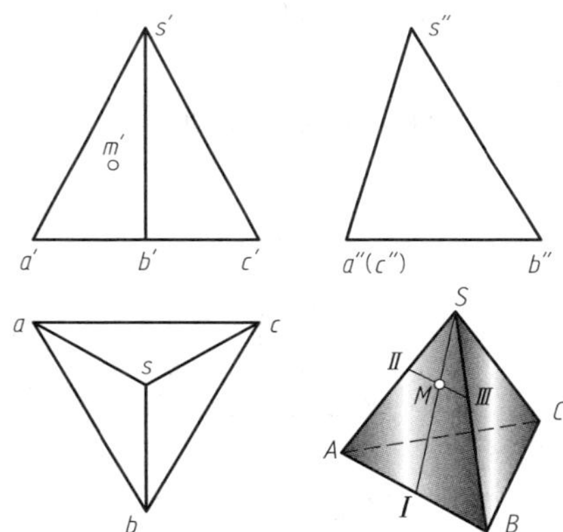

图 4–6　例 4–2 题目及立体模型

方法一：如图 4–7a 所示。

（1）过点的已知投影作过锥顶的辅助线 $S\,I$ 的一个投影。在 $s'a'b'$ 面内连 s'、m'，并延长交 $a'b'$ 于 $1'$，则 $s'1'$ 为辅助线 $S\,I$ 的正面投影。

（2）求辅助线的其余两面投影。由 $s'1'$ 求 $s1$，由 $s'1'$ 和 $s1$ 求 $s''1''$。

（3）在辅助线上求点的同面投影。根据投影规律和点线从属性不变的投影特性，由 m' 分别作竖直线和水平线，在 $s1$ 上求得 m，在 $s''1''$ 上求得 m''。

方法二：如图 4–7b 所示。

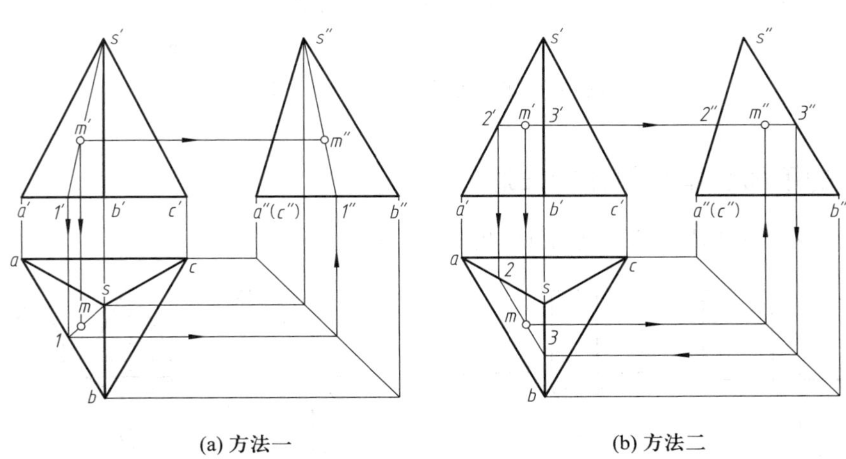

(a) 方法一　　(b) 方法二

图 4–7　正三棱锥的表面取点（一）

（1）过点的已知投影作平行于底边的辅助线ⅡⅢ的一个投影。在 $s'a'b'$ 面内过 m' 作 $2'3' \parallel a'b'$，$2'3'$ 为辅助线ⅡⅢ的正面投影。

（2）求辅助线的其余投影。

根据点线从属性，由 $2'$ 作竖直投影连线求得 2，根据平行性不变的投影特性，作 $23 \parallel ab$。由“高平齐”求得 $2''3''$。

（3）在辅助线上求点的同面投影。

由 m' 在 23 上求得 m，在 $2''3''$ 上求得 m''。

无论用哪种方法求解，最后一定要判别可见性。因为△ SAB 在 H、W 面的投影均可见，所以 m、m'' 均可见。

例 4–3 如图 4–8a 所示，已知正三棱锥表面上点 M、N、K 的一面投影，求它们的另外两面投影。

分析：由给定的投影可知，点 M 位于右棱面△ SBC 上，点 N 位于后棱面△ SAC 上，点 K 位于正三棱锥的底面；右棱面△ SBC 属于一般位置平面，后棱面△ SAC 为侧垂面，底面△ ABC 为水平面；特殊位置表面上的点可利用表面投影的积聚性来求，一般位置表面上的点可利用辅助线来求。

作图：如图 4–8b 所示。

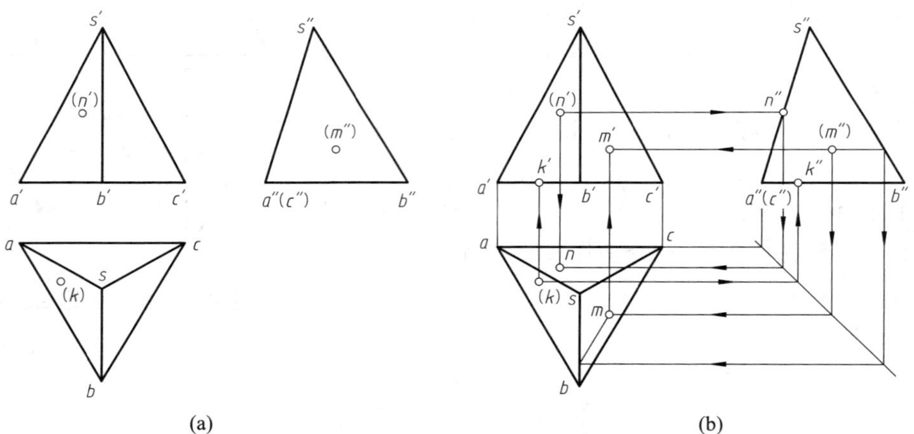

图 4–8 正三棱锥的表面取点（二）

4.2.3 常见的平面基本几何体的投影

常见的平面基本几何体的三面投影图如图 4–9 所示。

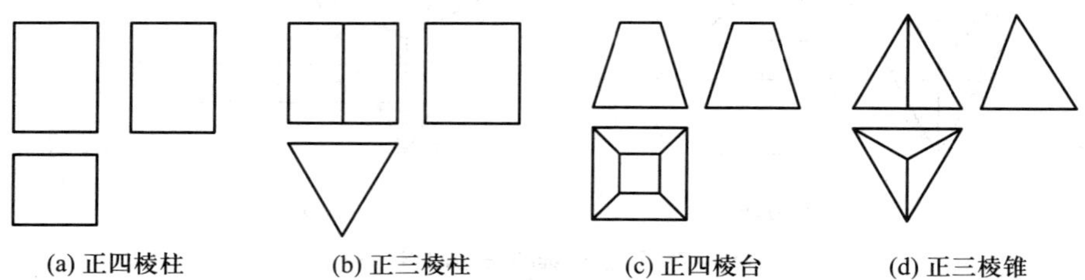

(a) 正四棱柱 (b) 正三棱柱 (c) 正四棱台 (d) 正三棱锥

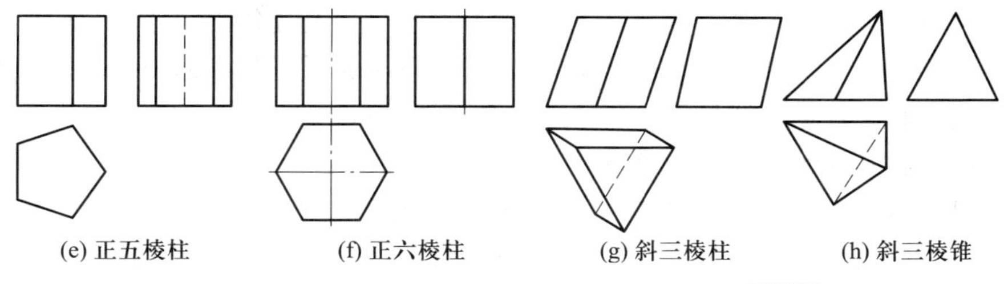

(e) 正五棱柱　(f) 正六棱柱　(g) 斜三棱柱　(h) 斜三棱锥

图 4-9　常见的平面基本几何体的三面投影图 

4.3　曲面基本几何体的投影及其表面取点

圆柱、圆锥、球、圆环等都是常见的曲面基本几何体或基本回转体。

基本回转体的形成可以看作是一个封闭的平面几何图形绕其自身的一条直线或绕与其共面但不相交的直线旋转形成的。平面几何图形绕其旋转的直线为轴线，平面图形上轴线外侧轮廓线在回转过程中形成了回转体的回转面，如图 4-10 所示。

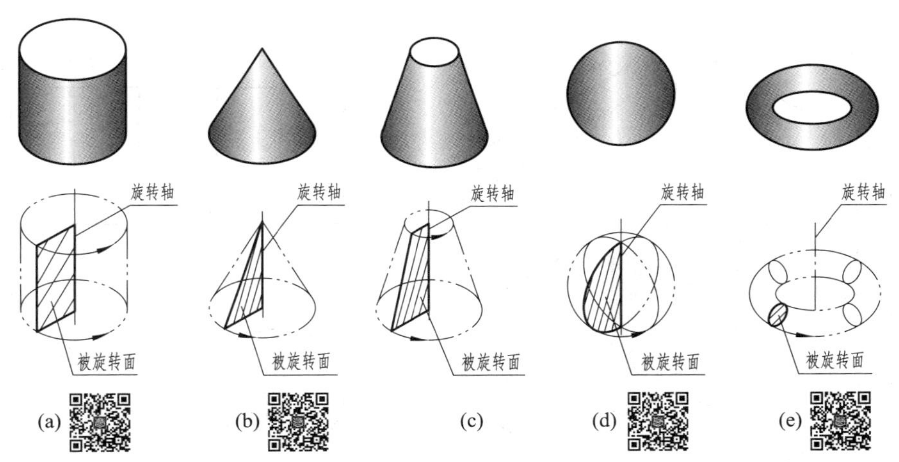

图 4-10　回转体的形成

回转体表面上形成投影轮廓的素线（即处于某投射方向的极限位置的素线）称为转向轮廓素线（特殊位置素线）。投射方向不同，转向轮廓素线亦不同。某投射方向的转向轮廓素线在另两个投射方向上便处于一般位置。只有特殊位置素线在投影中才用粗实线表示。

4.3.1　正圆柱的投影及其表面取点

1. 正圆柱的形成 

轴线垂直于顶、底面的圆柱称为正圆柱，简称圆柱。

正圆柱是矩形以其一条边为轴线旋转一周形成的，如图 4-10a 所示。与轴线平行的另一条边在旋转的过程中，在任意位置上留下的轨迹称为素线，这无数条素线的集合构成了正圆柱的表面，即称为圆柱面。矩形的另两条边在旋转的过程中形成了正圆柱的顶、底面。这两条边的边长即为圆柱的半径。作为轴线的那条边的边长为圆柱的高。

2. 正圆柱的表面形状特征及其投影特点

正圆柱的表面是由圆柱面和它的顶、底面围成。其中，顶、底面相互平行，圆柱的轴线垂直于顶、底面，并平行于圆柱面上的所有素线。所有素线彼此平行且长度相等。

正圆柱的放置如图 4–11a 所示，不仅符合物体在三投影面体系中的放置原则和正面投影的投射方向的选择原则，而且使圆柱的顶、底面处于水平面，轴线为铅垂线。圆柱在轴线垂直的投影面上的投影反映顶面实形为圆，圆柱面的投影积聚在圆周上；另外两面投影为矩形，各矩形中平行于轴线的那两条边分别是其相应投影面的转向轮廓素线的投影，垂直于轴线的边是顶、底面的投影。圆柱面的投影在矩形之内。

圆柱的前半个表面在 V 面上的投影可见，圆柱的左半个表面在 W 面上的投影可见。故最左、最右的轮廓转向素线 AA_1、BB_1 为前、后半个圆柱面的可见与不可见的分界线，最前、最后的轮廓转向素线 CC_1、DD_1 为左、右半个圆柱面的可见与不可见的分界线。

3. 画圆柱的三面投影图

如图 4–11b 所示。

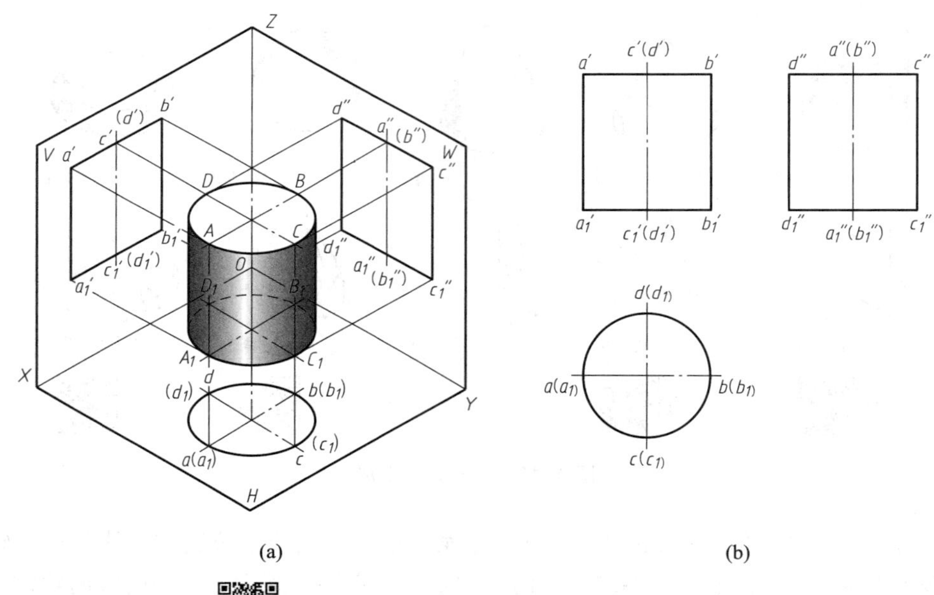

图 4–11 正圆柱的空间投影及三面投影图

（1）画出 H 面投影圆的对称中心线和轴线的 V 面投影、W 面投影。

（2）画出顶、底面的三面投影。先画反映实形的 H 面投影（即为圆），再画有积聚性的 V 面投影、W 面投影。

（3）完成三面投影图。分别连接顶、底面的 V 面投影和 W 面投影的对应端点，即得 V 面投影 $a'a_1'b'b_1'$、W 面投影 $c''c_1''d''d_1''$。

4. 分析投影

（1）圆柱的三面投影图的形状特点：一个圆和两个全等的矩形。三面投影分别为一个圆和两个全等的矩形，则空间一定是圆柱。圆在哪个投影面上，圆柱轴线就垂直于哪个投影面。

（2）在两个全等的矩形中，平行于轴线的边分别为各投影面的转向轮廓素线的投影。如图中的 a' a_1' 和 b' b_1' 是圆柱面最左、最右转向轮廓素线 AA_1、BB_1 对 V 面的投影，c'' c_1'' 和 d'' d_1'' 是圆柱面最前、最后转向轮廓素线 CC_1、DD_1 对 W 面的投影，画粗实线；a'' a_1'' 和 b'' b_1'' 是前、后半个圆柱面分界线的可见与不可见的投影；c' c_1' 和 d' d_1' 是左、右半个圆柱面分界线的可见与不可见的投影。它们的另两面投影与投影中的点画线重合，在投影为圆的图中分别是圆的四个象限点。

（3）前半个柱面在 H 面的投影积聚在圆的前半周上，V 面上的投影为整个矩形，全可见，W 面投影为矩形的右半个；左半个柱面在 H 面的投影积聚在圆的左半周上，W 面上的投影为整个矩形，全可见，V 面投影为矩形左半个。依此可分析后半个和右半个圆柱面的投影。

5. 表面取点

位于圆柱表面上的点的投影，利用其表面投影的积聚性来求；位于转向轮廓素线上的点，可直接利用点线从属关系来求。

例 4-4 在图 4-12a 中，已知点 A、B 的正面投影 a'、(b') 以及点 C 的水平投影 (c)，求它们的另外两面投影。

分析： 由已知条件可知，点 A 位于左前圆柱面上，点 B 位于右后圆柱面上，点 C 位于圆柱的底面上；圆柱面的 H 面投影积聚在圆周上，故利用表面投影的积聚性在 H 面上直接求得投影 a、b，再根据点的投影规律求得 a'' 和 b''；点 C 所在的底面为水平面，故利用投影的积聚性直接求得投影 c' 和 c''。

作图： 如图 4-12b 所示。

（1）利用圆柱表面投影的积聚性，由 a' 求得 a，由 b' 求得 b。

（2）根据投影规律，由 a' 和 a 求得 a''，由 b' 和 b 求得 b''。

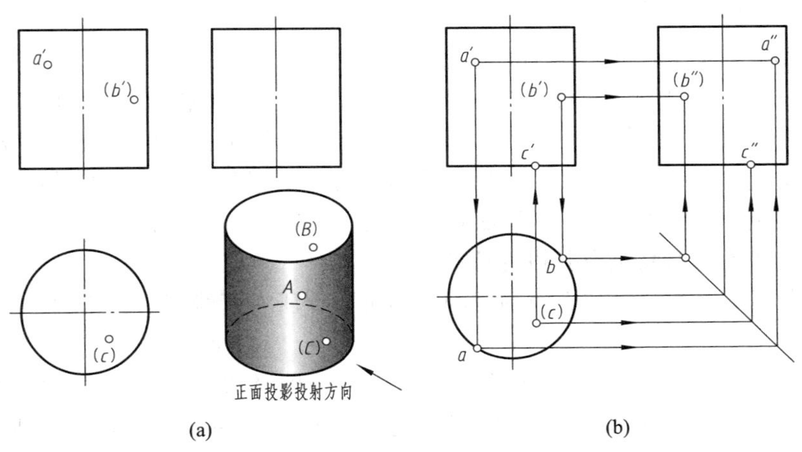

图 4-12 正圆柱的表面取点

（3）利用水平投影的积聚性由（c）直接求得 c' 和 c''。

（4）判别可见性。由分析可知，点 A 在左前圆柱面上，故 a'' 可见；点 B 在右后圆柱面上，故 b'' 不可见。在积聚性投影上的点的投影，不判别其可见性。

例 4-5 如图 4-13a 所示，已知圆柱表面上曲线 AB 的正面投影，求曲线的其他两面投影。

分析： 只有投影为平行于轴线（细点画线）的直线，才表示是圆柱表面上的直素线。除此之外，虽然投影为直线，但均为曲线。由图 4-13b 可知，曲线 AB 位于圆柱的前半个表面上，被最前面轮廓素线上的点 C 分成左、右两部分。曲线 AC 段在圆柱左前面，CB 段在圆柱右前面。在 W 面投影上，a'' c'' 可见，c'' b'' 不可见，c'' 是分界点。欲求曲线 AB 的侧面投影，必须利用圆柱面投影的积聚性先求出其水平投影。

作图： 如图 4-13b 所示。

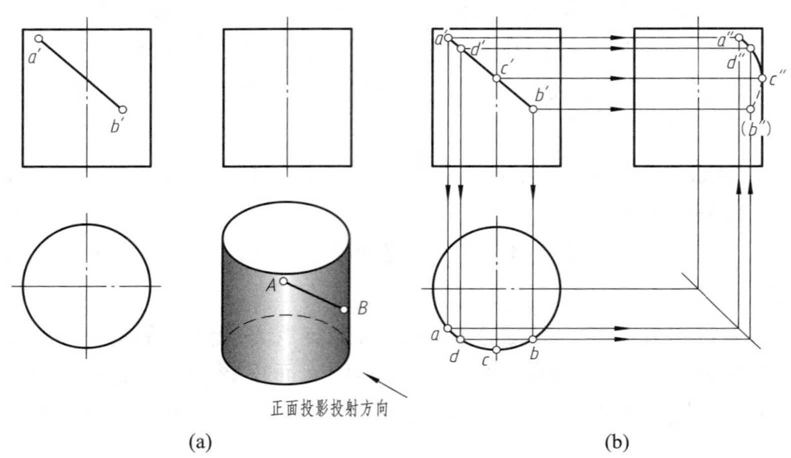

图 4-13 正圆柱的表面取线

4.3.2 正圆锥的投影及其表面取点

1. 正圆锥的形成

正圆锥是指轴线垂直于底面的圆锥。

正圆锥是一直角三角形绕其自身的一条直角边旋转一周形成的，如图 4-10b 所示。该直角边称为轴线，直角三角形的斜边在旋转的过程中在任意位置上留下的轨迹称为素线，这无数条素线的集合构成了正圆锥的圆锥面。直角三角形的另一条直角边在旋转的过程中形成了圆锥的底面，其长度为圆锥的底面半径。作为轴线的直角边的长度为圆锥的高度。

2. 正圆锥的表面形状特征及其投影特点

正圆锥的表面是由圆锥面和底面围成的。圆锥面上所有素线汇交于锥顶，并与底面保持相等的夹角。

圆锥的放置如图 4-14a 所示，这样放置不仅符合物体在三投影面体系中的放置原则和正面投影投射方向的选择原则，而且使圆锥的底面平行于一个投影面，亦即其轴线垂直于该投影面，为投影面垂直线。圆锥在 H 面投影为圆；V 面、W 面的投影分别是全等的等腰三角形。

圆锥表面的投影分别在投影圆之内、等腰三角形之内。圆周是圆锥底面的边界轮廓线的投影；等腰三角形的底边是圆锥底面的有积聚性投影，其长度等于圆锥底面圆的直径；两个腰是正圆锥在相应投影面的投射方向的转向轮廓素线的投影。

圆锥的前半个表面在 V 面上的投影可见，圆锥的左半个表面在 W 面上的投影可见，故最左、最右的锥面轮廓素线 SA、SB 为前、后半个圆锥面的可见与不可见的分界线，最前、最后的锥面轮廓素线 SC、SD 为左、右半个圆锥面的可见与不可见的分界线。

3. 画正圆锥的三面投影

如图 4-14b 所示。

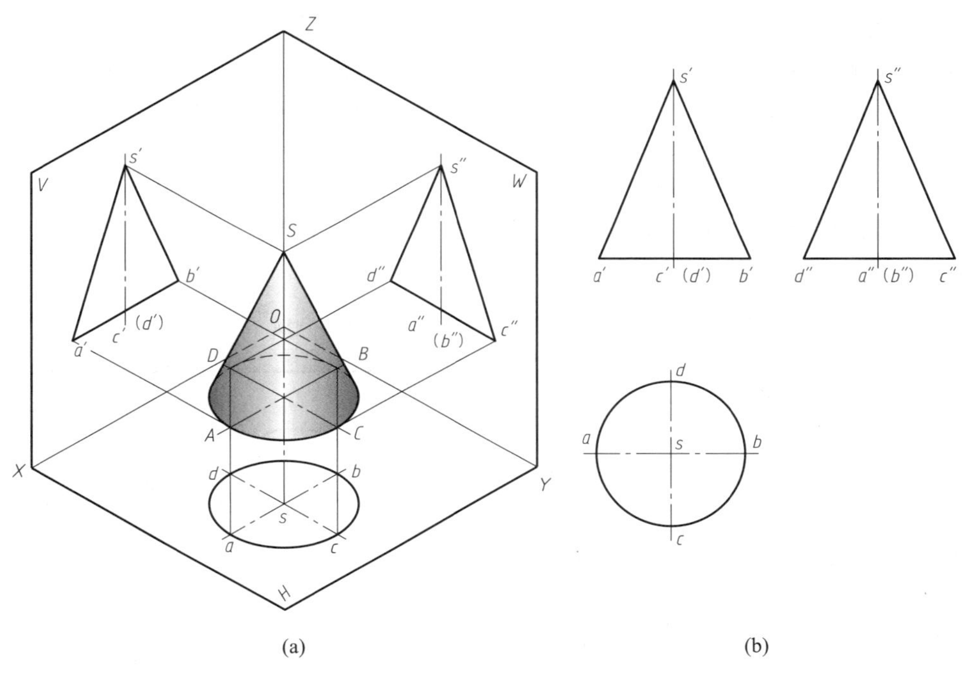

(a)　(b)

图 4-14　正圆锥的空间投影及三面投影图

（1）画出圆锥轴线的 V、W 面投影和 H 面投影圆的对称中心线。

（2）画出锥顶点 S 和底面圆的三面投影。先画反映底面实形的 H 面投影，后画底面有积聚性的 V、W 面投影。

（3）完成圆锥的三面投影。分别连接圆锥底面和顶点的同面投影得圆锥的三面投影，H 面投影为圆，V、W 面投影分别是等腰三角形 $s'a'b'$ 和 $s''c''d''$。

4. 分析投影

（1）正圆锥的三面投影是一个圆和两个全等的等腰三角形。凡是遇到一个圆和两个全等的等腰三角形的投影，空间一定是正圆锥。圆在哪个投影面上，则圆锥轴线就垂直于哪个投影面。

（2）两个大小相等的等腰三角形中的两个腰分别为圆锥面上各投影面的转向轮廓素线的投影。如图 4–14b 中的 s' a' 和 s' b' 是圆锥面最左、最右轮廓素线 SA、SB 在 V 面投射方向的转向轮廓素线的投影，s'' c'' 和 s'' d'' 是圆锥表面最前、最后轮廓素线 SC、SD 在 W 面投射方向的转向轮廓素线的投影，画粗实线。它们分别在彼此的投影中的细点画线位置，不画线。在为圆的投影中分别位于圆的四个象限点间的细点画线上。

（3）圆锥面上的所有点在 H 面（投影为圆的投影面）上的投影均可见；前半个锥面上的所有点在 V 面上的投影均可见，在 W 面上仅左前锥面上的点的投影可见；左半个锥面上的所有点在 W 面上的投影均可见，在 V 面上仅左前锥面上的点的投影可见。

5. 表面取点

位于圆锥底面上的点可利用底面投影的积聚性求解。位于圆锥表面转向轮廓素线上的点可直接利用点线从属关系求解；位于圆锥表面上的点可采用辅助线的方法求解。

在圆锥表面作辅助线的方法：① 过已知点和锥顶作辅助线，称为辅助**直素线法**；② 过已知点作平行于底面圆的辅助圆，称为辅助**纬圆法**。如图 4–15 立体图所示。

例 4–6 在图 4–15 中，已知圆锥表面上点 M 的正面投影 m'，求其另外两面投影。

（1）**用直素线法表面取点**。如图 4–16a 所示。

分析：由点 M 的正面投影 m' 可知，点 M 在右前锥面上，可过点 M 和锥顶点 S 作锥面辅助直素线 SM，即图 4–15 立体图中的 SⅠ。然后根据点线从属性求点 M 的投影 m 和 m''。

作图：

① 连接 s'、m' 并延长，得辅助直素线 SⅠ 的正面投影 s' $1'$。

② 由 s' $1'$ 求得辅助直素线的另外两面投影 $s1$ 和 s'' $1''$。

③ 利用点线从属性在辅助直素线上取点。由 m' 在 $s1$ 上求得 m，在 s'' $1''$ 上求得 m''。

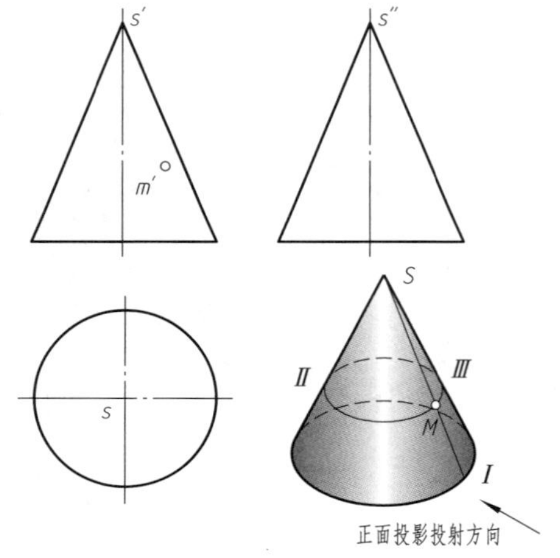

图 4–15 圆锥表面取点及圆锥表面过点作辅助线

④ 判别可见性。点 M 在右前锥面上，故 m 可见，m'' 不可见。

（2）**用纬圆法表面取点。**

分析：如图 4–15 立体图所示的过点 M 所作的平行于底面圆的辅助圆。

作图：如图 4–16b 所示。

① 过点 M 的已知投影作辅助圆的一面投影。如过 m' 作 $2'$ $3'$ 平行于底面圆的正面投影，$2'$ $3'$ 为辅助圆的正面投影。

② 求辅助圆的其余两面投影。由 $2'$ 得 2，在水平投影上以 s 为圆心、$s2$ 为半径画圆，得辅助圆的水平投影。辅助圆的侧面投影由“高平齐”得到。

③ 在辅助圆的投影上，求点的同面投影。由 m' 作竖直投影连线与辅助圆的水平投影的右前有交点，即为点 m，由 m'、m 求得侧面投影 m''。

④ 判别可见性。点 M 在右前锥面上，故 m 可见，m'' 不可见。

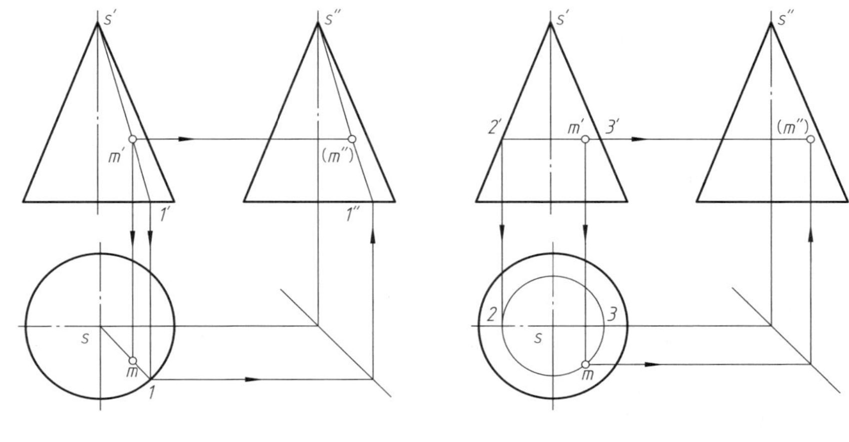

(a) 直素线法　　(b) 纬圆法

图 4-16　用辅助线法求表面上点的投影的作图步骤

例 4-7　如图 4-17a 所示，已知圆锥表面上的曲线 *AB* 的正面投影，求其另外两面投影。

分析：由图中可知，曲线 *AB* 位于圆锥表面的前半部分。一部分在前下部分，一部分在前上部分，以圆锥表面上最前轮廓素线点 *C* 为界。欲求曲线 *AB* 的水平投影和侧面投影，必须先求 *A*、*B*、*C* 三点的投影，再求曲线 *AB* 上的其他一般位置点的投影。方法为利用辅助纬圆法。

作图：如图 4-17b、c、d 所示。

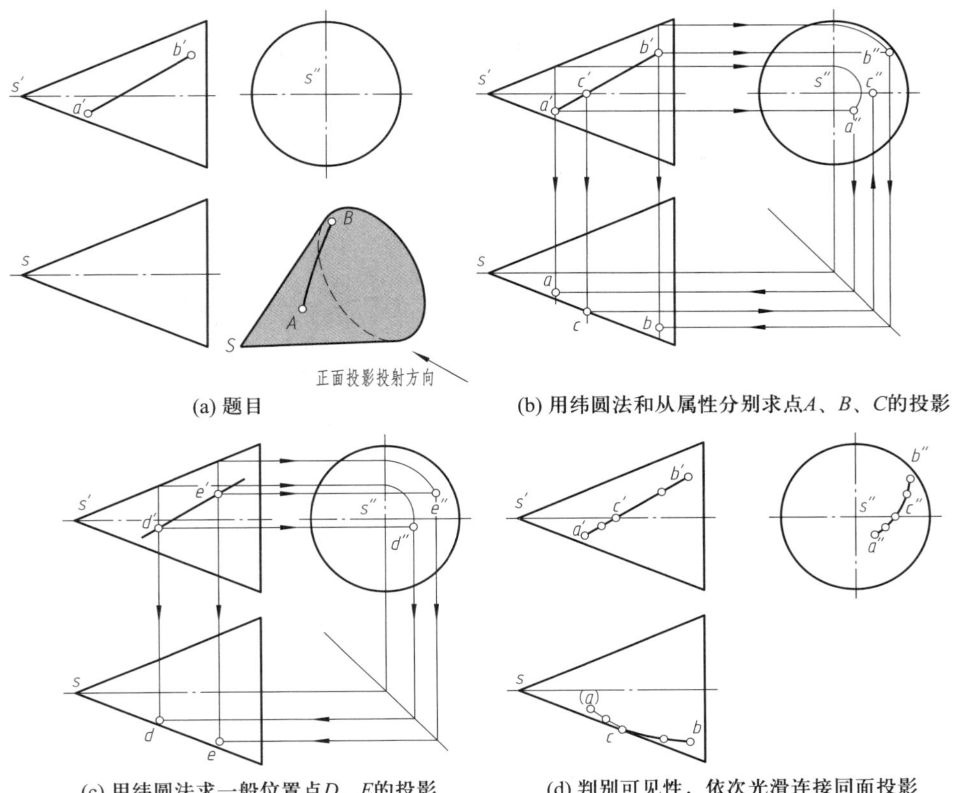

(a) 题目　　(b) 用纬圆法和从属性分别求点*A*、*B*、*C*的投影

(c) 用纬圆法求一般位置点*D*、*E*的投影　　(d) 判别可见性，依次光滑连接同面投影

图 4-17　圆锥表面取线

判别所求各点的各面投影的可见性时，应按下列原则进行：点所在表面在某一投影面的投影可见，则点在该投影面上的投影必可见，否则为不可见。可见的用粗实线表示，不可见的用细虚线表示。

4.3.3 球的投影及其表面取点

1. 球的形成

球是以一个圆绕其任一直径旋转半周（或以半圆绕其直径旋转一周）形成的。该直径为轴线，圆在旋转过程中，在任意位置上留下的轨迹为球面圆素线，这无数条圆素线的集合构成了球的表面，即球面。如图 4–10d 所示。

2. 球的表面形状特征及其投影特点

球的表面特征是球面，从任何方向进行投射，其投影都是直径相同的圆，故球的三面投影是三个直径相等的圆，它们分别为球面上平行于三个投影面的最大圆的投影，即该球面的三个投射方向的转向轮廓素线的投影，如图 4–18a 所示。

球的三面投影圆 a'、b、c'' 分别为平行于 V 面、H 面、W 面的最大平行圆 A、B、C 的投影。圆 A、B、C 分别为 V 面、H 面、W 面的转向轮廓素线，分别是球面前后、上下、左右半个球面投影的可见与不可见的分界线；它们的另两面投影与细点画线重合。

前半个球面在 V 面投影可见，上半个球面在水平投影可见，左半个球面在侧面投影可见。

3. 球的三面投影

球的三面投影均为圆，画其三面投影图时，应先画圆的对称中心线，再分别画直径相等的三个圆，如图 4–18b 所示。

4. 表面取点

球表面上取点用辅助纬圆法。即过表面上已知点作与各投影面平行的圆为辅助线，先求辅助线的投影，再利用点线从属性求辅助线上点的投影。

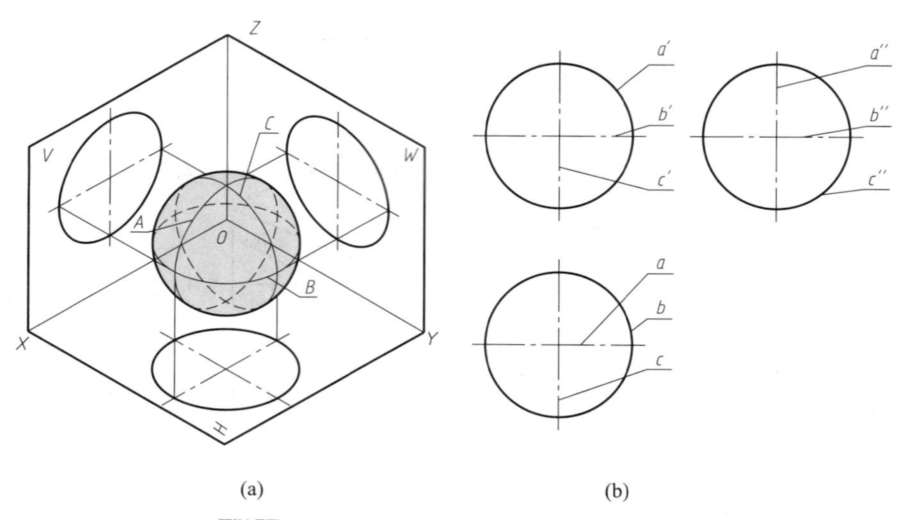

图 4–18 球的空间投影及三面投影图

例 4-8 如图 4-19a 所示，已知球表面上点 M、K、N 的一面投影 m'、(n')、k'，求它们的水平投影和侧面投影。

分析： 由已知条件可知，点 M 位于上半个球面的左前方，点 N 位于上半个球面的右后方，点 K 位于球面的正面转向轮廓素线的右下方。

对位于球面上的一般位置点，应采用投影面的平行圆作为辅助线来求其另两面投影；对位于球面上投影面转向轮廓素线上的点，应利用点线从属性来求点的另两面投影。

作图： 如图 4-19b 所示。

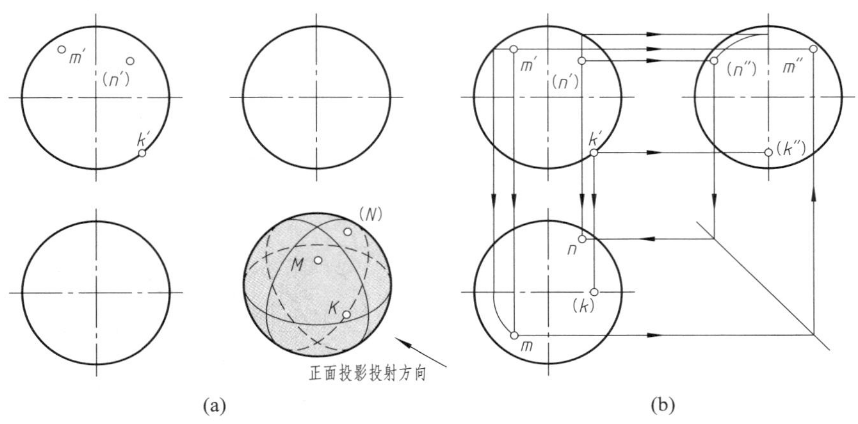

图 4-19 球表面取点

(1) 利用点线从属性来求点的另两面投影，即由 k' 直接求得 k、k''。

(2) 利用投影面的平行圆求点 M 的水平投影和侧面投影。过 m' 作平行于水平点画线的水平线，处于球的正面投影轮廓之间的那段水平线，即为水平辅助圆的正面投影，此线段长度等于辅助圆直径。在水平投影上以球心的投影为圆心、上述线段长为直径画圆，即为水平辅助圆的水平投影。再用点线从属关系由 m' 作竖直投影连线与水平辅助圆的水平投影的左前半圆有交点，即为 m。再根据投影规律由 m'、m 求得侧面投影 m''。

(3) 过点 N 作侧平圆求其他两面投影。过 n' 作侧平圆的正面投影、水平投影（都为积聚性投影）和反映实形的侧面投影，然后根据点线从属性求得 n、n''，详见图 4-19b。

过点 M 亦可作正平圆或侧平圆为辅助圆来求点 M 的另两面投影，如图 4-20 所示。

例 4-9 如图 4-21a 所示，已知球面上曲线 AB 的正面投影 $a'b'$，求其水平投影和侧面投影。

分析： 由已知条件可知，曲线 AB 位于球面的前半部分。曲线上的水平投影和侧面投影的转向轮廓素线上的点 C、D 将曲线分成三段，AC 段位于左前半球面的下方；CD 段位于左前半球面的上方；DB 段位于右前半球面的上方。由此可知，曲线上特殊位置点 C、D 分别为曲线的水平投影和侧面投影可见与不可见的分界点，也是投影曲线与轮廓圆的切点。要求曲线 AB 的水平投影和侧面投影必须先求出特殊位置点 C、D 和端点 A、B 的投影。

作图： 如图 4-21b 所示。

(1) 根据点线从属性直接求特殊位置点 C、D 的水平投影 c、d 和侧面投影 c''、d''。

(2) 用过点作投影面平行圆为辅助线的方法求端点 A、B 的水平投影和侧面投影。根据点线从属性，由 a'、b' 求得 a、b 和 a''、b''。

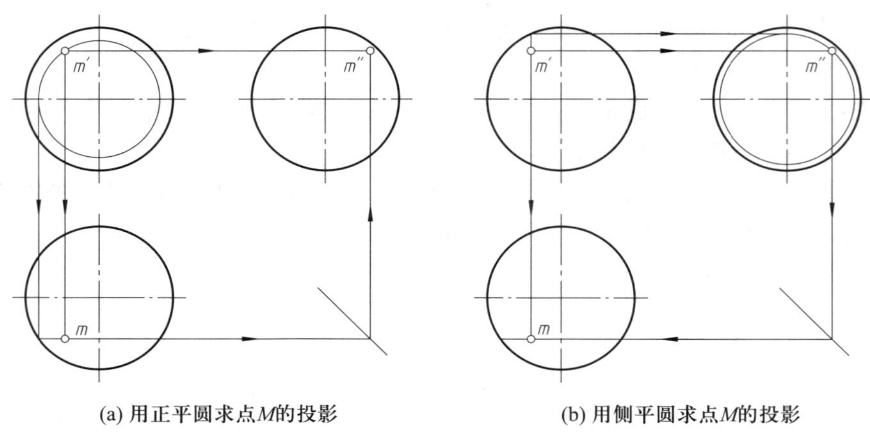

(a) 用正平圆求点M的投影　　(b) 用侧平圆求点M的投影

图 4-20　用其他辅助圆求点 M 的投影

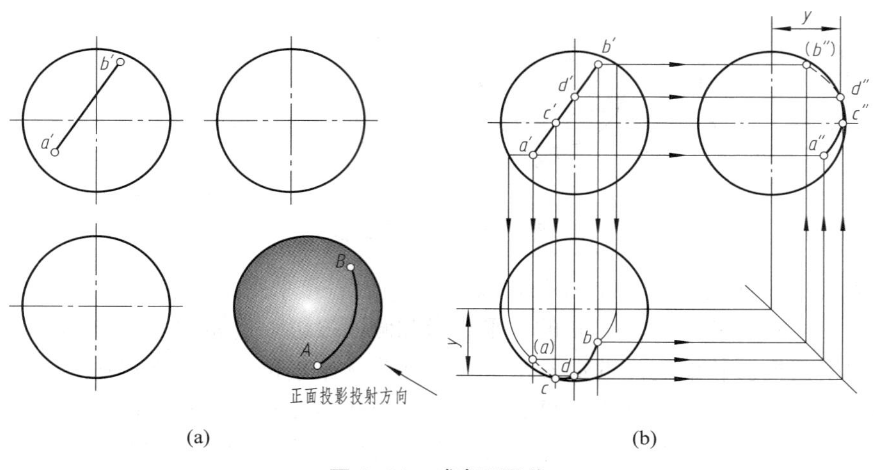

(a)　　(b)

图 4-21　球表面取线

（3）判别可见性，依次光滑连接所求点的同面投影，即为曲线的水平投影和侧面投影。

4.3.4　圆环

1. 圆环的形成

平面圆绕与之共面但不相交的直线回转一周所形成的立体为圆环，如图 4-10e 所示。其中的直线为轴线，平面圆上任意点的运动轨迹为垂直于轴线的水平纬圆。靠近轴线的半个圆形成的环面为内环面，远离轴线的半个圆形成的环面为外环面。

2. 圆环的三面投影

圆环的三面投影如图 4-22 所示。正面投影由左、右两圆和与它们相切的上、下两条直线构成。两个圆是圆环面上最左、最右两素线圆的投影，实线半圆在外环面上，细虚线半圆在内环面上；上、下两条直线是平面圆上最高点 A、最低点 B 绕轴线旋转形成的纬圆，也是内、外环面分界圆的正面投影。水平投影是平面圆上离轴线最远点 C 和最近点 D 绕轴线旋转而形成的最大、最小纬圆的投影。细点画线圆是平面圆的圆心绕轴线旋转而形成的水平圆的投影。对圆环的侧面投影可作出类似的分析。

作图步骤如图 4-22b 所示。

先画细点画线，再画各面投影中的圆，最后画直线。

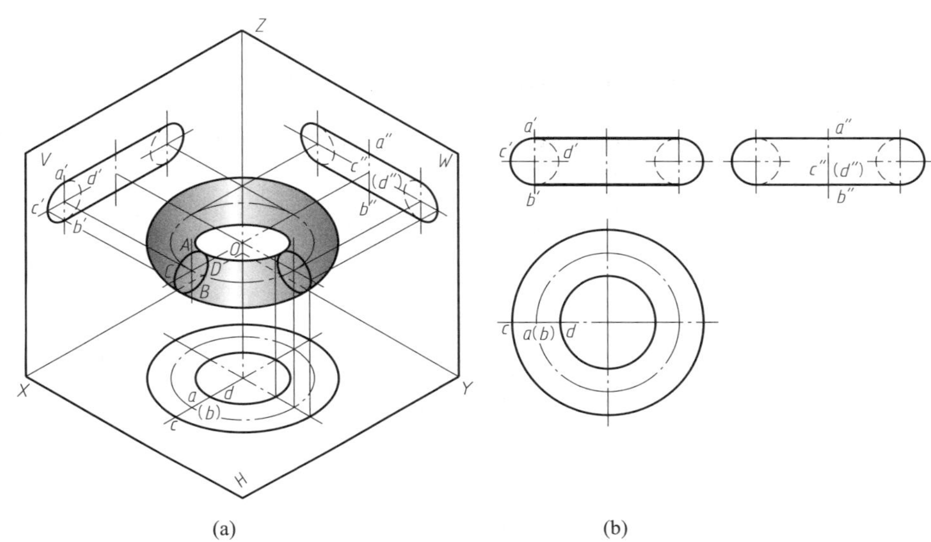

图 4-22　圆环的空间投影和三面投影图

4.3.5　其他简单曲面体

工程中常用的如空心圆柱、空心圆锥、圆弧回转体及空心圆弧回转体等简单曲面回转体的形成及投影如图 4-23、图 4-24 所示。

例 4-10　如图 4-25a 所示的简单曲面回转体是由一边（*AD*）为曲线的平面 *ABCD* 绕边 *BC* 旋转一周形成的。由于平面 *ABCD* 的边 *AB* 和边 *CD* 均垂直于边 *BC*，所以边 *AB* 和边 *CD* 的运动

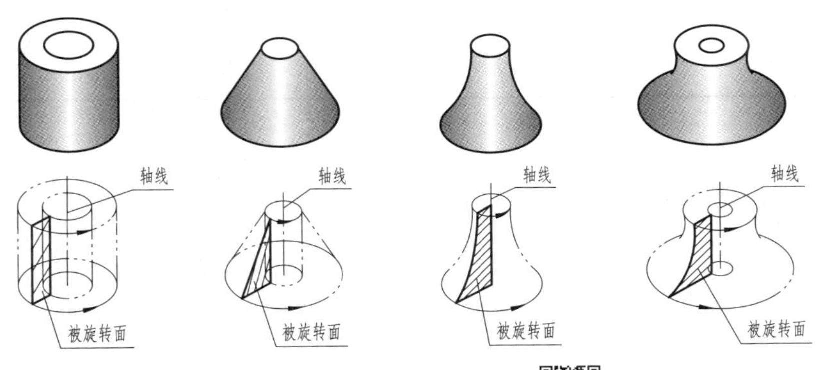

图 4-23　简单曲面体的形成

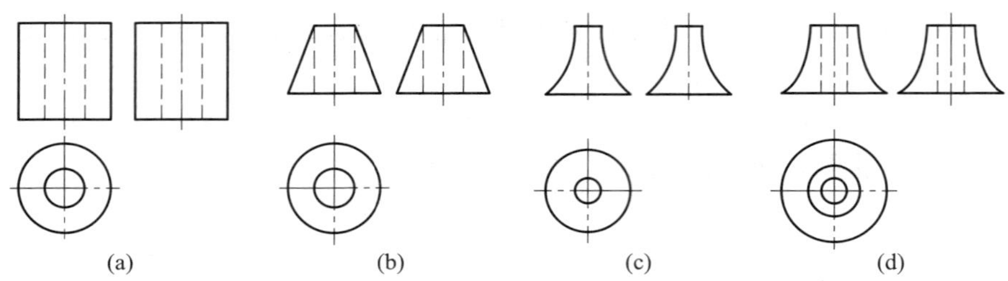

图 4–24 图 4–23 所示简单曲面体的投影

轨迹形成了回转体的与轴线垂直的顶面、底面，曲线 *AD* 的运动轨迹形成了回转体的表面，曲线 *AD* 上任意点的运动轨迹为垂直于轴线的水平纬圆。

图 4–25a 所示的简单曲面体，其三面投影图如图 4–25b 所示。

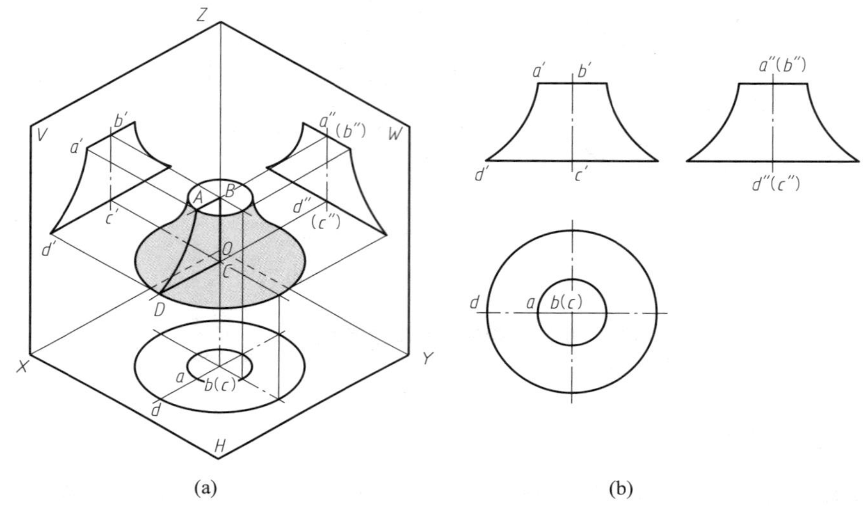

图 4–25 简单曲面体的空间投影及三面投影图

简单曲面回转体的表面取点的方法如图 4–26 所示。

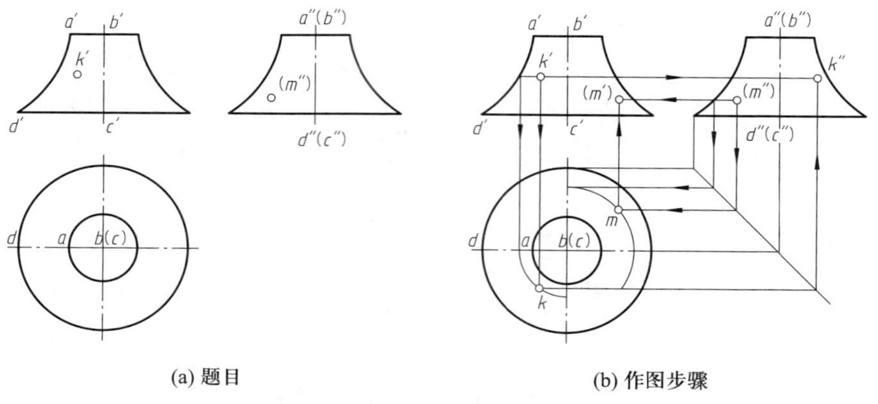

(a) 题目 (b) 作图步骤

图 4–26 简单曲面回转体的表面取点

第 5 章　被截切基本几何体的投影

本章学习导读

学习目的与要求：掌握各种基本几何体被截切的基本形式、截交线的基本形状和求截交线投影的方法。

学习内容：学习求平面几何体、回转几何体和同轴曲面几何体的截交线投影的方法。

重点与难点：重点是用表面取点的方法求截交线的投影，难点是整理转向轮廓素线的投影。

地位及特点：本章是由基本几何体过渡到组合体的重要基础。

5.1 概　　述

立体被平面截切称为截交，平面与立体表面的交线为截交线，该平面称为截平面，截交线围成的平面图形为截断面，如图 5-1a 所示。截断面就成为被截切后不完整基本几何体的一个表面。截交线就是这表面的边界轮廓线，如图 5-1b~f 所示。

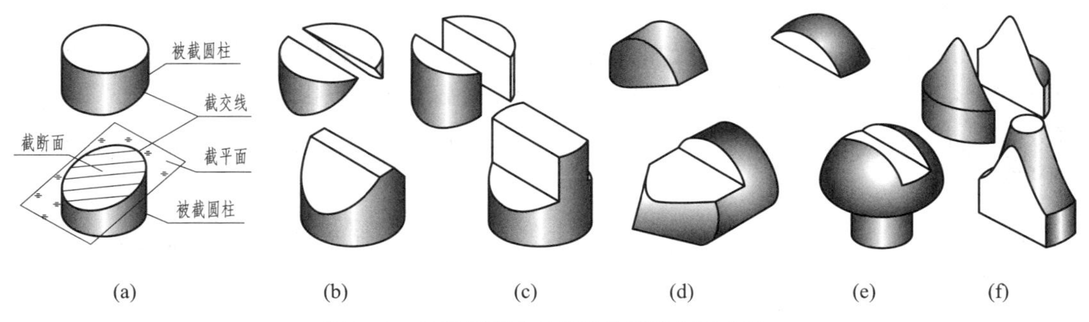

图 5-1　被截切基本几何体的有关名词术语

截交线是截平面与立体表面的交线，是**封闭**平面图形，具有**共有性**、形状**多变性**。

截交线既在截平面上，又在立体表面上，属于二者的共有线，线上的点为共有点。由于被截切立体表面范围有限，故截交线一般为封闭的平面图形。截交线的形状、大小是由被截切立体的表面形状特征和截平面与被截切立体的相对位置所决定的，故截交线的形状、大小各异多变。

求截交线的投影实际上是求立体表面上点的投影。因此，求截交线投影的方法就是用立体表面取点的方法，即利用投影积聚性和辅助线法。

5.2 被截切的平面基本几何体的投影

一个完整的平面基本几何体被一截平面截切后，变成了两个不完整的平面基本几何体。截交线是由直线段围成的封闭的平面多边形，便成为两个不完整平面基本几何体的全等的新表面轮廓。

5.2.1 平面基本几何体被截切的基本形式

通常，平面基本几何体被平面截切的基本形式如图5-2所示。

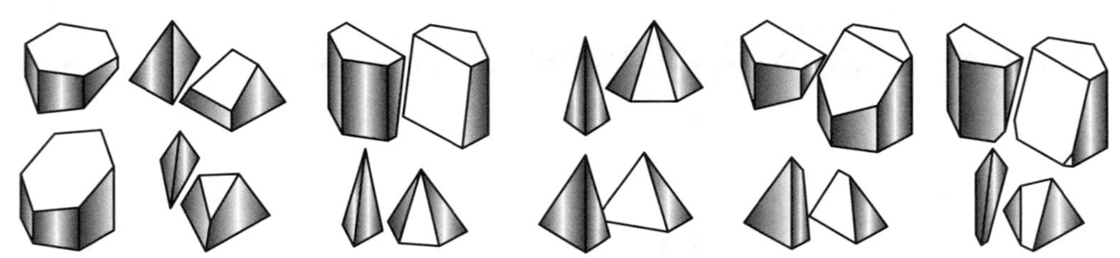

(a) 截平面仅与棱面、棱线相交　(b) 截平面不与棱线相交　(c) 截平面与棱面棱线及底、顶面边线相交

图5-2 平面基本几何体被平面截切的基本形式

5.2.2 求被截切的平面基本几何体的投影

求被截切的平面基本几何体的投影，实际上是求截平面与棱线的交点及与底（或顶）面边线交点的投影。然后，顺序连接各交点的同面投影即得截交线的投影。

例5-1 如图5-3a所示，已知被斜截正六棱柱的正面投影和水平投影，画出其侧面投影。

分析：由图5-3a可知，这是一个完整的正六棱柱被一正垂面截切而成。截交线是六边形，其角点是截平面与六条棱线的交点，六条边是截平面与六个棱面的交线。此六边形为不完整的正六棱柱的上端面。

截交线六边形的正面投影积聚为一段直线，水平投影积聚在正六边形的边上，侧面投影是六边形的类似形。

作图：如图5-3b、c所示。

（1）用细实线画出完整正六棱柱的侧面投影。

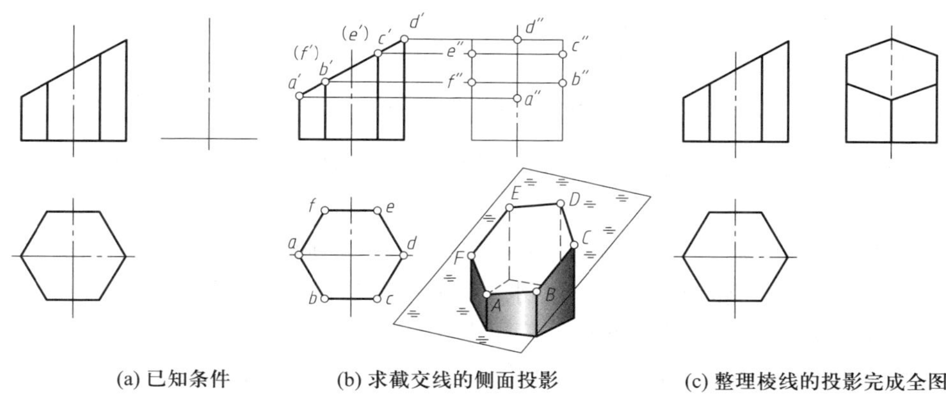

(a) 已知条件　(b) 求截交线的侧面投影　(c) 整理棱线的投影完成全图

图 5-3　求画斜截正六棱柱的投影

（2）求截交线的侧面投影（即求不完整正六棱柱的上端面的侧面投影）。根据点线从属性，由截交线各角点（*A*、*B*、*C*、*D*、*E*、*F*）的正面投影 *a′*、*b′*、*c′*、*d′*、(*e′*)、(*f′*) 分别在相应棱线的侧面投影上得交点 *a″*、*b″*、*c″*、*d″*、*e″*、*f″*。顺序用直线连接各点即得截交线的侧面投影 *a″ b″ c″ d″ e″ f″ a″*。

（3）判别棱线侧面投影的可见性，整理棱线的侧面投影。

（4）校核，加深、加粗图线，完成全图，如图 5-3c 所示。

例 5-2　如图 5-4a 所示，已知被一正垂面截切的四棱锥的正面投影，补全其水平投影并画出其侧面投影。

分析：由已知投影可知，截平面与四棱锥的四条棱线相交，截交线为四边形，其角点为截平面与四条棱线的交点，其边为截平面与棱面的交线。

截交线四边形的正面投影积聚为一段直线，水平投影、侧面投影是四边形的类似形。

作图：

（1）用细实线画出完整四棱锥的侧面投影。

（2）求截交线四边形角点的侧面投影和水平投影。根据点线从属性，由 *A*、*B*、*C*、*D* 的正面

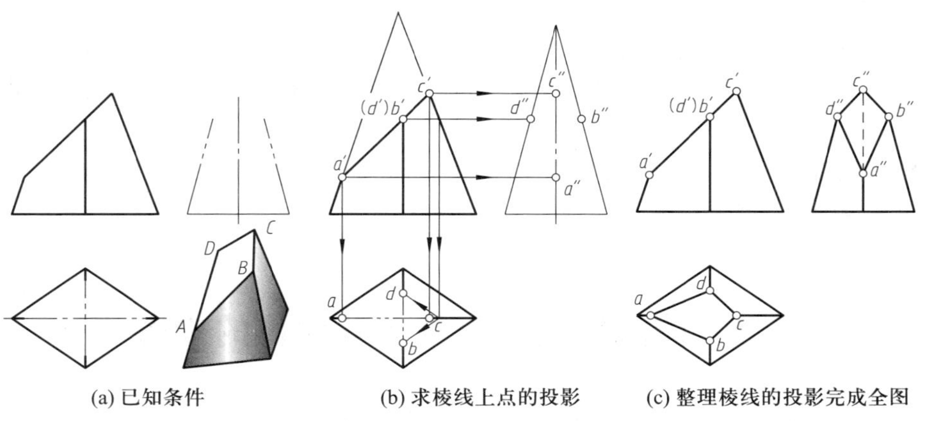

(a) 已知条件　(b) 求棱线上点的投影　(c) 整理棱线的投影完成全图

图 5-4　被截切四棱锥的投影

投影 a'、b'、c'、(d') 分别求出侧面投影 a''、b''、c''、d'' 和水平投影 a、b、c、d，如图 5–4b 所示。

（3）判别截交线和棱线的侧面投影及水平投影的可见性，整理棱线的投影。

（4）校核，加深、加粗图线，完成全图，如图 5–4c 所示（后文例中均有此步，不再赘述）。

例 5–3 如图 5–5a 所示，已知被截切正五棱柱的侧面投影，补全其水平投影和正面投影。

分析： 由图 5–5a 可知，一个完整的正五棱柱被一个正平面和一个侧垂面截切。截交线侧面投影有积聚性。截交线的侧面投影为已知。水平投影不完整，正面投影待求。

正平面与正五棱柱的截交线为矩形，正面投影反映其实形。侧垂面与正五棱柱的截交线为五边形，其正面投影成类似形。矩形与五边形的共有边为两截平面的交线。

作图： 如图 5–5b、c 所示。

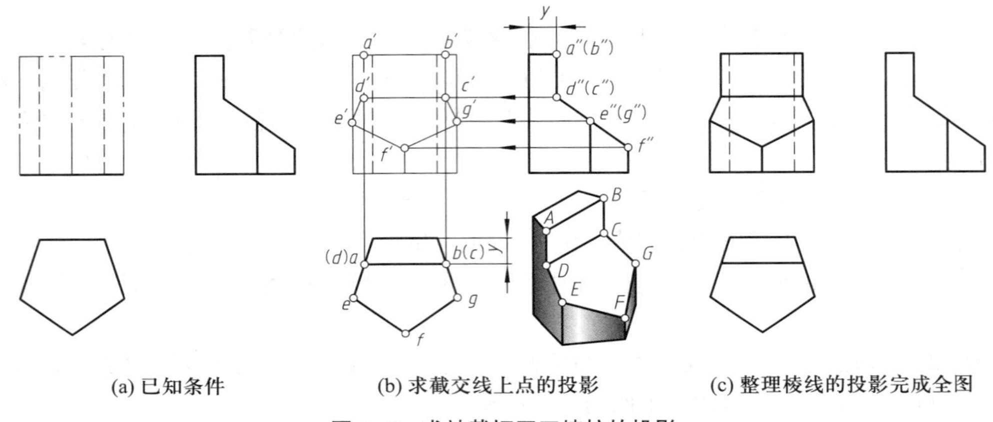

(a) 已知条件　　(b) 求截交线上点的投影　　(c) 整理棱线的投影完成全图

图 5–5　求被截切正五棱柱的投影

（1）求正平面与正五棱柱的截交线的投影。利用正平面水平投影积聚性由 a''、(b'')、(c'')、d'' 求得 a、b、(c)、(d)，利用投影规律求得正面投影 a'、b'、c'、d'。

（2）求侧垂面与正五棱柱的截交线的投影。根据点线从属性求得棱线上的点 E、F、G 的正面投影 e'、f'、g'。

（3）求正平面与侧垂面的交线的水平投影 cd。

（4）判别可见性，并依次用直线连接 a'、b'、c'、d'、a' 和 d'、e'、f'、g'、c'，即得截交线的正面投影。

（5）整理棱线的投影。前面三条棱线自 E、F、G 处上面部分被截去，其余部分存在且可见。后面两棱线全存在且不可见。

5.3　被截切的曲面基本几何体的投影

为便于分析截交线的已知投影和待求投影，从而确定求截交线投影的方法，要注意以下的分析：① 被截切曲面基本几何体的种类；② 截平面与被截切曲面基本几何体的相对位置，截平面与投影面的相对位置；③ 截交线空间形状及其在各投影中的投影特点。

5.3.1 被截切圆柱的投影

1. 圆柱被截切的基本形式

截平面与圆柱的相对位置、对应的截交线形状及其投影图可见表 5–1。

表 5–1 圆柱被截切的基本形式

截平面位置	垂直于轴线	平行于轴线	倾斜于轴线
模型图			
截交线形状	圆	矩形	椭圆
投影图			

2. 求被截切圆柱的投影

例 5–4 如图 5–6a 所示，已知斜截圆柱的正面投影和水平投影，求其侧面投影。

分析： 由已知投影可知，圆柱被倾斜于轴线的正垂面所截。截交线为椭圆。其正面投影积聚在正垂面的投影线上，水平投影积聚在圆周上，只需求截交线的侧面投影——不反映实形的椭圆。

作图： 如图 5–6b、c 所示。

（1）用细实线画出完整圆柱的侧面投影。

（2）求截交线的侧面投影，如图 5–6b 所示。

① 求截交线上特殊位置点（I、II、III、IV）的侧面投影。利用点线从属性和圆柱表面投影的积聚性，由 $1'$、$2'$、$3'$、$(4')$ 和 1、2、3、4 求得侧面投影 $1''$、$2''$、$3''$、$4''$。

② 求一般位置点的侧面投影。在截交线已知投影上取 5、6、7、8 和 $5'$、$(6')$、$7'$、$(8')$，利用投影规律求得 $5''$、$6''$、$7''$、$8''$。

③ 按截交线水平投影的顺序平滑连接所求各点的侧面投影。

（3）整理圆柱面的侧面投影转向轮廓素线的投影。侧面投影转向轮廓素线的投影是自 $3''$、$4''$ 至底端的可见直线。

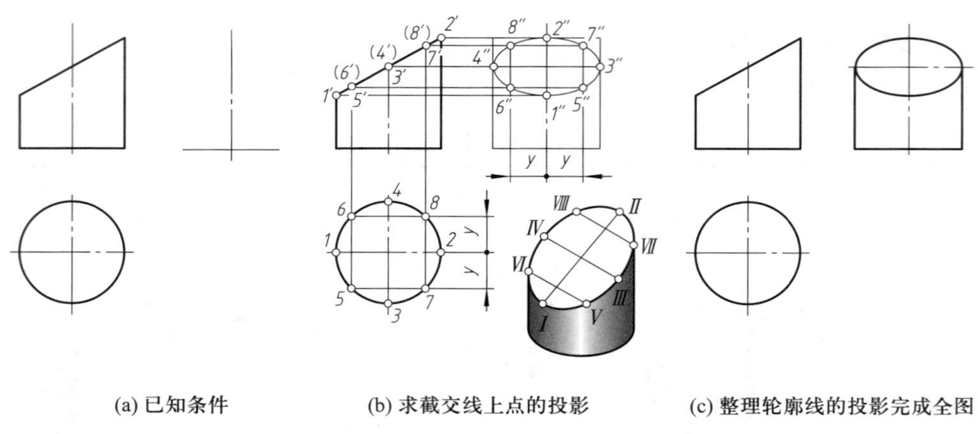

(a) 已知条件　　(b) 求截交线上点的投影　　(c) 整理轮廓线的投影完成全图

图 5-6　斜截圆柱的三面投影图

由本例题可知，倾斜于轴线的正垂面截切圆柱，其截交线椭圆的侧面投影的方位、大小随截平面与轴线的夹角 α 的大小变化而变动，其变化规律可见表 5-2。

表 5-2　圆柱被与轴线倾斜的投影面垂直面截切后的投影变化

$\alpha<45°$	$\alpha=45°$	$\alpha>45°$
α	45°	α

当截平面与轴线的夹角 $\alpha=45°$ 时，截交线的投影为圆。

圆柱被几个截平面截切，可看成几种截切基本形式的组合。在求截交线的投影之前，应分别对每个截平面与圆柱的相对位置、截交线形状、截平面与投影面的相对位置、截交线的投影、相邻截平面的交线投影和求解方法进行分析。对于位置对称的截平面，截交线的形状、方向完全相同，可仅研究其一侧截交线的投影，另一侧按对称画出即可。

例 5-5　如图 5-7 所示，已知上部开榫头的圆柱的正面投影和水平投影，求其侧面投影。

分析：由已知投影可知，圆柱上部榫头是由两个左右对称且平行于轴线的侧平面和一个不连续的垂直于轴线的水平面截切而成的。

侧平面截切圆柱面的交线是两条直素线，与圆柱顶面的交线为一条正垂线，侧平面与水平面两截平面的交线也为一条正垂线，这些交线构成了矩形，侧面投影反映截交线矩形的实形。垂直于轴线的水平截平面与圆柱面的交线为两段圆弧，其正面投影积聚成左、右两段水平线，水平投影反映左、右两端圆弧的实形；侧面投影与侧平面和水平面两截平面的交线的侧面投影重合。圆柱前、后转向轮廓素线未被截去，侧面投影应画完整。

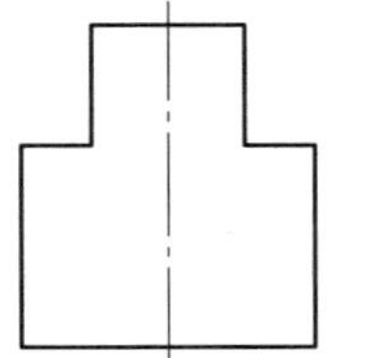
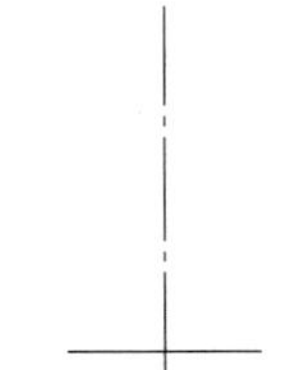
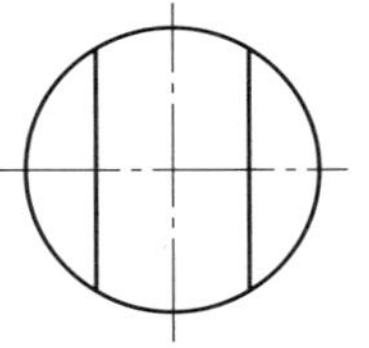

图 5-7 求画开榫头的圆柱的投影

作图： 如图 5-8 所示。

（1）用细实线画出完整圆柱的侧面投影。

（2）画出截交线的投影。

① 画截交线矩形 *IⅢⅣⅡ* 的侧面投影 *1″ 3″ 4″ 2″*。

② 画截交线圆弧 *Ⅲ V Ⅳ* 的侧面投影 *3″ 5″ 4″* 积聚为直线，与矩形的边 *3″ 4″* 重合。

（3）完成全图，如图 5-8b 所示。

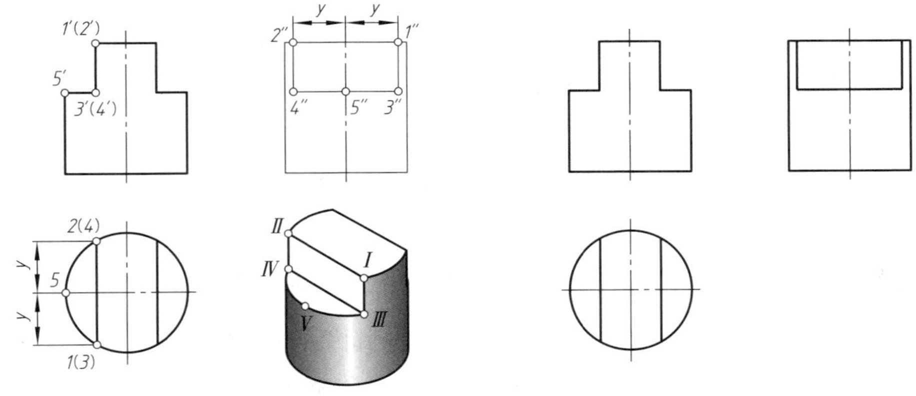

(a) 求侧面投影　　(b) 加深、加粗投影，完成全图

图 5-8 图 5-7 的求解过程及结果

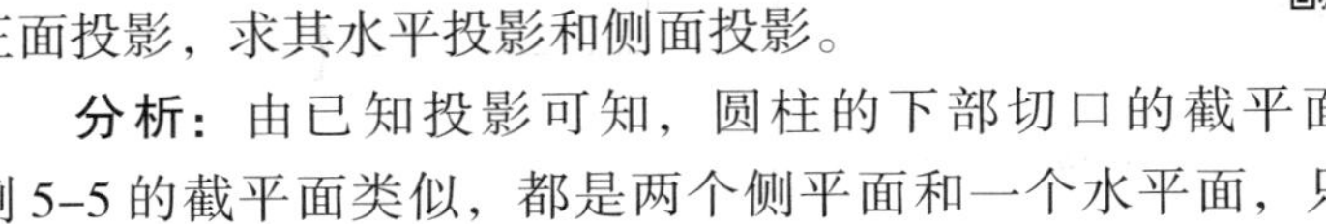

例 5-6 如图 5-9 所示，已知下部有切口的圆柱的正面投影，求其水平投影和侧面投影。

分析： 由已知投影可知，圆柱的下部切口的截平面与例 5-5 的截平面类似，都是两个侧平面和一个水平面，只是截掉的部分不同。因而，圆柱前、后转向轮廓素线被截去一部分，其侧面投影不完整；垂直于轴线的水平截平面与圆柱面的交线为前、后两段圆弧，其侧面投影分别积聚成两段直线分居于侧平截平面与圆柱面形成的截交线矩形上边的两侧，该截交线矩形上边的侧面投影为不可见。

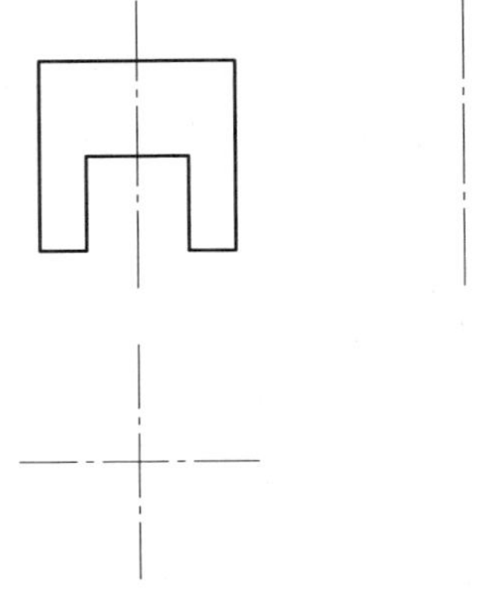

图 5-9 求画下部切口的圆柱的投影

作图：如图 5-10 所示。

（1）用细实线画出完整圆柱的水平投影和侧面投影。

（2）画出截交线的投影。

① 画截交线矩形的侧面投影，截交线矩形的上边为细虚线。

② 画前、后两段交线圆弧的侧面投影，即 $a'' e'' c''$ 和 $a_1'' e_1'' c_1''$，其中 $a'' e''$ 和 $a_1'' e_1''$ 为粗实线。

（3）整理圆柱的转向轮廓素线的投影。圆柱的前、后转向轮廓素线被截，e_1'' 和 e'' 的下方无投影。

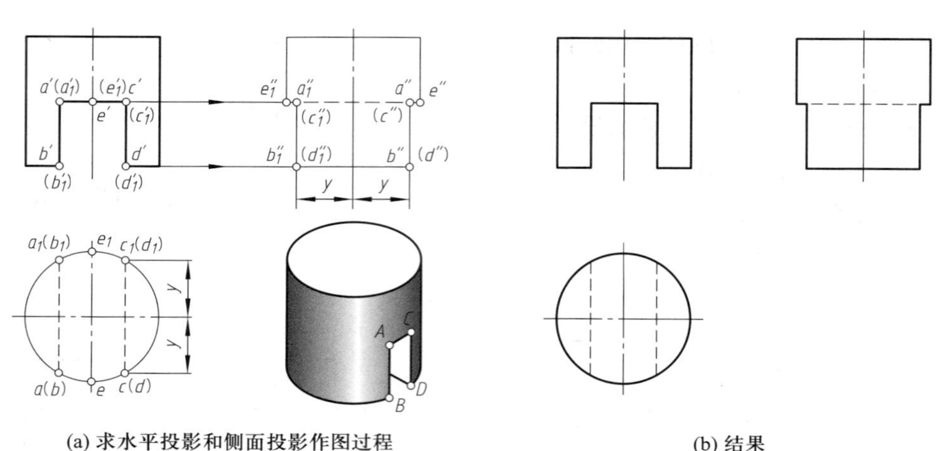

(a) 求水平投影和侧面投影作图过程　　(b) 结果

图 5-10　图 5-9 的求解过程和结果

例 5-7　如图 5-11 所示，求开榫头空心圆柱的侧面投影。

分析：截平面不仅与空心圆柱的外表面有交线，与其内表面也有交线。

分析思路及作图方法步骤与例 5-5 相同，但对内、外表面的交线要分开求解。

作图：如图 5-12 所示。

（1）用细实线画出完整空心圆柱的侧面投影。

（2）画空心圆柱开榫头的侧面投影。

① 画截平面与空心圆柱外表面的交线 ⅠⅢ、ⅡⅣ 及弧 ⅢⅣ 的侧面投影 $1'' 3''$、$2'' 4''$ 及 $3'' 4''$。

② 画截平面与空心圆柱内表面的交线 ⅤⅦ、Ⅵ Ⅷ 及弧 ⅦⅧ 的侧面投影 $5'' 7''$、$6'' 8''$ 及 $7'' 8''$。

③ 画相邻截平面的交线 Ⅲ Ⅶ、Ⅳ Ⅷ 的投影，并判别可见性。

（3）整理内、外圆柱面转向轮廓素线的侧面投影。内、外圆柱面的前、后转向轮廓素线未被截，应画完整。

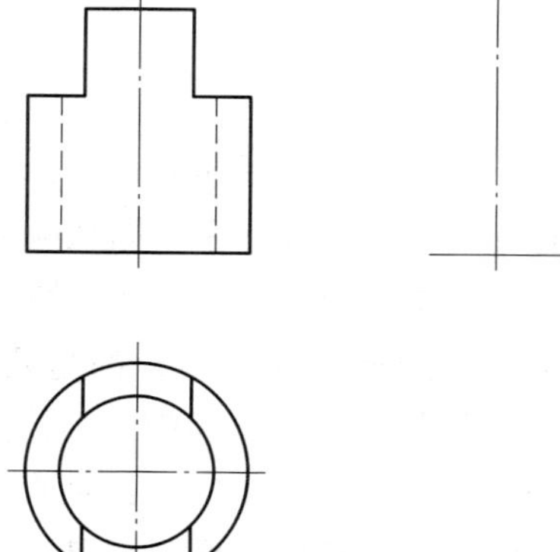

图 5-11　求开榫头空心圆柱的投影

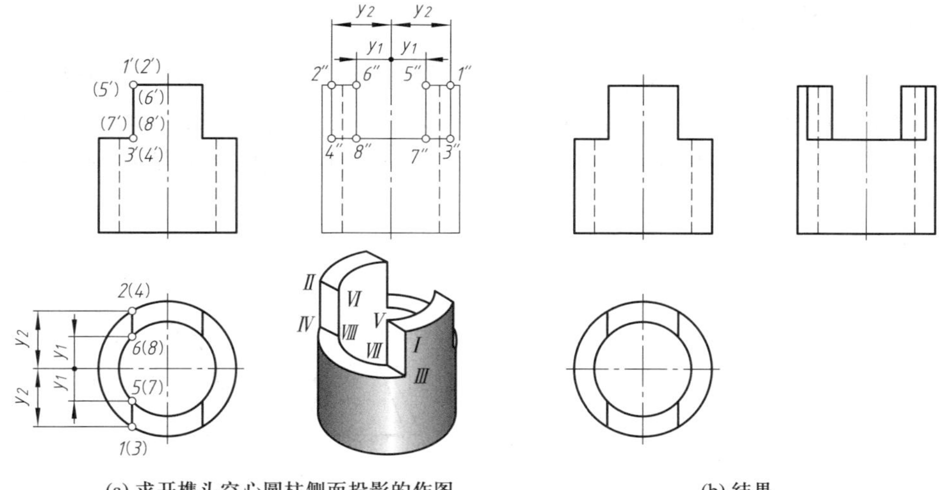

(a) 求开榫头空心圆柱侧面投影的作图　　(b) 结果

图 5–12　图 5–11 的求解过程和结果

5.3.2 被截切圆锥的投影

1. 被截切圆锥的基本形式

截平面与圆锥的相对位置关系及其相对应的截交线的形状及投影特点可见表 5–3。

表 5–3　被截切圆锥的基本形式

截平面位置	过锥顶	不过锥顶			
		垂直于轴线	平行于轴线	倾斜于轴线（正垂面）	
				$\theta=\alpha$，平行于一条素线	$\theta>\alpha$
模型图					
截交线形状	三角形	圆	双曲线和直线	抛物线和直线	椭圆
三面投影图					
截平面位置	投影面垂直面或一般位置平面	投影面平行面	投影面平行面	投影面垂直面	投影面垂直面

注：θ 为截平面与圆锥轴线的夹角，α 为圆锥的半顶角。

2. 求被截切圆锥的投影

例 5-8 如图 5-13a 所示，已知被截切圆锥的侧面投影，求其余两面投影。

分析：由已知投影可知，截平面过锥顶且为侧垂面，截交线为等腰三角形，其腰是截平面与圆锥面的交线，其底是截平面与圆锥底面的交线；其侧面投影积聚成直线，正面投影和水平投影为类似形（等腰三角形）。

作图：如图 5-13b 所示。

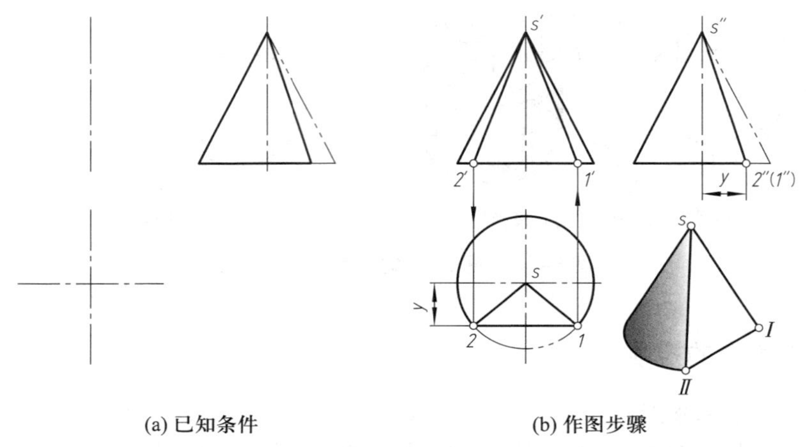

(a) 已知条件　　(b) 作图步骤

图 5-13 求过锥顶截切的圆锥的投影

（1）用细实线画出完整圆锥的正面投影和水平投影。

（2）求截交线的正面投影和水平投影。根据截交线两个端点 Ⅰ、Ⅱ 的侧面投影 $1''$、$2''$，由“宽相等”求得水平投影 1、2，按投影规律求得正面投影 $1'$、$2'$。连接 Ⅰ、Ⅱ 和锥顶点 S 的同面投影，得△ $s12$ 和△ $s'1'2'$ 即为所求。

（3）整理水平投影和正面转向轮廓线的投影，判别可见性。水平投影是以 1、2 为端点的大圆弧。

例 5-9 如图 5-14a 所示，已知被截圆锥的正面投影，求其侧面投影和水平投影。

分析：由已知投影可知，圆锥被一平行于轴线的侧平面截切，截交线是双曲线和直线。侧面投影反映实形，其他投影均有积聚性。已知正面投影，水平投影可直接画出。

作图：如图 5-14b 所示。

（1）用细实线画出完整圆锥的侧面投影和水平投影。

（2）求截交线的侧面投影。

① 利用侧平面的投影特点直接画出截交线的水平投影，即直线 213。

② 求截交线上特殊位置点的侧面投影。点 Ⅰ 是双曲线的顶点，是最高点，且在圆锥左侧轮廓素线上，点 Ⅱ、Ⅲ 是双曲线的最前、最后的最低点。其正面投影是分别是 $1'$、$2'$、($3'$)，由 $1'$、$2'$、($3'$) 和 1、2、3 求得 $1''$、$2''$、$3''$。

③ 求一般位置点的投影。在正面投影上任取点 $4'$、($5'$)，用辅助纬圆法求得 4、5，根据投影规律由 4、5 和 $4'$、($5'$) 求得 $4''$、$5''$。

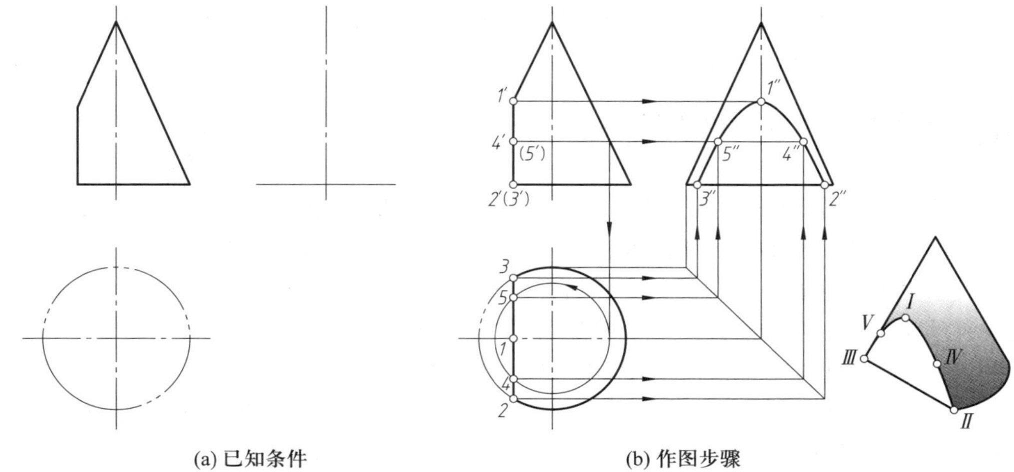

(a) 已知条件　　(b) 作图步骤

图 5-14　求平行于轴线截切圆锥的投影

（3）依次光滑连接各点的侧面投影 $2''\ 4''\ 1''\ 5''\ 3''$，即为双曲线的实形。

（4）整理转向轮廓素线的投影。

例 5-10　如图 5-15a 所示，已知被截去左上部圆锥的正面投影，求其余两面投影。

分析：由已知投影可知，圆锥被一垂直于轴线的水平面和一过锥顶的正垂面所截。水平面截切圆锥生成的截交线是大圆弧和直线段（两截平面的交线），其水平投影反映实形，侧面投影积聚为直线。过锥顶的正垂面生成的截交线是等腰三角形，两腰是两条直素线的一部分，其水平投影和侧面投影为类似形。

作图：如图 5-15b 所示。

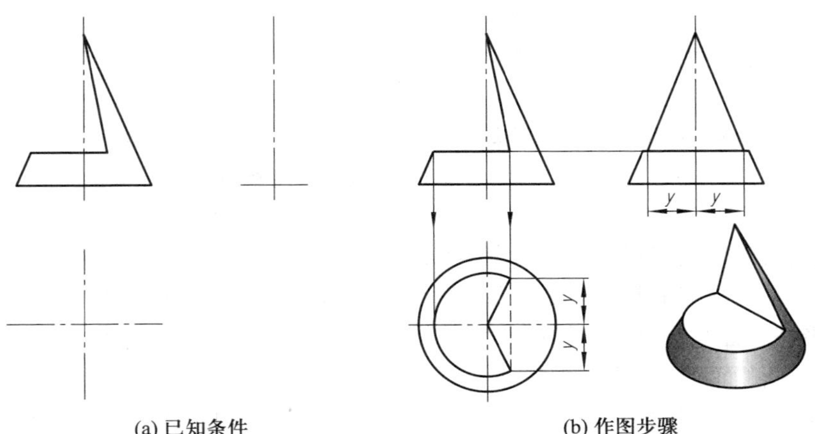

(a) 已知条件　　(b) 作图步骤

图 5-15　被截去左上角的圆锥的投影

（1）用细实线画出完整圆锥的侧面投影和水平投影。

（2）画两截平面与圆锥面的截交线及截平面交线的侧面投影和水平投影。

（3）整理转向轮廓素线的投影。圆锥面最前、最后轮廓素线的上部分被截掉，故侧面投影中的水平截平面以上的转向轮廓素线的投影不存在。两截平面交线的水平投影不可见，正面投影积聚成点，侧面投影反映实长。

例 5-11 如图 5-16 所示，已知带切口圆锥的正面投影，求其余两面投影。

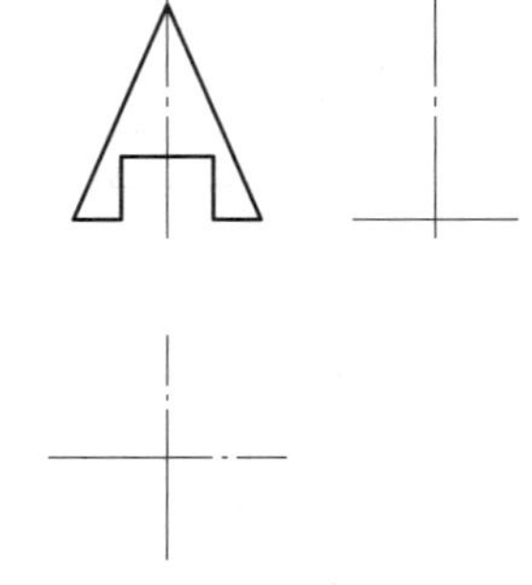

图 5-16 求带切口圆锥的投影

分析：由已知投影可知，圆锥上的切口是由一个垂直于圆锥轴线的水平面和两个对称的平行于圆锥轴线的侧平面组合截切圆锥得到的，其水平投影由相等的两部分圆弧和直线段（两截平面的交线）组成，反映实形。两个对称的侧平面截切圆锥生成的截交线是双曲线和直线，侧面投影反映其实形，另外两面投影积聚成直线。两截平面的交线为正垂线。

作图：如图 5-17 所示。

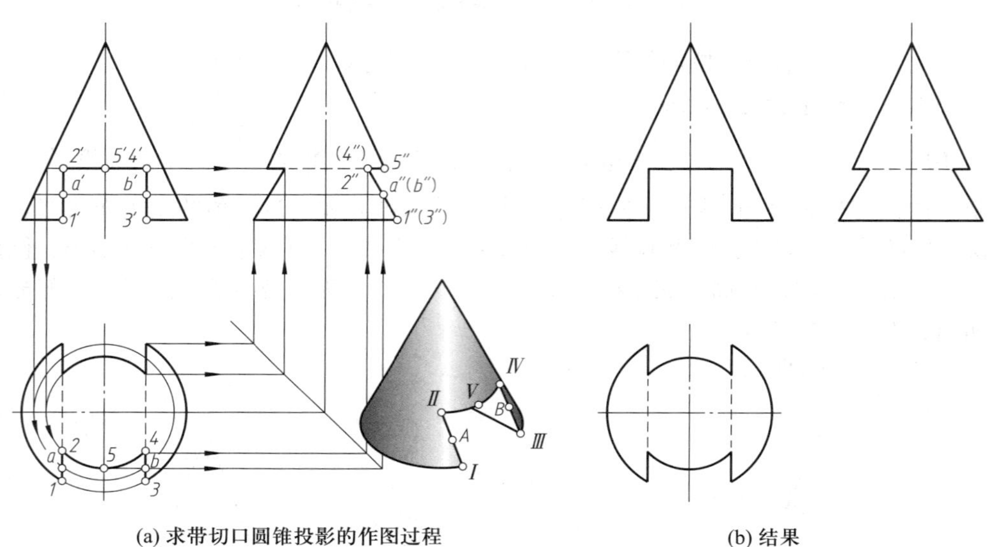

(a) 求带切口圆锥投影的作图过程

(b) 结果

图 5-17 图 5-16 的求解过程及结果

（1）用细实线画出完整圆锥的侧面投影和水平投影。

（2）画各截平面与圆锥面的截交线及截平面交线的侧面投影和水平投影。

① 画水平截平面与圆锥面交线的投影。其水平投影为部分圆（注意圆半径的确定），如水平投影的弧 *254*，侧面投影积聚为直线 *2″ 5″*（*4″*）。

② 画两侧平截平面与圆锥面交线的投影。两侧平截平面与圆锥面前半部分交线的水平投影和正面投影均积聚为直线段，如图中 *12* 和 *1′ 2′*，*34* 和 *3′ 4′*，侧面投影重合并反映截交双曲线实形，如 *2″ a″ 1″*。

③ 画两侧平截平面与水平截平面交线的投影。交线为左右对称的正垂线，其水平投影是左右对称的不可见直线，侧面投影重合，不可见。

（3）判别可见性，依次连接各点的同面投影成平滑曲线。

（4）整理各转向轮廓素线的投影。圆锥面上最前、最后轮廓素线的下部分被截掉，故侧面投影中水平截平面以下的转向轮廓素线的投影不画。

5.3.3 被截切球的投影

用任意位置的截平面截切球，其截交线的形状均是大小不等的圆。截交线圆的直径大小与截平面到球心的距离有关，过球心的截平面截切所得的截交线圆最大，但截交线的投影未必全是圆。截交线圆的投影形状与截平面对投影面的相对位置有关。

投影面平行面和投影面垂直面两种截平面截切球的投影可见表 5–4。

表 5–4 被截切球的基本形式

截平面位置	投影面的平行面（如正平面）	投影面的垂直面（如正垂面）
模型图		
投影图	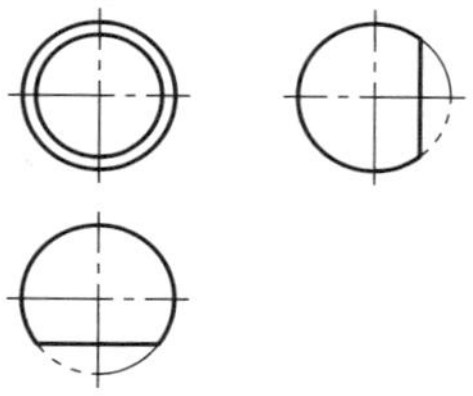	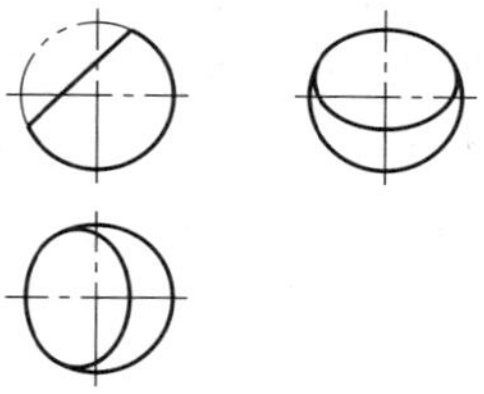

1. 截平面为投影面平行面

当用投影面平行面截切球时，截交线为平行投影面的圆。其投影符合投影面平行面的投影特点，即在其平行的投影面上的投影为圆，另两面投影为长度等于圆直径的分别平行于投影为圆的投影面所包含的两个投影轴的直线。

例 5–12 如图 5–18 所示，已知切口半球的正面投影，求其余两面投影。

分析：由已知投影可知，半球的切口是由一水平面和左右对称的两个侧平面组合截切而成的。左右对称的两个侧平截平面与球面的交线为部分圆，侧面投影重合并反映圆实形，水平投影积聚为两段直线；水平截平面与球面的交线的水平投影为圆的两部分，侧面投影积聚为两段直线；侧平截平面与水平截切面交线的水平投影为两段可见的直线，侧面投影为不可见的直线。

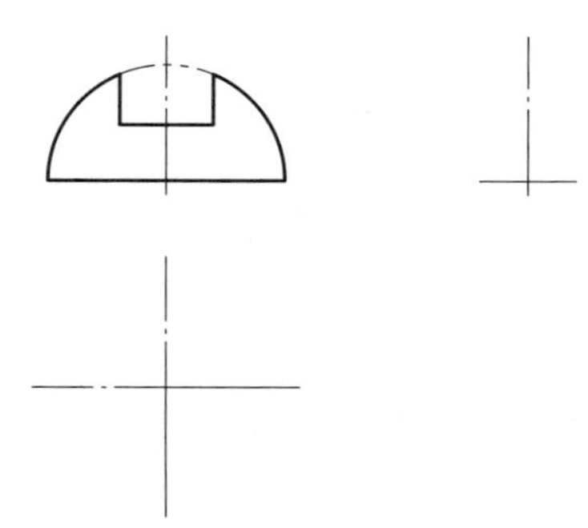

图 5–18 求画切口半球的侧面投影和水平投影

作图：如图 5–19 所示。

（1）用细实线画出完整半球的侧面投影和水平投影。

（2）求各截平面与球面的截交线及截平面交线的侧面投影和水平投影。

① 求水平截平面的截交线圆的水平投影弧 *1a3* 和 *2b4*，再根据投影规律求得侧面投影线段 *1″ a″*（*3″*）和 *2″ b″*（*4″*）。

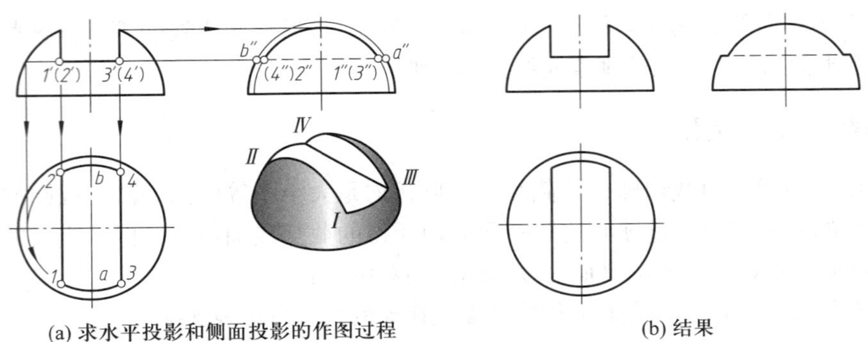

(a) 求水平投影和侧面投影的作图过程　　(b) 结果

图 5-19　图 5-18 的作图过程和结果

② 求侧平截平面的截交线圆的侧面投影弧 *1″ 2″* 或（*3″*）（*4″*），水平投影积聚为直线段 *12*、*34*。

③ 求截平面交线的水平投影，如线段 *12* 和 *34*，侧面投影为不可见线段 *1″ 2″* 或（*3″*）（*4″*）。

（3）整理侧面和水平面转向轮廓素线的投影。侧面投影的半圆自底部分别画到 *a″*、*b″* 止。

2. 截平面为投影面垂直面

当用投影面垂直面截切球时，截交线圆在与截平面垂直的投影面上的投影积聚为一段直线，其长度为截交线圆的直径，其余两面投影为椭圆。

例 5-13　如图 5-20 所示被斜截切球的正面投影，求其余两面投影。

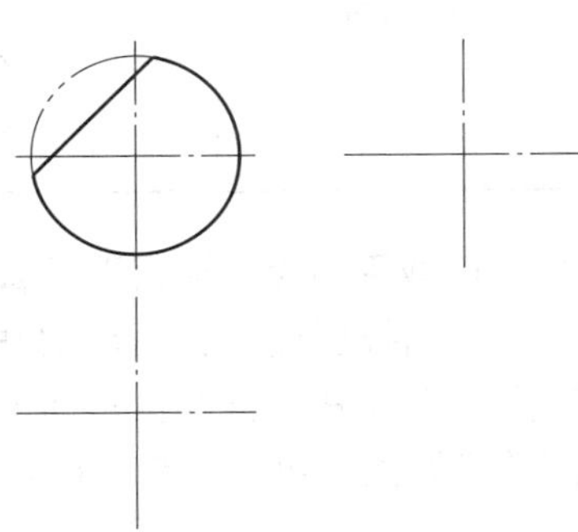
图 5-20　求被斜截切球的投影

分析： 由已知投影可知，截交线圆的正面投影就是一直线段，其长度等于截交线圆的直径。直线的端点 *1′*、*2′* 分别是截交线的最高、最低点，亦是最左、最右点，又是正面转向轮廓素线投影上的点，也是截交线水平投影和侧面投影椭圆的短轴的端点。

作图： 如图 5-21 所示。

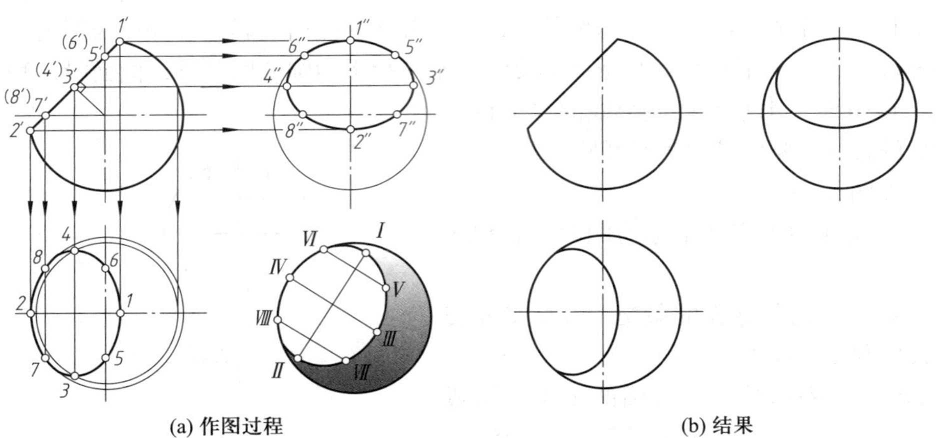

(a) 作图过程　　(b) 结果

图 5-21　图 5-20 的作图过程和结果

（1）用细实线画出完整球的侧面投影和水平投影。

（2）画截交线的投影。

① 画截交线上特殊位置点的投影。

a. 画各投影面的转向轮廓素线上的点 *Ⅰ*、*Ⅱ*（*V* 面），*Ⅴ*、*Ⅵ*（*W* 面），*Ⅶ*、*Ⅷ*（*H* 面）的投影。

利用点线从属性由已知投影 *1′*、*2′*、*5′*、（*6′*）、*7′*、（*8′*）求得水平投影 *1*、*2*、*5*、*6*、*7*、*8* 和侧面投影 *1″*、*2″*、*5″*、*6″*、*7″*、*8″*。

b. 求椭圆的长、短轴端点 *Ⅰ*、*Ⅱ*、*Ⅲ*、*Ⅳ* 的投影。在已知的正面投影上过球心作截交线正面投影的垂线，交点 *3′*、（*4′*）为长轴端点的投影。然后利用辅助纬圆法分别求得水平投影 *3*、*4* 和侧面投影 *3″*、*4″*。由分析可知短轴端点 *Ⅰ*、*Ⅱ* 的三面投影分别为 *1′*、*2′*，*1*、*2* 和 *1″*、*2″*。

② 求截交线上一般位置点的投影。（这里省略。）

③ 判别可见性后依次平滑连接各点的同面投影，分别得到截交线的侧面投影和水平投影椭圆。

（3）整理侧面和水平转向轮廓素线投影，判别可见性。球的水平转向轮廓素线投影圆 *7*、*8* 的左边不存在，侧面转向轮廓素线投影圆 *5″*、*6″* 的上边不存在。

5.4　被截切的同轴曲面体和一般回转体的投影

5.4.1　被截切的同轴曲面体的投影

同轴曲面体是由具有共同轴线的基本几何体组合而成的。

画被截切的同轴曲面体的某面投影时，应先看懂给定的投影，分析同轴曲面体的各基本几何体的形状，了解截平面与各基本几何体的相对位置，确定截平面与各基本几何体的截交线的形状，然后画图。

例 5–14　如图 5–22a 所示，已知被截切的同轴曲面体的正面投影，求其余两面投影。

分析：由已知投影可知，同轴曲面体由半球、圆柱组成，轴线垂直于 *H* 面，半球在上，圆柱在下，直径相等表面相切，左、右侧被对称的侧平面和水平面截切。

水平截平面只截切圆柱，截交线为圆弧和同侧两截平面的交线，水平投影反映实形，侧面投影积聚成水平线。侧平截平面生成的截交线为拱形，顶边圆弧是截平面与球面的交线，两侧直线 *ⅠⅡ*、*ⅣⅤ* 是截平面与圆柱面相交的素线，下边是同侧两截平面的交线；侧面投影反映实形，水平投影积聚成直线。同侧截平面的交线为一正垂线，如 *ⅠⅤ*。

作图：如图 5–22b 所示。

（1）用细实线画出完整同轴曲面体的侧面投影和水平投影。

（2）求截交线的投影。

① 求水平截交线的投影。由 *V* 面投影中的水平线段 *1′*（*5′*）*6′*，求得水平投影实形（圆弧 *165*，弦线 *15*），侧面投影为水平线段 *1″ 6″ 5″*。

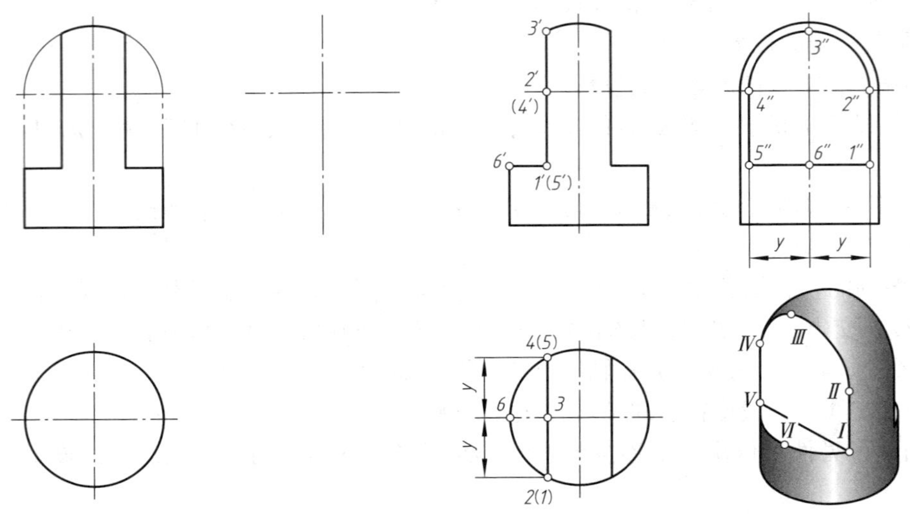

(a) 已知条件 (b) 作图过程和结果

图 5-22 画被截切的同轴曲面体的其余两面投影

② 求侧平截交线的投影。以 2′ 3′ 的长度为半径、侧面点画线交点为圆心画半圆 2″ 3″ 4″，连接 1″ 2″ 和 4″ 5″ 即完成截交线的侧面投影。

（3）整理各转向轮廓素线的投影。

5.4.2 被截切的一般回转体的投影

例 5-15 如图 5-23a 所示，已知被截切的一般回转体的侧面投影，求其余两面投影。

分析： 由已知投影可知，截平面为平行于回转体轴线的正平面，因此截交线的正面投影反映实形，水平投影积聚为一条直线。

作图： 如图 5-23b 所示。

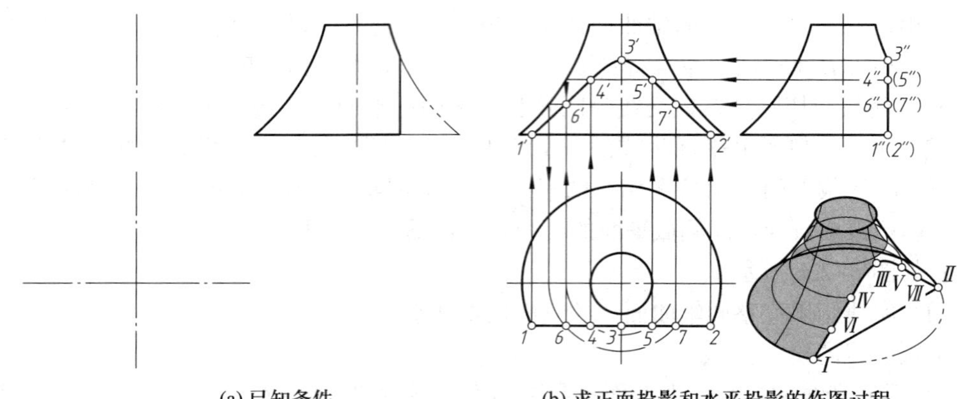

(a) 已知条件 (b) 求正面投影和水平投影的作图过程

图 5-23 求被截切一般回转体的三面投影图

（1）画出完整回转体的正面投影和水平投影。

（2）画截交线的投影。

① 画截交线有积聚性的投影。根据“宽相等”画出截交线的水平投影即直线段 *12*。

② 画截交线的正面投影。

a. 求特殊位置点 *Ⅰ*、*Ⅱ*、*Ⅲ* 的正面投影。由 *1″*、*2″*、*3″* 找到 *1*、*2*、*3*，求得 *1′*、*2′*、*3′*。

b. 求一般位置点如 *Ⅳ*、*Ⅴ*、*Ⅵ*、*Ⅶ* 的正面投影。在已知投影上任取 *4″*（*5″*）、*6″*（*7″*），量取相应半径在水平投影作水平辅助圆与截交线的水平投影交于 *4*、*5*，*6*、*7*，再根据每个圆的正面投影及点线从属关系求得 *4′*、*5′*，*6′*、*7′*。

c. 判别可见性，依次光滑连接 *1′*、*6′*、*4′*、*3′*、*5′*、*7′*、*2′* 得正面投影。

（3）整理投影面转向轮廓素线的投影。回转体底圆的水平投影前面劣弧 *12* 不存在。

第 6 章　相交立体的投影

本章学习导读

学习目的与要求：学会从投影图分析相交立体的相对位置及其相贯线的形状；掌握正交圆柱的基本形式和相贯线的变化趋势，学会绘制相交立体的投影，掌握求相交立体表面交线投影的方法和步骤，培养解决工程问题的思维方法。理解立体相交是布尔运算中交、并、差集合运算的具体应用。学会用交、并、差集合运算进行简单构形设计。

学习内容：求相交立体投影的方法和步骤。

重点与难点：分析和掌握基本立体进行交、并、差运算时表面交线的形状及其投影的画法。

地位及特点：本章是学习和掌握复杂组合体的前期准备，是学好零件表达的重要基础。

立体相交是最简单的组合形式，是立体交、并、差造型的具体应用。掌握相交立体的投影的作图方法与作图步骤，可以培养解决较复杂问题的思维。

6.1　概　　述

立体相交称作相贯。相交立体表面的交线称作相贯线，参与相贯的立体称作相贯体。相贯的基本形式多种多样，如图 6-1 所示。

相贯线是相交立体表面的交线，一般是**封闭的空间图形，具有共有性和形状多样性**。

相贯线位于相交立体的表面上，是相交立体表面的分界线，属于相交立体表面的共有线，线上所有点属于相交立体表面的共有点。这是求相贯线投影的作图依据。由于相交立体表面的形状是空间的、范围是有限的，故相贯线通常是**封闭的空间图形，特殊情况下不封闭或是平面图形或是直线**。由于相贯线的形状与相交立体表面形状、立体的大小及其相对位置有关，而参与相贯的立体表面形状不同、大小不同、彼此相对位置不同，因此相贯线的形状、方位各异多变。

求相贯线的投影，其实质是求相贯线上适当数量共有点的投影。常用的方法有**表面投影积聚性法、辅助平面法、辅助球面法**。这里仅介绍前两种。

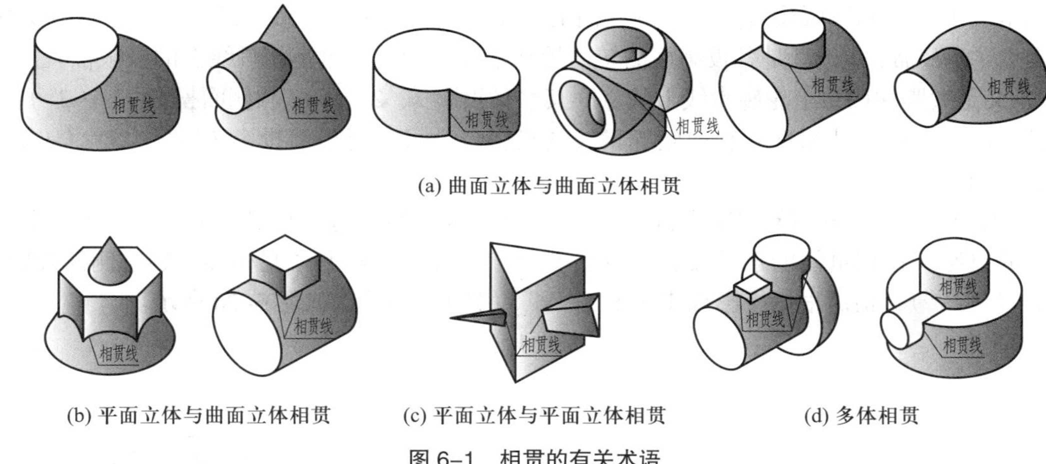

(a) 曲面立体与曲面立体相贯

(b) 平面立体与曲面立体相贯　(c) 平面立体与平面立体相贯　(d) 多体相贯

图 6-1　相贯的有关术语

6.2　利用表面投影积聚性求相贯线的投影

利用表面投影积聚性求相贯线投影的方法，适用于相交立体中至少有一个立体表面投影有积聚性（如棱柱、圆柱）。这种方法求相贯线投影的实质是利用表面投影积聚性找到相贯线的一个或两个投影，然后根据相贯线共有性把相贯线上的点看成是另一个立体表面上的点，用表面取点的方法求出相贯线的其他投影。为作图简便和有利于读图也可用近似画法或简化画法画出相贯线的投影。

6.2.1　两圆柱正交

两个圆柱的相交有正交、偏交和斜交及轴线平行相交。轴线垂直相交为正交，轴线垂直交叉为偏交，轴线倾斜相交为斜交，轴线平行相交为特例。

1. 直径不等的两圆柱正交

例 6-1　如图 6-2a 所示，已知正交相贯两圆柱的水平投影和侧面投影，求正面投影。

分析： 由图 6-2a 可知，这是直立小圆柱与左右横放大圆柱正交，二者直径不等。相贯线为一封闭的空间曲线；小圆柱轴线为铅垂线，故相贯线的水平投影与小圆柱面的水平投影重合，为一个完整圆。大圆柱轴线为侧垂线，相贯线的侧面投影与大圆柱面的侧面投影重合，根据相贯线的共有性找两立体表面共有部分，则相贯线的侧面投影为大圆上部小圆柱转向轮廓素线投影之间的一段圆弧。

作图： 如图 6-2c、d 所示，用表面取点的方法求出正交圆柱相贯线的正面投影。

（1）用细实线画出正交两圆柱正面投影的轮廓线。

（2）求相贯线的正面投影。

① 求相贯线上特殊位置点的投影。相贯线上的特殊位置点主要指相贯线上各投影面的转

向轮廓素线上的点和极限位置点。小圆柱面的最左、最右、最前、最后四条轮廓素线与大圆柱表面交点 *I*、*II*、*III*、*IV*，又是各投影面的转向轮廓素线上的点，也是相贯线上的极限位置点，交点 *I*、*II* 又是大圆柱面最上轮廓素线上的点。其水平投影 *1*、*2*、*3*、*4* 和侧面投影 *1″*、（*2″*）、*3″*、*4″* 是已知的，由点线从属性和转向轮廓素线的投影特性可求得正面投影 *1′*、*2′*、*3′*、（*4′*），如图 6–2c 所示。

② 求相贯线上一般位置点的投影。在特殊位置点之间求适当数量点的投影，如点 *V*、*VI*、*VII*、*VIII* 的投影。在相贯线的水平投影中取点 *5*、*6*、*7*、*8*，再根据“宽相等”确定侧面投影 *5″*、（*6″*）、*7″*、（*8″*），最后根据投影规律求得 *5′*、*6′*、（*7′*）、（*8′*），如图 6–2d 所示。

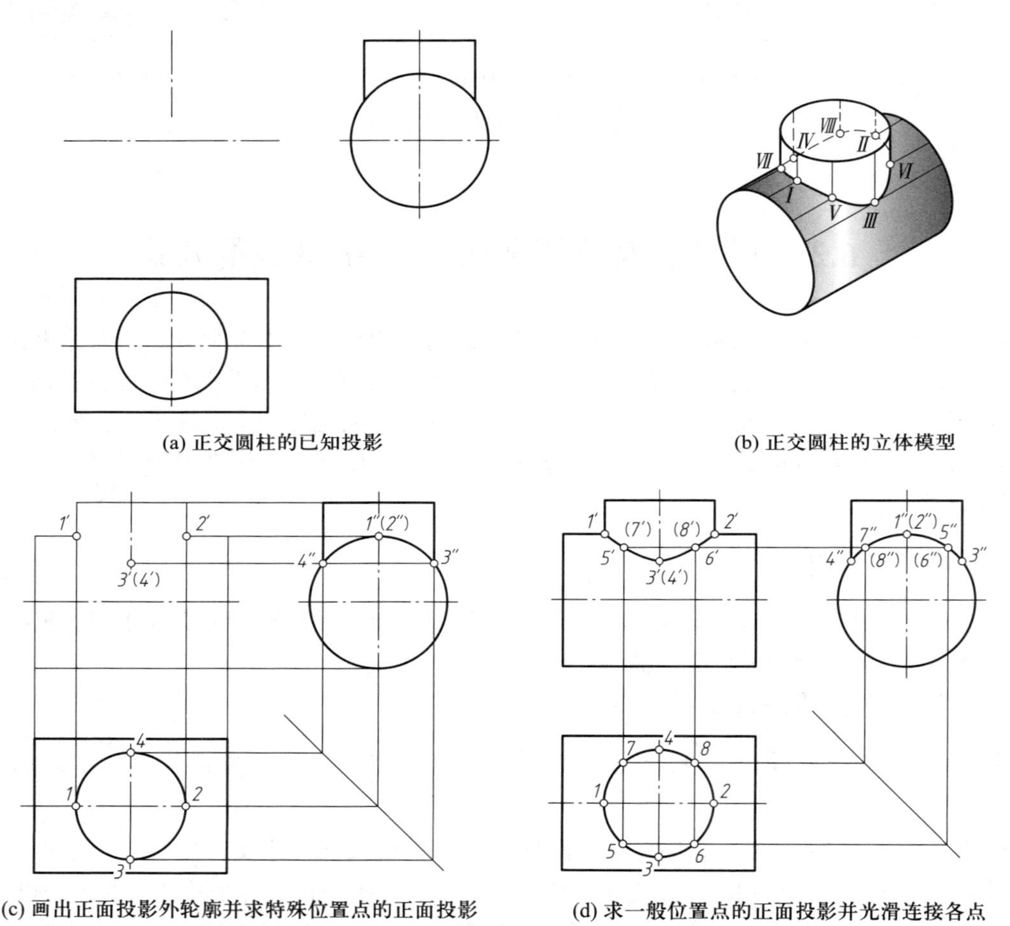

(a) 正交圆柱的已知投影　(b) 正交圆柱的立体模型

(c) 画出正面投影外轮廓并求特殊位置点的正面投影　(d) 求一般位置点的正面投影并光滑连接各点

图 6–2　求正交圆柱的正面投影

③ 判别相贯线正面投影的可见性，并依次光滑连接点的同面投影。

判别相贯线投影可见性应遵守如下原则：**在投影图中，两相交立体表面在某一投影面上的投影共同可见部分的相贯线在该投影面上的投影才可见，否则为不可见**。本题由于是轴线垂直正交，相贯线前后对称，前半部分在正面投影可见，后半部分不可见，虚实重合，画成粗实线。

（3）整理相交立体各自转向轮廓素线的投影。整理相交立体转向轮廓素线的投影实质上是确定相交立体转向轮廓素线在所求投影中投影是否存在、存在的范围和可见性的问题。存在并可见，则用粗实线绘制；不可见，用细虚线绘制。对贯穿在体内的轮廓素线不再画出其投影。

（4）校核投影，擦去多余图线，加深、加粗图线，完成全图。（后文例中均有此步，不再赘述。）

2. 两正交圆柱的基本形式及其投影的变化趋势

正交两圆柱相贯有完全贯通（图 6-3）和不完全贯通（图 6-4）两种形式。

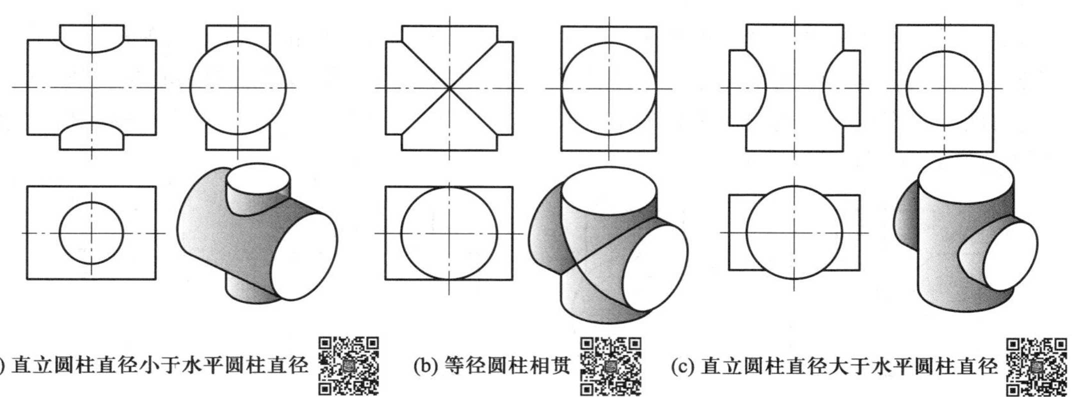

(a) 直立圆柱直径小于水平圆柱直径　(b) 等径圆柱相贯　(c) 直立圆柱直径大于水平圆柱直径

图 6-3　正交圆柱完全贯通相贯线投影的变化规律

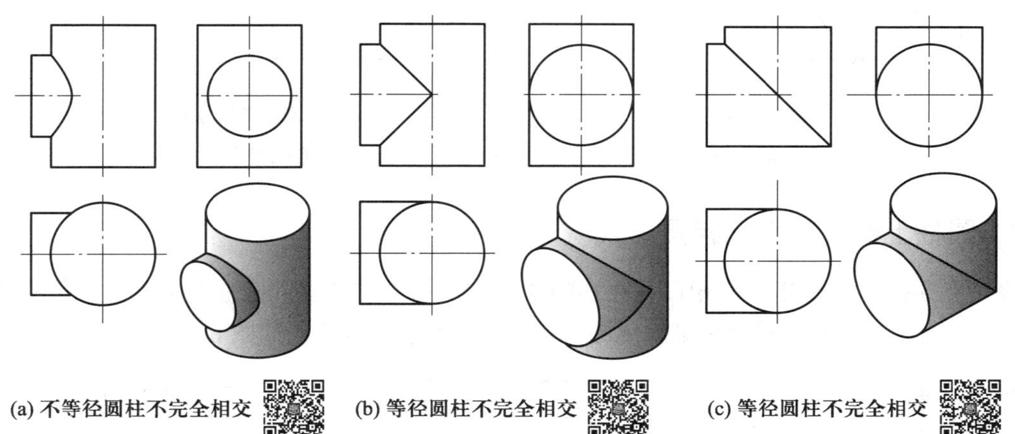

(a) 不等径圆柱不完全相交　(b) 等径圆柱不完全相交　(c) 等径圆柱不完全相交

图 6-4　正交圆柱不完全贯通形式

两圆柱完全贯通的相贯线变化规律如下。

（1）直径不等的两圆柱正交相贯时，相贯线在平行于两圆柱轴线的投影面上的投影是双曲线，曲线的弯曲趋势总是向大圆柱轴线投影方向拱去，如图 6-3a、c 所示。

（2）直径相等的两圆柱正交相贯时，相贯线为两条平面曲线——椭圆，该椭圆所在平面垂直于两相交轴线所确定的平面。相贯线在平行于两圆柱轴线的投影面上的投影是相交两直线，这两直线恰好是双曲线的渐近线，如图 6-3b 所示。

由图 6-3 可知，当一个圆柱的直径保持不变，改变另一个圆柱的直径的大小，相贯线的形状在逐渐变化，是由空间曲线向平面曲线变化，如图 6-3a、b 的变化，再由平面曲线改变方向位置向空间曲线变化，如图 6–3b、c 的变化。

若正交相贯两圆柱的直径不变，改变轴线相对位置，由垂直相交变为垂直交叉，相贯线会有何变化？完全与不完全贯通形式的相贯线有何相同与不同？请读者自己分析与总结。

3. 正交圆柱相贯线投影的近似画法

为画图方便，当两正交圆柱直径不等时，其相贯线的投影可用圆弧近似代替，具体画法有如下两种。

（1）用过三点（特殊位置点的投影）画一圆弧近似代替相贯线的投影，如图 6–5a 所示。

（2）以大圆柱半径为半径、正交两圆柱的转向轮廓素线投影的交点为圆心画圆弧，与小圆柱轴线的投影有交点（取远离大圆柱的那个交点），以该交点为圆心、半径不变画圆弧近似代替相贯线的投影，如图 6–5b 所示。

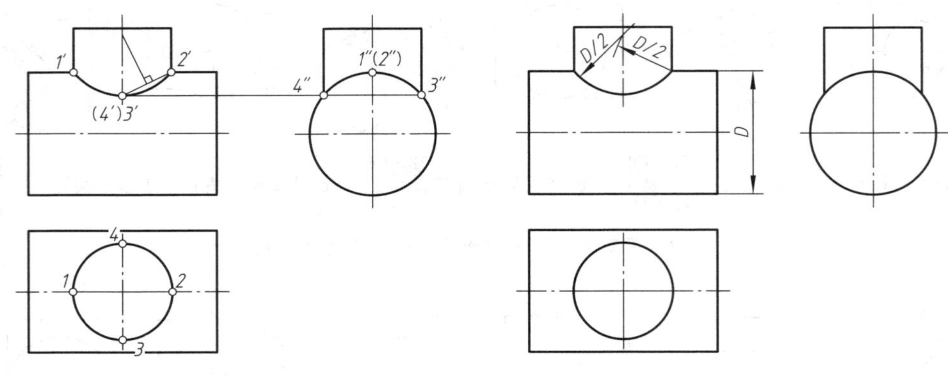

(a) 三点画弧　　(b) 以大圆柱半径为半径画弧

图 6–5　相贯线的投影的近似画法（用圆弧近似代替）

6.2.2　圆柱上穿孔及孔孔相贯形式

圆柱上穿孔及孔孔相贯的相贯线投影的作图方法与作图步骤同圆柱正交相贯。但要注意不可见孔的转向轮廓素线的投影用细虚线画，且只画到共有点为止，如图 6–6 所示。

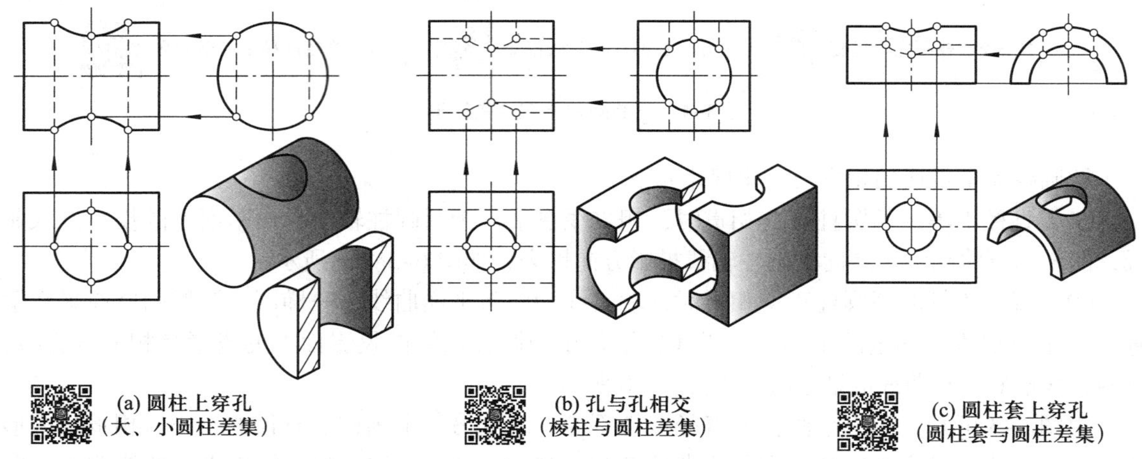

(a) 圆柱上穿孔（大、小圆柱差集）　　(b) 孔与孔相交（棱柱与圆柱差集）　　(c) 圆柱套上穿孔（圆柱套与圆柱差集）

图 6–6　圆柱上穿孔及孔孔相贯的投影

6.2.3 圆柱套与圆柱套正交

圆柱套，即在圆柱体内沿轴线挖有通孔的圆柱，也可看成是一矩形面绕矩形外与其共面，且与其一条边平行的直线旋转一周形成的有内、外表面的空心圆柱。圆柱套与圆柱套正交相贯，则外表面与外表面有交线，内表面与内表面有交线，只要按两圆柱正交相贯的方法，分别求出外表面交线和内表面交线的投影，再对内、外表面转向轮廓素线的投影进行整理，并判别可见性即可。如图 6–7 所示的左侧为圆柱套与圆柱套相交，其右侧是圆柱套表面上穿孔。其内、外表面相贯线及圆柱套表面上穿孔交线的投影均只求特殊位置点的投影，再用过三点画圆弧近似代替相贯线的投影。注意内、外表面转向轮廓素线投影的整理。

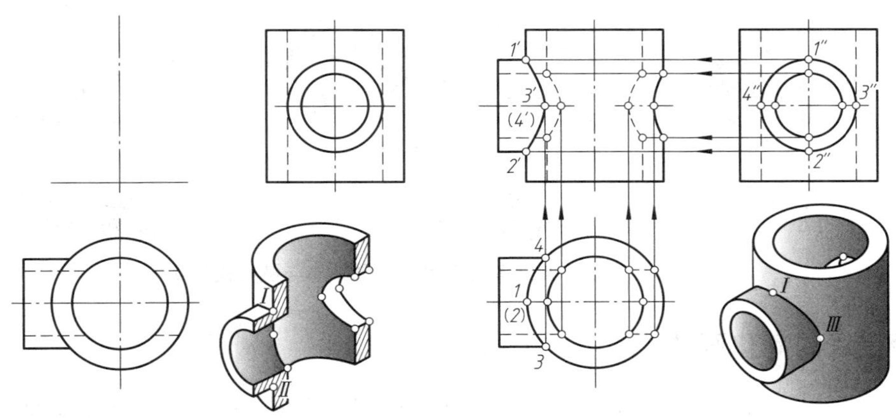

(a) 求正交圆柱套的正面投影　　(b) 作图步骤及正交圆柱套的实体模型图

图 6–7　圆柱套正交的投影（圆柱套与圆柱套并集）

图 6–8 所示的圆柱套面上穿半孔，半孔的直径与圆柱套外表面直径相等。外表面与孔的交线是两个半个椭圆相交，其交线的侧面投影是相交的两直线。圆柱套内表面与半孔的交线投影用三点画圆弧近似代替。

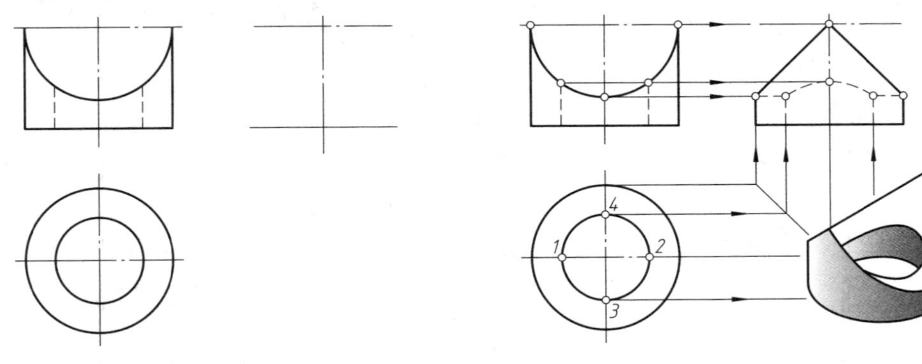

(a) 求穿孔圆柱套的侧面投影　　(b) 作图步骤及实体模型图

图 6–8　圆柱套外表面与穿孔等径（圆柱套与圆柱差集）

6.2.4　圆柱与棱柱相贯

圆柱与棱柱、圆柱与方孔、圆柱套与方孔相贯属于平面立体与回转立体相贯，其相贯线由直线与曲线组成，可看成棱柱、方孔各棱面（平面）与圆柱面相交，也可用求截交线的方法来作图，如图 6-9 所示。

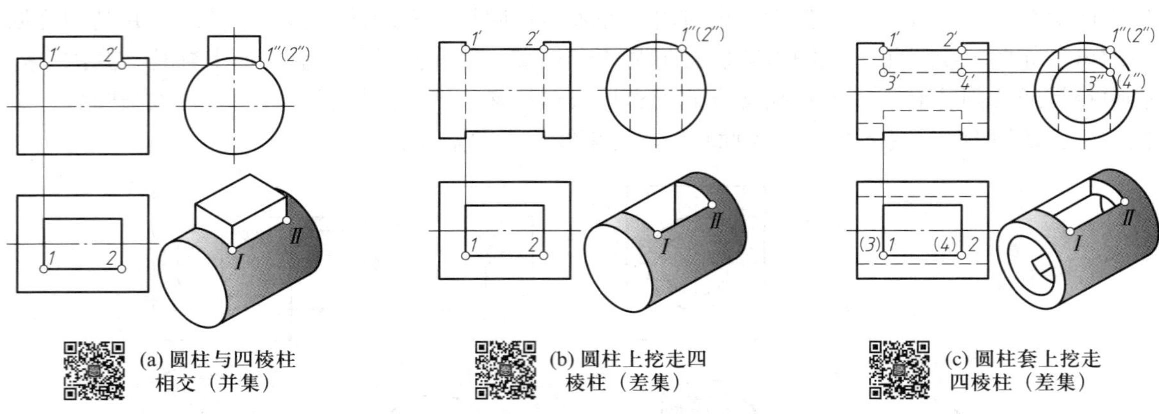

图 6-9　穿孔与圆柱套内孔等径（圆柱套与圆柱差集）

6.2.5　相贯线的简化画法

在不致引起误解时，相贯线的投影允许简化。例如，当相贯线的投影为非圆曲线时允许用直线代替，如图 6-10 所示。

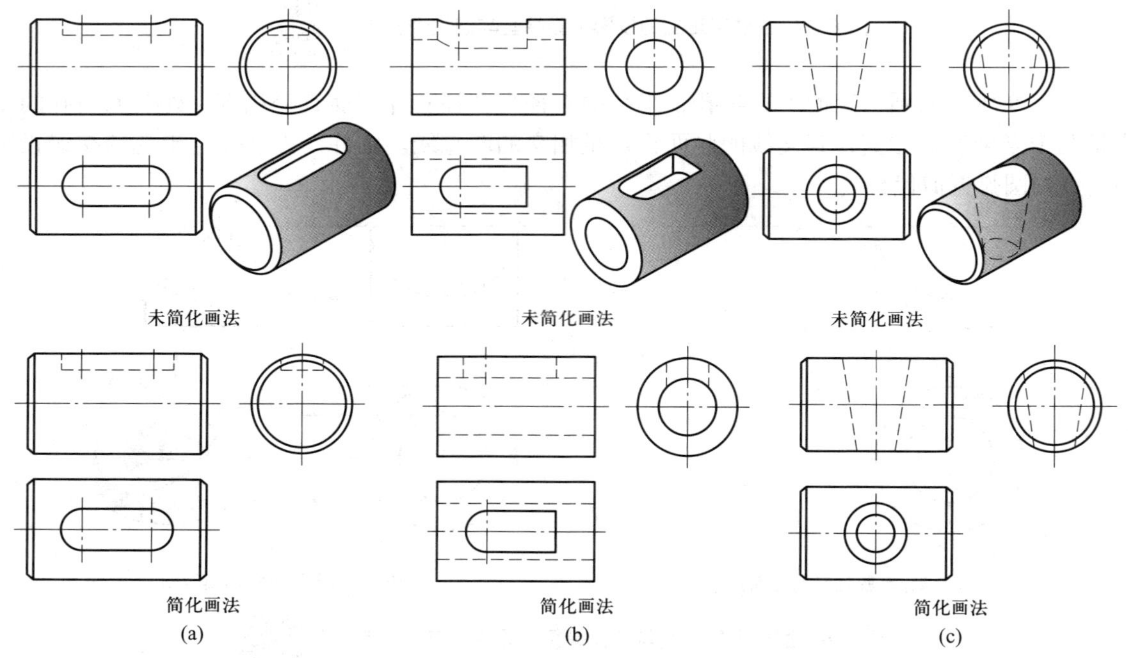

图 6-10　相贯线的投影为非圆曲线的简化画法

6.3 利用辅助平面求相贯线的投影

6.3.1 用辅助平面法求相贯线投影的原理及选择辅助平面的原则

通过作辅助平面法求相交立体表面共有点的方法称为辅助平面法。

辅助平面法求相贯线投影的原理是三面共点，如图 6-11 所示。改变辅助平面的位置，可得到适当数量的共有点，求这些点的投影并判别其可见性，依次光滑连接这些点的同面投影，即可得相贯线的同面投影。

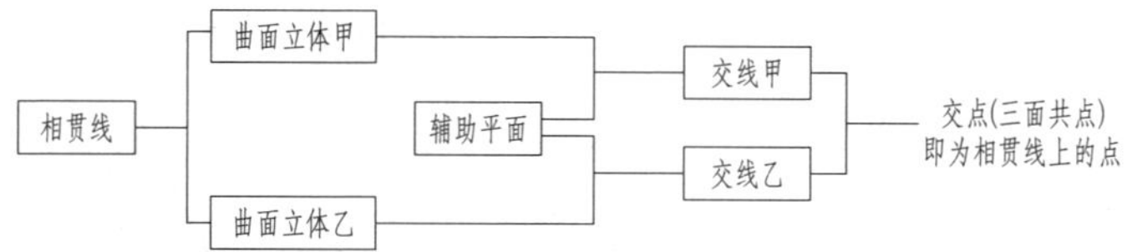

图 6-11 用辅助平面法求相贯线上点的原理及过程

为作图简便，选择辅助平面的原则：使所选择的辅助平面与相交两立体表面的交线的投影为最简单、易画的几何图形（圆或直线）。一般多取投影面平行面为辅助平面。

6.3.2 利用辅助平面法求相贯线投影的作图

例 6-2 如图 6-12a 所示，已知正交圆柱与圆锥的侧面投影，试补全其正面投影和水平投影。

分析： 由已知投影可知，正交圆柱与圆锥的相贯线为封闭的空间曲线。因圆柱轴线垂直于 *W* 面，故相贯线的侧面投影与圆柱表面的侧面投影重合。相贯线的正面投影、水平投影待求。

作图： 如图 6-12b、c、d 所示。

（1）求特殊位置点 *I*、*II*、*III*、*IV* 的投影，如图 6-12b 所示。

图中的点 $1''$、$2''$ 是圆柱与圆锥正面转向轮廓素线的交点 *I*、*II* 的侧面投影，也是相贯线上最高、最低点的侧面投影；点 $3''$、$4''$ 是圆柱的水平投影面转向轮廓素线上点 *III*、*IV* 的侧面投影，也是相贯线上的最前和最后点的侧面投影。

由点 $1''$、$2''$ 根据投影规律找到 $1'$、$2'$，由 $1'$、$2'$ 直接求得 1、2；过点 *III*、*IV* 作辅助平面 P，与圆柱表面交线为水平投影投射方向的圆柱转向轮廓素线，与圆锥表面的交线是圆，这两条交线的水平投影均反映实形，其交点 3、4 即为所求，由 3、4 和 $3''$、$4''$ 可求得 $3'$、$4'$。

（2）求一般位置点的投影，如图 6-12c 所示。

在特殊位置点之间求一系列（一般最少求一个）一般位置点的投影。如在特殊位置点 *I*、*III* 之间用辅助平面 P_1 求一般位置点 *V*、*VI* 的投影。如过 $5''$、$6''$ 作的 P_{1V} 为辅助平面 P_1 的正面投影。

① 求辅助平面 P_1 与圆柱表面的交线，交线为圆柱表面上的两条素线，水平投影反映实形。

② 求辅助平面 P_1 与圆锥表面交线，交线为圆锥表面的圆，水平投影反映实形。

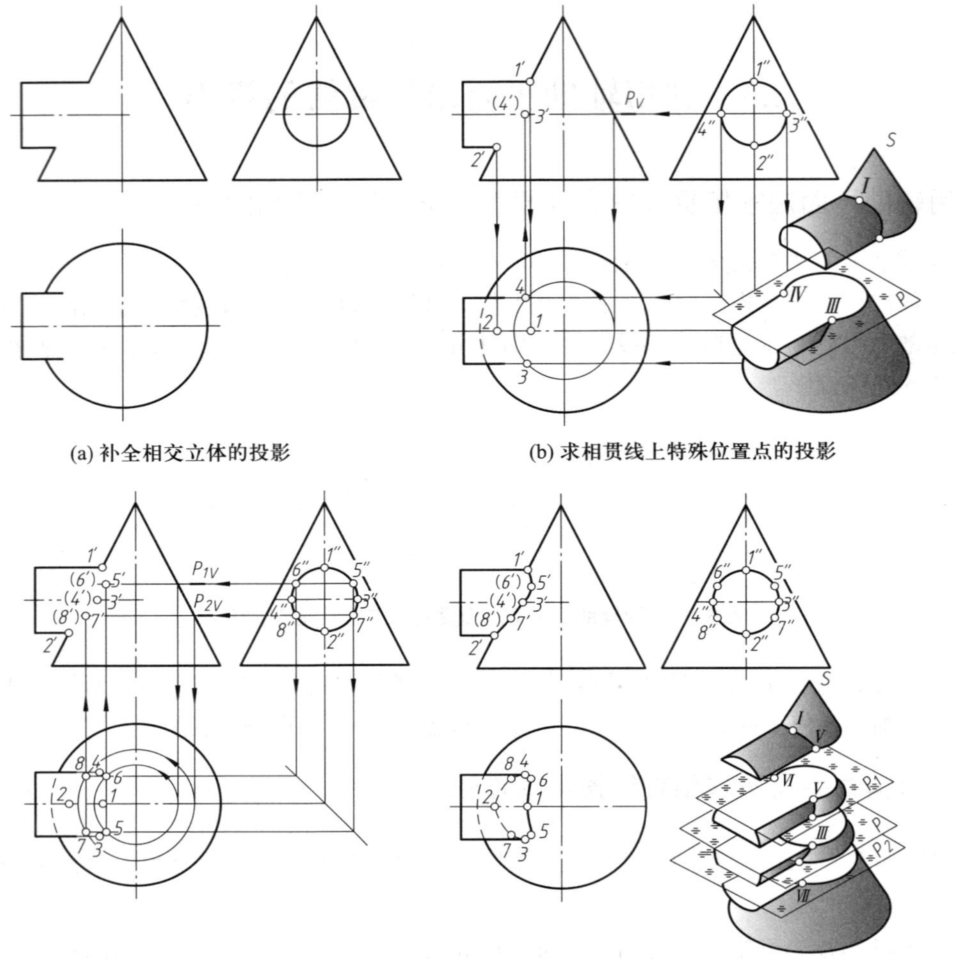

(a) 补全相交立体的投影　(b) 求相贯线上特殊位置点的投影

(c) 用辅助平面法求一般位置点的投影　(d) 判别可见性，整理轮廓素线投影，光滑连接同面投影

图 6–12 用辅助平面法作相贯线投影的步骤

③ 求两条交线投影的交点，即为相贯线上点的投影。两交线的水平投影的交点为 5、6，由 5、6 和 5″、6″ 可求得 5′、(6′)。

依次在特殊位置点 Ⅲ、Ⅱ 之间用辅助平面 P_2 求一般位置点 Ⅶ、Ⅷ，按上述步骤求得相贯线上点 Ⅶ、Ⅷ 的投影 7、8 和 7′、(8′)。

(3) 判别相贯线上一系列点的投影的可见性，依次光滑连接点的同面投影。

(4) 整理相交立体各自转向轮廓素线的投影，如图 6–12d 所示。

例 6–3 如图 6–13a 所示，已知圆台和半球相贯，试画全其三面投影。

分析：由正面投影可知，圆台的轴线与半球的轴线平行，圆台在半球的左侧，前后对称。其交线为空间曲线。半球的侧面转向轮廓素线未参加相贯。

圆台和半球的正面转向轮廓素线相交于点 Ⅰ、Ⅱ，故其投影 1′、2′ 已知。圆台的侧面转向轮廓素线上的点 Ⅲ、Ⅳ 则须作侧平面作为辅助平面求其三面投影。相贯线上其他一般位置点的投影宜采用水平面作为辅助平面求出其三面投影。

作图：如图 6-13 所示。

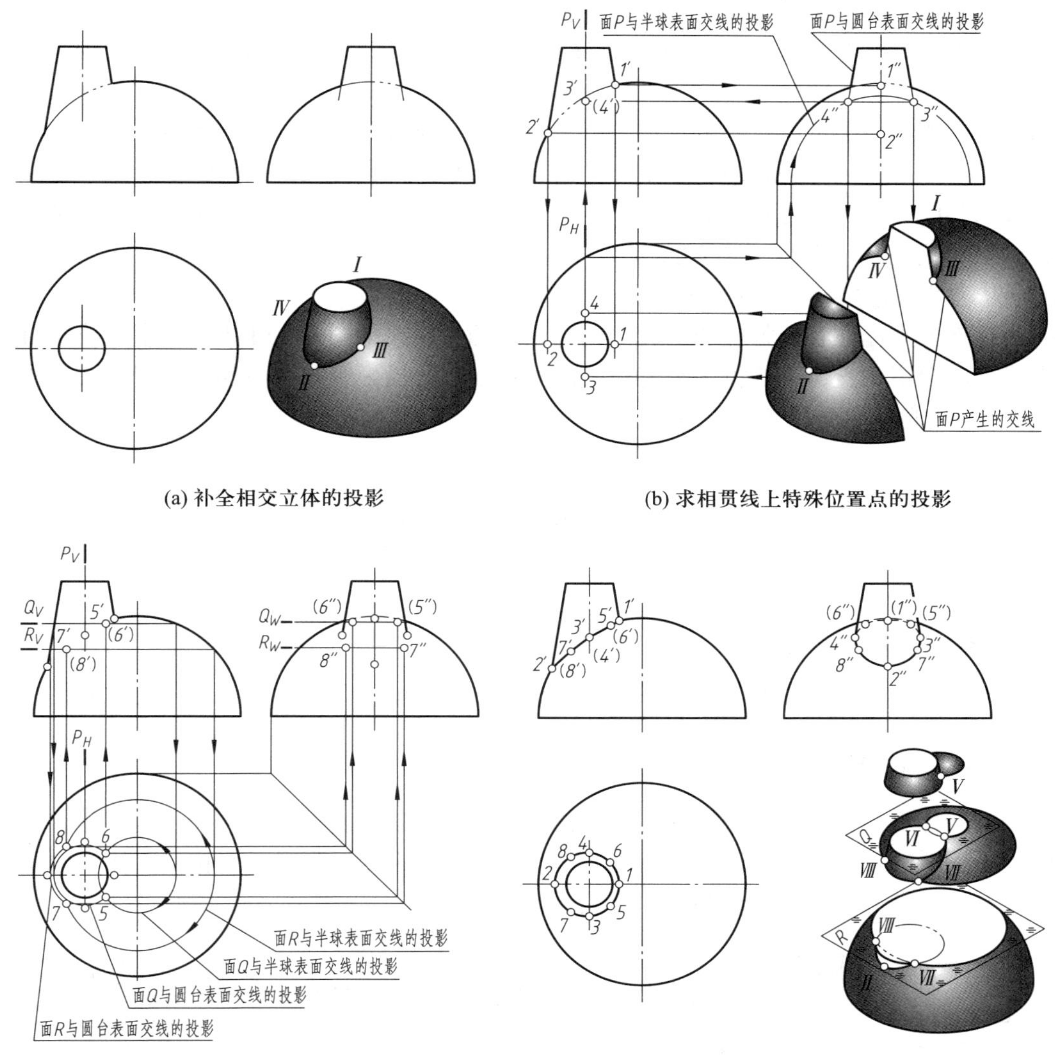

(a) 补全相交立体的投影　(b) 求相贯线上特殊位置点的投影

(c) 用水平辅助平面求一般位置点的投影　(d) 判别可见性，整理轮廓素线的投影，光滑连接同面投影

图 6-13　作圆台与半球相交的投影

（1）求相贯线上特殊位置点的投影，如图 6-13b 所示。

① 圆台和半球的正面转向轮廓素线交点 *Ⅰ*、*Ⅱ*，又是相贯线上最高、最低，最右、最左点。根据投影规律和点线从属性由投影 *1′*、*2′*，可求得 *1*、*2* 和 *1″*、*2″*。

② 画圆台的侧面转向轮廓素线上点 *Ⅲ*、*Ⅳ* 的投影。过圆台的轴线作侧平面 *P*，平面 *P* 与圆台表面的交线为等腰梯形的两腰，为圆台的侧面转向轮廓素线，其侧面投影反映实形。平面 *P* 与半球表面交线为半圆，其侧面投影反映实形，则两交线的交点 *Ⅲ*、*Ⅳ* 的侧面投影为 *3″*、*4″*，再根据投影规律和点线从属性可求得 *3*、*4* 和 *3′*、*4′*。

（2）求相贯线上一般位置点的投影，如图 6-13c 所示。

在两个特殊位置点之间求出适当数量的中间点的投影。选用的辅助平面 Q（水平面）与圆台表面的交线和与半球表面交线均为圆，两圆的水平投影反映实形，其交点为 5、6，根据点线从属性和投影规律，由 5、6 可求得 5′、6′ 及 5″、6″。再选用辅助平面 R（水平面）求得 7、8，7′、8′ 和 7″、8″。

（3）判别相贯线上点的投影可见性。由于整个立体前后对称，相贯线前半部分在正面投影可见，后半部分不可见，二者的投影重合；相贯线的水平投影可见；在侧面投影上，圆台表面和半球表面共同可见部分是圆台的左半个表面，因此只有这半个表面上的相贯线是可见的，即 7″、2″、8″ 可见，5″、1″、6″ 不可见，点 3″、4″ 是虚实分界点。

（4）依次光滑连接相贯线上共有点的同面投影。

（5）整理各立体在各面投影中的转向轮廓素线的投影，如图 6-13d 所示。半球的侧面转向轮廓素线与圆台不相交，它的投影是完整的，但被圆台的投影遮挡了一部分，即在圆台的侧面转向轮廓素线之间那部分的投影不可见。

6.4 相贯的特殊形式

6.4.1 两等径圆柱正交

两等径圆柱正交的相贯线是平面曲线，即两个椭圆，如图 6-3b、图 6-4b、图 6-8 所示。

6.4.2 同轴回转体

同轴回转体就是具有同一根轴线的回转体，其相贯线是垂直于轴线的圆。交线圆在与轴线垂直的投影面上的投影反映实形，在与轴线平行的投影面上的投影是过两相交立体转向轮廓素线投影的交点相连的一直线段，如图 6-14 所示。

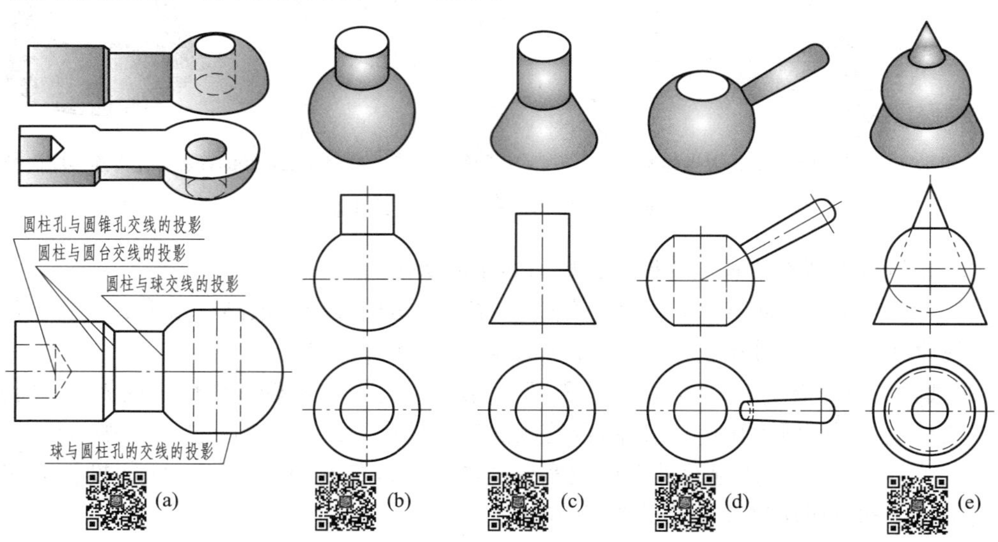

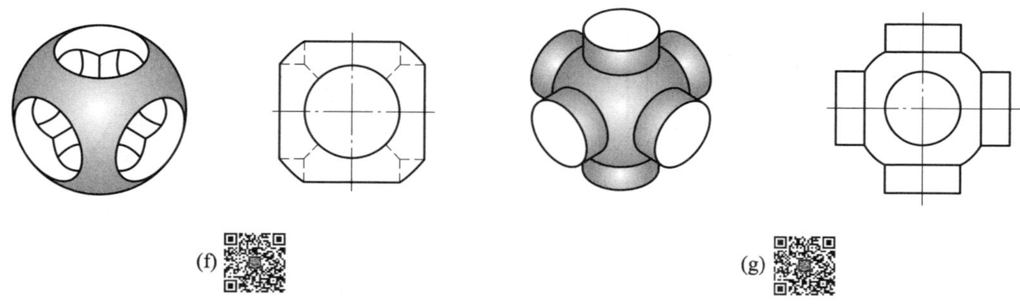

图 6-14 同轴回转体的相贯线投影

6.4.3 内切于同一球的两个立体相贯

内切于同一球面的两回转体相交，其相贯线是两个大小不等或相等的椭圆，椭圆在与相交两立体轴线平行的投影面上的投影为两立体转向轮廓素线投影的交点相连的一直线段。

图 6-15a 是内切于同一球面的两个等径圆柱正交，其相贯线是两个相同的椭圆；图 6-15b 是内切于同一球面的圆柱与圆柱斜交，相贯线是两个大小不等的椭圆；图 6-15c 是两个内切于同一球面的圆柱与圆锥正交，其相贯线是两个相等的椭圆；图 6-15d 是内切于同一球面的圆柱与圆锥斜交，其相贯线是两个大小不等的椭圆。

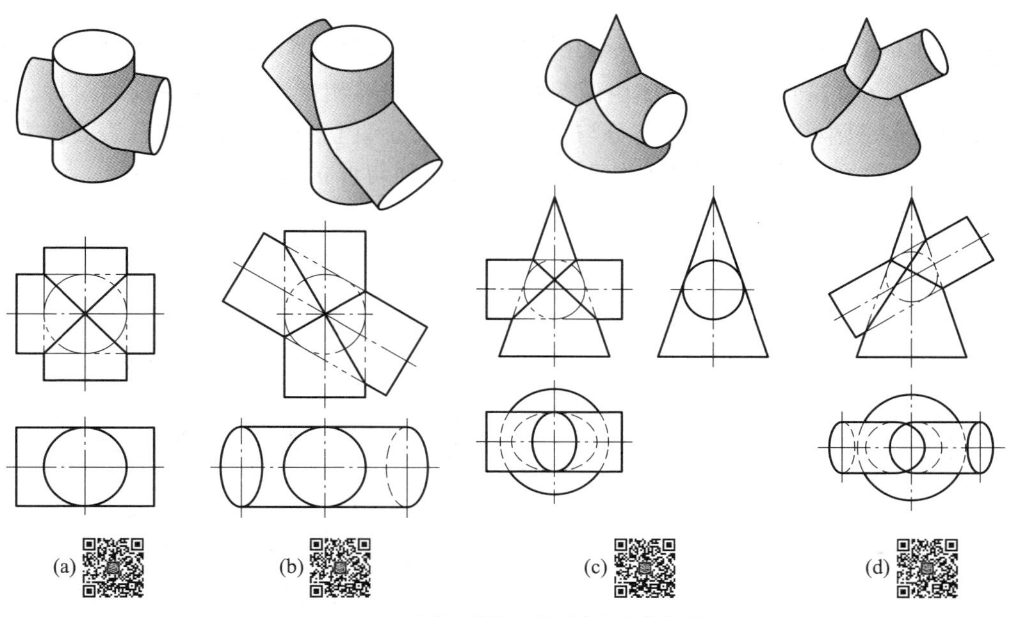

图 6-15 内切于同一球面的两立体相贯

6.4.4 两轴线平行的圆柱和两共顶圆锥相贯

两轴线平行的圆柱相贯，其相贯线是平行于轴线的两条直线和一段圆弧。两共顶圆锥相贯，其相贯线是过锥顶的两条直线，如图 6-16 所示。

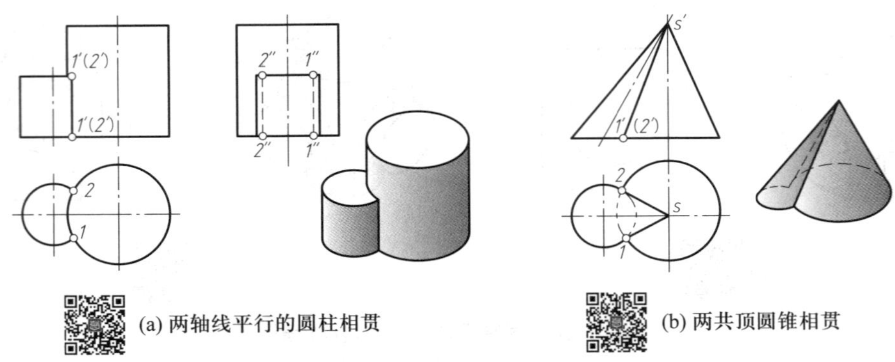

(a) 两轴线平行的圆柱相贯　(b) 两共顶圆锥相贯

图 6–16　两轴线平行的圆柱相贯和两共顶圆锥相贯的投影

6.5　多体相贯

两个以上的立体相交称为多体相贯。对于多体相贯，首先分析它是由哪些基本几何体组成的，彼此是何种相贯，其相贯线形状及其在各投影面上的位置、投影形状，然后确定作各部分相贯线投影的方法。

例 6–4　补全图 6–17a 中三个立体相交的正面投影和水平投影，并画出其侧面投影。

分析：由图 6–17a 可知，此立体由两个圆柱与一个半球相贯，整体上是前后对称。直立圆柱左半部分与水平圆柱正交，右半部分与半球同轴相交。直立圆柱与水平圆柱表面投影有积聚性，则相贯线的水平投影和侧面投影为已知。半球端平面与直立圆柱表面有交线。

作图：如图 6–17b 所示。

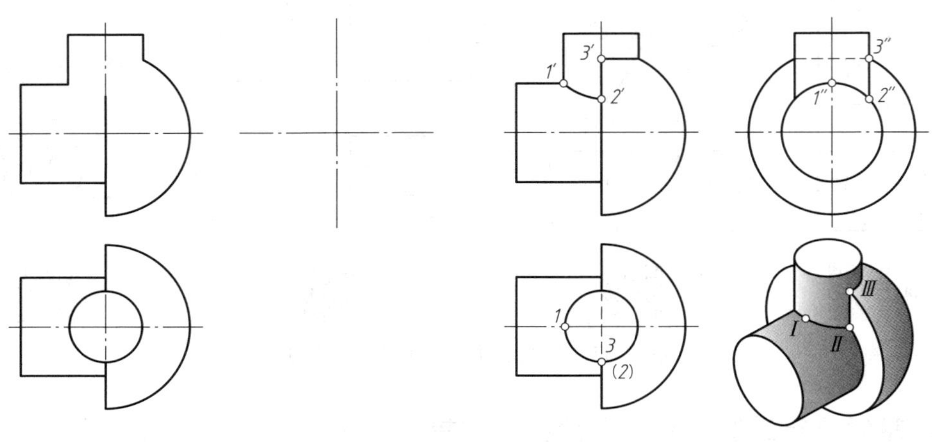

(a) 多体相贯的已知投影　(b) 求多体相贯的投影的步骤

图 6–17　补全多体相贯的投影

（1）用细实线画出多体相交物体的侧面转向轮廓素线的投影。

（2）求直立圆柱与水平圆柱交线的投影。经分析 *12* 和 *1″ 2″* 为已知，用近似画法画出直立圆柱与水平圆柱交线的投影 *1′ 2′* 弧。

（3）求直立圆柱与半球表面的相贯线。过直立圆柱与半球正面转向轮廓素线正面投影的交点作垂直于直立圆柱轴线的直线，与半球端面的正面投影有交点 *3′*，水平投影为 *3*，侧面投影为 *3″*。

（4）求直立圆柱与半球端面的交线 *ⅡⅢ* 线的投影。连接点 *2′*、*3′* 和点 *2″*、*3″*，水平投影为积聚点 *3*（*2*）。

（5）整理正面和侧面转向轮廓线的投影。

例 6–5　补全图 6–18a 所示多体相交的正面投影和侧面投影。

分析：由图 6–18a 可知，该立体由三个立体相交，左上角立体的左侧为半个圆柱，右边为四棱柱，分别与水平圆柱相交。右上角的圆柱与水平圆柱正交。它们的交线的水平投影和侧面投影有积聚性。四棱柱与右上角的圆柱也有交线，三个立体表面的交点是三条相贯线的汇交点，此点的投影是关键。

作图：如图 6–18b 所示。

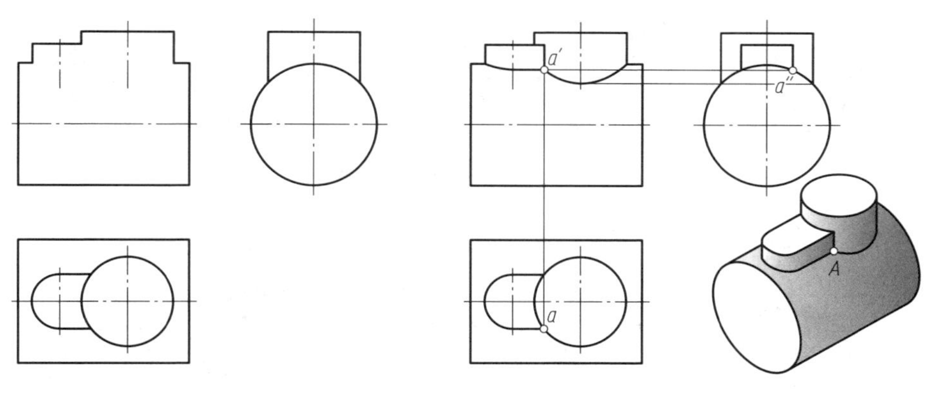

(a) 多体相贯的已知投影　　(b) 求多体相贯的投影的步骤

图 6–18　补全多体相贯的投影

6.6　相交立体的构形设计

6.6.1　用给定的基本几何体构造多种相交立体

用给定的基本几何体构造相交立体的方式有并集运算、差集运算、交集运算。

例如，用图 6–19a、b 的投影所确定的立体（圆柱和圆锥）及用所学的知识和方法，构造相交立体并画出其轴测投影图（或实体模型图）及其相应的三面投影图。

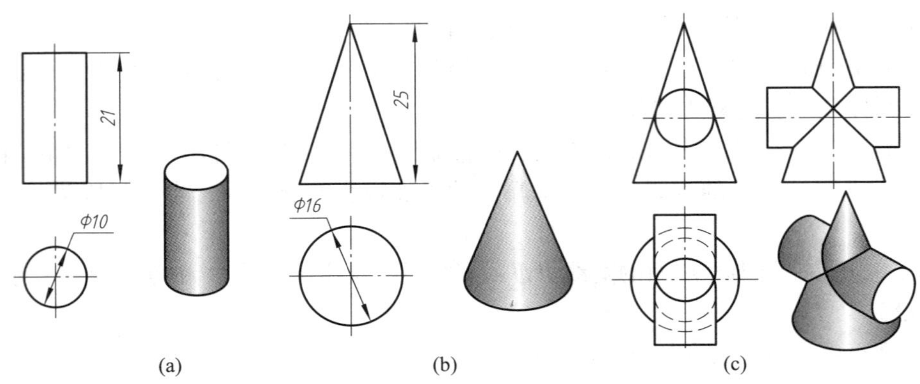

(a) (b) (c)

图 6-19 多体相贯的投影图

图 6-19c 是用图 6-19a、b 所示投影的立体构造的特殊相交立体及其投影。

图 6-20 给出了用图 6-19 所示投影的立体，通过交集、并集、差集运算构造的部分相交立体。请仔细分析上下对应实体模型上的相贯线的共同点与不同点，各相交立体的投影留给读者动手画一画。其中有的立体的三面投影图可以在前面例题中找到。

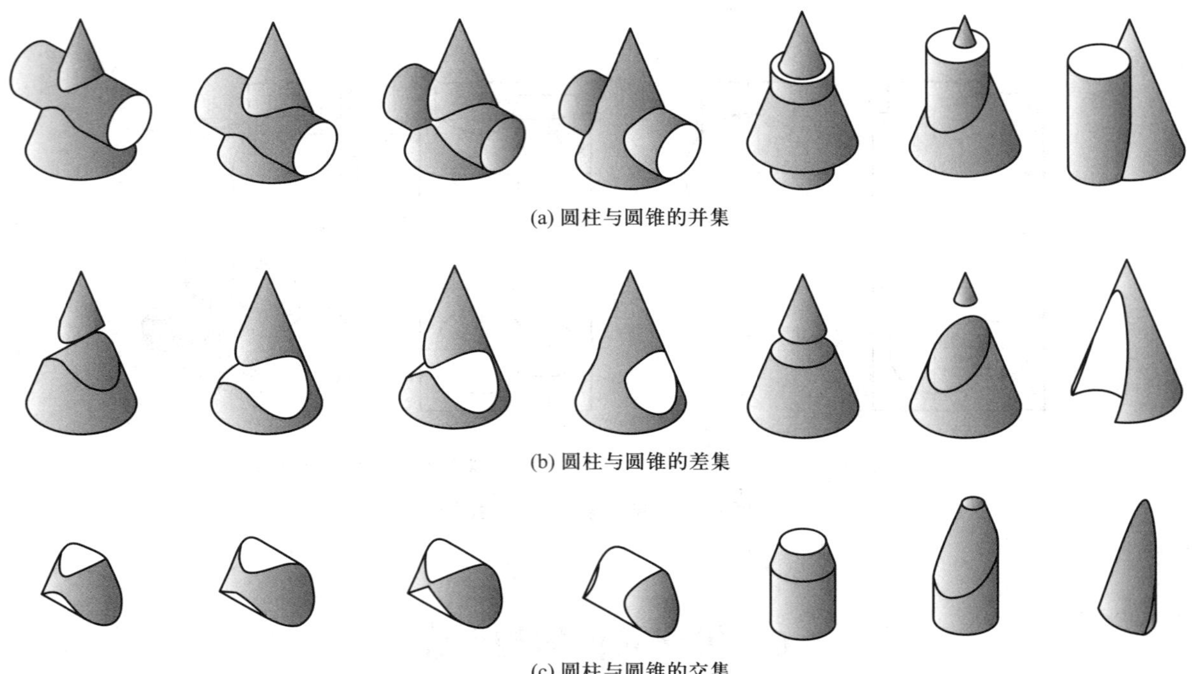

(a) 圆柱与圆锥的并集

(b) 圆柱与圆锥的差集

(c) 圆柱与圆锥的交集

图 6-20 用给定的圆柱和圆锥构造部分相交立体

6.6.2 读构形体图

读构形体图时多由实体模型图和无序的某个投影图分析立体的构形方式，并找出其相对应的关系，如图 6-21 所示；或由投影图分析立体的构形方式，想出立体的空间模型。

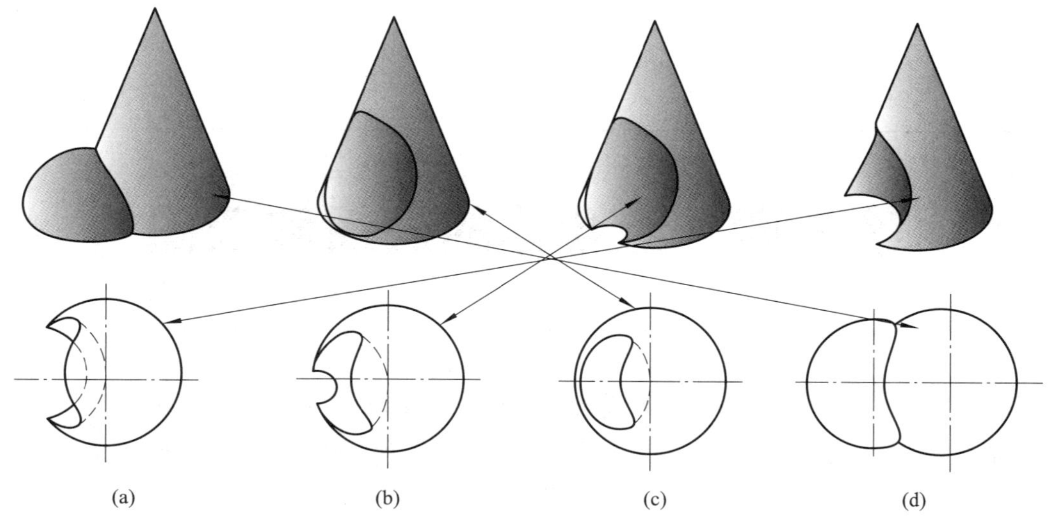

图 6-21 找与实体模型图相对应的正确投影图

第 7 章　组合体的画图和读图

本章学习导读

学习目的与要求：了解组合体的组合形式，掌握各种表面邻接关系的画法，学会运用形体分析法和线面分析法进行组合体的画图、读图和尺寸标注。做到投影正确，尺寸标注正确、完整、清晰。进一步提高空间思维能力、空间想象力和构形能力。

学习内容：组合体投影图的画图、读图、尺寸标注以及构形设计的基本方法。

重点与难点：用形体分析法读、画组合体投影图和尺寸标注。

地位及特点：本章是对前面所学知识的综合运用，又是学好表达工程图样的基础，起到承前启后的作用。

从几何的角度看，复杂的物体均可看成是由若干基本几何体按一定的相对位置运用一定的组成形式组合而成的。从机械 CAD 的角度看，组合体是若干基本几何体经过布尔运算的集合体。总之，由两个或两个以上的基本几何体构成的物体称为组合体。组合体实际上是没有机械工艺结构的机械零件的几何模型。因此，研究组合体的组成形式及其画图、读图和标注尺寸是为零件模型的构形设计，零件图的画图、读图和标注尺寸等奠定基础的。

7.1　概　　述

7.1.1　组合体的组成形式及其相邻表面过渡连接特征及其表示

组合体的组成形式可以分为叠加和挖切两类四种，即

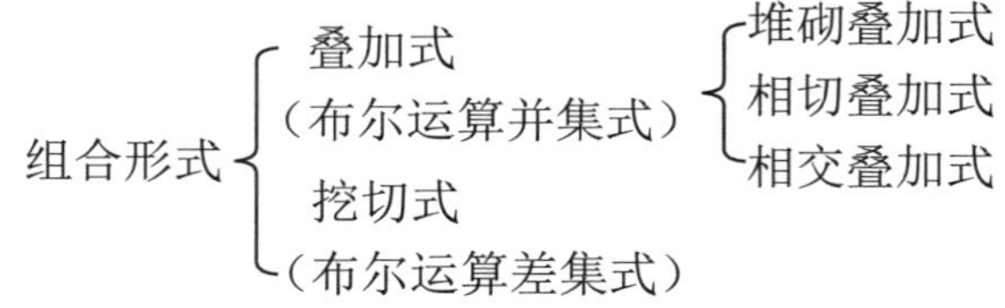

1．堆砌叠加式

由堆砌叠加式组成形式构成的组合体为**堆砌叠加体**，其特点是相邻立体间有表面相互接触，

如图 7–1a 所示。画图时按各立体的相对位置分别画出其投影，如图 7–1b 所示。

2. 相切叠加式

由相切叠加式组成形式构成的组合体为**相切叠加体**，其特点是相邻立体间的表面（平面与曲面或曲面与曲面）光滑连接，如图 7–2a 所示。画图时相切处不画线，如图 7–2b 所示。

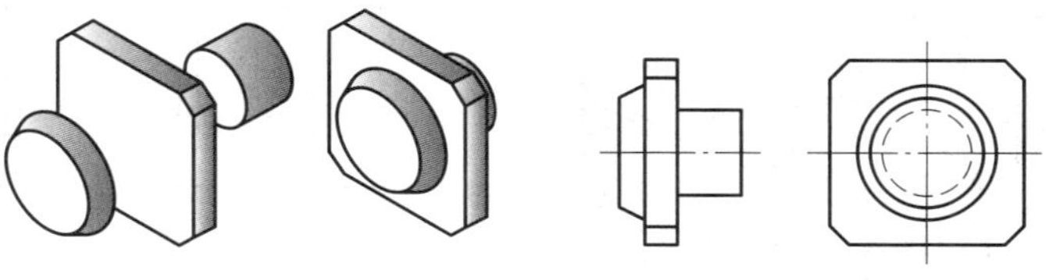

(a) 堆砌叠加体的形成　　(b) 堆砌叠加体的表示

图 7–1　堆砌叠加体 

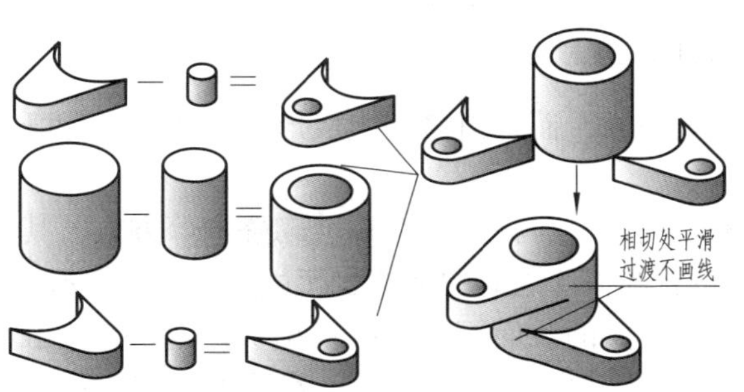

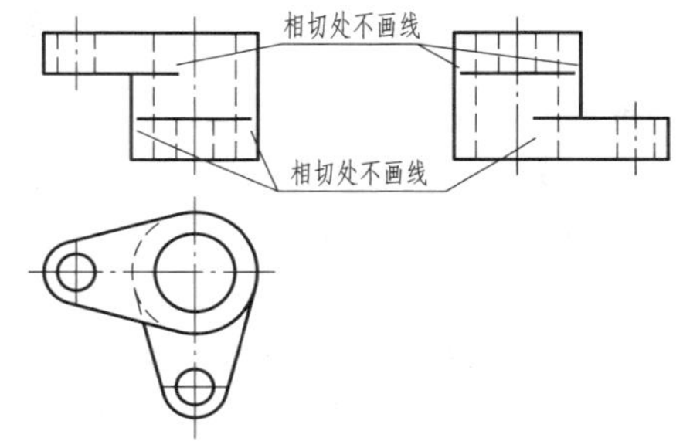

(a) 相切叠加体的形成　　(b) 相切叠加体邻接表面过渡特征的表示

图 7–2　相切叠加体的表示 

3. 相交叠加式

由相交叠加式组成形式构成的组合体为**相交叠加体**，其特点是两立体间表面有交线，如图 7–3a 所示。画图时应正确画出交线的投影，如图 7–3b 所示。

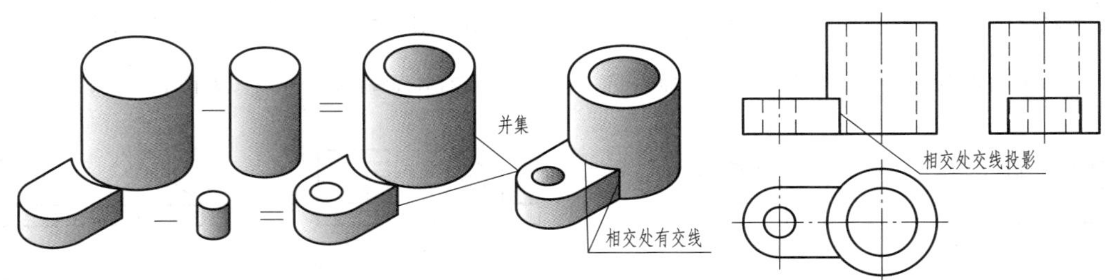

(a) 相交叠加体的形成　　(b) 相交叠加体表面邻接过渡特征的表示

图 7–3　相交叠加式表面邻接过渡的表示 

4. 挖切式

由挖切式组成形式构成的组合体为**挖切体或切割体**，其特点是基本几何体或常见体经过平面截切或挖切空洞得到，这时立体表面有截交线，如图 7–4a 所示。画图时，首先画出原形体的投影，再分别求截交线的投影，如图 7–4b 所示。

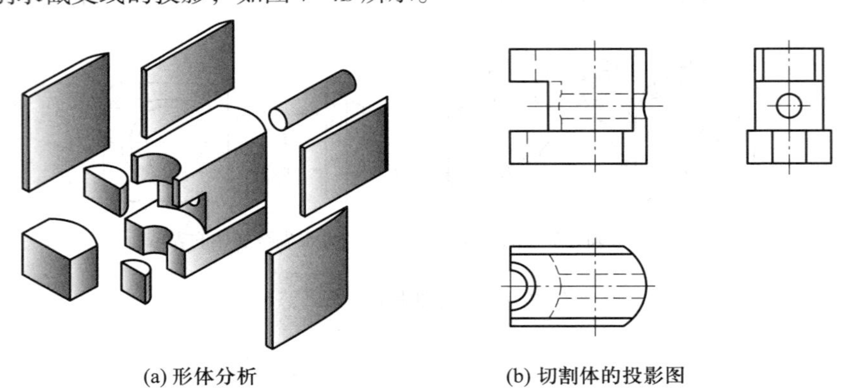

(a) 形体分析　　(b) 切割体的投影图

图 7–4　切割体的投影图

通常，并非所有的物体均由单一的组成形式构成，而是由多种组成形式构成，这种既有叠加式又有挖切式构成的物体为**复合式组合体**。

堆砌叠加体的堆砌方式有同轴和非同轴堆砌叠加、对称和不对称堆砌叠加等方式，其邻接表面过渡特征也不同。画图时，应注意其相对位置和彼此之间的邻接表面过渡特征的表示。

（1）对于同轴或非同轴堆砌叠加，若沿轴线方向的表面不共面或不相切，则以其接触面的投影为起画点，按其相对位置分别画出各自的投影，如图 7–1b 所示。若沿轴线方向的表面相切，则不画分界线的投影，如图 7–2b、图 7–5a 所示。

（2）对于对称或不对称堆砌叠加，若对应的两个方向的表面平齐共面，则不画接触面（平齐共面的分界线）的投影，如图 7–5e、f 所示。否则应画接触面的投影，如图 7–5b、c、d、g 所示。

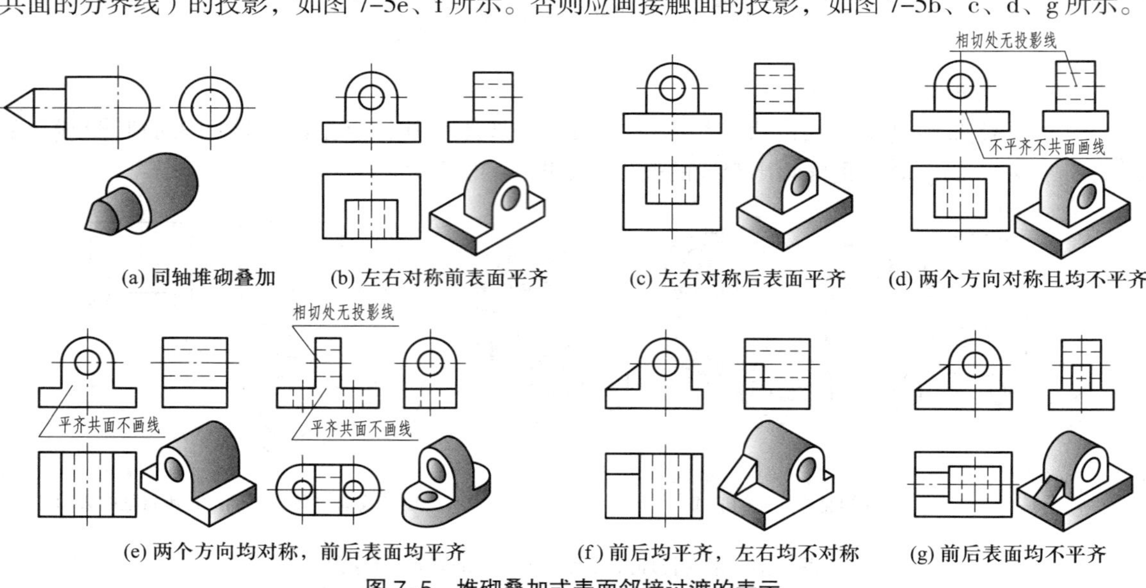

(a) 同轴堆砌叠加　(b) 左右对称前表面平齐　(c) 左右对称后表面平齐　(d) 两个方向对称且均不平齐

(e) 两个方向均对称，前后表面均平齐　(f) 前后均平齐，左右均不对称　(g) 前后表面均不平齐

图 7–5　堆砌叠加式表面邻接过渡的表示

7.1.2 堆砌叠加式组合体的形体分析法

为便于研究组合体的画图、读图和标注尺寸，可以假想将复杂的组合体分解成若干较简单的基本几何体，分析这些基本几何体的形状、彼此组成形式、同侧邻接表面过渡特征的投影及其相对位置，然后有步骤地进行画图、读图、标注尺寸，这种化繁为简，合而分、分而合的分析方法和思维方法，称为**形体分析法**，如图 7–1、图 7–2、图 7–3 所示。这是组合体的画图、读图、标注尺寸的主要方法。

7.2 画组合体的投影图

7.2.1 组合体投影图的画法

画组合体的投影图时，首先对所画的对象进行形体分析，在此基础上选择正面投影的投射方向，然后进行画图。下面以轴承座为例来说明叠加类组合体的画图步骤。

1. 形体分析

将图 7–6a 所示的轴承座假想分解为五个较简单的几何体，如图 7–6b 所示。

各立体间的邻接表面过渡连接特征如下。

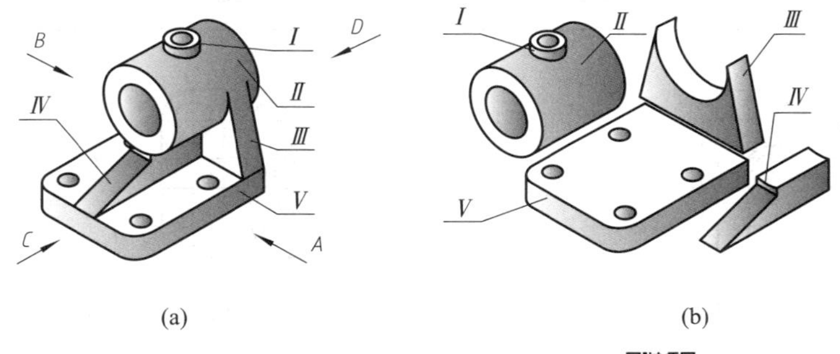

图 7–6 轴承座的形体分析及投射方向

I［为注油用的凸台（空心圆柱）］与*II*（轴套）相交叠加，内、外表面有交线；

II（轴套）与*III*［支承板（棱柱）］相切叠加，前、后两侧邻接表面均相切；

II（轴套）与*IV*［肋（棱柱）］相交叠加，表面有交线；

III（支承板）与*IV*（肋）、*V*（安装用的底板，是带有两个圆角和四个小圆柱孔的四棱柱）彼此之间以平面接触堆砌叠加。

通过分析可知，该组合体的各组成体为上、下结构，前后对称。

2. 正面投影的选择

正面投影选择的好与坏是关系到整体表达方案是否清晰、完整的关键，因此正面投影选择的原则是：一般**应使正面投影反映组合体的主要形状特征和各组成体间的相对位置，并使其他面投影中的虚线最少，并适当考虑合理利用图纸幅面问题**。为达到这个目的，主要从以下几个方面考虑。

（1）组合体的安放位置。应使组合体的主要平面和轴线与投影面平行或垂直，使其整体处于平稳安定的状态。

（2）正面投影投射方向。应选择最能反映组合体的形状特征及各组成体间的相对位置，同时使其他面投影的虚线最少的投射方向为正面投影投射方向。应通过多种方案进行比较，才能选取最优的方案。如图7–6a所示，轴承座自然平稳放置，对所示的*A*、*B*、*C*、*D*四个方向投射所得的投影进行比较。

*A*向与*B*向比较，即图7–7a、b比较。它们的正面投影均反映组合体的形状特征及各组成体间的相对位置，但*B*向的侧面投影中出现较多细虚线，显然*A*向好于*B*向。

*C*向和*D*向进行比较，即图7–7c、d比较。*D*向的正面投影的细虚线较多，显然*D*向没有*C*向清晰。

再将*A*向与*C*向进行比较，即图7–7a、c比较。*A*向与*C*向的正面投影都能反映轴承座各部分的形状特征，但从图纸幅面的利用上看，以*X*方向大于*Y*方向为好，所以以*A*向作为正面投影的投射方向为佳。

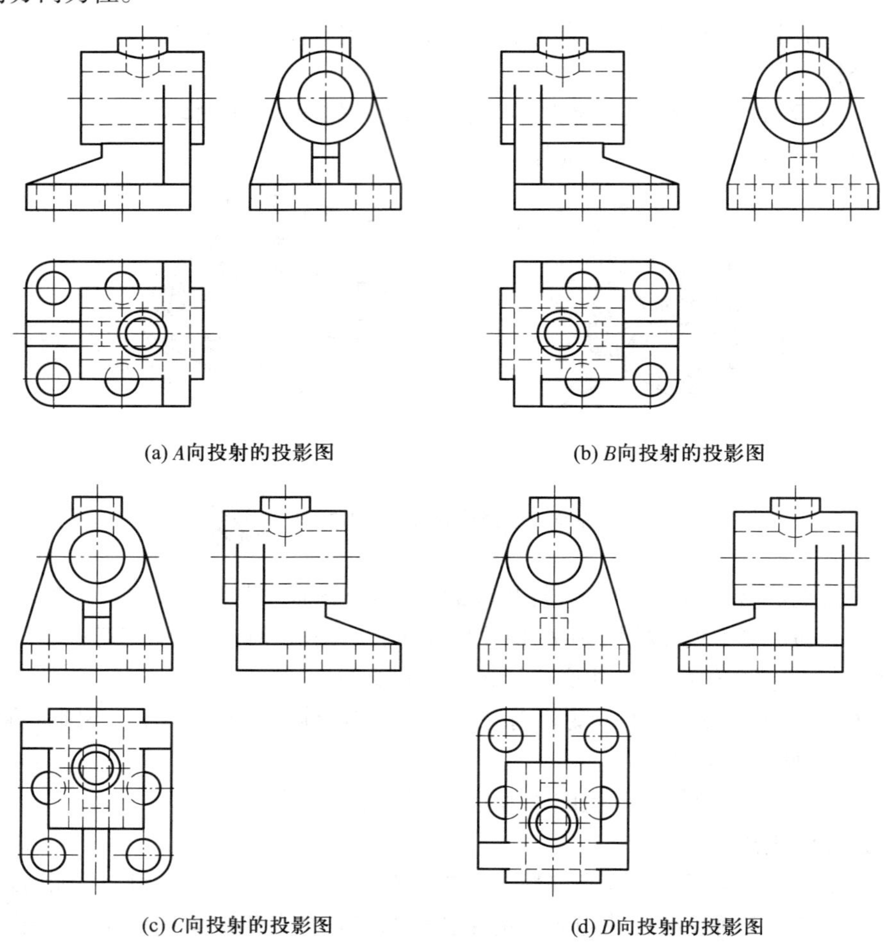

(a) *A*向投射的投影图　(b) *B*向投射的投影图

(c) *C*向投射的投影图　(d) *D*向投射的投影图

图7–7　轴承座正面投影投射方向的选择

3. 画图

以画轴承座投影图为例。

（1）**确定绘图比例和图幅** 根据投影表达方案和选择的绘图比例、图幅画出纸边界线、图框及标题栏，如图 7–8a 所示。

（2）**画底稿**

① 布局。确定并画出三面投影的基准线和主要的轴线，如图 7–8a 所示。

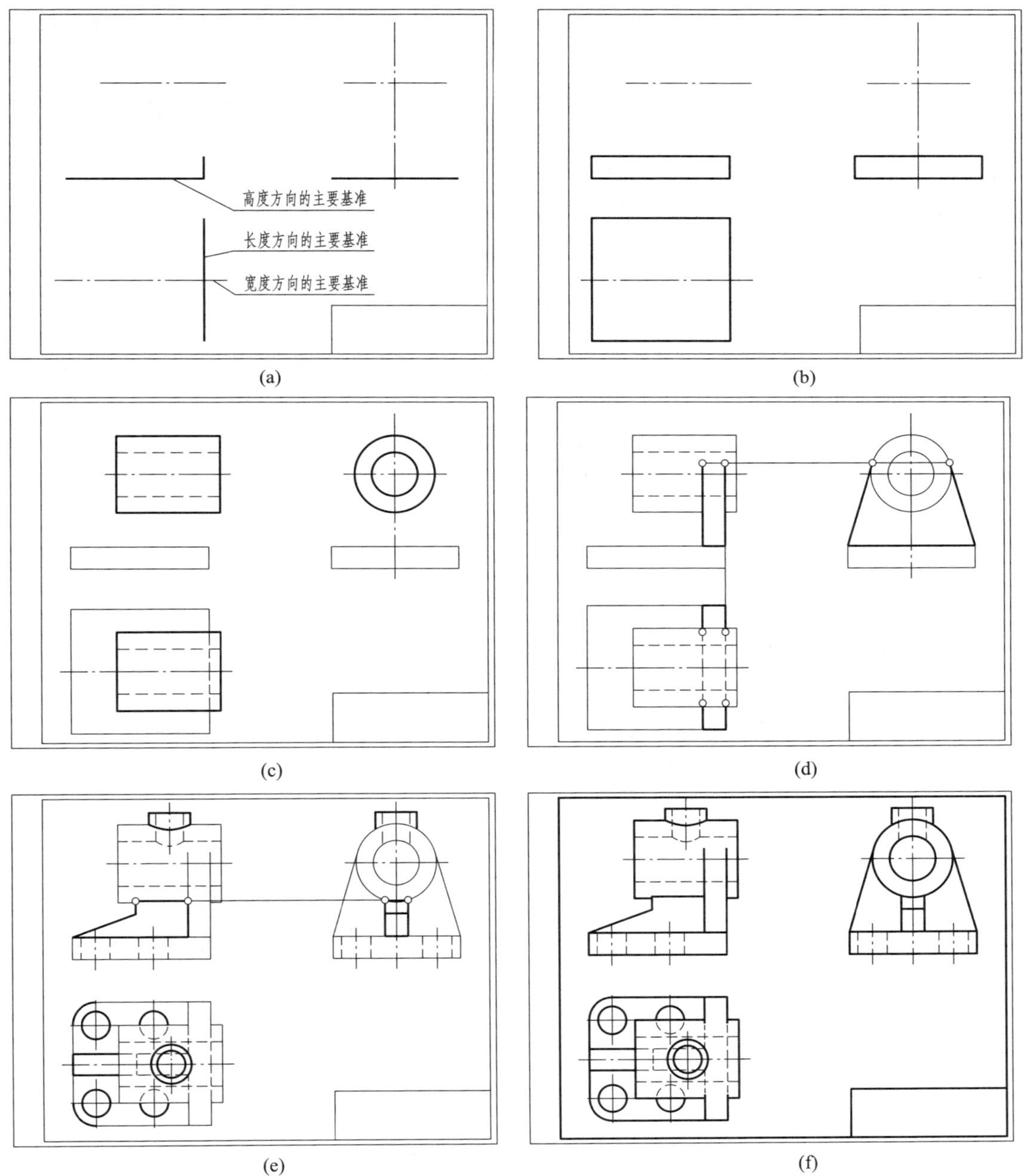

图 7–8 画轴承座投影图的步骤

② 按组成形式、邻接表面过渡特征的画图要求；逐个画出各组成体的投影。

画轴承座底板的三面投影，如图 7–8b 所示；画轴套的三面投影，如图 7–8c 所示；画支承板的三面投影，如图 7–8d 所示；画肋和凸台的三面投影；最后画细节，如底板中的圆角、小孔等，如图 7–8e 所示。

（3）校核，加粗、加深投影，完成全图，如图 7–8f 所示。

4. 画图注意事项

（1）通常不是画完一个投影后再画其他投影，而是几个投影配合起来画，以便保持投影之间的对应关系。

（2）画各组成体的投影时，先画反映实形或最能反映其表面邻接特征的投影，再画其他投影。如轴套先画圆的投影；底板先画反映圆角、圆孔实形的投影；支承板先画反映相切特征的投影；肋先画其与轴套交线有积聚性的投影等。

（3）各组成体的邻接表面过渡特征关系要表示正确。如图 7–8e 所示的交线、相切等；融为一体的部分不再画出各自轮廓素线的投影。

7.2.2 挖切式组合体投影图的画法

如图 7–9a 所示中间的镶块，是右边为半个圆柱，左边为四棱柱堆砌成前、后面相切的原形体被切割、挖洞而成的。

在画挖切式组合体的投影时，首先要画出原形体的投影，然后按每个截平面的相对位置依次画出截平面有积聚性的投影和截交线的投影。镶块投影图的作图过程如图 7–9 所示。

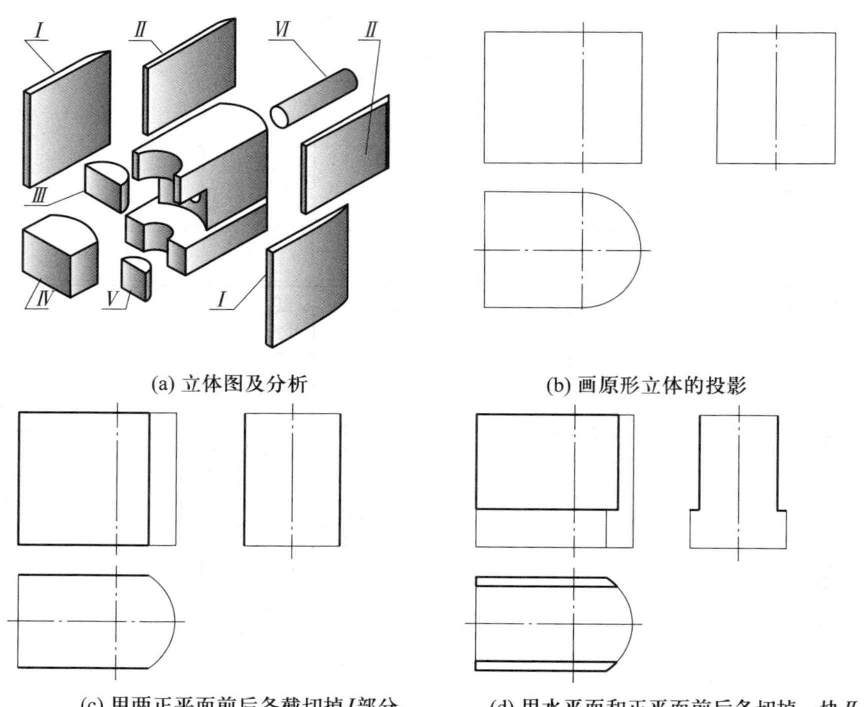

(a) 立体图及分析　　(b) 画原形立体的投影

(c) 用两正平面前后各截切掉 *I* 部分　　(d) 用水平面和正平面前后各切掉一块 *II*

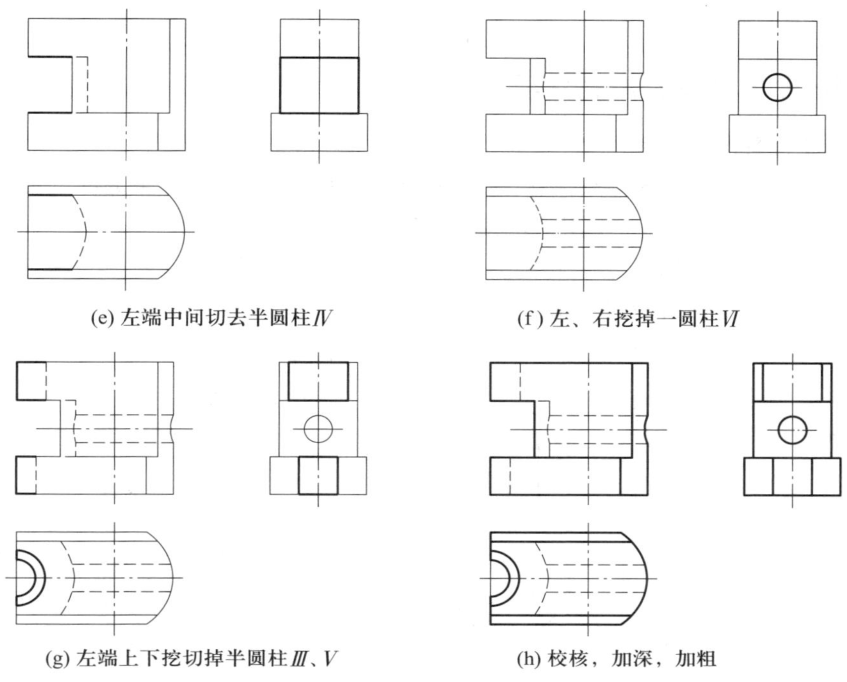

(e) 左端中间切去半圆柱Ⅳ (f) 左、右挖掉一圆柱Ⅵ

(g) 左端上下挖切掉半圆柱Ⅲ、Ⅴ (h) 校核，加深，加粗

图 7-9 镶块投影图的作图过程 

画挖切式组合体的投影图的注意事项：

（1）挖切体的原形体不一定都是基本几何体，但原形体一般都是由基本几何体或简单几何体堆砌而成的。

（2）运用线面分析法，对每个截平面截得的交线和挖切交线进行分析，以便正确表示。

（3）按切割顺序逐个画出每个截平面的投影时，应先画截平面有积聚性的投影，再求其他投影。要注意同一平面的类似性，不同投影的重影问题，前后、上下、左右的位置层次问题。

7.2.3 复合式组合体投影的画法

对于复合式组合体，往往需要利用形体分析将整体分解成若干基本几何体，然后对某个或某些组成体的局部切割部分运用线面分析法进行分析和画图。

7.3 组合体的读图

画图是将空间物体（或轴测图表示的空间物体）运用正投影方法，将其正确地画在图纸上的表述过程。而读图则是运用正投影规律，对已有的投影图进行分析，想象物体的空间结构形状的过程。画图和读图是由空间物体到投影图和由投影图到空间物体的两个互逆的过程。

读图的基本方法是形体分析法，对挖切式和复合式组合体的局部结构还需运用线面分析法。对那些互相遮挡、层次错落、投影重叠部分，在进行形体分析和线面分析的过程中，分清相对位置的层次关系至关重要。

7.3.1 读图的基本知识及注意事项

1. 要把几个投影图联系起来看

物体的形状是通过一组图形来表达的，每个投影只能反映物体一个方向的形状和两个方向的尺寸。所以一般情况下，一个投影不能唯一确定物体的形状，有时甚至两个投影也不能唯一确定物体的形状。如图 7-10 所示，它们的正面投影都相同，但实际上却表达了六个不同形状的物体；图 7-11a、b、c 的正面投影和侧面投影均相同，但表达的物体形状不同；图 7-11d、e 的正面投影和水平投影均相同，但表达的也是不同形状的物体。

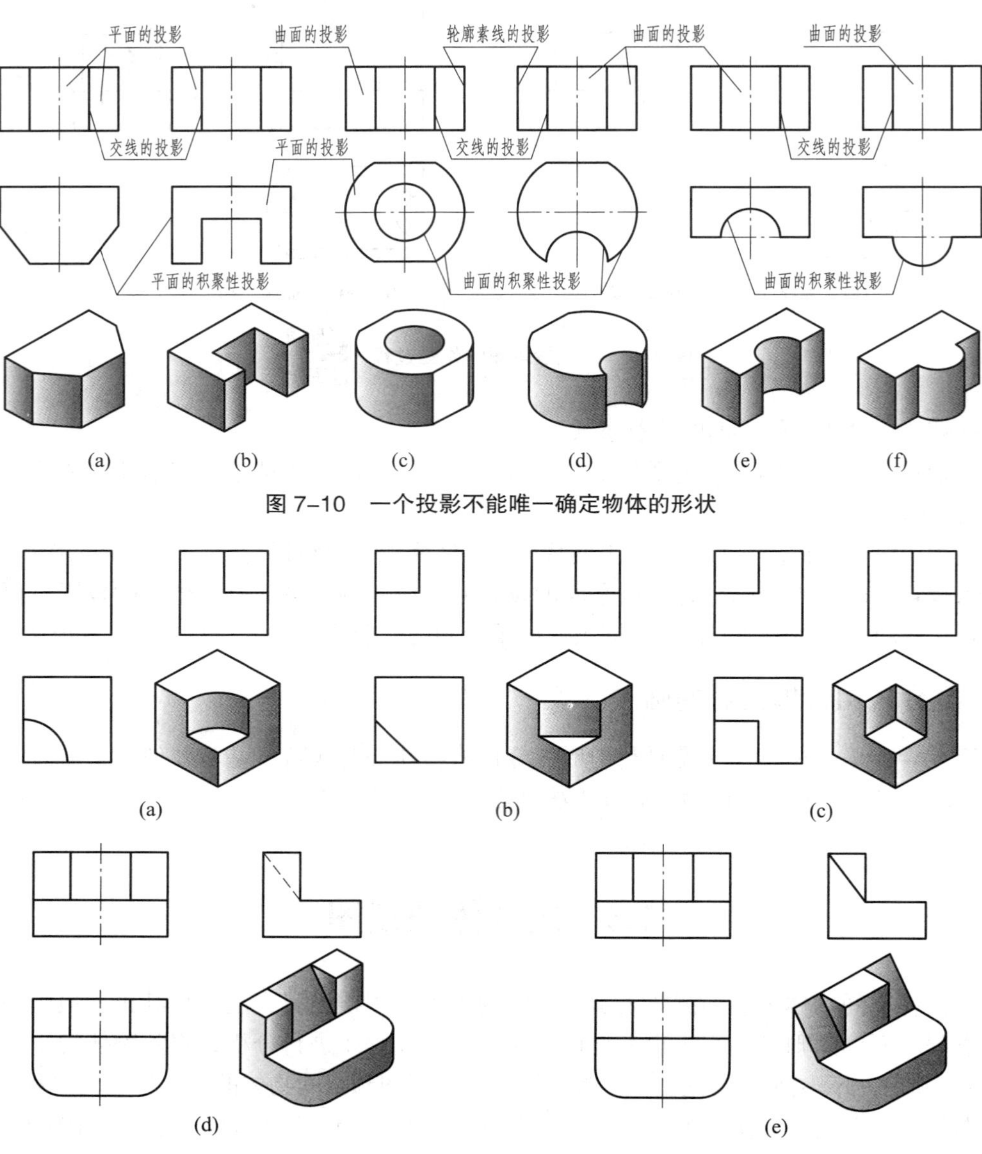

图 7-10 一个投影不能唯一确定物体的形状

图 7-11 两个投影不能确定物体形状

2. 投影中线条和线框的意义

（1）投影中的线条（直线、曲线），它们可能是：

① 表面（平面或柱面）的积聚性投影，如图 7-10 中水平投影所示。

② 交线的投影，如棱线、截交线、相贯线、面与面交线的投影，如图 7-10 中正面投影所示。

③ 曲面转向轮廓素线的投影，如图 7-10c、d 中正面投影所示。

（2）投影中每一个封闭的线框，一般表示：

① 物体上面（平面、曲面）的投影，或为曲面与之相切的平面的共同投影，如图 7-10 中的正面投影的注释。

② 孔洞的投影，如图 7-10c 水平投影中的小圆。

3. 捕捉特征投影，构思物体的空间形状与位置

特征投影就是最能反映物体形状、位置特征的那个投影，即唯一能确定那一部分的形状特征或唯一能确定相互位置的投影。一般正面投影最能反映物体的形状特征和相对位置，但并非所有组成体的形状特征均在正面投影中反映出来，读图时应从正面投影入手，再联系其他投影，利用投影规律，对照想象确定物体的空间形状。在图 7-11a、b、c 中，它们的特征投影是水平投影，而在图 7-11d、e 中，它们的特征投影是侧面投影。

4. 注意点

（1）熟悉并借用截交线、相贯线的投影及邻接表面过渡关系的表示法来读图。

（2）利用直尺、分规按投影规律迅速准确地对好投影，以便于想象形状。

（3）对重合部分的投影，要根据其他投影，分清层次，搞清位置，分辨虚实。

7.3.2 读图的方法和步骤

1. 形体分析法

在读图中运用形体分析法，一般以可见的封闭线框为单位将正面投影分解成若干线框，然后按投影规律找出每个线框所对应的其他投影，并由此想象出每一线框所代表的简单几何体的形状及在整体中的位置、与相邻体的组合形式、邻接表面过渡连接的特征，最后按其相互位置组合在一起，想象出整体形状。

下面以图 7-12 所示的阀盖的投影图为例，介绍形体分析法的读图步骤。

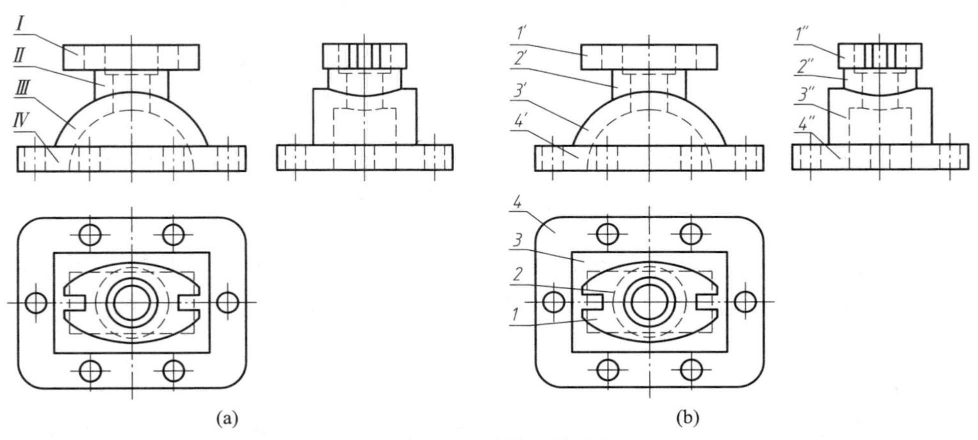

图 7-12 阀盖的形体分析

例 7–1 读阀盖的投影图，想象出立体形状。

（1）**分线框，对投影** 将正面投影中的可见线框分解为 *I*、*II*、*III*、*IV* 四个线框，如图 7–12a 所示。根据"长对正、高平齐、宽相等"，借助直尺或三角板分别找出每个线框在其他投影中的位置及投影，如图 7–12b 所示。

（2）**想形状，定位置** 根据每一线框的三面投影想象每个形体的形状。

线框 *I*：一个左右两边开长方形槽的鼓形柱体的上板，如图 7–13a 所示。

线框 *II*：直立空心圆柱，如图 7–13b 所示。上端与 *I* 堆积，下端与 *III* 相贯。

线框 *III*：轴线为正垂线的前后封闭的小半个空心圆柱，与 *II* 相贯，上端有小孔，并与 *II* 相通，下端与 *IV* 堆砌叠加，如图 7–13c 所示。

线框 *IV*：具有四个圆角、中间有圆柱面矩形孔、四周有六个小孔的矩形板。圆柱面矩形孔与 *III* 为同一个圆柱孔面，如图 7–13d 所示。

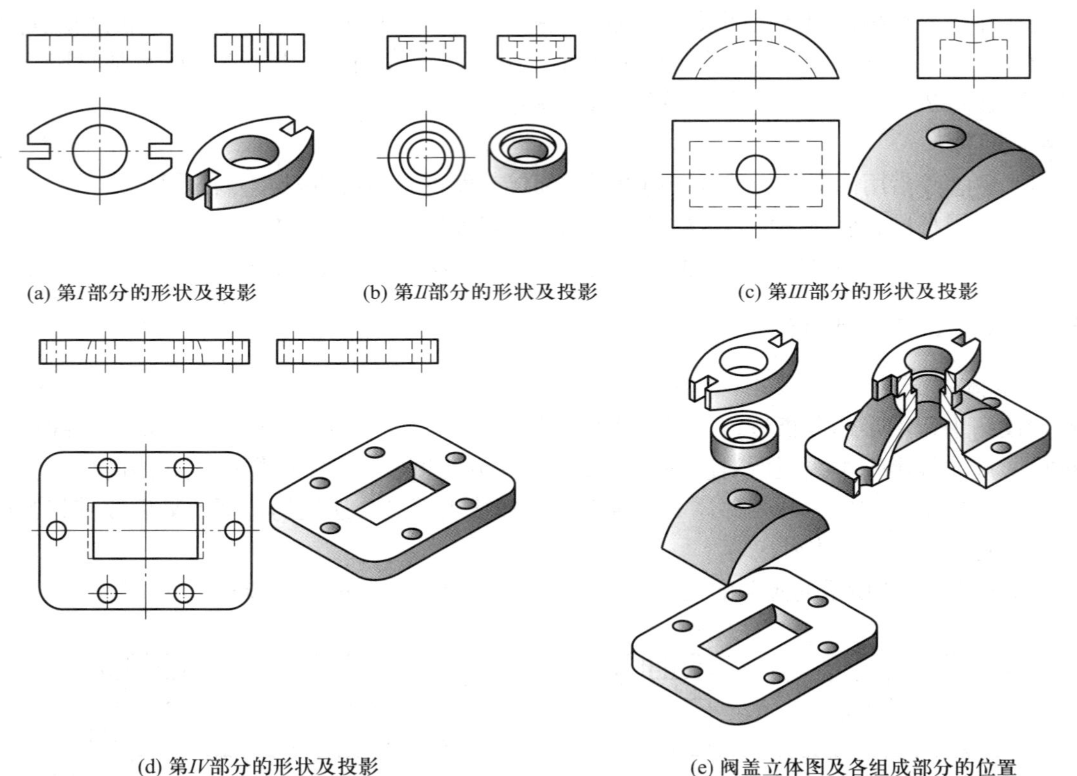

(a) 第 *I* 部分的形状及投影　(b) 第 *II* 部分的形状及投影　(c) 第 *III* 部分的形状及投影

(d) 第 *IV* 部分的形状及投影　(e) 阀盖立体图及各组成部分的位置

图 7–13 阀盖各组成部分的形状

（3）**合起来，想整体** 由以上分析可知，*I*、*II*、*III*、*IV* 的位置从上到下，层次清晰。各组成部分前后、左右对称，对称平面与整体（阀盖）的对称平面重合。合起来的阀盖整体形状如图 7–13e 所示。

2. 线面分析法

线面分析法是利用投影规律和线、面投影特性来分析投影图中线条和线框的含义，判断该组成体上交线和表面的形状及位置、投影特点，从而确定该组成体形状的一种方法。它是形体分析法读图的补充，常用于挖切式组合体和复合式组合体的投影分析。

线面分析法一般在给定的正面投影中找封闭线框，再按投影规律在其他投影中找出相应的投影，然后判断线框的空间位置（投影面垂直面、投影面平行面、一般位置平面）；从左向右或从上向下，再对正面投影中的线条逐一进行投影分析，从而完成全图的读图。

下面以压板为例来说明线面分析法在读图中的应用。

例 7–2　如图 7–14a 所示，已知压板的正面投影和水平投影，画侧面投影。

分析：由给定的投影图可以看出，该组合体是一个由原形为正四棱柱切割而成的切割体。将图 7–14b 的正面投影划分为三个封闭的线框（*1′*、*2′*、*3′*），按投影规律找出封闭线框 *1′*、*2′*、*3′* 所对应的水平投影 *1*、*2*、*3* 均为直线，可判断出 *I* 为铅垂面，*II*、*III* 为正平面。正面投影 *4′*、*5′* 直线分别对应水平投影中封闭的线框 *4*、*5*，则 *IV* 为正垂面，*V* 为水平面。根据正面投影 *p′* 和水平投影 *p* 确定平面 *P* 为侧平面。分别按这些平面的位置和特殊位置线、面投影特点画出压板的侧面投影。

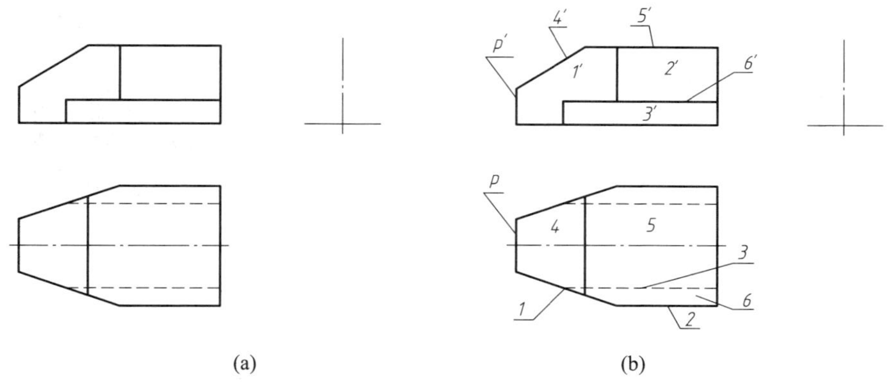

图 7–14　画压板侧面投影的已知条件及投影分析

作图：

（1）画出完整四棱柱及被正垂面 *IV* 截切后的侧面投影，如图 7–15a 所示。

（2）画出前后对称的铅垂面 *I*、正平面 *III* 和水平面 *VI* 的侧面投影，如图 7–15b 所示。

（3）画出侧平面 *P* 及水平面 *V* 的侧面投影，如图 7–16c 所示。

（4）校核，加粗、加深图线，如图 7–15d 所示。

例 7–3　如图 7–16a 所示，已知支座的正面投影和水平投影，画侧面投影。

分析：由给定的投影图可将该组合体分解成 *I*、*II* 两部分，如图 7–16b 所示。*I* 是一空心圆柱；*II* 为一底板，其原形是一四棱柱。这两部分的邻接表面关系为相交叠加，表面有交线。*II*的左侧经过多次切割得到的形体比较复杂，需用线面分析法进行投影分析。

作图：

（1）画出 *I* 部分的侧面投影，如图 7–17a 所示。

（2）画出 *II* 部分的原形体——四棱柱的侧面投影，如图 7–17b 所示。

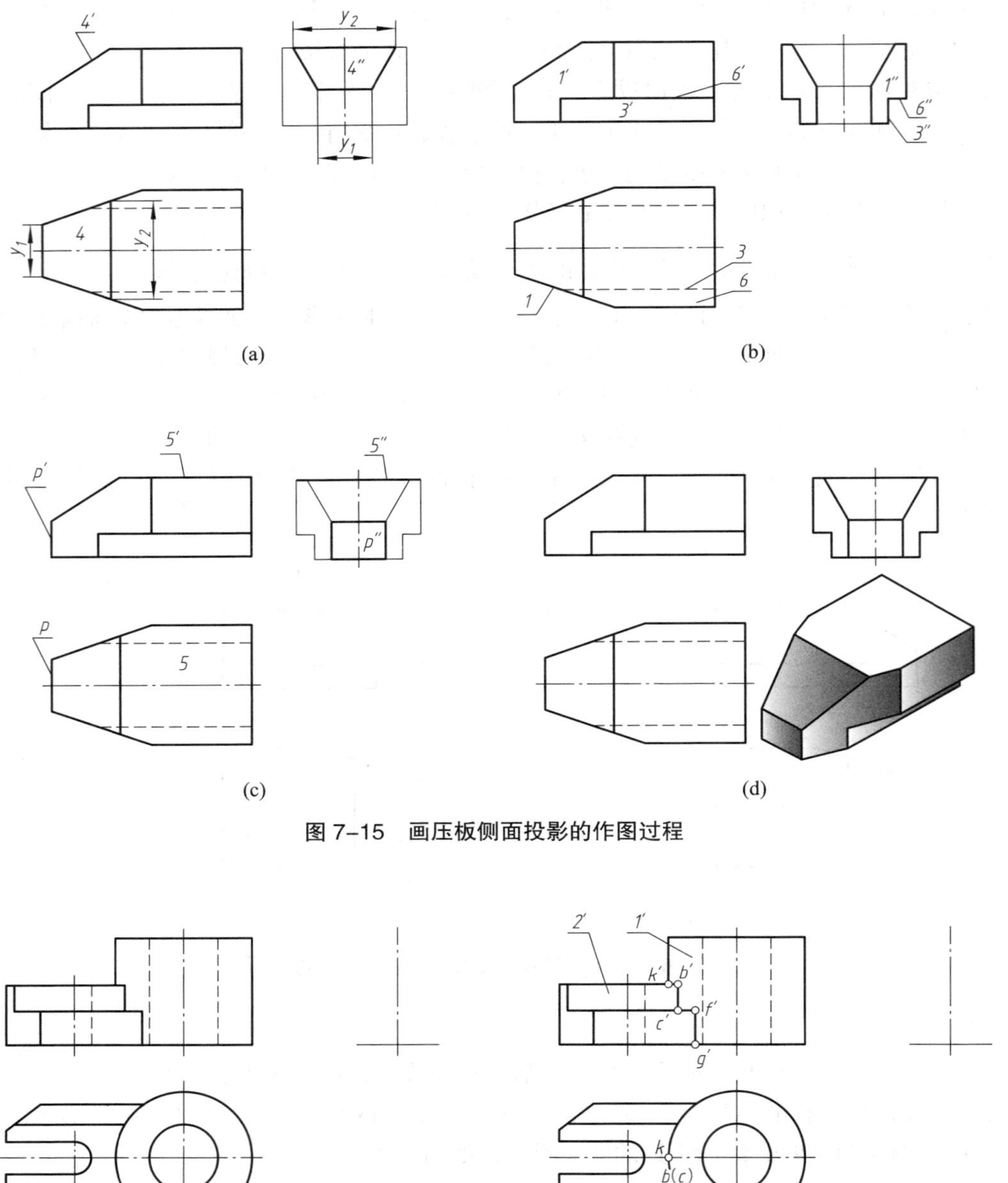

(a)　(b)

(c)　(d)

图 7–15　画压板侧面投影的作图过程

(a)　(b)

图 7–16　画支座侧面投影的已知条件及投影分析

（3）运用线面分析法完成*II*部分的侧面投影。

1）画正平面 *ABCD* 和水平面 *DEFC* 的侧面投影，如图 7–17c 所示。

2）画铅垂面 *ADEHIJ* 的侧面投影，侧面投影与正面投影成类似的六边形，如图 7–17d 所示。

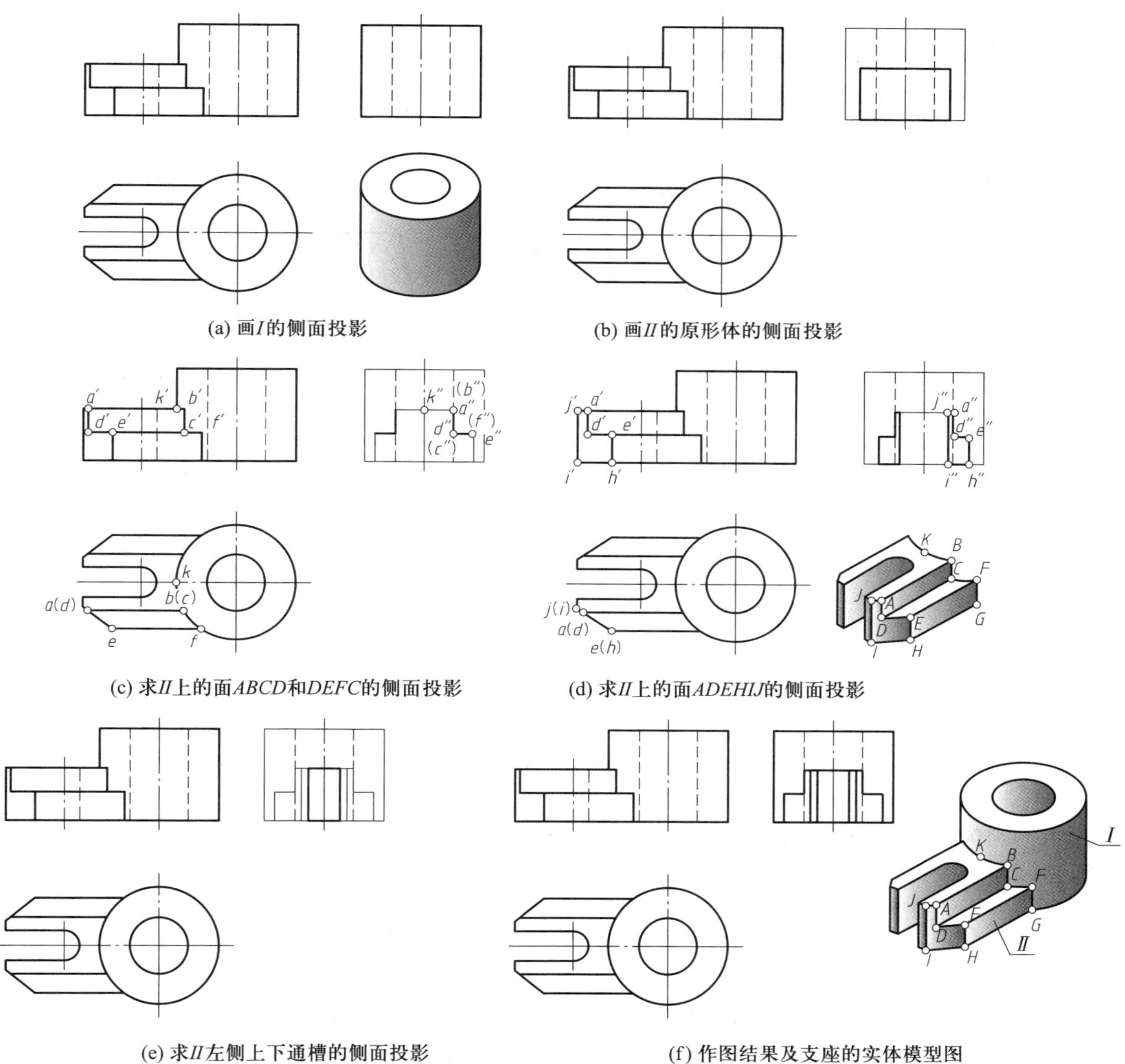

(a) 画*I*的侧面投影

(b) 画*II*的原形体的侧面投影

(c) 求*II*上的面*ABCD*和*DEFC*的侧面投影

(d) 求*II*上的面*ADEHIJ*的侧面投影

(e) 求*II*左侧上下通槽的侧面投影

(f) 作图结果及支座的实体模型图

图 7–17 补画支座侧面投影的作图步骤

3）画底板左侧的上下通槽的侧面投影，如图 7–17e 所示。作图结果及支座的实体模型如图 7–17f 所示。

7.4 组合体的尺寸注法

组合体尺寸标注的基本要求：正确、完整、清晰。其中，“正确”是指尺寸标注要符合国家标准的有关规定；“完整”是指尺寸标注要齐全，不遗漏，不重复；“清晰”是指布局要清晰，整齐，便于阅读。

7.4.1 基本几何体的尺寸注法

基本几何体有长、宽、高三个方向的定形尺寸，如图 7-18a~e 所示。对于回转体，如圆柱、圆锥，一般标注直径和轴向长度尺寸，且直径尺寸一般注在投影为非圆的投影图上。当在投影图上注出尺寸后，有些投影可省略，如图 7-18f~j 所示。

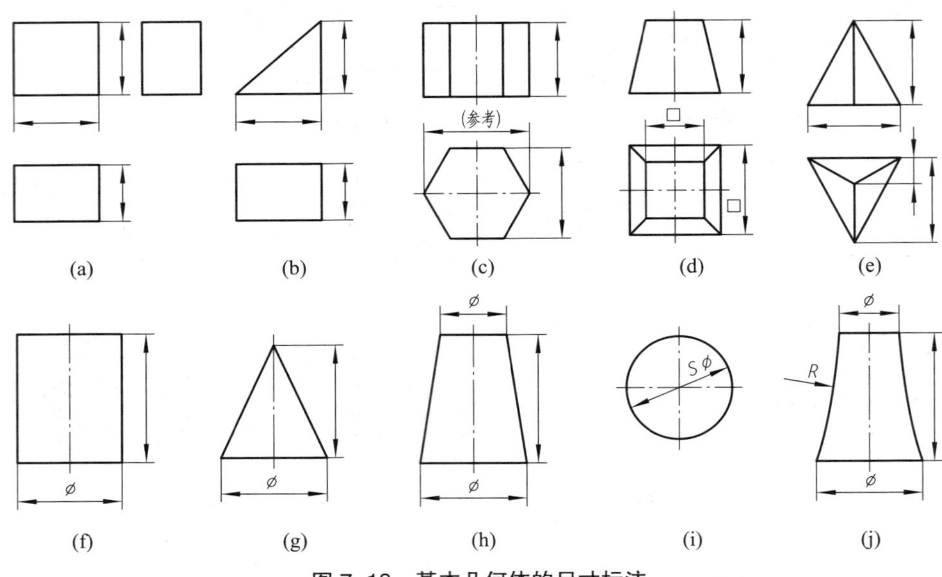

图 7-18 基本几何体的尺寸标注

图 7-19 为常见形体的尺寸标注，请分析并掌握这些标注。

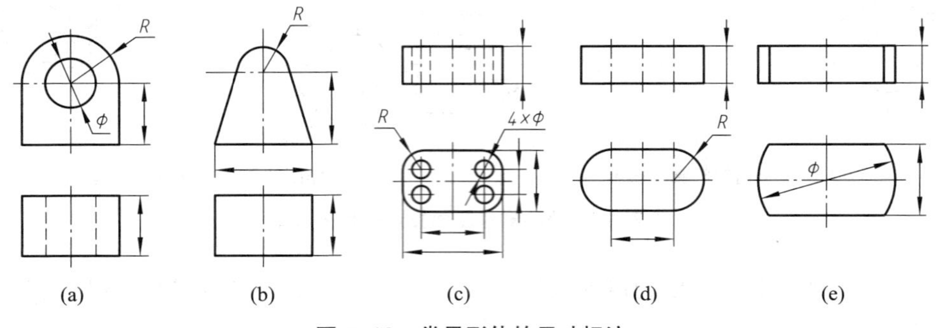

图 7-19 常见形体的尺寸标注

7.4.2 被截切基本几何体和相贯体的尺寸注法

1. 被截切基本几何体的尺寸注法

截切基本几何体除标全完整基本几何体的定形尺寸外，还要标注截平面相对于基本几何体的定位尺寸以及截平面之间的相对位置尺寸，如图 7-20a~h 所示。由于截交线的形状取决于被截切体表面形状和截平面与被截切体的相对位置，故截交线上不注尺寸，如图 7-21a 所示。

2. 相贯体的尺寸注法

相贯体的尺寸除标出各相交体自身的定形尺寸外，还要标注出相贯体之间相对位置尺寸，即长、宽、高三个方向的定位尺寸，如图 7-20d、e、i、j 所示。由于相贯线的形状取决于相交体的表面形状、大小和相对位置，因此相贯线上不注尺寸，如图 7-21b 所示。

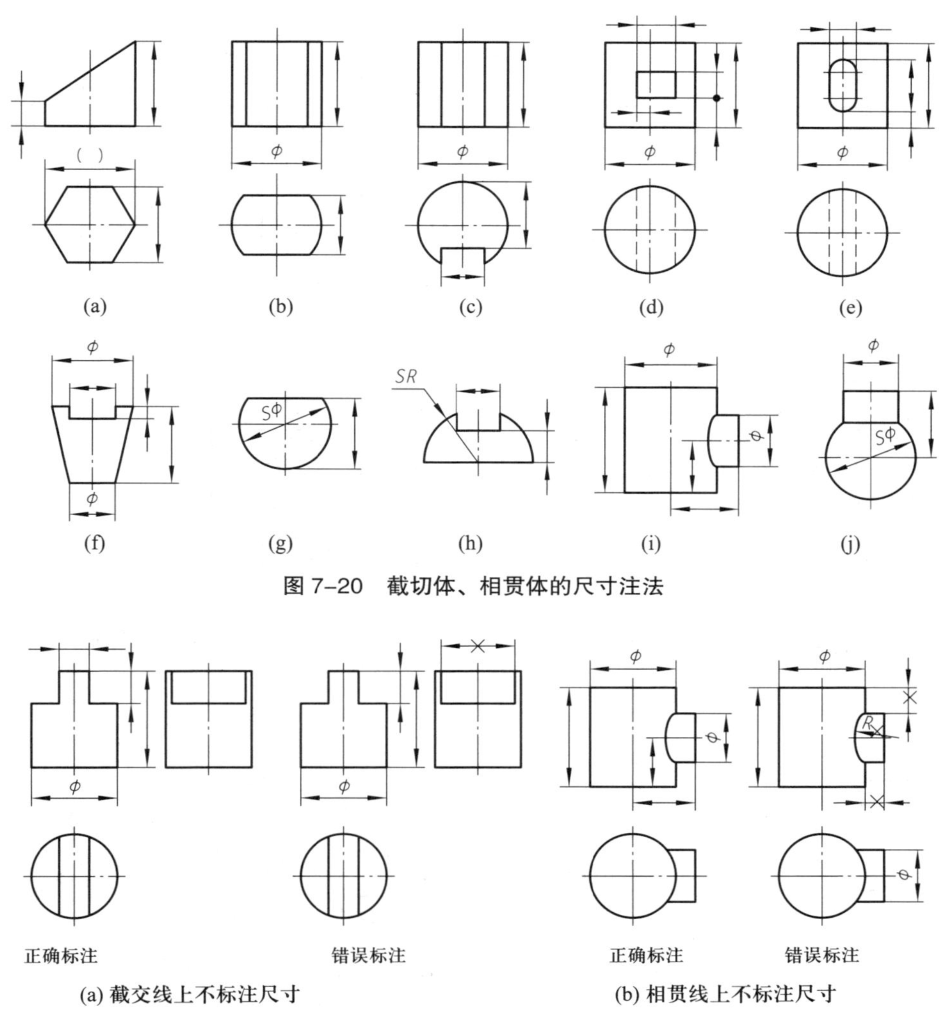

图 7-20 截切体、相贯体的尺寸注法

图 7-21 截切体、相贯体的尺寸标注中的正误

7.4.3 组合体尺寸标注的方法和步骤

由于组合体由若干个组成体组成，因此在标注组合体尺寸时，应运用形体分析法分别标注各组成体的**定形尺寸和定位尺寸**，一般还要标注组合体的**总体尺寸**。

在标注组合体的尺寸时，通常在形体分析的基础上，先确定长、宽、高三个方向的尺寸主要基准。一般以底面、端面、对称面和轴线作为主要尺寸基准，然后分别注出各组成体的定形尺寸和定位尺寸，最后注出组合体的总体尺寸。

下面以轴承座的尺寸标注为例来说明组合体尺寸标注的方法和步骤：

（1）**形体分析** 如图 7–6 所示，轴承座由五部分组成。

（2）**选定位尺寸基准** 如图 7–22a 所示。

（3）**按形体分析逐个标注各部分的定形和定位尺寸** 如图 7–22b、c、d 所示。

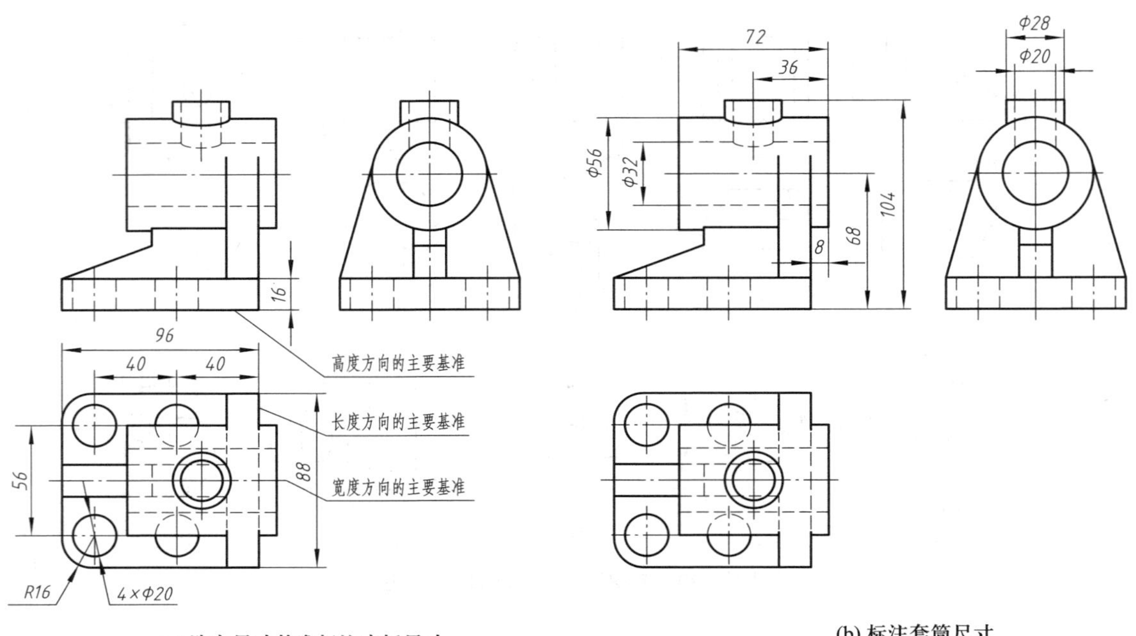

(a) 选定尺寸基准标注底板尺寸

(b) 标注套筒尺寸

(c) 标注肋、支承板的尺寸

(d) 校核、整理

图 7–22 轴承座的尺寸标注

（4）**标注总体尺寸**　轴承座的总宽为 88，总高为 104，总长为 104（96+8）。说明总体尺寸有的直接标注，有的须计算得到。

（5）**检查，整理**　对已标出的尺寸，按正确、完整、清晰的要求进行检查，如有不妥则进行调整或适当修改，这样才完成标注尺寸的工作，如图 7–22d 所示。

7.4.4　组合体尺寸标注的注意事项

（1）每一个尺寸只标注一次，不应出现重复和遗漏尺寸。

（2）尺寸尽量标注在反映形状特征最明显的投影上。如圆弧标半径尺寸应标注在反映该圆弧实形的投影上，如图 7–22a 中底板圆角的尺寸 $R16$ 标注在水平投影上。

（3）对于与尺寸基准对称的尺寸，应合起来标注总的尺寸。如图 7–22a 中底板上两孔的宽度方向的定位尺寸是关于宽度基准对称的，应标注两孔的中心距 56。

（4）尺寸不可注成封闭的尺寸链。在图 7–22d 中若标注总长 104，那么 8、96 和 104 三个尺寸就形成了封闭的尺寸链，所以未标总长尺寸。

（5）当组合体某一端面是回转面时，一般在此方向上不标注总体尺寸，而标注回转体轴线到基准的距离，如图 7–23a 中不标注总长尺寸，图 7–23b 中不标注总高尺寸。

（6）同心圆柱的直径，最好标注在非圆投影上。如图 7–22 中的轴套的内、外直径 $\phi32$、$\phi56$ 和凸台的内、外直径 $\phi20$、$\phi28$ 分别标在了非圆的正面投影和侧面投影上。

（7）同一部分的定形、定位尺寸应集中标注。如图 7–22 中的轴套的定形尺寸 $\phi32$、$\phi56$、72 和定位尺寸 8、68，集中标注在正面投影上；底板的定形尺寸 96、88、$4\times\phi20$ 和 $R16$ 以及圆柱孔的定位尺寸 40、40、56，集中标注在水平投影上。读图时便于查找尺寸。

（8）尺寸布置要整齐、清晰，避免分散、交错。相互平行的尺寸应按大小顺序排列，小尺寸在内，大尺寸在外，如图 7–22 中高度方向的尺寸 16、68、104 的排列；尺寸尽量标注在投影外面，为避免尺寸线、尺寸界线相交或与投影的轮廓线相交，也可以注在投影内空白处，如图 7–22 中的肋尺寸 36、16；内、外形尺寸最好分开标注，如图 7–24 所示，阶梯孔轴向尺寸分别标注在投影的两侧。为了便于测量，一般应标注大孔的深度，而不标注小孔的深度。

（9）尺寸尽量不标注在虚线上。

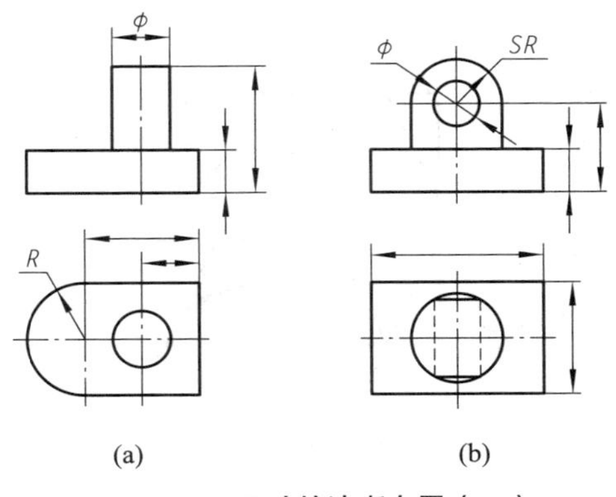

图 7–23　尺寸的清晰布置（一）

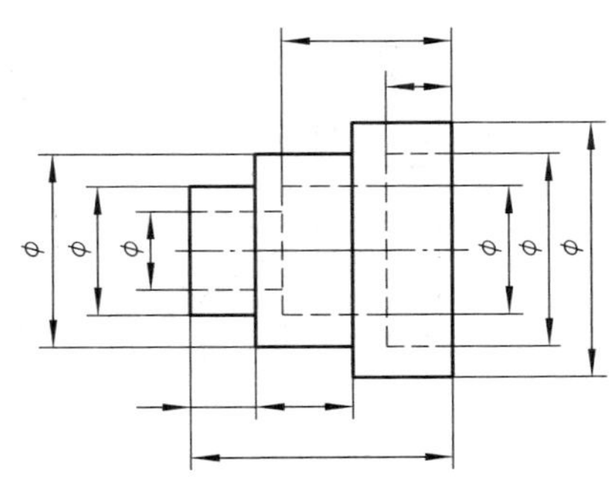

图 7–24　尺寸的清晰布置（二）

7.5 组合体的构形设计

构形设计是开拓思维、培养空间想象力和创造力的实践训练，是工程设计的基础技能实践。

7.5.1 组合体构形设计的基本原则

1. 组合体的构形设计应遵循平面图形构形的基本原则

平面图形实际上是可以反映物体形状特征的投影图，因此组合体的构形设计必须遵循平面图形构形设计的基本原则。

2. 组合体的构形设计应尽量采用基本的和常用几何体为主要组成要素

基本几何体可采用不同的组成形式，构造出不同的满足一定功用的组合体。

3. 组合体的构形设计应体现平、稳、动、静等造型艺术法则

组合体的构形设计有对称构形和非对称构形两种。对称结构使形体具有平衡、稳定的效果，而对于非对称的形体，在满足功能要求的前提下，应注意形体分布以满足力学和视觉上的稳定感，对于运动型物体还应使其美观流畅，静中有动的流线型造型，符合空气动力学和人机工程设计要求。

7.5.2 组合体构形设计的构思方法

1. 在满足一定条件的基础上进行构形设计

（1）**由给定一面投影或两面投影进行构形设计**。图 7–25 是给定的正面投影，图 7–26 是根据给定的正面投影进行构形设计的图例；图 7–27 是根据给定的水平投影进行构形设计的实例；图 7–28 是根据给定的正面投影和水平投影进行构形设计的实例。

（2）**由给定的一些基本几何体用指定的组合形式进行构形设计**。

① 给定的基本几何体如图 7–29a 所示，要求用堆砌叠加（并集）形式构形，如图 7–29b 所示。

② 给定的基本几何体如图 7–30a 所示，要求用挖切（差集）形式构形，如图 7–30b 所示。

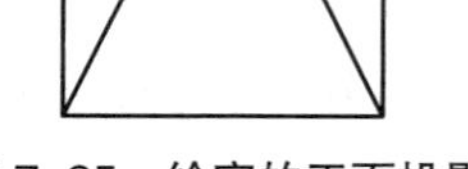

图 7–25 给定的正面投影

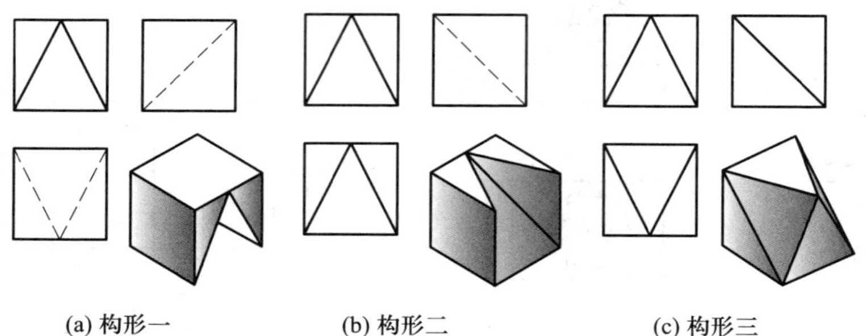

(a) 构形一　(b) 构形二　(c) 构形三

图 7–26 由给定的正面投影进行构形设计的图例

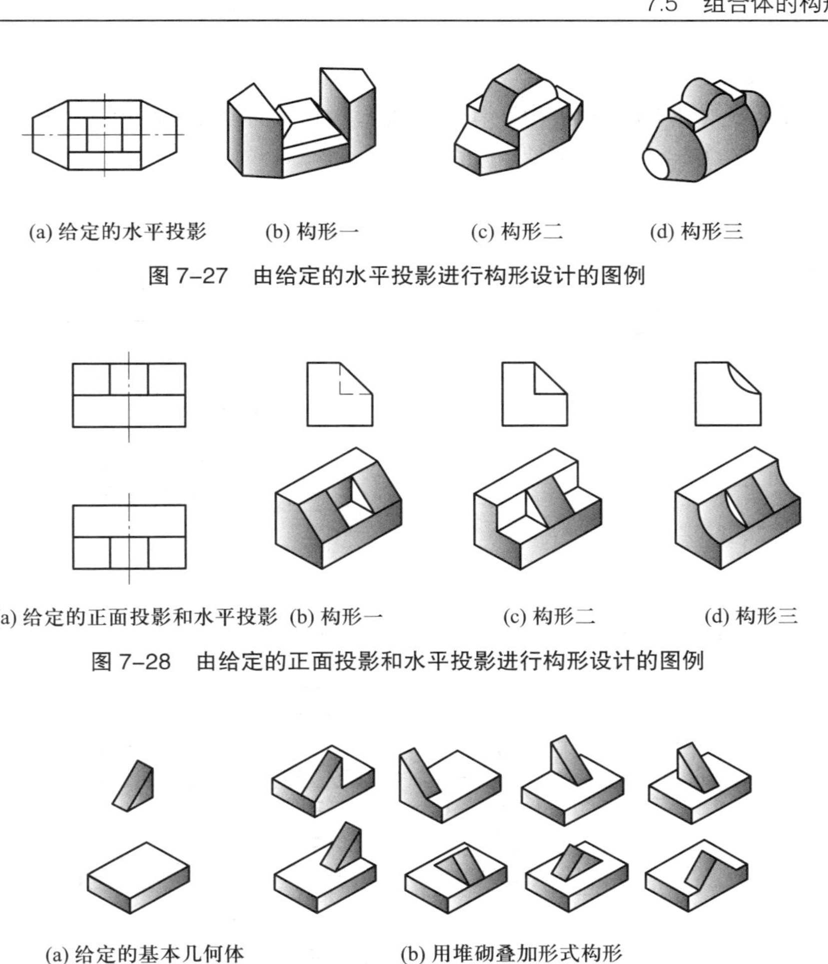

(a) 给定的水平投影 (b) 构形一 (c) 构形二 (d) 构形三

图 7-27 由给定的水平投影进行构形设计的图例

(a) 给定的正面投影和水平投影 (b) 构形一 (c) 构形二 (d) 构形三

图 7-28 由给定的正面投影和水平投影进行构形设计的图例

(a) 给定的基本几何体 (b) 用堆砌叠加形式构形

图 7-29 堆砌叠加（并集）法构形

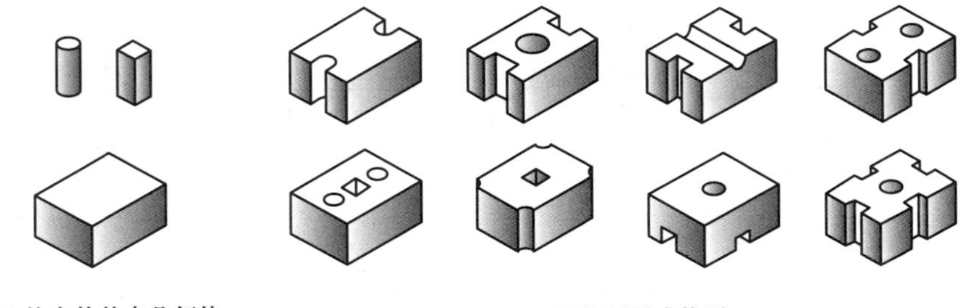

(a) 给定的基本几何体 (b) 用挖切形式构形

图 7-30 用挖切（差集）法构形

③ 由给定的一些简单几何体的投影进行组合体构形设计。

这种构形方法实际上是利用给定的几个简单几何体的投影，彼此进行投影组合，达到构形设计的目的。图 7-31a 为给定的三个简单几何体的投影，图 7-31b 的构形投影分别是图 7-31a 同面投影的组合；图 7-31c、d 分别是图 7-31a 中不同投影的组合，构造成不同的物体。

2. 仿形构形设计

仿形构形设计是依照物体的结构和其一面投影构形设计类似的物体，图 7–32a 为给定的物体和正面投影，图 7–32b~d 为图 7–32a 的仿形图。

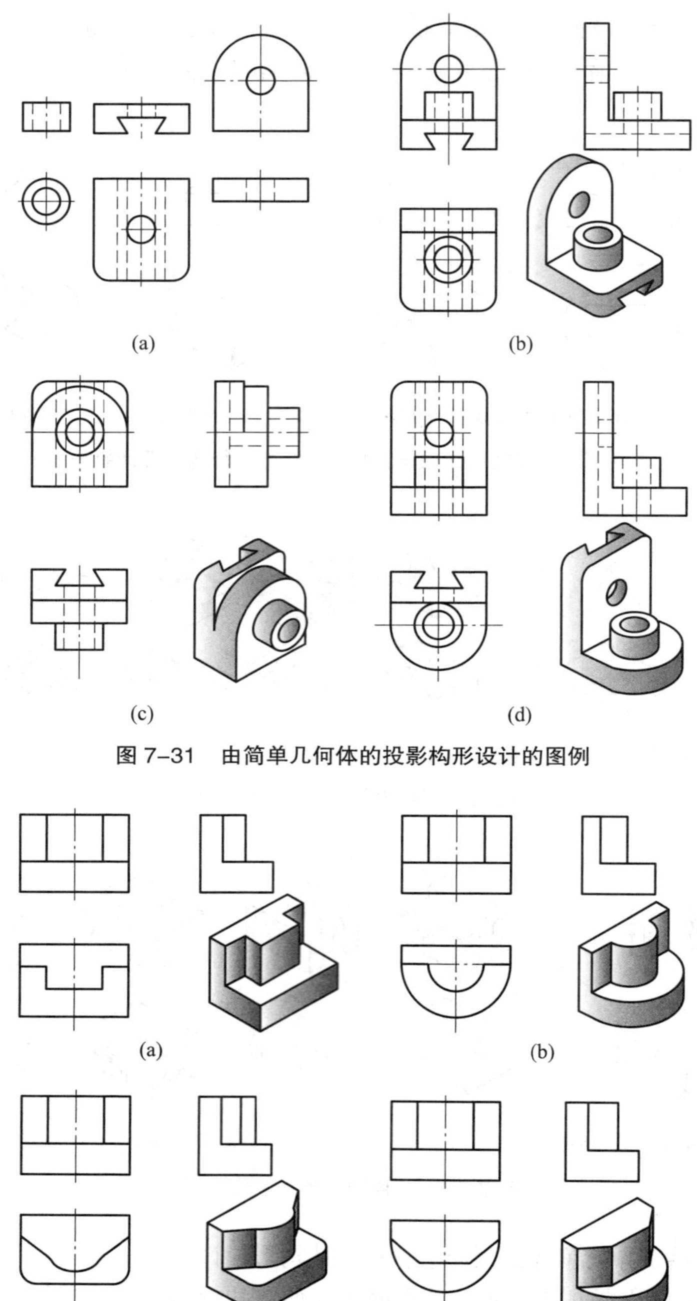

图 7–31 由简单几何体的投影构形设计的图例

图 7–32 仿形构形设计

3. 互补体的构形设计

根据已有物体的结构特点，构形设计出凹凸相反的物体，使其与已知物体相配组成一个完整的基本几何体。图 7–33a、b 所示的物体互为互补体；图 7–33c、d 所示的物体互为互补体。

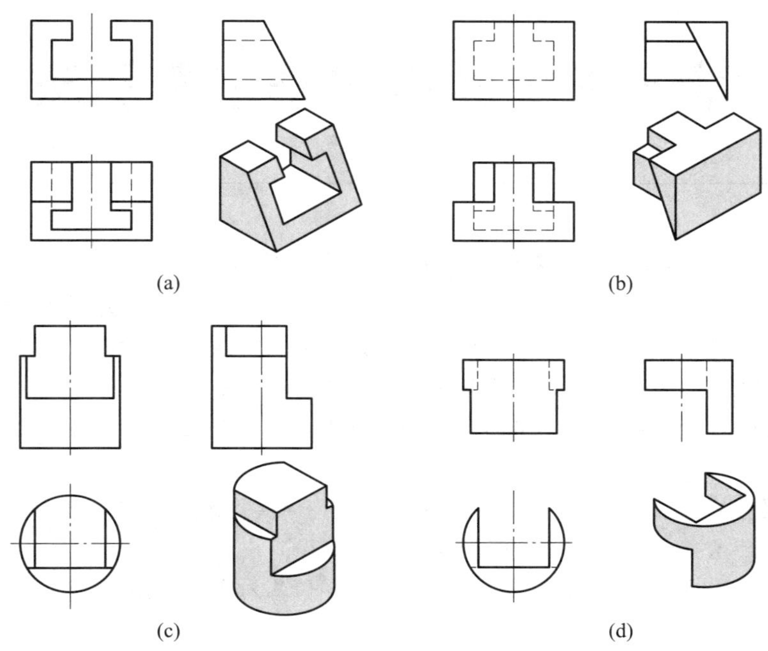

图 7–33　互补体的构形设计

第 8 章　图样的基本表示法

本章学习导读

学习目的与要求： 理解并掌握视图、剖视图、断面图、局部放大图的画法、标注和各种表示法的应用范围，学会运用常用的简化画法及标注。进一步提高空间想象能力和读多面正投影图的能力，为读、绘零件图和装配图奠定坚实的基础。

学习内容： 视图、剖视图、断面图、局部放大图、简化画法的概念、画法、配置、规定标注及应用。

重点与难点： 重点是剖视图、断面图的画法、标注规定。难点是各种表示法的应用，断面图画法中的两条特殊规定，读图和绘图的能力提高。

地位及特点： 本章是正确绘制和阅读机械图样的基本表达方法。

在实际生产中，物体的结构和形状是多种多样的，为了准确、完整、清晰地表达物体各部分的形状和结构，国家标准《技术制图》和《机械制图》中的“图样画法”规定了视图、剖视图、断面图、局部放大图、简化画法等各种画法。本章着重介绍其中一些常用的图样画法。

8.1　视　　图

视图是物体在多投影面体系中向投影面正投射所得的图形，它主要用来表达物体的外部结构和形状。在视图中，一般只画出物体的可见部分，必要时才用细虚线画出其不可见部分。

根据物体的结构形状特点，国家标准《技术制图　图样画法　视图》（GB/T 17451—1998）中规定了视图有**基本视图、向视图、局部视图和斜视图**四种。

8.1.1　基本视图

为了充分而清晰地表达物体上、下、左、右、前、后六个方向的结构形状，在原三个投影面的对面分别增设相应平行的投影面。新增的三个投影面与原来的三个投影面就构成了一个六面体空间，将物体置于这六面体空间之中，分别向六个投影面进行正投射得到六个正投影图，如图 8-1 所示。这六个投影面称为基本投影面，物体在各基本投影面的正投影图称为六个基本视图。

1. 基本视图的名称与投射方向

如图 8-2b 所示。

主视图——由前向后投射所得的视图；**后视图**——由后向前投射所得的视图；

俯视图——由上向下投射所得的视图；**仰视图**——由下向上投射所得的视图；

左视图——由左向右投射所得的视图；**右视图**——由右向左投射所得的视图。

注意：物体在六个基本投影面中的摆放原则和主视图投射方向的选择仍遵守物体在三投影面体系中的原则。即将反映物体结构形状特征和结构相对位置特征的信息量最多的投射方向作为主视图的投射方向。这样，其他各视图的投射方向就随之确定。

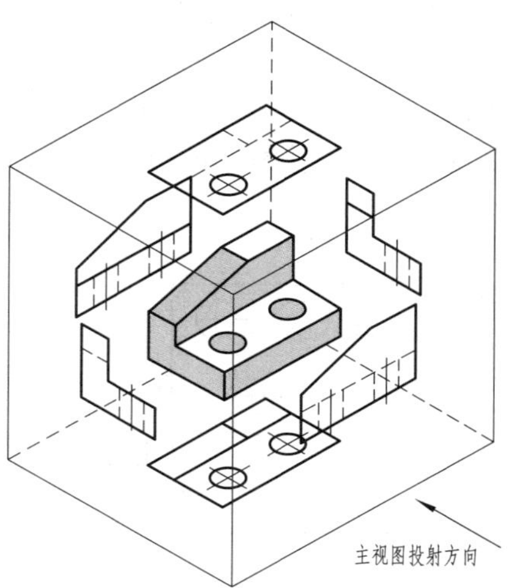

图 8-1 物体在六个基本投影面之中

2. 基本视图的配置及标注

图 8-2a 图示了六个基本投影面展开摊平在同一平面的方法，V 面不动，其他各基本投影面按图中箭头所指方向转至与 V 面共面位置。

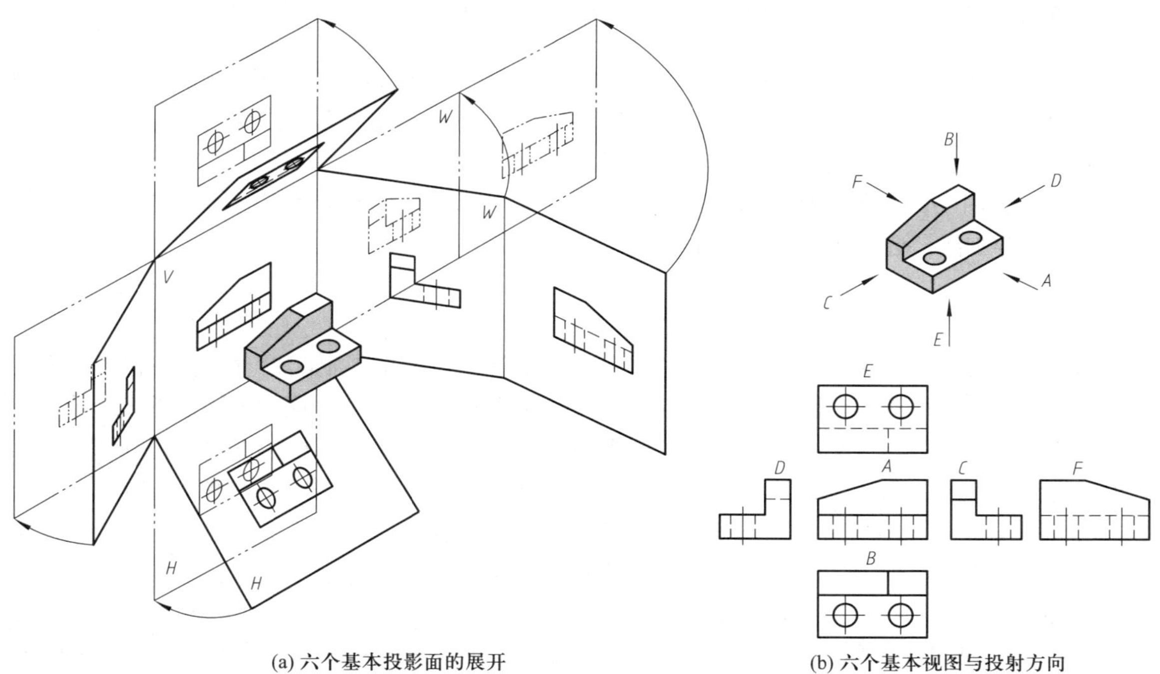

(a) 六个基本投影面的展开

(b) 六个基本视图与投射方向

图 8-2 基本视图的形成

六个基本视图的规定配置位置如图 8-2b 所示，这个配置位置就是按展开摊平位置摆放。以主视图为基准，俯视图在其下，左视图在其右，右视图在其左，仰视图在其上，后视图配置在左视图的右方。按这个规定位置配置时，一律不标注，如图 8-3 所示。

3. 六个基本视图间的投影规律及方位关系

按规定位置配置的六个基本视图之间仍保持着“长对正、高平齐、宽相等”的投影规律，如图 8-4 所示的四棱柱的基本视图，每四个基本视图反映物体的同一个方向的尺寸；每个基本视图反映物体的两个方向的尺寸；除后视图外，围绕主视图的四个视图远离主视图的边为物体的前面，靠近主视图的边为物体的后面。

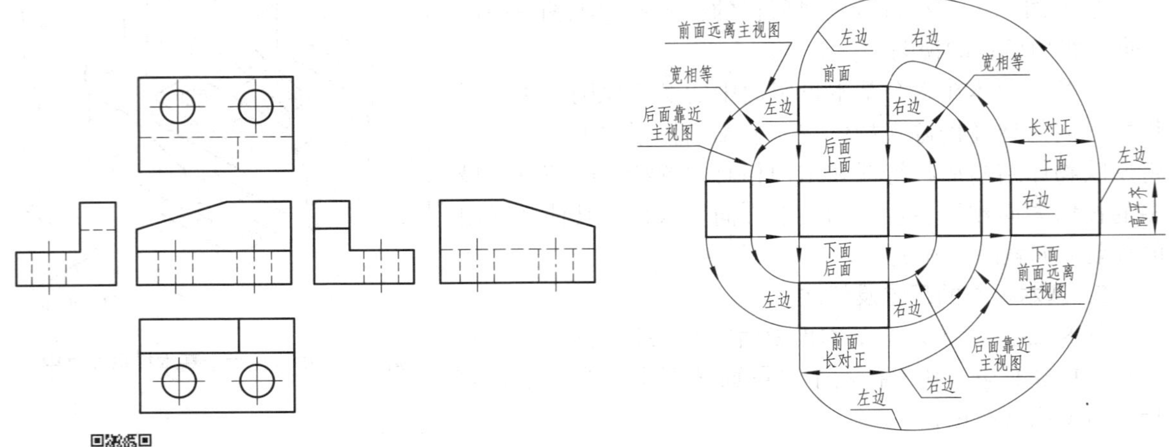

图 8-3 六个基本视图的规定配置

图 8-4 基本视图的投影规律及方位关系

主、俯、仰和后视图共同反映了物体的“长”，彼此之间保持“长对正”；主、左、右和后视图共同反映了物体的“高”，彼此之间保持“高平齐”；俯、左、右和仰视图共同反映了物体的“宽”，彼此之间保持“宽相等”。

在实际应用中，并非所有的物体都需要用六个基本视图，应根据物体的形状和结构特点使用适当的图样画法，选用必要的基本视图。

8.1.2 向视图

向视图是可以自由配置的基本视图。当六个基本视图没有按规定配置时，应在视图上方用大写拉丁字母标出视图的名称“×”，并在相应的视图附近用箭头和相同的大写字母表示该向视图的投射方向。如图 8-5 所示的 *A*、*B*、*C* 向视图分别是未放在其基本视图规定位置上的右、仰、后视图的标注。未加标注的那三个视图是配置在规定位置上的基本视图（主、俯、左）。

由此可知，向视图是基本视图的平移。向视图与基本视图之间仅仅是位置上差别，因而带来标注上的区别。而视图之间的内在联系保持不变，即投影对应关系（三等关系）和方位仍保持不变。

因此，向视图的投射方向（除表示后视图投射方向外）箭头应标注在主视图（即从四周正投射地指向主视图），以便使所获得的视图与主视图间的投影对应关系和方位保持一致，表示后视图投射方向的箭头应配置在左视图或右视图上。

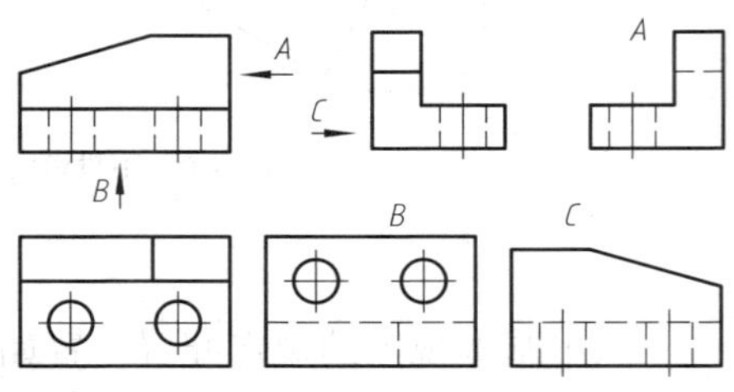

图 8-5 向视图及其标注

8.1.3 局部视图

将物体的某一部分向基本投影面投射所得的视图称为局部视图。故局部视图是某个基本视图的一部分。

局部视图用于表达物体的局部结构。即当物体的某一部分的结构形状在其他基本视图中尚未表达清楚，又需要表达，而又没有必要画出物体的一个完整的基本视图时，可采用局部视图。如图 8-6a 或 b 所示的左、右两侧的凸出结构在主、俯视图中均未表达清楚，又没有必要画出整体的左、右视图，因而采用“*A*”向、“*B*”向局部视图表达。

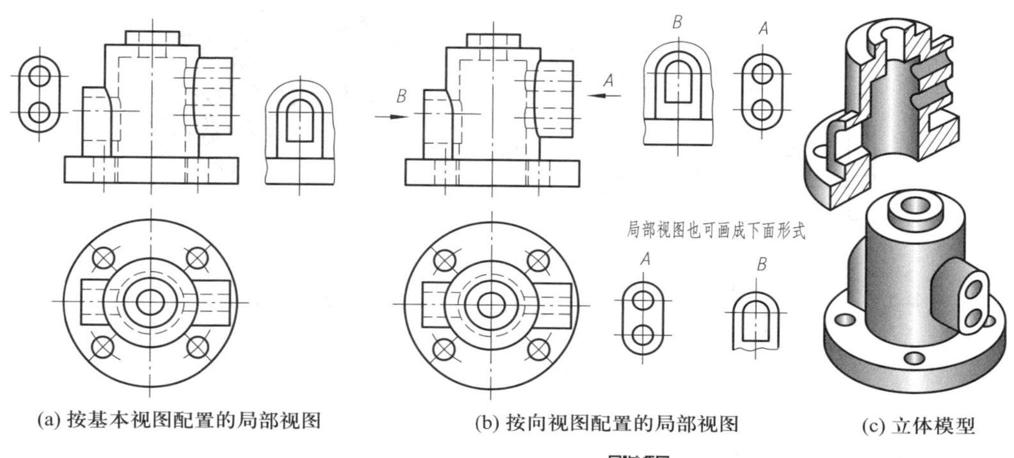

(a) 按基本视图配置的局部视图　　(b) 按向视图配置的局部视图　　(c) 立体模型

图 8-6　局部视图（一） 

1. 局部视图的画法

（1）局部视图一般用波浪线或双折线表示断裂部分的边界。波浪线不得超出物体实体的投影范围，波浪线的范围不同，局部视图的投影多少亦不同。其原则是将结构表达清楚。如图 8-6a、b 中局部视图的波浪线画法。

（2）对称物体的视图可只画一半或四分之一，并在对称中心线的两端画出两条与其垂直的平行细实线，如图 8-7b 所示的左视图及 *A* 向局部视图的画法。

（3）当表示的局部结构呈外悬且端部有法兰凸缘（如图 8-7 上部）或外伸端部无法兰凸缘（如图 8-6 右上方凸伸部分），只要周边完整、外轮廓线呈完整的封闭图形，波浪线可省略不画，如图 8-6 和图 8-7a 中所示的“*A*”向局部视图。

（4）当局部内凹，且内凹部分不贯通（图 8-8a、b、c）或局部内凹，且内凹部分贯通（图 8-8d）时，应按第三角画法将局部视图配置在所需表示物体局部结构的附近，并用细点画线将两者相连，如图 8-8 所示。

2. 局部视图的配置与标注

（1）若局部视图按基本视图的规定配置，则可省略标注，如图 8-6a 所示。

（2）局部视图也可按向视图配置，但必须按向视图的规则进行标注，标注形式与向视图的标注形式完全一样，如图 8-6b 中的“*A*”向、“*B*”向局部视图的标注。

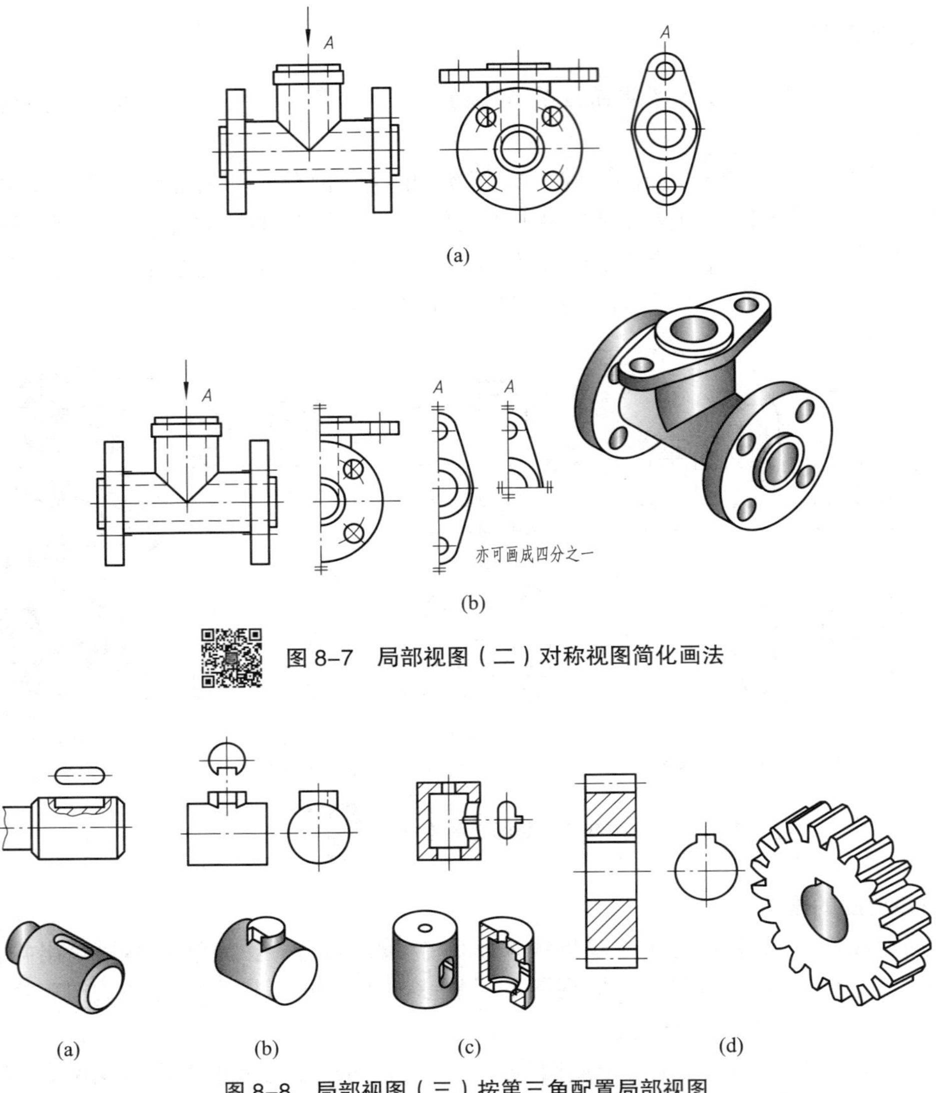

图 8-7 局部视图（二）对称视图简化画法

图 8-8 局部视图（三）按第三角配置局部视图

（3）按第三角画法将局部视图配置在所需表示物体局部结构的附近，不标注，如图 8-8 所示。

8.1.4 斜视图

将物体上的倾斜部分向不平行于任何基本投影面的平面（通常是基本投影面的垂直面）上投射所得的视图称为斜视图。

当物体的倾斜部分在基本视图中无法反映真实形状时，可采用斜视图。如图 8-9a 所示物体上的斜板，在各个基本视图中均不能反映其真实形状，此时选用一个平行于倾斜结构表面的正垂面作为辅助投影面，并将倾斜结构向此辅助投影面投射，便得到反映该倾斜结构表面真实形状的斜视图，如图 8-9b 所示的“*B*”向斜视图。

1. 斜视图的画法

斜视图的画法同局部视图：① 用波浪线或用双折线表示断裂的边界，如图 8-9b 中配置在用箭头所指方向上用波浪线表示断裂边界的斜视局部视图；② 当倾斜部分的结构表面轮廓是一个封闭的完整的图形时，可不画波浪线，如图 8-9b 中的“或画成”的斜视局部视图。

2. 斜视图的配置与标注

（1）斜视图无论是配置在箭头所指的方向上或平移到其他位置上，斜视图的标注均按向视图的标注形式进行，即在斜视图的上方标注斜视图的名称“×”，在相应的视图附近用垂直于被表达的倾斜结构表面的箭头指明投射方向，并标上相同的字母“×”，如图 8-9b 中右上方和左下方的注释。字母一律水平注写。

（2）为绘图简便，读图方便，在不致引起误解的情况下，允许将斜视图旋转正放，使斜视图的主要轮廓线成水平或铅直位置。一般图形旋转的角度不大于 90° 为宜。旋转配置的斜视图名称要加注旋转符号。如图 8-9b 中右下方的注释。

旋转符号表示斜视图的旋转方向，所以旋转符号的箭头指向应与图形的旋转方向相同，视图名称的大写字母应在旋转符号的箭头一侧，如图 8-9b 中的标注。旋转符号的尺寸、比例和线宽要求等如图 8-10 所示。

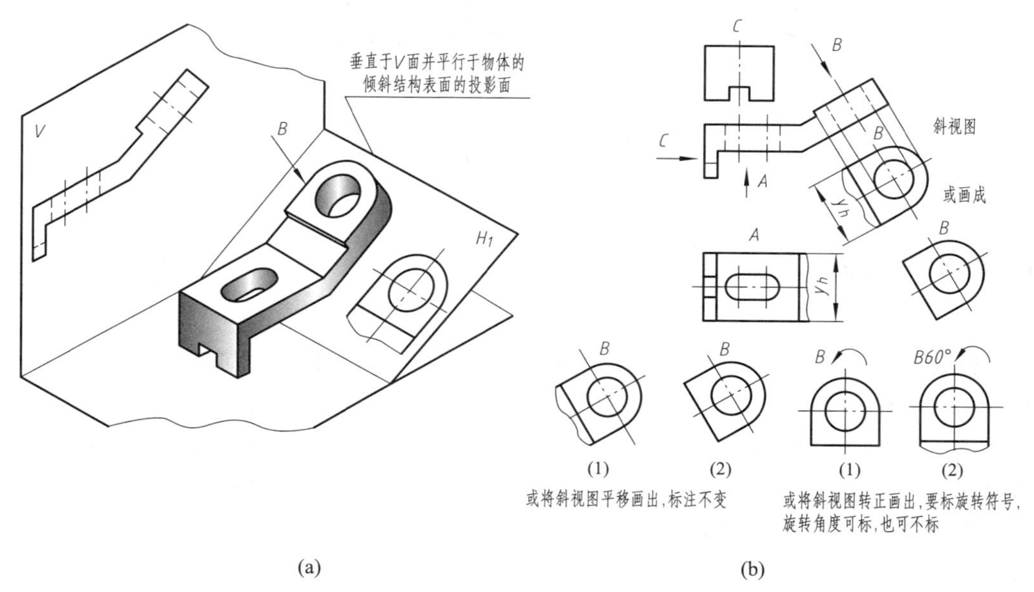

图 8-9 斜视图

旋转配置的斜视图，旋转角度可标注，也可不标注。如果要标注，允许将旋转角度标注在字母之后，如图 8-9b 中“*B*60°⌒”所示。

对于不反映倾斜部分的真实形状的那个基本视图，一般可用局部视图画出，如图 8-9 中的俯视图采用了“*A*”向局部视图和表达左端面结构的“*C*”向局部视图。

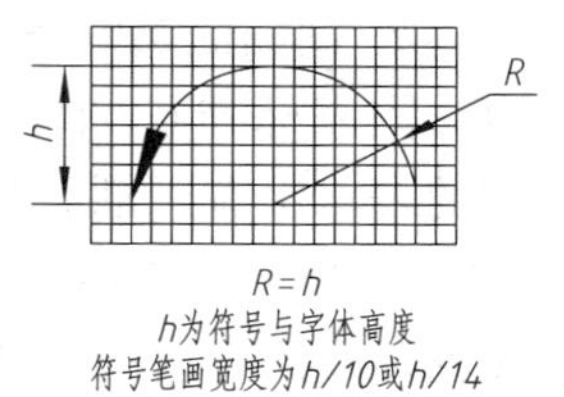

图 8-10 旋转符号

8.2 剖 视 图

视图主要是表达物体的外部结构形状，而当物体内部结构复杂时，视图中会出现较多的细虚线，如图 8-11 所示。有时内、外结构的虚线与虚线、虚线与粗实线重叠在一起，既影响视图的清晰，又不利于读图和尺寸标注。为了完整、清晰地表达物体的内部结构形状，应按国家标准《技术制图 图样画法 剖视图和断面图》(GB/T 17452—1998) 和《机械制图 图样画法 剖视图和断面图》(GB/T 4458.6—2002) 等的规定，用剖视图表示物体的内部结构形状，用断面图表示物体断面的形状。

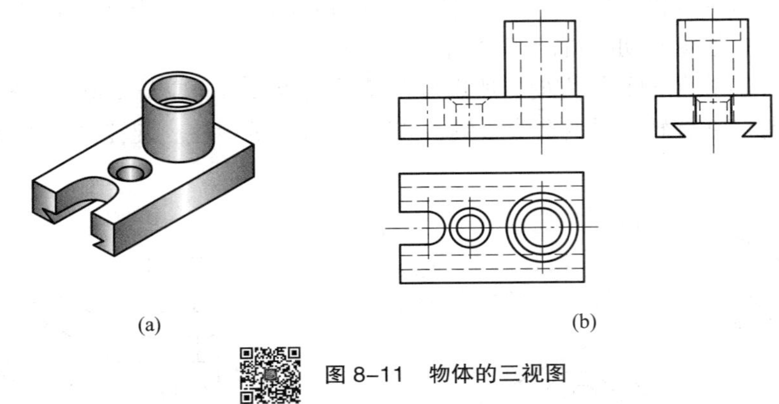

(a) (b)

图 8-11 物体的三视图

8.2.1 剖视图的基本知识

1. 基本概念

(1) **剖视图** 假想用剖切平面将物体剖开，移去观察者与剖切面之间的那一部分，将剩余部分向与剖切面平行的投影面投射得到的投影称为剖视图。如图 8-12a 所示，假想用一个剖切面沿物体前后对称面将物体剖开，移去剖切面与观察者之间的那一部分，将剖切面与物体接触部分以及剖切面后方可见的部分一起向 *V* 面投射，即得到图 8-12b 所示的主视图“*A—A*”剖视图。

(2) **剖切面** 剖切被表达物体的假想平面或曲面为剖切面，如图 8-12a 所示。剖切面在视图中的位置如图 8-12b 俯视图中所示。

(3) **剖面区域** 假想用剖切面剖开物体时，剖切面与物体的接触部分称为剖面区域。如图 8-12b 中画斜线的区域所示。

2. 剖面区域的表示法

国家标准 GB/T 17453—2005《技术制图 图样画法 剖面区域的表示法》中规定了剖面区域的表示法有用剖面线表示法（图 8-13a、b）、特定材料表示法（表 8-1）、阴影或调色表示法（图 8-13c）、狭小剖面区域的表示法（图 8-13d）、相近的狭小剖面（图 8-13e）和加粗剖面区域轮廓线的表示法（图 8-13f）。

为了便于识图，国家标准规定在剖面区域内一般应采用一种表示法，以便使剖视图更清楚地表示物体有材料的实体和空腔部分，通常采用“剖面线表示法”。当需要在剖面区域表示材料时，采用表 8-1 所示的有关剖面符号。

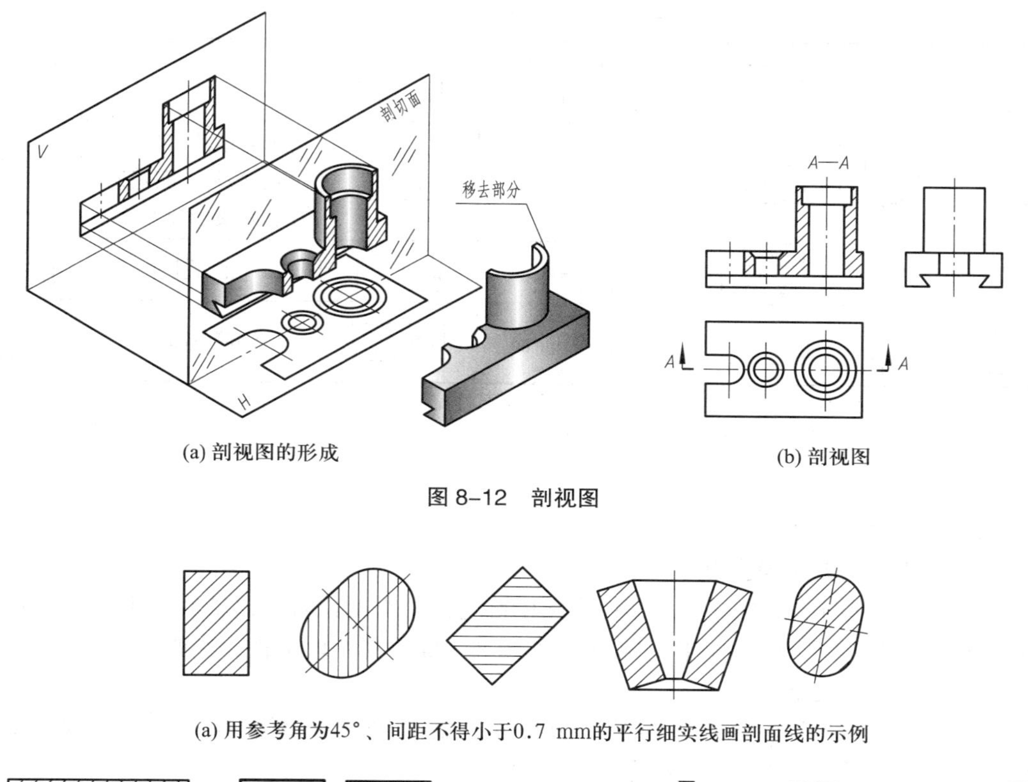

(a) 剖视图的形成

(b) 剖视图

图 8-12 剖视图

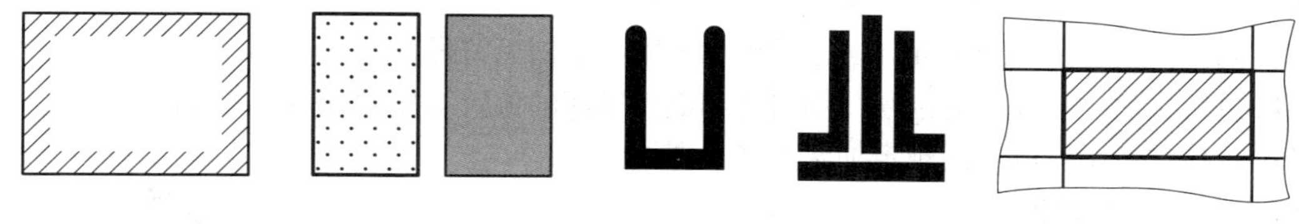

(a) 用参考角为45°、间距不得小于0.7 mm的平行细实线画剖面线的示例

(b) 大面积剖面区域的剖面线允许画法 (c) 用带点的阴影图案或调色填充剖面区域 (d) 狭小剖面区域用完全黑色表示 (e) 相近的狭小剖面 (f) 剖面边框使用加粗线型

图 8-13 剖面符号

剖面线是以与剖面或断面外轮廓线成对称或相适宜的角度（参考角 45°）、间距不小于 0.7 mm 平行细实线表示。剖面线的间隔（即平行细实线间的距离）应按剖面区域的大小而定，一般为 2~6 mm；当图形的主要轮廓线与水平方向成 45°时，该图形的剖面线可画成与水平成 30°或 60°的平行细实线。但其倾斜方向和间隔仍应与其他图形的剖面线保持一致，如图 8-14 所示。

对于大面积剖面区域，可使用沿周线的等长剖面线或等距点的图案表示。剖面区域内可以标注尺寸。

可以用带点的阴影图案或调色填充剖面区域。剖面区域中点的间距应根据底纹尺寸按比例选择。阴影面或调色面内允许尺寸标注。

狭小剖面区域用完全黑色表示，这种方法表示实际的几何形状。

相近的狭小剖面可以表示成完全黑色，相邻剖面之间至少应留下 0.7 mm 的间距，这种方法不表示实际的几何形状。

表 8–1 特殊材料的剖面符号

<table>
<tr><td>金属材料（已有规定剖面符号者除外）</td><td></td><td colspan="2">玻璃及供观察用的其透明材料</td><td></td><td>砖</td><td></td></tr>
<tr><td>非金属材料（已有规定剖面符号者除外）</td><td></td><td colspan="2">液体</td><td></td><td>型砂、填沙、粉末冶金、砂轮、陶瓷刀片、硬质合金刀片等</td><td></td></tr>
<tr><td>线圈绕组元件</td><td></td><td rowspan="2">木材</td><td>纵断面</td><td></td><td>混凝土</td><td></td></tr>
<tr><td>转子、电枢、变压器和电抗器等的叠钢片</td><td></td><td>横断面</td><td></td><td>钢筋混凝土</td><td></td></tr>
</table>

注：1. 剖面符号仅表示材料的类型，材料的代号、名称必须另行注明。
2. 叠钢片的剖面线方向应与束装中叠钢片的方向一致。
3. 液面用细实线绘制。

3. 剖视图的画法及标注

（1）画剖视图的方法与步骤

① 确定哪个视图取剖视，并在其他视图中确定剖切面的位置。比如，在主视图中取剖视，则剖切面的位置在俯视图或左视图中确定，如图 8–12a 主视图取剖视，在俯视图中标注剖切面的位置。其他可以此类推。

② 画剖视图。剖开物体后，确定哪部分移走，哪部分向投影面投射，然后画出剖面区域的轮廓线和剖切平面后方可见结构的投影。

③ 画剖面符号。确定剖面区域，并根据要求画上剖面符号。

④ 进行标注。按规定对剖视图的名称和剖切平面的位置、投射方向进行标注。

⑤ 校核并按图线的应用规定加深、加粗图形。

（2）剖视图的标注

① 剖视图的标注基本包括剖切面的位置、投射方向、剖视图的名称三个方面的内容。一般用剖切符号［线宽为（1~1.5）d、长为 3~6 mm 的粗短线，尽可能不与图形轮廓线相交］表示剖切面的起、迄和转折位置，在起、迄粗短线外端画与之垂直的箭头表示投射方向，用大写拉丁字母表示剖切面的名称，在相应的剖视图上方用相同字号、相同字母标出剖视图的名称“×—×”。如图 8–12b 所示的标注。

② 当剖切面通过的不是对称平面，而剖视图按基本视图的规定位置配置，中间又无其他图形隔开时，可省略箭头，如图 8–14 所示的“C—C”全剖俯视图的标注。

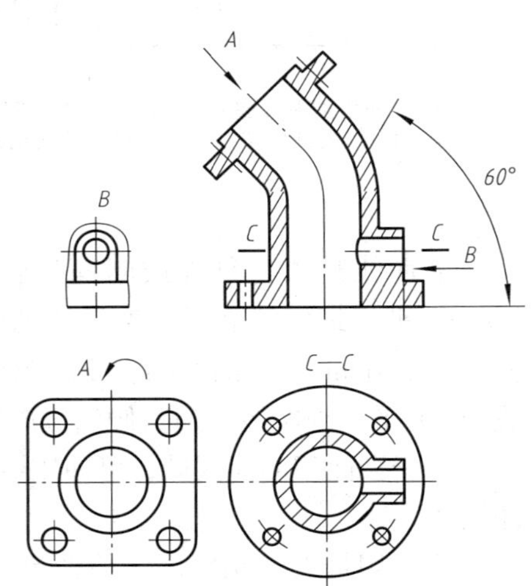

图 8–14 剖面线的画法

③ 当单一的剖切面通过物体的对称（或基本对称）平面，且剖视图按基本视图的规定位置配置，中间又无其

他图形隔开时，可省略标注，如图 8–14 的主视图的剖视省略标注，图 8–12b 也可省略标注。

4. 画剖视图的注意事项

（1）画剖视图的目的是表达物体内部结构形状，所以应使剖切面平行于剖视图所在的投影面，且尽量通过较多的内部结构（孔、槽等）的对称平面或轴线等。如图 8–12 所示的剖切面通过物体的前后对称平面。

（2）剖视图是假想用剖切面剖切物体所获得的投影，所以某个视图用剖视图表达后，并不影响其他视图，即各剖各的，互不影响。如图 8–12a 中的主视图画成剖视图，其他视图仍为完整物体的投影。

（3）在剖视图中已表达清楚的物体内部结构形状，在其他视图上就不必再画出它的内部结构的细虚线。如图 8–12 左视图和俯视图中的细虚线不再画出。

（4）位于剖切面后方的可见结构应全部画出，不要漏线，对于剖切面前方的可见外形，由于剖切后不存在，所以不应再画出，即不要多线。如图 8–15 主视图中的注释。

（5）位于剖切面后方的不可见结构在其他视图中已表达清楚，在剖视图中一般不再画出。而对于在其他视图中难以表达清楚的部分，必要时允许在剖视图中画出细虚线。如图 8–16 所示主视图和俯视图中的细虚线。

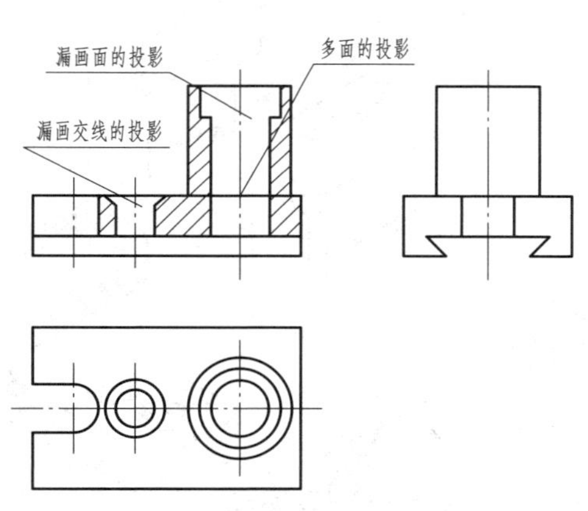

图 8–15 剖视图中易出现的错误

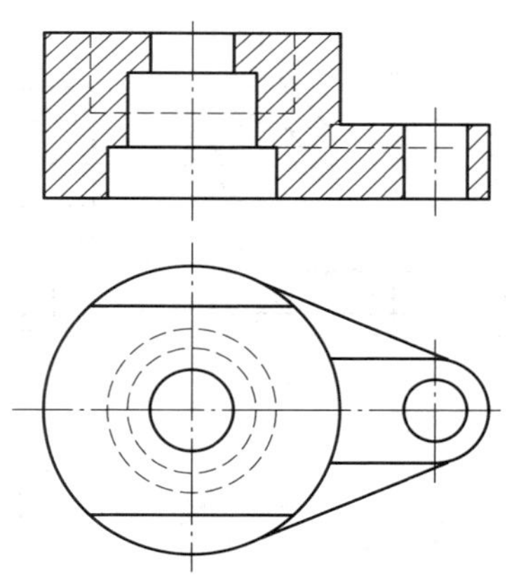

图 8–16 必要虚线允许画出

（6）同一物体的各个剖面区域的剖面符号应一致，即若采用剖面线表示，则在各个剖面区域的剖面线的方向、间隔应一致。

（7）剖视图的标注提倡可省则省的简化标注原则。

（8）剖视图的位置配置有三种方式：① 按基本视图的规定位置配置；② 按投影关系配置在与剖切符号相对应的位置上；③ 必要时允许配置在其他适当位置上。其先后主次关系，原则上是优先选用第一种配置方式，只有当基本视图位置被占据时才选用第二种配置方式，如图 8–17 所示。当方式①和方式②均不便采用时，方可采用方式③。

8.2.2 剖视图的种类

根据国家标准的规定，剖视图分为**全剖视图、半剖视图和局部剖视图**三种。

1. 全剖视图

用剖切面完全剖开物体所得的剖视图称为全剖视图。所谓“完全剖开”，实际上是指将剖切面与观察者之间的部分全部移走，如图 8-18 所示。

全剖视图一般用于表达内部结构形状相对较复杂，而外部结构形状简单且又不对称的物体，或外部结构虽然复杂，但已由其他视图表达清楚的物体。图 8-12b 的主视图，图 8-14 的主、俯视图，图 8-16 的主视图，图 8-18 的主、左视图均为全剖视图。

全剖视图的标注应遵循剖视图的标注规定。

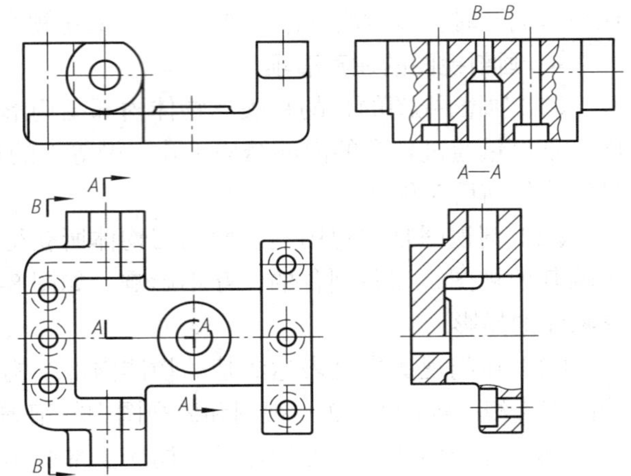

图 8-17 剖视图的标注及特殊位置

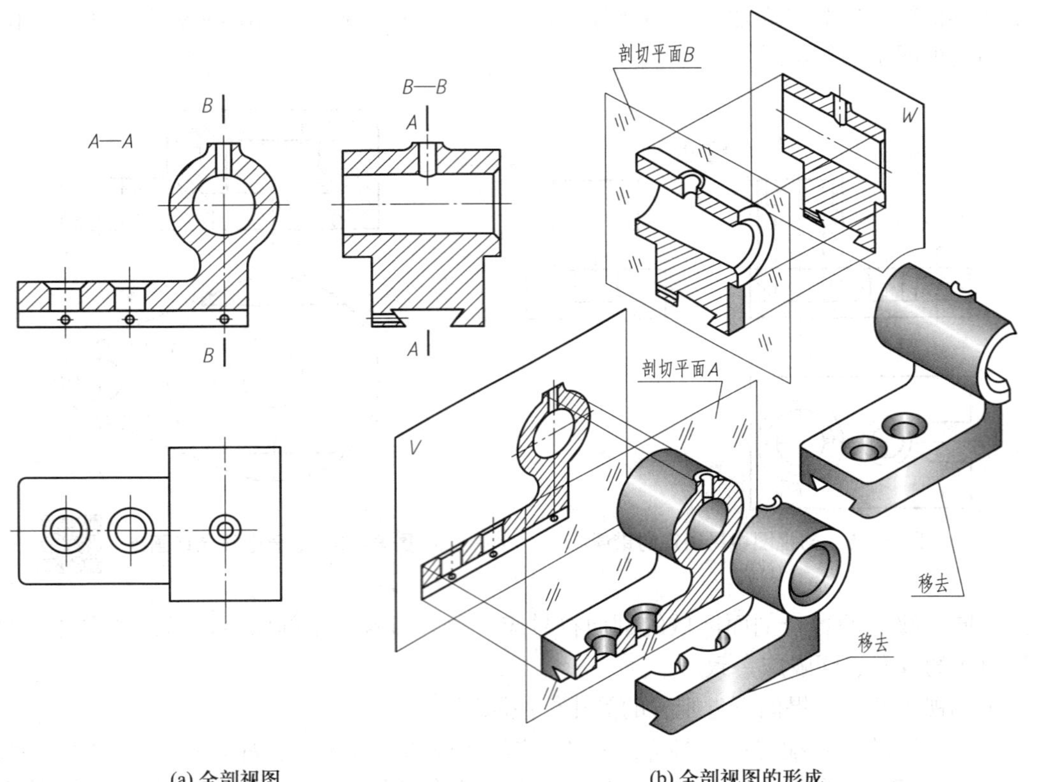

(a) 全剖视图　　(b) 全剖视图的形成

图 8-18 全剖视图

2. 半剖视图

当物体具有对称平面时，向垂直于对称平面的投影面上投射所得的图形，可以对称中心线为界，一半画成视图，一半画成剖视图，这种剖视图称为半剖视图。

由图 8–19 所示物体的三视图可以看出，该物体的内、外结构形状都比较复杂，但其前、后和左、右都对称。如果都用全剖视图，则物体的前面凸台外形、顶板的形状及顶板上四个小孔的位置都不能表达清楚。而采用如图 8–20 所示的剖切方法，移去剖切面与观察者之间那部分的一半，将三个视图均画成半剖视图来表达这个物体，使其既保留了外形，又表达清楚了内部结构。

由于半剖视图能在同一视图中兼顾表达物体的内、外结构，所以适用于内、外结构形状均须表达且具有对称平面的物体，如图 8–20 所示；或接近于对称的物体，其不对称部分已在其他视图中表达清楚时，也可采用半剖视图，如图 8–21 所示。

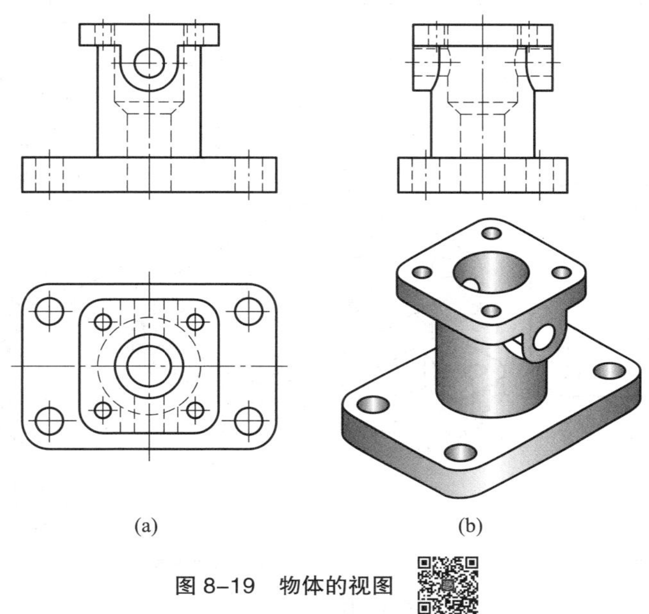

图 8–19 物体的视图

半剖视图的画法与标注应注意以下几方面。

（1）具有对称平面的物体，只能在垂直于对称面的投影面上取半剖；在半剖视图中视图与剖视图之间的分界线必须是细点画线，不能是其他图线，如图 8–20 所示。

（2）半剖视图的配置位置和标注方法与全剖视图完全相同，如图 8–22a 所示的正确标注，避免出现图 8–22b 的错误标注。

（3）由于半剖视图同时表达物体的内、外结构形状，所以内部结构在剖视图中已表达清楚，在表达外形的那一半视图中对称的内部结构的细虚线一般不再画出，如图 8–20、图 8–21 所示。

半剖视图的剖视部分一般左右对称剖右边，前后对称剖前边，上下对称剖上边，如图 8–20 所示。

（4）半剖视图与全剖视图的区别：① 定义的区别，剖开物体后移去一半；② 画法的区别，半剖视图是以细点画线为界，一半画成视图，一半画成剖视图；③ 应用的区别。

3. 局部剖视图

*用剖切面局部地剖开物体所得的剖视图称为***局部剖视图**。这里的“局部地剖开物体”是指剖切面将物体剖开后移去的是剖切面与观察者之间的一部分，既不是一半，也不是全部，如图 8–23 所示。

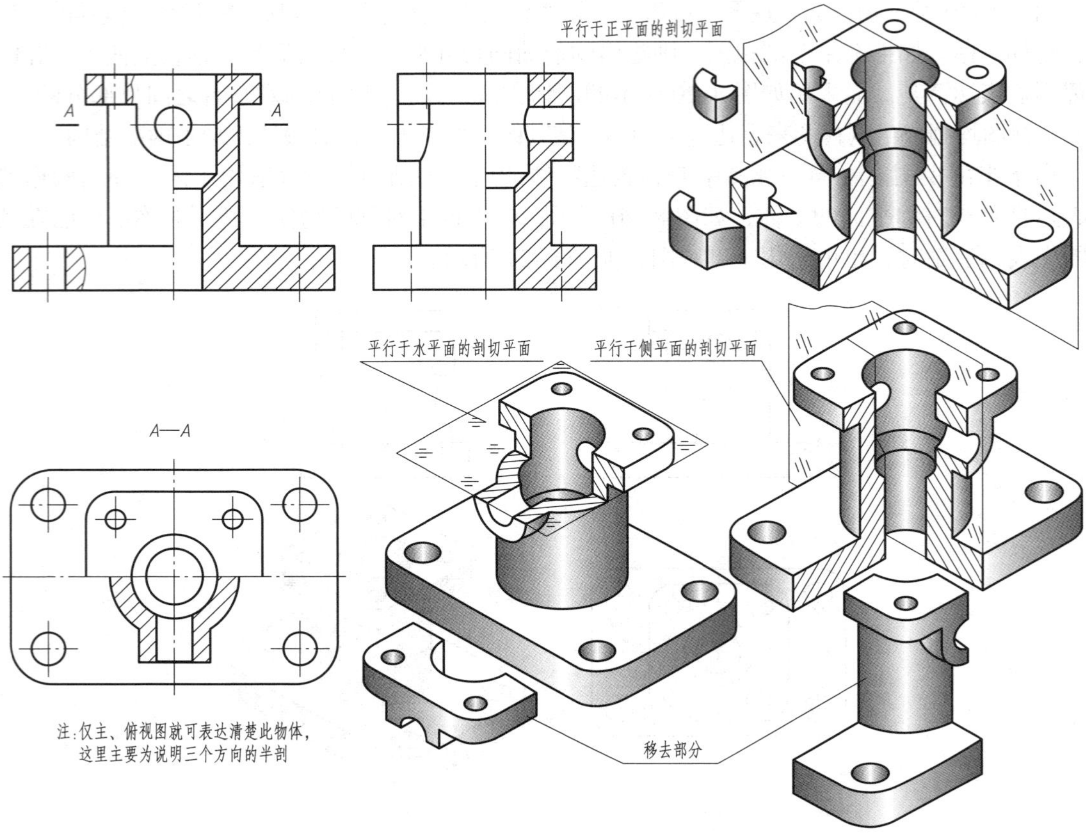

平行于正平面的剖切平面
A
A
平行于水平面的剖切平面
平行于侧平面的剖切平面
A—A
注：仅主、俯视图就可表达清楚此物体，
这里主要为说明三个方向的半剖
移去部分

(a) 半剖视　　(b) 半剖视图的形成

图 8-20　半剖视图

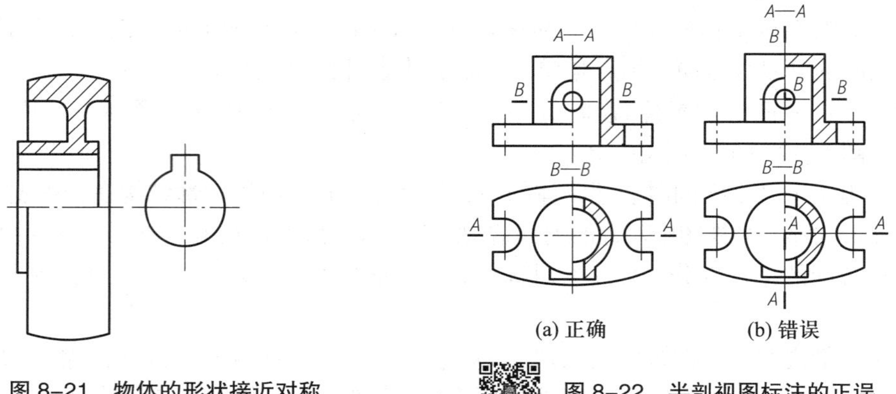

图 8-21　物体的形状接近对称

A—A
B
B
B—B
A
A
A—A
B
B
B
B—B
A
A
A
A

(a) 正确　　(b) 错误

图 8-22　半剖视图标注的正误

局部剖视图的画法是以波浪线或双折线为界，一部分画成视图表达外形，另一部分画成剖视图表达内部结构。局部剖视图是一种比较灵活的兼顾内、外形的，不受图形是否对称等条件限制的表达方法。剖切面的位置和剖切范围的大小可根据表达物体的需要而定。

局部剖视图一般适用于以下情况。

（1）物体不对称，内、外形状又均须表达，不宜采用半剖，也不能采用全剖的情况，可采用局部剖视图表达物体，如图 8-23b 所示。

（2）物体对称，采用半剖视图将物体的内、外结构形状基本表达清楚，但局部的孔、槽未表达清楚时，可采用局部剖视图表达物体上的局部结构，如图 8-20 中主视图上的局部剖视图。

（3）当物体对称，但对称面上有棱线或平面，致使对称面的投影不能全部用细点画线表示（即点画线处被其他图线占据），不宜画成半剖视图时，可采用局部剖视图表达，如图 8-24 所示。

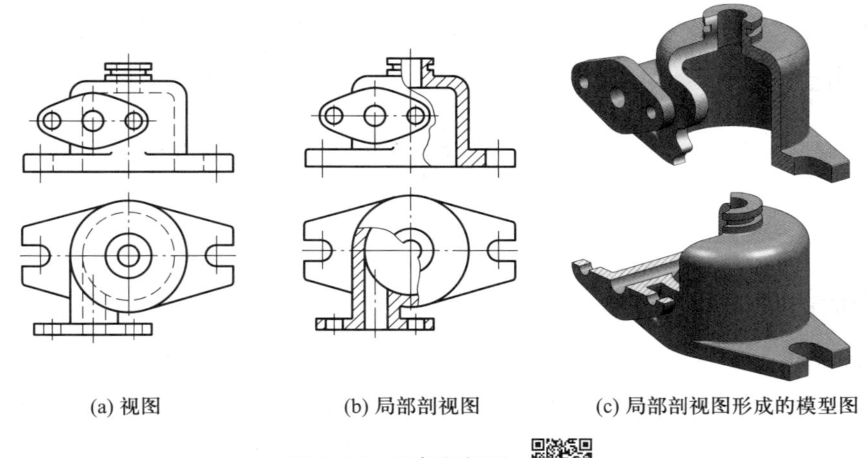

(a) 视图　　(b) 局部剖视图　　(c) 局部剖视图形成的模型图

图 8-23　局部剖视图 

局部剖视图的标注应遵循剖视图的标注规则。但对于单一剖切面、剖切位置明显的局部剖视图，应省略标注。

画局部剖视图应注意以下情况。

（1）局部剖视图的分界线一般是波浪线或双折线。当被剖切结构为回转体时，允许将该结构的轴线作为局部剖视图与视图的分界线，如图 8-25 所示的主视图。

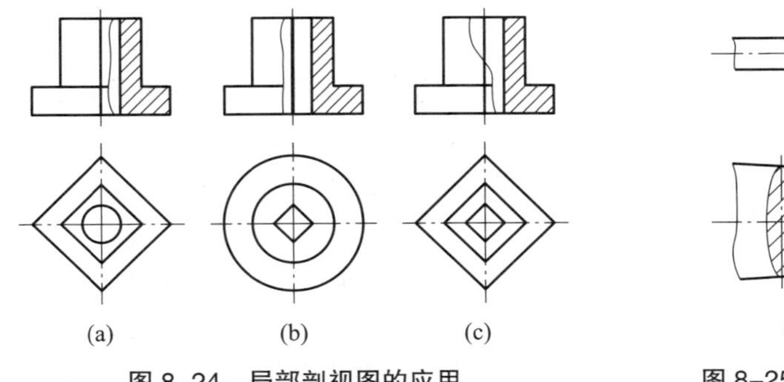

(a)　　(b)　　(c)

图 8-24　局部剖视图的应用

(a) 一般画法　　(b) 允许画法

图 8-25　被剖切结构为回转体的局部剖视图

（2）用波浪线或双折线表示移走部分和保留部分断裂面的投影，因此波浪线不应画在剖切面与观察者之间的通孔、通槽或缺口的投影范围内；也不应超出投影轮廓线的范围；波浪线不应与图形轮廓线重合，也不能画在轮廓线的延长线上。如图 8-26 注释所示。

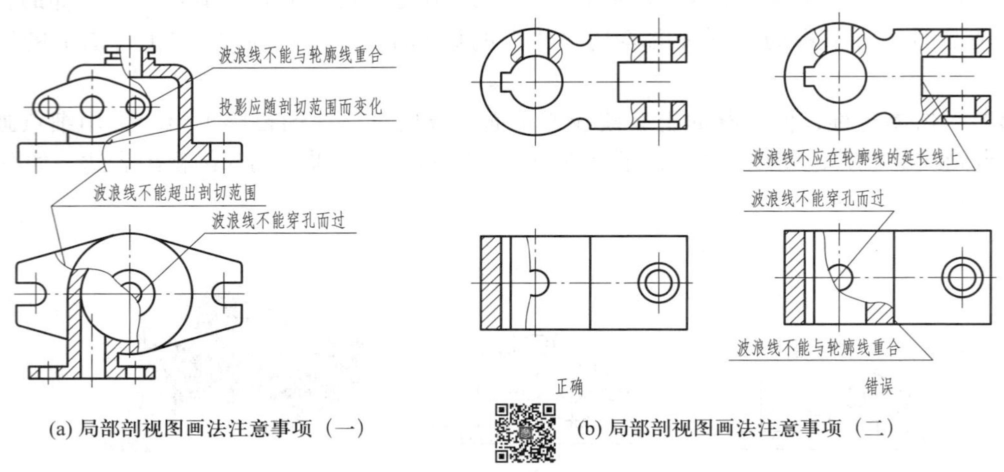

(a) 局部剖视图画法注意事项（一） (b) 局部剖视图画法注意事项（二）

图 8-26 局部剖视图中的波浪线的正误画法

8.2.3 剖切面的种类

1. 单一剖切面

单一剖切面有**平行于基本投影面的单一剖切平面、不平行于基本投影面的单一剖切平面**和**单一剖切柱面**三种形式。用其中任意一种单一剖切面剖开物体，均可获得全剖视图、半剖视图和局部剖视图。

（1）用平行于基本投影面的单一剖切面（这里称为**单一正剖切面**）剖开物体，获得全剖视图、半剖视图和局部剖视图，达到表达物体的内、外结构形状之目的。前面介绍的全剖视图、半剖视图和局部剖视图中所用的剖切面均属此种剖切面。这是一种常用的剖切方法。

（2）用不平行于任何基本投影面，但垂直于一个基本投影面的单一剖切面（这里称为**单一斜剖切面**）剖开物体，获得全剖视图、半剖视图或局部剖视图来达到表达物体上倾斜部分的内、外结构实形之目的。图 8-27b 表示了用单一斜剖切面剖切物体形成剖视图的过程。图 8-27a 中的“*A*—*A*”剖视图是单一斜剖切面剖切物体所产生的全剖视图，充分表达了弯管上倾斜部分顶板的凸缘、凸台和通孔的实形；“*B*—*B*”剖视图是单一正剖切面获得的全剖俯视图表达弯管的通孔和底板实形。图 8-28 是单一斜剖切面获得的局部剖视图。图 8-29 是单一斜剖切面获得的半剖视图。

单一斜剖切平面获得的剖视图是将剖开的倾斜结构投射到与该倾斜结构平行的辅助投影面上，获得的反映其内、外结构实形的全剖视图或半剖视图或局部剖视图。这种方法主要用于表达物体上倾斜部分的内、外结构形状的实形。

用单一斜剖切面剖开物体获得的剖视图，必须全标注，且表示投射方向的箭头应与剖切面垂直。字母不受剖视图倾斜还是转正画出的影响，一律水平书写。剖视图最好配置在箭头所指的方向上，并与基本视图保持投影对应关系，如图 8-27a 主视图左上角处的“*A*—*A*”剖视图；但为了绘图方便或合理利用图幅，允许将剖视图平移到适当位置，如图 8-27a 中右下角的“*A*—*A*”剖视图，这时标注不变；在不至于引起误解时，也可将图形在任何位置上转正画出，这时标注要加注旋转符号，如图 8-27a 右上角所示的标注。

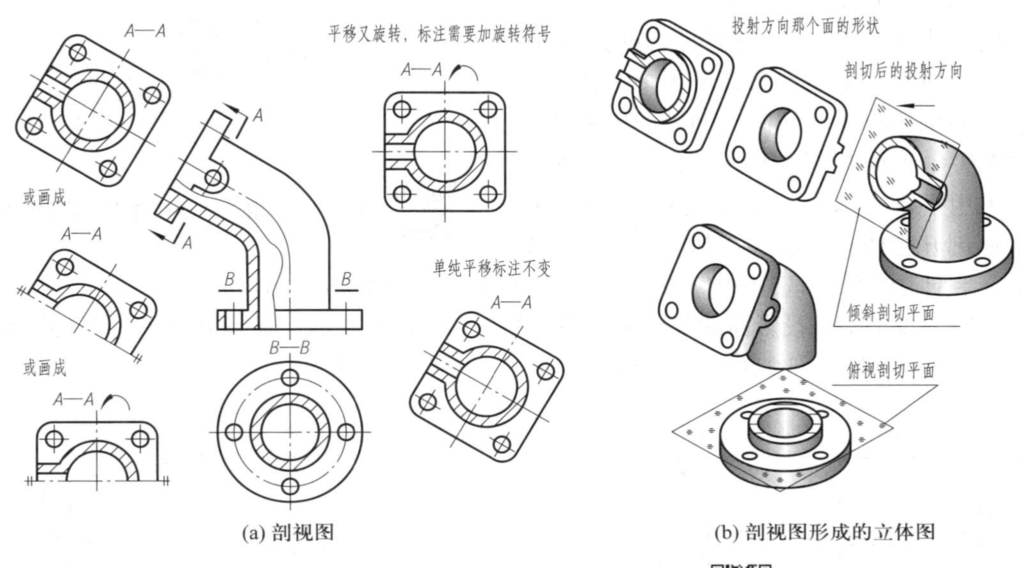

(a) 剖视图　　(b) 剖视图形成的立体图

图 8-27　用单一斜剖切面获得的全剖视图

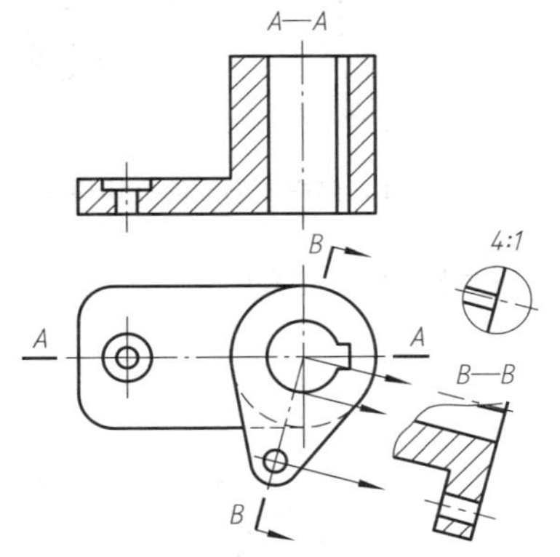

图 8-28　用单一斜剖切面剖得的局部剖视图

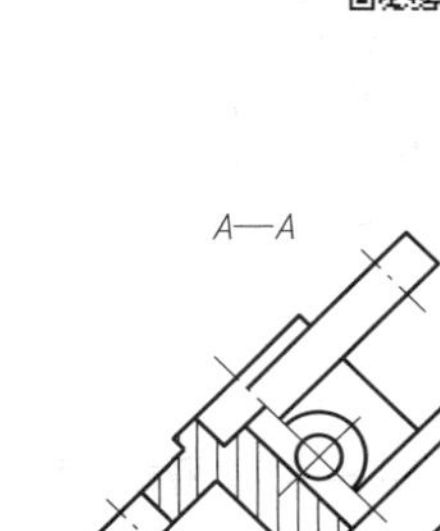

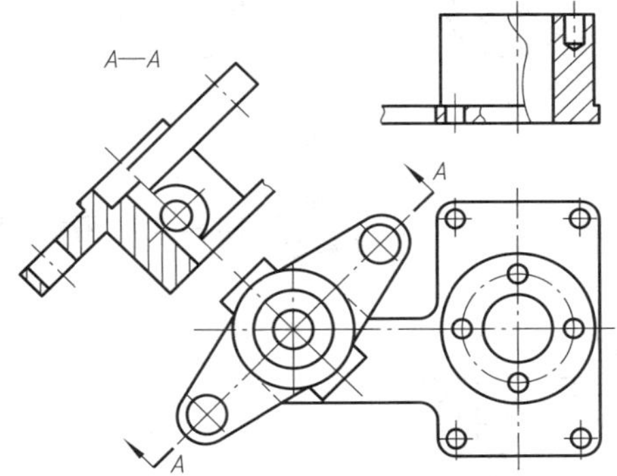

图 8-29　用单一斜剖切面剖得的半剖视图

对于用单一剖切面获得的全剖视图对称，也可画成如图 8-27a 左下角所示的图形，标注同上面规定。

（3）用单一剖切柱面剖开物体也可获得全剖视图、半剖视图和局部剖视图，达到表达物体的内、外结构形状之目的。采用单一剖切柱面剖开物体时，一般剖视图应按展开绘制，如图 8-30 所示。当然，图 8-30 的主视图也可改画成半剖视图。

2. 几个相互平行的剖切平面

相互平行的剖切平面有相互平行的正剖切平面和相互平行的斜剖切平面两种。用其中任一种剖切平面剖开物体，均可以获得全剖视图、半剖视图和局部剖视图来表达物体上分别处于不同的平行平面上的不同结构形状的内部结构。

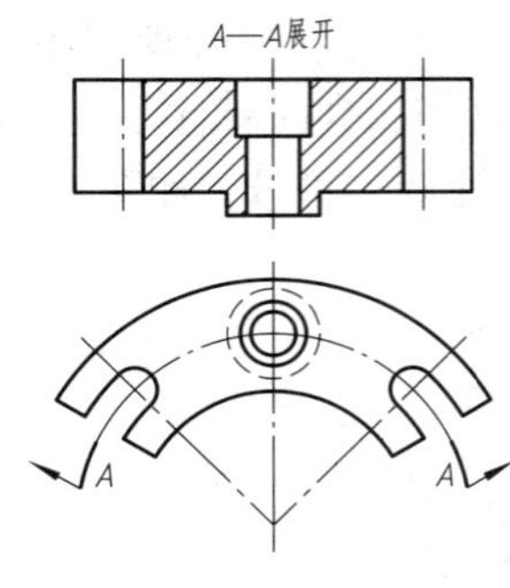

图 8-30 用单一剖切柱面剖得的全剖视图

当物体上具有多个不在同一剖切平面上的内部结构需要表达，并在选定的投射方向上，这些内部结构的投影互不重叠时，可用多个相互平行的剖切平面剖开物体，在同一剖视图中表达处于不同层次的多个内部结构形状，如图 8-31 所示。

（1）用平行于基本投影面的几个相互平行的剖切平面剖开物体，一般都在基本视图上获得全剖视图、半剖视图和局部剖视图，如图 8-31、图 8-32、图 8-33 所示。

（2）用垂直于基本投影面的几个相互平行的剖切面剖开物体，在辅助投影面上获得的全剖视图、半剖视图和局部剖视图，如图 8-34 中的“*A—A*”半剖视图。

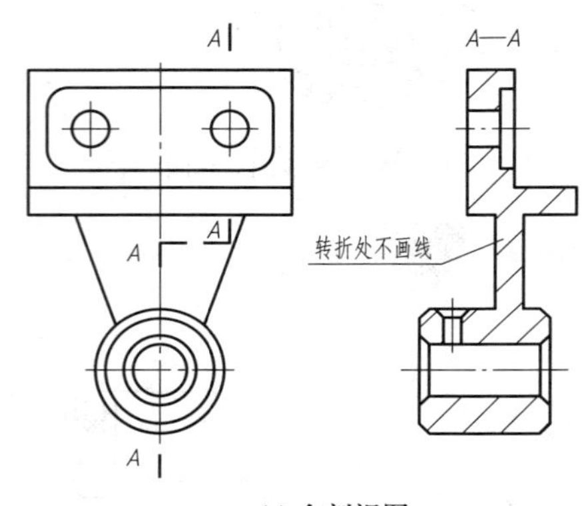

(a) 全剖视图

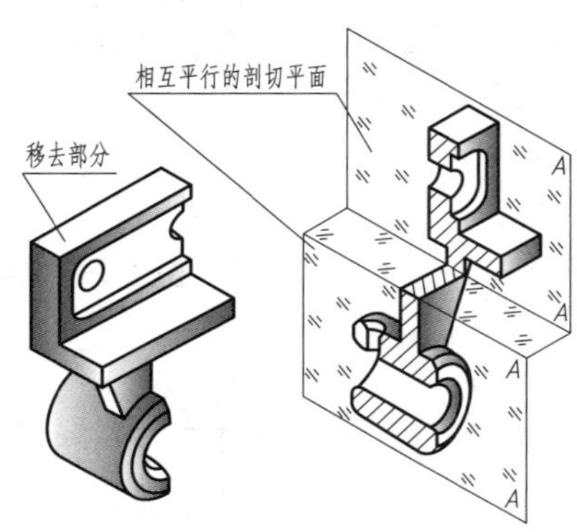

(b) 剖视图形成的立体模型图

图 8-31 用相互平行的两个正剖切面获得的全剖视图

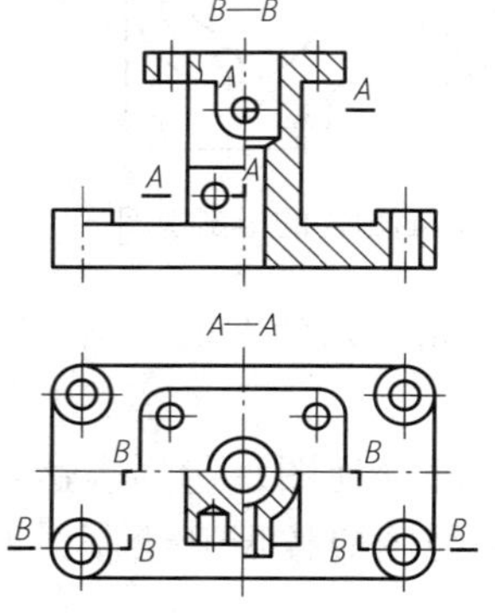

图 8-32 用几个平行的正剖切面获得的半剖视图

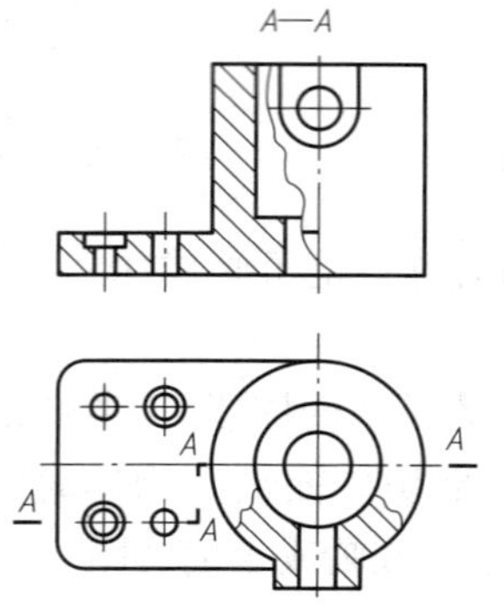

图 8-33 用几个平行的正剖切面获得的局部剖视图

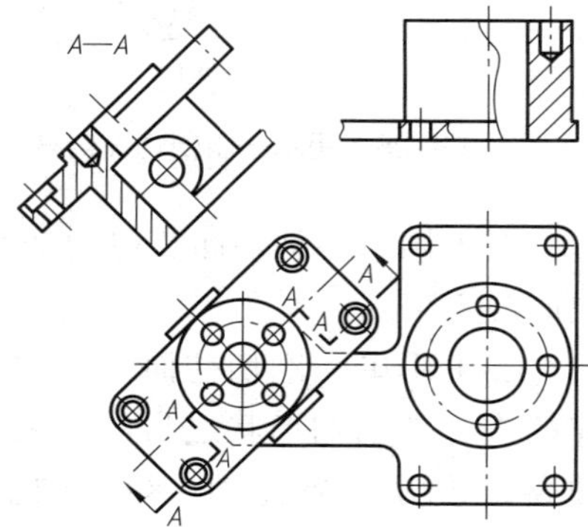

图 8-34 用几个平行的斜剖切面获得的半剖视图

画用相互平行的剖切面获得的剖视图时应注意以下事项。

① 相互平行的剖切面不得相互重叠，彼此之间的转折面应垂直于剖切面，在剖视图中不画出转折面的投影。剖切面的转折处不应与图上的轮廓线重合，如图 8–35b 中的注释。

② 用相互平行的剖切面获得剖视图的标注，一般在剖切面的起始、转折和终止处，用带字母的粗短线表示剖切面的位置和名称，用箭头指明投射方向，在剖视图的上方用相同的字母标出剖视图的名称，当转折处的地方有限且不至于引起误解时，允许省略字母。若剖视图按投影关系配置，中间又无其他图形隔开，可省略箭头，如图 8–35a 的正确标注。

③ 在剖视图上不应出现不完整的结构，相同的内部结构只需剖切到一处即可。

④ 当两个结构要素在图形中具有公共对称中心线或轴线时，可以对称中心线或轴线为界各画一半，如图 8–36 所示。

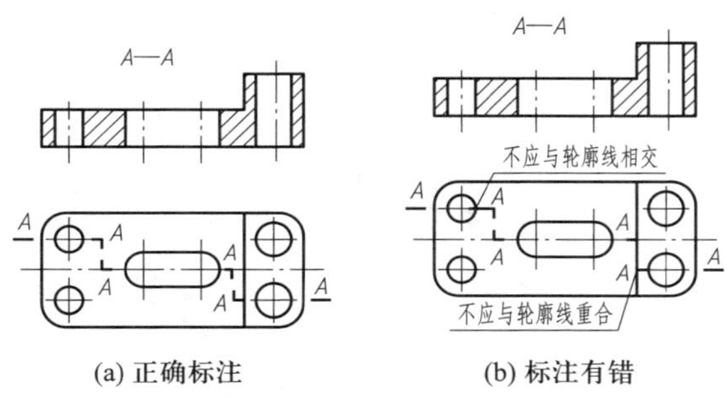

(a) 正确标注　(b) 标注有错

图 8–35　用几个平行的正剖切面获得剖视图的标注

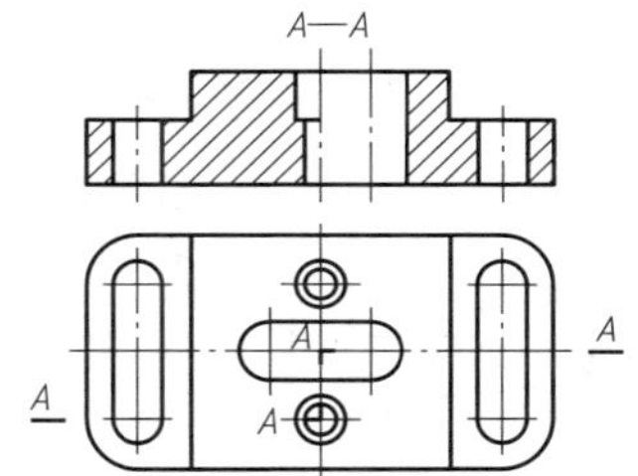

图 8–36　用几个平行的正剖切面获得剖视图的特例

3. 几个相交的剖切面

用几个相交的剖切面（交线一般垂直于某一基本投影面）剖开物体，获得全剖视图、半剖视图和局部剖视图，达到表达物体上分别处于不同平面上的不同结构形状的内部结构之目的。

几个相交的剖切面有：① **几个相交的剖切平面**，而且剖切平面必须是投影面平行面或投影面垂直面；② **几个相交的剖切柱面**，剖切柱面的轴线必须是投影面垂直线。这里主要介绍用几个相交的剖切平面剖开物体获得剖视图的方法。

用几个相交的剖切面剖开物体获得剖视图的方法，是把倾斜的剖切面剖到的结构及有关部分旋转到与选定的投影面平行后再进行投射，倾斜的剖切面后面结构仍按原位置投射，如图 8–37b 是获得“*A—A*”剖视图的过程，图 8–37a 是这种方法获得的剖视图的画法和标注。

用几个相交的剖切面剖开物体获得剖视图的方法多用于：① 物体上具有不同的孔、槽等结构，其轴线绕某一轴线呈放射状分布在不同的平面上，如图 8–37 所示；② 具有公共回转轴的物体上具有倾斜部分的孔、槽等结构需要表达，如图 8–38、图 8–39 中的“*A—A*”剖视图所示；③ 上述情况的组合，用多个相交的剖切平面和柱面剖开物体，获得全剖视图、半剖视图和局部剖视图，如图 8–40 所示。

用几个相交的剖切面获得剖视图的几种情况的处理如下。

（1）剖切面后面的其他结构仍按原位置投射，如图 8–37、图 8–38 中的注释。

（2）当剖切产生不完整要素时，应将此部分按不剖绘制，如图 8–39、图 8–41 所示。

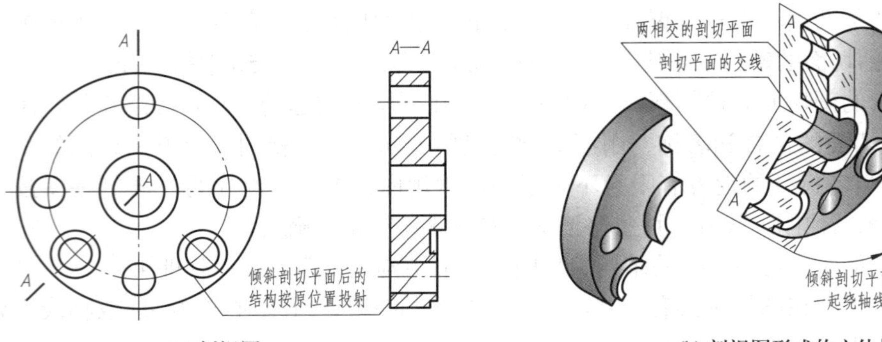

(a) 剖视图　　(b) 剖视图形成的立体模型

图 8-37　用几个相交的剖切平面获得的剖视图（一）

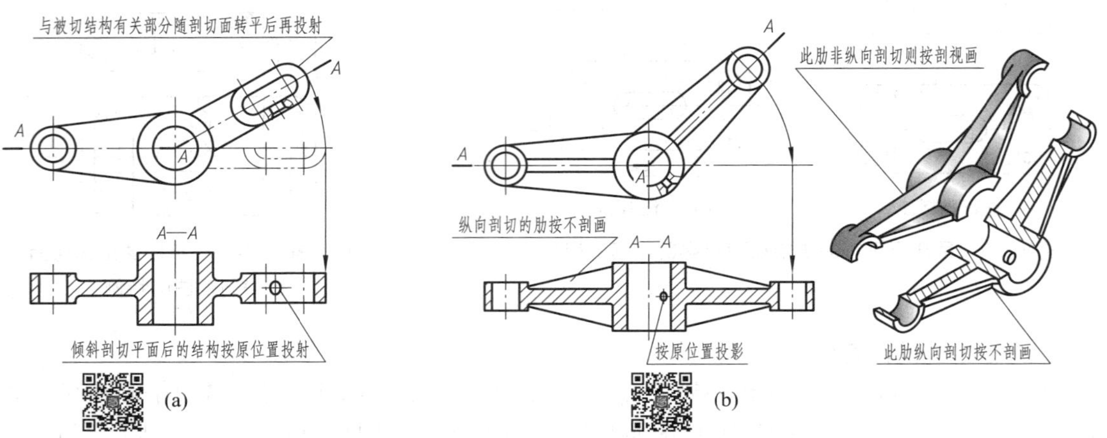

(a)　　(b)

图 8-38　用几个相交的剖切面获得的剖视图（二）

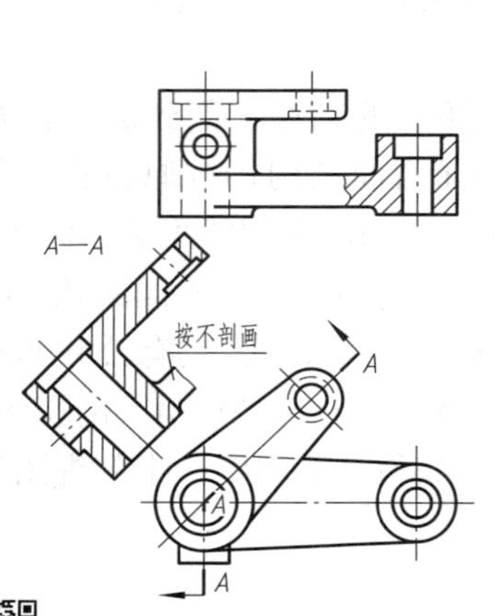

图 8-39　用几个相交的剖切面获得的剖视图（三）

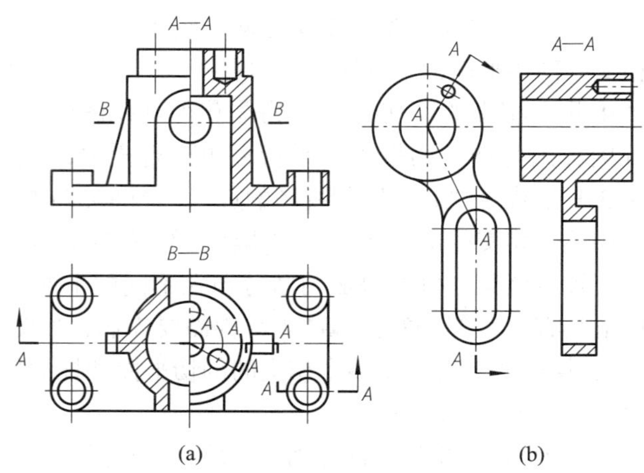

(a)　　(b)

图 8-40　用几个相交的剖切面获得的剖视图（四）

（3）用具有公共交线（即交线重合）的多组相交剖切面剖切物体获得剖视图的画法如图 8-42 所示。

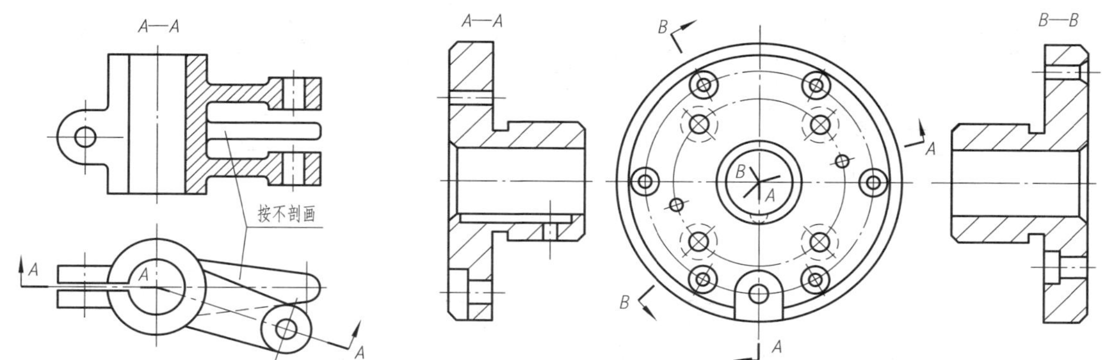

图 8-41 剖切产生的不完整结构的处理　　图 8-42 具有公共交线的多组剖切面获得的剖视图的画法

8.2.4 剖视图的另外一些画法与标注

（1）对同一物体在不同位置上用剖切面剖开，得到图形相同的剖视图，可只画一个剖视图，其标注形式如图 8-43 所示。

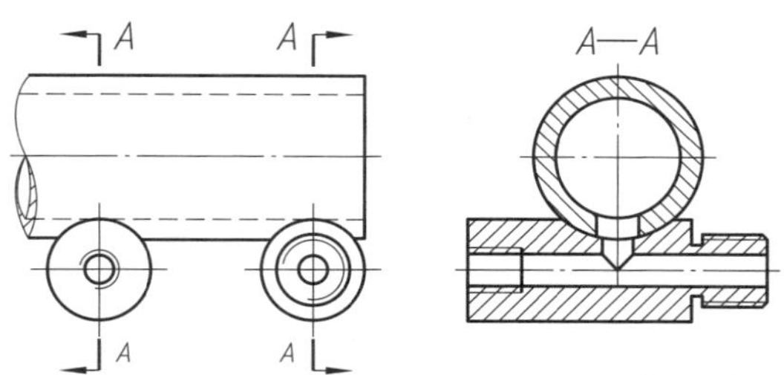

图 8-43 剖视图的另外一些画法与标注（一）

（2）用同一个剖切面剖开物体，按不同方向投射得到的两个剖视图的标注形式如图 8-44 所示。这两个剖视图均可画成一半，如图 8-44b 所示。

（3）当几个平行的剖切面剖开物体，与投射方向一致的剖视图对称（图 8-45a）时，可将这几个对称图形各画一半（或四分之一）合并成一个图形，此时应在剖视图附近标出相应的剖视图名称，如图 8-45b~f 所示的画法。

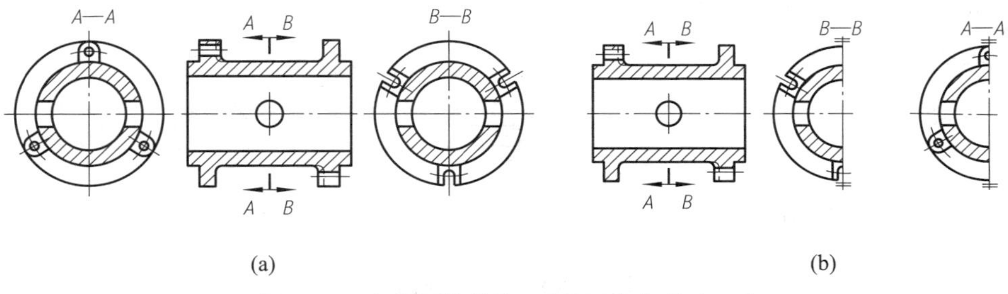

图 8-44 剖视图的另外一些画法与标注（二）

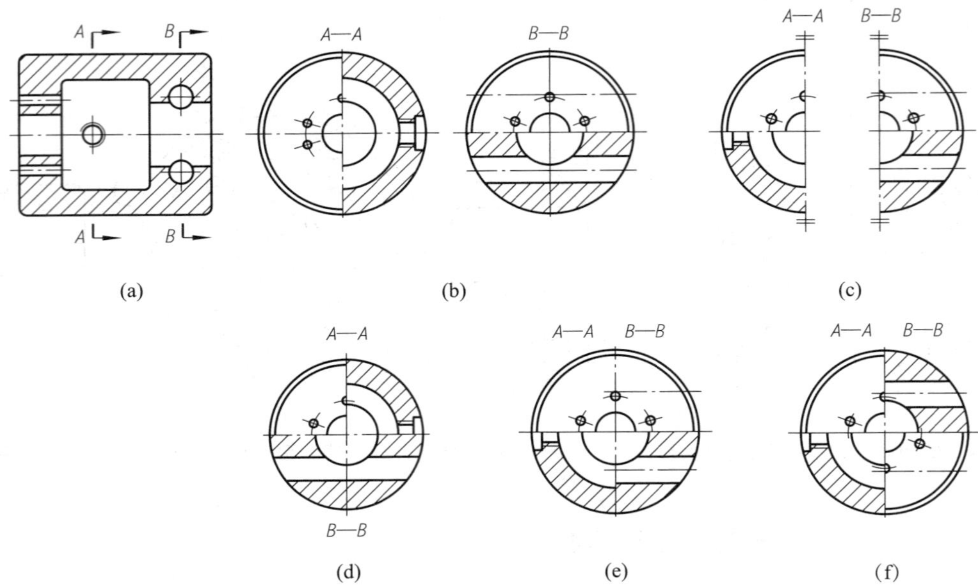

图 8–45 剖视图的另外一些画法与标注（三）

8.3 断 面 图

8.3.1 基本概念

假想用剖切面在物体的某处垂直于轮廓线或轴线切断，仅画出断面（即剖切面与物体接触部分）的图形，称为断面图，简称断面，如图 8–46 所示。

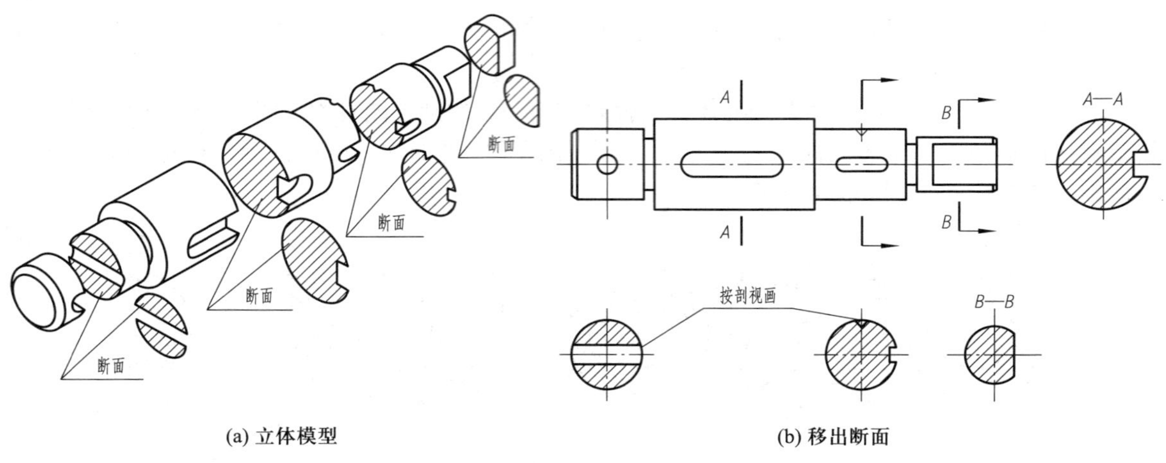

(a) 立体模型 (b) 移出断面

图 8–46 移出断面图

断面图主要用于表达物体某处的断面形状，如轴或杆上的槽或孔的深度及物体上的肋、轮辐等结构的断面形状。

8.3.2 断面图的种类及其画法

根据断面图的配置位置不同，断面图可分为**移出断面图**和**重合断面图**两种。

1. 移出断面图

画在视图轮廓之外的断面图，称为移出断面图，简称移出断面，如图 8-46 所示。

（1）移出断面图的画法

① 移出断面图的轮廓线用粗实线绘制。其图形通常配置在剖切线（指示剖切面位置的细点画线）或剖切符号的延长线上，如图 8-46b 中左起第一、三个剖切位置的断面图。也可将移出断面配置在其他适当位置上，如图 8-46b 中的“*A*—*A*”“*B*—*B*”移出断面图。

② 当剖切面通过回转面形成的孔或凹坑的轴线时，这些结构按剖视画，如图 8-46b、图 8-47a 中的注释。

③ 当剖切平面通过非圆孔，会导致出现完全分离的断面时，这些结构按剖视画，如图 8-47b 所示。

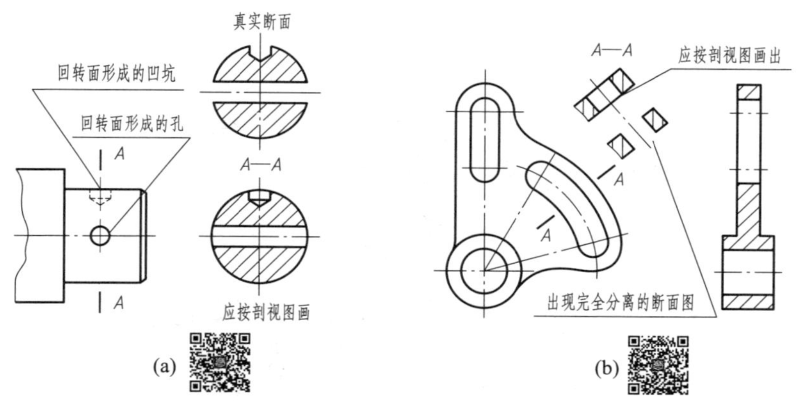

图 8-47 按剖视画的移出断面图

④ 当移出断面对称时，可将移出断面图画在视图中断处，不标注，如图 8-48 所示。

⑤ 由两个或更多相交的剖切面剖得的对称移出断面图，应画在一个剖切线的延长线上，中间应断开，一般不标注，如图 8-49 所示。

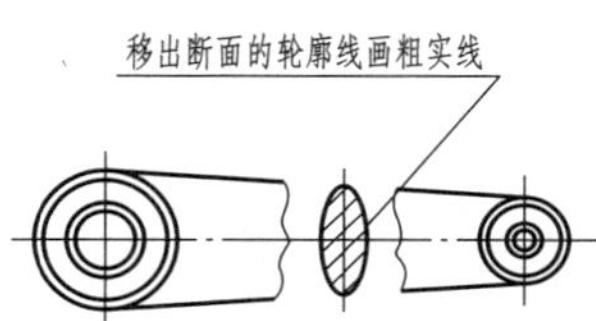

图 8-48 移出断面图画在视图中断处

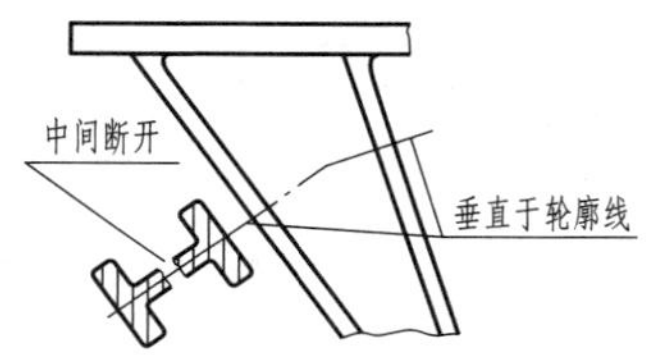

图 8-49 相交的剖切面获得的对称移出断面图

（2）**移出断面图的配置与标注**

① 通常用大写拉丁字母“×—×”标注移出断面图的名称，在相应的视图上用剖切符号表示剖切位置和投射方向，并标注相同的字母。如图 8–46b 中的“*B—B*”移出断面图的标注，剖切符号之间的剖切线可省略。

② 不对称的移出断面图，配置在剖切符号延长线上不标字母，如图 8–46b 中左起第二个断面图的标注；不配置在剖切符号延长线上，要全标注，如图 8–46b 中“*B—B*”移出断面图的标注；如果按投影关系配置，则一般不标箭头，如图 8–46b 中“*A—A*”移出断面图。

③ 对称的移出断面图，配置在剖切线的延长线上不标注，剖切线（用点画线表示）必须画出，如图 8–46b 中左起第一个断面图，又如图 8–50 中左起第一个断面图；不配置在剖切符号延长线上（包括按投影关系配置的），省略箭头，如图 8–47a 中的“*A—A*”和图 8–50 中的“*A—A*”移出断面图的标注。

④ 当单一倾斜的剖切面剖得的移出断面图对称时，可以配置在剖切线的延长线上，不标注；也可配置在其他适当位置上，可省标箭头，如图 8–47b 中的“*A—A*”移出断面图的标注，箭头可省；也可以在不引起误解时，将图形转正画出，要在断面图名称前或后加注旋转符号，如图 8–50 中的“*B—B*”和“*C—C*”移出断面图的标注；当单一倾斜的剖切面剖得的移出断面图不对称时，可以配置在剖切符号的延长线上，不注字母；也可配置在其他适当位置上，但要全标注。

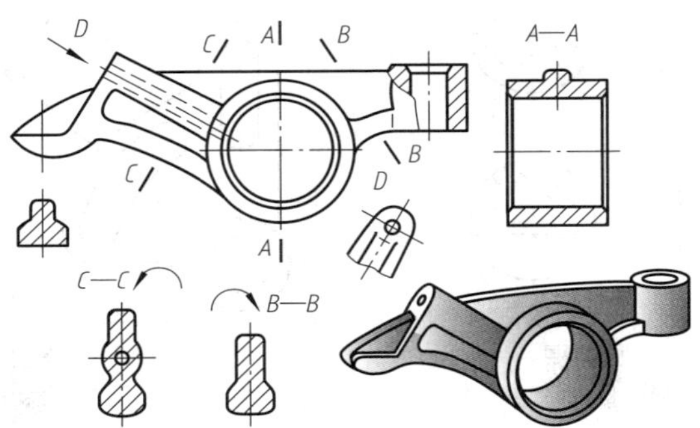

图 8–50 配置在适当位置的移出断面图

⑤ 为了便于读图，对于逐次剖切获得的多个断面图，除按如图 8–46 那样配置之外，也可采用如图 8–51 所示的配置形式。

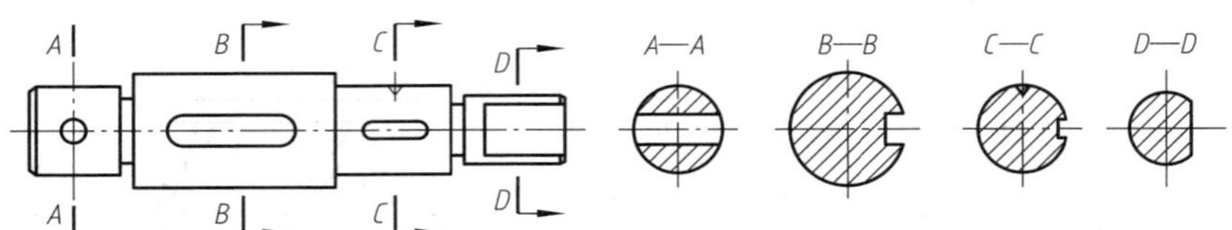

图 8–51 逐次剖切获得的多个移出断面图的配置

2. 重合断面图

画在视图轮廓之内的断面图称为重合断面图，如图 8–52 所示。

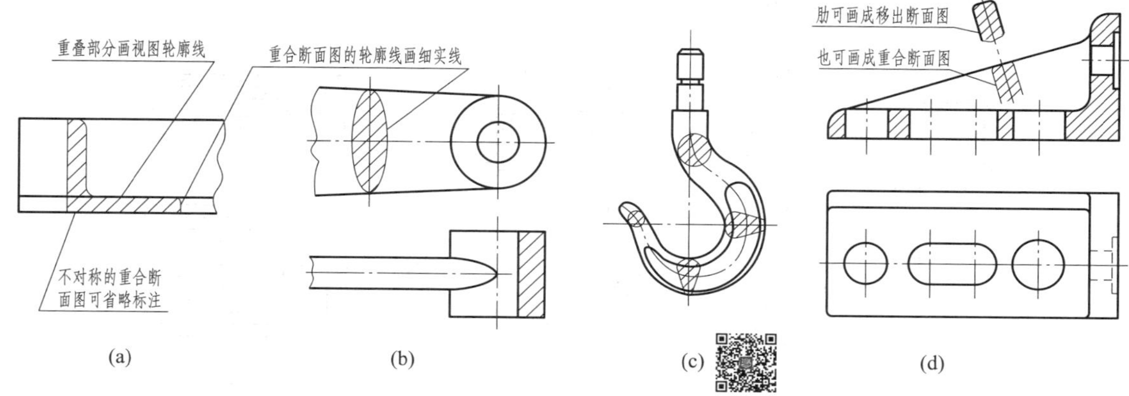

图 8-52　重合断面图

重合断面图的画法和标注：重合断面图的轮廓线用细实线绘制。当视图中的轮廓线与重合断面图的轮廓线重叠时，视图中的轮廓线仍应连续画出，不可间断，如图 8-52a 所示。

对称和不对称的重合断面均省略标注，如图 8-52 所示。

移出断面图与重合断面图的主要区别是位置和断面轮廓线的线型不同。移出断面图的优点是不影响图形的清晰，故用得较多。重合断面图与视图重合，故其优点是显得图形紧凑，一般仅用于断面图形简单、不影响图形清晰的情况。总之，用断面图表达轴、杆类、薄板、肋、轮辐、吊钩等物体的断面形状，既简洁又清晰。

断面图与剖视图的主要区别是断面图仅画出切断面的形状，而剖视图既要画出其断面的形状，还要画出剖切平面后面的可见轮廓线的投影，如图 8-46、图 8-47 中的注释。

8.4　局部放大图

国家标准 GB/T 4458.1—2002 对局部放大图的概念、画法、标注均作了明确规定。

将物体的部分结构，用大于原图形所采用的比例画出的图形，称为局部放大图。

局部放大图主要用于表达物体在原图形中尚未表达清楚的局部结构形状或因图形太小不便于标注尺寸的某些细小结构，如图 8-53 所示。

局部放大图的规定画法、图形位置配置及标注的规定如下。

（1）局部放大图可以画成视图、剖视图、断面图，与被放大部位的表达方式无关，如图 8-53 所示。

（2）局部放大图应放置在被放大部位的附近，一般用细实线圈出被放大的部位（除了螺纹的牙形、齿轮和链轮的齿形外），如图 8-53 中用细实线圈出被放大的部位。

（3）当物体上被放大部位仅有一处时，在局部放大图的上方只需注明所采用的放大比例，如图 8-53b 中标注的 2∶1。

（4）当物体上有几处被放大的部位时，必须用罗马数字依次给每处被放大部位标明编号。

并在局部放大图的上方居中处用分式形式标注，分子标注相应的罗马数字（编号），分母标注局部放大图所采用的比例，如图 8-53a 中的标注。

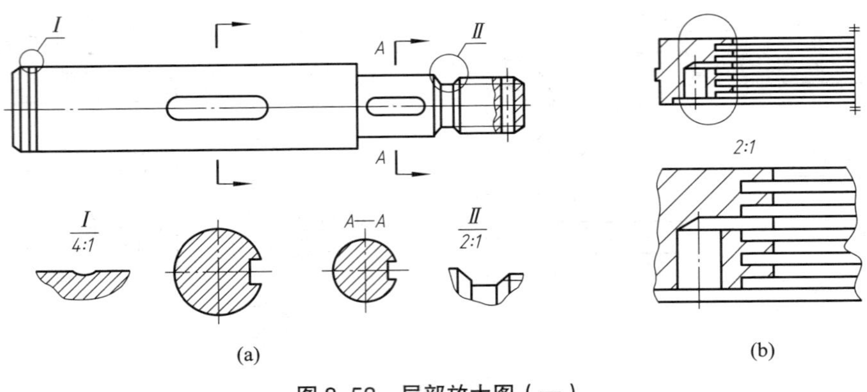

(a)　(b)

图 8-53　局部放大图（一）

（5）同一物体上不同部位的局部放大图的图形相同或对称时，只需画出一个局部放大图，如图 8-54a 所示；在局部放大图表达清楚的前提下，允许在原视图中简化被放大部位的图形，如图 8-54b 所示。

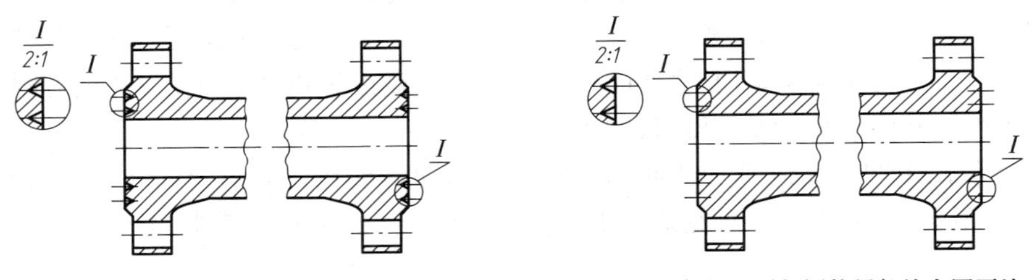

(a) 被放大部位图形相同的局部放大图画法一　(b) 被放大部位图形相同的局部放大图画法二

图 8-54　局部放大图（二）

8.5　机械制图中常用的简化画法

为提高设计绘图的效率和图样的清晰度，国家标准 GB/T 16675.1—2012 规定了一些简化画法。这里仅介绍机械制图中常用的简化画法。在画图中应尽量使用简化画法。

8.5.1　图样简化画法的基本原则

（1）避免不必要的视图和剖视图，尽可能使用有关标准中的规定符号标注来表达设计要求，如机械图样中的尺寸标注尽可能使用符号和缩写词等。

（2）在不致引起误解的情况下，对其他视图已表达清楚的不可见结构形状，不再用细虚线表示。

（3）尽可能减少相同结构要素的重复绘制。

8.5.2 常用的简化画法

1. 用尺寸标注规定符号和缩写词减少视图和剖视图的数量（图 8–55）
2. 在不致引起误解的情况下，应避免使用细虚线表示不可见的结构
3. 相同结构要素的简化画法

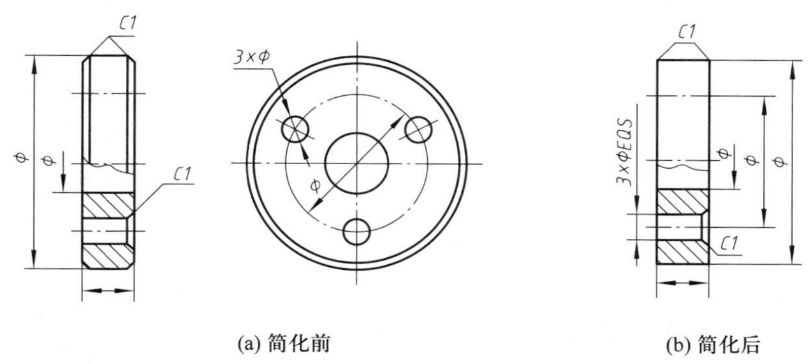

(a) 简化前　　(b) 简化后

图 8–55　用尺寸标注规定符号减少不必要的视图

（1）物体上成规律分布的若干相同的结构形状（如齿、槽等），只需画出一个或几个完整结构，其余用细实线表示，但在图中必须注明相同结构的总数，如图 8–56 所示的“× 个”和“7 个”。

（2）物体上成规律分布的若干直径相同的孔（如圆孔、螺纹孔和沉孔等），只需画出一个或几个完整结构，其余用细点画线表示该结构要素的位置，但在图中必须注明孔的总数，如图 8–57 中的“33 × ϕ3”和“66 × ϕ6”。

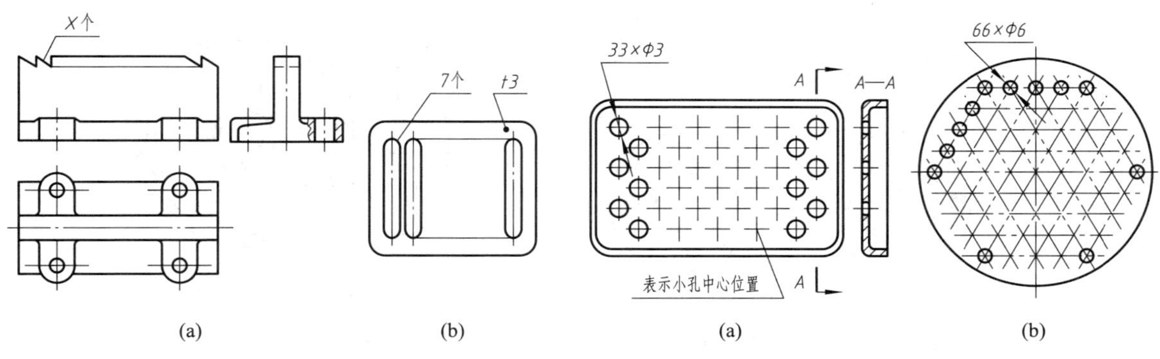

(a)　(b)

图 8–56　重复结构要素的简化画法

(a)　(b)

图 8–57　重复孔结构的简化画法

（3）圆柱形法兰盘和类似零件上均布的孔，可按图 8–58 所示的画法。

（4）当零件在某一投射方向基本对称时，仍可按对称零件的方式绘制，但在其不对称的部分加注说明，如图 8–59 所示。

（5）滚花、槽沟等结构应用粗实线在轮廓线附近部分画出或完全画出。也可不画，只标注尺寸，如图 8–60 所示。

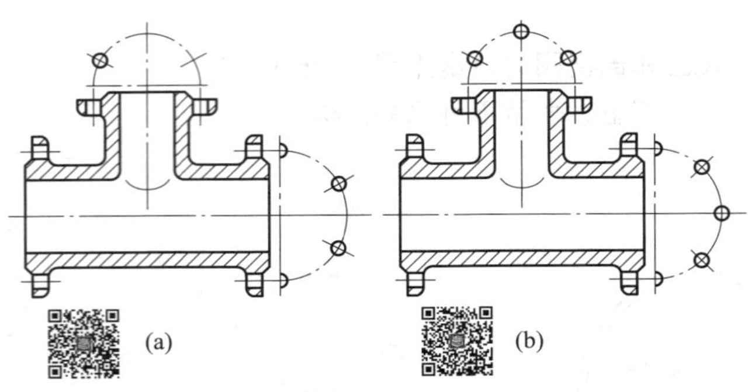

图 8-58 圆柱法兰盘上均布孔的简化画法

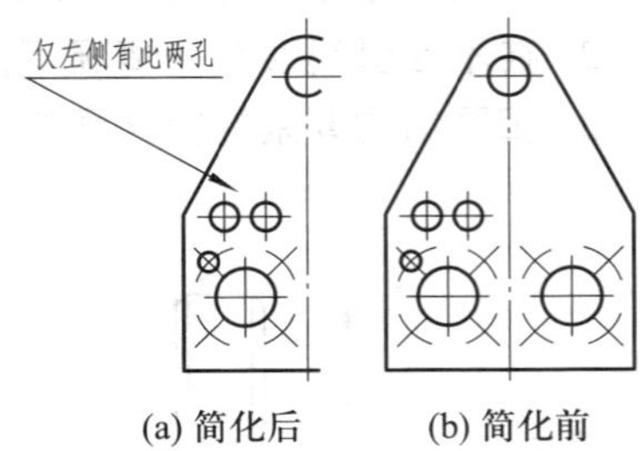

图 8-59 基本对称形状的简化画法

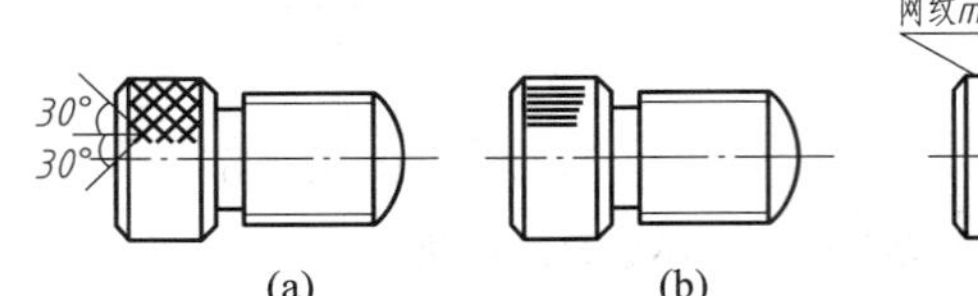

图 8-60 滚花、槽沟等结构的简化画法

4. 对肋、轮辐等结构的简化画法

（1）当回转体上均匀分布的肋、轮辐、孔等结构不处于剖切面位置时，可将这些结构旋转到剖切面上画出，如图 8-61a、b 所示。

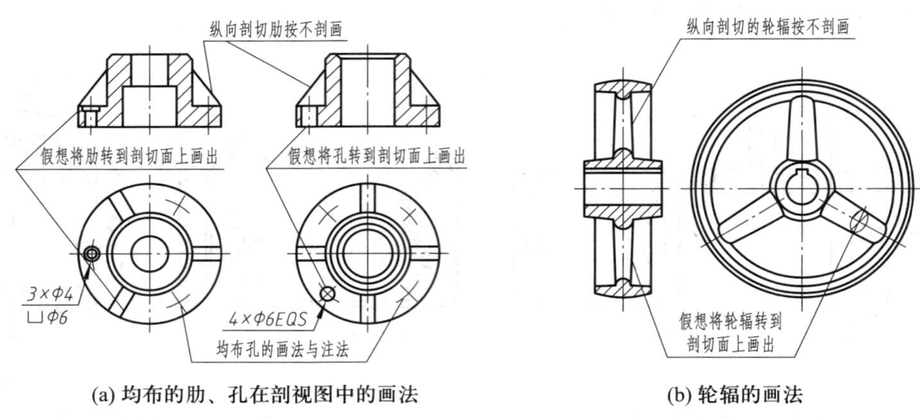

(a) 均布的肋、孔在剖视图中的画法　　(b) 轮辐的画法

图 8-61 回转体上均布的肋、轮辐、孔等的规定画法

（2）对于物体上的肋、轮辐等薄壁结构，若按纵向剖切，则这些结构在剖视图中按不剖画，并用粗实线与邻接部分分开，如图 8-61、图 8-62 所示的主视图；非纵向剖切应画剖面符号，如图 8-62 所示的俯视图。

5. 对较长物体的断裂画法

较长的物体（轴、杆、型材、连杆等）沿长度方向的形状一致或按一定规律变化时，可以断开后缩短绘制，但标注尺寸时应标注实际的尺寸。其断裂边界可用波浪线、双折线、形象示意画法、双点画线表示，如图 8-63 所示。一般多用波浪线、双折线表示。

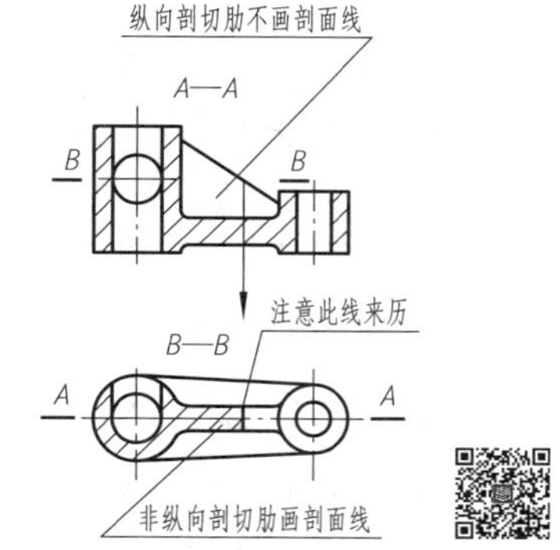

图 8-62 肋的纵向与非纵向剖的画法

6. 物体上较小斜度和锥度结构以及斜度不大的圆或圆弧的投影的简化画法

（1）物体上斜度和锥度等较小结构，如果在一个图形中已表达清楚，则其他图形可按小端画出，如图 8-64a、b 所示。

（2）与投影面倾斜角度≤ 30°的圆或圆弧，其投影可用圆或圆弧代替，如图 8-65a 所示。

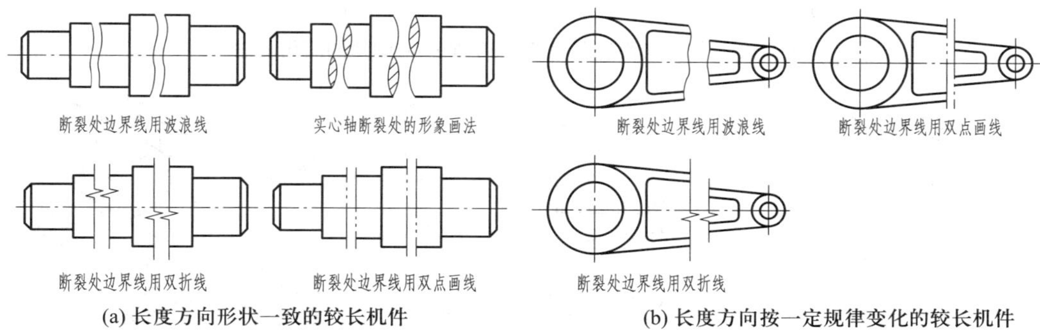

(a) 长度方向形状一致的较长机件 (b) 长度方向按一定规律变化的较长机件

图 8-63 较长物体的折断画法

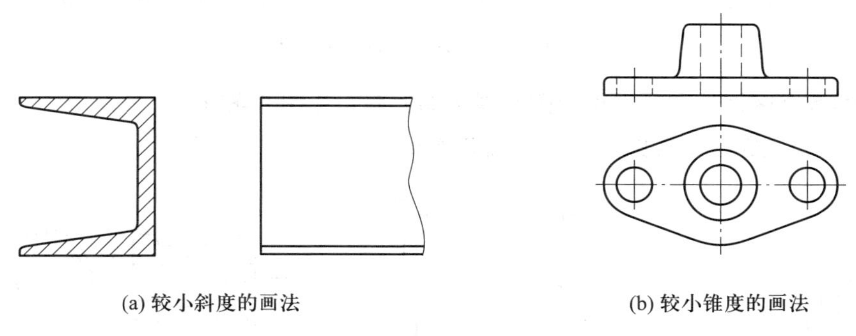

(a) 较小斜度的画法 (b) 较小锥度的画法

图 8-64 较小锥度和斜度的简化画法

7. 较小结构的简化画法

（1）在不致引起误解时，物体上的小圆角、锐边的小倒角或 45°小倒角允许不画，但必须注明尺寸或在技术要求中加以说明，如图 8-66a 所示。较小结构的投影的简化画法如图 8-66c 所示。

（2）在不致引起误解时，相贯线允许简化，允许用圆弧或直线代替非圆曲线，数量上也可省略，如图 8-66b 所示。

8. 对于剖切面前的结构的表示画法

在需要表示位于剖切面前的结构时，这些结构可按假想投影的轮廓线（即用细双点画线）画出，如图 8-67 所示。

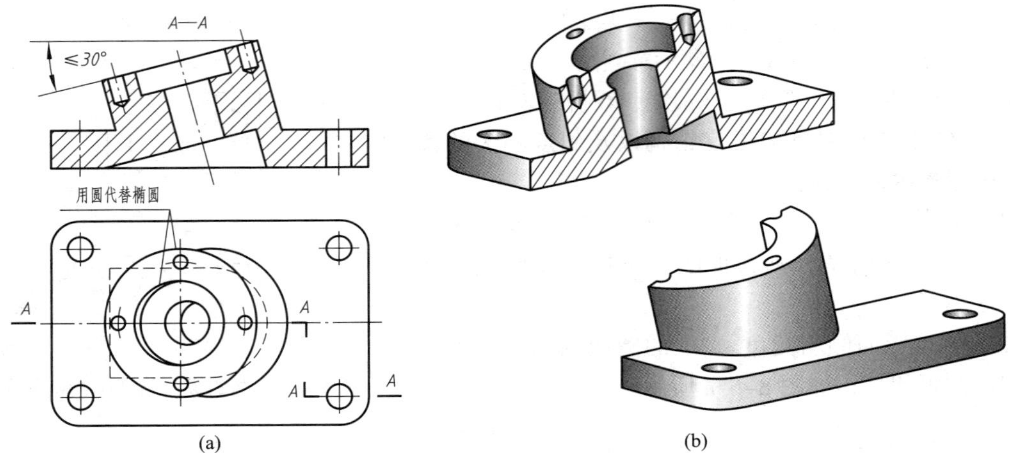

图 8-65 与投影面倾斜角度≤30°的圆或圆弧的简化画法

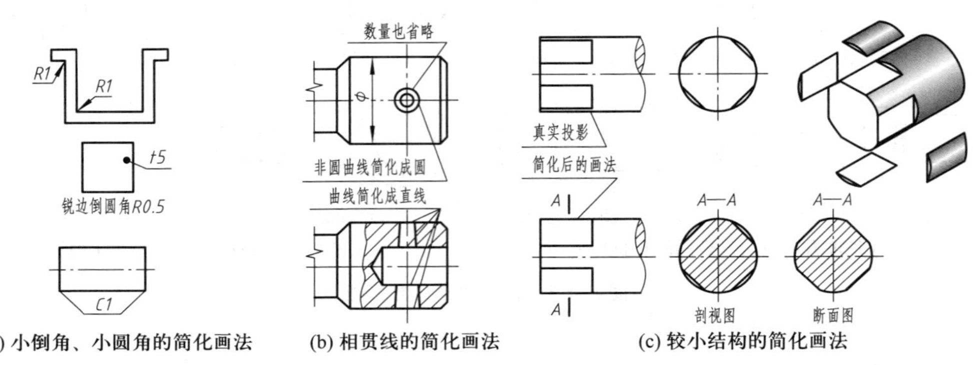

图 8-66 较小结构的简化画法

9. 物体的两个图形相同的局部视图和斜视图的表示（图 8-68a）

10. 两个相同视图或剖视图的表示（图 8-68b）

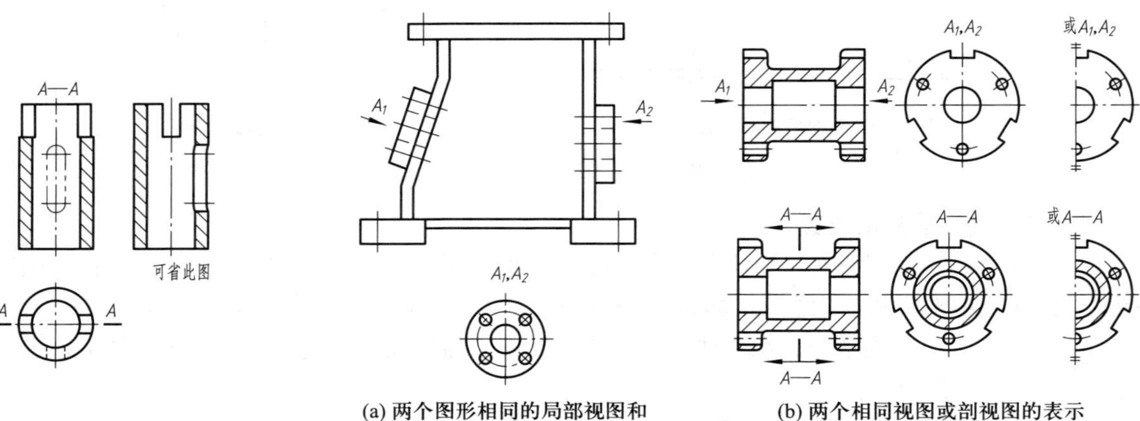

图 8-67 剖切面前面结构的表示

图 8-68 相同图形的表示

11. 在不致引起误解的情况下，剖面符号可省略，但有关标注规定不变（图 8–69）

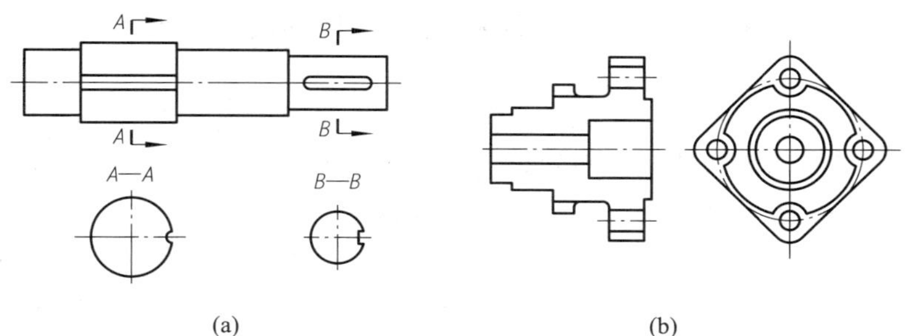

(a) (b)

图 8–69 剖面符号可省略

12. 平面的表示法（表 8–2）

表 8–2 平面结构的几种表示法

不简化的一些画法			平面结构简化画法	实体模型图
用移出断面图表示	用剖视图表示	用视图表示	用平面符号表示	
	A A—A A		矩形平面表示法	
	A A—A A		矩形平面表示法	
此处已简化	A A—A A 此处已简化		矩形平面表示法	
A A A—A	A A—A A		梯形平面的表示法	

8.6 图样基本表示法的综合应用

每种表达方法都有自己的画法、标注及应用范围、注意事项，要根据物体的具体结构形状进行具体分析，灵活而恰当地选择适当的表达方法，达到用最少的视图数量来完整、正确、清晰地表达物体各部分的内、外形状。在确定表达方案时，既要考虑读图、画图的方便，又要考虑尺寸标注问题。所以在选择表达方案时，既要使每个视图、剖视图、断面图和局部放大图等有明确的表达目的，又要注意它们之间的相互联系，避免重复表达；同一物体可能有多种表达方案，一定要对各种表达方案进行分析、比较、优化，选择最佳方案。

8.6.1 综合应用举例

例 8–1 根据图 8–70 所示的阀体立体模型图，选择适当的表达方案。

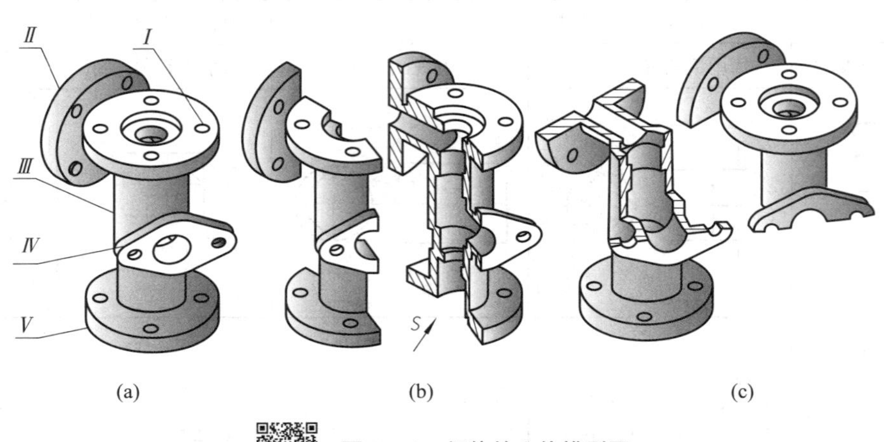

图 8–70 阀体的立体模型图

（1）**形体分析、结构特点分析和表达方法分析**

阀体大致分为五大部分：*Ⅰ* 是顶法兰，*Ⅱ* 是左上方法兰和接管，*Ⅲ* 是阀体主体，*Ⅳ* 是右前方法兰和接管，*Ⅴ* 是底法兰。该阀体的结构特点及解决的方法是：上下、左右、前后均不对称，内、外结构形状均较复杂，且均须表达，显然不能用半剖视图。左上方与右前方法兰及接管之间有一个夹角，且两者间具有一个公共的旋转轴。所以，主视图可采用相交的两剖切面剖开阀体，以表达沿阀体轴线方向的主体和整体的内、外形状及各组成部分的相对位置。 左上方与右前方法兰及接管不在同一个高度，所以俯视图可用两个平行于 *H* 面的相互平行的剖切面剖开阀体，或用外形视图加局部剖视图以表达这两部分的相对位置和它们的内孔形状、相对位置及底、顶法兰的形状及小孔的分布情况；剩余左上方法兰和右前方法兰的形状端面可采用局部视图、斜视图或简化画法等方法来表达。

（2）**确定阀体的摆放位置及主视图的投射方向**

阀体的摆放位置应符合其工作位置的原则，因左上方与右前方圆形法兰及接管之间有一个夹角，这时应使其中一个法兰及接管处于正平面的位置。主视图的投射方向按 S 方向能较好地反映阀体沿轴线方向的各组成部分的结构和相对位置。

（3）**确定表达方案、绘制图样**

根据上述的分析及主视图投射方向的确定，阀体表达方案比较多，这里仅给出四个表达方案，如图 8–71 所示。

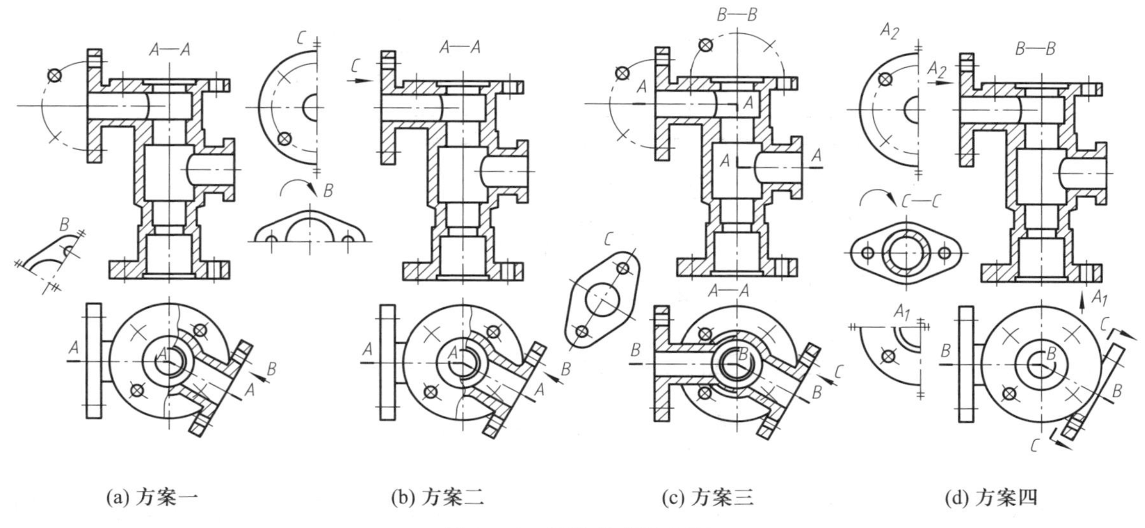

(a) 方案一　(b) 方案二　(c) 方案三　(d) 方案四

图 8–71　阀体的表达方案

方案一与方案二比较，主视图和俯视图采用的表达方法、内容及表达的目的均一样。主要的区别是对左上方法兰和右前方法兰的表达方法的不同。方案一对左上方法兰采用了简化画法，对右前方法兰采用了斜视图的局部视图的简化画法；方案二对左上方法兰采用了局部视图的简化画法，对右前方法兰采用了斜视图的局部视图的简化画法。显然，方案一比方案二更简洁。

方案三与方案一比较，主视图采用的表达方法、内容及表达的目的均一样。而主要的区别是俯视图采用的表达方法和表达内容不同。方案三由于俯视图是采用相互平行的剖切面获得的全剖视图，顶法兰在俯视图中未表达，所以在主视图上方增加了一个简化画法。对右前方法兰仅采用了斜视图。方案三较分散，表达内容上又有点重复。从总体来看，方案一比方案三画图更简洁。

方案四与方案一比较，主要的区别：① 俯视图采用的表达方法和表达内容不同。② 对左上方法兰和右前方法兰的表达方法不同。方案四的俯视图采用外形视图加右前方法兰上小孔的局部剖视，这样就丢失了对底法兰形状及孔的分布的表达，故采用了局部视图表示底法兰；右前方法兰的形状采用了单一倾斜剖切面获得的全剖视图来表示。方案四用的视图数量较多，在完整、正确、清晰表达阀体的基础上，从读图和画图的简便来看，方案一是比较好的。

例 8–2　根据图 8–72 所示物体的三视图，重新选择合适的表达方案。

（1）**形体分析和结构特点分析**

由图 8–72 可知，该物体由底板、顶板、左边凸出的圆柱套、前后有肋和主体的圆柱套五部分叠加组成。底板是被挖切得到的不完整圆柱，其上有四个小孔和底板下方有左右、前后贯通的十字槽。顶板是个挖切不完整的薄圆柱。左边凸出的圆柱套和主体的圆柱套内、外表面相贯。主体圆柱套的右侧挖去一个拱形结构。

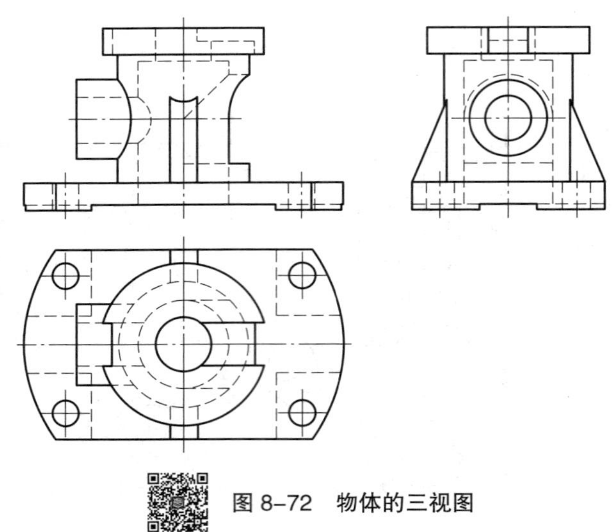

图 8-72 物体的三视图

本物体内部结构较复杂，为了清晰反映其内部结构贯通和挖切情况，主视图可采用全剖视图表达。又由于本物体前后对称，故左视图和俯视图可画成半剖视图，既保留了外形，又表达了内形；如果主视图采用全剖视图表达内外形状，则左视图也可不采用半剖视图，而在左视图位置上画一个右视图，俯视图也可以不采用半剖图，而采用两个局部视图表达底、顶板的形状及其上面结构的分布情况。

（2）**确定表达方案，绘制图样**

根据上述分析，这里给出了四个表达方案，如图 8-73 所示。

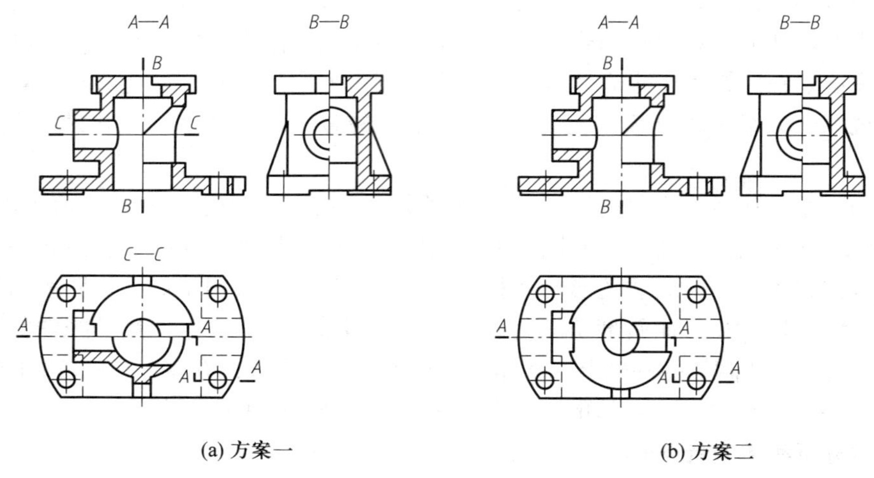

(a) 方案一

(b) 方案二

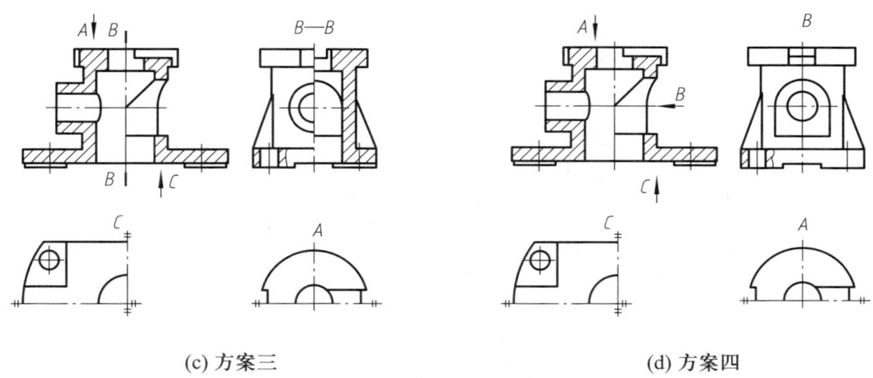

(c) 方案三　　　　(d) 方案四

图 8-73 物体的视图选择表达方案

方案一：采用了三个基本视图。主视图是由两个相互平行的剖切面剖切获得的 *A*—*A* 全剖视图，主要表达该物体的内部结构贯通、挖切情况和底板的小孔，同时又反映了该物体各组成部分的相对位置；左视图画成 *B*—*B* 半剖视图，主要表达主体圆柱套右侧挖去的拱形结构和顶板的挖切槽结构，还表达了肋与其他部分的组成方式和相对位置；俯视图画成了 *C*—*C* 半剖视图，主要表达顶、底板的形状及其上面结构的分布情况和左边凸出的圆柱套与主体圆柱套内部孔以及拱形结构的相贯通的情况。保留了底板十字通槽结构的虚线，既不影响图形的清晰，又更方便于读图。

方案二：采用了三个基本视图。主视图、左视图的画法及表达的重点同方案一，俯视图采用画外形视图，主要表达顶、底板的形状及其上面的结构分布情况。也保留了底板十字通槽结构的虚线，其目的、效果同方案一。至于左边凸出的圆柱套与主体圆柱套内部孔以及拱形结构的相贯情况，在主视图中已表达清楚，本方案没有重复表达。

方案三：采用了两个基本视图和两个局部视图。主视图采用单一剖全剖视图，表达的目的、重点同方案一；左视图的表达方法和表达的目的、重点除同方案一外，在左视图未剖的视图部分采用了局部剖视图，以表达底板上的小孔。图中的 *A*、*C* 向视图分别表达顶板和底板的形状。

方案四：采用了两个基本视图和两个局部视图。主视图的画法和表达目的、内容同方案三，在左视图的位置上画了右视图，主要表达主体圆柱套右侧挖去的拱形结构和肋与其他部分的组成方式、相对位置等外形，并采用了局部剖视图，以表达底板上的小孔。采用 *A*、*C* 向视图表达的目的、重点同方案三。

8.6.2 剖视图的尺寸注法

剖视图的尺寸注法仍用组合体的形体分析法进行，只是因半剖视图或局部剖视图或局部视图而出现一侧有轮廓线、另一侧没有轮廓线的情形，所以尺寸标注出现尺寸线一侧有箭头，另一侧既不画尺寸界线又不画箭头的形式，尺寸线应略超过对称中心线或圆心或轴线或断裂边界线，尺寸数字仍按完整的尺寸数字标注。如图 8-74 中的 10、$\phi20$、$\phi26$ 的标注形式。

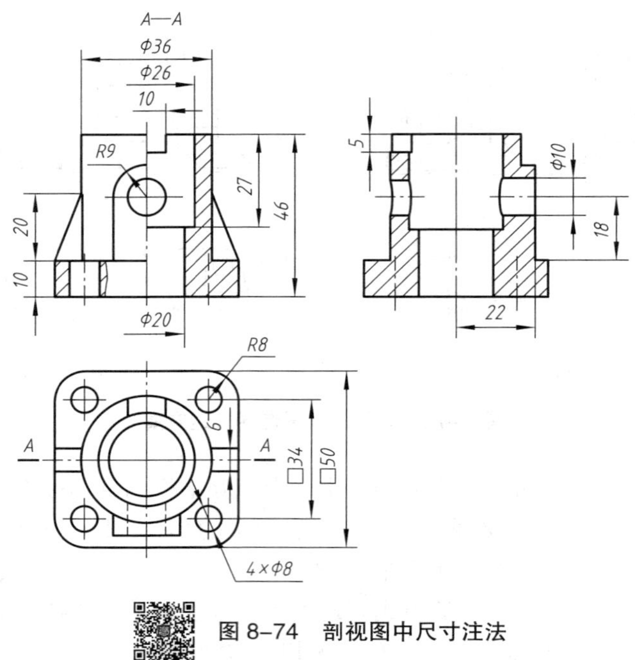

图 8-74 剖视图中尺寸注法

8.7 第三角投影画法简介

为了适应国际贸易和国际技术交流，有必要对第三角投影画法有所了解。下面对第三角投影画法作一简单介绍。

第三角投影画法是将物体置于第三角之内，假设投影面是透明的，保持**观察者、投影面、物体的位置关系**，分别用正投影法在各投影面获得多面正投影图，如图 8-75a 所示；各投影面的展开，使六个基本投影面共面，如图 8-75b 所示。展开后六个基本视图与投射方向的对应关系如图 8-75c、d 所示。

如图 8-76 所示，以主视图为准，其他视图的名称、配置关系、投影规律和方位关系如下。

主视图（前视图）——在 *V* 面上由前向后投射获得物体前面的视图。

俯视图（顶视图）——在 *H* 面上由上向下投射获得物体顶面的视图，位于主视图的上方。

仰视图（底视图）——在与 *H* 面平行的投影面上由下向上投射获得物体底面的视图，位于主视图的下方。

左视图——在与 *W* 面平行的投影面上由左向右投射获得物体左侧的视图，位于主视图的左方。

右视图——在 *W* 面上由右向左投射获得物体右侧的视图，位于主视图的右方。

后视图——在与 *V* 面平行的投影面上由后向前投射获得物体后面的视图，随同右视图转到右视图的右方。

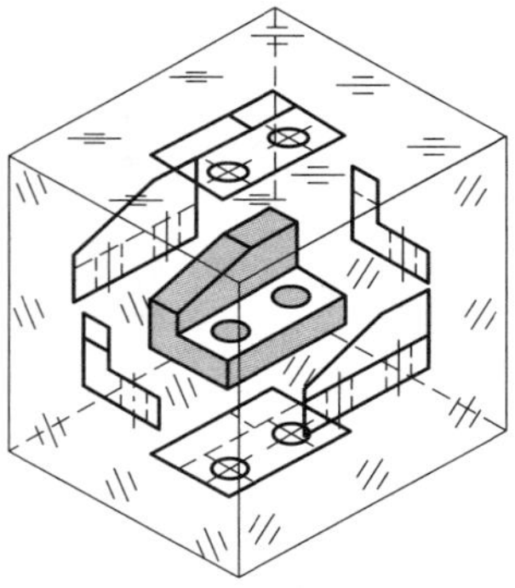

(a) 物体在第三角六个基本投影面内

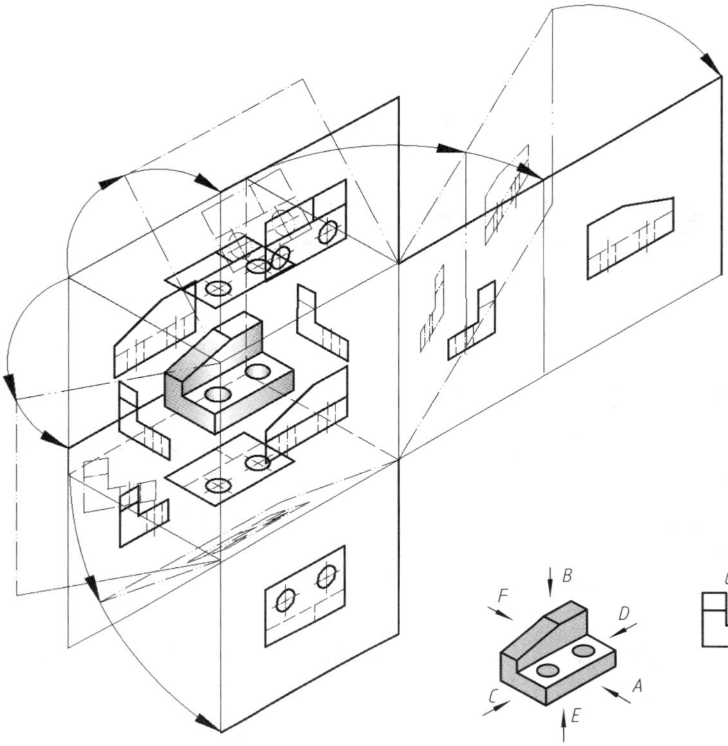

(b) 六个基本投影面的展开　　(c) 投射方向　　(d) 六个基本视图与投射方向

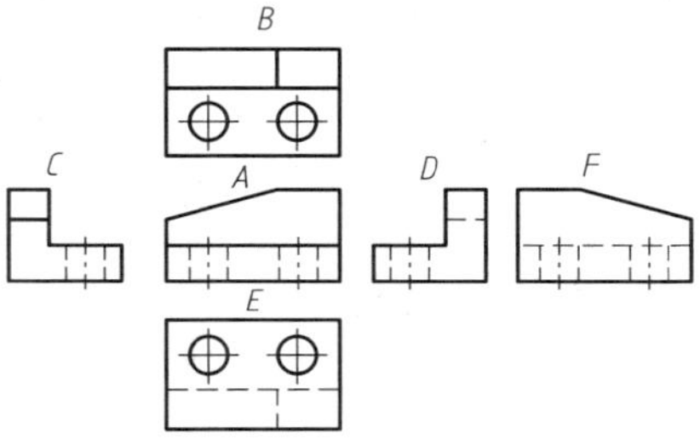

图 8-75　第三角中六个基本视图的形成

各视图之间仍然保持“长对正、高平齐、宽相等”的投影特性，即多面正投影的投影规律：前、顶、底、后四个视图保持“长对正”；左、前、右、后四个视图保持“高平齐”；左、底、右、顶四个视图保持“宽相等”。

按展平后配置的各基本视图一律不标注视图名称，如图 8-76a 所示。否则，需按向视图的标注方式进行标注。为区别第一角画法和第三角画法，国家标准规定在图样中标题栏内用规定的第三角画法的投影识别符号表示。识别符号如图 8-76b 所示，其格式如图 1-7 所示。

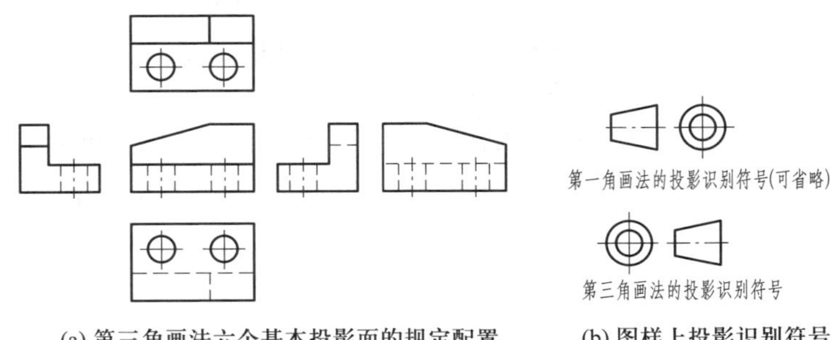

(a) 第三角画法六个基本投影面的规定配置　　(b) 图样上投影识别符号

图 8-76　第三角画法六个基本视图的规定配置和识别符号

第9章 零 件 图

本章学习导读

学习目的与要求：了解零件与机器、零件图与装配图之间的关系，掌握零件图的内容、一般零件的零件图画法和阅读。

学习内容：零件上常用标准结构（功能结构和工艺结构）的特殊画法和标注、零件表达方案的视图选择及尺寸注法、典型零件的表达方法、零件图的技术要求、阅读零件图、零件测绘。

重点与难点：重点是典型零件的表达方法、尺寸注法和阅读零件图。难点是图样画法、标准结构的特殊画法及标注在零件表达中灵活而恰当的应用。

地位及特点：本章是进入机械工程图的开始，是介绍机械工程常识、培养工程文化素质的实践阶段，是综合运用前面所学知识、创新构形设计的阶段，是为拼画装配图作知识、技术和能力储蓄的准备过程。

9.1 机械工程图概述

9.1.1 零件与机器

机械是机器与机构的总称。机构是机械的运动部分，是由构件组成，具有一定的相对运动。机器是执行机械运动的装置，用以变换或传递能量、物料和信息等。

机器是由若干相关的部件、零件用不同的配合类别和不同的连接方式，按设计要求装配而成的。部件是由一组协同工作的零件组成的、独立装配的集合体，即机器的装配单元，如图 9-1a 所示。零件是构成机器的基本实体、机器制造的基本单元，也是机器装配的最小装配单元，如图 9-1b 所示。

9.1.2 机械工程图

机械工程图是机械产品在设计、制造、检验、安装、调试过程中使用的，用以反映产品的

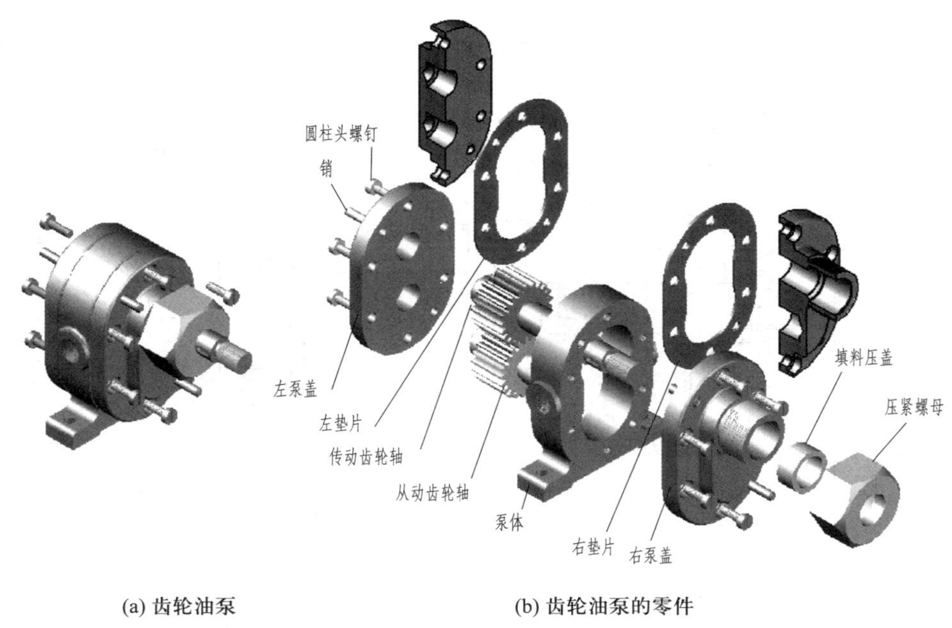

(a) 齿轮油泵　　(b) 齿轮油泵的零件

图 9–1　部件与零件

形状、结构、尺寸、技术要求等内容的工程图样。根据其功能的不同，机械工程图可分为装配图和零件图，各自又可根据其表达内容的范围或作用再细分。

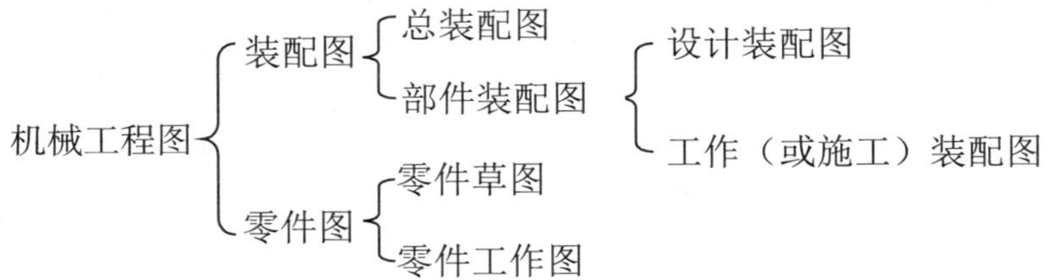

1. 总装配图

总装配图是主要反映整台机器的工作原理、部件间的装配、安装关系、机器外形、安装、使用机器所需要的技术要求，以及机器的主要性能指标参数和用以指导机器的总装、调试、检验、使用、维护等有关信息的图样。

2. 部件装配图

如图 9–2 所示，部件装配图是主要表达部件的特定功能、工作原理、零件之间的装配关系和部件的外形和安装关系，以及装配、检验、安装中所需要的尺寸和技术要求等信息的图样，用以指导装配、调试、安装、检验和拆画零件图。

3. 零件图

如图 9–3 所示，零件图是主要反映单个零件的结构形状、尺寸、材料、加工制造、检验所需要的全部技术要求等信息的图样，是指导生产加工、检验的依据。零件图分零件草图和零件工作图。零件草图是徒手目测、无比例绘制的零件图，多用于零件测绘；零件工作图是用仪器、工具按比例绘制的零件图。

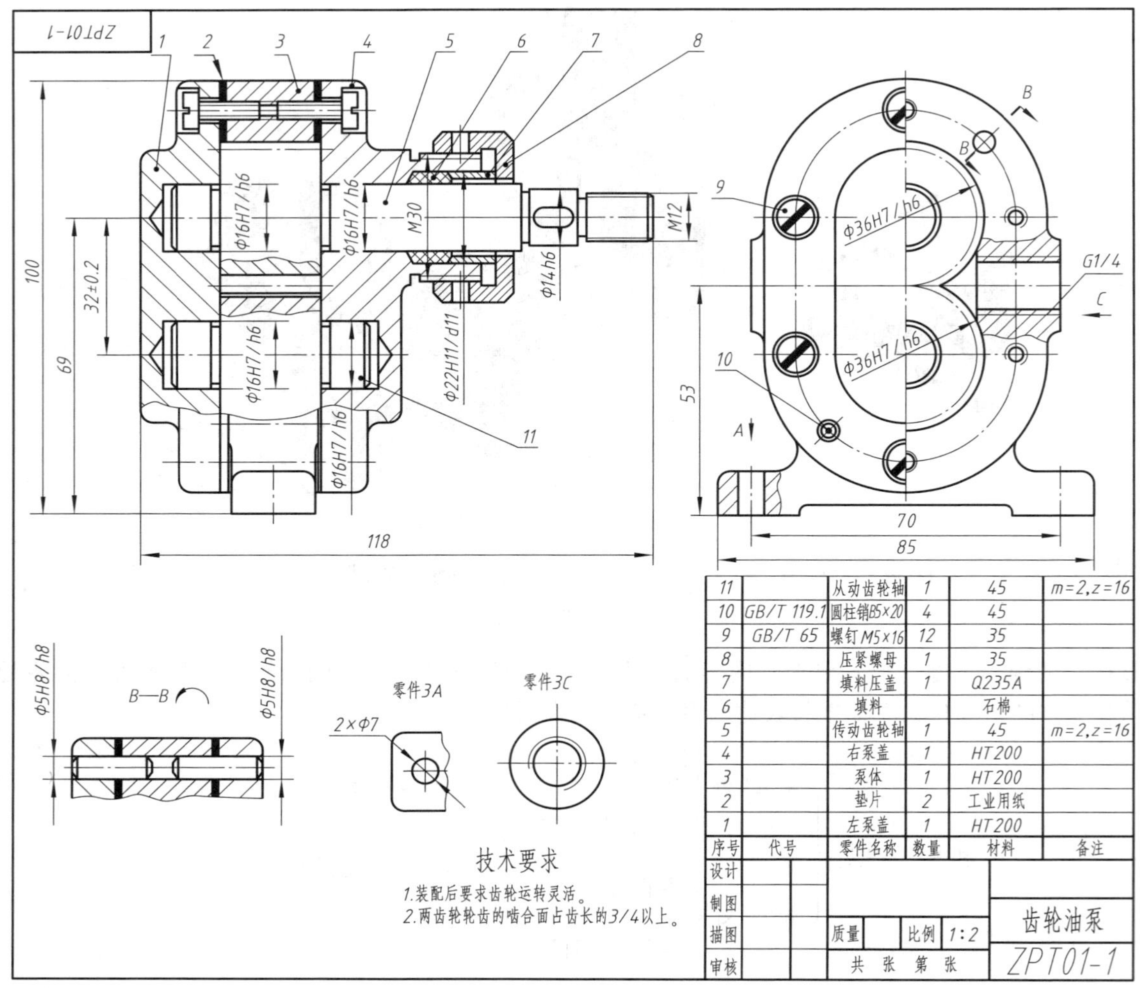

图 9-2 齿轮油泵的装配图

由图 9-2、图 9-3 可以看出部件与零件、装配图与零件图之间的相互关系。

9.1.3 机械工程图在机械产品中的地位

在人类生产活动和日常生活中，到处可遇到各种各样的机械产品，而任何机械产品的设计、制造、安装、调试、使用、维护，乃至技术革新、发明创造等都离不开机械工程图。在机械产品从规划直到销售，历经**规划**（市场调研、可行性分析、确定任务），**总体方案设计**［功能分析、原理设计、运动和动力等设计（反复论证以确定设计方案）］，**详细设计**（即结构和技术设计，功能细化，绘制装配示意图及其草图，研究零件结构，绘制零件草图和装配图，由装配图拆画出零件图，编写设计说明书、使用说明书等），**制造加工**（工艺设计，夹具设计，加工零件，检验零件，将合格零件按装配工艺和图样要求进行装配、调试，样机鉴定，改进、完善设计方案，然后小批量生产，反馈信息再改进、再完善设计，才能定型生产），**销售**（在销售过程中根据市场需求再改进设计，使产品更完善、更畅销）五大环节，机械工程图全程参与，并起着表达设计意图，承载加工、制造、检验、装配以及创新、改进方案等诸多信息等作用，是技术人员工程思维、创新设计的载体，是机械产品设计的最终成果的体现，是机械产品制造、检验、装配的主要技术依据，是组织生产的重要技术文件。

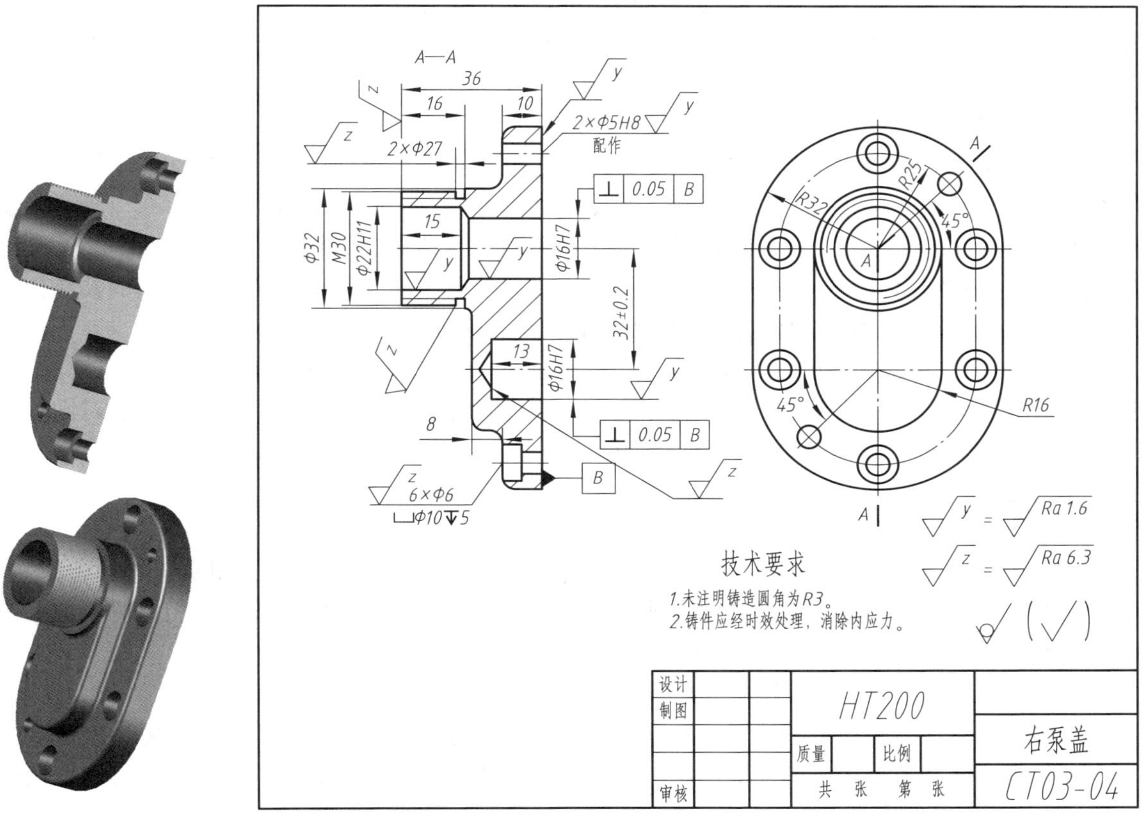

(a) 齿轮油泵右泵盖

(b) 齿轮油泵右泵盖的零件图

图 9-3 零件与零件图

9.1.4 零件的分类

由于零件在机器或部件中所起的作用不同，其结构、形状多种多样。根据零件在机器或部件中的作用一般可分为连接件、传动件和一般零件。

1. 连接件

连接件是指螺纹紧固件（螺栓、螺钉、双头螺柱、螺母、垫圈等）、键、销、滚动轴承等，国家标准将此类零件的形式、结构、形状、材料、尺寸、精度及其画法等均予以标准化、系列化，故又称为**标准件**。它们在机器或部件中主要起着连接、定位或导向作用，用量很大。由图 9-1 可以看出，一个小小的齿轮油泵就有 12 个螺钉、4 个圆柱销。它们连接着左、右泵盖与泵体。对此类零件不用画其零件图，可根据其在机器或部件中的受力情况进行选件，查阅有关标准获取其形式、结构和数据。

2. 传动件

传动件如图9–1中的传动齿轮轴和从动齿轮轴上的齿轮，在机器或部件中主要起着传递运动或传递扭矩的作用，一般都有能起传动作用的结构要素，如齿轮、蜗轮、蜗杆、传送带等上面有轮齿、齿槽、键槽等结构。而这些结构均已标准化并有其规定画法。但此类零件必须画出其零件图，零件上标准化结构按标准规定画法进行绘制，且零件图上有与一般零件图不同的其自身的参数表。

3. 一般零件

如图9–1中的泵体，左、右泵盖，压紧螺母，填料压盖，传动齿轮轴，从动齿轮轴，此类零件的结构、形状、尺寸大小以及用料等都受部件的性能、结构要求约束，是为专门机器或部件的需要而设计的。零件在机器或部件中的作用不同，其结构、形状也不同，故此类零件又称为专用件，必须画出其零件图。为便于学习和研究，根据零件的作用和结构特点上的共性，一般零件大致归纳为**轴套类、轮盘类、叉杆类、壳箱体类**四种。

同一类零件在结构、形状上虽然有差异，甚至差异很大，但它们在视图选择、尺寸注法、技术要求的注写和制造加工方面都有类似之处，通过对这几类零件的分析和表达，能对学好零件图的表达、阅读、编写技术要求等有所帮助，为深入钻研、触类旁通奠定基础。

9.1.5 零件图的内容

一张满足制造加工所需要的、全部信息完整的零件图应具有以下内容（图9–3b）。

（1）**一组图形** 完整、正确、清晰地表达零件内、外各部分结构、形状及相对位置的一组图形（选用合适的视图，取恰当的剖视图、断面图、简化画法等）。

（2）**尺寸** 确定零件各部分结构、形状的大小及相互位置的全部尺寸。

（3）**技术要求** 用规定的符号、数字、文字注写零件加工、检验、调试、装配过程中应达到的一些技术指标和要求，如表面结构、尺寸公差、几何公差、热处理、表面处理等，即用以确定产品质量的指标和要求。

（4）**标题栏** 为了便于生产和管理，在标题栏内填写零件名称、材料、绘图比例、图号等，并由设计、制图、审核、标准、工艺等相关人员签上姓名、日期等。

9.2 零件上常用标准结构的特殊画法和尺寸标注

9.2.1 零件上常见的功能标准结构

零件上常见的功能标准结构有螺纹结构、轮齿结构等。国家标准对这些功能标准结构的画法、尺寸注法均作了特殊规定。

1. 螺纹结构

零件上的螺纹结构起连接、密封和传动等作用。在圆柱或圆锥的外表面上的螺纹称为外螺纹，在圆柱或圆锥的内表面上的螺纹称为内螺纹。内、外螺纹配对使用方能具有连接、密封或传动的功能。如图 9-1 中的压紧螺母与右泵盖之间的连接就是通过螺纹连接的。

（1）**螺纹的形成与加工**

沿着圆柱或圆锥表面上的螺旋线所形成的具有规定牙型的连续凸起和沟槽称为螺纹。

加工螺纹的方法很多。常见的加工方法是车削加工，如图 9-4 所示的加工图，工件上的螺纹是通过刀具与工件的相对运动来实现的。对于零件上直径较小的螺纹的加工方法如图 9-5 所示。

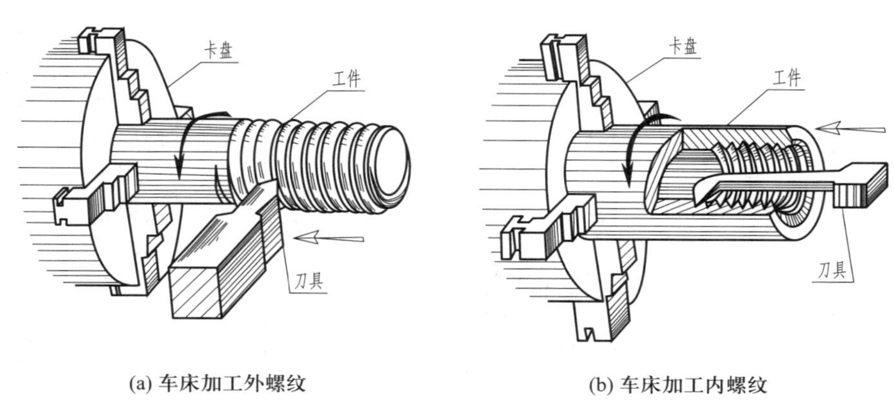

(a) 车床加工外螺纹　　(b) 车床加工内螺纹

图 9-4　车削加工内、外螺纹

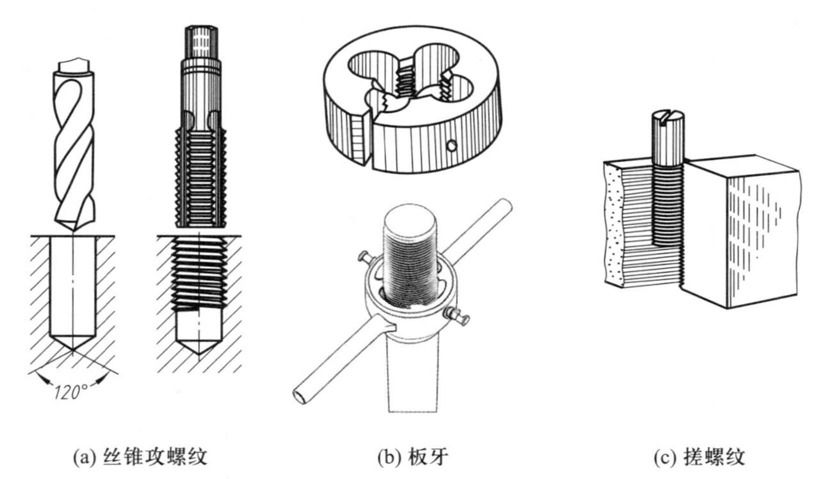

(a) 丝锥攻螺纹　　(b) 板牙　　(c) 搓螺纹

图 9-5　直径较小的螺纹加工 

（2）**螺纹的基本要素**

1）**牙型**　在通过螺纹轴线剖切的断面上，螺纹断面的轮廓形状称为牙型。常见的牙型有三角形、梯形、锯齿形、矩形等，不同种类的螺纹牙型有不同的用途，见表 9-1。

2）**直径**　螺纹的直径有大径（d、D）、中径（d_2、D_2）和小径（d_1、D_1）之分。外螺纹的直径用小写字母表示，内螺纹的直径用大写字母表示。

表 9–1 常见标准螺纹牙型、种类及用途

<table>
<tr><th>螺纹分类</th><th>螺纹种类</th><th>特征代号</th><th>牙型角</th><th>外形、牙型图及说明</th><th>螺纹种类</th><th>特征代号</th><th>外形、牙型图及说明</th></tr>
<tr><td rowspan="3">连接螺纹</td><td>粗牙普通螺纹</td><td rowspan="3">M</td><td rowspan="3">60°</td><td rowspan="3">1. 一般连接用粗牙普通螺纹，薄壁零件连接用细牙普通螺纹。
2. 螺纹大径相同时，细牙螺纹的螺距和牙型高度比粗牙螺纹的螺距和牙型高度要小</td><td>55°非密封管螺纹</td><td>G</td><td>1. 常用于电线管等不需密封的管路连接。
2. 此种螺纹若另加密封结构后，密封性能会很好，可用于高压管路上传递单向动力</td></tr>
<tr><td rowspan="2">细牙普通螺纹</td><td>55°密封管螺纹</td><td>R_1
R_2
Rc
Rp</td><td>R_1：与圆柱内螺纹相配合的圆锥外螺纹
R_2：与圆锥内螺纹相配合的圆锥外螺纹
Rc：圆锥内螺纹
Rp：圆柱内螺纹
常用于水管道、暖气管道、煤气管道、机器润滑管道的连接</td></tr>
<tr><td>60°密封管螺纹</td><td>NPT
NPSC</td><td>1. 牙型及牙型角均同普通螺纹。引用美国标准。
2. 用于汽车上的油路、润滑管道的连接。
3. NPT：圆锥螺纹（内、外）；NPSC：圆柱内螺纹</td></tr>
<tr><td>传动螺纹</td><td>梯形螺纹</td><td>Tr</td><td>30°</td><td>1. 多用于各种机床上的传动丝杠。
2. 传递双向动力</td><td>锯齿形螺纹（33°）</td><td>B</td><td>1. 用于各种螺旋压力机的传动丝杠。
2. 传递单向动力</td></tr>
</table>

螺纹的大径（d、D）是指与外螺纹牙顶或内螺纹牙底相切的假想圆柱或圆锥的直径，大径基本尺寸是螺纹的公称直径；螺纹的小径（d_1、D_1）是指与外螺纹牙底或内螺纹牙顶相切的假想圆柱或圆锥的直径；螺纹的中径（d_2、D_2）是指一个假想圆柱或圆锥的直径，该圆柱或圆锥的母线通过圆柱螺纹或圆锥螺纹上牙厚与牙槽宽相等处。螺纹的中径是控制螺纹精度的重要参数，如图 9–6 所示。

3）**线数 n** 形成螺纹时螺旋线的条数为螺纹线数（或头数），有单线和多线之分。沿着一条螺旋线所形成的螺纹称为单线螺纹，如图 9–7a 所示；沿着两条或两条以上在轴向等距分布的螺旋线所形成的螺纹称为多线螺纹，如图 9–7b 所示。

4）**螺距 P 与导程 Ph** 相邻两牙在中径线上对应两点的轴向距离称为**螺距**，用 P 表示。

同一条螺旋线上的相邻两牙在中径线上对应两点的轴向距离称为**导程**，用 Ph 表示。单线螺纹的导程等于螺距，即 $Ph = P$，如图 9–7a 所示；多线螺纹的导程等于线数乘以螺距，即 $Ph = nP$，如图 9–7b 所示。

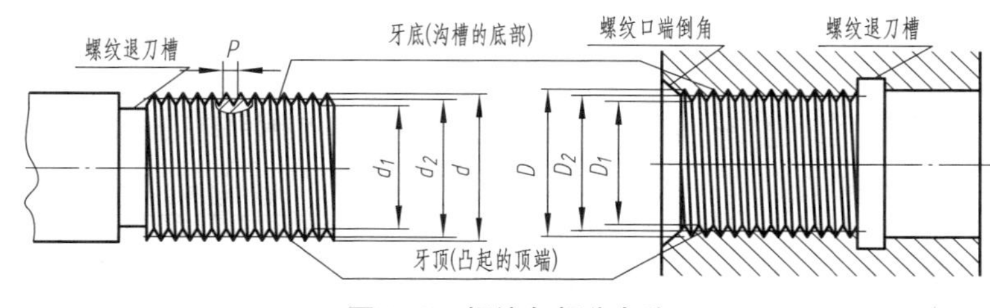

图 9–6 螺纹各部分名称

5）**旋向** 螺纹有左、右旋向之分，如图 9–8 所示。按顺时针方向旋入的螺纹为右旋螺纹（即面对轴线直立的外螺纹时，螺纹左低右高）；逆时针方向旋入的螺纹为左旋螺纹（即面对轴线直立的外螺纹时，螺纹左高右低）。工程上右旋螺纹应用较多。

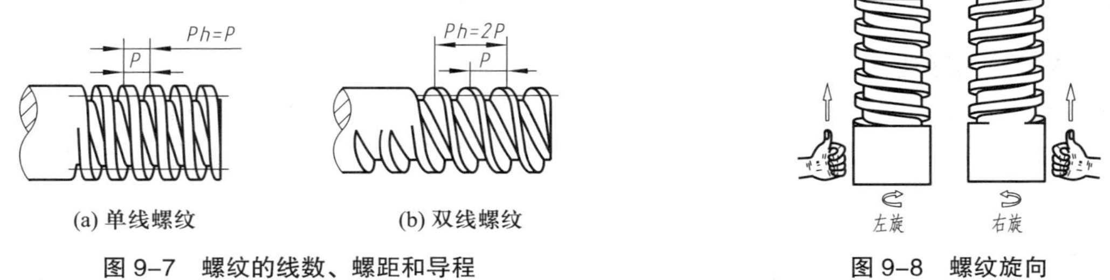

(a) 单线螺纹 (b) 双线螺纹

图 9–7 螺纹的线数、螺距和导程

图 9–8 螺纹旋向

内、外螺纹必须配对使用才能起到一定的作用，而只有当螺纹的五个基本要素完全相同的内、外螺纹才能相互旋合。

国家标准对螺纹的牙型、大径和螺距作了统一的规定，凡这三项要素符合国家标准的螺纹，称为标准螺纹；凡牙型符合标准，而大径和螺距不符合标准的螺纹，称为特殊螺纹；凡牙型不符合标准的螺纹，称为非标准螺纹。

（3）螺纹的特殊表示

螺纹是零件上的主要功能结构之一，也是重复出现的标准结构要素。若按螺纹的真实投影作图非常麻烦，而且标准螺纹使用专用工具加工，也不需要真实投影。国家标准对螺纹的画法有明确的规定。

1）外螺纹的画法

实心圆柱或圆锥上的外螺纹一般用视图表示，外螺纹的大径、小径及螺纹终止线在视图中的画法如图 9–9a、b 所示。有效螺纹终止线，是指牙型中有效螺纹和螺纹收尾的分界线，是用来界定螺纹长度的；外螺纹被剖切时，被剖切的螺纹终止线仅在螺纹牙处画出，如图 9–9c、d 所示，未剖处仍按图 9–9a 所示画出。在剖视图中剖面线一定要由粗实线画到粗实线为止，不可画到细实线为止。

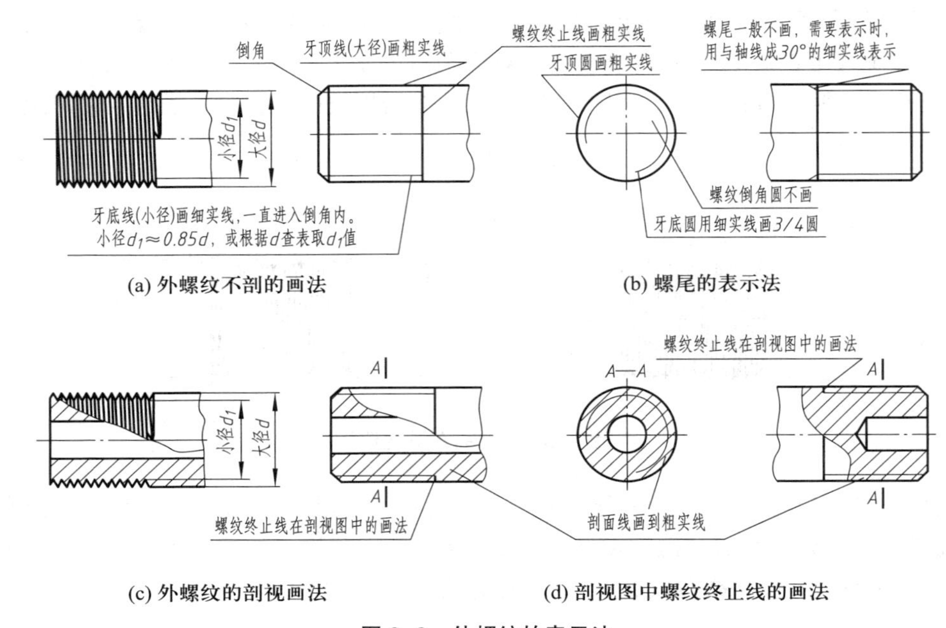

(a) 外螺纹不剖的画法

(b) 螺尾的表示法

(c) 外螺纹的剖视画法

(d) 剖视图中螺纹终止线的画法

图 9–9 外螺纹的表示法

2）内螺纹的画法

内螺纹多用剖视图表示。内螺纹的大径、小径及螺纹终止线在剖视图中的画法如图 9–10a、b 所示。内螺纹未取剖视时，其大径、小径、螺纹终止线等均不可见，故所有线均用虚线绘制，如图 9–10d 所示。

注意：

① 螺纹小径可按 0.85d（D）画出或根据 d（D）查表（普通螺纹可查附表 1–1 和附表 1–2；对于梯形螺纹可查附表 1–3；对于管螺纹可查附表 1–4）获取所需相关尺寸画出。设计选择螺纹公称直径时，首先选择螺纹优选系列。

② 表示牙底圆的 3/4 圈的细实线，其位置不作规定。

③ 绘制不通的螺孔时，一般钻孔深度与螺纹深度分别画出，一般差 0.5D 的距离，或查相关标准获取尺寸数值。锥孔部分应画成 120°。

④ 螺尾的表示法如图 9–9b 和图 9–10d 的注解所示。

⑤ 螺纹孔相贯的画法如图 9–11 所示。

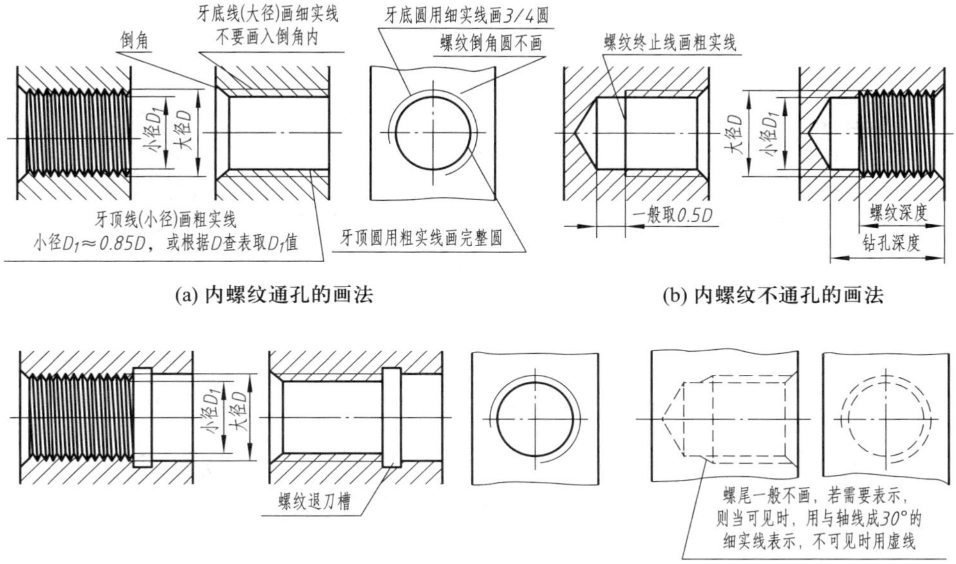

倒角
牙底线(大径)画细实线
不要画入倒角内
牙底圆用细实线画3/4圆
螺纹倒角圆不画
螺纹终止线画粗实线
小径D_1
大径D
牙顶线(小径)画粗实线
小径$D_1≈0.85D$，或根据D查表取D_1值
牙顶圆用粗实线画完整圆
一般取0.5D
螺纹深度
钻孔深度

(a) 内螺纹通孔的画法　　(b) 内螺纹不通孔的画法

螺纹退刀槽
螺尾一般不画，若需要表示，
则当可见时，用与轴线成30°的
细实线表示，不可见时用虚线

(c) 有退刀槽的内螺纹通孔的画法　　(d) 不可见的螺纹均画成细虚线

图 9–10　内螺纹的表示法

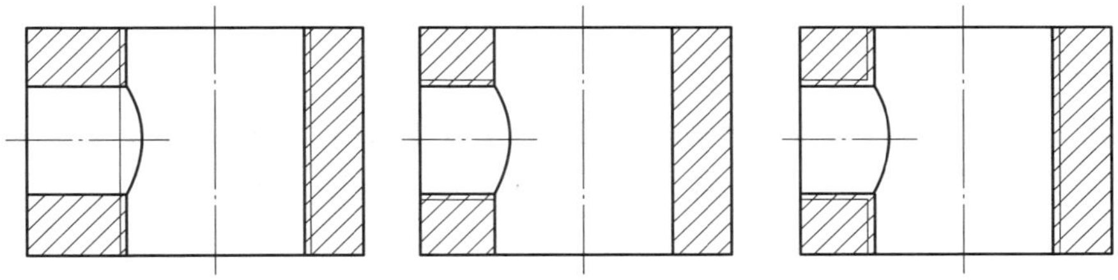

(a) 螺孔 > 光孔　　(b) 螺孔 < 光孔　　(c) 螺孔与螺孔相贯

图 9–11　螺纹孔相贯的画法

3）牙型的表示方法

牙型符合国家标准的螺纹一般不必表示牙型，当需要表示牙型时，可采用图 9–12 所示的表示方法。

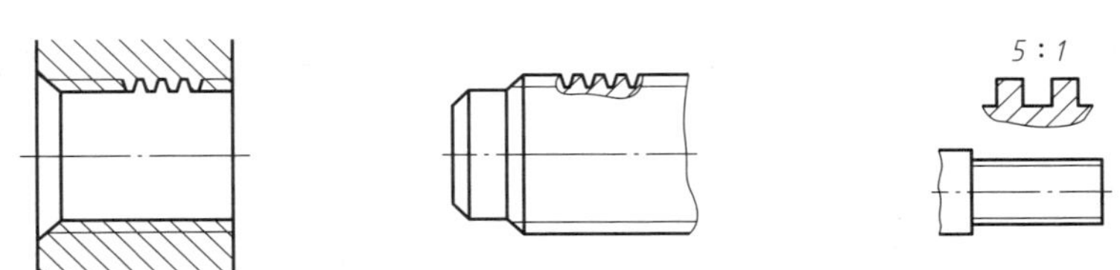

(a) 用重合画法画出牙型　　(b) 在局部剖视图中画出牙型　　(c) 将牙型用局部放大图表示

图 9–12　螺纹牙型的表示法

4）内、外螺纹旋合的剖视表达画法

内、外螺纹连接一般用剖视图表示。内、外螺纹旋合部分按外螺纹画法绘制，其余部分仍按各自的画法进行，如图 9–13 所示。

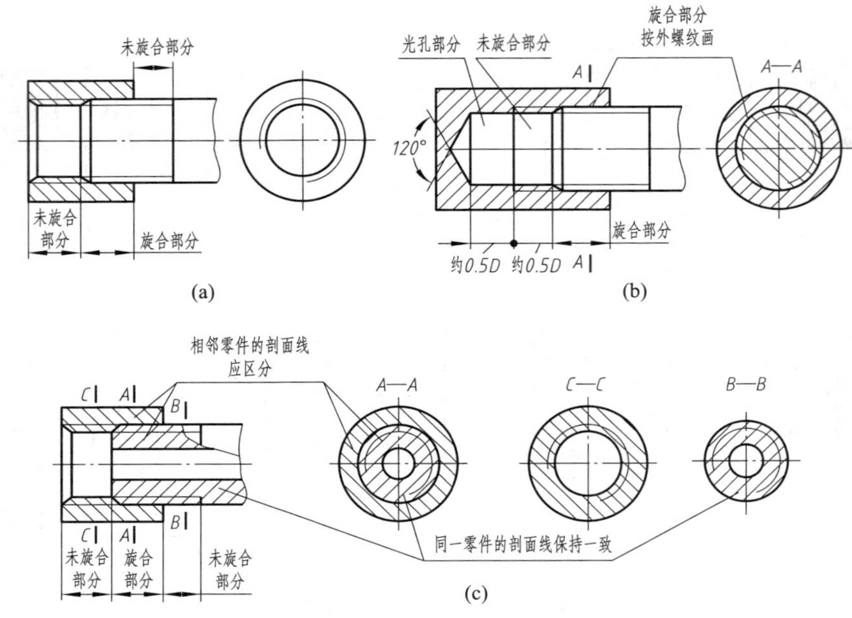

图 9-13 内、外螺纹连接的画法

画内、外螺纹连接时应注意以下几个问题。

① 内螺纹的牙底线与外螺纹的牙顶线、内螺纹的牙顶线与外螺纹的牙底线应分别对齐。

② 对于实心的杆件，当剖切平面通过其轴线时按不剖画，如图 9-13a、b 所示的外螺纹杆件。

③ 内、外螺纹分别代表两个零件，在画其连接的剖视图时，剖面线的方向或间隔应有区分，如图 9-13c 所示的主视图和“*A—A*”移出断面图中的内、外螺纹零件的剖面线。同时，同一个零件的剖面线在不同的剖视图或断面图中剖面线的方向、间隔应保持一致，且剖面线一定要画到粗实线为止。

（4）螺纹的种类及其标记

由于螺纹采用了用两条图线特殊地表示牙型的图示方法，使螺纹的牙型及各部分的尺寸精度要求、螺纹要素等无法一一标注在图形上。为此，国家标准规定了用螺纹标记表示螺纹的设计要求。根据螺纹标记的构成可分为三种标记类型。

1）普通螺纹的标记

根据国家标准 GB/T 197—2018 的规定，完整的**普通螺纹的标记**由下列几部分构成：

其中：

① **螺纹特征代号** 普通螺纹的特征代号是大写字母“M”。

② **尺寸代号**

a. 单线普通螺纹的尺寸代号：**“公称直径 × 螺距”**。

其中，公称直径是指以 mm 为单位的螺纹大径（d、D）。对于普通粗牙螺纹，每个公称直径对应唯一确定的螺距，故不标螺距；对于普通细牙螺纹，每个公称直径有几个不同螺距供选择，即同一个公称直径对应的螺距不唯一，故必须标螺距，如附表 1–1 所示。

例如，公称直径为 8 mm、螺距为 1 mm 的单线细牙螺纹：M8 × 1

公称直径为 8 mm、螺距为 1.25 mm 的单线粗牙螺纹：M8

b. 多线普通螺纹的尺寸代号：**“公称直径 ×Ph 导程 P 螺距”**。

若要表明螺纹线数，则可在其后面加括号，用英文说明。例如：双线为 two starts，三线为 three starts，四线为 four starts。

例如，公称直径为 16 mm、螺距为 1.5 mm、导程为 3 mm 的双线螺纹：M16 × Ph3P1.5。若要表明螺纹线数，则为 M16 × Ph3P1.5（two starts）。

③ **公差带代号**

螺纹的公差带代号是用来说明螺纹加工的精度的，由表示公差带大小的公差等级（数字）和表示公差带位置的基本偏差（字母）组成。螺纹的尺寸代号与公差带代号之间用“–”号分开。

普通螺纹的公差带代号是指螺纹中径公差带代号和顶径（即外螺纹的大径、内螺纹的小径）的公差带代号，中径公差带代号在前，顶径的公差带代号在后。中径和顶径的公差带代号相同时只注一个公差带代号。小写字母表示外螺纹的公差带代号，大写字母表示内螺纹的公差带代号。

例如，当外螺纹的中径和顶径的公差带代号分别是 5g 和 6g 时，该外螺纹的公差带代号标记为 5g6g。螺纹的中径和顶径的公差带代号分别是 5H 和 6H 时，该内螺纹的公差带代号标记为 5H6H。

内、外螺纹连接时其公差带代号用斜线分开，内螺纹公差带代号在斜线的左侧，外螺纹公差带代号在斜线的右侧。如公差带为 5H 的内螺纹与公差带为 5g6g 的外螺纹组成配合，则写成 5H/5g6g。

公差精度根据使用场合分为**精密**（用于精密螺纹）、**中等**（一般用途的螺纹）、**粗糙**（用于制造螺纹有困难的场合）三种精度等级。国家标准 GB/T 197—2018 推荐的各种公差精度，不同的旋合长度组的内、外螺纹的优选公差带见表 9–2。**公差带优先选用的顺序**：*表中的粗字体公差带、一般字体公差带、括号内字体公差带。带方框的粗字体公差带用于大量生产的紧固件螺纹。*

若不知道螺纹旋合长度的实际值（如标准螺栓）推荐按中等旋合长度（N）选取螺纹公差带。除特殊情况外，表 9–2 以外的其他公差带不宜采用。

表 9–2 中内、外螺纹的公差带可形成任意组合，但为保证内、外螺纹间有足够的螺纹接触，推荐完工后的**螺纹零件宜优先组成 H/g、H/h 或 G/h，对公称直径小于和等于 1.4 mm 的螺纹，应选用 5H/6h、4H/6h 或更精密的配合。**

对于**中等公差精度螺纹**符合下列情况的（最常用的公差带代号），不标注其公差带代号。

a. 当公称直径（D、d）≤ 1.4 mm 时，公差带为 5H、6h。

b. 当公称直径（D、d）≥ 1.6 mm 时，公差带为 6H、6g。

例如，公称直径为 10 mm、中径和顶径的公差带为 6g、中等公差精度的粗牙外螺纹：M10。

公称直径为 10 mm、中径和顶径的公差带为 6H、中等公差精度的粗牙内螺纹：M10。

表 9-2 内、外螺纹的推荐公差带

内螺纹	公差精度	公差带位置 G			公差带位置 H		
		S	N	L	S	N	L
	精密	—	—	—	4H	5H	6H
	中等	(5G)	**6G**	(7G)	**5H**	**6H**	**7H**
	粗糙	—	(7G)	(8G)	—	7H	8H

外螺纹	公差精度	公差带位置 e			公差带位置 f			公差带位置 g			公差带位置 h		
		S	N	L	S	N	L	S	N	L	S	N	L
	精密	—	—	—	—	—	—	—	(4g)	(5g4g)	(3h4h)	**4h**	(5h4h)
	中等	—	**6e**	(7e6e)		**6f**	—	(5g6g)	**6g**	(7g6g)	(5h6h)	6h	(7h6h)
	粗糙	—	(8e)	(9e8e)	—	—	—		8g	(9g8g)	—	—	—

中等公差精度的粗牙螺纹、公称直径为 10 mm、公差带为 6H 的内螺纹与公差带为 6g 的外螺纹组成配合：M10。

公称直径为 10 mm、中径公差带为 5g、顶径的公差带为 6g、中等公差精度的粗牙外螺纹：M10–5g6g。

公称直径为 10 mm，螺距为 1 mm，中径、顶径公差带为 5H，中等公差精度的细牙内螺纹：M10 × 1–5H。

公称直径为 10 mm，中径公差带为 5g，顶径的公差带为 6g，中等公差精度的粗牙外螺纹与中径、顶径的公差带为 5H 的中等公差精度的内螺纹组成配合：M10–5H/5g6g。

④ 其他有必要说明的信息

其他有必要说明的信息一般包括“旋合长度代号”“旋向代号”等。

a. **旋合长度代号**

螺纹的旋合长度是指两个相互配合的内、外螺纹沿轴线方向的相互旋合部分的长度，是衡量螺纹质量的重要指标。

普通螺纹的旋合长度分为**长旋合长度组、短旋合长度组**和**中等旋合长度组**。其相应的代号分别为 L、S 和 N。其中，**中等旋合长度组螺纹最常用，不标记**。长旋合长度组和短旋合长度组应标注相应的代号 L 和 S。

对于不同的公称直径段和不同的螺距，每组的旋合长度范围是不同的，详情可查阅有关标准（GB/T 197—2018）。旋合长度代号与公差带代号之间用“–”号分开。例如：

M20 × 2–5H–S（短旋合长度组、中等公差精度的细牙单线普通螺纹，公称直径 D=20 mm，螺距 P=2 mm，中径和顶径的公差带为 5H，右旋内螺纹）。

M6–7H/7g6g–L（长旋合长度组的粗牙普通螺纹、公称直径 D=6 mm、中径和顶径的公差带为 7H 的右旋的中等公差精度的内螺纹与公称直径 d=6 mm、中径公差带为 7g、顶径的公差带为 6g 的长旋合长度组的中等公差精度的粗牙、右旋外螺纹旋合）。

b. **旋向代号** 对于左旋螺纹，在旋合长度代号之后标注“LH”代号，右旋螺纹不标注旋向代号。旋向代号与旋合长度代号之间用“–”号分开。例如：

公称直径为 8 mm，螺距为 1 mm 的单线细牙、左旋螺纹，中径和顶径的公差带为 6H，中等公差精度螺纹，中等旋合长度。其标记为 M8 × 1–LH（省略了公差带代号和旋合长度代号）。

公称直径为 6 mm，螺距为 0.75 mm 的单线细牙、左旋螺纹，中径和顶径的公差带为 5h6h，短旋合长度。其标记为 M6 × 0.75–5h6h–S–LH。

公称直径为 14 mm，导程为 6 mm，螺距为 2 mm 的三线细牙、左旋螺纹，中径和顶径的公差带为 7H，长旋合长度。其标记为 M14 × Ph6P2–7H–L–LH 或 M14 × Ph6P2（three starts）–7H–L–LH。

2）梯形螺纹的完整标记

根据国家标准 GB/T 5796.4—2022 的规定，完整的梯形螺纹的标记由以下几部分构成：

螺纹特征代号　公称直径 × 螺距 – 公差带代号 – 旋合长度代号 – 旋向代号

其中：螺纹特征代号是指表 9–1 中的“Tr（梯形）”。

多线螺纹的螺距标注形式是**“导程 P 螺距”**。

公差代号只标螺纹中径的公差带代号，常用的公差带代号分别是 7H、8H、9H、7e、8e、8c、9c。内、外螺纹连接时的标记形式同普通螺纹，即“内螺纹的公差带代号 / 外螺纹的公差带代号”，如 6H/6g、7H/7e 等。

旋合长度分为中等旋合和长旋合两组，其相应的旋合代号分别用 N 和 L 表示。当螺纹旋合长为中等旋合时，不注旋合长度代号；当螺纹旋合长为长旋合时，应标注旋合长度代号“L”。

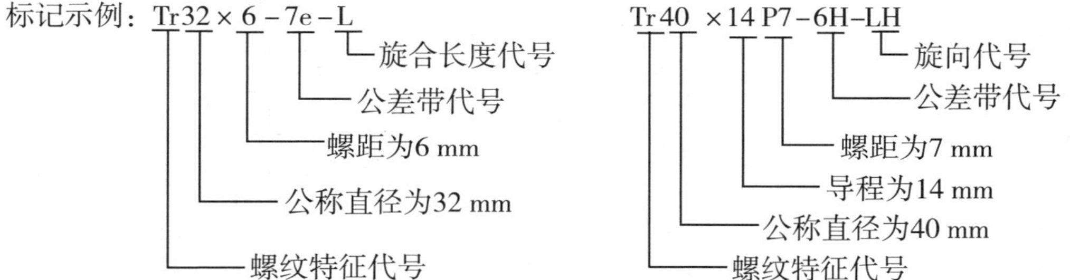

普通螺纹和梯形螺纹（以及锯齿形螺纹）的标记在图样上均标注在螺纹大径的尺寸线上或尺寸线延长线上，如表 9–3 中的图例所示。

3）以管螺纹为代表的标记

管螺纹的标记由四部分构成，其通式为

其中：

① 螺纹特征代号是指表 9–1 中的 G、R_1、R_2、Rc、Rp、NPT 和 NPSC，即指 55°非密封管螺纹、55°密封管螺纹和 60°密封管螺纹。

② 尺寸代号不是管螺纹的公称直径。画图所需的螺纹直径大小需根据尺寸代号查阅有关标准，如附表 1–4。

③ 公差等级代号。55°非密封管螺纹的外螺纹的公差等级代号有 A、B 两种，必须标记。而内螺纹只有一种等级，故不注公差带代号；非密封管螺纹的螺纹副，仅需标注外螺纹的标记；55°内、外密封管螺纹均只有一种公差带，故不注公差带代号。在标记 55°密封管螺纹的螺纹副时，尺寸代号只注写一次，如表 9–4 中最右侧的图例所示。

表 9-3 常用标准螺纹的标记及在图样中的标注

<table>
<tr><th colspan="2">螺纹种类</th><th>特征代号</th><th>标准编号</th><th>标记、注释及标记在图样上的标注示例</th><th>螺纹副标记和图样上的标注示例</th></tr>
<tr><td rowspan="2">普通螺纹</td><td>粗牙</td><td rowspan="2">M</td><td rowspan="2">GB/T 197—2018</td><td rowspan="2">（1）M 20 -5g 6g -S
普通螺纹的特征代号
螺纹的公称直径
外螺纹中径的公差带代号
外螺纹顶径的公差带代号
短旋合长度组代号，右旋
中等公差带精度 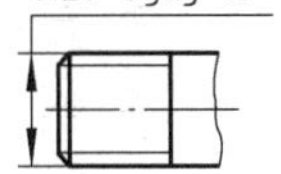
M20-5g6g-S

（2）普通螺纹公称直径为 20 mm，螺距为 1.5 的细牙，中径与顶径的公差带代号均为 6g，中等公差带精度，中等旋合长度，右旋、单线外螺纹。图中其标记见右图。 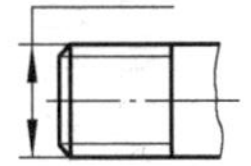
M20×1.5

（3）M16×1-LH 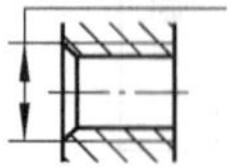
<table><tr><th rowspan="2">特征代号</th><th colspan="3">尺 寸 代 号</th><th colspan="3">公差带代号、精度</th><th rowspan="2">旋合长度代号</th><th rowspan="2">旋向代号</th><th rowspan="2">牙型角</th><th rowspan="2">查表取小径</th></tr><tr><th>公称直径</th><th>螺距</th><th>导程</th><th>中径</th><th>顶径</th><th>中等公差精度的细牙内螺纹</th></tr><tr><td>M</td><td>16</td><td>1</td><td>1</td><td>6H</td><td>6H</td><td></td><td>N</td><td>LH</td><td>60°</td><td>14.917</td></tr></table></td><td>在图样上应标注在旋合部分
如：M20×2–5H/5g6g–S
M20×2-5H/5g6g-S</td></tr>
<tr><td>细牙</td><td>如：M14×Ph6P2–7H/7h6h–L–LH
M14×Ph6P2-7H/7h6h-L-LH</td></tr>
<tr><td colspan="2">梯形螺纹</td><td>Tr</td><td>GB/T 5796.4—2022</td><td>（1）Tr40×7–7e–L
梯形螺纹，公称直径为 40 mm，螺距为 7 mm，中径的公差带代号为 7e，长旋合长度，右旋、单线外螺纹。
Tr40×7-7e-L

（2）Tr40×14P7-7H-LH
<table><tr><th colspan="5">螺 纹 代 号</th><th>公差带代号</th><th rowspan="2">旋合长度代号</th><th rowspan="2">线数</th><th rowspan="2">牙型角</th><th rowspan="2">查表取小径</th></tr><tr><th>特征代号</th><th>公称直径</th><th>螺距</th><th>导程</th><th>旋向</th><th>中径</th></tr><tr><td>Tr</td><td>40</td><td>7</td><td>14</td><td>左</td><td>7H</td><td>N</td><td>2</td><td>30°</td><td>33.00</td></tr></table></td><td>如：Tr36×6–7H/7e
Tr36×6-7H/7e</td></tr>
<tr><td colspan="2">锯齿形螺纹</td><td>B</td><td>GB/T 13576.4—2008</td><td>（1）B40×7–7A
锯齿形螺纹，公称直径为 40 mm，螺距为 7 mm，中径的公差带代号为 7A，中等旋合长度，右旋、单线内螺纹。
B40×7-7A

（2）B40×14(P7)LH–8c–L
锯齿形螺纹，公称直径为 40 mm，螺距为 7 mm，导程为 14 mm，中径的公差带代号为 8c，长旋合长度，左旋双线外螺纹。
B40×14(P7)LH-8c-L</td><td>如：B40×7–7A/7c
B40×7-7A/7c</td></tr>
</table>

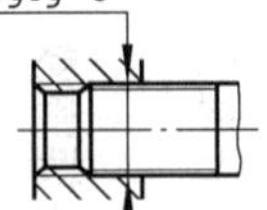

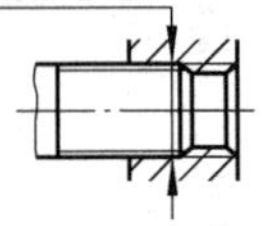

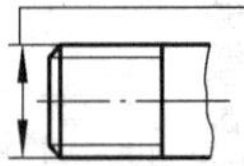

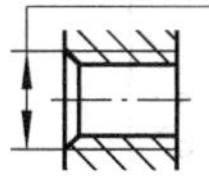

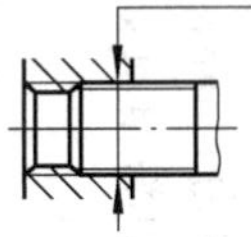

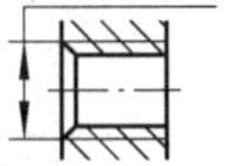

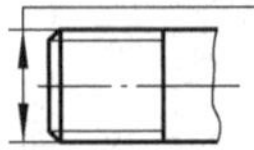

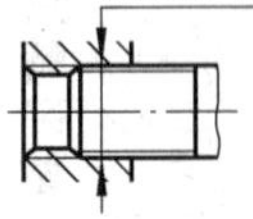

表 9-4　常用管螺纹的标记及在图样中的标注

<table>
<tr><th colspan="2">螺纹种类</th><th>特征代号</th><th>标准编号</th><th>标记、注释及标记在图样上的标注示例</th><th>螺纹副标记和图样上的标注示例</th></tr>
<tr><td colspan="2">55°非密封管螺纹</td><td>G</td><td>GB/T 7307—2001</td><td>（1）G 1½ A-LH
G——特征代号；1½——尺寸代号；A——外螺纹的公差精度等级；LH——左旋代号
G1½A-LH
（2）G½
<table>
<tr><th colspan="2">螺纹代号</th><th colspan="2">公差带代号</th><th rowspan="2">旋向</th><th rowspan="2">牙型角</th><th colspan="3">查表取/mm</th></tr>
<tr><th>特征代号</th><th>尺寸代号</th><th>外螺纹（A、B）</th><th>内螺纹不标</th><th>螺距/mm</th><th>小径/mm</th><th>大径/mm</th></tr>
<tr><td>G</td><td>½</td><td></td><td>内螺纹</td><td>右</td><td>55°</td><td>1.814</td><td>18.631</td><td>20.955</td></tr>
</table></td><td>G1½A
在螺纹连接图上仅标注外螺纹的标记</td></tr>
<tr><td rowspan="3">55°密封管螺纹</td><td>圆锥外螺纹</td><td>R_1
R_2</td><td rowspan="3">GB/T 7306.1—2000
GB/T 7306.2—2000</td><td>R_1表示与圆柱内螺纹相配合的圆锥外螺纹
R_2表示与圆锥内螺纹相配合的圆锥外螺纹
只有一种公差带，不标记。
（1）R_1 3
R_1——特征代号；3——尺寸代号；右旋
（2）R_2 3/4　与圆锥内螺纹相配合的右旋圆锥外螺纹，尺寸代号为3/4。
$R_1$3</td><td rowspan="3">Rc/R_2 3/4
在螺纹连接图上尺寸代号只注写一次</td></tr>
<tr><td>圆锥内螺纹</td><td>Rc</td><td>Rc 1½-LH
Rc——特征代号；1½——尺寸代号；LH——左旋代号
只有一种公差带，不标记。
Rc1½-LH</td></tr>
<tr><td>圆柱内螺纹</td><td>Rp</td><td>Rp ½
Rp——特征代号；½——尺寸代号；右旋
只有一种公差带，不标记。
Rp 1/2</td></tr>
<tr><td rowspan="2">60°密封管螺纹</td><td>圆锥管螺纹</td><td>NPT</td><td rowspan="2">GB/T 12716—2011</td><td>（1）NPT 圆锥管螺纹有内、外螺纹，均仅有一种公差带，故不注公差带代号。
（2）左旋螺纹时，标代号“LH”，右旋螺纹不标。
标记示例：（1）NPT6　（2）NPT3/8-LH
NPT 3/4-LH</td><td rowspan="2"></td></tr>
<tr><td>圆柱管螺纹</td><td>NPSC</td><td>NPSC 3/4-14 或 NPSC 3/4
尺寸为3/4、14牙的右旋圆柱内螺纹
NPSC 3/4</td></tr>
</table>

管螺纹的标记在图样上采取由螺纹大径斜向引出标注法，如表 9–4 中的图例所示。

值得注意的是：螺纹的标注除了标注其标记外，还应在图样中标注螺纹的有效长度。螺纹的有效长度均指不包括螺尾在内的有效螺纹长度，如图 9–14a 和 b 所示。否则，应另加说明或按需要标注，如图 9–14c 和 d 所示。

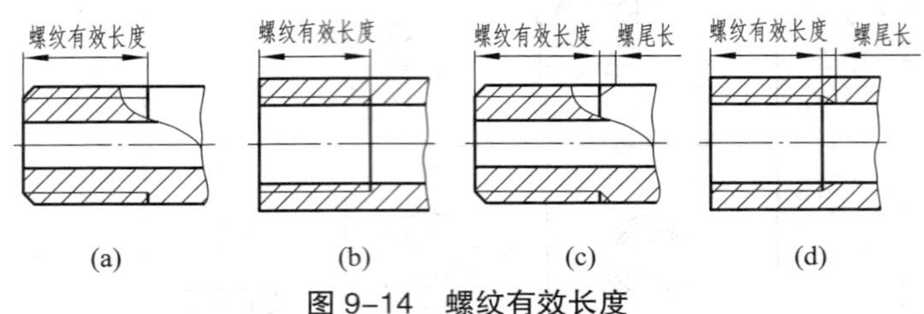

图 9–14 螺纹有效长度

对于特殊螺纹和非标准螺纹的尺寸标注，如图 9–15 所示。

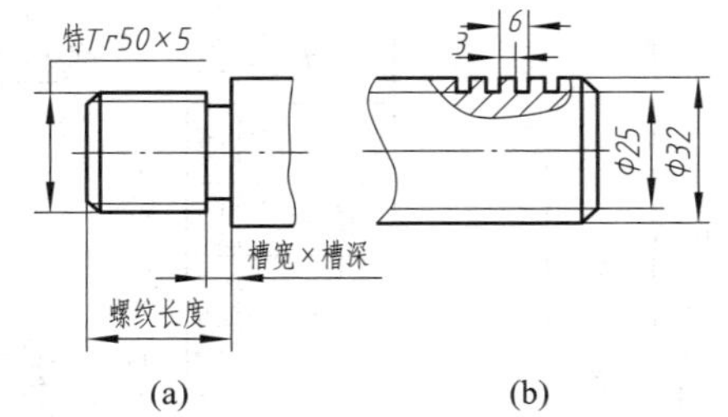

图 9–15 特殊螺纹和非标准螺纹的尺寸标注

2. 轮齿结构

轮齿结构是齿轮、齿条、蜗轮等零件上的主要结构，而这些零件被广泛应用于机械传动，但它们不是标准件。而这些零件上的轮齿结构和主要的性能参数（模数和齿形角）却已标准化和系列化，并对其画法进行了明确的规定。

齿轮在机器中用来传递动力、改变转速或运动方向，因此轮齿结构亦属此类零件上的主要功能标准结构。

常见的齿轮传动方式如图 9–16 所示。其中，圆柱齿轮传动用于传递平行两轴间的动力和转速；锥齿轮传动用于传递相交两轴间的动力和转速，并改变运动方向；蜗杆传动用于传递交叉两轴间的动力和转速。

为了在传动中啮合正确、运动平稳，轮齿的齿廓曲线有渐开线、摆线和圆弧。轮齿的方向有直齿、斜齿、人字齿和弧形齿等。凡轮齿符合标准的齿轮为标准齿轮，否则为非标准齿轮。

轮齿加工在圆柱外表面上的齿轮为圆柱齿轮，圆柱齿轮按轮齿方向分为直齿圆柱齿轮、斜齿圆柱齿轮和人字齿圆柱齿轮。这里主要介绍标准直齿圆柱齿轮的要素、参数和画法。

（1）直齿圆柱齿轮的几何要素代号（GB/T 2821—2003）及其参数计算

如图 9–17 所示。

① 分度圆（d） 对于渐开线齿轮，过轮齿齿厚（s）等于齿槽宽（e）处的圆柱面称为分度圆柱面。分度圆柱面与端平面（垂直于齿轮轴线的平面）的交线称为分度圆。分度圆是设计齿轮时计算各部分尺寸的基准圆。

当两个标准齿轮啮合传动时，作无滑动纯滚动的圆称为节圆。在正确安装下，标准齿轮的分度圆与节圆重合。

② 齿顶圆（d_a）和齿顶高（h_a） 齿顶的圆柱面与端平面的交线称为齿顶圆，其直径用 d_a 表示。齿顶圆与分度圆之间的径向距离称为齿顶高，用 h_a 表示。

③ 齿根圆（d_f）和齿根高（h_f） 过齿根的圆柱面与端平面的交线称为齿根圆，其直径用 d_f 表示。齿根圆与分度圆之间的径向距离称为齿根高，用 h_f 表示。

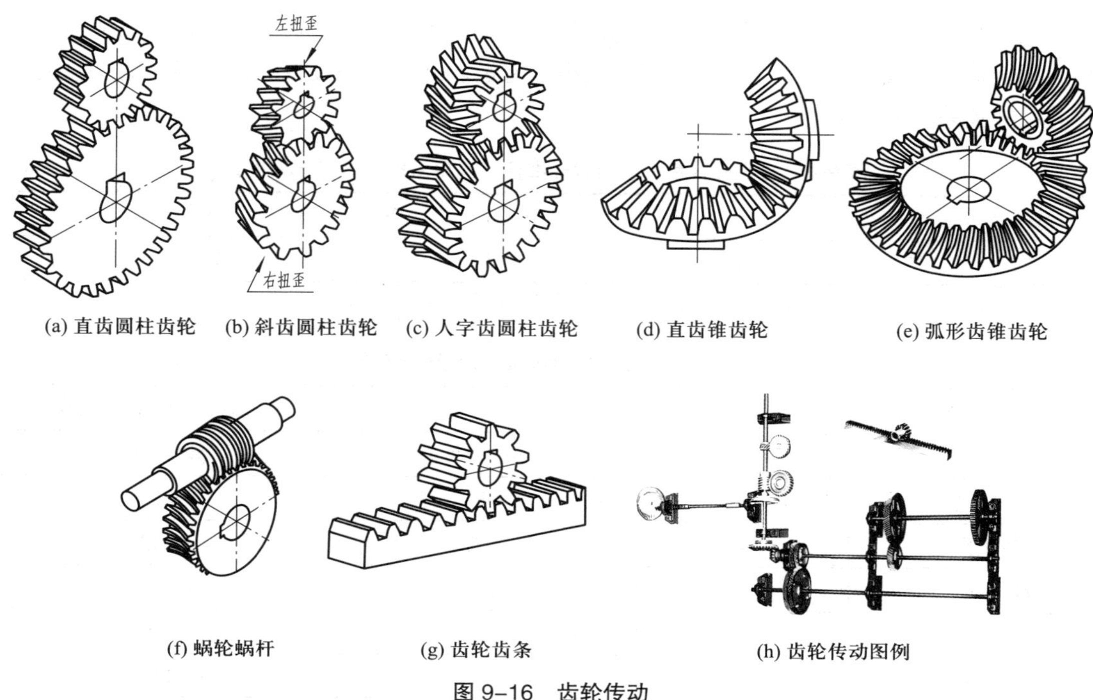

(a) 直齿圆柱齿轮　(b) 斜齿圆柱齿轮　(c) 人字齿圆柱齿轮　(d) 直齿锥齿轮　(e) 弧形齿锥齿轮

(f) 蜗轮蜗杆　(g) 齿轮齿条　(h) 齿轮传动图例

图 9-16　齿轮传动

④ 全齿高（h） 齿顶圆与齿根圆之间的径向距离称为齿高，用 h 表示。

⑤ 齿距（p） 在齿轮上两个相邻而同侧的端面齿廓之间的分度圆弧长称为齿距，用 p 表示。

⑥ 压力角（α） 一对啮合轮齿的齿廓在啮合点处的公法线与两节圆的内公切线所夹的锐角为压力角，用 α 表示。一般 $\alpha=20°$。

⑦ 模数（m） 齿距 p 除以圆周率 π 所得的商为齿轮的模数，用 m 表示，即 $m=p/\pi$，其单位为 mm。

当齿轮的齿数为 z 时，分度圆的圆周长 $\pi d=zp$，则 $d=zp/\pi$，所以分度圆的直径 $d=mz$。当分度圆直径不变时，模数越大，齿数越少，轮齿越厚，齿轮的承载能力越大，如图 9-18 所示。

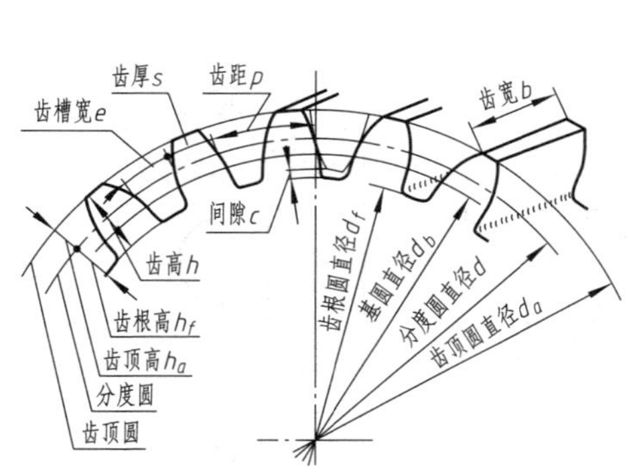

图 9-17　齿轮的几何要素

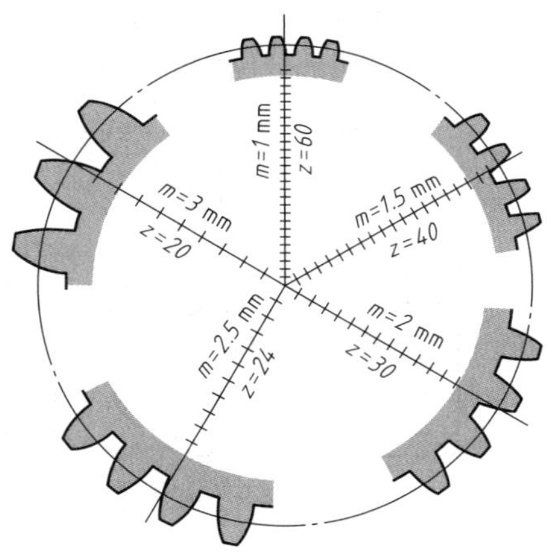

图 9-18　模数与齿数对轮齿的影响

齿数、模数和压力角是齿轮的三个重要参数，为了便于设计和加工，国家标准规定了齿轮模数的标准值，见表9–5。其他几何要素的大小是通过设计计算并按相关标准确定的。直齿圆柱齿轮的尺寸关系见表9–6。

表9–5 直齿圆柱齿轮的模数标准值（摘自GB/T 1357—2008） mm

第一系列	1 1.25 1.5 2 2.5 3 4 5 6 8 10 12 16 20 25 32 40 50
第二系列	1.125 1.375 1.75 2.25 2.75 3.5 4.5 5.5 （6.5） 7 9 11 14 18 22 28 35 45

注：优先采用表中给出的第一系列法向模数，应避免采用第二系列中的法向模数6.5。

表9–6 直齿圆柱齿轮的几何要素计算

名　称	代　号	计算公式	举例（已知 m=2.5 mm，z=20）/ mm
齿高	h	$h=h_a+h_f=2.25m$	h=5.625
齿顶高	h_a	$h_a=m$	h_a=2.5
齿根高	h_f	$h_f=1.25m$	h_f=3.125
分度圆直径	d	$d=zm$	d=50
齿顶圆直径	d_a	$d_a=d+2h_a=(z+2)m$	d_a=55
齿根圆直径	d_f	$d_f=(z-2.5)m$	d_f=43.75
分度圆齿厚	s	$s=p/2=0.5\pi m$	s=3.927
齿距	p	$p=\pi m$	p=7.854
压力角	α	$\alpha=20°$	

（2）直齿圆柱齿轮的轮齿画法（GB/T 4459.2—2003）

1）单个齿轮的画法

单个齿轮可以用剖视图或视图来表示。齿轮的轮齿部分的规定画法：分度线和分度圆在视图或在剖视图中均画成细点画线；齿顶线和齿顶圆均用粗实线绘制；齿根线和齿根圆在视图中可不画，或画成细实线；齿根线在剖视图中用粗实线画出。在齿轮的剖视图中，当剖切面通过齿轮的轴线时，轮齿一律按不剖绘制。如图9–19a所示，上方为剖视图画法，下方为视图画法。除轮齿部分按规定画法外，其他结构部分仍按正常投影进行。直齿圆柱齿轮可采用图9–19所示的表示形式。

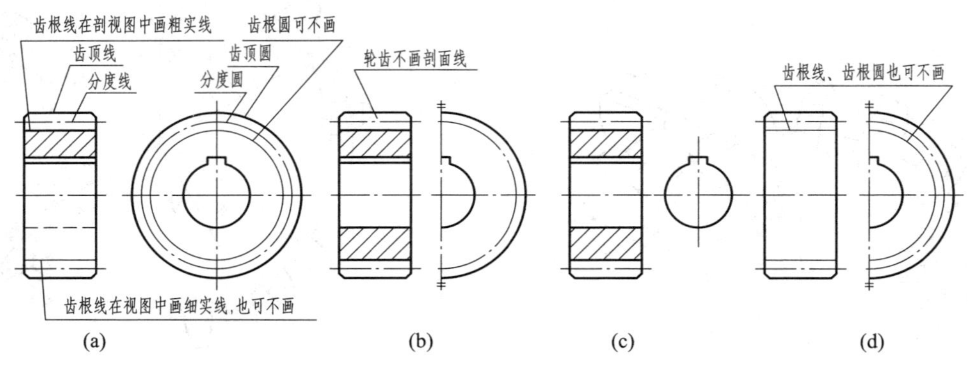

图9–19 直齿圆柱齿轮的画法

常见的几种直齿圆柱齿轮画法如图 9–20 所示。

对于斜齿轮或人字形齿轮，还需在外形视图上画出三条与齿线方向一致的平行细实线表示，如图 9–21 所示。

2）齿轮啮合画法

一对齿轮的轮齿依次交替接触以实现一定规律的相对运动的过程和形态为**啮合**，只有其模数和压力角相同的一对齿轮才能啮合，如图 9–22 所示。在正确安装下，标准齿轮啮合时两齿轮的节圆相切，两啮合齿轮的轴线间的最短距离称为中心距，用 a 表示，$a=(d_1+d_2)/2=m(z_1+z_2)/2$。

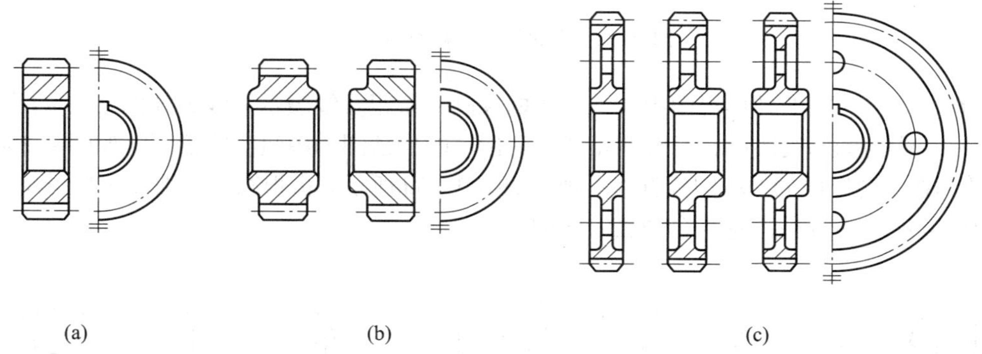

图 9–20 直齿圆柱齿轮的几种常见画法

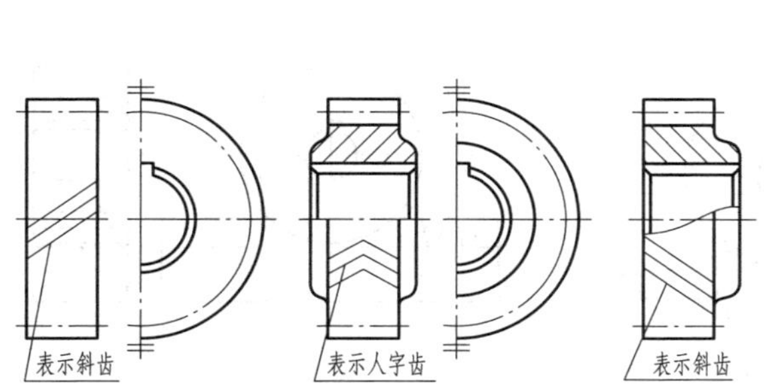

图 9–21 斜齿轮或人字形齿轮的画法

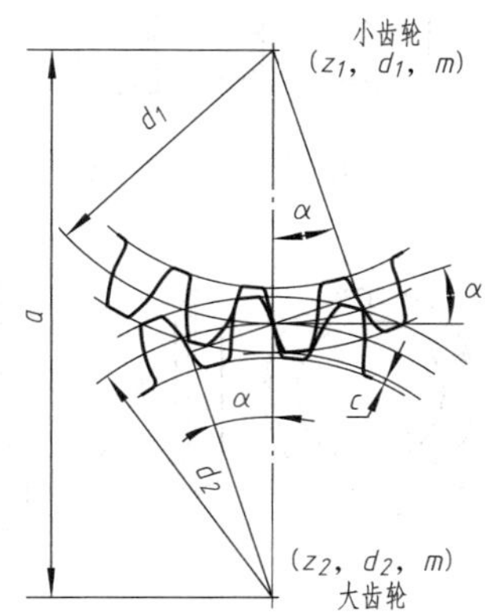

图 9–22 轮齿啮合

画啮合图时，啮合区外按单个齿轮的画法绘制，啮合区内则应按下列规定绘制。

① 在投影为非圆的且剖切面通过两啮合齿轮的轴线的剖视图中，啮合区内的两节线重合（即点画线重合），两齿轮的齿根线均画成粗实线，一个齿轮的齿顶线画成粗实线，另一个齿轮的轮齿被遮挡部分画成细虚线，如图 9–23b 所示的齿顶线画成细虚线。细虚线也可不画，如图 9–23a 所示。若剖切平面未通过啮合齿轮的轴线，则轮齿一律按未被剖切绘制。轮齿以外部分按正常投影画出。

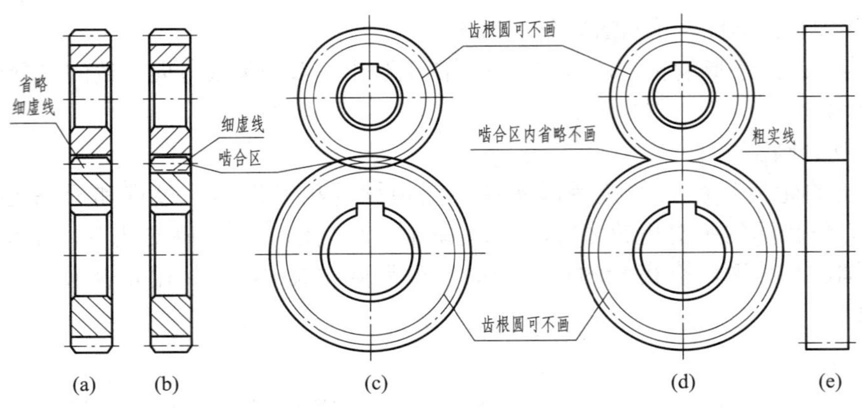

图 9–23 直齿圆柱齿轮的啮合画法

② 在投影为非圆的外形视图中，啮合区内仅画一条粗实线表示节线，如图 9–23e 所示。

③ 在投影为圆的视图中，两节圆相切，两齿轮的齿顶圆均用粗实线绘制，如图 9–23c 所示；或将齿顶圆在啮合区内的两段圆弧省略不画，如图 9–23d 所示。齿根圆均用细实线绘制或不画。

图 9–24 所示为各种齿轮啮合画法的图例。

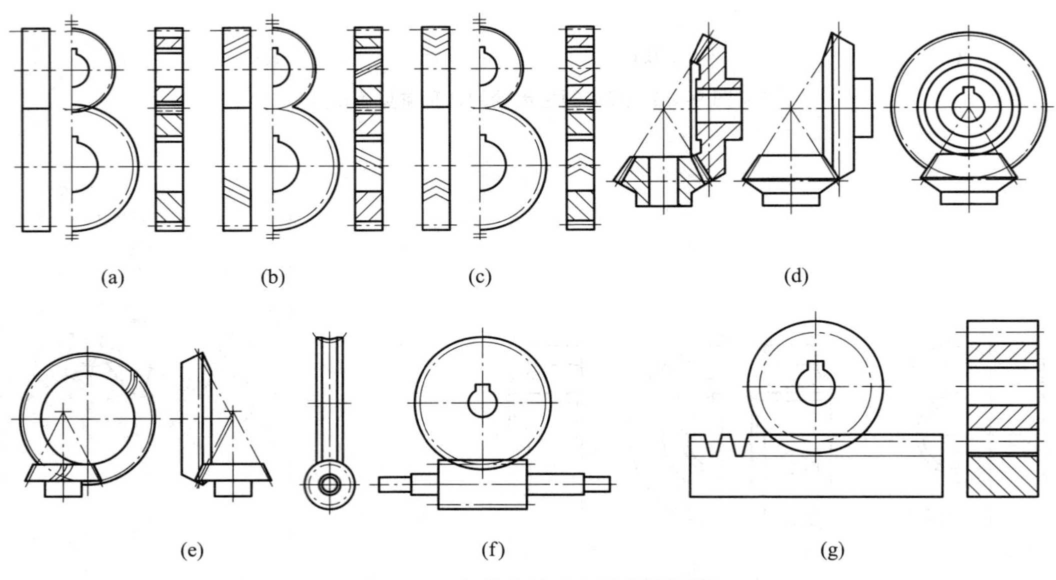

图 9–24 各种齿轮啮合画法的图例

3. V 带轮的轮槽

带传动是利用张紧在带轮上的带，借助于它们之间的摩擦在两轴间传递动力。带传动具有结构简单、传动平稳、造价低廉、不需润滑及过载时可以打滑等优点。根据传递功率的大小，普通 V 带分为 Y、Z、A、B、C、D、E 七种带型，它们的截面尺寸依次加大，并和相应槽型的 V 带轮相配使用。图 9–25 所示的尺寸均有相应的标准值。根据 GB/T 13575.1—2022，表 9–7 给出了槽型为 A、B、Z 的普通 V 带轮的轮缘尺寸。

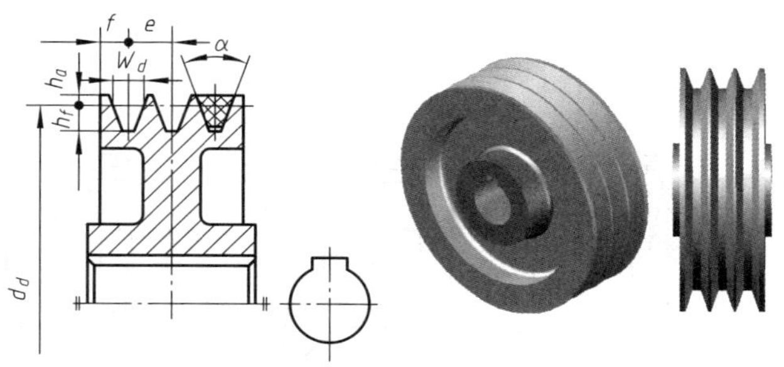

图 9-25 V 带轮轮槽和 V 带轮

表 9-7 Z、A、B 的普通 V 带轮的轮槽截面尺寸及其对应的基准直径范围 mm

槽型	基准宽度 W_d	槽顶高 h_{amin}	槽底深 h_{fmin}	槽间距 e	边槽到端面的距离 f_{min}	槽角 α		基准直径范围 d_d
						d_d	α	
Z	8.5	2	7	12 ± 0.3	7	≤ 80	34° ± 0.5°	50~630
						>80	38 ± 0.5°	
A	11	2.75	8.7	15 ± 0.3	9	≤ 118	34 ± 0.5°	75~800
						>118	38 ± 0.5°	
B	14	3.5	10.8	19 ± 0.4	11.5	≤ 190	34 ± 0.5°	125~1120
						>190	38 ± 0.5°	

9.2.2 零件上常见的标准工艺结构

在设计零件的结构形状时，除了满足其在机器或设备中的功能要求之外，还要考虑制造时的工艺性，以利于生产。下面介绍一些常见的标准工艺结构及其尺寸注法。

1. 铸造工艺结构 

（1）起模斜度

为了在铸造时方便取出木模，在木模表面上沿起模方向做 1 : 20 的斜度（≈ 3°），称为起模斜度，如图 9-26a 所示。浇注后这一结构留在铸件表面，如图 9-26b、e、f 所示。但在图中一般不画、不标注，必要时可在技术要求中注明。

（2）铸造圆角

为了便于取模，防止浇注金属液体时冲坏砂型以及金属液体冷却收缩时在铸件的转角处产生裂纹，一般在木模表面做出过渡圆弧面，在铸件上形成的圆角称为铸造圆角。铸造圆角在图样上应当画出，如图 9-26b 所示。铸造圆角的半径一般为 *R*2~*R*5，在图样中一般不标注，而统一注写在技术要求中，如“未注明铸造圆角半径为 *R*2~*R*5”。

当某铸造表面经去除材料的方法加工后，与该表面相关的铸造圆角会被去除而成为尖角，如图 9-26c、d 所示。铸造圆角的存在导致零件表面的相交处理论上的交线不存在，是相切过渡关系，但画图时应用细实线图示交线，交线与圆角轮廓线是断开的，如图 1-14b 和图 9-27 所示的过渡线画法。

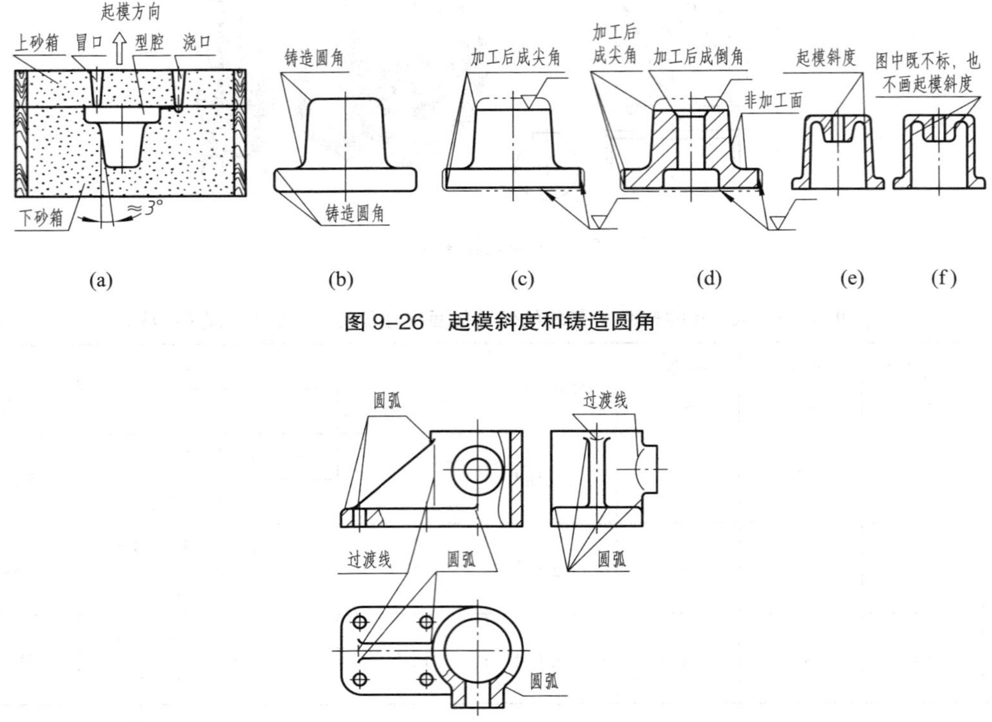

图 9-26 起模斜度和铸造圆角

图 9-27 铸件表面过渡线的画法

（3）铸件壁厚

铸件壁厚应尽量做到基本均匀一致，防止金属液体在冷却时，因壁厚不均匀导致散热不均、冷却速度不同而出现的缩孔或裂纹，如图 9-28a、e 所示。若壁厚确实不能做到均匀一致，则需逐渐过渡，如图 9-28b、c、d 所示。也可增加肋，如图 9-28f 所示。

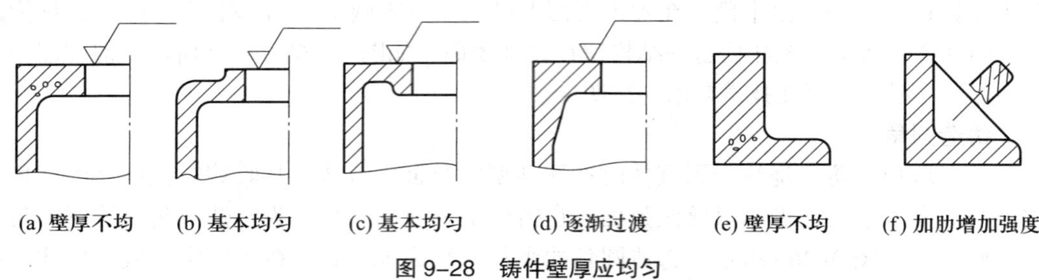

(a) 壁厚不均 (b) 基本均匀 (c) 基本均匀 (d) 逐渐过渡 (e) 壁厚不均 (f) 加肋增加强度

图 9-28 铸件壁厚应均匀

2. 机加工常见的标准工艺结构

机加工多指通过车床、钻床、铣床、刨床、镗床或组合机床等去除材料的加工方法。

（1）倒角和倒圆

为了便于装配并防止锐角伤人，在轴端、孔口及零件的端面，常常加工出倒角。为增加零件的强度，在轴肩处会加工出倒圆。倒角、倒圆的形式如图 9–29 所示，尺寸注法如图 9–30 所示。其有关尺寸可查阅有关标准，见附表 1–6 和附表 1–7。

图 9–29 倒角倒圆

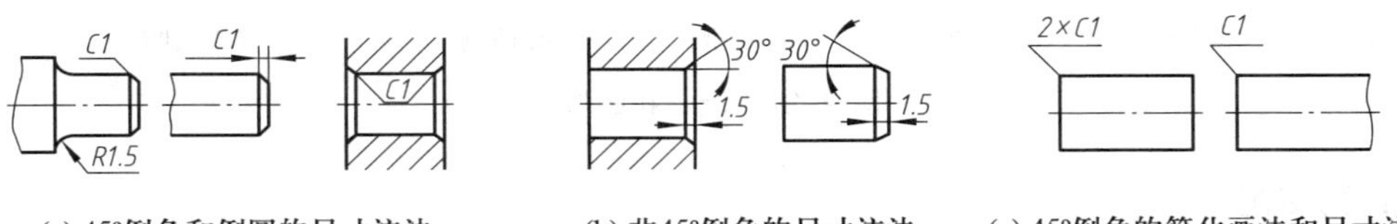

(a) 45°倒角和倒圆的尺寸注法 (b) 非45°倒角的尺寸注法 (c) 45°倒角的简化画法和尺寸注法

图 9–30 倒角和倒圆的尺寸注法

（2）**退刀槽和越程槽**

在车削螺纹时，为了便于退出刀具，常在待加工表面的末端预先车出螺纹退刀槽，如图 9–31a 所示。

退刀槽的尺寸标注一般按“**槽宽 × 槽直径**”的形式标注，如图 9–31a 所示。“$g_1 \times d_g$”“$G_1 \times D_g$”的尺寸值可根据螺纹的螺距查阅有关标准，见附表 1–5。

在磨削加工时，为了使砂轮稍稍超越加工面，也常在零件表面预先加工出砂轮越程槽，如图 9–31b 所示。越程槽的尺寸标注一般按“**槽宽 × 槽深**”的形式进行。其尺寸可根据轴径查阅有关标准，见附表 1–8~ 附表 1–12。

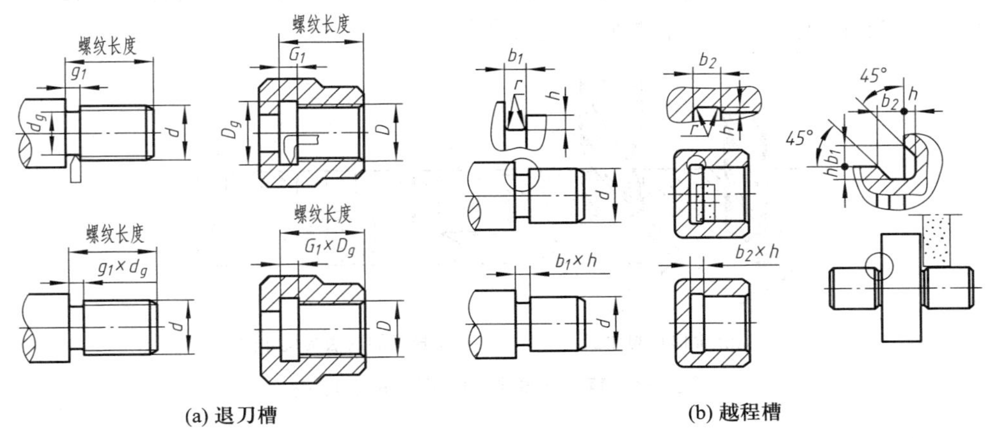

(a) 退刀槽 (b) 越程槽

图 9–31 退刀槽和越程槽的尺寸

（3）**凸台和凹坑**

零件上与其他零件接触的表面，一般均需加工。为了减少加工面并保证接合面接触良好，常常在铸件上设计凸台、凹坑（如凹槽或凹腔）等工艺结构，如图 9-32 所示。

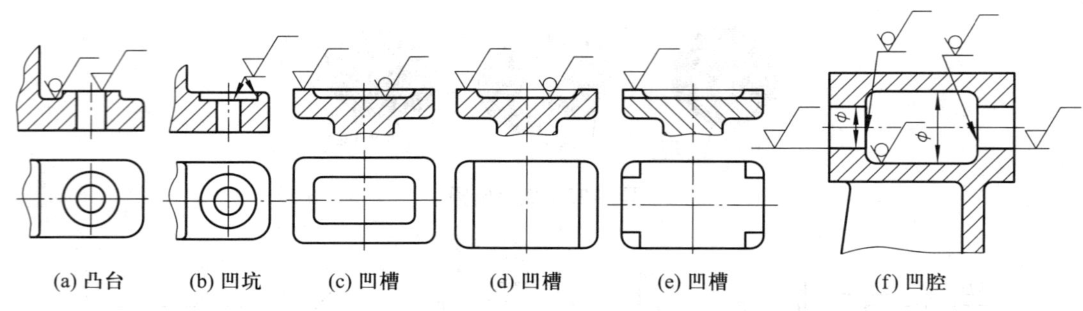

图 9-32 凸台和凹坑

（4）**钻孔结构**

用钻头钻孔时，为了防止出现单边受力和单边车削，导致钻头偏斜，甚至使钻头折断，应使钻头垂直于被钻孔的表面。为此在与孔轴线倾斜的表面处，常设计出平台或凹坑结构。但当钻头与倾斜表面的夹角大于 60°时，也可直接钻孔，如图 9-33 所示。

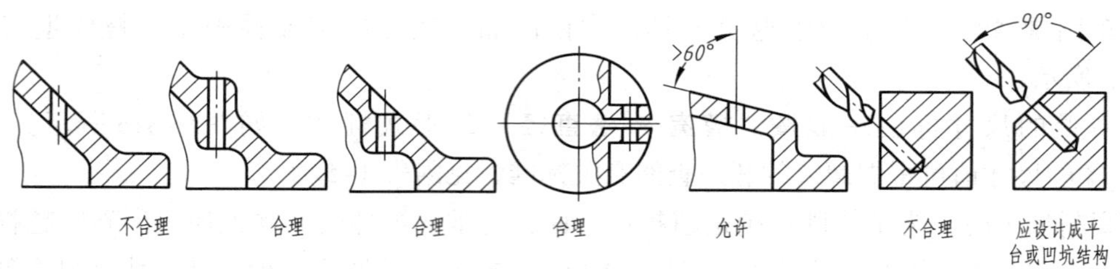

图 9-33 钻孔端面结构

当用钻头钻盲孔（即不通的孔）时，盲孔端应有 118°的锥孔，但画图时画成 120°，不注尺寸。盲孔和阶梯孔的画法及尺寸注法如图 9-34 所示。

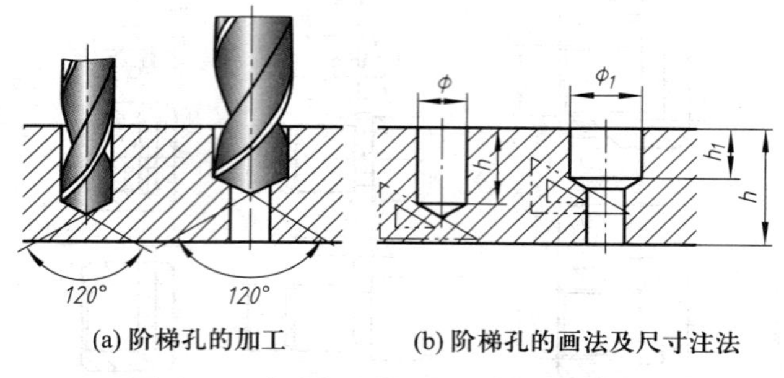

图 9-34 盲孔与阶梯孔的画法和尺寸注法

（5）**常见各种孔类的尺寸注法**

零件上各种孔的尺寸注法见表 9-8。

表 9-8 零件上常见各种孔的尺寸注法

类	型	简化注法	旁注法	普通注法
光孔	一般孔	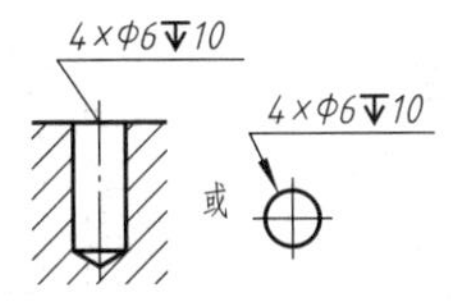 4×Φ6↧10 或 4×Φ6↧10	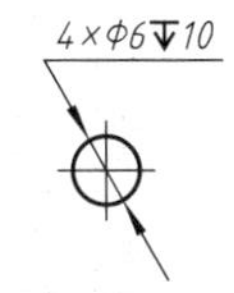 4×Φ6↧10	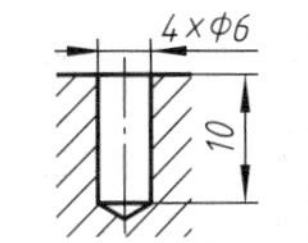 4×Φ6；10
光孔	精加工孔	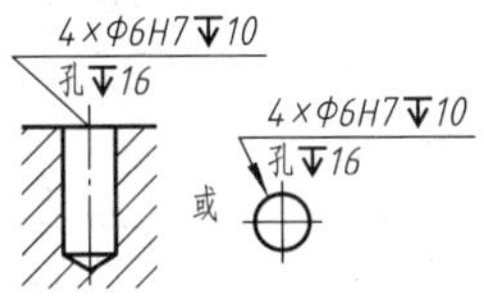 4×Φ6H7↧10 孔↧16 或 4×Φ6H7↧10 孔↧16	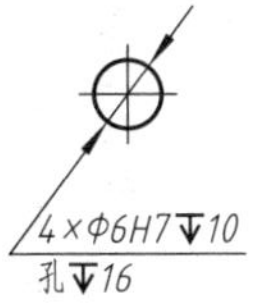 4×Φ6H7↧10 孔↧16	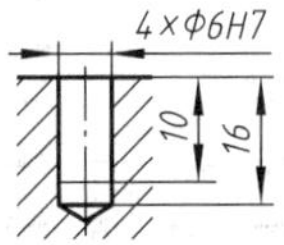 4×Φ6H7；10；16
销孔	圆柱销孔	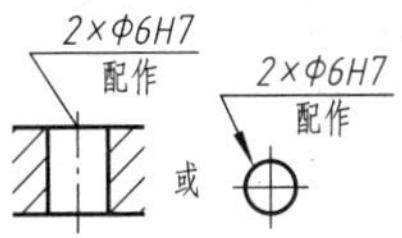 2×Φ6H7 配作 或 2×Φ6H7 配作	 2×Φ6H7 配作	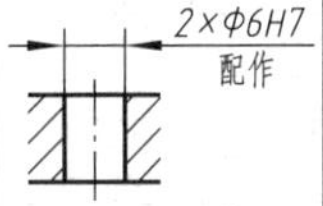 2×Φ6H7 配作
销孔	锥销孔	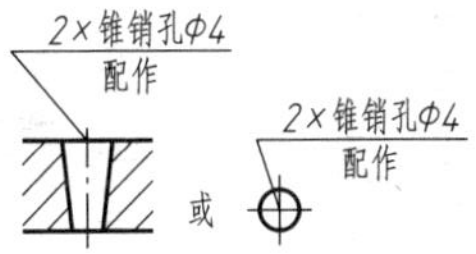 2×锥销孔Φ4 配作 或 2×锥销孔Φ4 配作	 2×锥销孔Φ4 配作	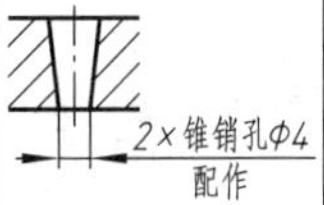 2×锥销孔Φ4 配作
说明		1. 对同一结构可采用任意一种注法，但优先使用简化注法。 2. 在每个尺寸中“×”前面的数字表示均匀分布的相同孔的个数。 3. 锥销孔的直径。如“ϕ4”为与之相配的圆锥销小头直径。 4. 注有“配作”是指具有锥销孔两相邻零件装配后一起加工。 5. 不通的螺纹孔除注螺纹标记外，应标注螺纹的长度和光孔深度		

类	型	简化注法	旁注法	普通注法
螺纹孔	不通孔	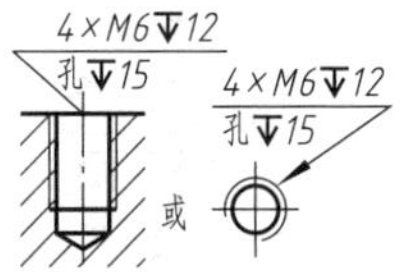 4×M6↧12 孔↧15 或 4×M6↧12 孔↧15	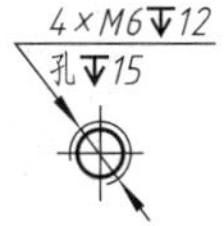 4×M6↧12 孔↧15	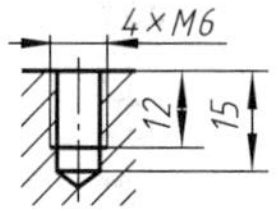 4×M6；12；15
螺纹孔	通孔	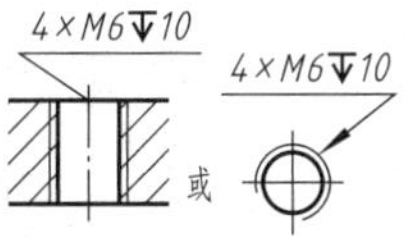 4×M6↧10 或 4×M6↧10	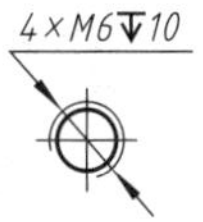 4×M6↧10	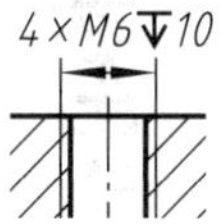 4×M6↧10
沉孔	圆柱形沉孔	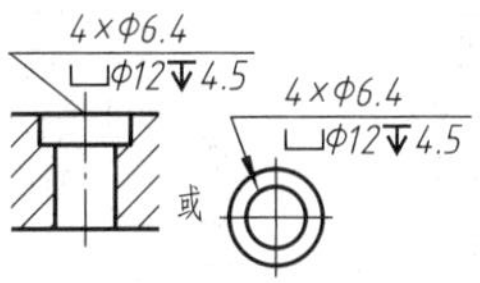 4×Φ6.4 ⌴Φ12↧4.5 或 4×Φ6.4 ⌴Φ12↧4.5	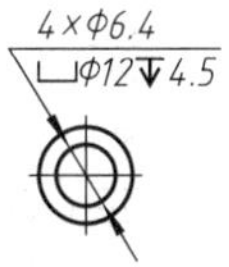 4×Φ6.4 ⌴Φ12↧4.5	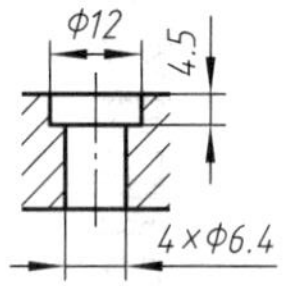 Φ12；4.5；4×Φ6.4
沉孔	圆锥形沉孔	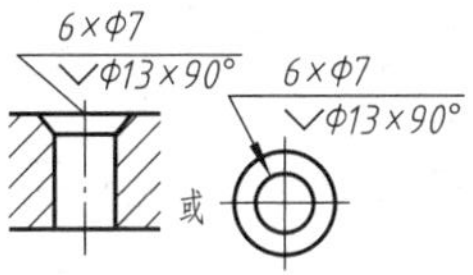 6×Φ7 ⌵Φ13×90° 或 6×Φ7 ⌵Φ13×90°	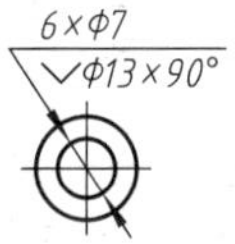 6×Φ7 ⌵Φ13×90°	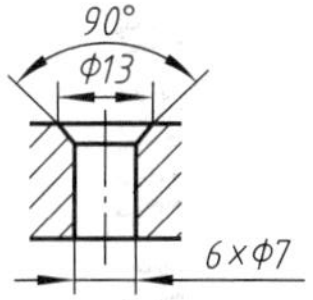 90°；Φ13；6×Φ7
沉孔	锪平面	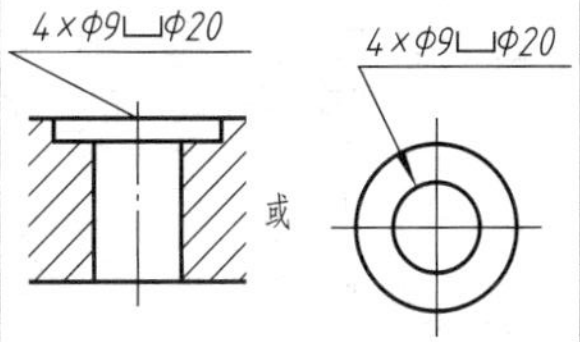 4×Φ9⌴Φ20 或 4×Φ9⌴Φ20	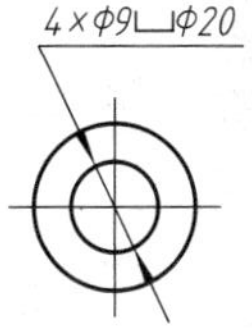 4×Φ9⌴Φ20	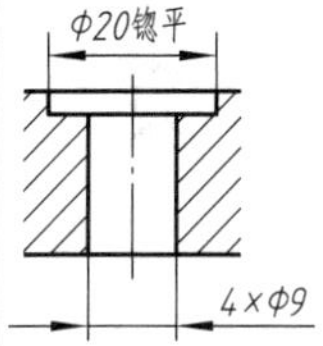 Φ20锪平；4×Φ9

9.3 零件表达方案的视图选择及零件图的尺寸注法

9.3.1 零件表达方案的视图选择

零件的表达方法和表达方案的选择，既要符合前面所学的表达方法和视图选择原则，又要满足零件的功能性和工艺性。因此，在画零件图时，既要了解零件在机器中的作用、安装位置、加工方法，还要分析零件的结构特点与功能的关系，从而弄清楚零件的工作位置和加工位置，以便合理地选择主视图，并选配好其他视图，同时恰当而正确地运用好图样画法，达到正确、完整、清晰、简洁地表达零件的结构形状。

1. 选择主视图

在零件图的一组图形中，主视图占主导地位。主视图选择得好与坏直接影响其他视图，也影响读图的方便以及图纸的合理利用。因此，选择主视图时，一般应遵循以下原则。

（1）确定主视图中零件的放置位置——应符合加工位置或工作位置的原则

确定主视图中零件的放置位置时，一般应符合零件的主要加工位置或工作位置的原则。通常对于轴套类、轮盘类等零件主要在车床上加工，为使生产时便于看图，其主视图一般按照零件在车床上加工时的装夹位置（即轴线水平摆放）来选择主视图。对各种箱体、泵体、阀体及机座等零件，由于其结构复杂，制造时需要在不同的机床上加工，其在加工时的装夹位置亦不相同。所以，此类零件在主视图中的放置位置应与零件在机器中工作时的位置一致，这样有利于了解零件在机器中的工作情况，并可与装配图直接进行对照。

（2）确定零件的主视图投射方向——应符合形状特征原则

应选择反映零件的结构形状和各组成部分之间的相对位置关系最明显的那个方向作为主视图的投射方向，即反映零件形状特征原则，同时还要考虑合理利用图幅。

2. 选择其他视图

主视图中没有表达清楚的部分，要选择其他视图表示。其他视图的选择一般从以下几方面考虑：① 首先考虑采用基本视图，优先选择左视图和俯视图，并采取相应而正确的剖视图和断面图；② 选择视图要目的明确、重点突出，使所选视图各有其重点表达内容，既要避免重复表达，又不要遗漏；③ 提倡使用简化画法，使画图简便，读图方便；④ 在完整、正确、清晰表达零件的内、外结构形状的前提下，力求视图数量最少，合理利用图幅。

9.3.2 尺寸注法

零件图上的尺寸是制造零件时加工和检验的依据。因此，图中所标注的尺寸，除应正确、完整和清晰外，还应尽可能做到合理，使所注尺寸满足设计要求，符合加工工艺要求，便于加工、测量和检验。为此，必须具备丰富的设计和工艺知识，这有待于今后的专业课学习和工作实践逐步掌握。这里仅就尺寸的合理性作初步介绍。

1. 合理选择尺寸基准

要使所标注的尺寸合理，需要正确选择尺寸基准，即选择标注尺寸和度量尺寸的起点，以便确定各形体的大小及相互之间的相对位置。零件上的底板安装面、重要的端面、装配接合面、零件的对称面、主要轴线等都可以作为尺寸基准。

尺寸基准一般分为设计基准（设计时用以确定零件结构的位置）和工艺基准（制造零件时用以定位、加工和检验）。在零件的长、宽、高三个方向上至少要有一个主要基准。根据加工和测量的要求可增加一个或几个辅助基准，这些根据加工和测量要求确定的辅助基准为工艺基准。主要基准与辅助基准之间应有尺寸直接相连。

2. 尺寸标注的要求

（1）重要尺寸（零件上的配合尺寸、安装尺寸、特性尺寸等，即影响零件在机器中的工作性能和装配精度等要求的尺寸）要从主要基准直接注出。

（2）标注尺寸要符合设计要求。图 9-35 所示为两零件装配在一起的状况。设计要求两零件左右方向不能松动，而且必须保证右端面平齐。图中标注的尺寸 A 和 B 保证了这两点，满足了设计要求。

（3）标注尺寸要符合加工工艺要求，就是要符合加工顺序和便于测量。如图 9-36 所示小轴的主要尺寸及在车床上的加工顺序，这样标注便于加工时测量。又如图 9-37 所示孔的尺寸标注。

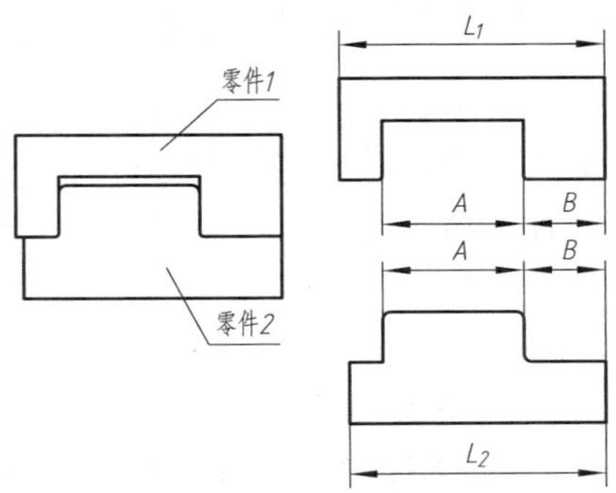

图 9-35 根据设计要求标注尺寸

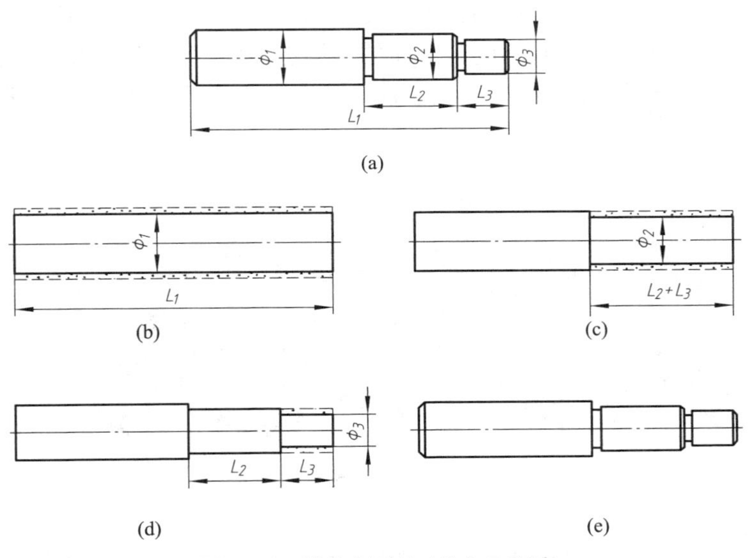

图 9-36 轴的主要尺寸和加工顺序

（4）尺寸不能注成封闭的形式，如图 9-38 所示。

（5）铸件毛面相关尺寸的标注。铸造表面俗称毛面。标注零件上有关毛面的尺寸时，在同一方向上一般应只有一个毛面与加工面联系，其他毛面尺寸按形体结构标注，只与该尺寸的毛面端联系，以利于保证尺寸的精度，如图 9-39 所示。

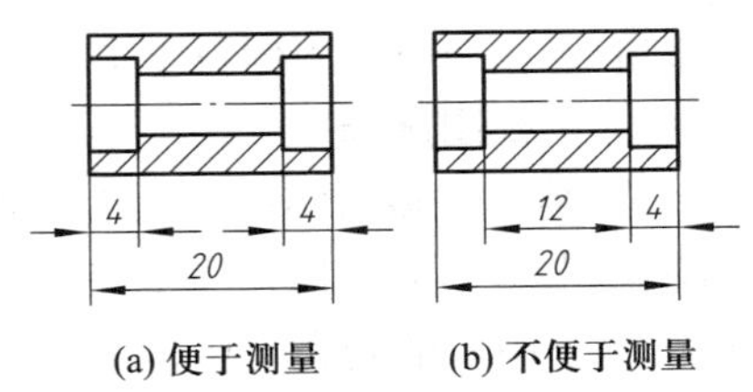

图 9-37 标注尺寸应便于测量

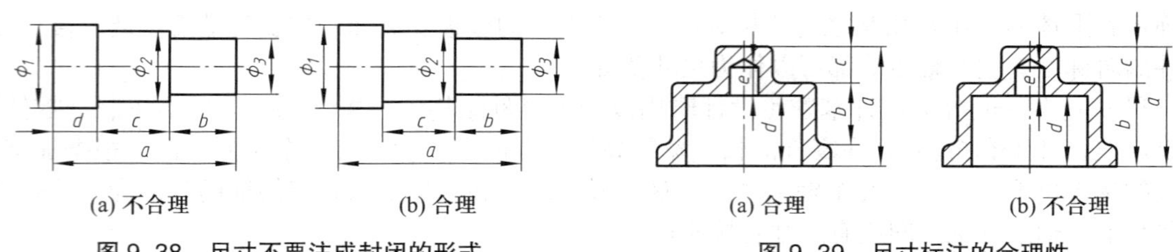

(a) 不合理　　(b) 合理

图 9-38　尺寸不要注成封闭的形式

(a) 合理　　(b) 不合理

图 9-39　尺寸标注的合理性

9.3.3　各类典型零件的表达方法

由零件分类可知，对于一般零件和传动件均须画出其零件图，为了便于掌握绘制零件图的一般规律，通常按零件结构形状特征，将需要画出零件图的零件大致分为轴套类（如传动轴、衬套等）、轮盘类（如手轮、带轮、齿轮、轴承盖、端盖等）、叉杆类（如拨叉、杠杆、连杆等）和壳箱体类（如箱体、泵体、阀体、机座等）。下面结合具体实例分别进行介绍。

1. 轴套类零件

（1）结构特点及主要加工工序

轴套类零件是机器中起传递动力、改变转速和运动方向等不可缺少的重要零件。轴套类零件分为轴类零件和套类零件，其中轴类零件更常见。由于在不同的设备中，轴上面套有的零件不同，所以轴的长短不同，段数不同，上面的结构也不同，但其结构形状的共同特点：主体一般是由若干段不等径的同轴回转体构成，轴向长度远远大于其直径，呈细长状，如图 9-40 所示。

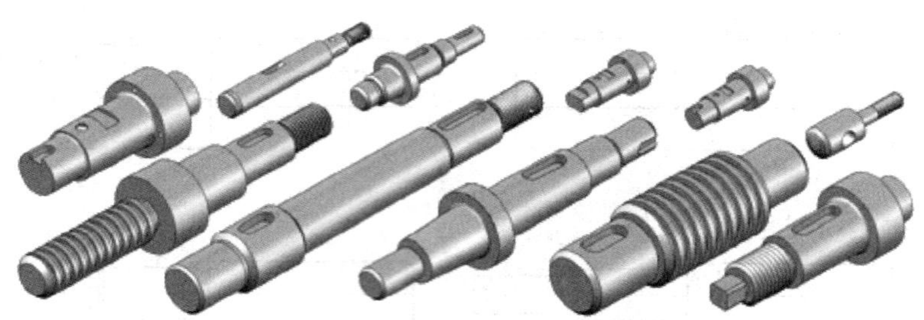

图 9-40　轴类零件示例

在传动轴上各段回转体上通常有倒角、倒圆、轴肩、键槽、螺纹、销孔、越程槽、退刀槽、卡环槽、中心孔、扁尾及平面等局部结构，如图 9-41 所示。但这些结构并非在每根轴上都有，它们的毛坯一般采用棒料。主体主要是在车床和磨床上进行加工，如图 9-42 所示。

（2）视图选择

轴类零件多为实心件，而套类零件是中空的。在表达轴套类零件时，主视图应按加工位置将轴线水平横放，以便于加工时看图方便。一般采用一个基本视图（主视图）来表达其主体结构（对于中空的套类零件，主视图一般画成剖视图）。零件的某些局部结构用断面图、局部剖视图、局部放大图等来表达，过长的轴可采用折断画法。如图 9-43 所示的齿轮泵主动轴零件图，其主视图表达了主体结构。在主视图上采用了局部剖视图（表达键槽、销孔）、断开画法，还采用了移出断面图和局部视图表达键槽，局部放大图表达越程槽。

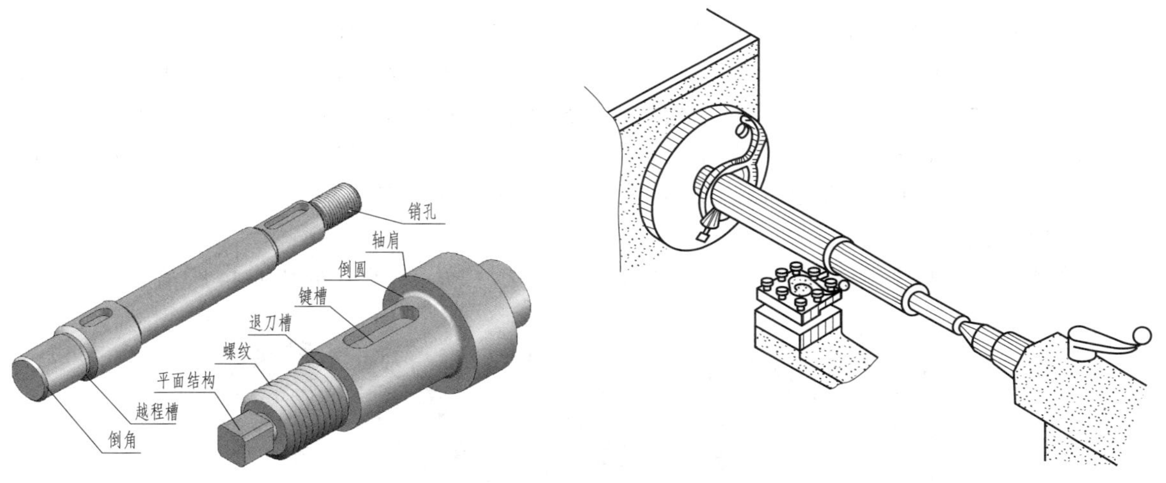

图 9-41 轴类零件上的常见结构

图 9-42 轴加工时所处的位置

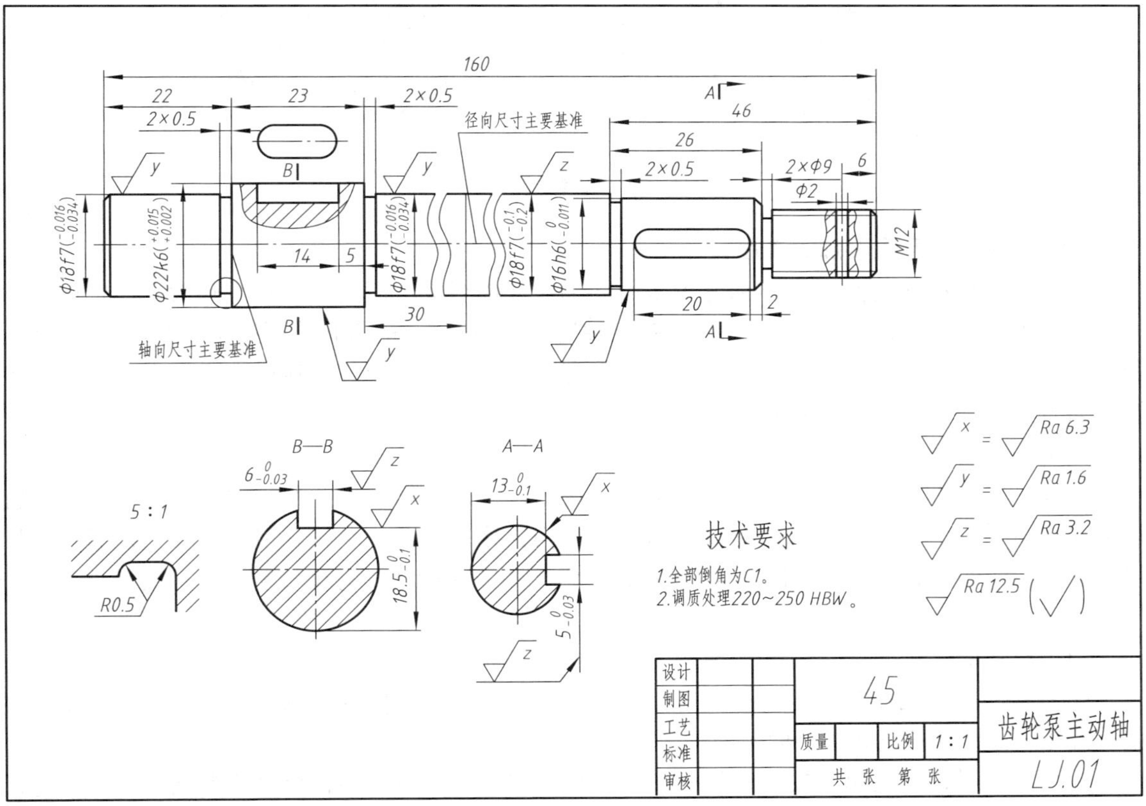

图 9-43 齿轮泵主动轴的零件图 

但有些轴（如曲轴、凸轮轴、偏心轴等）的结构较特殊，除主视图外，还需画出左视图（或右视图）表示其特殊结构。

（3）**尺寸标注**

此类零件以轴线作为径向基准，轴向尺寸基准根据零件的作用及装配要求以重要的轴肩（重要的接触面）或端面为轴向主要基准。其定形尺寸一般有表示各段的直径大小的径向尺寸和相应的轴向长度尺寸两种。此外，还有确定轴上各局部形体结构的定形尺寸和轴向定位尺寸。

标注尺寸时，首先将重要尺寸从主要基准直接标出。尽量将不同工序所需的尺寸分开标注，如图 9–43 中的键槽与其他部分加工工序不同，其尺寸 14、5 和 20、2 等在下方标注出来。

2. 轮盘类零件

轮盘类零件包括手轮、齿轮、带轮、圆形端盖、法兰、压盖等，如图 9–44 所示。

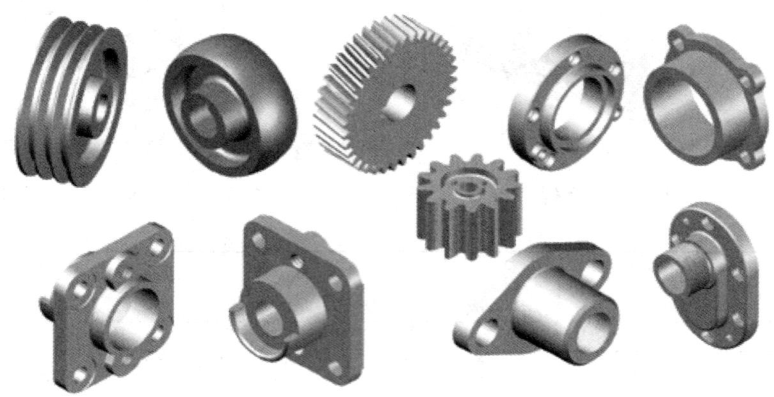

图 9–44 轮盘类零件示例

（1）**结构特点及主要加工工序**

这类零件的结构特点：主体部分也多由同轴回转体组成，但其径向尺寸较大，而轴向尺寸较短，呈短粗状。轮盘类零件上常有一些其他结构，如轴孔、键槽和沿圆周均布的轮辐、凸缘、凸台、孔（光孔或螺纹孔等结构）等，且至少有一个端面与其他零件接触。毛坯多为铸件，主要的加工方法有车削、刨削和铣削。

（2）**视图选择**

在表达轮盘类零件时，一般采用两个基本视图，以车削加工为主的零件主视图按加工位置将轴线水平横放，并多采用剖视图以表达内部结构；另一视图（左或右视图）表达外形轮廓形状和其他结构的分布情况，如图 9–45 所示，并常采用简化画法。对于较复杂的盖类零件，其零件图的视图表达一般要多于两个基本视图，如图 9–46 所示。

（3）**尺寸标注**

此类零件以轴线作为径向主要基准，轴向尺寸基准根据零件的作用及装配要求以重要的端面（盖与其他零件的重要接触面）为轴向主要基准。

标注尺寸时，为突出主要加工尺寸，一般将主体部分的内、外直径尺寸和轴向尺寸尽量标注在主视图上，且尽量把内、外结构的尺寸分开标注。对于沿圆周分布的其他结构的定形尺寸和定位尺寸应尽量标注在反映其分布情况的视图中。

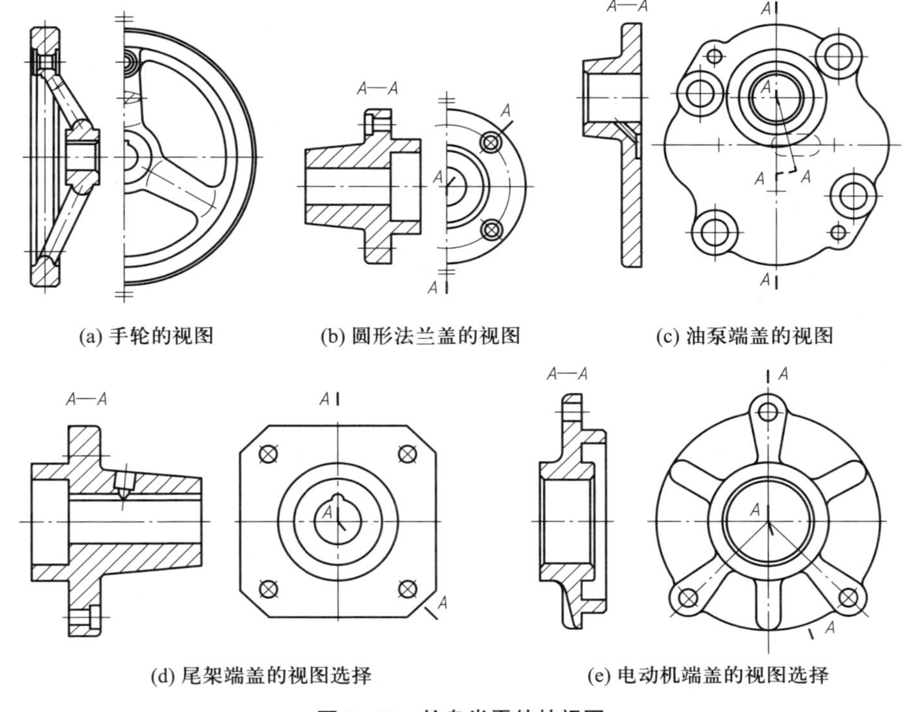

(a) 手轮的视图　(b) 圆形法兰盖的视图　(c) 油泵端盖的视图

(d) 尾架端盖的视图选择　(e) 电动机端盖的视图选择

图 9-45　轮盘类零件的视图

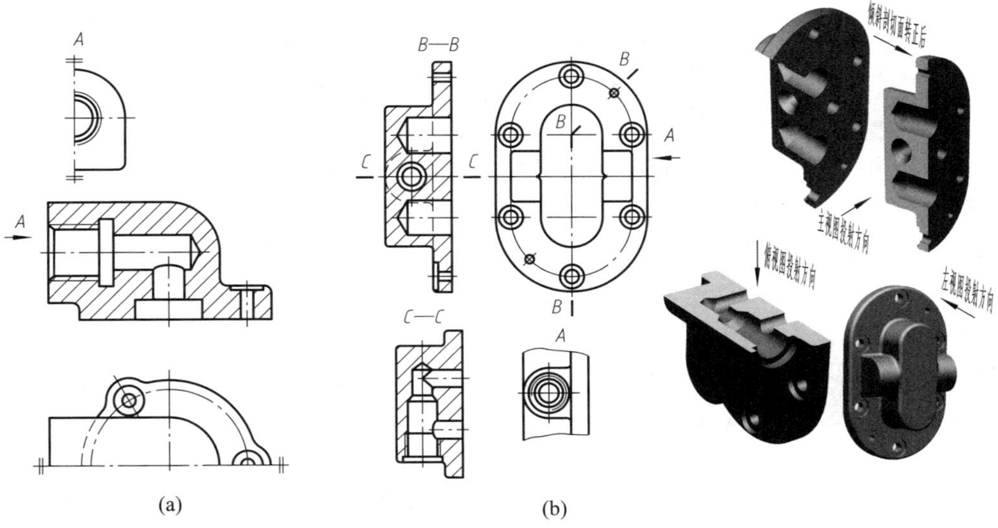

(a)　(b)

图 9-46　较复杂端盖的视图选择

齿轮、V 带轮、手轮等上面均有标准结构，其画法与尺寸标注均应符合各自标准的规定。如图 9-47 所示的直齿圆柱齿轮的零件图采用了两个基本视图将其表达清楚。图中只注出轮齿的齿顶圆、分度圆的直径，齿轮的其他参数均在图样的右上角的表中列出，齿面的表面结构代号注写在分度线上。其他尺寸按形体分析与结构分析进行标注。

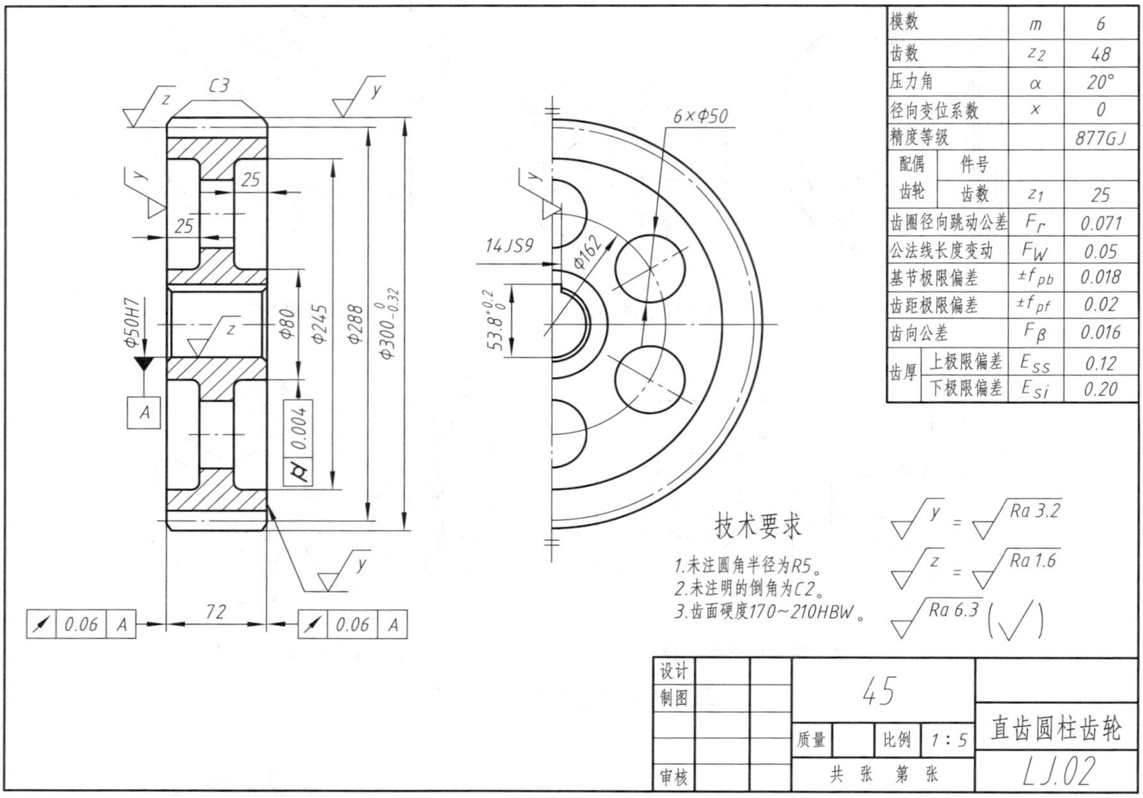

模数		m	6
齿数		z_2	48
压力角		α	20°
径向变位系数		x	0
精度等级			877GJ
配偶齿轮	件号		
	齿数	z_1	25
齿圈径向跳动公差		F_r	0.071
公法线长度变动		F_W	0.05
基节极限偏差		$\pm f_{pb}$	0.018
齿距极限偏差		$\pm f_{pf}$	0.02
齿向公差		F_β	0.016
齿厚	上极限偏差	E_{SS}	0.12
	下极限偏差	E_{Si}	0.20

技术要求

1.未注圆角半径为R5。
2.未注明的倒角为C2。
3.齿面硬度170~210HBW。

设计			45		
制图					直齿圆柱齿轮
			质量	比例 1:5	
审核			共 张 第 张		LJ.02

图 9–47 直齿圆柱齿轮的零件图

图 9–48 为齿轮泵泵盖的零件图，采用了两个基本视图将其表达清楚，其长度方向的主要基准为右端的接合面，宽度方向的主要基准为对称平面，高度方向的主要基准为上面 ϕ13H8 孔的轴线。对于沿圆周分布的孔、槽等，其他结构的定形尺寸和定位尺寸应尽量标注在反映其分布情况的视图中，如 6 × ϕ7、*R*25、*R*8、*R*28 等。

3. 叉杆类零件

常见的叉杆类零件有手柄、曲柄、连杆、杠杆、拨叉、支架等，如图 9–49 所示。

（1）结构特点及主要加工工序

叉杆类零件的主体一般由实心的杆、肋和空心圆柱组成，常有倾斜或弯曲的不规则结构。空心圆柱上常有加工的孔和油孔，有的有槽、安装板和滑道等。叉杆类零件常常不大，但弯、斜结构较多，结构形状比较复杂。它们的加工工序较多，且工作位置亦不固定，多为铸件或锻件。

（2）视图选择

一般将其中一倾斜结构放正，以最能反映零件的形状特征的视图作为主视图。一般采用两个或两个以上的基本视图。对其弯、斜结构常采用斜视图或单一斜剖切面获得的剖视图及局部剖视、断面图等加以表达。

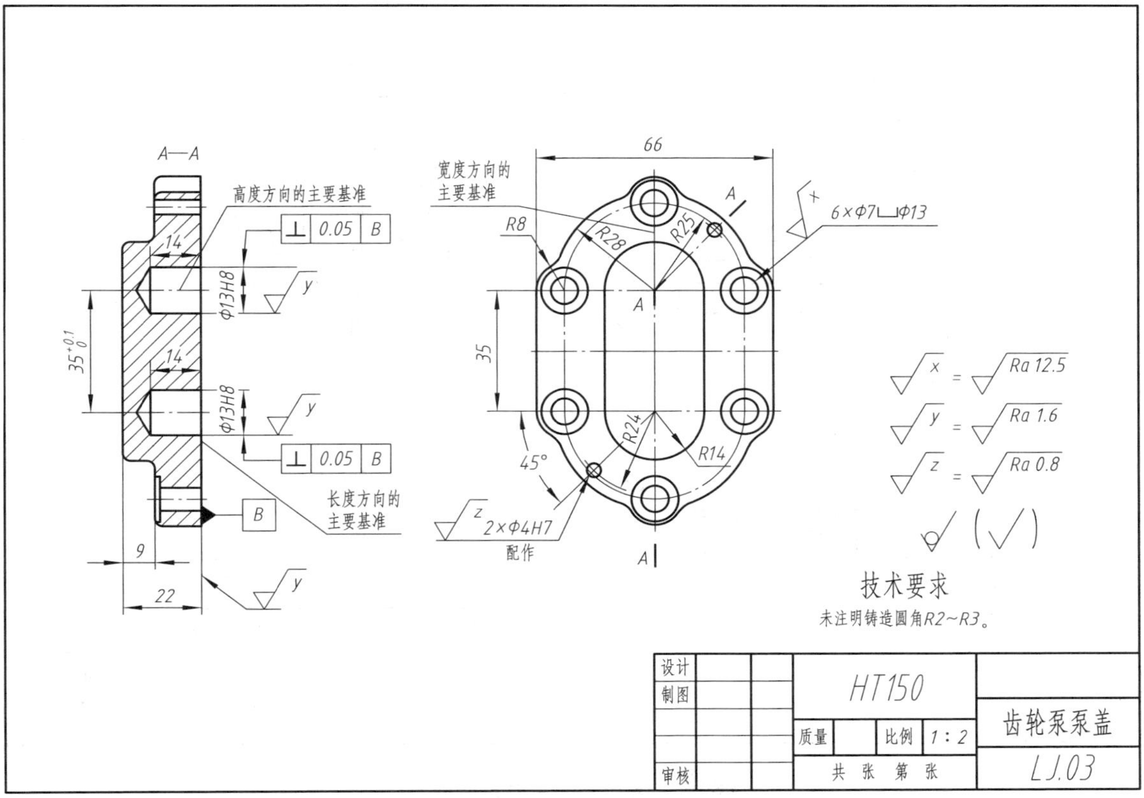

图 9-48 泵盖的零件图

图 9-49 叉杆类零件示例

图 9-50 为一杠杆的零件图。主视图反映了三个圆柱的相对位置和连接肋的形状。为使其他视图便于表达及作图简便，将杠杆下方两圆柱的轴线置于同一水平面上。俯视图采用局部剖视图，既表达了下面两圆柱的内部结构，又反映了连接它们的三角形肋的真实形状。剖视图 *A—A* 及移出断面表明斜臂上部孔的深度、位置及 T 形肋的形状。

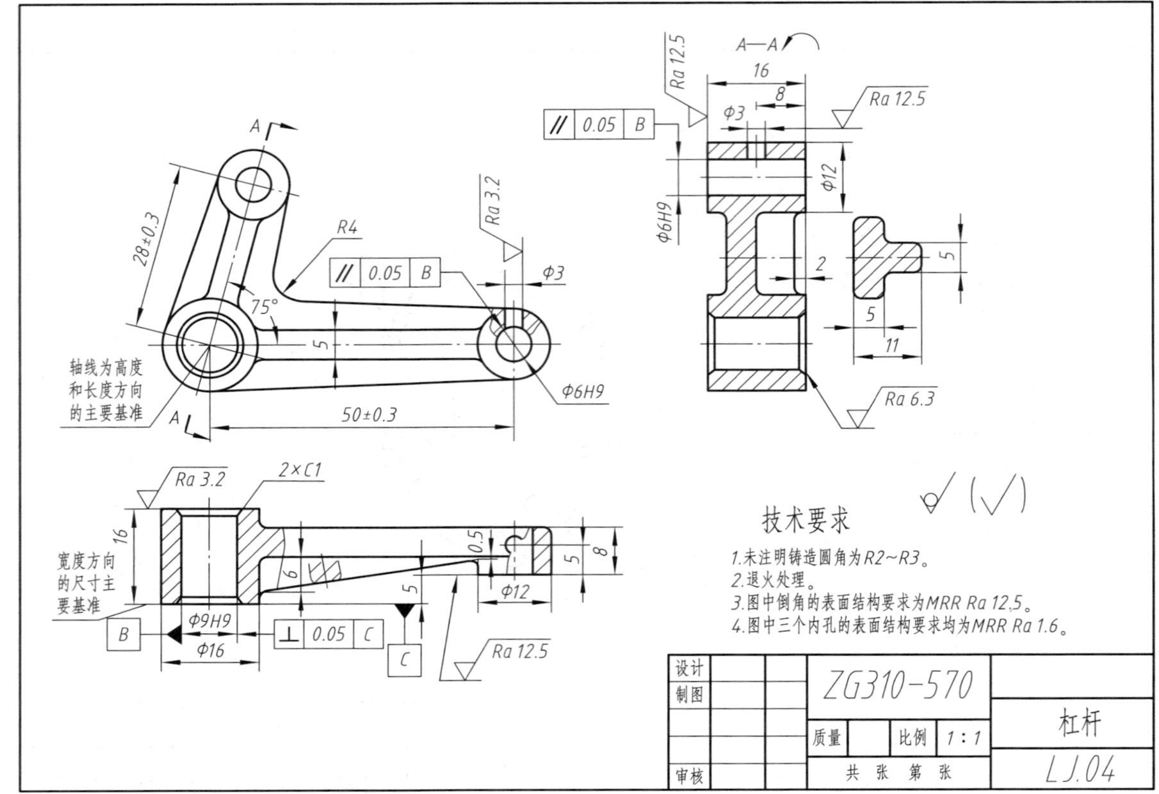

图 9-50 杠杆的零件图

（3）尺寸标注

此类零件常以主要轴线及某个端面作为尺寸的主要基准。如图 9-50 所示的杠杆，ϕ16 圆柱的轴线为长度和高度方向的主要基准，其前端面为宽度方向的主要基准。各孔的中心距和它们的相对位置一般属于此类零件的主要尺寸，应从主要基准直接注出，如图中的 28、50 及 75°等尺寸，其他尺寸按形体分析分别注出。

4. 壳箱体类零件

壳箱体类零件包括箱体、阀体、壳体、机座、支座等，如图 9-51 所示。此类零件主要用来支承、包容、保护其他零件，是机器或部件中的主要零件。结构形状最为复杂，且加工位置变化也最多。

下面以图 9-52 所示的回转泵泵体为例来说明此类零件的结构特点、视图选择及尺寸标注。

（1）结构特点与功能

由图 9-52 所示回转泵的工作原理简图可以看出，回转泵泵体内依次装有衬套、鼓轮和轴，鼓轮上有四片翼板（又称叶片）。轴上的鼓轮与泵体内腔有 2.5 mm 的偏心距的结构特点，当轴带动鼓轮顺时针方向旋转时，翼板在鼓轮的槽内沿径向甩出并靠紧衬套内壁滑动，使得左边翼板之间的空腔逐渐增大，形成部分真空，将油从左口吸入；而右边翼板间的空腔在

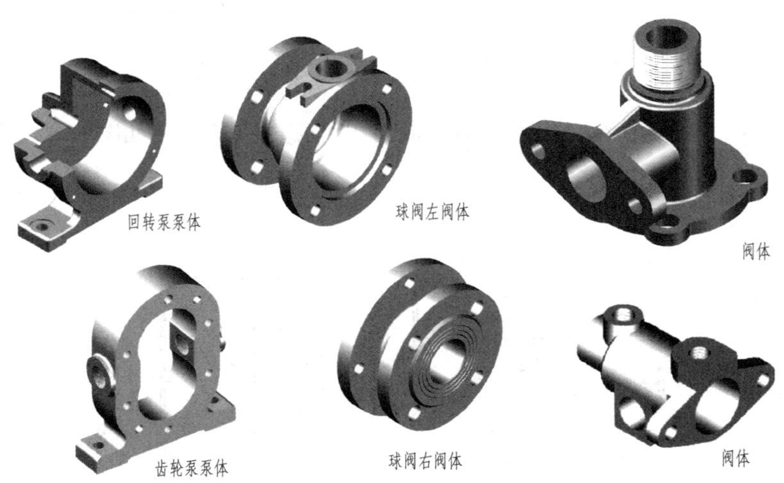

图 9-51 壳箱体类零件示例

鼓轮旋转时逐渐变小，油压增大，故油从右边出油口排出，起到了由机械能转变为液压能的功能。

（2）**泵体的组成及工艺**

从图 9-53 所示泵体的实体模型图中可以看出回转泵泵体由三大部分组成。

① **工作部分**：泵体的上部包容并支撑着轴、鼓轮及衬套等零件。其中，ϕ14H7 孔与 ϕ98H7 内腔有 2.5 mm 的偏心距，进、出油孔有管螺纹与油管相接，前端面有三个连接泵盖用的螺孔，内腔底部的两个小孔为拆卸衬套用的工艺孔。

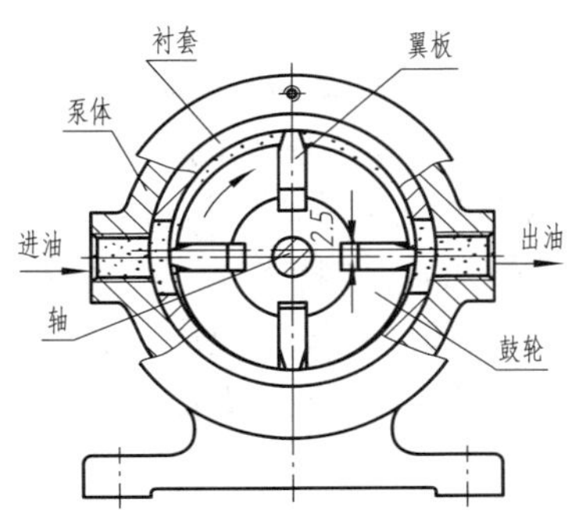

图 9-52 回转泵的工作原理简图

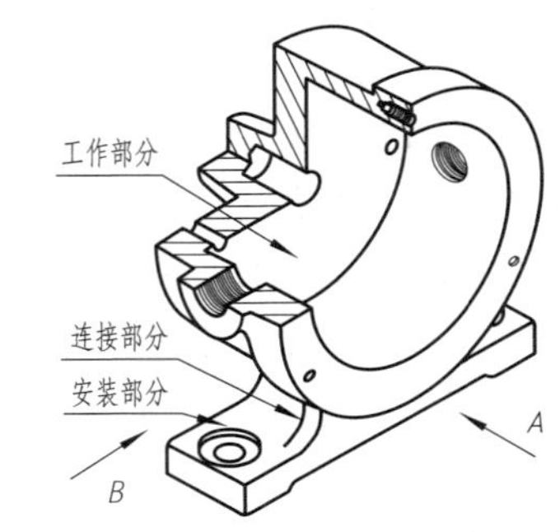

图 9-53 回转泵的主视图投射方向

② **安装部分**：泵体下部为带有两个沉孔的安装板，可用螺栓将其安装在基座上。为了减少加工面和保证良好的接触，在安装板底面加工出一凹槽。

③ **连接部分**：泵体中部的 T 形连接板将上述两部分连接起来。

（3）**视图选择**

由于此类零件的形状、结构比较复杂，加工工序亦较多，一般**应按其工作位置安放**，这样有利于分析零件工作时的情况和装配图的画图、读图，**并以反映其形状特征**（零件的形状特点和各组成部分的相对位置）**最清晰的方向作为主视图的投射方向**，箱体类零件一般需要三个或三个以上基本视图及其他辅助图形，采用多种图样画法才能表达清楚其形状和结构。

按图 9–53 所示的 *A* 投射方向和 *B* 投射方向所得的视图表达方案如图 9–54 所示。

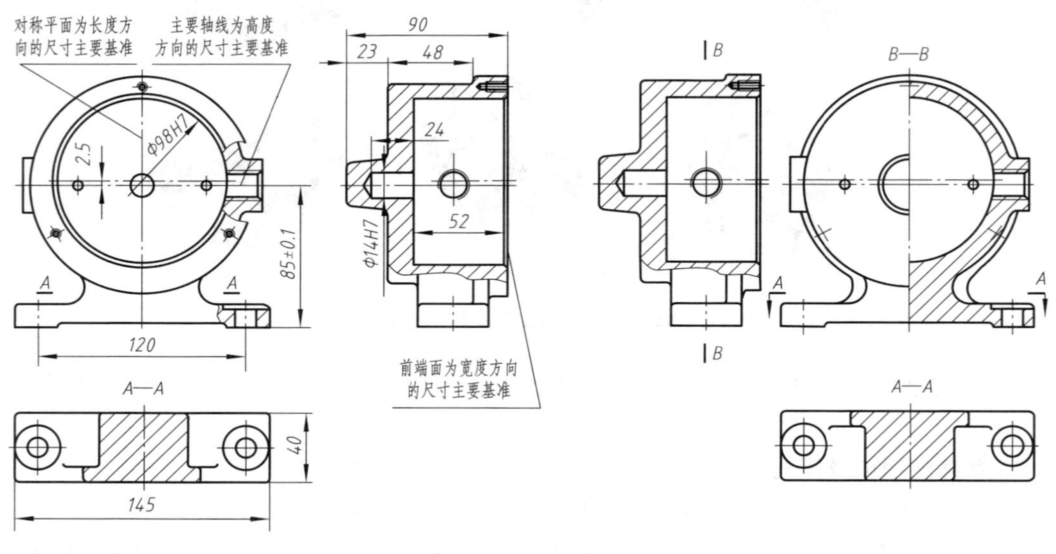

(a) *A*投射方向的视图表达方案　　(b) *B*投射方向的视图表达方案

图 9–54　视图表达方案比较

回转泵泵体的这两种视图表达方案的主视图均按泵体的工作位置安放（底板朝下），仅主视图的投射方向不同。*B* 投射方向的视图表达方案的主视图未能将 2.5 mm 的偏心距表达出来，且“*A*—*A*”剖视图若按投影规律放在俯视图位置，则不符合合理利用图幅的原则。因此，*A* 投射方向的视图表达方案优于 *B* 投射方向的视图表达方案。*A* 投射方向的视图表达方案的主视图画成局部剖视图既简洁又便于画图与看图。此视图反映了偏心的结构特点，三个组成部分间的相对位置，进、出油孔及安装板上沉孔的深度。左视图采用局部剖视图，反映了内部结构和三个组成部分的前后相对位置。俯视图采用全剖视图，将 T 形连接板断面及安装板的形状表达清楚。

（4）尺寸标注

该泵体长度、宽度、高度三个方向的主要基准分别为对称平面、前端面和 ϕ14H7 孔的轴线，如图 9–54a 所示。

此类零件的主要孔的中心距、配合尺寸、与装配有关的定位尺寸等直接影响机器工作性能和质量的尺寸属于重要尺寸，应直接注出，如图 9–54a 中的尺寸。其余可按形体分析和结构分析标注尺寸，同时注意尺寸的合理性，如图 9–55 所示。

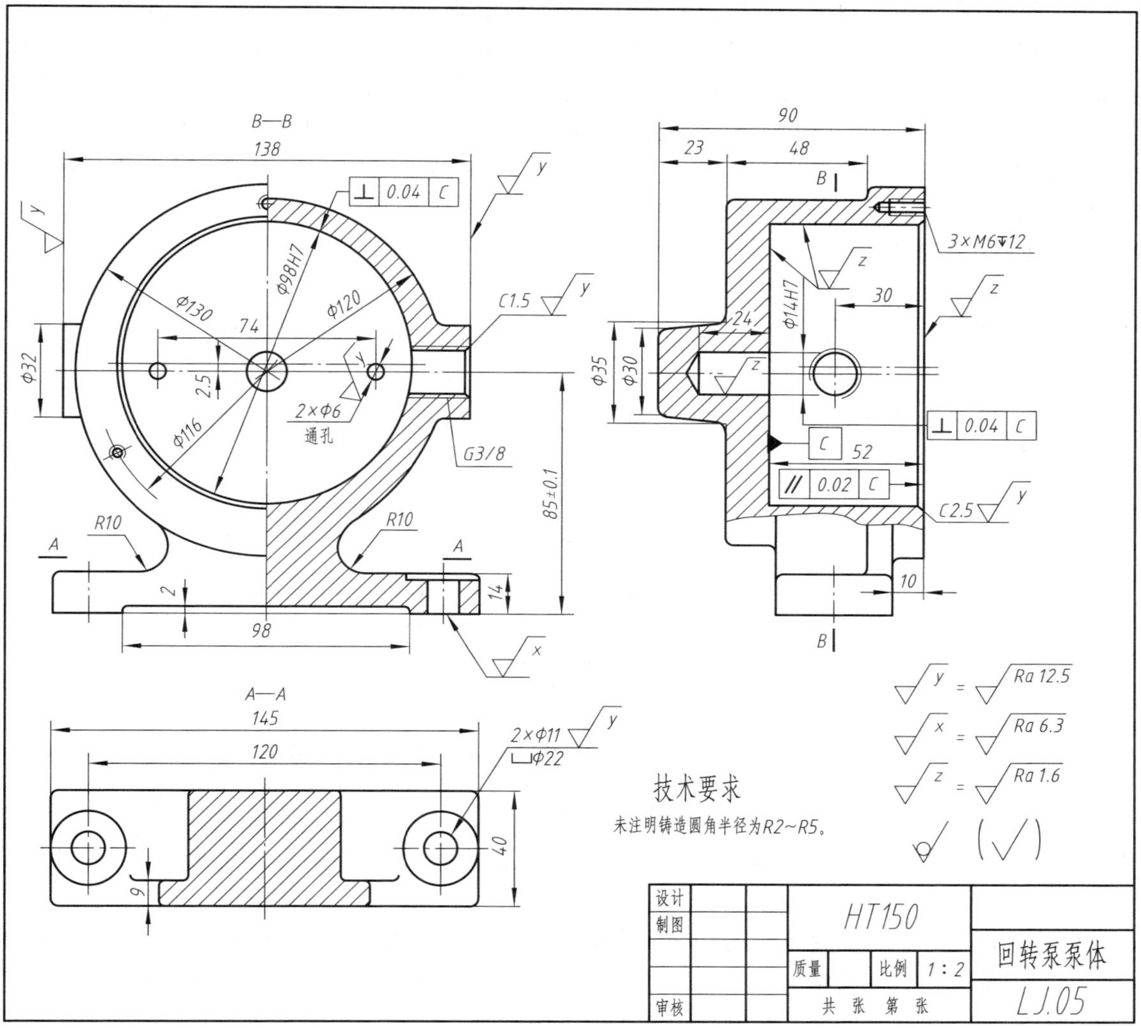

技术要求

未注明铸造圆角半径为R2~R5。

图 9-55 回转泵泵体的零件图 

9.4 零件图的技术要求

零件图上除用一组视图表示零件的形状和结构、用尺寸表示零件各部分的大小之外，还必须注写零件在制造、装配、检验时所应达到的技术要求，如表面结构、尺寸公差、几何公差、材料的热处理及表面处理等内容。这些内容多数用规定的符号和代号直接标注在视图上，有些情况则以简明文字和符号、代号注写在图样的适当位置。

9.4.1 表面结构的图样表示法

表面结构是出自几何表面的重复或偶然的偏差，这些偏差形成该表面的三维形貌。表面结构包括在有限区域上的粗糙度、波纹度、纹理方向、表面缺陷和形状误差。这些表面几何特性绝非孤立存在，大多数表面是由于粗糙度、波纹度及形状误差综合影响产生的结果，各种特性对零件功能影响各不相同，它的形成直接影响机械零件的功能、使用性能和工作寿命。表面结构的各项要求在图样上的表示法在 GB/T 131—2006 中均有具体规定。本节主要介绍常用的表面结构表示法。

1. 基本概念及术语

（1）表面粗糙度

零件经过机械加工后的表面会留有许多较小间距的高低不平的凸峰和凹谷，在零件表面上所形成的微观几何形状特性称为表面粗糙度，如图 9–56 所示。表面粗糙度是表示微观几何形状特性的特征量，主要与加工方法、刀刃形状、走刀量及切削撕裂时材料的塑性变形等诸多因素有密切关系。

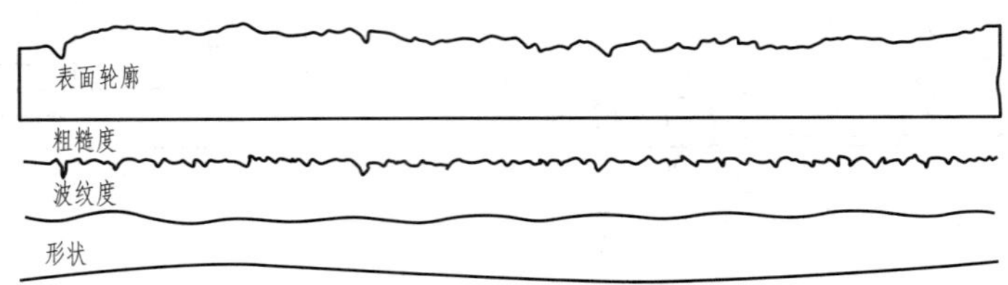

图 9–56 粗糙度、波纹度和形状误差的综合影响的表面轮廓

表面粗糙度的大小对零件表面的耐磨性、疲劳强度、接触刚度、冲击强度、密闭性、振动和噪声、镀涂、外观质量、抗腐蚀性以及零件间配合性质的稳定性均有较大的影响，是评定零件表面质量的重要技术指标之一。

在零件设计中，在满足零件的功能要求前提下，恰当地选择表面粗糙度是几何精度设计不可缺少的重要方面。一般情况下，凡是零件上有配合要求或有相对运动的表面，粗糙度参数值要小。参数值越小，表面质量越高，但加工成本也越高。因此，在满足使用要求的前提下，应尽量选用较大的参数值，以降低成本。

（2）表面波纹度

*在机械加工过程中，在工件表面所形成的间距比粗糙度大得多的表面不平度称为波纹度。*它是由机床或工件的挠曲、振动、颤动、形成材料应变以及其他一些外部影响因素等造成的，如图 9–56 所示。零件的表面波纹度是影响零件使用寿命和引起振动的重要因素。

（3）表面几何形状

表面几何形状一般由机器或工件的挠曲或导轨误差引起，如图 9–56 所示。

表面粗糙度、表面波纹度以及表面几何形状总是同时生成并存在于同一表面的。

（4）表面结构常用的轮廓参数

对于零件表面结构的状况，可由三大类参数加以评定：**轮廓参数**（由 GB/T 3505—2009 定义）、**图形参数**（由 GB/T 18618—2009 定义）、**支承率曲线参数**（由 GB/T 18778.2—2003 和 GB/T 18778.3—2006 定义）。其中，轮廓参数有 R 轮廓（粗糙度参数）、W 轮廓（波纹度参数）、P 轮廓（原始轮廓参数）；图形参数有粗糙度图形和波纹度图形。而轮廓参数是我国机械图样中目前最常用的评定参数。本节仅介绍评定粗糙度轮廓（R 轮廓）中的两个高度参数 *Ra* 和 *Rz*。

① 轮廓算术平均偏差 *Ra*，是指在一个取样长度 *lr* 内纵坐标值 *Z*（*X*）（被测轮廓线上各点至基准线的距离）绝对值的算术平均值，如图 9-57 所示。可用下列公式表示：

$$Ra = \frac{1}{lr}\int_0^{lr}\left|Z(X)\right|\mathrm{d}X$$

② 轮廓最大高度 *Rz*，是指在同一取样长度 *lr* 内最大轮廓峰高和最大轮廓谷深之间的距离，如图 9-57 所示。

（5）**有关检验规范的基本术语及其选取**

国家标准规定，图样中注写参数代号及其数值要求的同时，还应明确其检验规范。

有关检验规范方面的基本术语有**取样长度、评定长度、滤波器和传输带**以及**极限值判断规则**。

① 粗糙度的取样长度（*lr*） 用于判别被评定轮廓的不规则特征的轴上的长度为取样长度，即在 *X* 轴（即基准线，如图 9-57 所示）上选取一段适当长度进行测量，这段长度称为取样长度。粗糙度轮廓的取样长度用 *lr* 表示，在数值上与轮廓滤波器的标志波长（即截止波长）相等，即取样长度的标称值等于截止波长 λ_c 的值。

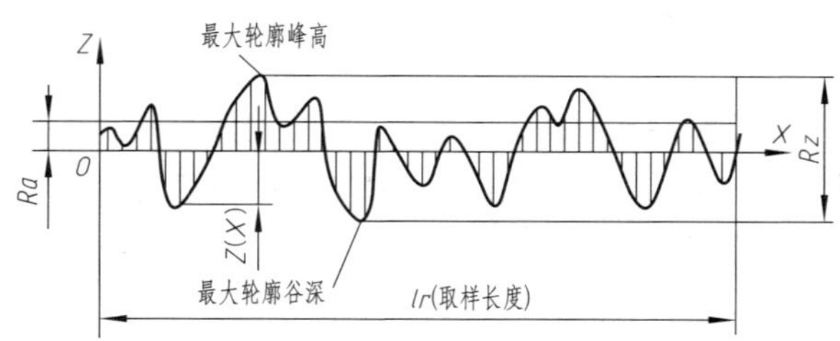

图 9-57 轮廓算术平均偏差 *Ra* 和轮廓最大高度 *Rz*

在评定表面粗糙度时，一般情况下，选用的取样长度应包含 5 个波峰和 5 个波谷。但对于微观不平度间距较大的端铣、滚铣及其他大进给量走刀的加工表面应选较大的取样长度。

② 评定长度（*ln*） 在每一取样长度内的测得值通常是不等的，为取得表面粗糙度最可靠的值，一般取几个连续的取样长度进行测量，并以各取样长度内测量值的平均值作为测得的参数值。这段在 *X* 轴方向上用于评定轮廓的包含着一个或几个取样长度的测量段称为评定长度。

由于加工表面的不均匀性，在评定表面粗糙度时，其评定长度的选取应根据不同的加工方法和相应的取样长度来确定。一般情况下，应按标准（GB/T 6062—2009）中规定的选取，即 *ln*=5*lr*。

如果被测表面均匀性较好，测量时可选用小于 5*lr* 的评定长度，否则选用大于 5*lr* 的评定长度。根据表面加工均匀性程度，推荐：

车、铣、刨等规则加工表面　　　*lr* =2.5 mm 时，*ln*=（1~3）*lr*

精车、磨加工表面　　　　　　lr =0.8 mm 时，ln=（2~6）lr

精磨、研磨等不规则加工表面　　lr=0.25 mm 时，ln=（6~17）lr

当参数代号后未注明评定长度时，其默认为 5 个取样长度（GB/T 6062—2009），否则应注明个数。例如 Rz 0.4、Ra 3 0.8、Rz 1 3.2 分别表示评定长度为 5 个（默认）、3 个、1 个取样长度。

③ 轮廓滤波器和传输带　三类轮廓参数各有不同的波长范围，它们又同时叠加在同一表面轮廓上，因此在测量评定三类轮廓上的参数时，必须先将表面轮廓在特定仪器上进行滤波，以便分离获得所需波长范围的轮廓。这种可将轮廓分成长波和短波成分的仪器称为轮廓滤波器。由两个不同截止波长的滤波器分离获得的轮廓波长范围则称为传输带。未标传输带的为默认传输带（GB/T 10610—2009 和 GB/T 6062—2009 的规定）。

按滤波器的不同截止波长值，由小到大顺次分为 λ_s、λ_c 和 λ_f 三种，前面提到的三类轮廓就是分别应用这些滤波器修正表面轮廓后获得的。应用 λ_s 滤波器修正后的轮廓称为原始轮廓（P 轮廓）；在 P 轮廓上再应用 λ_c 滤波器修正后形成的轮廓即为粗糙度轮廓（R 轮廓）；对 P 轮廓连续应用 λ_f 和 λ_c 滤波器后形成的轮廓则称为波纹度轮廓（W 轮廓）。

④ 极限值判断规则　完工后的零件表面按检验规范测得轮廓参数值后，需与图样上给定的极限比较，以判定其是否合格。极限值判断规则有两种：**16% 规则和最大规则**。

运用 16% 规则时，被检表面测得的全部参数值中，超过极限值（“超过极限值”的意思是：若给定的是上限值，大于上限值；若给定的是下限值，小于下限值）的个数不多于总个数的 16% 时，该表面是合格的。

运用最大规则时，被检的整个表面上测得的所有参数值不应超过给定的极限值。当参数值不允许任何参数值超差时，应在参数右侧加注 max。只要加注了 max 时，不允许任一实测值超过极限值。

16% 规则是所有表面结构要求标注的默认规则（GB/T 10610—2009）。即当参数代号后未注写“max”字样时，均默认为应用 16% 规则（例如 Ra 0.8），否则应用最大规则（例如 Ra max 0.8）。

2. 标注表面结构的图形符号

表面结构的图形符号的名称、尺寸及其含义见表 9-9。

图形符号和附加标注的尺寸见表 9-10。

表 9-9　表面结构的图形符号

图形符号名称	符　　号	含　　义
基本图形符号 （表示对表面结构有要求的图形符号，简称基本符号）	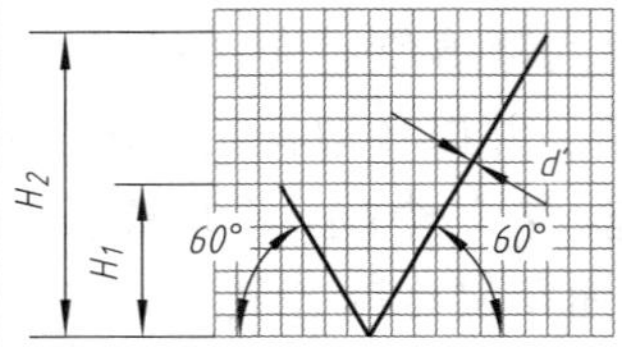 H_2　H_1　60°　60°　d'	d'（符号线宽）= 数字和字母线宽 d（见表 9-10） d、H_1、H_2（详见表 9-10） 未指定工艺方法的表面，当通过一个注释解释时可单独使用
扩展图形符号 ［表示对表面结构有指定要求（去除材料或不去除材料）的图形符号，简称扩展符号］	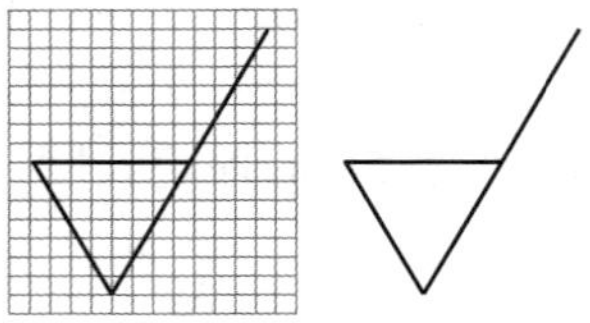	扩展图形符号（基本符号加一短画），表示表面是用去除材料方法获得的。如车、铣、钻、磨、剪切、抛光、腐蚀、电火花加工、气割等。 仅当其含义是“被加工表面”时可单独使用

续表

图形符号名称	符　号	含　义
扩展图形符号 ［表示对表面结构有指定要求（去除材料或不去除材料）的图形符号，简称扩展符号］		扩展图形符号（基本符号加一小圈），表示表面是用不去除材料的方法获得。如铸、锻、冲压变形、热轧、冷轧、粉末冶金等；或者用于保持原供应状况的表面（包括保持上道工序形成的表面，不管这种状况是否通过去除材料或不去除材料形成的）
完整图形符号 （对基本图形符号或扩展图形符号扩充后的图形符号，简称完整符号，用于对表面结构有补充要求的标注）	允许任何工艺 去除材料 不去除材料	在以上各种符号的长边上加一横线，以便注写表面结构的各种要求。 横线的长度根据标注内容多少可长可短

表 9-10　图形符号和附加标注的尺寸　mm

数字和字母的高度 h（GB/T 14691—1993）	2.5	3.5	5	7	10	14	20
符号线宽 d' 数字和字母线宽 d	0.25	0.35	0.5	0.7	1	1.4	2
高度 H_1	3.5	5	7	10	14	20	28
高度 H_2（最小值——取决于标注的内容）	7.5	10.5	15	21	30	42	60

3. 表面结构要求在图形符号中的注写位置

为了明确表面结构要求，除了标注表面结构参数和数值外，必要时应标注补充要求，包括传输带、取样长度、加工工艺、表面纹理及方向、加工余量等。这些要求在图形符号中的注写位置如图 9-58 所示。

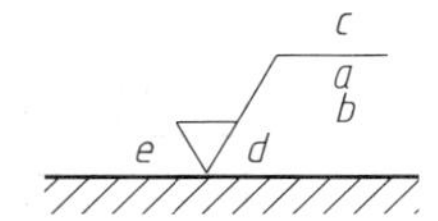

图 9-58　补充要求的注写位置

位置 a：注写表面结构的单一要求（表面结构参数代号、极限值和传输带或取样长度）。

位置 b：注写第二表面结构要求。

位置 c：注写加工方法、表面处理、涂层或其他加工工艺要求等。

位置 d：注写表面纹理和方向符号，如“=”“⊥”“M”等。

位置 e：注写加工余量（以 mm 为单位给出数值）。

4. 控制表面功能的最少标注

表面结构要求通过几个不同的控制元素建立，它们可以是图样中标注的一部分或在其他文件中给出的文本标注，这些元素的标注符号、顺序及格式如图 9-59 中的注释。

这些元素对于表面结构要求和表面功能之间形成明确关系是必要的。在不会导致歧义时，其中的一些元素才可以省略。为了简化表面结构要求的标注，定义了一系列的默认值，例如极限值判断规则、传输带和评定长度。有了默认定义便可更加简化表面结构标注（如 *Ra*1.6 和 *Rz*6.3）。

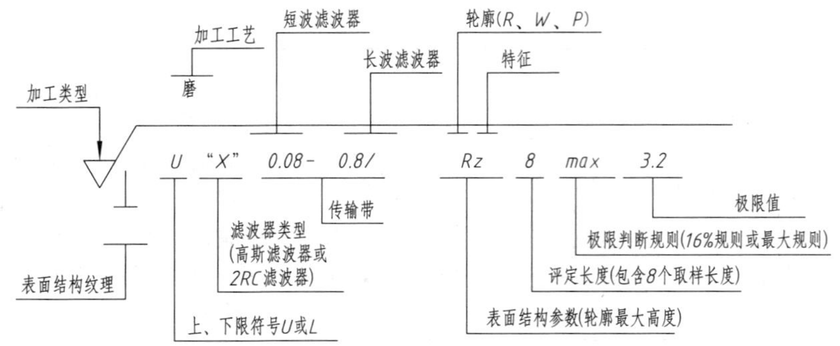

图 9-59 表面结构要求标注的控制元素

5. 表面纹理的符号和标注

表面纹理的符号、标注及含义见表 9-11。

表 9-11 表面纹理的符号、标注及含义

纹理符号	示例	含义	纹理符号	示例	含义
=		纹理平行于视图所在的投影面	C		纹理呈近似同心圆且圆心与表面中心相关
⊥		纹理垂直于视图所在的投影面	R		纹理呈近似放射状且与表面圆心相关
X		纹理呈两斜向交叉且与纹理视图所在的投影面相交	P		纹理呈微粒、凸起，无方向
M		纹理呈多方向	注：纹理符号的高为字母和数字高，符号的线宽为 d		

6. 表面结构代号

表面结构符号中注写了具体参数代号及数值等要求后即称为表面结构代号。表面结构代号的示例及含义见表 9-12。

7. 表面结构要求在图样中的注法

表面结构要求对每一表面一般只注一次，并尽可能注在相应的尺寸及其公差的同一视图上，除非另有说明。所标注的表面结构要求是对完工零件表面的要求。表面结构符号、代号在图样中的注写位置、方向及其简化画法等的规定详见表 9-13。

表 9–12 表面结构代号示例及含义

No.	代号示例	含义	补充说明
1	Ra 0.8	表示不允许去除材料，单向上限值，默认传输带，R 轮廓，算术平均偏差为 0.8 μm，评定长度为 5 个取样长度（默认），“16% 规则”（默认）	参数代号与极限值之间应留空格（下同），本例未标注传输带，应理解为默认传输带，此时取样长度可由 GB/T 10610—2009 和 GB/T 6062—2009 中查取
2	Rz 0.4	表示不允许去除材料，单向上限值，默认传输带，R 轮廓，粗糙度的最大高度为 0.4 μm，评定长度为 5 个取样长度（默认），“16% 规则”（默认）	参数代号与极限值之间应留空格（下同），本例未标注传输带，应理解为默认传输带，此时取样长度可由 GB/T 10610—2009 和 GB/T 6062—2009 中查取
3	Rz max 0.2	表示去除材料，单向上限值，默认传输带，R 轮廓，粗糙度最大高度的最大值为 0.2 μm，评定长度为 5 个取样长度（默认），“最大规则”	示例 No.1~No.6 均为单向极限要求，且均为单向上限值，则均可不加注“U”，若为单向下限值，则应加注“L”
4	0.008-0.8/Ra 3.2	表示去除材料，单向上限值，传输带 0.008–0.8 mm，R 轮廓，算术平均偏差为 3.2 μm，评定长度为 5 个取样长度（默认），“16% 规则”（默认）	传输带“0.008–0.8”中的前、后数值分别为短波和长波滤波器的截止波长（分别为 λ_s、λ_c），以示波长范围。此时取样长度等于 λ_c，即 lr=0.8 mm
5	-0.8/Ra3 3.2	表示去除材料，单向上限值，传输带：根据 GB/T 6062—2009，取样长度为 0.8 mm（λ_s 默认为 0.002 5 mm），R 轮廓，算术平均偏差为 3.2 μm，评定长度包含 3 个取样长度，“16% 规则”（默认）	传输带仅注出一个截止波长值（本例 0.8 表示 λ_c 值）时，另一截止波长 λ_s 应理解为默认值。由 GB/T 6062 中查知 λ_s=0.002 5 mm
6	0.002 5-0.8/Rz 3.2	表示去除材料，单向上限值，传输带 0.002 5–0.8 mm，R 轮廓，粗糙度最大高度的最大值为 3.2 μm，评定长度为 5 个取样长度（默认），“16% 规则”（默认）	传输带“0.002 5–0.8”中的前、后数值分别为短波和长波滤波器的截止波长（分别为 λ_s、λ_c），以示波长范围。此时取样长度等于 λ_c，即 lr=0.8 mm
7	U Ra max 3.2 L Ra 0.8	表示去除材料，双向极限值，两极限值均使用默认传输带，R 轮廓上限值：算术平均偏差为 3.2 μm，评定长度为 5 个取样长度（默认），“最大规则”，下限值：算术平均偏差为 0.8 μm，评定长度为 5 个取样长度（默认），“16% 规则”（默认）	本例为双向极限要求，用“U”和“L”分别表示上限值和下限值。在不至于引起歧义时可不加“U”“L”

注：表面结构参数代号、极限值和传输带或取样长度，为了避免误解，在参数代号和极限值间应插入空格。传输带或取样长度后应有一斜线“/”，之后是表面结构参数代号，最后是数值。

表 9–13 表面结构符号、代号在图样中的注法及其简化注法等

<table>
<tr><th></th><th>图例及说明</th><th>图例及说明</th></tr>
<tr><td rowspan="4">表面结构符号、代号在图样中的注写位置及方向</td><td>表面结构代号的注写和读取方向与尺寸的注写和读取方向一致
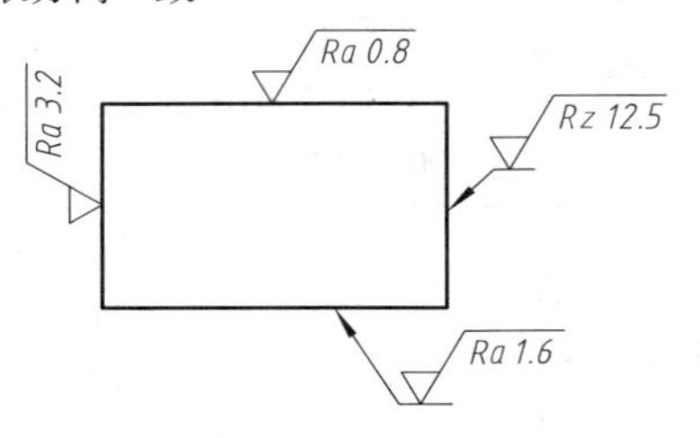</td><td>表面结构要求可标注在轮廓线上，其符号应从材料外指向并接触表面
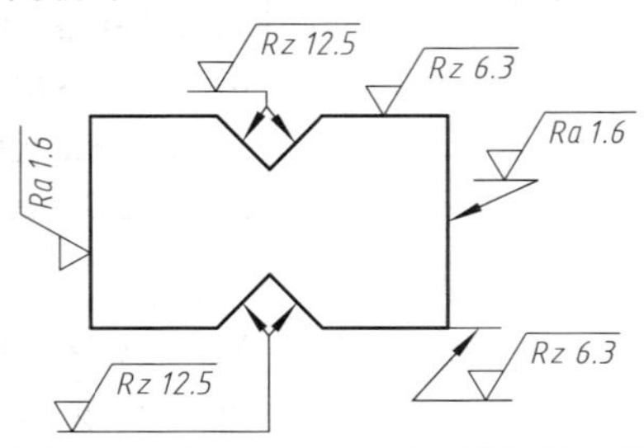</td></tr>
<tr><td>表面结构要求也可用带箭头或黑点的指引线引出标注
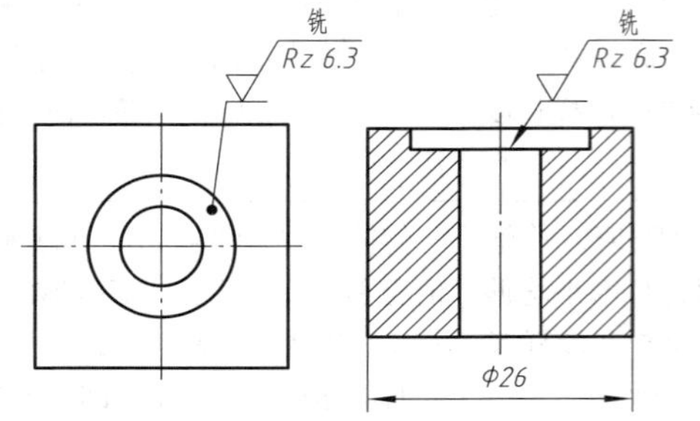</td><td>圆柱和棱柱表面的表面结构要求只标注一次，标注在圆柱特征的延长线上
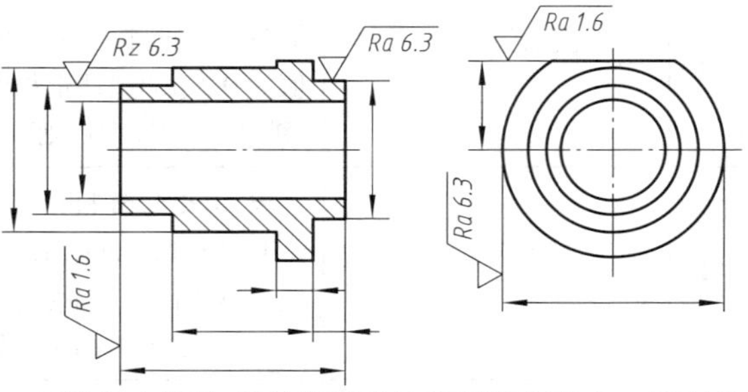</td></tr>
<tr><td>在不致引起误解时，表面结构要求可以标注在特征尺寸的尺寸线上
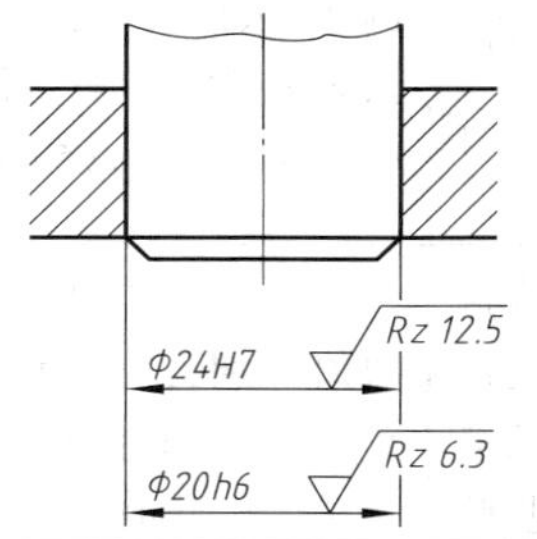</td><td>如果每个棱柱表面有不同的表面结构要求，则应分别单独标注
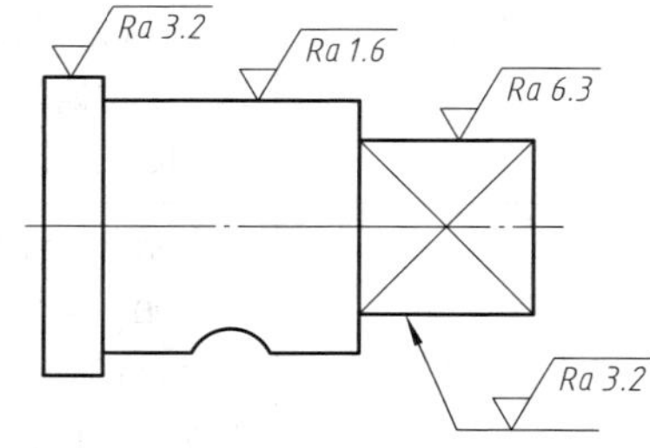</td></tr>
<tr><td>表面结构要求可标注在几何公差框格的上方
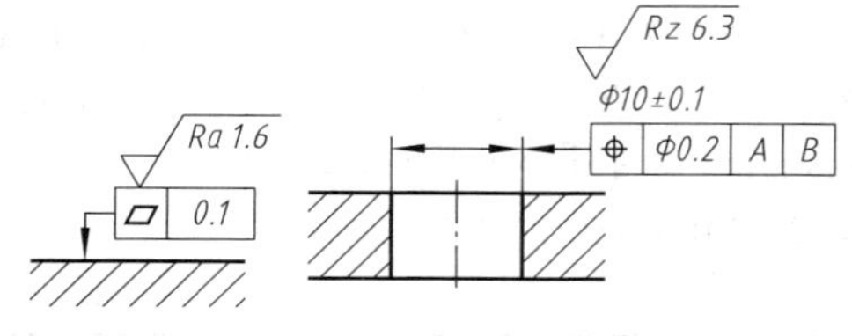</td><td>当在图样某个视图上构成封闭轮廓的各表面有相同的表面结构要求时，应用加一圆圈的完整图形符号标注在图样中工件的封闭轮廓线上。如果标注会引起歧义，各表面应分别标注
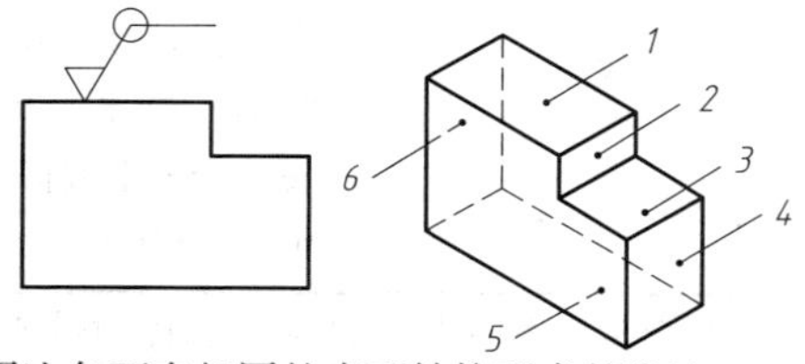
对周边各面有相同的表面结构要求的注法</td></tr>
</table>

续表

<table>
<tr><th></th><th>图例及说明</th><th>图例及说明</th></tr>
<tr><td rowspan="2">表面结构要求的简化注法</td><td colspan="2">对工件表面上不同的表面结构要求应直接标注在图形中。将多数（包括全部）表面有相同的表面结构要求统一标注在图样的右下角或标题栏附近。此时，表面结构要求的符号后面应有：
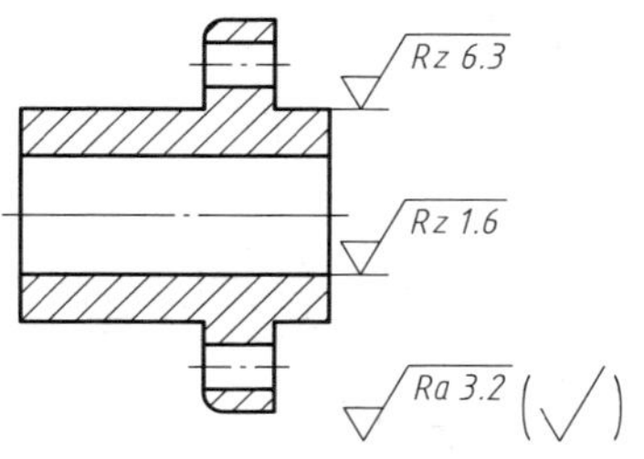

（1）在圆括号内给出无任何其他标注的基本符号
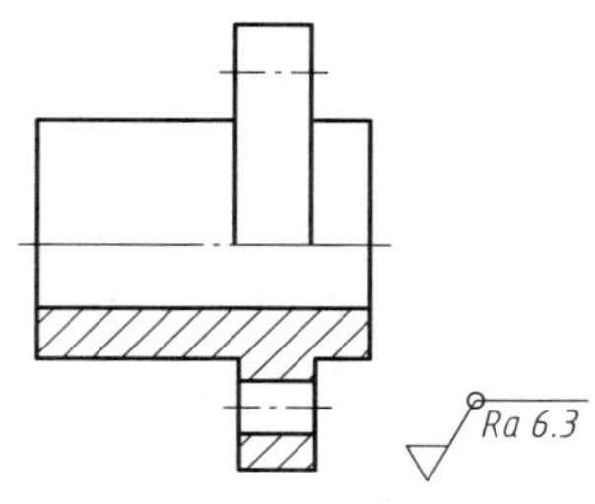

（2）全部表面有相同的表面结构要求
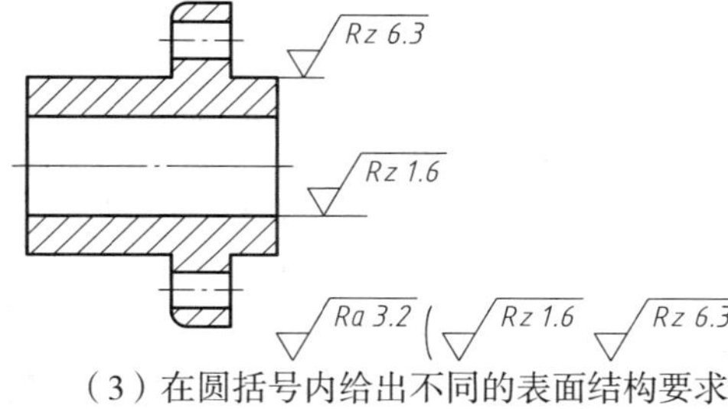

（3）在圆括号内给出不同的表面结构要求</td></tr>
<tr><td>若标注位置受到限制或为了简化标注，可用带字母的完整符号，以等式的形式，在图形或标题栏附近对有相同表面结构要求的表面进行简化标注
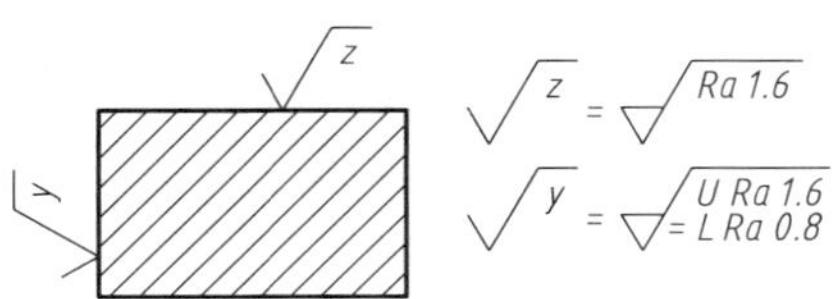

（1）用带字母的完整符号的简化注法</td><td>当多个表面具有共同的表面结构要求时，可用表面结构的图形符号，以等式的形式，在图形或标题栏附近对有相同表面结构要求的表面进行简化标注
Ra 3.2
未指定工艺方法
Ra 3.2
要求去除材料
Ra 3.2
不允许去除材料
（2）表面结构的图形符号的简化注法</td></tr>
<tr><td>表面结构符号、代号标注的应用图例</td><td>齿轮、螺纹等没有画出齿（牙）形时，其工作表面的表面结构要求的标注（齿轮注在分度线上，螺纹注在尺寸线上）如下：
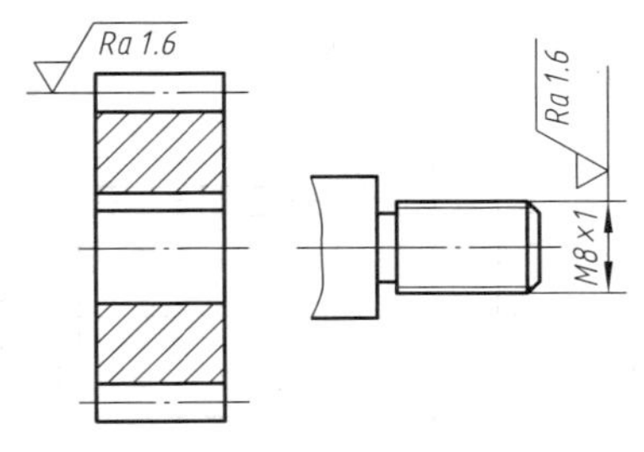
</td><td>零件上连续表面及重复要素（孔、槽、齿等）的表面结构要求的标注如下：
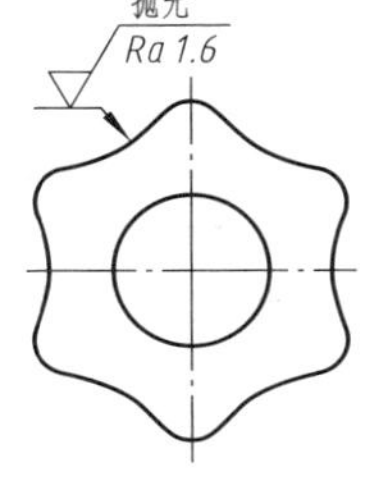
</td></tr>
</table>

续表

<table>
<tr><th></th><th>图例及说明</th><th>图例及说明</th></tr>
<tr><td rowspan="2">表面结构符号、代号标注的应用图例</td><td>多数表面有相同表面结构要求的简化注法和多个表面有共同要求的简化注法
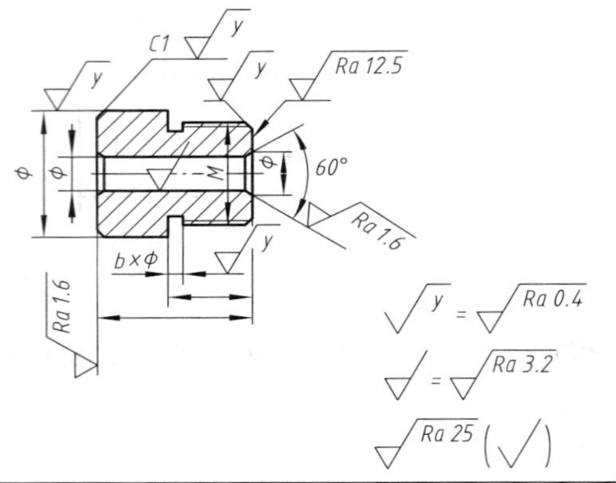
</td><td>中心孔的工作表面、键槽工作面、倒角、倒圆的表面结构要求的简化标注
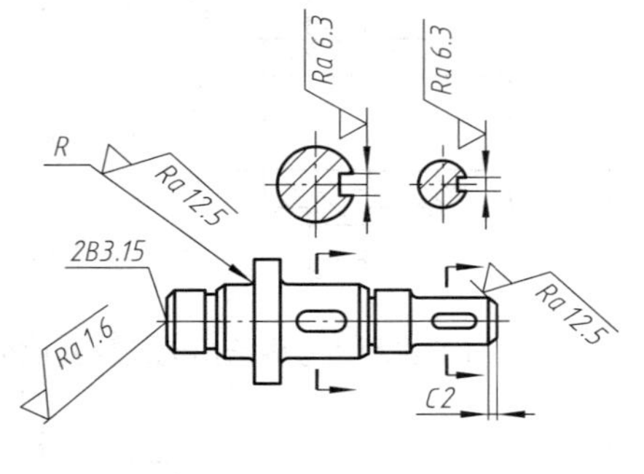
</td></tr>
<tr><td>若标注位置受到限制或为了简化标注，可用简化代号标注，但简化代号的含义必须在图样的右下角或标题栏附近加以说明
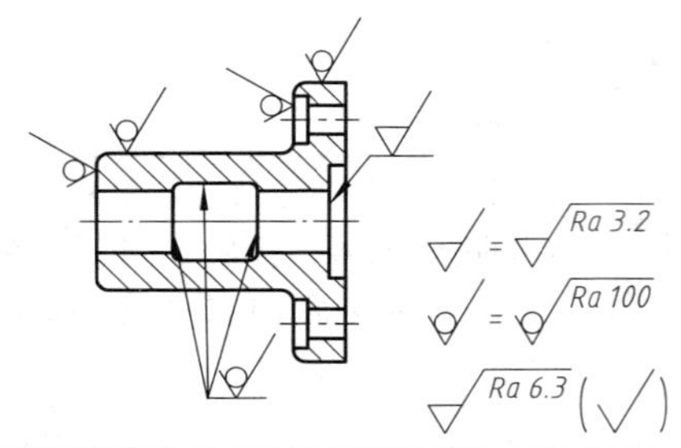
</td><td>工件上不连续表面和沉孔的表面结构要求的简化标注如下：
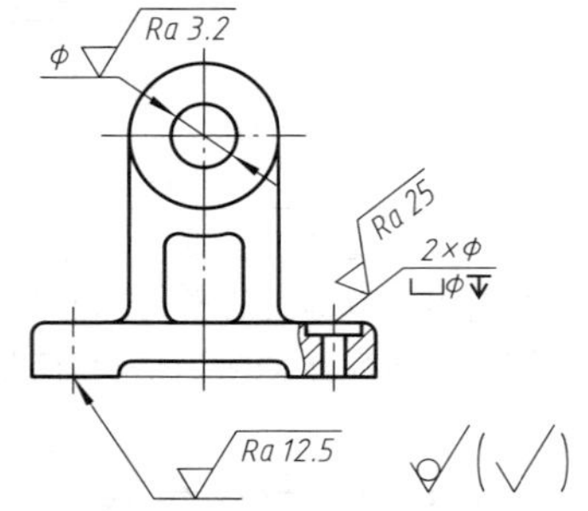
</td></tr>
<tr><td>两种或多种工艺获得的同一表面的注法</td><td>由两种不同的工艺方法获得的同一表面，当需要明确每种工艺方法的表面结构要求时，可按下图进行标注：
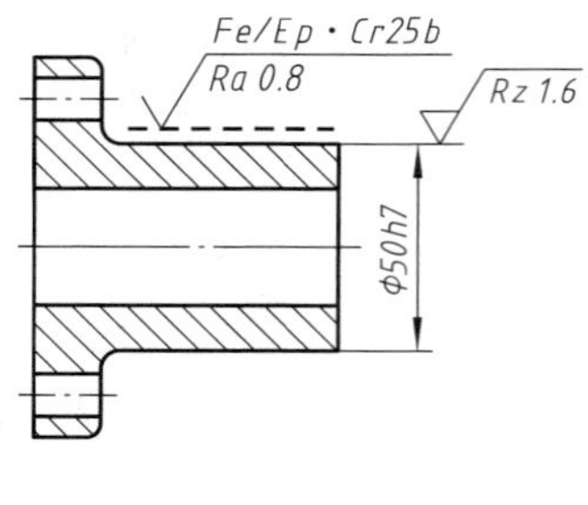
</td><td>三个连续的加工工序的表面结构、尺寸和表面处理的标注。
第一道工序：单向上限值，Rz=1.6 μm，“16%规则”（默认），默认评定长度，默认传输带，表面纹理没有要求，去除材料的工艺。
第二道工序：镀铬，无其他表面结构要求。
第三道工序：一个单向上限值，仅对长为50 mm的圆柱表面有效，Rz=6.3 μm，“16%规则”（默认），默认评定长度，默认传输带，表面纹理没有要求，磨削加工工艺
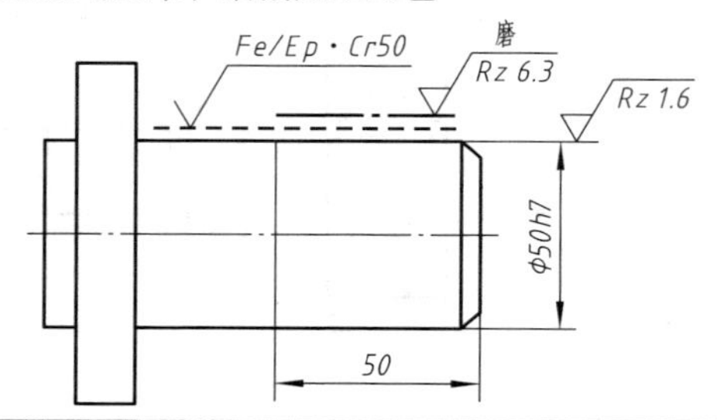
</td></tr>
</table>

8. 解读标注示例中的表面结构要求

（1）解读图 9-60 所示键槽侧壁和倒角的表面结构要求

键槽侧壁的表面结构要求：单向上限值；Ra=1.6 μm；“16% 规则”（默认）；默认评定长度（$5\lambda_c$）；默认传输带（GB/T 10610—2009 和 GB/T 6062—2009）；表面纹理没有要求；去除材料的工艺。

倒角的表面结构要求：单向上限值；Ra=12.5 μm；“16% 规则”（默认）；默认评定长度（$5\lambda_c$）；默认传输带（GB/T 10610—2009 和 GB/T 6062—2009）；表面纹理没有要求；去除材料的工艺。

（2）解读图 9-61 所示的表面结构要求

只有一个表面有不同的表面结构要求：单向上限值；Ra=0.8 μm；“16% 规则”（默认）；默认传输带；默认评定长度（$5\lambda_c$）；表面纹理没有要求；去除材料的工艺。

其余所有表面的表面结构要求：单向上限值；Ra=6.3 μm；“16% 规则”（默认）；默认传输带；默认评定长度（$5\lambda_c$）；表面纹理没有要求；去除材料的工艺。

（3）解读图 9-62 所示的表面结构要求

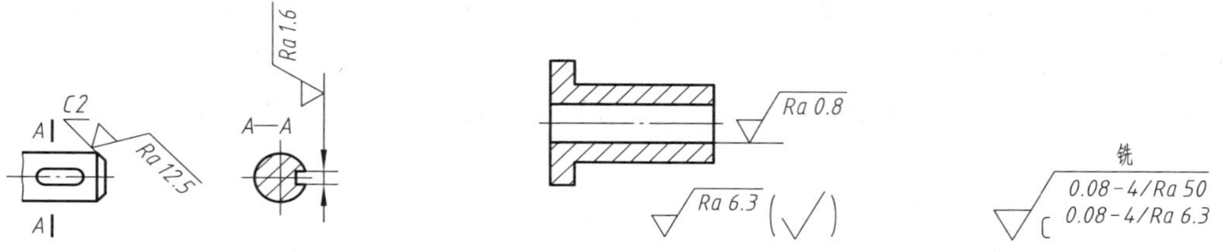

图 9-60 读键槽侧壁和倒角的表面结构要求　　图 9-61 读图中的表面结构要求　　图 9-62 读表面结构要求

表面粗糙度：双向极限值；上限值 Ra=50 μm，下限值 Ra=6.3 μm（因不会引起争议，未加“U”和“L”）；均为“16% 规则”（默认）；两个传输带均为 0. 08–4 mm；默认的评定长度为 5×4 mm=20 mm；表面纹理呈近似同心圆，且圆心与表面中心相关；加工方法为铣削。

9. 表面结构要求在其他文件中的表示

在其他文件中用文字表达完整图形符号时，用 APA、MRR 和 NMR 分别表示允许任何工艺、去除材料和不去除材料的完整图形符号，如图 9-63 所示。

在国家标准 GB/T 1031—2009《产品几何技术规范（GPS） 表面结构 轮廓法 表面粗糙度参数及其数值》中规定了 Ra 的数值及对应的取样长度和评定长度，见表 9-14。在幅度参数常用的参数值范围（Ra 为 0.025~6.3 μm，Rz 为 0.1~25 μm）内，推荐优先选用 Ra。

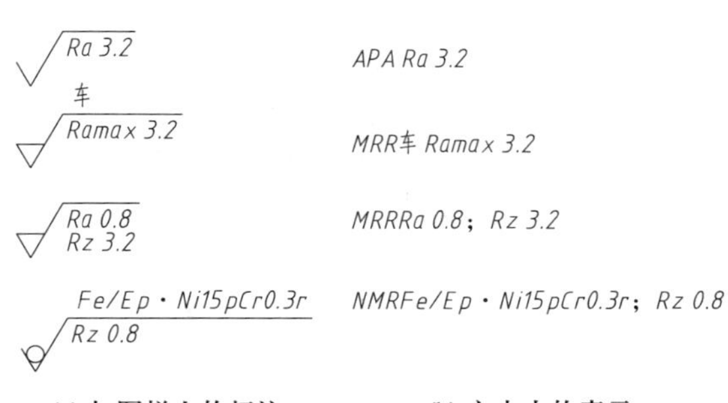

(a) 如图样上的标注　　(b) 文本中的表示

图 9-63 表面结构要求在其他文件中的表示

表 9-14 *Ra* 及 *lr*、*ln* 的选用值（摘自 GB/T 1031—2009）

Ra/ μm	取样长度 *lr*/mm	评定长度 *ln*/mm	轮廓算术平均偏差 *Ra* 的数值系列
$0.008<Ra\leqslant 0.02$	0.08	0.4	0.012，0.025，0.05，0.1，0.2，0.4，0.8，1.6，3.2，6.3，12.5，25，50，100
$0.02<Ra\leqslant 0.1$	0.25	1.25	
$0.1<Ra\leqslant 2.0$	0.8	4.0	
$2.0<Ra\leqslant 10.0$	2.5	12.5	
$10.0<Ra\leqslant 80$	8.0	40	

9.4.2 极限与配合（GB/T 1800.1—2020，GB/T 1800.2—2020）

1. 零件的互换性和极限制度

按零件图的要求加工出来的一批零件，能够彼此相互替换使用而达到规定的相同性能和技术指标，这种性质称为互换性。例如，在同规格的零部件中，不经任何挑选、调整或修配，任意取出一个就能装到机器中去，均能满足性能、质量要求和使用要求。这就是互换性带来的方便性、效益性。

互换性便于产品的设计、制造、检测和维修，在提高产品质量和可靠性、提高经济效益等方面均具有重大的意义。为了保证互换性、接触零件具有确定的力学性能和必要的制造精度，国家标准制定了“极限与配合”“几何公差”等标准，这些标准既满足了生产部门的广泛协作的要求，又能进行高效的专业化生产。

国家标准为零件的互换性提供了保证，将已经标准化的公差和偏差制度称为极限制度。

2. 尺寸公差

允许尺寸的变动量称为尺寸公差，简称公差。如图 9-64 所示，根据图中标注的公差可知，孔的直径尺寸允许在 40.039~40 mm 之间变动，轴的直径尺寸允许在 39.975~39.95 mm 之间变动。有关尺寸公差的术语与概念如下（图 9-64 和图 9-65）。

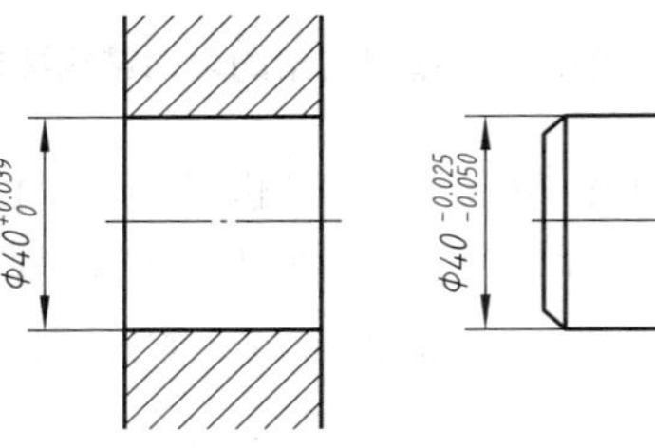

图 9-64 轴、孔的尺寸公差

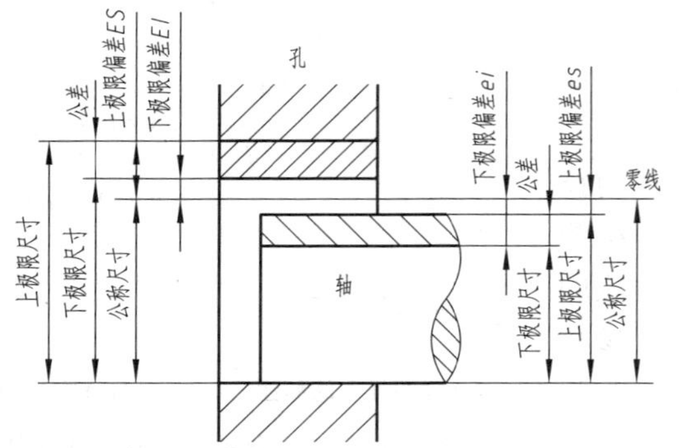

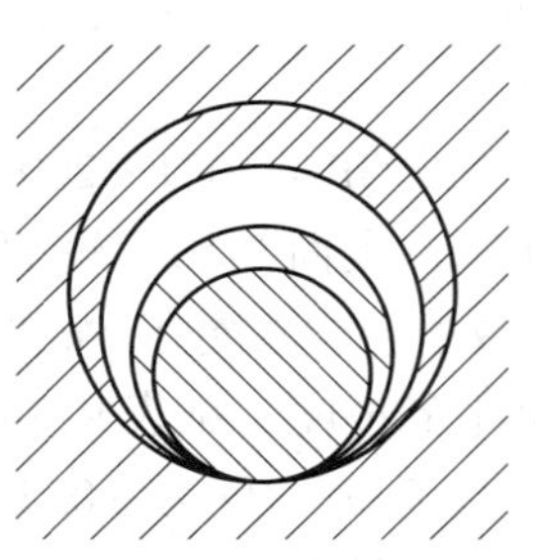

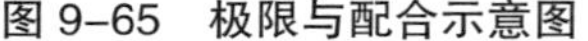

图 9-65 极限与配合示意图

（1）**尺寸要素** 由一定大小的线性尺寸或角度尺寸确定的几何形状。

（2）**公称尺寸** 由图样规范确定的理想形状要素的尺寸。即设计时根据计算或经验确定的尺寸。它可以是一个整数值或一个小数值。即通过它应用上、下极限偏差可计算出极限尺寸，如图 9-64 中的 ϕ40。

（3）**实际尺寸** 零件制成后，通过实际测量所得到的尺寸。

（4）**极限尺寸** 尺寸要素允许的两个极端，即允许尺寸变动范围的两个极限尺寸（上、下极限尺寸）。变动范围的**上极限尺寸**为尺寸要素的最大尺寸，**下极限尺寸**为尺寸要素的最小尺寸。如图 9-64 中，孔的最大尺寸为 40.039，最小尺寸为 40；轴的最大尺寸为 39.975，最小尺寸为 39.950。实际尺寸在这两个极限尺寸之间即为合格。

（5）**偏差** 实际尺寸减其公称尺寸所得的代数差。

（6）**极限偏差** 是指上极限偏差和下极限偏差。

上极限偏差 = 上极限尺寸 – 公称尺寸；下极限偏差 = 下极限尺寸 – 公称尺寸。

极限偏差代号：孔的上极限偏差为 ES，下极限偏差为 EI；轴的上极限偏差为 es，下极限偏差为 ei。

极限偏差的数值可以是正值、负值和零，其单位为 μm。

（7）**尺寸公差** 简称公差。公差是尺寸允许的变动量。即尺寸公差等于上极限尺寸与下极限尺寸之差，或等于上极限偏差与下极限偏差之差，是一个没有符号的绝对值。

3. 尺寸公差带和公差带图解

以公称尺寸为零线，用适当比例画出两个极限偏差以表示尺寸允许变动的界限和范围，称为公差带图解（或尺寸公差带图）。在公差带图解中，公差带是由代表上极限偏差和下极限偏差或上极限尺寸和下极限尺寸的两条直线所限定的区域，即公差带是表示公差大小和相对于零线位置的一个区域，如图 9-66 所示。图中，零线是确定偏差的一条基准线，即零偏差线。通常以零线表示公称尺寸，画成水平细线。零线之上的偏差为正，零线之下的偏差为负。需要指出的是，公差带图在零线的垂直方向的上、下界限有明确的意义，即上、下极限偏差，不能随意画，而沿零线方向上的左右长短和位置无明确意义，可任意放置。

4. 标准公差与基本偏差

为了便于生产，实现零件的互换性及满足各种配合要求，国家标准规定了公差带的大小及其相对于零线的位置，这就是标准公差和基本偏差，如图 9-67 所示。

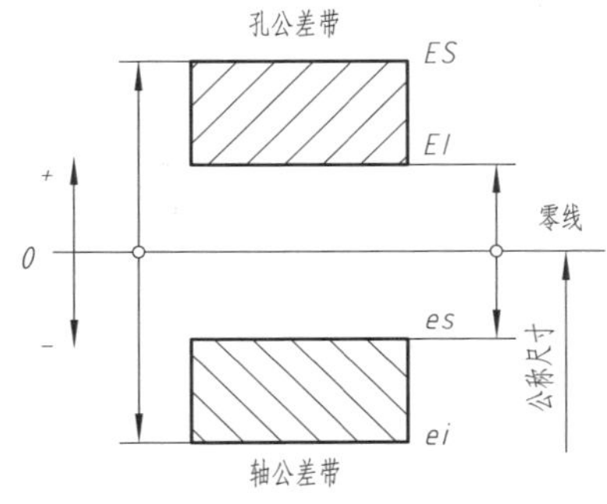

图 9-66 公差带图解

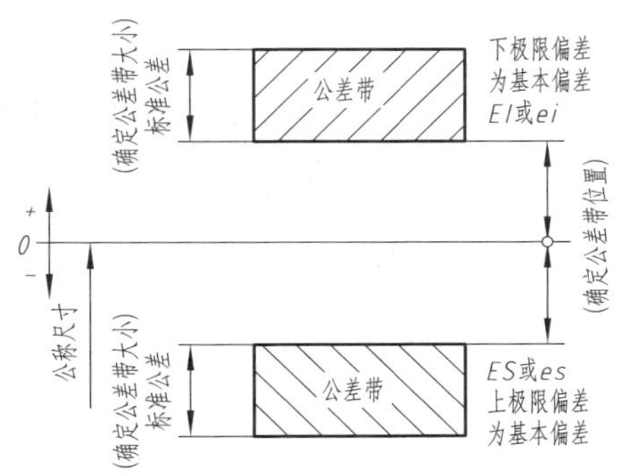

图 9-67 标准公差与基本偏差的作用

（1）标准公差

国家标准 GB/T 1800.1—2020《产品几何技术规范（GPS） 线性尺寸公差 ISO 代号体系 第1部分：公差、偏差和配合的基础》中规定，线性尺寸公差 ISO 代号体系中的任一公差称为标准公差。标准公差可用以确定公差带大小，**标准公差是由公称尺寸和公差等级所确定的**。

标准公差表示尺寸的精确程度。公差等级代号用 IT 和阿拉伯数字组合表示，规定了 IT01，IT0，IT1，…，T18 共 20 个等级。从 IT01 至 IT18 公差等级依次降低，公差值逐渐增大，精度逐渐降低。对所有公称尺寸的同一公差等级，虽然公差值不同，但具有同等精确程度。

标准公差的数值见附表 3-1。

（2）基本偏差

国家标准中规定，用以确定公差带相对于零线位置的上极限偏差或下极限偏差中靠近零线的那个偏差为基本偏差，即靠近零线最近的那个极限偏差。当公差带在零线上方时，下极限偏差为基本偏差；当公差带在零线下方时，上极限偏差为基本偏差。国家标准对孔、轴各设有 28 个不同的基本偏差，并构成了孔、轴的基本偏差系列，其代号用拉丁字母（26 个字母中去掉 I、L、O、Q、W 五个字母，加七个双字母组成）表示，如图 9-68 所示。

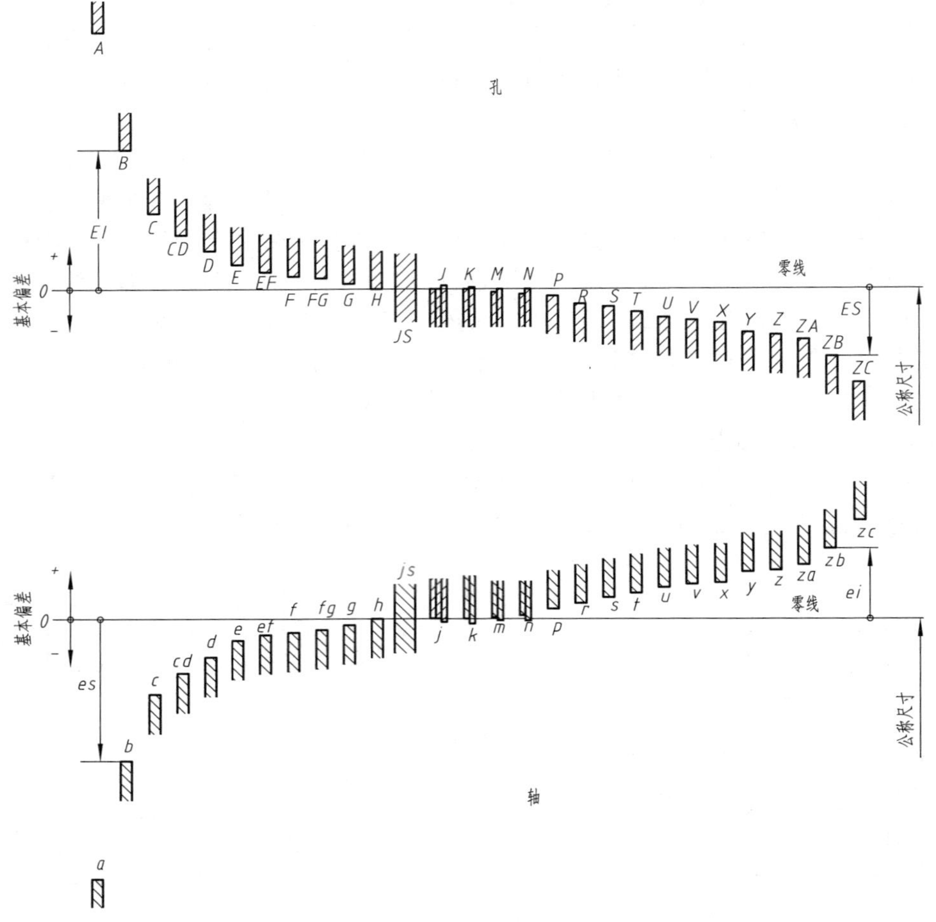

图 9-68 轴、孔基本偏差系列示意图

规定：① 大写字母为孔的基本偏差，小写字母为轴的基本偏差。

② 孔的基本偏差从 A 到 H 为下极限偏差，从 K 到 ZC 为上极限偏差；JS 的上、下极限偏差对称分布在零线的两侧，因此其上极限偏差为 IT/2 或下极限偏差为 IT/2。轴的基本偏差从 a 到 h 为上极限偏差，从 k 到 zc 为下极限偏差；js 为上极限偏差（IT/2）或下极限偏差（IT/2）。

（3）公差带的确定

在图 9–68 中，只表示了公差带的位置，而没有表示公差带的大小，公差带中靠近零线的一端是基本偏差，另一端是开口的，即另一个极限偏差可从极限偏差数值表中查出（附表 3–2、附表 3–3），也可按下式计算：

孔的另一极限偏差（上极限偏差或下极限偏差）：$ES = EI + \mathrm{IT}$　或 $EI = ES - \mathrm{IT}$

轴的另一极限偏差（上极限偏差或下极限偏差）：$es = ei + \mathrm{IT}$　或 $ei = es - \mathrm{IT}$

（4）公差带代号

公差带由标准公差和基本偏差组成，公差带代号由基本偏差代号和公差等级代号组成。字号同公称尺寸的字号。如 ϕ50H8 和 ϕ50f7 的含义如下：

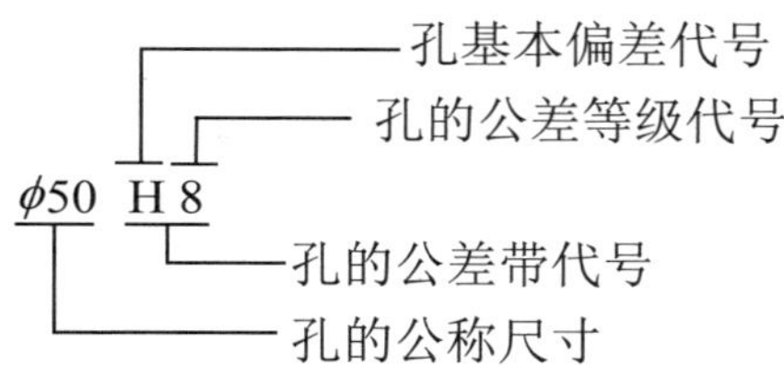

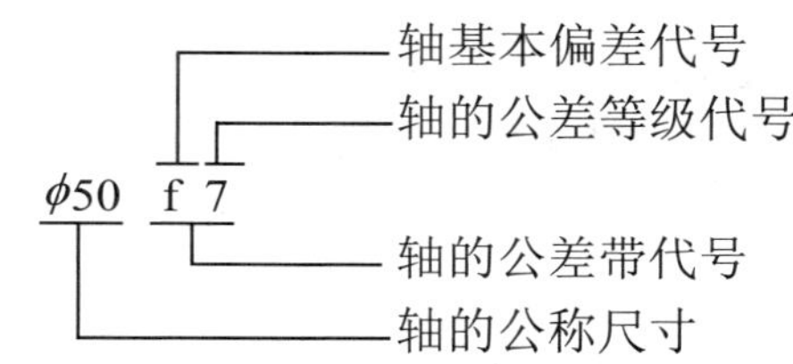

5. 配合

公称尺寸相同的并相互接合的孔和轴公差带之间的关系称为配合。也就是配合的条件是公称尺寸相同的孔和轴的接合，而孔、轴公差带之间的关系反映了配合的精度和松紧程度。其松紧程度可用“间隙”和“过盈”来表示。

孔的尺寸减去与之相配合的轴的尺寸，其代数值为正时产生“间隙”，代数值为负时产生“过盈”，如图 9–69 所示。

根据相配合的孔、轴的松紧程度，国家标准将配合分为以下三类。

（1）间隙配合　保证具有间隙（包括最小间隙为零）的配合。此时，孔的公差带在轴的公差带之上。在间隙配合中，孔的下极限尺寸与轴的上极限尺寸之差为最小间隙，孔的上极限尺寸与轴的下极限尺寸之差为最大间隙，如图 9–70 所示。

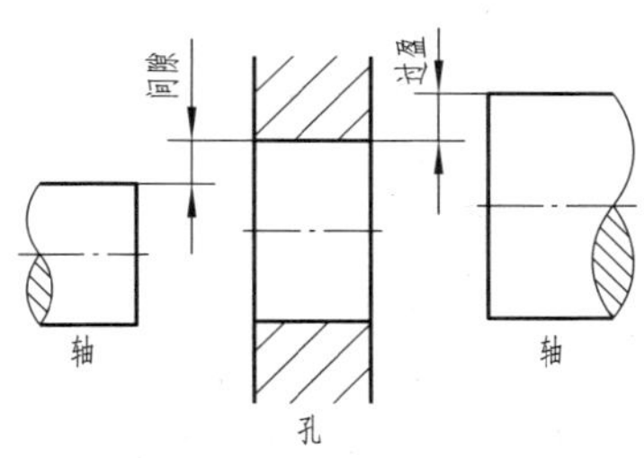

图 9–69　间隙和过盈的示意图

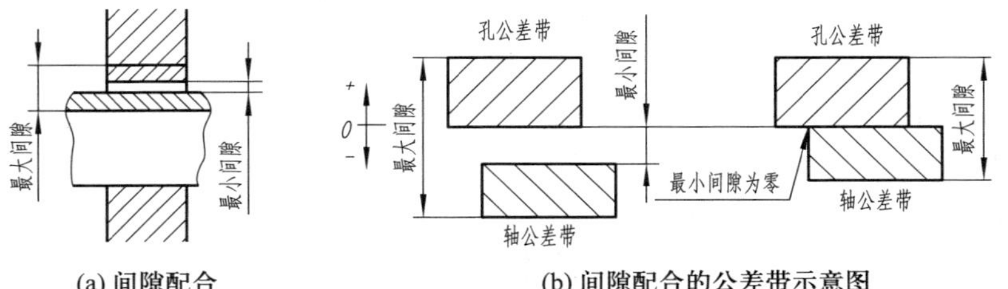

(a) 间隙配合　　(b) 间隙配合的公差带示意图

图 9–70　间隙配合及其公差带示意图

间隙配合主要应用于两配合表面有相对运动的场合。

（2）**过盈配合** 保证具有过盈（包括最小过盈为零）的配合。此时，孔的公差带在轴的公差带之下。在过盈配合中，孔的下极限尺寸与轴的上极限尺寸之差为最大过盈，孔的上极限尺寸与轴的下极限尺寸之差为最小过盈，如图 9-71 所示。

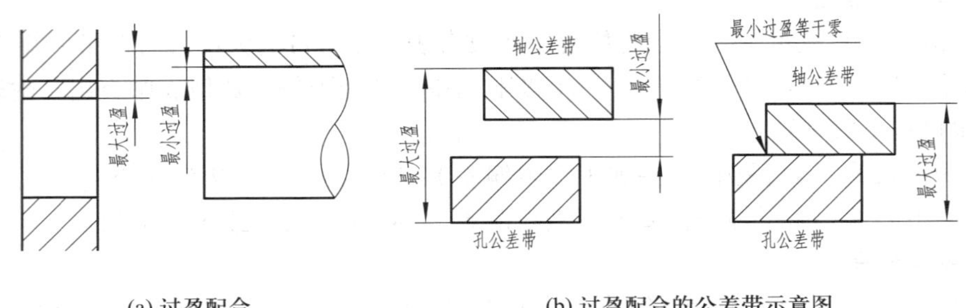

(a) 过盈配合　(b) 过盈配合的公差带示意图

图 9-71 过盈配合及其公差带示意图

过盈配合主要用于两配合表面间要求紧固连接的场合。

（3）**过渡配合** 可能具有间隙或过盈的配合。此时，孔的公差带和轴的公差相互交叠，如图 9-72、图 9-73 所示。过渡配合主要用于要求对中性较好的场合。

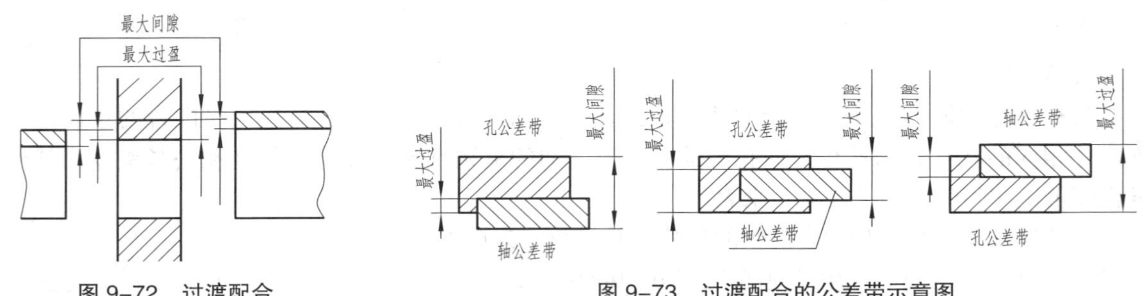

图 9-72 过渡配合　图 9-73 过渡配合的公差带示意图

组成配合的孔与轴的公差之和为配合公差。配合公差是一个没有符号的绝对值。

6. 配合制

同一极限制的孔和轴组成的一种制度，称为配合制。配合制有**基孔制**和**基轴制**两种。**如有特殊需要，允许将任一孔、轴公差带组成配合。**

（1）**基孔制配合** 基本偏差为一定的孔的公差带与不同基本偏差的轴公差带形成各种配合的一种制度，称为基孔制配合。这里是孔的下极限尺寸与公称尺寸相等、孔的下极限偏差为零的一种配合制度，如图 9-74 所示。

在基孔制配合中选作基准的孔称为基准孔。基准孔的基本偏差代号为 H，其下极限偏差为零，只有上极限偏差。

在基孔制配合中，与基准孔相配合的轴，其基本偏差自 a~h 用于间隙配合；js、k、m 一般用于过渡配合；n~zc 一般用于过盈配合（当公称尺寸≤ 3 mm 时，H6/n5、H7/p6 为过渡配合；当公称尺寸≤ 100 mm 时，H8/r7 为过渡配合）。

（2）**基轴制配合** 基本偏差为一定的轴的公差带，与不同基本偏差的孔公差带形成的各种配合的一种制度，称为基轴制。这里是轴的上极限尺寸与公称尺寸相等、轴的上极限偏差为零的一种配合制度，如图 9-75 所示。

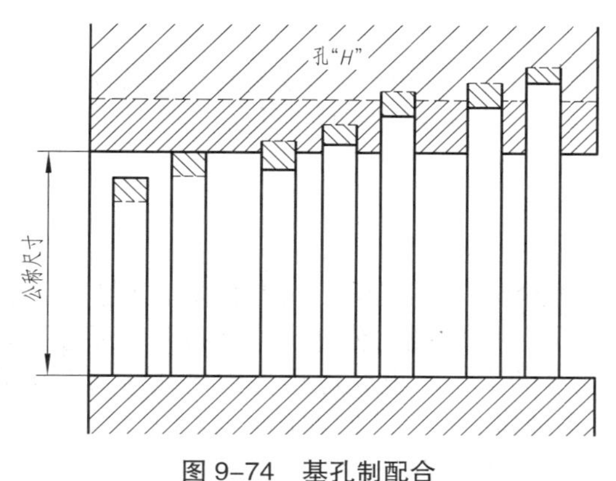

图 9-74 基孔制配合

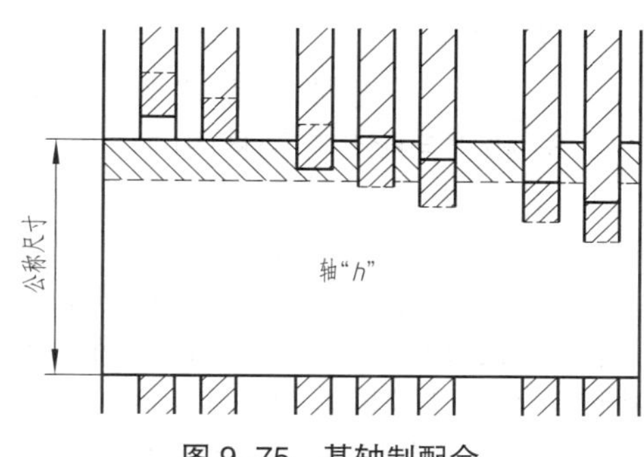

图 9-75 基轴制配合

注：水平实线代表孔或轴的基本偏差。虚线代表另一极限。

在基轴制配合中选作基准的轴称为基准轴。其基本偏差代号为 h，上极限偏差为零，只有下极限偏差。

在基轴制配合中，与基准轴相配合的孔，其基本偏差自 A~H 用于间隙配合；JS、K、M、一般用于过渡配合；N~ZC 一般用于过盈配合。

在机械制造的常用尺寸段中，一般情况下优先采用基孔制配合。这样既可方便加工制造，又可缩减所用定直径的刀具、量具的数量，比较经济合理。基轴制通常用于具有明显经济利益的场合，如直接用冷拉钢材作轴不再加工或同一公称尺寸的各部分需要装上不同配合的零件等。

与标准件配合时，通常选择标准件为基准件。如滚动轴承内圈与轴配合为基孔制配合，其外圈与孔配合为基轴制配合。

7. 配合的表示

（1）公差带的表示 用基本偏差的字母和公差等级数字表示，如 H7 为孔公差带，h7 为轴公差带。

（2）注公差尺寸的表示 注公差的尺寸用公称尺寸后跟所要求的公差带或（和）对应的偏差值表示。如 32H7、80js15、100g6、$100^{-0.012}_{-0.034}$、$100g6\left(^{-0.012}_{-0.034}\right)$。

（3）配合的表示 配合用相同的公称尺寸后跟孔、轴公差带写成分式形式，分子为孔公差带，分母为轴公差带。如 $52\ \dfrac{H7}{g6}$ 或 52H7/g6。其中，52 为孔、轴共同的公称尺寸，H 为孔的基本偏差，7 为孔的公差等级；g 为轴的基本偏差，6 为轴的公差等级。

在配合的表示中，若分子（孔的基本偏差）为 H 时，是基孔制；若分母（轴的基本偏差）为 h 时，表示为基轴制。20 个标准公差等级和 28 种基本偏差可组成大量的配合。为发挥标准的作用，国家标准将孔、轴的公差带分为优先、常用和一般用途三类，由孔、轴的优先和常用公差带分别组成基孔制和基轴制的优先配合和常用配合，以便选用。下面给出国家标准中规定的优先配合。

间隙配合：
- 基孔制有 H7/g6、H7/h6、H8/f7、H8/h7、H9/d9、H9/h9、H11/c11、H11/h11。
- 基轴制有 G7/h6、H7/h6、F8/h7、H8/h7、D9/h9、H9/h9、C11/h11、H11/h11。

过渡配合：基孔制有 H7/k6；基轴制有 K7/h6。

过盈配合：
- 基孔制有 H7/n6、H7/p6、H7/s6、H7/u6。
- 基轴制有 N7/h6、P7/h6、S7/h6、U7/h6。

（注：当公称尺寸≤ 3 mm 时，H7/p6 为过渡配合）

8. 极限与配合在图样中的标注

（1）装配图中的标注形式（如表 9–15 装配图一栏的图例所示）

① 在装配图上标注线性尺寸的配合时，应遵守配合的表示。公称尺寸与公差带代号的字号相同。

② 在装配图上要标注相配零件的极限偏差时，一般将孔的公称尺寸和极限偏差注写在尺寸线的上方；轴的公称尺寸和极限偏差注写在尺寸线的下方。也允许将公称尺寸注写在尺寸线的中断处，将孔的极限偏差注写在尺寸线的上方，轴的极限偏差注写在尺寸线的下方。

③ 若需要明确指出装配间的代号，也可在极限偏差后方分别注写“件 ×”。

④ 标注与标准件有配合要求的零件（轴或孔）时，可以仅标注该零件的公差带。

⑤ 极限与配合在装配图中一般标注在配合处。

（2）零件图中的标注

零件图中的标注应符合注公差尺寸的表示，如表 9–15 零件图一栏的图例所示。

表 9–15 极限与配合在图样中的标注

		基孔制		基轴制	
装配图	代号注法	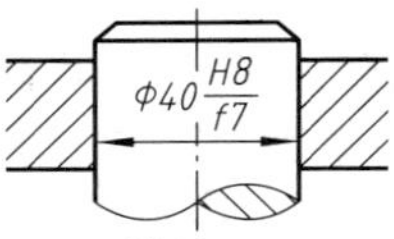 注法一：$\phi40\frac{H8}{f7}$ 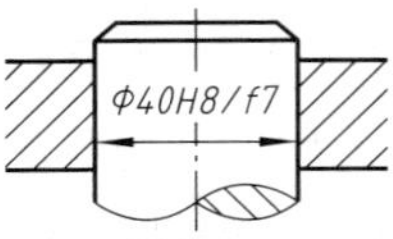	注法二：$\phi40H8/f7$	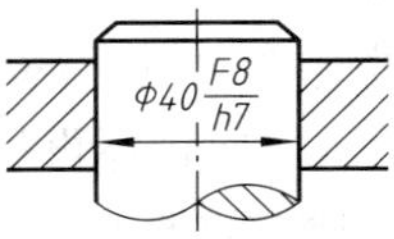 注法一：$\phi40\frac{F8}{h7}$ 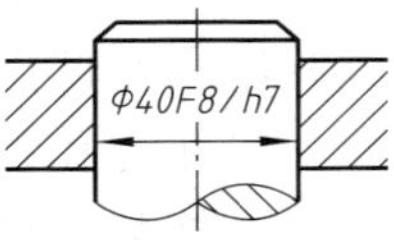	注法二：$\phi40F8/h7$
装配图	极限偏差注法	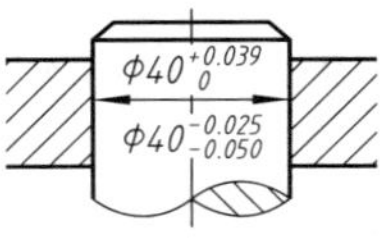 注法一：$\phi40^{+0.039}_{0}$，$\phi40^{-0.025}_{-0.050}$ 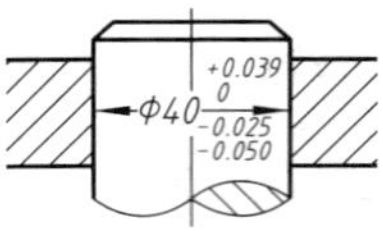	注法二：$\phi40\frac{^{+0.039}_{0}}{^{-0.025}_{-0.050}}$ 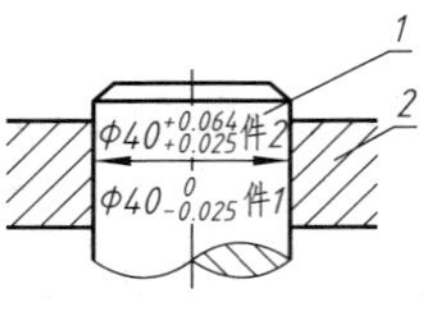	注法三：$\phi40^{+0.064}_{+0.025}$ 件2，$\phi40^{0}_{-0.025}$ 件1（1、2） 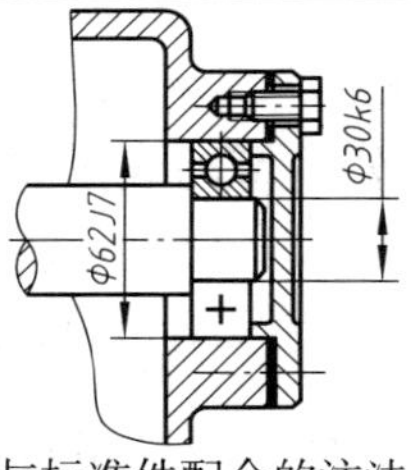	与标准件配合的注法：$\phi62J7$，$\phi30k6$
		基准孔 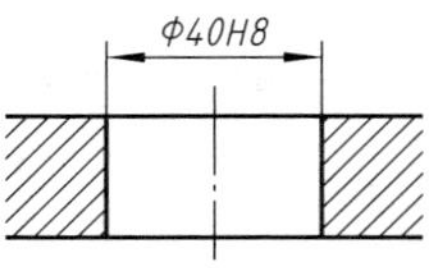	轴 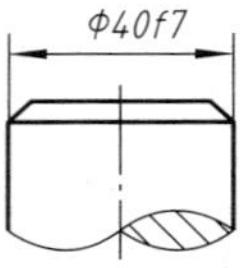	孔 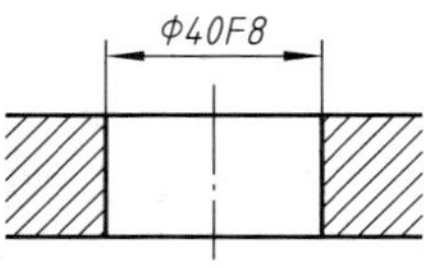	基准轴 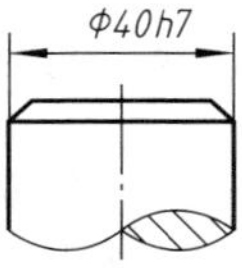
零件图	代号注法	$\phi40H8$	$\phi40f7$	$\phi40F8$	$\phi40h7$
零件图	数值注法	$\phi40^{+0.039}_{0}$ 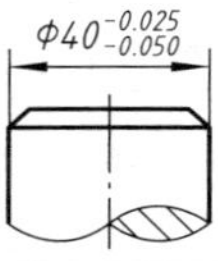	$\phi40^{-0.025}_{-0.050}$	$\phi40^{+0.064}_{+0.025}$ 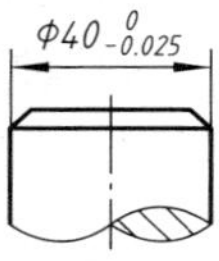	$\phi40^{0}_{-0.025}$

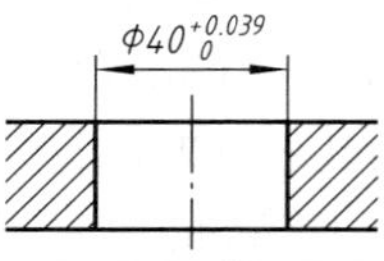

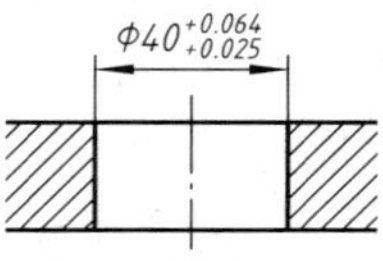

续表

零件图	代号数值注法	
		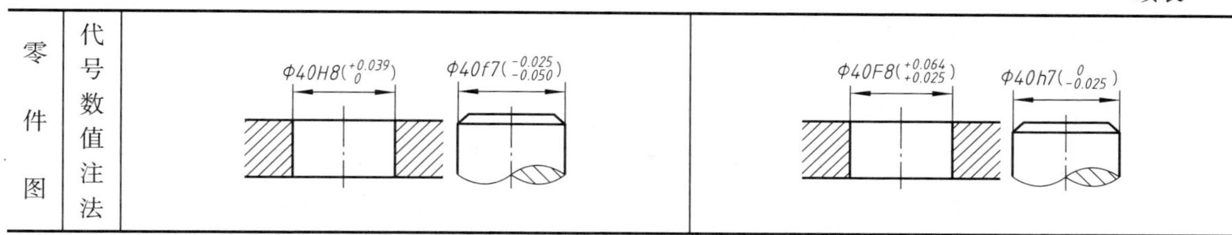

① 当用标注公差带代号时，公差带代号应注在公称尺寸的右边，公差带代号的字号与公称尺寸的字号相同。

② 当用极限偏差标注线性尺寸时，上极限偏差在公称尺寸的右上方，下极限偏差应与公称尺寸在同一条底线上；上、下极限偏差的数字字号应比公称尺寸字号小一号；当上极限偏差或下极限偏差为零时，数字“0”要标出，并与另一极限偏差的小数点前的个位数对齐；当上、下极限偏差的绝对值相同时，偏差数字可只注写一次，并在公称尺寸和极限偏差数字之间注出“±”，且二者字号相同。

③ 当同时标注出公差带代号和极限偏差数值时，后者应加圆括号。

④ 同一公称尺寸的表面若有不同的公差带要求，应用细实线分开，并在细实线两侧分别标注其公差带代号。

9.4.3 几何公差（GB/T 1182—2018）

几何公差是指形状公差、位置公差、方向公差和跳动公差，是零件要素（点、线、面）的实际形状或实际位置或实际方向等对理想形状或理想位置或理想方向的允许变动量。

为提高机械产品质量，保证零件的互换性和使用寿命，除了给定零件恰当的尺寸公差、限制表面结构外，还要规定适当的几何精度，以限制零件要素的形状、位置和方向误差，并正确地将这些要求标注在图样上。

1. 几何公差的几何特征符号

国家标准将形状公差分为六个几何特征，方向公差分为五个几何特征，位置公差分为六个几何特征，跳动公差分为两个几何特征。形状公差无基准要求，每个几何特征都有规定的专用符号，见表 9-16。

表 9-16 几何公差的几何特征符号（摘自 GB/T 1182—2018）

公差	几何特征	符号	有无基准	公差	几何特征	符号	有无基准	公差	几何特征	符号	有无基准
形状公差	直线度	—	无	方向公差	平行度	//	有	位置公差	位置度	⌖	有或无
	平面度	▱	无		垂直度	⊥	有		同心度（用于中心点）	◎	有
	圆度	○	无		倾斜度	∠	有		对称度	⌯	有
	圆柱度	⌭	无		线轮廓度	⌒	有		线轮廓度	⌒	有
	线轮廓度	⌒	无		面轮廓度	⌓	有		面轮廓度	⌓	有
	面轮廓度	⌓	无	跳动公差	圆跳动	↗	有		同轴度（用于轴线）	◎	有
					全跳动	⌰	有				

2. 几何公差的标注

几何公差在图样上用公差框格形式标注，如图 9–76 所示。

（1）公差框格

公差框格由两格或多格组成。两格一般用于形状公差，多格一般用于方向、位置和跳动公差。框格中的内容从左到右的填写顺序：**符号部分；公差带、要素与特征部分；基准部分**。代表基准的字母［包括基准部分框内的字母和附加符号（表 9–17）］用大写英文字母，其填写位置如图 9–77 所示。

表 9–17 几何公差的部分附加符号

说　明	符　号	说　明	符　号
理论正确尺寸	50（方框）	独立公差带	SZ
延伸公差带	Ⓟ	组合公差带	CZ
最大实体要求	Ⓜ	大　径	MD
最小实体要求	Ⓛ	小　径	LD
包容要求	Ⓔ	中径、节径	PD
自由状态（非刚性零件）	Ⓕ	联合要素	UF
基准目标标识	φ4/A1（圆圈）	任意横截面	ACS

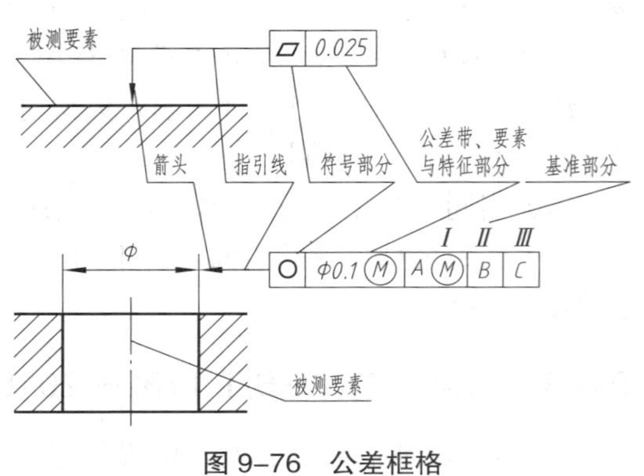

图 9–76 公差框格

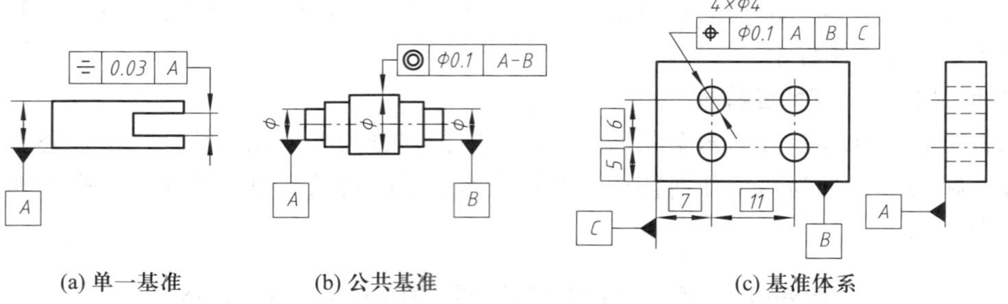

图 9–77 公差框格中基准字母的填写

几何公差的公差带若是圆形或圆柱面所限定的区域，则在公差值前加注“ϕ”。若公差带前加注“Sϕ”，则公差带为球形。

公差框格可水平或垂直放置。

（2）被测要素的标注

用指引线将框格与被测要素相连，指引线引自框格的任一侧。终端带一箭头。有以下几种标注方式。

① 当公差涉及轮廓线或轮廓面时，箭头指向该要素的轮廓线或其延长线，并与相应的

尺寸明显错开，如图 9–78a、b 所示，箭头也可指向引出线的水平线，引出线引自被测面，如图 9–78c 所示。

② 当公差涉及要素的中心线或中心面时，箭头应位于相应尺寸线的延长线上，即箭头应与尺寸线对齐，如图 9–79 所示。

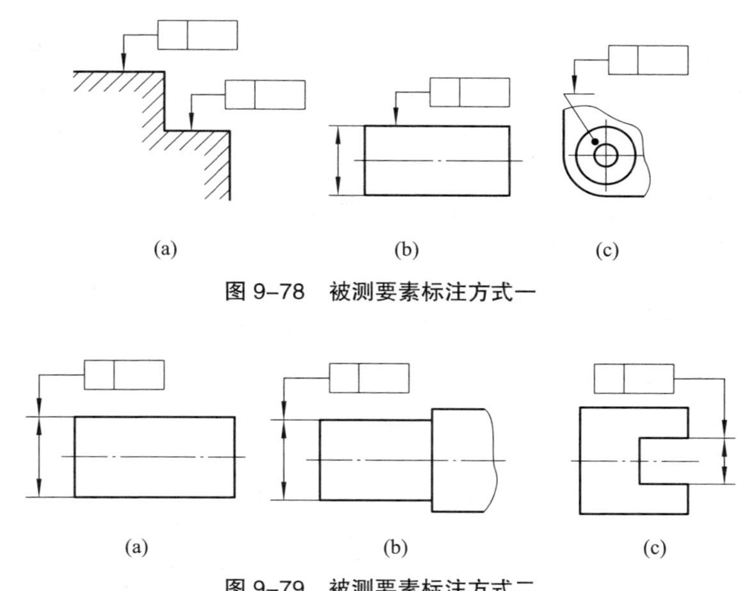

图 9–78 被测要素标注方式一

图 9–79 被测要素标注方式二

③ 一个公差框格可以用于具有相同几何特征和公差值的若干个分离要素，其标注方式如图 9–80a 所示。若干个分离要素给出单一公差带时，在公差框格内公差值的后面加注组合公差带符号 CZ，如图 9–80b 所示。

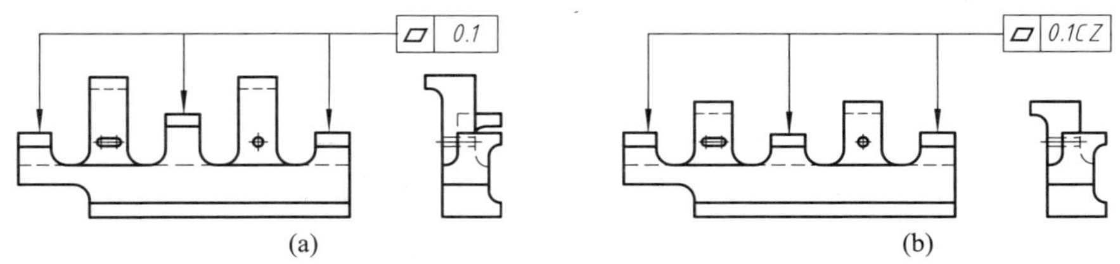

图 9–80 被测要素标注方式三

④ 若将被测要素视为联合要素，则应增加 UF，如图 9–81a 所示。

⑤ 若需要就某个要素给出几种几何特征的公差，可将一个公差框格放在另一个的下面，如图 9–81b 所示。

⑥ 当某公差应用于几个相同要素时，应在公差框格的上方被测要素的尺寸之前注明个数，并在两者之间加注符号“×”，如图 9–81c 所示。

（3）**基准要素的标注**

被测要素的基准用基准代号表示，如图 9–82 所示。涂黑的和空白的基准三角形含义相同。

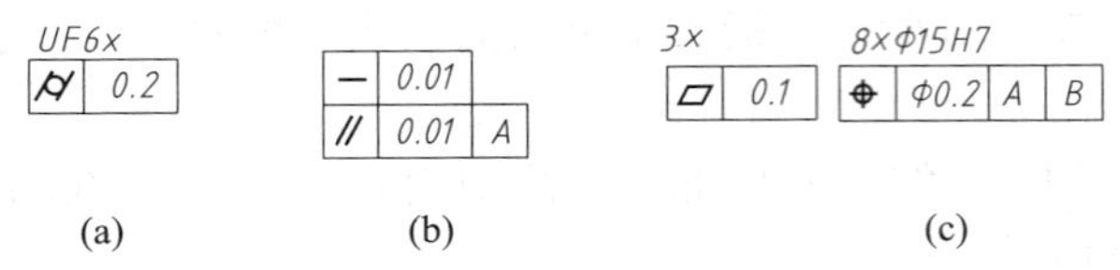

图 9-81 被测要素标注方式四

表示基准的字母应注在公差框格第三格及第三格之后的格内。**单一基准**由一个字母表示；**公共基准**采用由连线隔开的两个字母表示；**基准体系**由两个或三个字母表示，按基准的优先顺序从左至右分别填写在各框格之内，依次为第 *I*、*II*、*III* 基准。其标注形式如图 9-77 所示。

带基准字母的基准三角形应按如下规定放置。

① 当基准要素是轮廓线或表面时，基准三角形放置在要素的轮廓线或其延长线上，并应与尺寸线明显错开，如图 9-83a、b 所示。

② 当基准要素是尺寸要素确定的轴线或中心平面或点时，基准三角形应在该尺寸线的延长线上，如图 9-83c、d 所示，即基准代号中的细线应与尺寸线对齐。若没有足够的位置标注基准尺寸的两个尺寸箭头，则其中一个尺寸箭头可用基准三角形代替，如图 9-83e 所示。

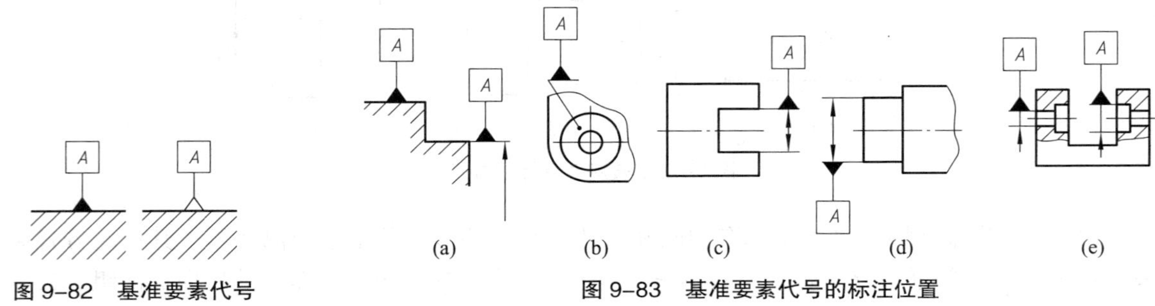

图 9-82 基准要素代号

图 9-83 基准要素代号的标注位置

以螺纹轴线为被测要素或基准要素时，默认为螺纹中径圆柱的轴线，否则应另有说明，如图 9-84 所示。

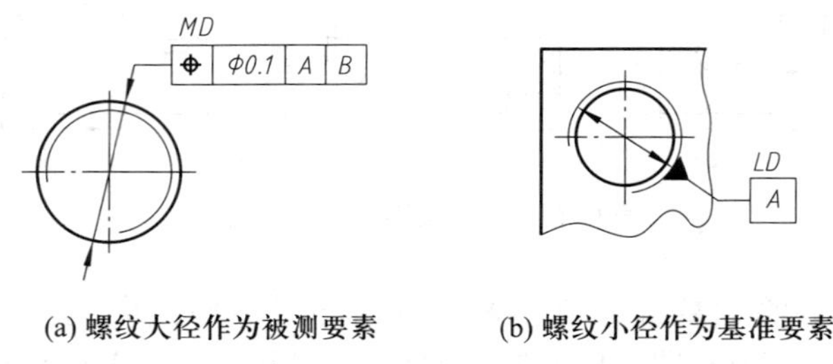

(a) 螺纹大径作为被测要素　(b) 螺纹小径作为基准要素

图 9-84 不以螺纹中径作为被测要素或作为基准要素的标注

以齿轮、花键轴线为被测要素或基准要素时，需说明所指的要素，用 MD 表示大径，用 LD 表示小径。

3. 几何公差的公差等级和公差值

按国家标准 GB/T 1184—1996 中的规定，对各项几何公差特征，除线面轮廓度和位置度未规定公差等级外，其余各几何公差特征均有规定，一般划分为 12 个等级（1~12），等级数越大，公差值也越大，精度越低，具体公差值见附表 4–1。

4. 零件图上几何公差标注示例

零件图上几何公差标注示例如图 9–85、图 9–86 所示。

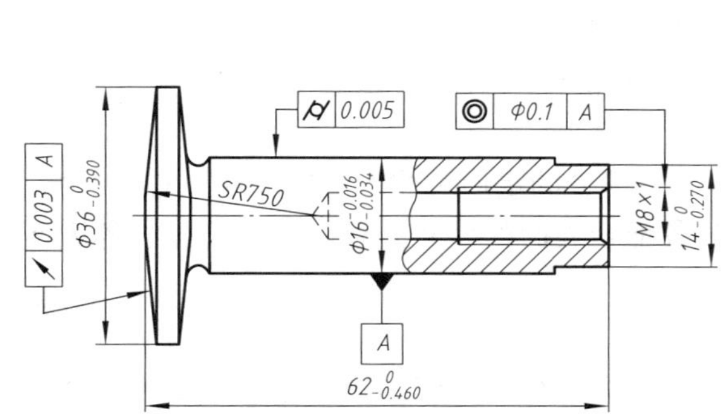

图 9–85 零件图上几何公差标注示例一

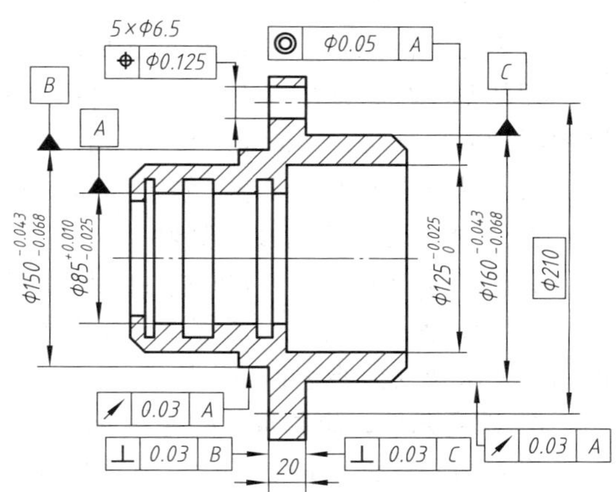

图 9–86 几何公差标注示例二

常用的金属材料名称、牌号及其应用见附表 5–1。

金属材料的热处理是用来改变金属性能的工艺方法。零件需进行热处理时，应在技术要求中加以说明。常用的热处理方法及硬度测量方法见附表 5–2。

零件的功用不同，所使用的材料也不同。在零件图中，将零件材料的牌号填入标题栏的材料栏中。

9.5 读零件图

设计零件时，经常需要参考同类机器零件的图样，这就需要会读零件图。制造零件时，也需要读懂零件图，想象零件的结构、形状，了解零件的各部分尺寸及技术要求等，以便指导生产加工和解决有关技术问题。总之，读零件图是设计、生产和学习过程中的一项重要的工作，是技术交流必备的能力，是工程技术人员应具备的基本素质之一。

9.5.1 读零件图的方法与步骤

读零件图就是根据零件图的各视图、剖视图等画法，分析并想象该零件的结构形状，弄清楚该零件的全部尺寸及各项技术要求，并根据零件的作用和相关的工艺知识，对零件进行结构分析。由此可知，读零件图的基本方法是形体分析法和结构分析法。读零件图的步骤大致如下。

1. 概括了解

通过零件图的标题栏概括了解零件的名称、材料、绘图比例及其用途等内容，必要时还可结合装配图或其他设计资料（如使用说明书、设计任务书和设计说明书等）来了解该零件的用途，以此对该零件有个初步了解。

2. 读懂零件的结构形状

（1）分析视图，了解零件的内、外结构和形状。

分析零件图采用了哪些图样画法，如选用了哪些视图、剖视图、断面图、简化画法等。以主视图为主，确定各视图间的关系，找出各剖视图、断面图的剖切面的位置及投射方向等，研究各视图表达的重点。按照形体分析法，利用各视图的对应关系想象出零件的内、外结构和形状，即从基本视图读懂零件的大体的内、外结构形状，再结合局部视图、局部放大图、斜视图、断面图和简化画法，弄清楚零件的局部和斜面等细微部分的结构形状。

（2）从零件的加工要求了解零件的一些工艺结构和功能标准结构。

3. 分析尺寸、了解技术要求

分析尺寸应先分析各方向的主要尺寸基准，了解各部分的定形尺寸、定位尺寸及总体尺寸，并分清哪些是主要尺寸。了解技术要求主要是了解各配合表面的尺寸公差、几何公差、各表面的结构要求及其他要达到的指标等。

4. 综合归纳，想象零件的整体形状

将看懂的零件结构、形状、所注尺寸以及技术要求等内容综合归纳，对零件的全貌有个较完整的认识。

9.5.2 读零件图举例

以图 9-87 所示箱体的零件图为例说明如下。

1. 概括了解

从标题栏中可知，此零件名称为减速器箱体，材料为 HT150，比例为 1 : 4。

2. 读懂结构、形状

（1）**分析视图** 该零件图采用主视图、俯视图、左视图和两个局部视图、重合断面图来表示减速器箱体的内、外结构和形状。主视图采用单一剖切面的全剖视图，其剖切位置在零件的前后对称面上，主要表达箱体内部空腔结构的形状及上部左右通孔和下部前后通孔以及肋、底板的结构等；左视图采用了单一剖切面的 *A—A* 半剖视图，主要表达左端面的外形、6 × M16 螺纹孔的分布情况和下部内腔内的前后通孔的结构；俯视图采用了对称零件的局部画法，主要表达箱体顶部外形及底板的形状；*B* 向局部视图主要表达前边凸台上 3 × M6 螺孔的分布情况；*C* 向局部视图与重合断面图配合来表达肋与相邻部分的连接情况及其断面形状。

（2）**分析结构** 通过对这一组图形的分析，可看出减速器箱体是由壳体、圆筒、底板和肋四部分结构组成。每一部分的详细结构分析如下。

① **壳体** 上部为半圆柱形、下部为长方形的拱门状形体，内腔与外形相似。其左端有均布的六个螺孔（6 × M16）的圆柱形凸缘，下部蜗杆轴孔的前、后两端是有三个螺孔（3 × M6）的圆柱形凸缘，在腔内的对应处有两个方形凸台。下部的前、后两端圆柱形凸缘中间有一个带尺寸偏差的 ϕ35 通孔。壳体左侧面靠近底板有一个 M8 的螺孔。内腔用以包容蜗轮，是箱体的工作部分。

② **圆筒** 用以安装蜗轮轴，其上部有一个 ϕ22 的圆柱形凸台，凸台上有 M10 × 1 的螺孔用来安装油杯。

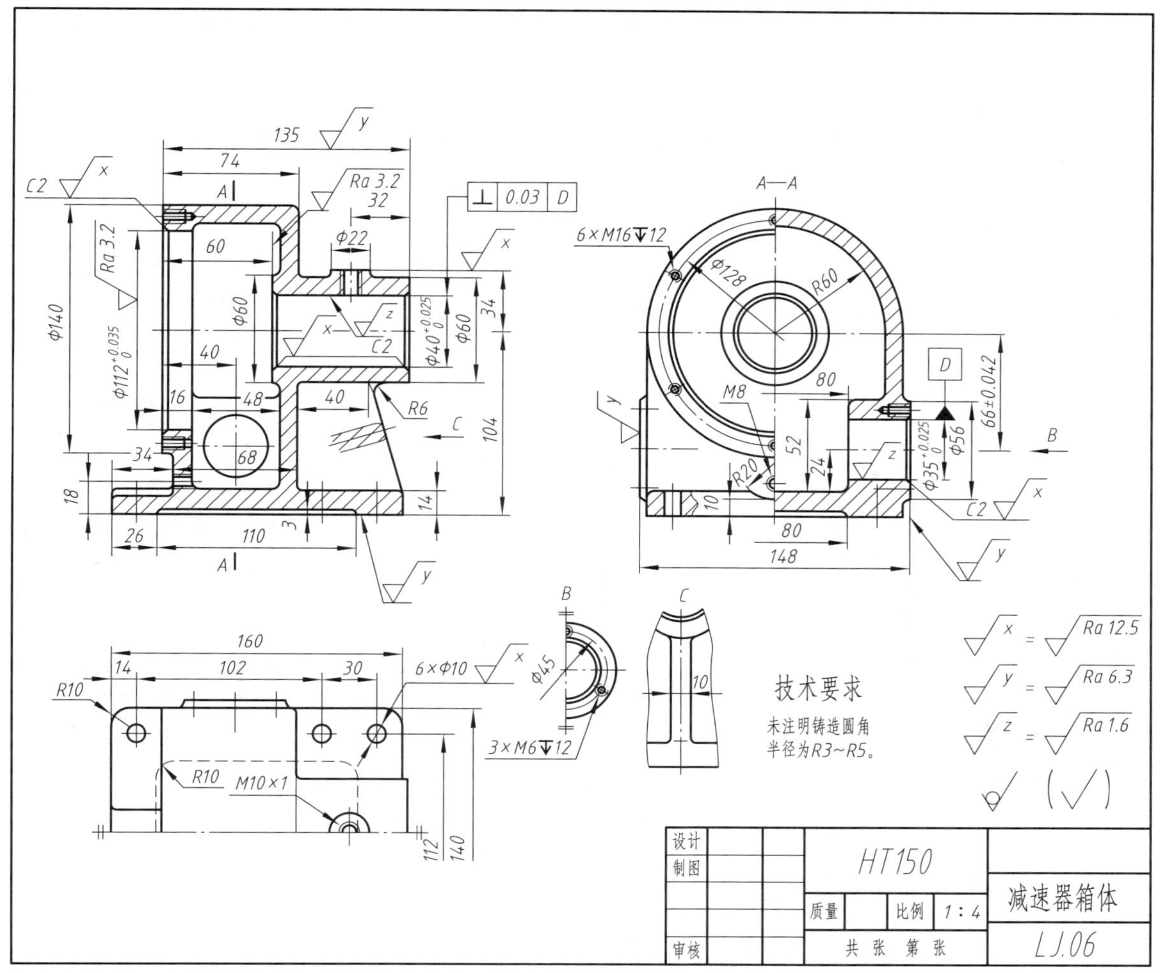

图 9–87 减速器箱体的零件图

③ **底板** 为一个带圆角的长方形板，其上面有六个螺栓孔。为减小加工面，底板下面的中部有一个带四个圆角的长方形凹坑。底板左侧上面有一圆弧形凹槽。该底板的作用是使减速器安装在基座上。

④ **肋** 是一块梯形板，用以增加箱体的强度和刚度，并起到支撑壳体上套筒的作用。

3. 分析尺寸

（1）**尺寸基准** 高度方向的主要基准为蜗轮轴孔 $\phi40_{0}^{+0.025}$ 的轴线，从该基准出发标注的主要尺寸如 104、66 ± 0.042、34。蜗杆孔轴线是高度方向的辅助基准。长度方向的主要基准为壳体的左端面，右端面是长度方向的辅助基准。宽度方向的主要基准为前后对称平面，从该基准出发标注的主要尺寸如总宽尺寸 148、孔内侧间的距离 80、底板上孔的定位尺寸 112、肋厚度 10 等。

（2）**主要尺寸和总体尺寸** 从高度方向、长度方向和宽度方向三个尺寸基准直接标注出的尺寸及标有尺寸偏差的尺寸均为主要尺寸。长度方向和高度方向的最大尺寸未直接标注，需要计算。长度方向的最大尺寸为 135−74+68+34=163，高度方向的最大尺寸为 104+140/2=174，宽度方向的最大尺寸为图中的 148。

4. 分析技术要求

图 9−87 中还注出了各表面的结构要求、尺寸公差（如 $\phi112^{+0.035}_{0}$、$\phi40^{+0.025}_{0}$、$\phi35^{+0.025}_{0}$、66 ± 0.042）和几何公差（如 $\phi40^{+0.025}_{0}$ 与 $\phi35^{+0.025}_{0}$ 的垂直度允差为 0.03 等）。

5. 综合想象

把上述分析内容综合起来，就得到该箱体的总体结构形状，如图 9−88 所示。在此基础上画出外形主视图和半剖视的俯视图，并在主视图上取局部剖表达 M6 的螺纹孔，如图 9−89 所示。

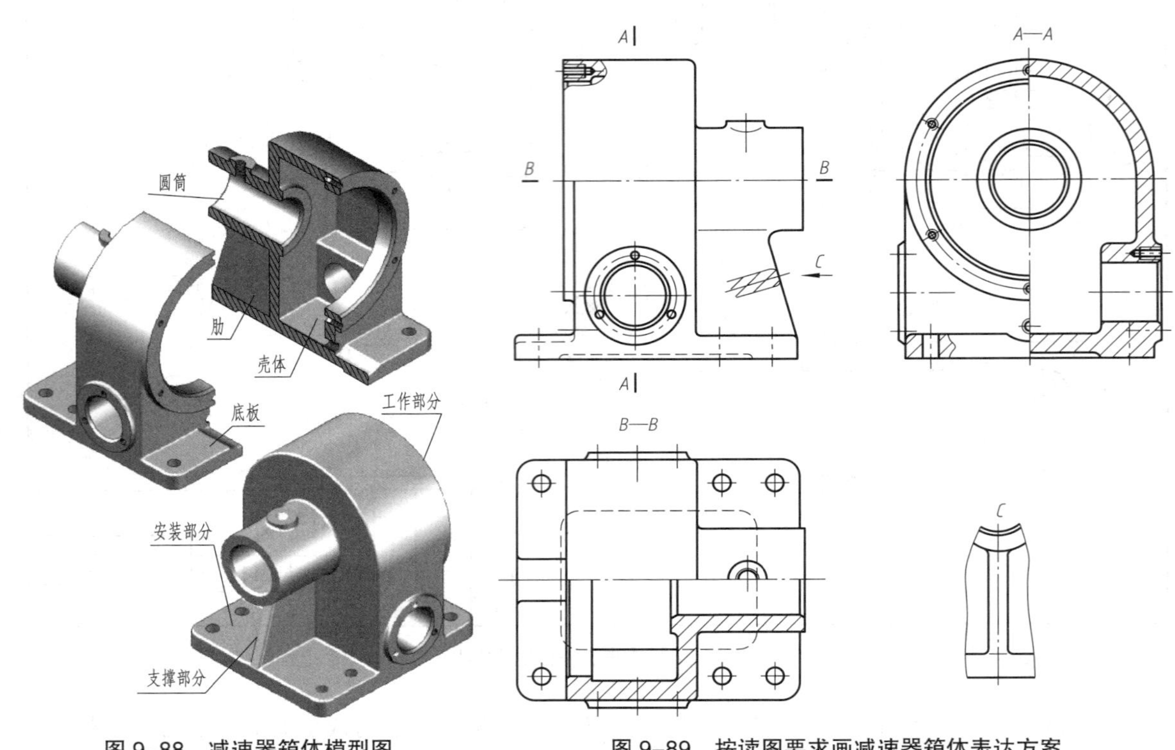

图 9−88 减速器箱体模型图

图 9−89 按读图要求画减速器箱体表达方案

9.6 零件的测绘

零件测绘是根据实际零件画出草图，测量出它的各部分尺寸，确定技术要求，再根据草图画出零件工作图。在仿制机器、修配损坏的零件或改造旧机器时，需要进行零件测绘。

9.6.1 测绘零件和绘制草图的方法和步骤

以图 9−90 所示的轴承架为例介绍零件草图的画法与测绘的方法和步骤。

（1）**分析零件** 了解零件的名称、材料、用途、各部分结构形状、加工方法及要求等。

（2）**确定表达方案** 在上述分析的基础上，选取主视图，根据零件的结构特征确定其他视图及表达方法。

（3）**画零件草图** 画零件草图一般在测绘现场进行，是经目测估计图形与实物的比例，然后徒手绘制。草图无比例，但零件各部分的比例要协调。为方便作图和对准投影关系，草图可画在方格纸上。其画图步骤如下。

① 根据零件的总体大小确定图幅，画出图框、标题栏框（或盖图章）等进行布局，画出作图的基准线，以确定各视图的位置。

② 根据确定的表达方案，按照投影的对应关系，画出各个视图，表达零件的各部分结构形状。画出尺寸界线、尺寸线，并加深粗实线，如图 9-91a 所示。

图 9-90 轴承架模型图

③ 用量具测量尺寸，在尺寸线上填写尺寸数字、标注表面粗糙度、注写技术要求和标题栏，如图 9-91b 所示。

9.6.2 常用的测量工具和测量方法

1. 常用的测量工具

常用的测量工具有钢板尺、游标卡尺等，如图 9-92 所示。

2. 常用的测量方法

直线尺寸的测量方法如图 9-93a 所示；回转面直径尺寸测量如图 9-93b 所示；壁厚尺寸测量如图 9-93c 所示；孔心距的测量如图 9-93d 所示；孔的轴线到基准面距离的测量如图 9-93e 所示。

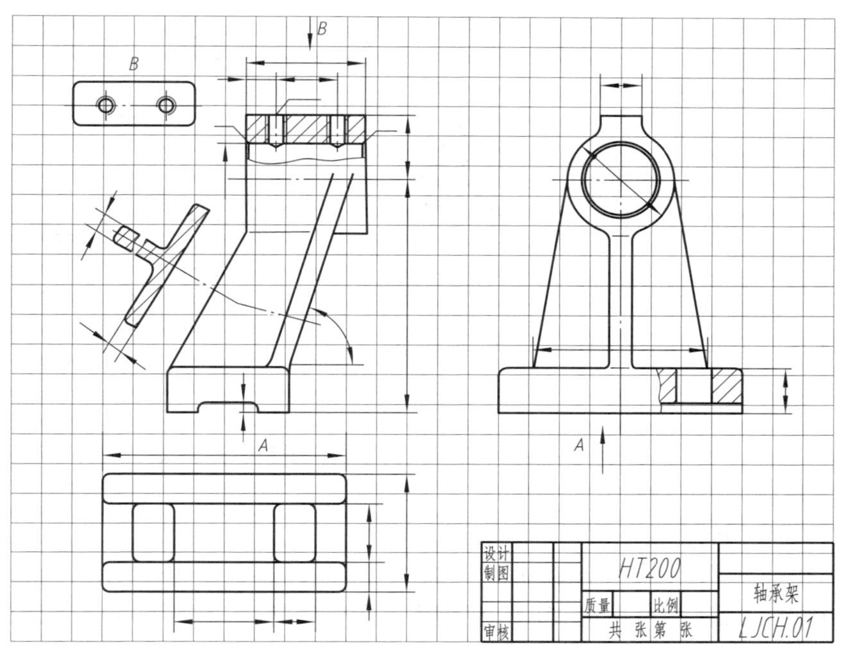

(a)

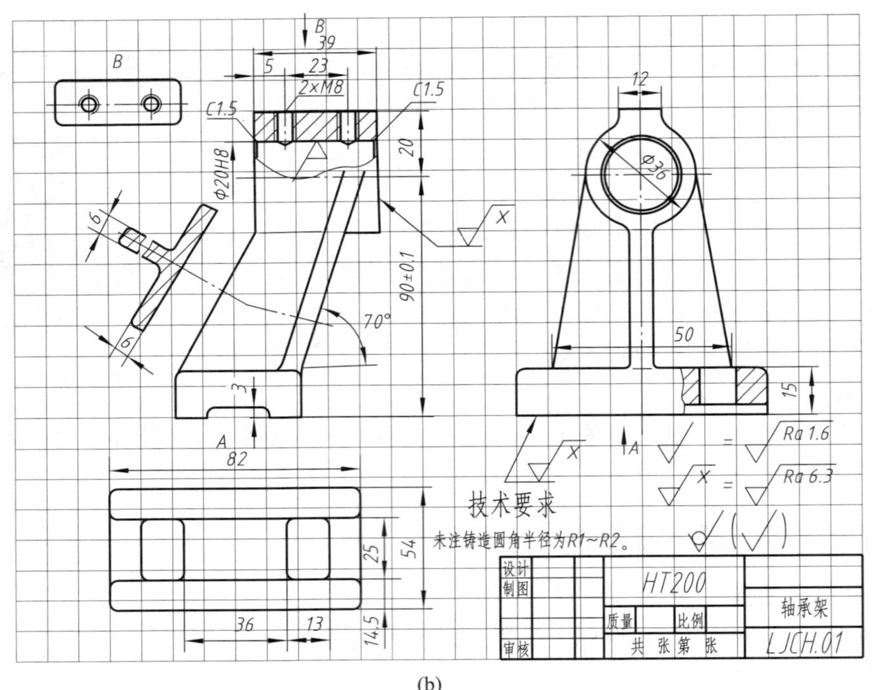

(b)

图 9-91 画零件草图的步骤

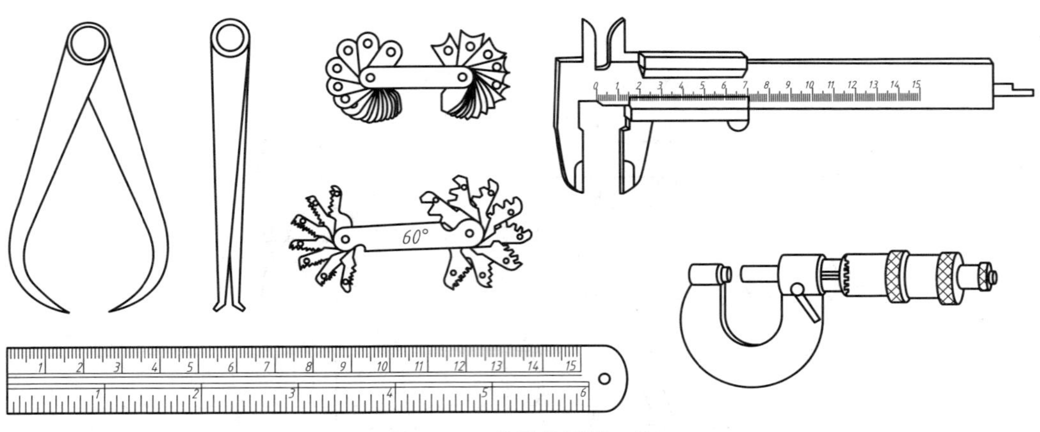

图 9-92 常用的测量工具

对于圆角的测量，从圆角规中找到与所测圆角相吻合的一片，该片上所标的数值为所测圆角的半径尺寸，如图 9-93f 所示。

对于平面曲线和回转曲面的测量可用铅丝法（图 9-93g）和拓印法（图 9-93h）。

对于角度的测量，可用量角器或游标量角器进行测量，如图 9-93i 所示。

对于螺纹螺距的测量，可用螺纹规（或钢皮尺）测得螺距，如图 9-93j 所示的螺距是 1.5。由测得的螺距和外径再去查表确定标准螺纹的参数。

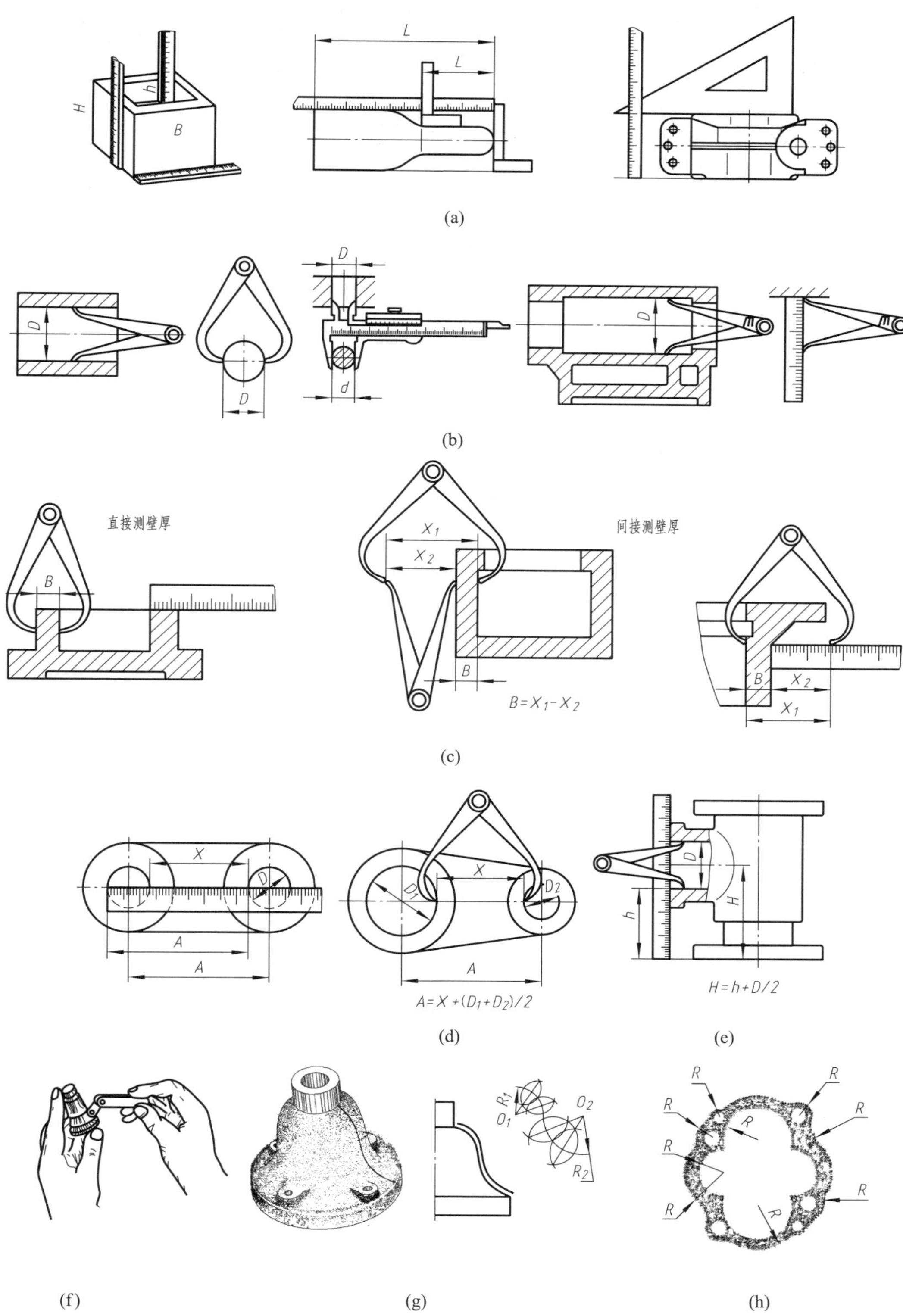

L
L
H
h
B
(a)
D
D
D
d
D
(b)
直接测壁厚
B
X1
X2
B
B=X1-X2
间接测壁厚
B
X2
X1
(c)
X
D
A
A
X
D1
D2
A
A=X+(D1+D2)/2
D
H
h
H=h+D/2
(d)
(e)
R1
O1
O2
R2
R
R
R
R
R
R
R
R
R
(f)
(g)
(h)

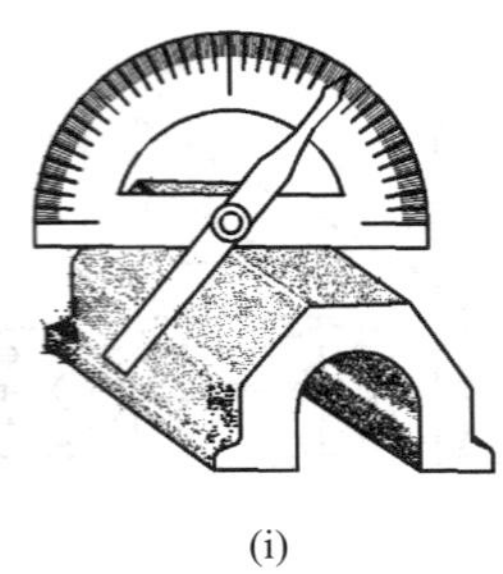

(i)

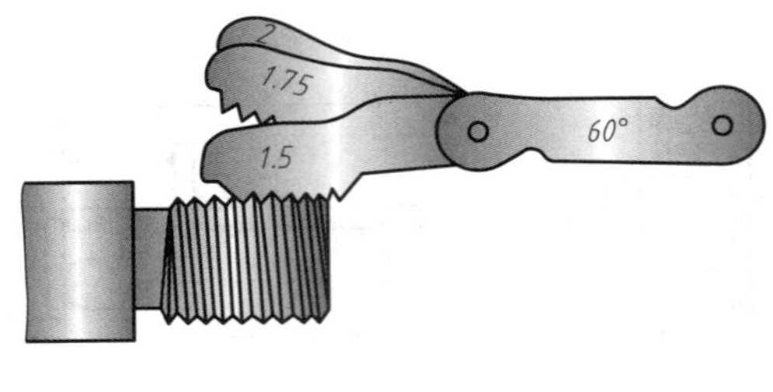

(j)

图 9-93 常用的测绘方法

第 10 章 常用标准件和弹簧的表示法

本章学习导读

学习目的与要求： 了解常用标准件、弹簧的作用及有关的基本知识；熟练掌握各种常用标准件的连接画法及其规定标记；了解键、销、弹簧、滚动轴承的画法规定及图示特点；掌握键、销、弹簧在装配图中的画法。

学习内容： 螺纹紧固件、键、销、弹簧、滚动轴承的种类、规定标记及其连接装配画法。

重点与难点： 重点是螺纹紧固件的规定标记的含义及其连接装配画法；键的装配画法。难点是螺纹紧固件的连接装配画法。

地位及特点： 本章介绍的是国家标准对常用标准件、弹簧的画法规定，与图样的基本画法是相辅相成的，同时又是装配图画法的基础和必要的机械常识。本章内容属于由基础部分进入应用部分、由零件图转入装配图的过渡性内容。

标准化、系列化、通用化是现代工业化生产的重要标志之一。在各种机器、仪器仪表设备中，经常会用到一些螺栓、螺母、垫圈、键、销等零件，为了便于组织专业化生产，对这些零件的结构、尺寸和画法实行了标准化。这些标准化的零件称为标准件。而另外一些零件（如齿轮、弹簧等）虽经常使用，但只是部分结构的尺寸标准化。

由于标准件和标准结构是用标准的切削刀具和专用设备加工的，在使用时可按规格选用或更换。因此，对这些零件的形状和结构不必按真实投影绘制，国家标准中对这些标准件及标准结构的图示方法、符号、代号、标记作了统一规定，图示时只需按国家标准的规定绘图和标注，这样可以提高绘图的速度。至于它们的详细结构和尺寸，可以根据标准件的代号和标记从有关国家标准查阅。

10.1 螺纹紧固件

10.1.1 螺纹紧固件的种类及其标记

常用的螺纹紧固件有螺栓、双头螺柱、螺钉、螺母、垫圈等，如图 10-1 所示。其中，每一种类又有不同的类别，它们的结构形式和尺寸都已标准化，参见附录 2。在设计时需根据设计要求按相应的国家标准进行选取，使用单位可根据需要按代号、规格购买即可。这就需要熟悉它们的结构并掌握其标记方法。

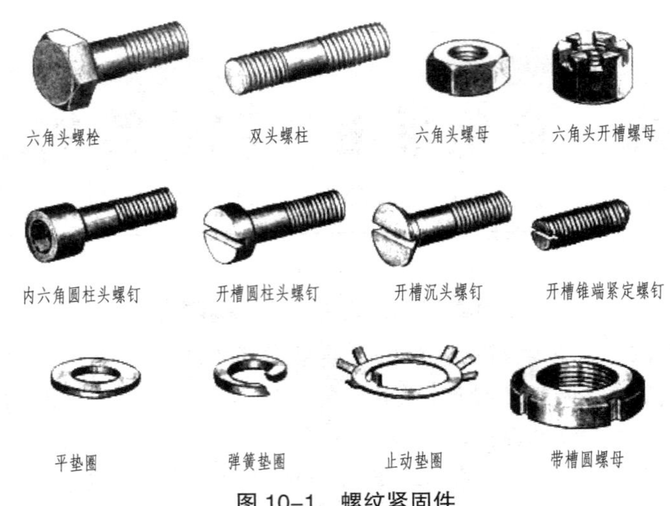

图 10–1 螺纹紧固件

按照 GB/T 1237—2000 规定的紧固件标记方法有完整标记和简化画法，完整标记的内容及顺序为：**类别（产品名称）、标准编号、螺纹规格或公称尺寸、其他直径或特性、公称长度（规格）、螺纹长度或杆长、产品形式、性能等级或硬度或材料、产品等级、扳拧形式、表面处理。**

根据标记的简化原则，简化标记省略标准的年代号和仅有一种的产品形式、性能等级、产品等级、表面处理等内容。简化标记为：**名称 标准编号 规格尺寸**

常用螺纹紧固件的结构形式及其标记示例见表 10–1。

表 10–1 螺纹紧固件的标记示例及其说明

名称、结构形式及规格尺寸	规定标记示例及说明	名称、结构形式及规格尺寸	规定标记示例及说明
六角头螺栓—A 级和 B 级 GB/T 5782—2016 d l	螺栓 GB/T5782 M12×80 螺纹规格为 M12，公称长度 l=80 mm，性能等级为 8.8 级，表面不经处理，产品等级为 A 级的六角头螺栓	六角头螺栓—全螺纹 GB/T 5783—2016 d l	螺栓 GB/T5783 M12×80 螺纹规格为 M12，公称长度 l=80 mm，性能等级为 8.8 级，表面不经处理，产品等级为 A 级的全螺纹六角头螺栓
双头螺柱 GB/T 897—1988 d (b_m) l	螺柱 GB/T 897 M8×30 两端均为粗牙普通螺纹，d=8 mm，l=30 mm，性能等级为 4.8 级，表面不经处理，B 型、b_m=d 的双头螺柱	开槽锥端紧定螺钉 GB/T 71—2018 d l	螺钉 GB/T 71 M5×20 螺纹规格为 M5，公称长度 l=20 mm，硬度等级为 14H 级，表面不经处理，产品等级 A 级的开槽锥端紧定螺钉

续表

名称、结构形式及规格尺寸	规定标记示例及说明	名称、结构形式及规格尺寸	规定标记示例及说明
开槽圆柱头螺钉 GB/T 65—2016	螺钉 GB/T 65 M10×45 螺纹规格为 M10，公称长度 l=45 mm，性能等级为 4.8 级，表面不经处理的 A 级开槽圆柱头螺钉	1 型六角螺母 GB/T 6170—2015	螺母 GB/T 6170 M8 螺纹规格为 M8，性能等级为 8 级，表面不经处理，产品等级为 A 级的 1 型六角螺母
开槽盘头螺钉 GB/T 67—2016	螺钉 GB/T 67 M5×45 螺纹规格为 M5，公称长度 l=45 mm，性能等级为 4.8 级，表面不经处理的 A 级开槽盘头螺钉	平垫圈 GB/T 97.1—2002	垫圈 GB/T 97.1 8 公称规格为 8 mm，由钢制造的硬度等级为 200HV 级，不经表面处理，产品等级为 A 级的平垫圈
开槽沉头螺钉 GB/T 68—2016	螺钉 GB/T 68 M5×20 螺纹规格为 M5，公称长度 l=20 mm，性能等级为 4.8 级，表面不经处理的 A 级开槽沉头螺钉	弹簧垫圈 GB/T 93—1987	垫圈 GB/T 93 16 规格为 16 mm，材料为 65Mn，表面氧化的标准型弹簧垫圈

10.1.2 螺纹连接的形式及其装配画法

螺纹连接有螺栓连接、双头螺柱连接、螺钉连接三种基本形式，如图 10–2 所示。它们的作用是将两个零件紧固在一起。根据零件被紧固处的厚度和使用要求选用不同的连接形式。

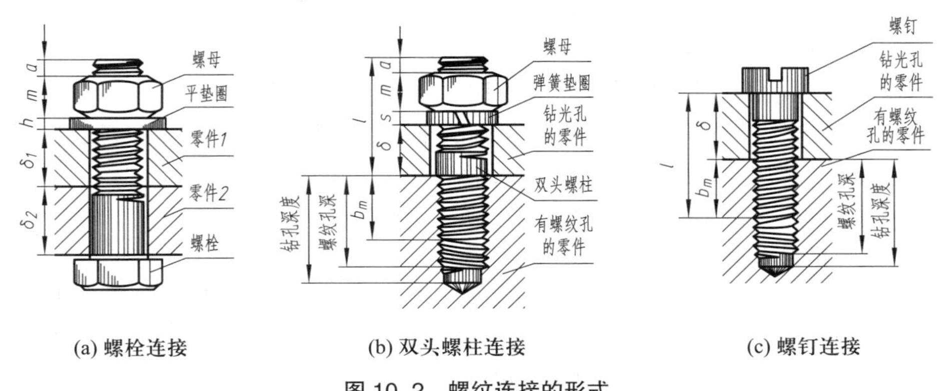

(a) 螺栓连接　(b) 双头螺柱连接　(c) 螺钉连接

图 10–2 螺纹连接的形式

1. 装配画法中标准件尺寸的确定

装配画法中所需标准件尺寸的确定有**查表取值法和比例取值法**两种。

（1）查表取值法

首先根据紧固件的受力情况及使用环境选择并确定紧固件连接形式、螺纹规格 d。

① 根据螺纹规格 d，在被连接两个零件的被紧固处必须预先加工出通孔或螺纹孔。通孔的直径应比紧固件上螺纹大径稍大，由附表 1–13 选取中等装配，根据紧固件的螺纹规格 d 查得通孔直径。

② 由附表 2–5 选取螺母种类、标准编号，并根据螺纹规格 d，查得 s、e、m 等尺寸数值。

③ 由附表 2–6 选取垫圈种类、标准编号，并根据螺纹规格 d，查得 d_2、h 等尺寸值。

④ 螺栓的公称长度 l 应大于被紧固零件的厚度、垫圈厚度和螺母厚度的总和，并且要有一定的螺栓伸出螺母末端的长度 a（a 一般为螺纹大径 d 的 0.3~0.5 倍），如图 10–2a 所示。因此螺栓公称长度的初算值：$l'=\delta_1+\delta_2+h+m+a$。

根据初算值查附表 2–1，在螺栓公称长度系列中选取与初算值最接近的那个标准值作为公称长度，并根据螺纹规格 d、l 查得 k、b、e 的尺寸值。

⑤ 双头螺柱的公称长度 l 应大于被紧固的加工有光孔的那个零件的厚度、垫圈厚度和螺母厚度的总和，并且要有一定的螺柱伸出螺母的末端长度 a（a 一般为螺纹大径 d 的 0.3~0.5 倍），如图 10–2b 所示。因此，双头螺柱公称长度的初算值：$l'=\delta+s+m+a$。

根据初算值查附表 2–2，在螺柱公称长度标准系列中选取与初算值最接近的那个标准值作为公称长度，并根据螺纹规格 d、l 查得螺母端的螺纹长度 b 的具体尺寸值。

⑥ 根据螺纹规格 d，由附表 1–1 和附表 1–2 查得螺纹小径以便于画图。

（2）比例取值法

为了使绘图简便，可按螺纹大径 d 的比例数确定有关尺寸，但螺栓的公称长度经初算后必须查表选取长度系列中的标准长度值。

2. 螺纹连接的装配画法

螺纹连接装配画法的一般规定如图 10–3 所示。

① 两个零件间的接触表面应画成一条线，不接触的相邻表面应画两条线以表示其间隙。

② 相互邻接的金属零件，其剖面线的倾斜方向不同，或方向一致而间距不等，同一个零件在不同的剖视图或断面图中的剖面线的方向和间隔均应一致。

③ 当剖切平面通过标准件的轴线时，它们均按不剖绘制。

④ 装配图中的螺纹紧固件一般采用简化画法来表达装配连接情况。对其工艺结构，如倒角、倒圆、退刀槽、螺尾、缩颈、凸肩和支承面结构等均可省略不画。

⑤ 螺栓头部和螺母的倒角的近似画法可参考图 10–4。

（1）螺栓连接的装配画法

当两个零件被紧固处的厚度较小时，通常采用螺栓连接，如图 10–2a 所示。假定两个被连接零件的被紧固处的厚度分别为 δ_1=18 mm，δ_2=12 mm，选用螺纹规格为 M10 的螺栓将它们紧固在一起。这里选用螺母 GB/T 6170 M10、垫圈 GB/T 97.1 10，按螺栓的公称长度计算并查表取值 l=45 mm。螺栓连接中的各标准件及绘图所需的尺寸可以用比例取值来绘制螺栓连接的装配图，也可查表取值来绘制螺栓连接的装配图。不管用什么方法取值均可用不简化画法和简化画法绘制螺栓连接的装配图，但优先选用简化画法。图 10–5 为按 d=10 mm 的比例值画出的有

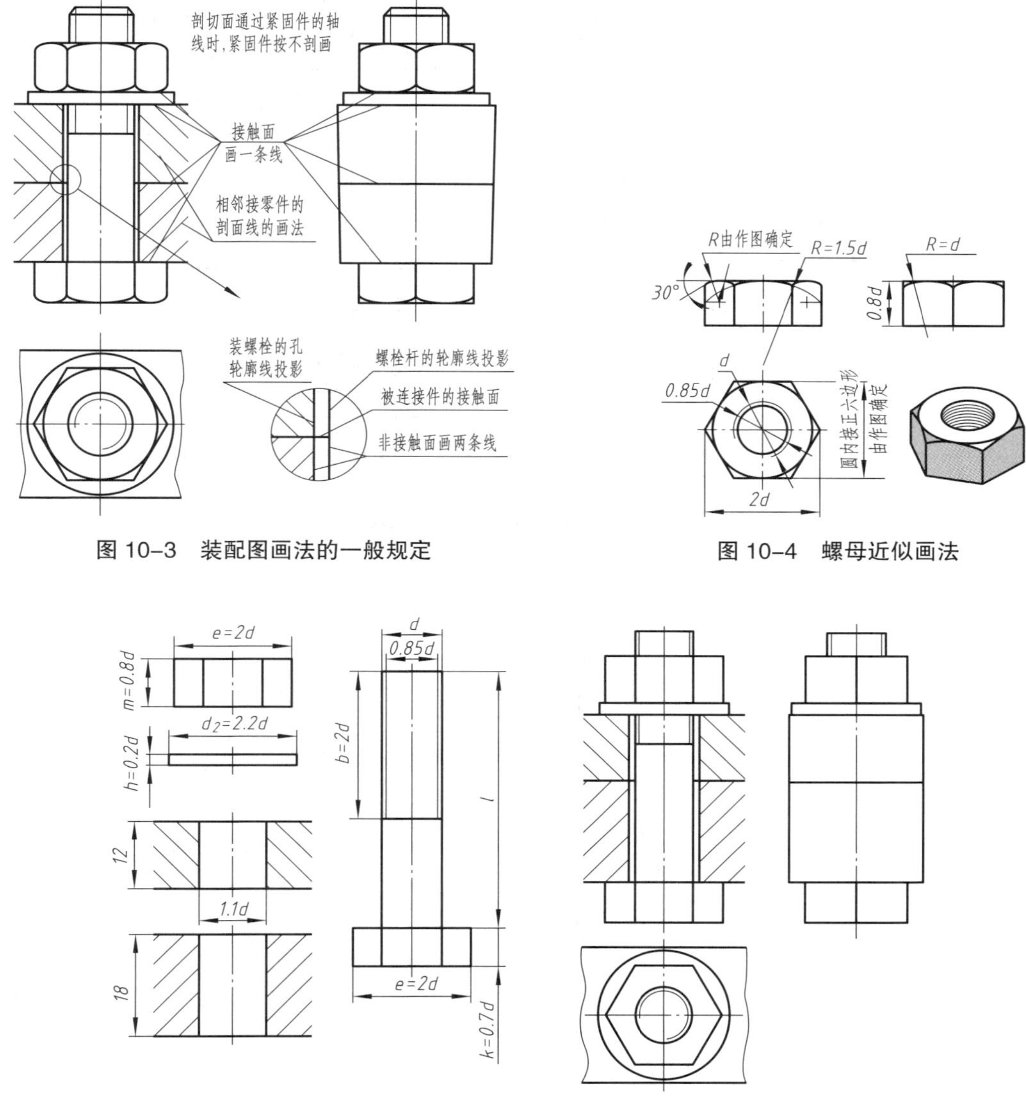

图 10-3 装配图画法的一般规定

图 10-4 螺母近似画法

(a) 标准件及被连接件

(b) 螺栓连接的简化画法

图 10-5 用 d 的比例值画螺栓连接的装配图

关零件的零件图和螺栓连接的简化画法。图 10-6 为按查表取值法画出的有关零件的零件图和螺栓连接的简化画法。

螺栓连接的装配画法除应遵守紧固件装配图画法的一般规定和优先选用简化画法外，还应注意图 10-7 中所示的几个问题。

（2）双头螺柱连接的装配画法

当两个零件的紧固处一个较薄另一个较厚或不允许穿通时，通常采用双头螺柱连接，如图 10-2b 所示。

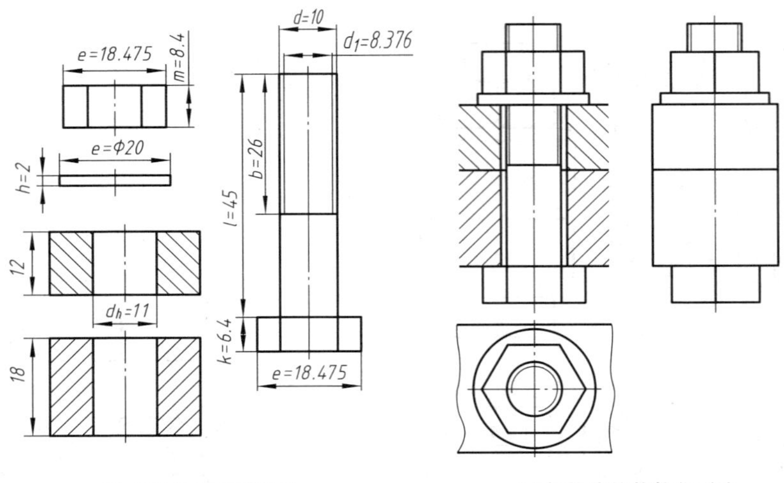

(a) 标准件及被连接件　　(b) 螺栓连接的简化画法

图 10-6　用查表取值法画螺栓连接的装配图

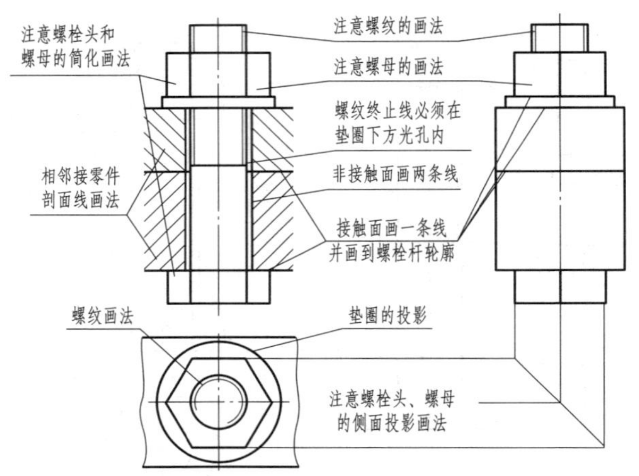

图 10-7　螺栓连接的装配画法注意事项

较薄的零件上应加工出通孔，另一零件上加工出不穿通的螺纹孔，双头螺柱的旋入端 b_m 应全部旋入螺纹孔内，使螺纹终止线与螺纹孔口端平面平齐。另一端螺母端，穿过通孔，再用垫圈和螺母紧固双头螺柱。可利用双头螺柱的公称长度初算值查表取标准值方法来确定双头螺柱公称长度。

至于选用哪一种标准编号的双头螺柱，要根据加工有螺纹孔零件的材料而定。当该零件的材料为钢或青铜时，应取 $b_m=d$（GB/T 897）；当该零件的材料为铸铁时，应取 $b_m=1.25d$（GB/T 898）或 $b_m=1.5d$（GB/T 899）；当该零件的材料为铝或较软材料时，应取 $b_m=2d$（GB/T 900）。

对于螺纹孔的螺纹深度尺寸，一般取 $b_m+0.5d$，钻孔深度比螺纹孔深度再深 $0.5d$。一旦双头螺柱的直径和标准编号确定，双头螺柱连接中的紧固件的有关尺寸可从相应的标准中查取，也可由螺纹大径 d 的比例值来确定。

图 10–8 是按 d=16 mm 的比例值，以 1∶2 绘图比例绘制的有关零件的零件图，简化了倒角、圆弧的双头螺柱连接装配图和未简化倒角、圆弧的双头螺柱连接装配图。

图 10–9 按查表取值法用 1∶2 的绘图比例绘制的有关各零件的零件图，简化了倒角、圆弧的双头螺柱连接的装配图。

双头螺柱连接的装配画法除应遵守装配图画法的一般规定和优先选用简化画法外，还应注意如图 10–10 中所示的几个问题。

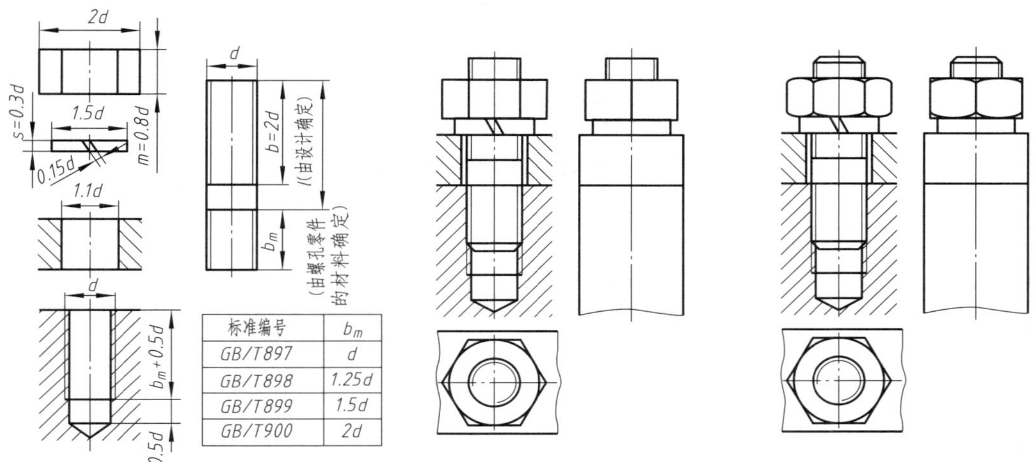

(a) 相关零件及比例系数　(b) 双头螺柱连接装配图（简化）　(c) 双头螺柱连接装配图（未简化）

图 10–8　用 d 的比例值画双头螺柱连接的装配图

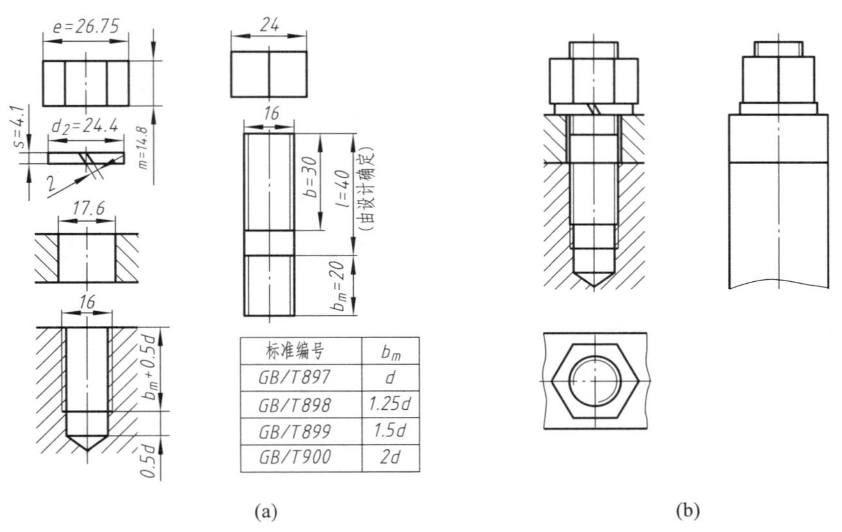

(a)　(b)

图 10–9　用查表取值法画双头螺柱连接的装配图 

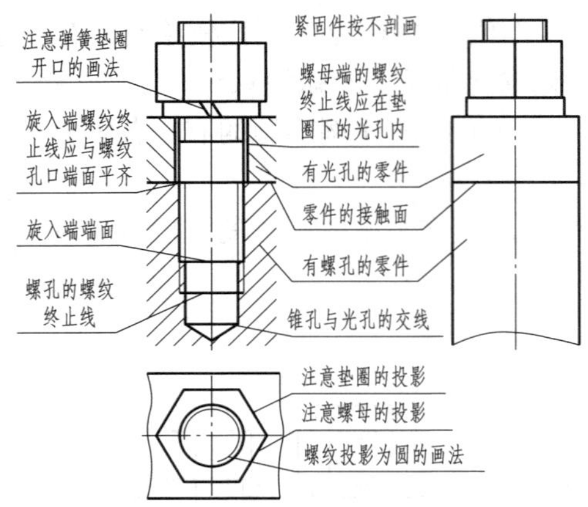

图 10–10 螺柱连接的装配画法注意事项

（3）螺钉连接的装配画法

在被连接件尺寸较小、受力不大且不需经常拆卸，或被连接件之一较厚不便于加工通孔的情况下，通常采用螺钉连接，其紧固作用与双头螺柱连接相似，但不用螺母，而是将螺钉直接旋入螺纹孔，靠螺钉头部压紧两个被连接件，如图 10–2c 所示。注意，此时螺钉上的螺纹长度要有一定的余量，即保证 $l-b_{m}<\delta$。

根据螺钉头部的形状不同，螺钉连接有多种压紧形式。图 10–11a 是几种常见的螺钉头部的比例值及其连接的装配图画法。

画图时应注意以下几点。

① 被连接的两个零件，一个应加工出螺纹孔，其尺寸确定方法与双头螺柱连接中螺纹孔的确定方法相同；另一个应加工出通孔或沉孔，沉孔的结构和尺寸可查附表 1–13。螺钉的尺寸可查附表 2–3，也可按螺纹大径的比例值确定。

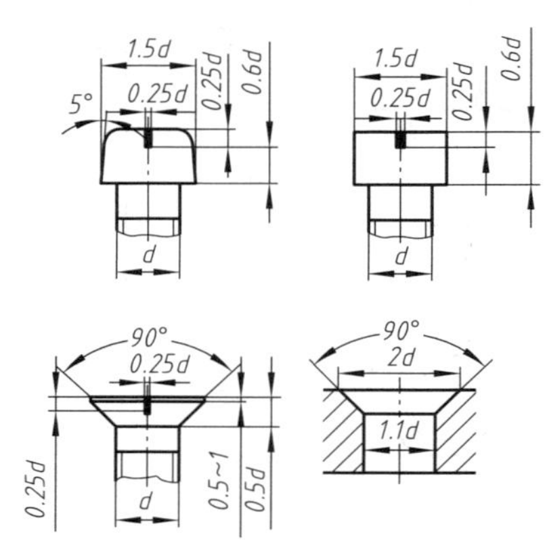

(a) 螺钉头部的比例画法　　(b) 开槽圆柱头螺钉连接画法　　(c) 沉头螺钉连接画法

图 10–11 用比例取值法画螺钉连接的装配图

② 螺钉的公称长度 l 应先按下式初算：

$$l=\delta+b_m$$

式中：δ 为较薄零件的厚度；b_m 是螺钉旋入较厚零件螺纹孔的深度，这要根据零件的材料而定，可参照双头螺柱的 b_m，根据公称长度的初算值再去查螺钉公称长度的标准值，取一个最接近的标准值。

③ 螺钉头部的一字槽或十字槽，在装配图中均可用 2 倍粗的加宽粗实线涂黑表示其投影，在头部投影为圆的视图上，这些槽的投影应画成与中心线成 45°，如图 10-11b、c 的俯视图所示。

在装配图中，双头螺柱、螺钉旋入螺纹孔部分的画法亦可采用如图 10-12 所示的简化画法。

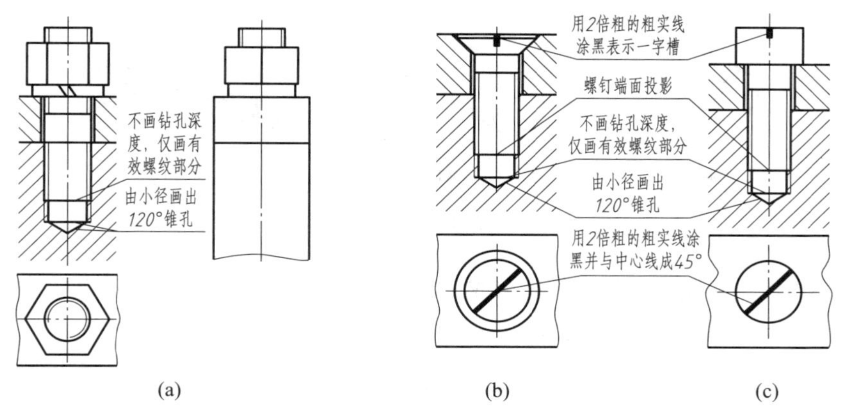

图 10-12 双头螺柱、螺钉旋入螺纹孔部分的简化画法

常用螺栓、螺钉头部和螺母在装配图中的简化画法见表 10-2。

表 10-2 常用螺栓、螺钉头部和螺母在装配图中的简化画法

六角头（螺栓）	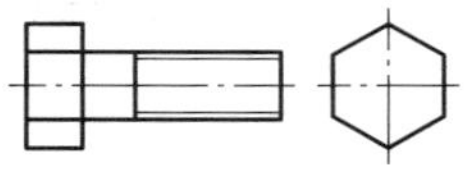	半沉头开槽（螺钉）	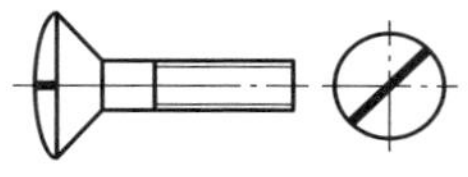	半沉头十字槽（螺钉）	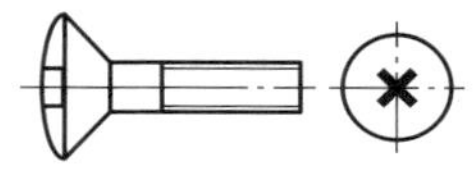
方头（螺栓）	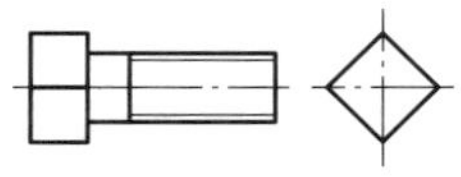	圆柱头开槽（螺钉）	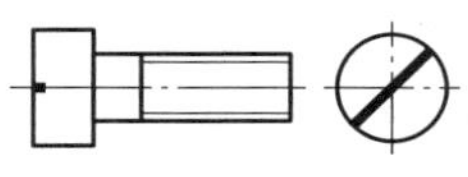	圆柱头内六角（螺钉）	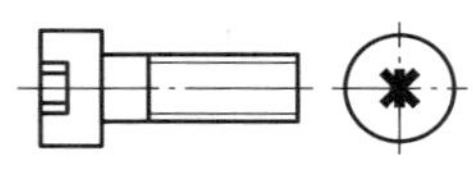
沉头开槽（螺钉）	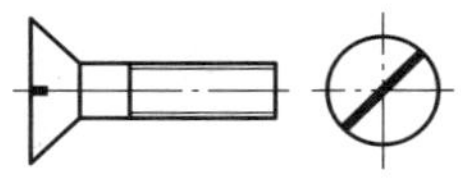	沉头开槽（自攻螺钉）	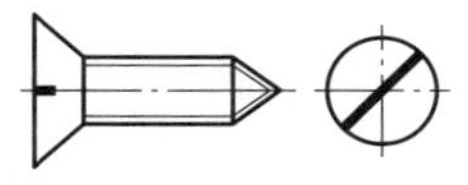	沉头十字槽（螺钉）	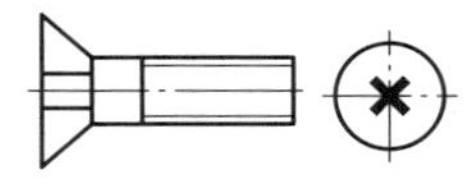
六角头（螺母）	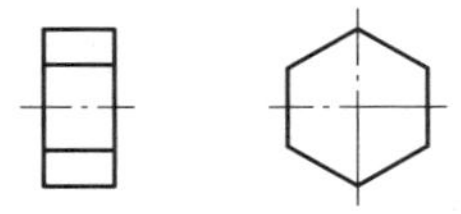	无头开槽（螺钉）	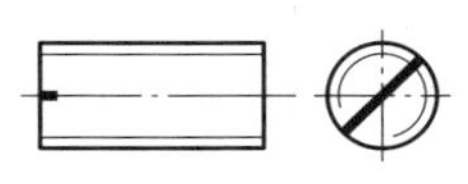	无头内六角（螺钉）	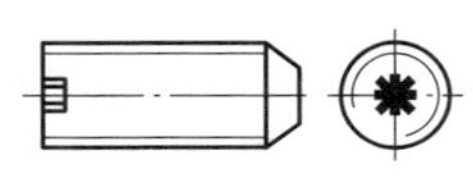
方头（螺母）	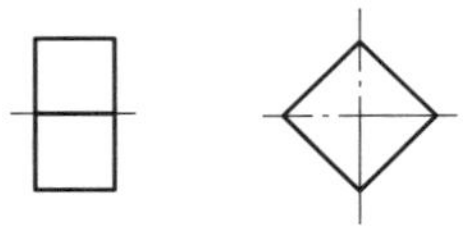	盘头开槽（螺钉）	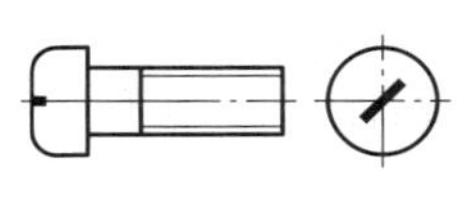	盘头十字槽（螺钉）	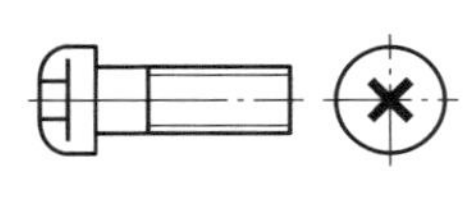

10.2 销

10.2.1 销的种类和规定标记

销为标准件，销的结构及其尺寸系列见附表 2–8。

常用的销有**圆柱销**、**圆锥销**和**开口销**，如图 10–13 所示。

(a) 圆柱销　　(b) 圆锥销　　(c) 开口销

图 10–13 常用的销

圆柱销和圆锥销主要用于零件间的连接或定位，开口销用来防止螺母的松动或固定其他零件。

销的三种基本结构形式及其标记示例见表 10–3。

表 10–3 销的种类、结构和标记示例

名称	圆柱销（GB/T 119.1—2000、GB/T 119.2—2000）	圆锥销（GB/T 117—2000）	开口销（GB/T 91—2000）
结构与规格尺寸		A 型	
简化标记示例	公称直径 d=6 mm，公差为 m6，公称长度 l=30 mm，材料为钢，普通淬火（A 型），表面氧化处理的圆柱销。其标记为 销 GB/T 119.2 6 × 30 公称直径 d=6 mm，公差为 m6，公称长度 l=30 mm，材料为钢，不经淬火，不经表面处理的圆柱销。其标记为 销 GB/T 119.1 6 m6 × 30	公称直径 d=6 mm，公差为 m6，公称长度 l=26 mm，材料为 35 钢，热处理硬度 28~38HRC，表面氧化处理的 A 型圆锥销。其标记为 销 GB/T 117 6 × 26	公称规格为 5 mm，公称长度 l=28 mm，材料为碳素钢 Q215 或 Q235，不经表面处理的开口销。其标记为 销 GB/T 91 5 × 28

注：1. 圆锥销的公称直径是指其小头直径，可采用简化注法。

2. 开口销的公称规格是指螺杆或轴上的销孔的直径，开口销的实际尺寸小于 d。

3. 被连接件上的圆柱销孔应在装配时同时加工（钻头钻孔或铰刀铰孔）。这一条件应在零件图中销孔上注明，详见表 9–8。

10.2.2 销连接的装配画法

在装配图中，当剖切平面通过销的轴线时，销按未被剖切绘制。销连接的装配画法如图 10–14 所示。

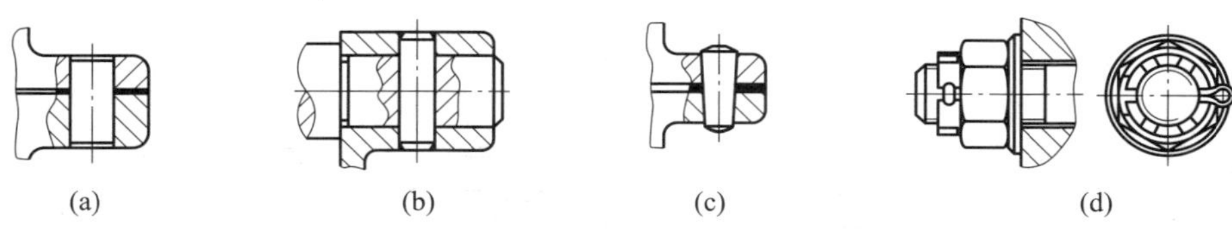

图 10–14 销连接的装配画法

10.3 键

键是标准件，是用来连接并固定轴与安装在轴上的带轮、齿轮和链轮等，使轴和轮子一起转动，起着传递扭矩的作用。常用的键有**普通型平键**（有 A 型、B 型、C 型三种形式）、**普通型半圆键**，以及**普通型楔键和钩头型楔键**四种。

键连接，对于普通型平键和普通型半圆键是先将键嵌入轴上的键槽内，再对准轮毂上的键槽，把轴和键一起插入孔和槽内，这样就可以使轴和轮一起转动，如图 10–15a、b 所示。

对于普通型楔键和钩头型楔键则是先将轴放入轮毂上的孔内，并调整轴上的键槽对准轮毂上的键槽，然后将楔键打入键槽内，如图 10–15c 所示。

键连接具有结构简单、紧凑、可靠、装拆方便和成本低廉等优点。

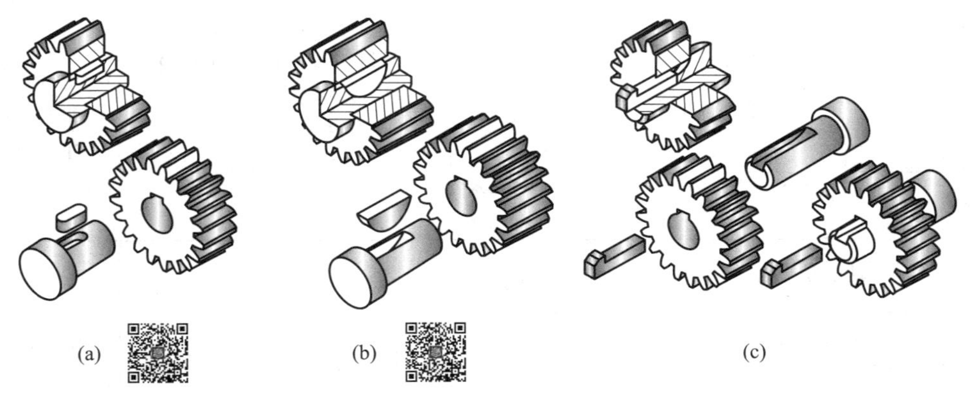

图 10–15 键连接的几种形式

10.3.1 键的结构及规定标记

在机械设计中，键要根据轴径大小按标准选取，不需要单独画出其图样，但要正确地标记。普通型平键和普通型半圆键的结构性实际尺寸系列见附表 2–9，其结构及标记示例见表 10–4。

表 10-4 键的结构及其标记示例

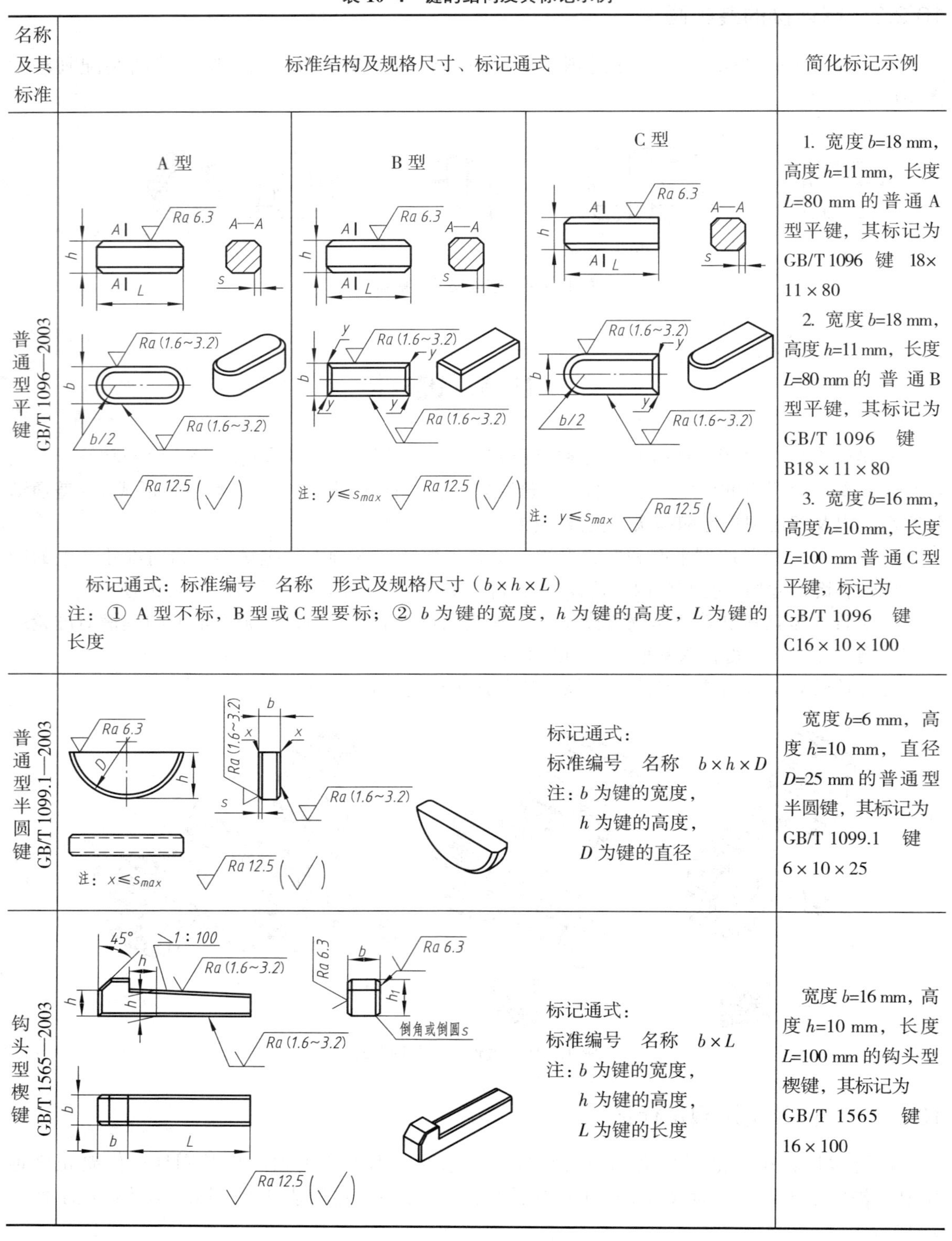

名称及其标准	标准结构及规格尺寸、标记通式	简化标记示例
普通型平键 GB/T 1096—2003	A 型　B 型　C 型 注：$y \leqslant s_{max}$ 标记通式：标准编号　名称　形式及规格尺寸（$b \times h \times L$） 注：① A 型不标，B 型或 C 型要标；② b 为键的宽度，h 为键的高度，L 为键的长度	1. 宽度 b=18 mm，高度 h=11 mm，长度 L=80 mm 的普通 A 型平键，其标记为 GB/T 1096　键　18×11×80 2. 宽度 b=18 mm，高度 h=11 mm，长度 L=80 mm 的普通 B 型平键，其标记为 GB/T 1096　键　B18×11×80 3. 宽度 b=16 mm，高度 h=10 mm，长度 L=100 mm 普通 C 型平键，标记为 GB/T 1096　键　C16×10×100
普通型半圆键 GB/T 1099.1—2003	注：$x \leqslant s_{max}$ 标记通式： 标准编号　名称　$b \times h \times D$ 注：b 为键的宽度， h 为键的高度， D 为键的直径	宽度 b=6 mm，高度 h=10 mm，直径 D=25 mm 的普通型半圆键，其标记为 GB/T 1099.1　键　6×10×25
钩头型楔键 GB/T 1565—2003	倒角或倒圆 s 标记通式： 标准编号　名称　$b \times L$ 注：b 为键的宽度， h 为键的高度， L 为键的长度	宽度 b=16 mm，高度 h=10 mm，长度 L=100 mm 的钩头型楔键，其标记为 GB/T 1565　键　16×100

10.3.2 键的选取和键槽尺寸的确定

根据轴径大小和有关设计要求，按标准选取键的类型和规格，并给出正确的标记。键槽的尺寸也必须按标准确定。具体尺寸系列见附表 2-9 ~ 附表 2-12。

轮毂上键槽的加工方法和有关尺寸如图 10-16 所示。

轴上键槽的加工方法和有关尺寸如图 10-17 所示，其中图 10-17a 为轴上的平键键槽加工和有关尺寸，图 10-17b 为轴上的楔键键槽加工和有关尺寸，图 10-17c 为轴上的半圆键键槽加工和有关尺寸。

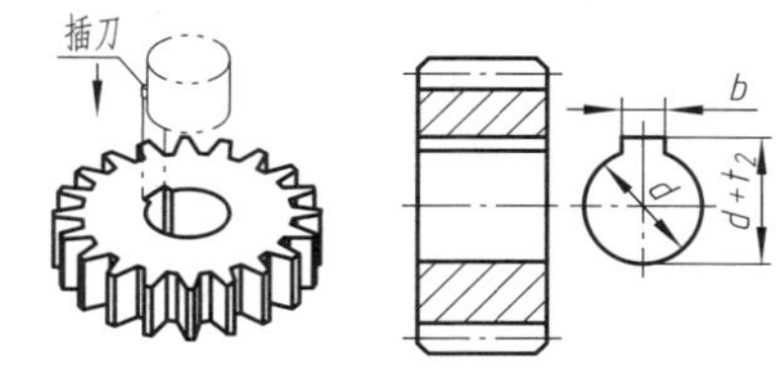

图 10-16 轮毂上键槽的加工和有关尺寸

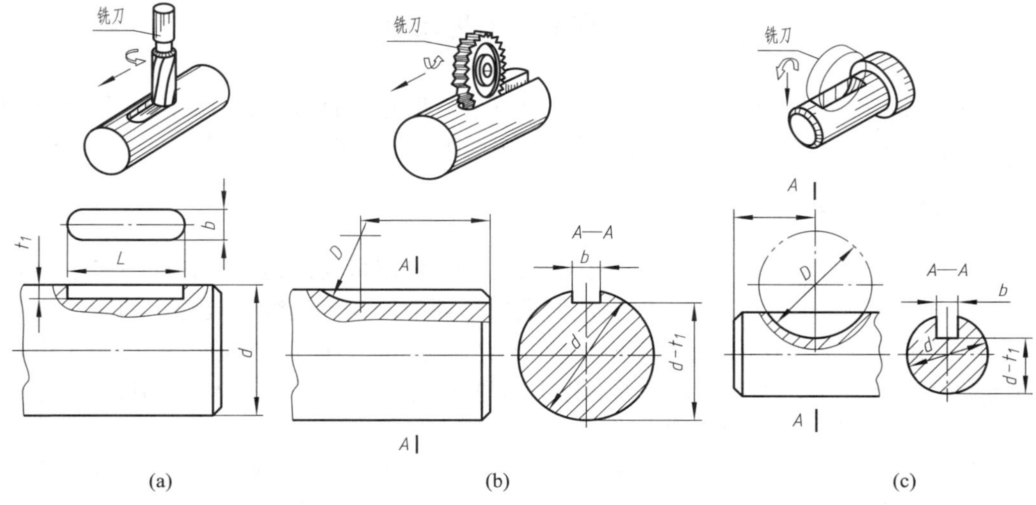

图 10-17 轴上键槽的加工和有关尺寸

10.3.3 键连接的装配画法

键连接的装配画法除遵循装配图的规定画法外，当剖切平面通过键的轴线或键的纵向对称平面剖切时，轴和键均按未被剖切绘制，但为了表达键在轴上的安装情况，可在轴上采用局部剖视，如图 10-18 各主视图所示。

普通型平键的连接应用最广，其连接的画法如图 10-18a 所示。普通型半圆键常用于载荷不大的传动轴上，其连接的画法如图 10-18b 所示。这两种键连接的作用原理相似，其工作面均为键的两侧面，即装配时键的侧面与键槽的侧面接触，工作时靠键的侧面传递扭矩；键的底面与键槽的底面接触。因此，在绘制键连接的装配图时，键侧面与键槽侧面之间以及键的底面与键槽的底面之间均无间隙，画一条线；而键的顶面是非工作面，与轮毂键槽顶面之间有间隙，应画两条线；键的倒角或倒圆可省略不画。如图 10-18a、b 的主视图和断面图所示。

楔键的顶面有 1 : 100 的斜度，用于静连接。由于安装时是将键打入键槽，依靠键的斜面和底面与轮毂和轴上键槽之间挤压的摩擦力来连接，因此键的斜面和底面是楔键的工作面。在绘制楔键连接的装配图时，键底面及斜面分别与轴上及轮毂上键槽的底面之间必须紧密贴合无间隙，画一条线；键的侧面与键槽侧面之间是配合，应画一条线，如图 10-18c 所示。

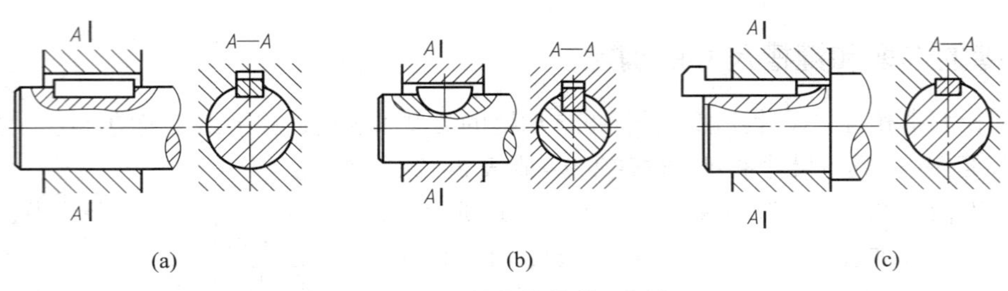

(a) (b) (c)

图 10–18 键连接的装配画法

10.4 弹簧的规定画法

弹簧在机器和设备中广泛应用，虽然不是标准件，但它们的局部结构及其尺寸均已标准化、系列化，国家标准对其结构形式的画法与尺寸注法均作了统一的规定。

10.4.1 弹簧的用途和种类

弹簧是一种储存能量的零件，其主要用途是：① 控制机器的运动，如内燃机中的阀门弹簧、离合器中的控制弹簧；② 吸收振动，如重型车辆中以及飞机着陆装置中的缓冲弹簧、联轴器中的吸振弹簧以及汽车上的板弹簧减振；③ 储存能量，如钟表中的弹簧（发条）以及仪器中的储能装置；④ 测力，如测力器及弹簧秤中的弹簧等。总之，弹簧在机器和设备中起到了减振、缓冲、复位、夹紧、测力和储能等作用。

弹簧是一种常用的非标准件，其种类和形式很多，如图 10–19 所示。常用的是圆柱螺旋弹簧，按受力情况的不同，圆柱螺旋弹簧又可分为压缩弹簧、拉伸弹簧、扭转弹簧三种，如图 10–20 所示。

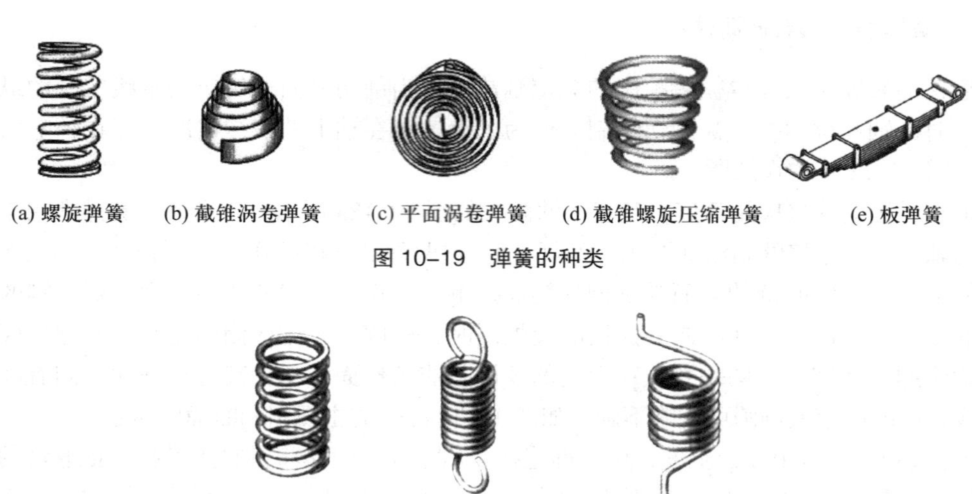

(a) 螺旋弹簧 (b) 截锥涡卷弹簧 (c) 平面涡卷弹簧 (d) 截锥螺旋压缩弹簧 (e) 板弹簧

图 10–19 弹簧的种类

(a) 压缩弹簧 (b) 拉伸弹簧 (c) 扭转弹簧

图 10–20 圆柱螺旋弹簧的种类

10.4.2　圆柱螺旋压缩弹簧

1. 圆柱螺旋压缩弹簧的参数

参数如图 10–21 所示。

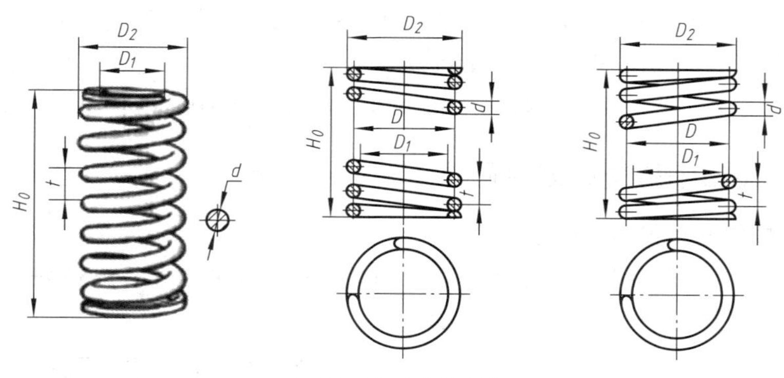

图 10–21　弹簧参数

（1）材料直径 d　即制造弹簧的钢丝（或称弹簧丝）直径。

（2）弹簧直径

弹簧外径 $\boldsymbol{D_2}$：弹簧的最大直径；

弹簧内径 $\boldsymbol{D_1}$：弹簧的最小直径 $D_1=D_2-2d$；

弹簧中径 $\boldsymbol{D}$：外径与弹簧内径的平均值，$D=(D_2+D_1)/2=D_2-d=D_1+d$。

（3）圈数

支承圈 n_z：弹簧端部并紧磨平，用于支承或固定的总圈数。一般有 1.5 圈、2 圈、2.5 圈三种，为使弹簧工作时受力均匀、支承平稳，增加弹簧的平稳性，往往将其两端并紧磨平（或两端并紧制扁）。其中，2.5 圈用得较多，两端各并紧磨平 $1\frac{1}{4}$ 圈，其中并紧 1/2 圈，磨平 3/4 圈。

有效圈数 $\boldsymbol{n}$：保持节距相等参加工作的圈数（计算弹簧刚度时的圈数）。

总圈数 $\boldsymbol{n_1}$：有效圈数与支承圈数之和，$n_1=n+n_z$。

（4）**弹簧节距 $\boldsymbol{t}$**：在有效圈数范围内，相邻两圈的轴向距离称为弹簧节距。

（5）**自由高度 $\boldsymbol{H_0}$**：弹簧在不受外力作用时的高度称为自由高度，$H_0=nt+(n_z-0.5)d$。

（6）**旋向**：左旋、右旋。

（7）**展开长度 $\boldsymbol{L}$**：制造弹簧时所用坯料的长度。

$d\leqslant 8$ mm 时，$L=\pi D_2(n+2)$；　$d>8$ mm 时，$L=\pi D_2(n+1.5)$。

2. 圆柱螺旋压缩弹簧的规定标记

GB/T 2089—2009 中规定，弹簧的标记内容和格式为

类型代号	规格（$d\times D\times H_0$）	–	精度代号	旋向代号	标准编号

注意：① 圆柱螺旋压缩弹簧的类型代号为 YA 或 YB。YA 为两端圈并紧磨平的冷卷压缩弹簧，YB 为两端圈并紧制扁的热卷压缩弹簧。

② 制造精度分为 2、3 级。2 级精度制造不表示，3 级应注明“3”级。

③ 左旋应注明为左，右旋不表示。

例如：YA 型弹簧，材料直径为 1.2 mm，弹簧中径为 8 mm，自由高度为 40 mm，精度等级为 2 级，左旋的两端圈并紧磨平的冷卷压缩弹簧，其标记为

YA　1.2 × 8 × 40　左　GB/T 2089

YB 型弹簧，材料直径为 30 mm，弹簧中径为 160 mm，自由高度为 200 mm，精度等级为 3 级，右旋的并紧制扁的热卷压缩弹簧，其标记为

YB　30 × 160 × 200–3　GB/T 2089

10.4.3　圆柱螺旋压缩弹簧的规定画法

1. 单个圆柱螺旋压缩弹簧的画法

按真实投影画弹簧的零件图很复杂，为了简化，国家标准 GB/T 4459.4—2003 规定可以用剖视图、视图、示意图三种表示法表示弹簧，如图 10–22 所示。

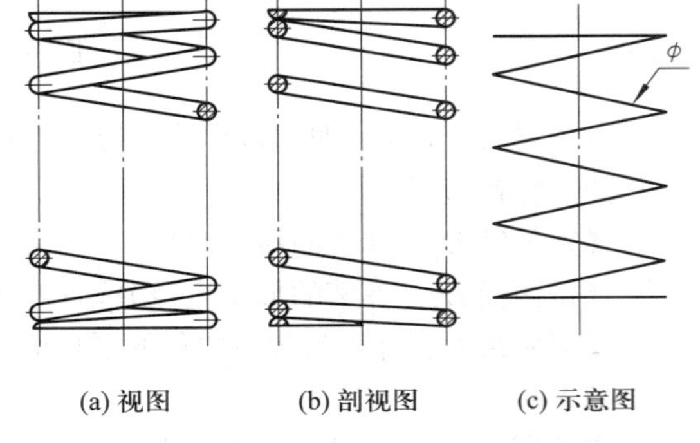

(a) 视图　(b) 剖视图　(c) 示意图

图 10–22　圆柱螺旋压缩弹簧的表示

圆柱螺旋压缩弹簧剖视图和视图的具体作图方法与步骤如图 10–23 所示。

画圆柱螺旋压缩弹簧剖视图或视图时应注意以下几点。

（1）圆柱螺旋弹簧和螺旋线一样，使用弹簧丝绕制而成的，在平行于螺旋弹簧轴线的投影面的视图中，其各圈的轮廓线规定画成直线代替螺旋线。

（2）螺旋弹簧均可画成右旋，但左旋弹簧不论画成左旋或右旋，一律要注出旋向“左”字。

（3）有效圈数 $n \geqslant 4$ 的螺旋弹簧允许只画两端 1~2 圈（支承圈不算在内），中间部分可以省略，用点画线连接。并允许适当缩短图形长度。

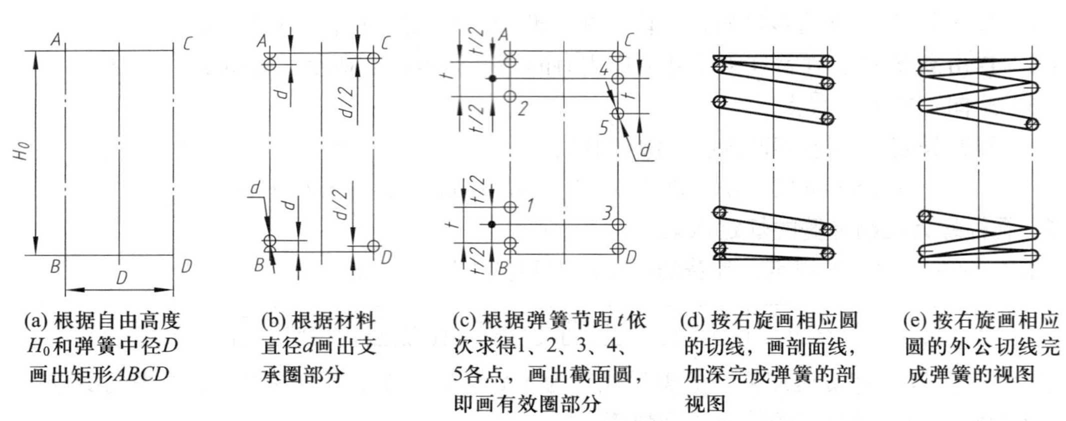

(a) 根据自由高度 H_0 和弹簧中径 D 画出矩形 $ABCD$　(b) 根据材料直径 d 画出支承圈部分　(c) 根据弹簧节距 t 依次求得 1、2、3、4、5 各点，画出截面圆，即画有效圈部分　(d) 按右旋画相应圆的切线，画剖面线，加深完成弹簧的剖视图　(e) 按右旋画相应圆的外公切线完成弹簧的视图

图 10–23　圆柱螺旋压缩弹簧剖视图、视图的作图步骤

弹簧零件图如图 10–24 所示。绘制时应注意以下几个问题。

（1）弹簧的 d、D（或 D_1）、t、H_0 等尺寸应直接标注在零件图上，其余的参数，如旋向、有效圈数、总圈数、展开长度等，应在技术要求中说明。

（2）用图解的方法表示弹簧的特性。圆柱螺旋压缩（拉伸）弹簧的力学性能曲线均用粗实线画成直线，标注在主视图上方，如图 10–24 所示。

（3）当某些弹簧只需给定刚度要求时，允许不画机械性能图，而在“技术要求”中说明刚度要求。

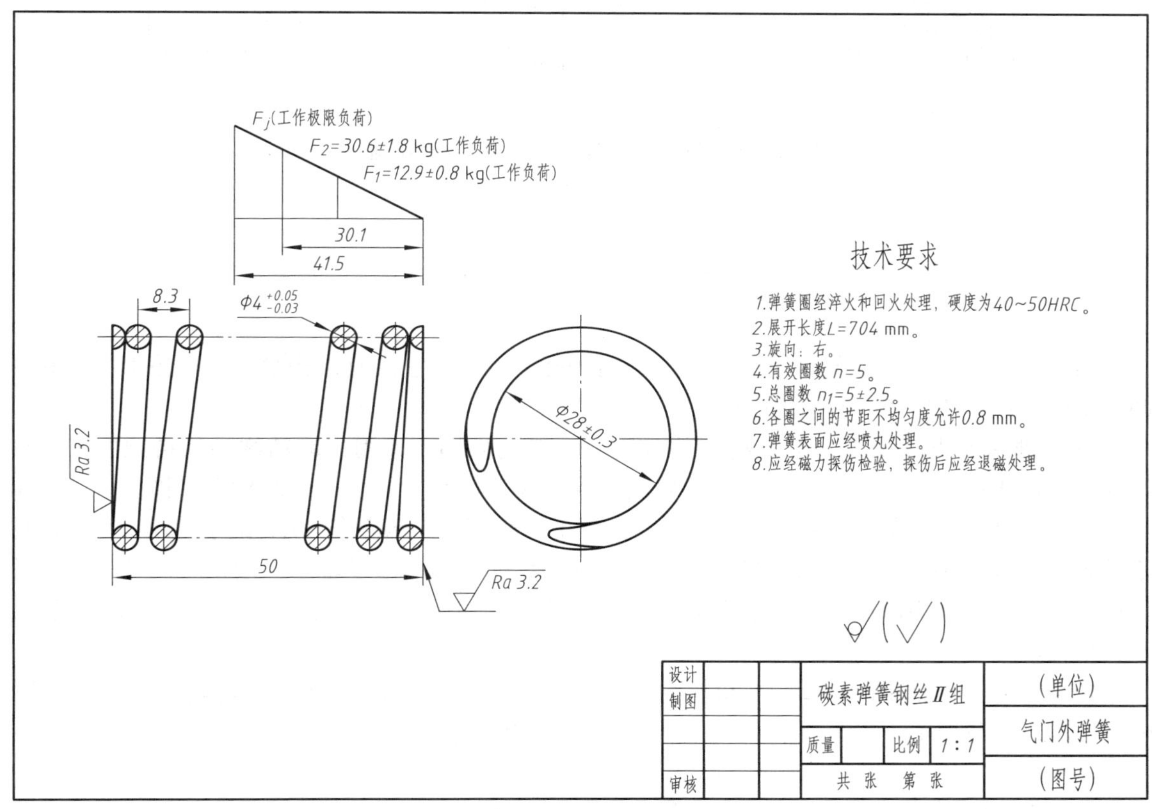

图 10–24 圆柱螺旋压缩弹簧的零件图

2. 圆柱螺旋压缩弹簧在装配图中的画法

（1）当沿弹簧轴线剖切后，被弹簧遮挡住的结构一般不画，可见部分应从弹簧的外轮廓线或从弹簧丝的断面中心线画起，如图 10–25a、b 所示。

（2）在剖视图中，材料直径在图形上等于或小于 2 mm 时，其断面可以涂黑表示，而且不画各圈的轮廓线，如图 10–25b 所示。

（3）弹簧材料直径在图形上等于或小于 2 mm 时，并且弹簧内部还有零件，为了便于表达，允许采用示意画法，如图 10–25c 所示。

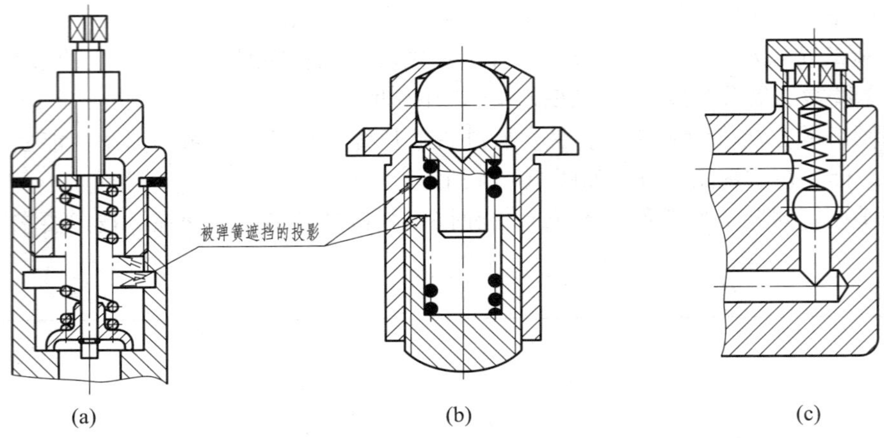

(a) (b) (c)

图 10–25 圆柱螺旋压缩弹簧在装配图中的画法

10.5 轴 承

滚动轴承是支承轴旋转及承受轴上的载荷的标准部件。它具有结构紧凑、摩擦阻力小和拆卸方便等优点，在生产中被广泛应用。

滚动轴承的类型很多，但结构大体相同，一般由**内圈**、**外圈**、**滚动体**和**保持架**四个元件组成，如图 10–26 所示。按结构和承载情况不同，滚动轴承的综合分类结构图如图 10–27 所示（GB/T 271—2017）。按滚动体的种类，滚动轴承可分为球轴承和滚子轴承，滚子轴承又分为圆柱滚子轴承、滚针轴承、圆锥滚子轴承、调心滚子轴承和长弧面滚子轴承。滚动轴承按其公称外径尺寸大小，可分为微型轴承、小型轴承、中小型轴承、中大型轴承、大型轴承、特大型轴承、重大型轴承。

安装时，滚动轴承的外圈装在机座的孔内，固定不动，内圈套在轴上，与轴产生过盈配合，随轴转动。本节着重介绍滚动轴承的代号、简化画法和规定画法。

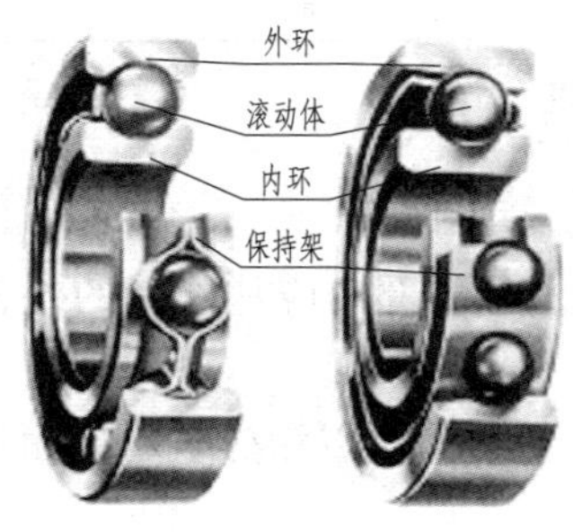

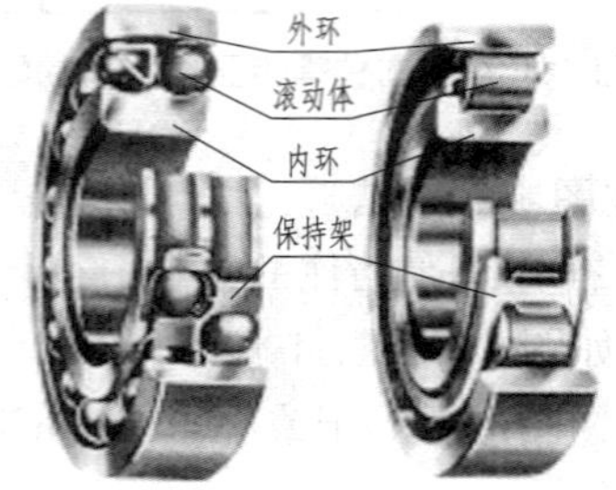

(a) 深沟球轴承 (b) 调心球轴承 (c) 双列向心球面球轴承（自动调心型） (d) 圆柱滚子轴承 (e) 推力球轴承

图 10–26 部分滚动轴承

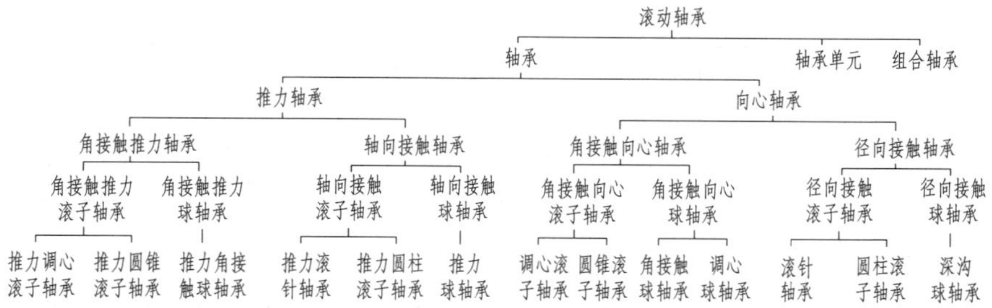

- 滚动轴承
  - 轴承
    - 推力轴承
      - 角接触推力轴承
        - 角接触推力滚子轴承
          - 推力调心滚子轴承
          - 推力圆锥滚子轴承
        - 角接触推力球轴承
          - 推力角接触球轴承
      - 轴向接触轴承
        - 轴向接触滚子轴承
          - 推力滚针轴承
          - 推力圆柱滚子轴承
        - 轴向接触球轴承
          - 推力球轴承
    - 向心轴承
      - 角接触向心轴承
        - 角接触向心滚子轴承
          - 调心滚子轴承
          - 圆锥滚子轴承
        - 角接触向心球轴承
          - 角接触球轴承
          - 调心球轴承
      - 径向接触轴承
        - 径向接触滚子轴承
          - 滚针轴承
          - 圆柱滚子轴承
        - 径向接触球轴承
          - 深沟球轴承
  - 轴承单元
  - 组合轴承

图 10–27 滚动轴承的综合分类结构图

10.5.1 滚动轴承的代号（GB/T 272—2017）

滚动轴承的代号是由字母加数字表示滚动轴承的结构形式、承载能力、特点、内径尺寸、尺寸公差等级、技术性能等。轴承代号由**前置代号**、**基本代号**和**后置代号**三部分组成。其排列顺序如下：

前置代号	基本代号	后置代号

1. 基本代号

滚动轴承的基本代号表示轴承的基本类型、结构和尺寸，是滚动轴承代号的基础。滚动轴承基本代号由**类型代号**、**尺寸系列代号**、**内径代号**三部分构成（滚针轴承除外）。

（1）**类型代号的组成**　由阿拉伯数字或大写拉丁字母表示。数字与字母的含义如下：

“0”是双列角接触球轴承；　“1”是调心球轴承；

“2”是推力调心滚子轴承和调心滚子轴承；　“3”是圆锥滚子轴承；

“4”是双列深沟球轴承；　“5”是推力球轴承；

“6”是深沟球轴承；　“7”是角接触球轴承；

“8”是推力圆柱滚子轴承；　“N”是单列圆柱滚子轴承；

“U”是外球面球轴承；　“QJ”是四点接触球轴承；

“NN”是双列或多列圆柱滚子轴承；　“C”是长弧面滚子轴承（圆环轴承）。

类型代号有的也可省略，如双列角接触球轴承的代号“0”可不写，调心球轴承“1”有时也可以不写。区别轴承类型的另一标志就是标准编号，每一类轴承都有一个标准号。例如，角接触球轴承的标准编号为 GB/T 292—2023；圆锥滚子轴承的标准编号为 GB/T 297—2015）。

（2）**尺寸系列代号**　由轴承宽（高）度系列代号（一位数字）和直径系列代号（一位数字）组合而成。它反映了同种轴承在内圈直径相同时，内、外圈的宽度、厚度的不同及滚动体大小的不同。向心轴承和推力轴承尺寸系列代号如表 10–5 所示。

尺寸系列代号有时可以省略，除圆锥滚子轴承外，其余各类轴承宽度系列代号“0”均可以省略；双列深沟球轴承的宽度系列代号“2”可以省略。深沟球轴承、调心球轴承和角接触球轴承的 10 尺寸系列代号中的“1”可以省略。

（3）**内径代号**　内径代号表示滚动轴承内圈孔径。内圈孔径称为“轴承公称内径”，以其与轴产生配合，故是轴承的一个重要参数。内径代号的意义及注写示例如表 10–6 所示。

表 10–5 滚动轴承尺寸系列代号

直径系列代号	向心轴承								推力轴承			
	宽度系列代号								高度系列代号			
	8	0	1	2	3	4	5	6	7	9	1	2
	尺寸系列代号											
7	—	—	17	—	37	—	—	—	—	—	—	—
8	—	08	18	28	38	48	58	68		—	—	—
9	—	09	19	29	39	49	59	69		—	—	—
0	—	00	10	20	30	40	50	60	70	90	10	—
1	—	01	11	21	31	41	51	61	71	91	11	—
2	82	02	12	22	32	42	52	62	72	92	12	22
3	83	03	13	23	33	—	—	—	73	93	13	23
4	—	04	—	24	—	—	—	—	74	94	14	24
5	—	—	—	—	—	—		—	—	95	—	—

表 10–6 滚动轴承内径代号

轴承公称内径 *d*/mm		内 径 代 号	示例及说明
0.6~10（非整数）		用公称内径毫米数直接表示，在其与尺寸系列代号之间用“/”分开	例：618 /2.5 内径 *d*=2.5 mm 尺寸系列代号 18 深沟球轴承，类型代号 6
1~9（整数）		用公称内径毫米数直接表示，对深沟及角接触球轴承直径系列 7、8、9，内径与尺寸系列代号之间用“/”分开	例：618/5（表示深沟球轴承，类型代号 6，尺寸系列代号 18，内径 *d*=5 mm） 例：725（表示角接触球轴承，类型代号 7，尺寸系列代号 2，内径 *d*=5 mm）
10~17	10 12 15 17	00 01 02 03	例：6201［表示深沟球轴承，类型代号 6，尺寸系列代号（0）2，*d*=12 mm］ 例：6203［表示深沟球轴承，类型代号 6，尺寸系列代号（0）2，*d*=17 mm］
20~480 （22、28、32）除外		公称内径除以 5 的商数，商数只有一位数时，需在商数前加“0”。如内径代号 04、05、06、07、08、09。 一般凡内径代号≥04 的整数，*d*=5× 内径代号。	例：6206［表示深沟球轴承，类型代号 6，尺寸系列代号（0）2，内径代号 06，*d*=30 mm］ 例：23208（表示调心滚子轴承，类型代号 2，尺寸系列代号 32，内径代号 08，则 *d*=5×8 mm=40 mm）
≥500 以及 22，28、32		用公称内径（mm 为单位）直接表示，在其与尺寸系列代号之间用“/”分开。	例：230/500（表示调心滚子轴承，类型代号 2，尺寸系列代号 30，*d*=500 mm）

2. 前置、后置代号

前置、后置代号是轴承在结构形状、尺寸、公差、技术要求等有改变时，在其基本代号前、后添加的补充代号。前置、后置代号可查阅 GB/T 272—2017 标准。有关代号的其他内容可查阅有关标准。

10.5.2 滚动轴承的画法

滚动轴承是标准件，所以不必画出各个组成部分的零件图。在装配图中，国家标准《机械制图 滚动轴承表示法》(GB/T 4459.7—2017) 规定了滚动轴承的通用画法、特征画法和规定画法。

通用画法、特征画法和规定画法中的各种符号、矩形线框和轮廓线均用粗实线绘制。滚动轴承的主要轮廓按 D、d、B 的真实尺寸绘制。其比例同所属图样。在剖视图中，用通用画法或特征画法绘制滚动轴承时，一律不画剖面符号。采用通用画法或特征画法绘制滚动轴承时，在同一图样中一般只采用其中一种画法。

1. 通用画法

在装配图的剖视图中，若不必确切地表示滚动轴承的外形轮廓、载荷特征和结构特征时，可采用通用画法：一般在轴的两侧，用矩形线框及位于线框中央正立的十字形符号表示，如图 10-28a 所示，十字形符号不应与矩形线框接触。若需确切地表示滚动轴承的外形，则应画出其剖面轮廓，并在轮廓中央画出正立的十字形符号，如图 10-28c 所示。当需要表示滚动轴承内圈或外圈无挡边时，可在十字形符号上附加一粗实线短画表示内圈或外圈无挡边的方向，如图 10-28d、e 所示。滚动轴承通用画法的尺寸比例示例如图 10-28f、g、h 所示。

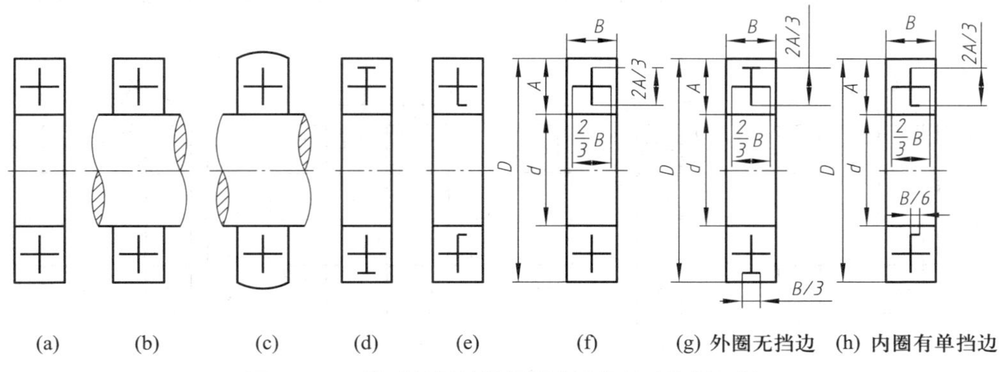

图 10-28 滚动轴承的通用画法及其尺寸比例示例

2. 特征画法

在剖视图中，如需较形象地表示滚动轴承的结构特征，则可采用在矩形线框内画出其结构要素符号（表 10-7）的方法表示。滚动轴承的特征画法、滚动轴承结构特征和载荷特征的要素符号组合如图 10-29 所示。特征画法应绘制在轴的两侧。

表 10-7 滚动轴承特征画法中的结构要素符号

序号	结构要素符号	说明	应用
1.1	—[a]	长的粗实线	表示非调心轴承的滚动体的滚动轴线
1.2	⌒[a]	长的粗圆弧线	表示调心轴承的调心表面或滚动体滚动轴线的包络线
1.3	|	短的粗实线，与序号 1.1、1.2 的要素符号相交成 90° 角（或相交于法线方向），并通过每个滚动体的中心	表示滚动体的列数和位置
	可供选择的要素符号：		
	○[b]	圆	球
	▭[b]	宽矩形	圆柱滚子
	▭[b]	长矩形	长圆柱滚子、滚针

[a] 根据轴承的类型，可以倾斜画出；
[b] 这些要素符号可代替短的粗实线表示滚动体

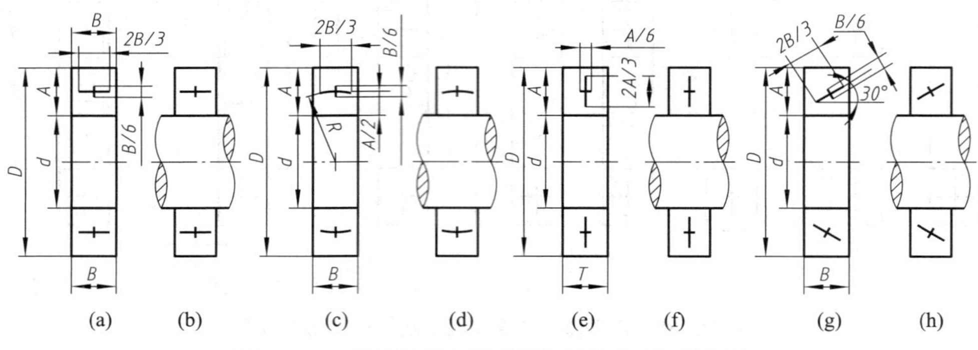

图 10-29 滚动轴承的特征画法及其尺寸比例示例

3. 规定画法

规定画法能较详细地表达轴承的主要结构形状，必要时可采用规定画法绘制滚动轴承。常见的深沟球轴承、圆锥滚子轴承和推力球轴承的规定画法如表 10-8 所示。

表 10-8 几种常用滚动轴承的规定画法和特征画法

<table>
<tr><th>结构形式、名称和标准编号</th><th>规定画法及其尺寸比例</th><th>特征画法</th><th>说明</th></tr>
<tr><td>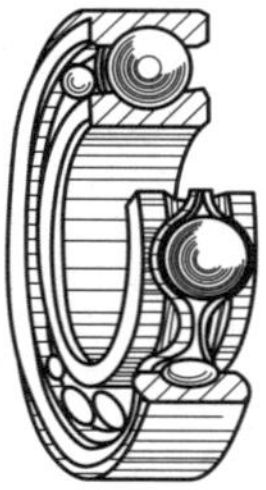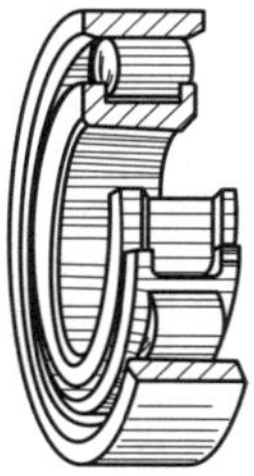
GB/T 276—2013 深沟球轴承 GB/T 283—2021 圆柱滚子轴承</td><td>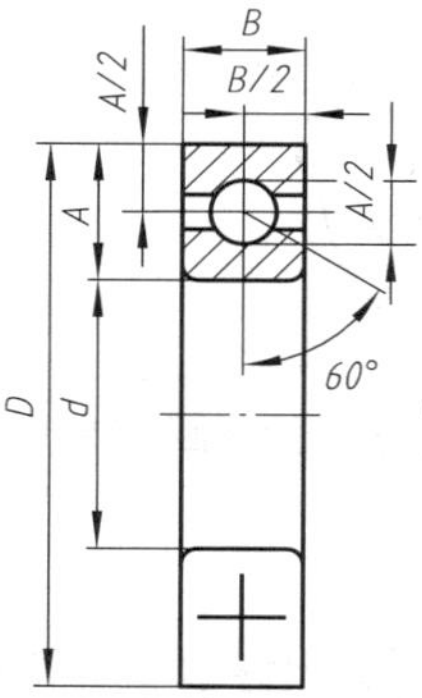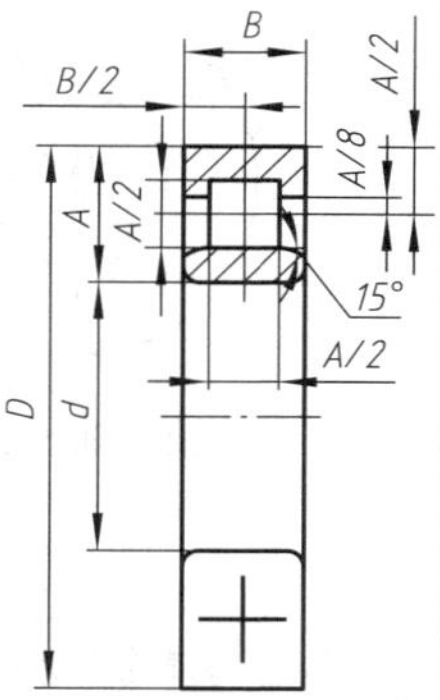</td><td>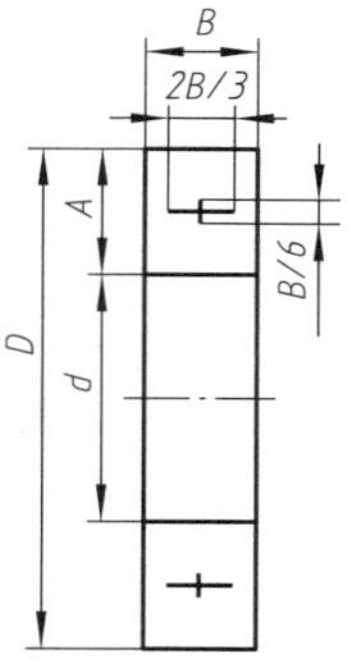</td><td rowspan="3">1. 在装配图中，可用通用画法、特征画法或规定画法绘制滚动轴承。
当在剖视图中采用规定画法绘制滚动轴承时：
① 轴承的滚动体不画剖面线，其内、外圈的剖面线应画成同方向、同间隔。
② 轴承的保持架及倒角等均省略不画。
③ 规定画法一般绘制在轴的一侧，另一侧按通用画法绘制。
2. 各图中的有关 D、B、T、C、d，绘图时需查有关标准。
3. 使用时应根据承载情况选择轴承的代号</td></tr>
<tr><td>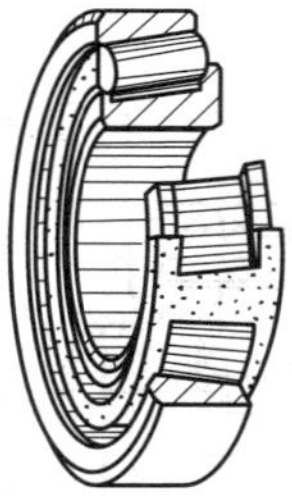
GB/T 297—2015
圆锥滚子轴承</td><td>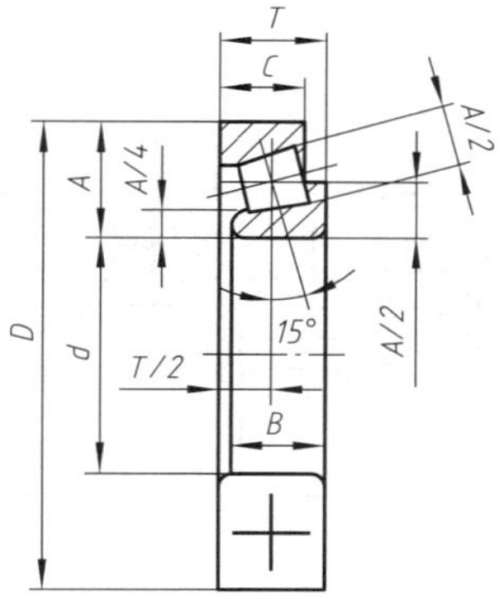</td><td>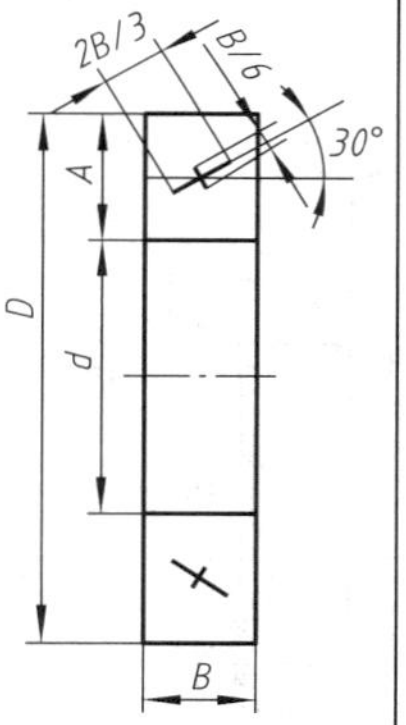</td></tr>
<tr><td>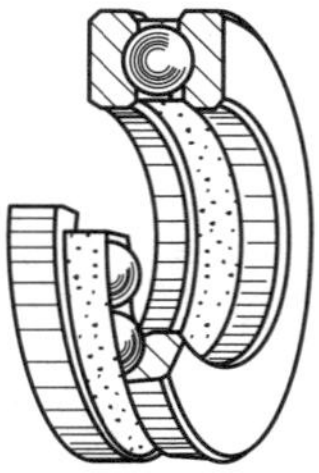
GB/T 301—2015
推力球轴球</td><td>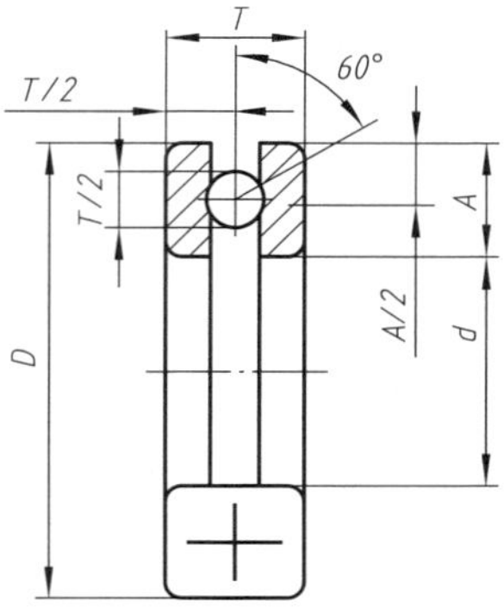</td><td>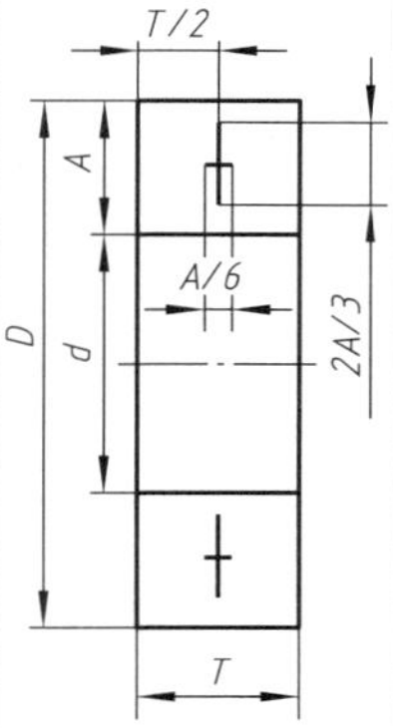</td></tr>
</table>

在垂直于滚动轴承轴线的投影面的视图上，无论滚动体的形状如何（球、柱、针等）均可按图 10–30 所示方法绘制。

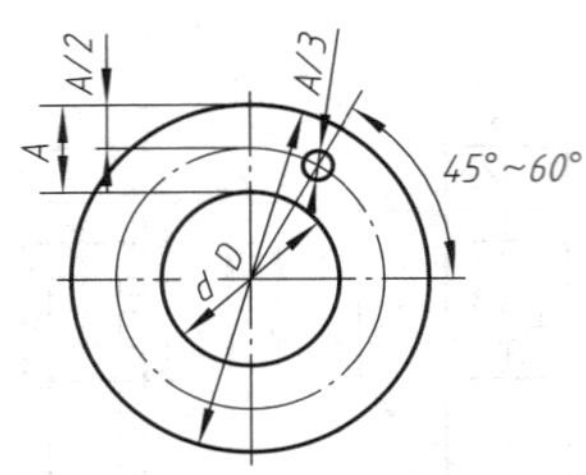

图 10–30 滚动轴承轴线垂直于投影面的特征画法

10.6 常用标准件的综合应用

单独的一件标准件没有用处，只有与其他零件装配连接才能发挥其功用。图 10–31 是滚动轴承、螺纹紧固件、键、销等标准件的综合应用图例。

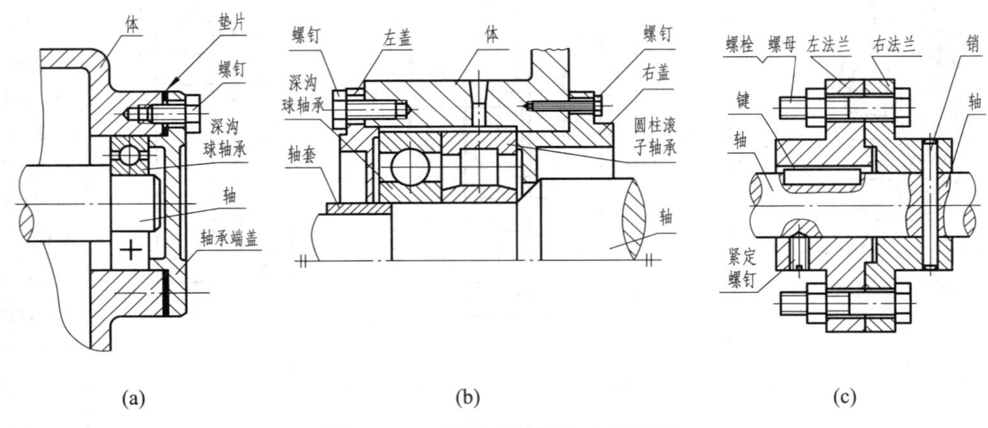

图 10–31 标准件的综合应用图例

第 11 章　装　配　图

本章学习导读

学习目的与要求： 掌握绘制和阅读简单装配图的方法和步骤，能够从简单的装配图上拆画零件图。

学习内容： 装配图的作用、内容、表达方法、视图选择、尺寸标注、零件序号、明细栏，装配结构，画装配图步骤，阅读装配图和拆画零件图。

重点与难点： 如何绘制装配图和由装配图拆画零件图。

任何机器或部件都是由若干相互关联的零件按一定的装配连接关系和技术要求装配而成的。装配图正是用来表达机器或部件整体结构形状和装配连接关系的图样。这里主要介绍与绘制、阅读装配图相关的基本知识。

11.1　装配图的作用和内容

11.1.1　装配图的作用

装配图是表达机器或部件的工作原理、装配关系、结构形状和技术要求等内容的图样。在机械产品的设计过程中，一般先设计并画出装配图，然后根据装配图画出零件图。在生产过程中，根据装配图将零件装配成机器或部件。在使用过程中，装配图可帮助使用者了解机器或部件的结构，为安装、检验和维修提供技术资料。所以，装配图是工程设计人员的设计思想和意图的载体，是设计、制造、调整、试验、验收、使用和维修机器或部件以及进行技术交流不可缺少的重要技术文件。图 11-1 所示的齿轮油泵装配图是设计装配图。

11.1.2　装配图的内容

图 11-1 是一齿轮油泵装配图。从图上可以看出，装配图一般包括以下四项内容。

（1）一组图形　用一组图形完整清晰地表达机器或部件的工作原理、各零件间的装配关系（包括配合关系、连接关系、相对位置及传动关系）和主要零件的结构形状。

（2）几种尺寸　在装配图中要标注出与机器或部件的性能、规格、装配、安装、外形相关

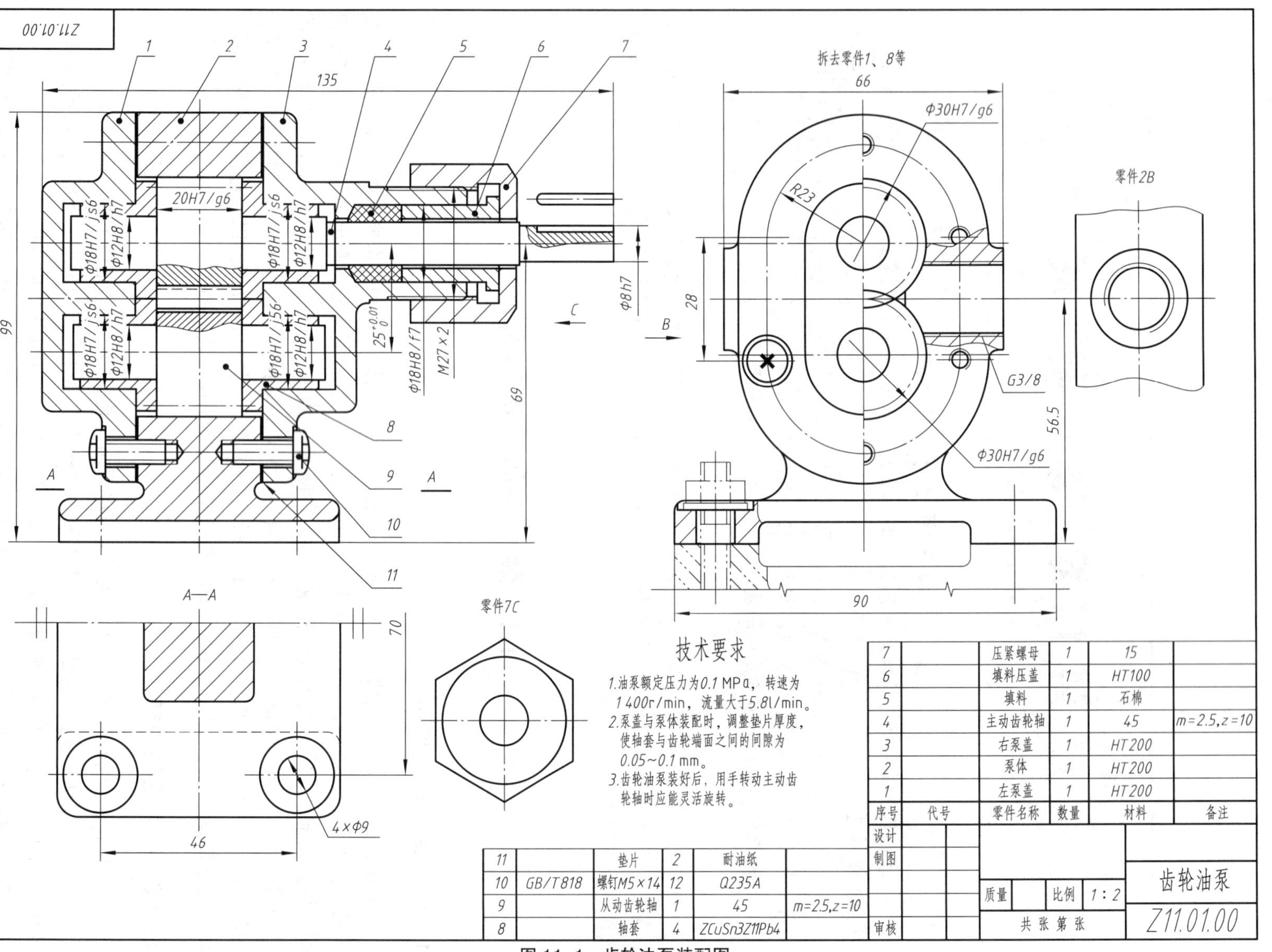

图 11-1 齿轮油泵装配图

的尺寸及其他重要尺寸等。

（3）技术要求　用文字或符号说明机器或部件的性能、装配与调试要求、试验与验收条件和使用要求等。

（4）序号、明细栏（表）、标题栏及号签。

11.2　装配图的表达方法

根据装配图表达内容的需要，常用的表达方法如下。

11.2.1　一般表达方法

第 8 章介绍的视图、剖视图和断面图等有关机件的图样画法，都适用于装配图。

11.2.2　特殊表达方法

1. 剖面线的画法

在装配图中，两个相邻金属零件的剖面线应画成倾斜方向相反或方向一致而间隔不同（图 11–1），但同一零件在各剖视图和断面图中的剖面线倾斜方向和间隔均应一致（如图 11–1 中泵体 2 的所有断面）。对于装配图上两轮廓线间的距离 ≤ 2 mm 的剖面区域，其剖面符号可用涂黑表示。如图 11–1 主视图中垫片 11 的剖面所示。

2. 零件接触面与配合面的画法

在装配图中，两个零件的接触面和配合面只画一条线，而不接触的表面或非配合表面之间则应画成两条线，分别表示各零件的轮廓。如图 11–1 中填料压盖 6 与主动齿轮轴 4 之间无配合关系，轴与孔之间有间隙，应画成两条线。螺钉 10 与左泵盖 1、右泵盖 3 上螺钉通孔之间不接触，也画成两条线。

3. 夸大画法

对于某些薄垫片、较小间隙、较小锥度等，按其实际尺寸画出不能表达清楚时，允许将尺寸适当加大后画出。如图 11–1 中的垫片 11、螺钉 10 与左泵盖 1、右泵盖 3 上螺钉通孔的间隙均采用了夸大画法。

4. 假想投影画法

（1）对于有一定活动范围的运动零件，一般画出它们的一个极限位置，另一个极限位置用细双点画线画出。如图 11–18 中手把 6 的极限位置画法。

（2）还可以用细双点画线画出与部件有安装、连接关系的其他零部件的假想投影。如图 11–1 中左视图下部与齿轮油泵底板相连的零件轮廓就用假想投影表示。

11.2.3　简化画法

（1）当机器或部件上的某些零件在某一视图中遮住了其他需要表达的部分时，可假想将某些零件拆卸后或假想沿某些零件的接合面剖切后再画出该视图。当采用拆卸零件画法时，可加标注“拆去 × × 等”。如图 11–2 中的俯视图右半部是拆去轴承盖、油杯、上半轴瓦、螺栓、螺母等零件以后画出的。而图 11–1 中左视图的右半部就是拆去左泵盖 1、轴套 8、螺钉 10 等零件后画出的。当采用沿零件的接合面剖切时，零件上的接合面处不画剖面线。如果剖切到其他零件则应画剖面线。这种画法可以不加标注。

（2）某个零件需要表达的结构形状在装配图中尚未表达清楚时，允许单独画出该零件的某个视图（或剖视图、断面图），并按视图（或剖视图、断面图）的标注方法进行标注。如图 11–1 中的“零件 2*B*”“零件 7*C*”。

（3）在装配图中，零件的剖面线，倒角、肋、滚花及其他细节允许省略不画。图 11–1 中各零件上的倒角、退刀槽、小圆角等均未画出，如主动齿轮轴 4、从动齿轮轴 9、轴套 8 等。图 11–2 中螺栓、螺母的倒角也未画出。

（4）装配图中的紧固件，如螺栓、螺母、垫圈、螺柱、螺钉、销等，可仅详细地画出一处或几处投影，其余只需用细点画线表示其装配位置。如图 11–1 中的螺钉连接画法和图 11–2 中的螺栓连接画法。这些紧固件的投影还可以全都不画，但是表示其装配位置的细点画线不能省略。标注零件序号时，指引线应根据不同连接类型从被连接零件的某一端（细点画线与粗实线的交点处）引出，螺栓连接从其装有螺母一端引出；螺柱、螺钉、销等连接从其装入端引出。

（5）在装配图中，对于紧固件及轴、连杆、球、钩子、键、销等实心零件，若按纵向剖切且剖切平面通过其对称平面或轴线时，这些零件按不剖绘制。如需要特别表明这些零件上的结构，如凹槽、键槽、销孔等，可采用局部剖视表示。如图 11–1 中主动齿轮轴 4 上的右端键槽深度就是在不剖轴上用局部剖视表达的。

（6）当剖切平面通过某些部件（这些部件为标准产品或已由其他视图表示清楚）的对称中心线或轴线时，该部件在装配图中可按不剖绘制，只画其外形。如图 11–2 中的油杯是标准产品，所以主视图即按此画法画出。

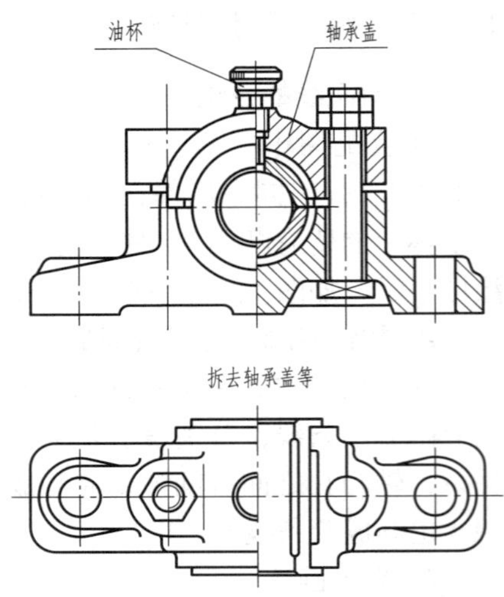

图 11–2 滑动轴承

11.3 装配图的视图选择

为了满足生产的需要，应恰当地选择视图，并善于运用装配图的各种表达方法，将机器或部件的工作原理、各零件间的装配关系及主要零件的结构形状完整清晰地表达出来。视图表达方案应力求简明，而且便于读图。下面仅以齿轮油泵（图 11–3）为例，说明如何选择装配图的视图。

11.3.1 了解机器或部件

在选择装配图的表达方案以前，应全面了解所画机器或部件的构成，明确需要表达的内容。一般先从了解机器或部件的用途、工作原理入手，再详细了解各零件的相对位置、装配关系、结构形状。

图 11–3 所示的齿轮油泵，主要依靠一对齿轮的啮合传动，将油箱中的油提升压力后输送到管路中。齿轮油泵的工作原理如图 11–4 所示。当两个齿轮按箭头所示方向旋转时，在齿轮啮合区的右侧产生真空吸力，将油从进油口吸入泵内，随着齿轮的连续旋转，不断地从出油口将一定压力的油输送出去。

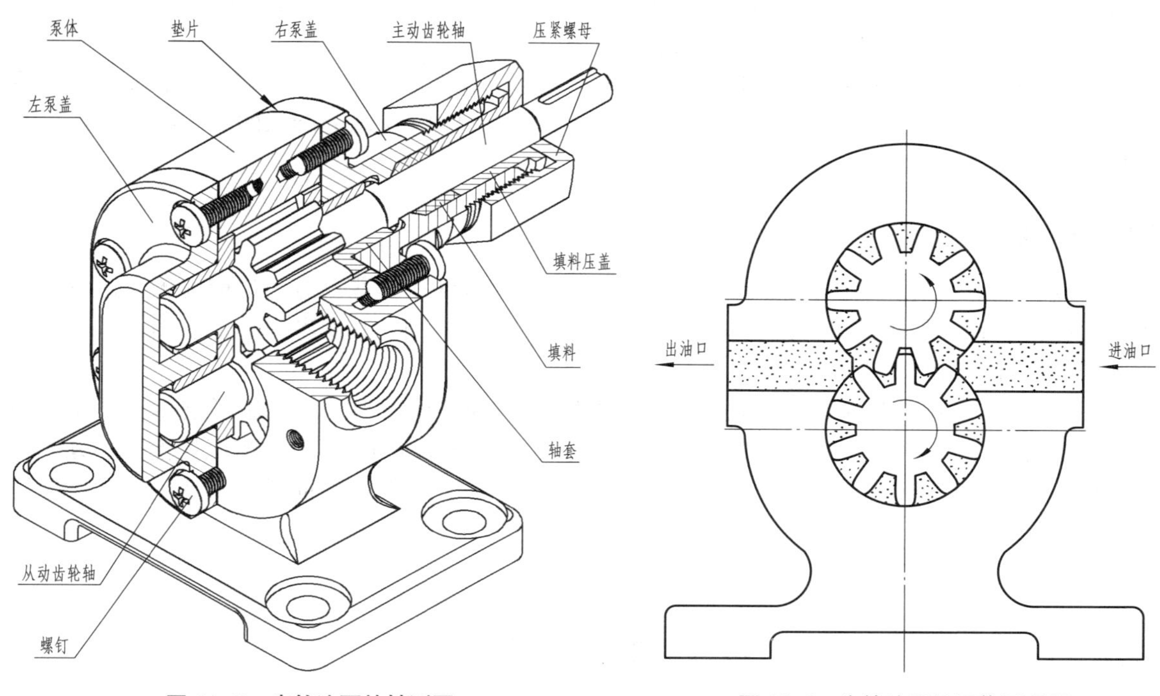

图 11–3 齿轮油泵的轴测图

图 11–4 齿轮油泵的工作原理图

主动齿轮轴和从动齿轮轴安装在泵体中，其左、右两端都用轴套和左、右泵盖相连。泵体和左、右泵盖之间用螺钉连接，用垫片密封。主动齿轮轴右端采用填料函密封结构。

主动齿轮轴和从动齿轮轴将齿轮和轴做成一体。泵体是包容一对齿轮的，所以其外形与一对啮合齿轮的外形相似。泵体下部还有底板，底板上有四个螺栓通孔，以便将油泵安装在其他地方。左、右泵盖要与泵体相连，因此外形与泵体相同。同时还要能包容齿轮轴，故外侧中间部分设计出凸台，凸台内有不通孔。右泵盖与左泵盖不同之处在于添加了填料函密封结构。

11.3.2 选择主视图

通过以上对机器或部件的分析了解，根据装配图的内容和要求，首先确定主视图。在选择主视图时应着重考虑以下两点。

1. 工作位置

机器或部件工作时所处的位置称为工作位置。为了方便装配，读图符合习惯，在选择主视图时应先确定机器或部件如何摆放。通常将机器或部件按工作位置摆放。如图 11–3 所示的齿轮油泵，底板在下面，这是常见的工作位置。但有些机器或部件如滑动轴承、阀类等，由于应用场合不同，可能有不同的工作位置，可将其常见或习惯的位置，或摆放稳定的位置，或便于画图的位置，确定为摆放位置。

2. 部件特征

反映机器或部件工作原理及各零件间的装配关系和主要零件的结构形状等称为部件特征。在确定主视图的投射方向时，应考虑能清楚地显示机器或部件尽可能多的特征，特别是装配关系特征。通常，机器或部件中各零件是沿一条或几条轴线装配起来的，这些轴线称为装配干线。每一条装配干线反映了这条轴线上各零件间的装配关系。

如图 11–1 所示，其主视图按工作位置摆放，用全剖视图表达了各零件在主要装配干线上的装配关系和主要结构，但其工作原理没有反映出来。图 11–18 所示为旋塞的装配图，其主视图就反映了所有部件特征。

11.3.3 选择其他视图

主视图确定之后，再根据装配图应表达的内容，检查还有哪些没有表达或尚未表达清楚的内容，据此选择其他视图。一般首先考虑选择左视图或俯视图，其次考虑其他视图。所选的每个视图都应有明确的表达目的。

图 11–1 所示齿轮油泵的左视图既反映了齿轮油泵的工作原理，又表达了泵体和泵盖的外形以及螺钉的分布情况。*A*—*A* 全剖视图表达了底板的形状结构和泵体上部与底板连接部分的断面形状。零件 2*B* 局部视图表达了泵体上进、出油孔的外形。零件 7*C* 向视图表达了压紧螺母的外形。

11.4 装配图的尺寸

装配图与零件图在生产中的作用不同，对标注尺寸的要求也不相同。装配图只标注与机器或部件的规格、性能、装配、检验、安装、运输及使用等有关的尺寸。

11.4.1 特性尺寸

表示机器或部件规格或性能的尺寸为特性尺寸。它是设计的主要参数，也是用户选用产品的依据。如图 11–1 所示，齿轮油泵进、出油孔的尺寸 G3/8 决定油泵的流量，因此是重要的特性尺寸。

11.4.2 装配尺寸

表示机器或部件中与装配有关的尺寸为装配尺寸。装配尺寸是装配工作的主要依据，是保证机器或部件的性能所必需的重要尺寸。装配尺寸一般包括配合尺寸、连接尺寸和重要的相对位置尺寸。

1. 配合尺寸

配合尺寸是指相同公称尺寸的孔与轴有配合要求的尺寸，一般由公称尺寸和表示配合种类的配合代号组成。如图 11–1 所示，齿轮油泵中 ϕ12H8/h7 是主动齿轮轴 4、从动齿轮轴 9 分别与轴套 8 的配合尺寸，ϕ30H7/g6 是主动齿轮轴 4、从动齿轮轴 9 与泵体 2 内孔的配合尺寸，ϕ18H7/js6 是左泵盖 1、右泵盖 3 分别与轴套 8 的配合尺寸，ϕ18H8/f7 是右泵盖 3 与填料压盖 6 的配合尺寸等。

2. 连接尺寸

连接尺寸一般包括非标准件的螺纹连接尺寸及标准件的相对位置尺寸。如图 11–1 中 M27×2 为右泵盖 3 与压紧螺母 7 之间螺纹连接部分的尺寸。对于螺纹紧固件，其连接部分的尺寸由明细栏中的名称反映出来。图中 *R*23 及 28 为螺钉 10 的相对位置尺寸。

3. 相对位置尺寸

相对位置尺寸一般表示下面几种较重要的相对位置：

（1）主要轴线到安装基准面之间的距离，如图 11–1 中的尺寸 69 是主动齿轮轴 4 到泵体 2 底板下底面的距离。

（2）主要平行轴之间的距离，如图 11–1 中的尺寸 $25^{+0.01}_{0}$ 是主动齿轮轴 4 和从动齿轮轴 9 之间的距离。

（3）装配后两零件之间必须保证的间隙。这类尺寸一般注写在技术要求中，也可注在视图上。图 11–1 中是用配合尺寸 20H7/g6 表示的。

11.4.3 外形尺寸

表示机器或部件的总长、总宽和总高的尺寸为外形尺寸。它反映了机器或部件所占空间的大小，是包装、运输、安装以及厂房设计所需要的数据。如图 11–1 中的尺寸 135、90 和 99。

11.4.4 安装尺寸

表示机器或部件与其他零件、部件、基座间安装所需要的尺寸为安装尺寸。图 11–1 中底板上的小孔尺寸 4×ϕ9，小孔间距 70、46 及进、出油孔的螺纹尺寸 G3/8 等均为安装尺寸。

11.4.5 其他必要尺寸

装配图中除上述尺寸外，设计中通过计算确定的重要尺寸及运动件活动范围的极限尺寸等也需标注。

由于产品的生产规模、工艺条件、专业习惯等因素的影响，装配图中所标注的尺寸也有所不同。有的不只限于这几种尺寸，有的又不一定都具备这几种尺寸，在标注尺寸时，应根据实际情况具体分析，合理标注。

11.5 装配图的零件序号、明细栏和技术要求

为了便于读图、进行图样管理和生产准备工作，在装配图中对所有零件（或部件）都必须编写序号，画出明细栏，填写零件的序号、代号、名称、数量、材料等内容。在图纸的空白处还要编写对机器或部件的技术要求。另外，在图纸的左上角还要画出号签，填写图样代号。

11.5.1 序号

序号是对装配图中所有零件（或部件）按顺序编排的号码。编写序号必须按以下基本要求和方法进行。

1. 基本要求

（1）装配图中所有零件和部件都必须编写序号。

（2）装配图中一个部件可以只编写一个序号；同一装配图中相同的零、部件用一个序号，一般只标注一次；多处出现的相同的零、部件，必要时也可重复标注。

（3）装配图中零、部件的序号，应与明细栏（表）中的序号一致。

2. 序号的编排方法

（1）零件序号注写在指引线的水平线（细实线）上或圆（细实线）内，序号字高比图中尺寸数字高大一号，如图 11–5a 所示。同一张装配图上零件序号的注写形式应一致。

（2）零件序号的指引线从零件的可见轮廓内用细实线引出，指引线在零件内的末端画一个小圆点。小圆点的直径等于粗实线的宽度。若所指部分很薄或为涂黑的剖面不便画圆点时，可在指引线末端画箭头指向该部分的轮廓。图 11–5b 中的指引线末端就是箭头。

（3）零件序号的指引线不能互相交叉。指引线通过剖面区域时，也不应与剖面线平行。必要时指引线可画成折线，但只可曲折一次。

（4）一组紧固件或装配关系清楚的零件组，可采用公共指引线进行编号，如图 11–5c 所示。

（5）装配图中序号应按水平或竖直方向排列，并按一定方向（顺时针或逆时针）依次排列整齐。在整个图上无法连续时，可只在每个水平或竖直方向依次排列。如图 11–1 所示的序号按顺时针方向排列。

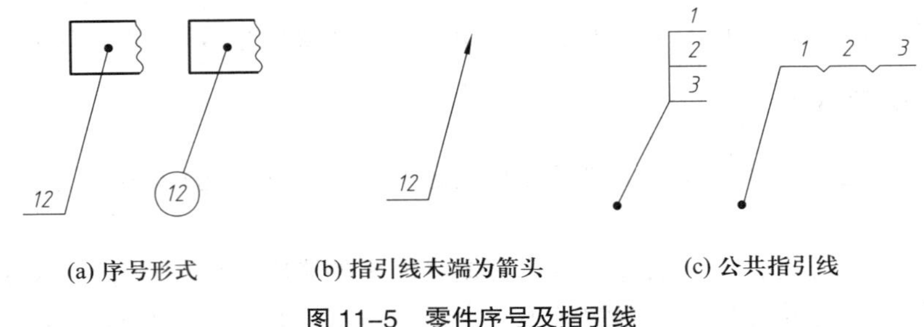

(a) 序号形式　(b) 指引线末端为箭头　(c) 公共指引线

图 11–5 零件序号及指引线

11.5.2 明细栏

明细栏是说明零件序号、代号、名称、规格、数量、材料等内容的表格，格式如图 11–6 所示。图 11–6a 是国家标准推荐使用的格式，图 11–6b 是学习用的格式。明细栏位于标题栏上方并与它相连。在标题栏上方由于位置不足以填写全部零件时，可将明细栏分段依次画在标题栏的左方。明细栏中的序号自下而上排列，这样排列便于填写增添的零件，如图 11–1 所示。代号栏中填写零件所属部件图的图样代号，如果零件是标准件，则需填写标准编号。标准件的名称及规格一并填写在零件名称栏内。

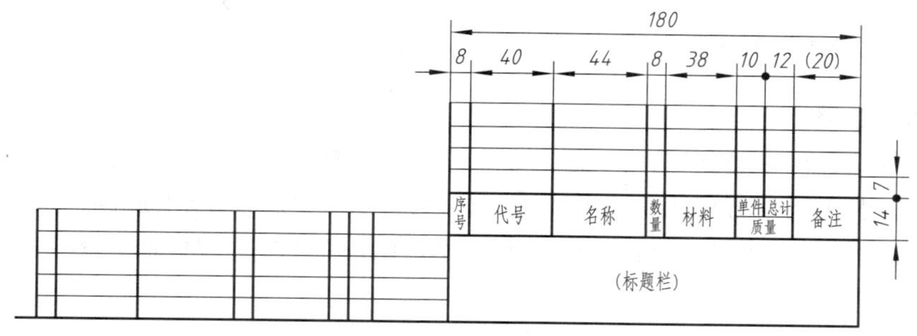

(a) 国家标准推荐的明细栏

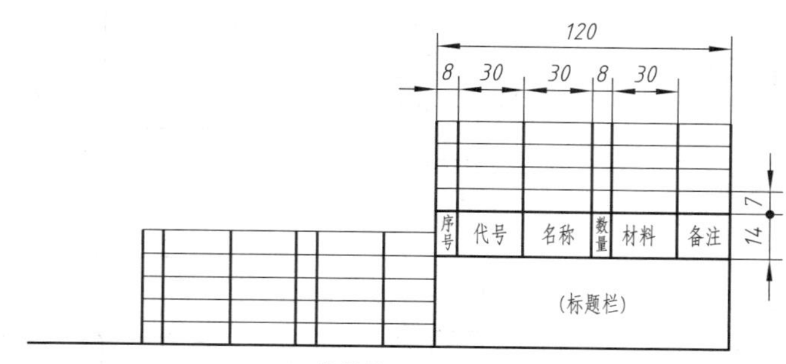

(b) 推荐学习用明细栏

图 11–6 零件明细栏

11.5.3 技术要求

在装配图的空白处，用简明的文字说明对机器或部件的性能要求、装配要求、试验和验收要求、外观和包装要求、使用要求、执行标准等内容。

11.5.4 号签

为了便于图样管理和查找，应在图框的左上角用粗实线画出号签方框，其尺寸为 60 × 12。方框内填写图样代号，字头向下，如图 11–1 所示。

11.6 常见的合理装配结构

装配结构影响产品质量和成本，决定产品能否制造，因此装配结构必须合理。对其基本要求如下。

（1）零件接合处应精确可靠，能保证装配质量。

（2）便于装配和拆卸。

（3）零件的结构简单，加工工艺性好。

下面对常见装配结构作简要介绍。

11.6.1 两零件接触时的结构

1. 接触面的数量

为了保证零件之间接触良好，又便于加工和装配，两个零件在同一方向上，一般只能有一个接触面。若要求在同一方向上有两个接触面，将使加工困难，成本提高，而且不便于装配。如图 11–7a 在水平方向有两个平行平面，图 11–7b 在径向有两个圆柱面，图 11–7c 在轴向有两个端面。

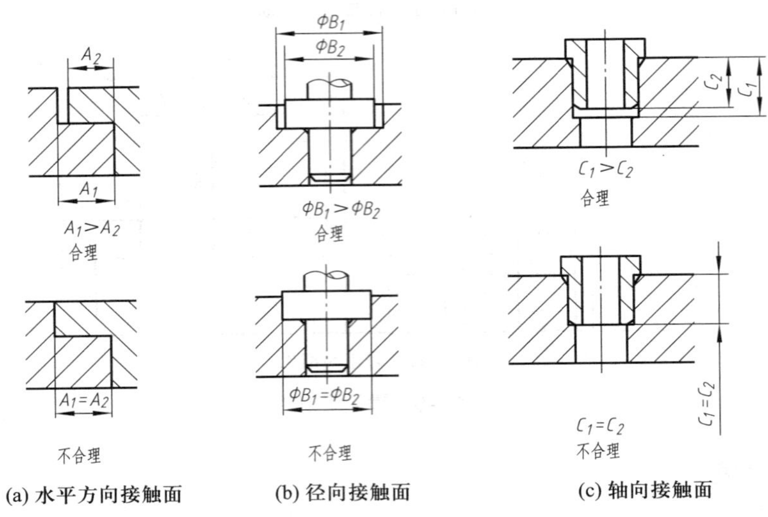

(a) 水平方向接触面　(b) 径向接触面　(c) 轴向接触面

图 11–7　同一方向上接触面的数量

2. 接触面转角处的结构

当要求两个零件在两个方向同时接触时，两个接触面的交角处应制成倒角或退刀槽，以保证其接触的可靠性和紧密性，如图 11–8 所示。应该指出，装配图中零件的倒角或退刀槽可以省略不画。但是，在画零件图时这些结构必须画出。

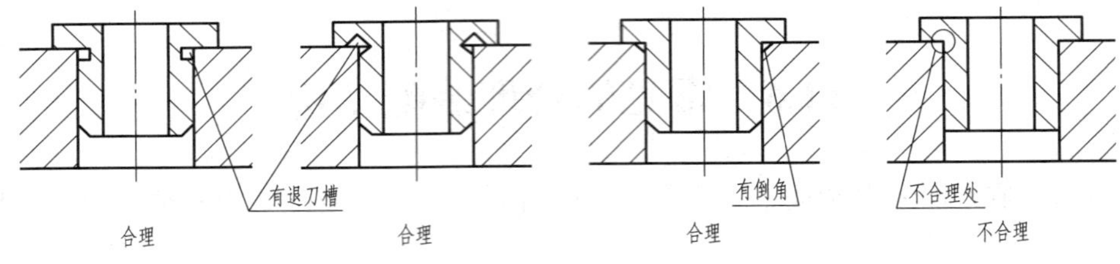

图 11–8　接触面转角处的结构

3. 锥面接触

由于锥面配合同时确定了轴向和径向两个方向的位置，因此要根据对接触面数量的要求考虑其结构。如图 11–9 所示。

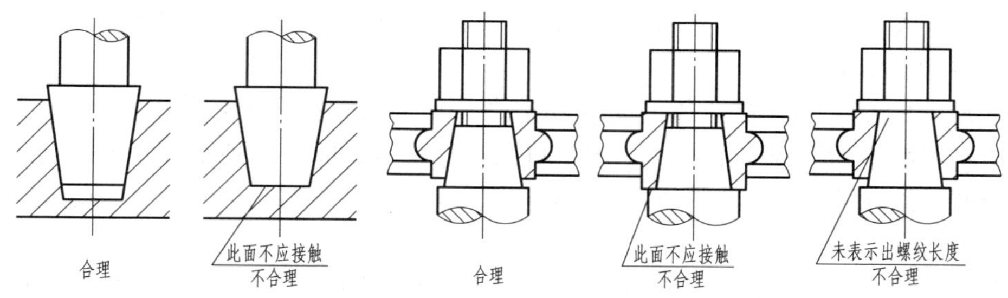

图 11-9 锥面接触

11.6.2 可拆连接结构

对可拆连接结构，主要考虑连接可靠和装拆方便两个问题。

1. 连接可靠

（1）如果要求将外螺纹全部拧入内螺纹中，可在外螺纹的螺尾处加工出退刀槽，如图 11-10 所示。

（2）轴端用螺母固定时，应留出一段外螺纹不拧入螺母中，如图 11-11 所示。

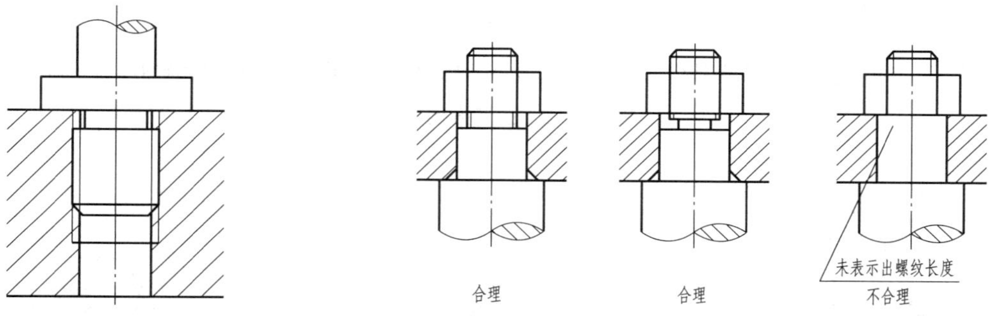

图 11-10 螺纹连接

图 11-11 轴端的螺纹连接

2. 装拆方便

（1）在装有螺纹紧固件的部位，应留有足够的空间，以便于拆装，如图 11-12 所示。

（2）对装有衬套、轴承等零部件的结构，应考虑其拆卸方便问题，如图 11-13 所示。图 11-13b 中与衬套相对的小孔是为拆卸衬套而设置的。

11.6.3 密封装置

为了防止部件内的液体（或气体）渗漏和灰尘进入部件内，需设有密封装置。常用的密封装置有以下几种。

1. 毡圈密封装置

在装有轴的孔内，加工出一个梯形截面的环槽（属标准结构，其各部分的尺寸可查阅有关手册），

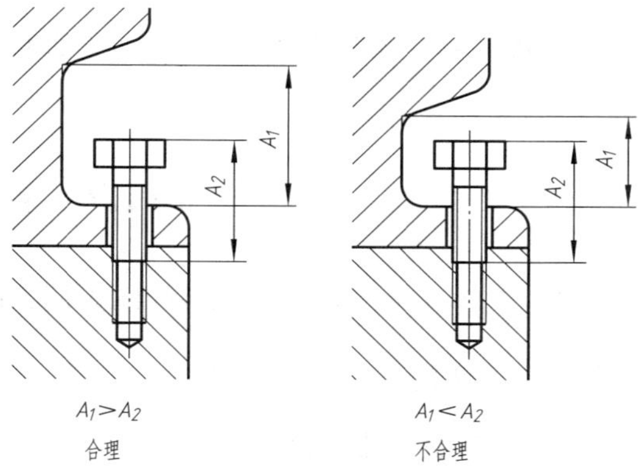

图 11-12 装拆空间

槽内放入毡圈，毡圈有弹性而且紧贴在轴上，可起密封作用，如图 11–14 所示。

2. 填料函密封装置

在输送液体的泵类和控制流体的阀类部件中，常采用填料函密封装置，如图 11–15 所示。当填料（通常用浸油的石棉、棉纱等）被填料压盖压紧后，即可达到密封要求。绘图时应使填料压盖处于可调整位置，一般使其压入填料函内 3~5 mm。在图 11–1 中亦有此种装置。

3. 垫片密封

为了防止液体或气体从两零件的接合面处渗漏，常采用垫片密封。当垫片厚度在图中小于或等于 2 mm 且未被剖切时，需画两条线表示其厚度（夸大画法）。在剖视图中可用涂黑代替剖面符号，如图 11–16 所示。

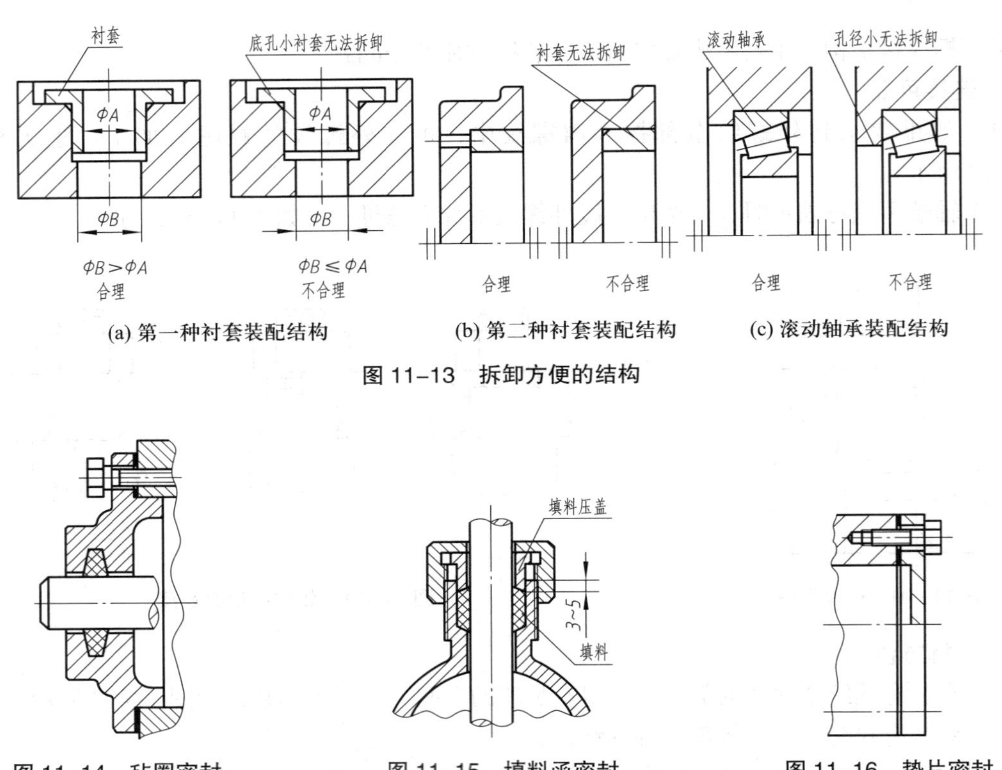

(a) 第一种衬套装配结构　(b) 第二种衬套装配结构　(c) 滚动轴承装配结构

图 11–13　拆卸方便的结构

图 11–14　毡圈密封

图 11–15　填料函密封

图 11–16　垫片密封

11.7　画装配图的步骤

以图 11–1 所示齿轮油泵装配图为例，说明绘制装配图的步骤。

11.7.1　分析

1. 了解机器或部件

对所画机器或部件首先弄清其用途、工作原理、零件间的装配关系、主要零件的结构形状和机器或部件的安装情况等，为绘制装配图作好准备。关于齿轮油泵的分析请见 11.3.1 节。

2. 确定视图表达方案

根据对所画机器或部件的了解，合理运用各种表达方法，按照装配图的视图选择原则，确定视图表达方案。关于齿轮油泵的表达方案请见 11.3.2 节和 11.3.3 节。

11.7.2 画图

1. 图面布局

根据视图表达方案所确定的视图数目、机器或部件的尺寸大小和复杂程度，选择适当的画图比例和图纸幅面。布局时既要考虑各视图所占的面积，又要考虑标注尺寸、编排零件序号、明细栏、标题栏及填写技术要求的位置和所占面积。首先画出纸边界线、图框、标题栏和明细栏等的底稿线，然后画出各基本视图的作图基准线（如对称中心线、主要轴线、主要零件的基准面等）。总体布局应力求匀称。画齿轮油泵装配图时的布局如图 11-17 所示。

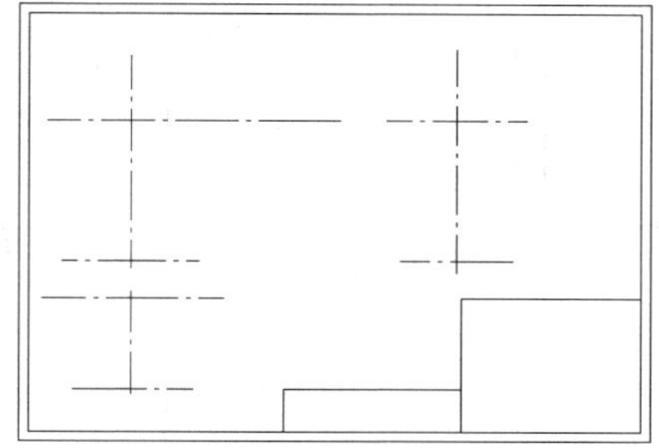

图 11-17 图面布局

2. 画各视图轮廓底稿

画图时一般先画主要零件，然后根据各零件的装配关系从相邻零件开始，依次画出其他零件。要注意零件的装配关系，分清接触面和非接触面。各零件的视图要一一对应，同时画出，以保证投影关系正确无误。画齿轮油泵的轮廓底稿顺序如下：泵体，左、右泵盖，轴套，主、从动齿轮轴，填料压盖，压紧螺母等。

3. 完成全图

画完各视图轮廓底稿后，接着画出剖面线、标注尺寸、编排零件序号，然后进行校核。经修改后，填写零件明细栏、技术要求、标题栏和号签等。最后将各类图线按规定加粗、加深。

4. 全面校核

全图完成后，还应对所画装配图的视图表达、投影、尺寸、序号、明细栏、标题栏、技术要求等各项内容进行一次全面校核。

11.8 读装配图

在机器或部件的设计、制造、使用、维修和技术交流中，都会遇到读装配图的问题，因此需要掌握读装配图和由装配图拆画零件图的方法。

读装配图的基本要求如下。

（1）了解机器或部件的用途、性能、工作原理和组成该机器或部件的全部零件的名称、数量、相对位置以及零件间的装配关系等。

（2）弄清每个零件的作用及其结构形状。

（3）确定装配和拆卸该机器或部件的方法与步骤。

下面以图 11-18 所示旋塞为例，说明读装配图和由装配图拆画零件图的方法步骤。

Z11.02.00
拆去零件6
A
5
4
3
2
1
6
7
8
Φ26 H12/b12
Φ38 H12/b12
1:6
G3/4
33
121
62
165
零件6A 1:4
90
168
技术要求
密封可靠。注水加压测试：
水压在0.1 MPa时不能有
泄漏。
5 填料压盖 1 ZCuZn38
4 填料 1 石棉
3 垫圈 1 Q235A
2 塞子 1 ZCuZn38
1 旋塞壳 1 ZCuZn38
序号 代号 零件名称 数量 材料 备注
设计
制图
审核
8 GB/T897 螺柱M10×30 2 Q235A
7 GB/T6170 螺母M10 2 Q235A
6 手把 1 HT150
质量 比例 1:2
共 张 第 张
旋塞
Z11.02.00

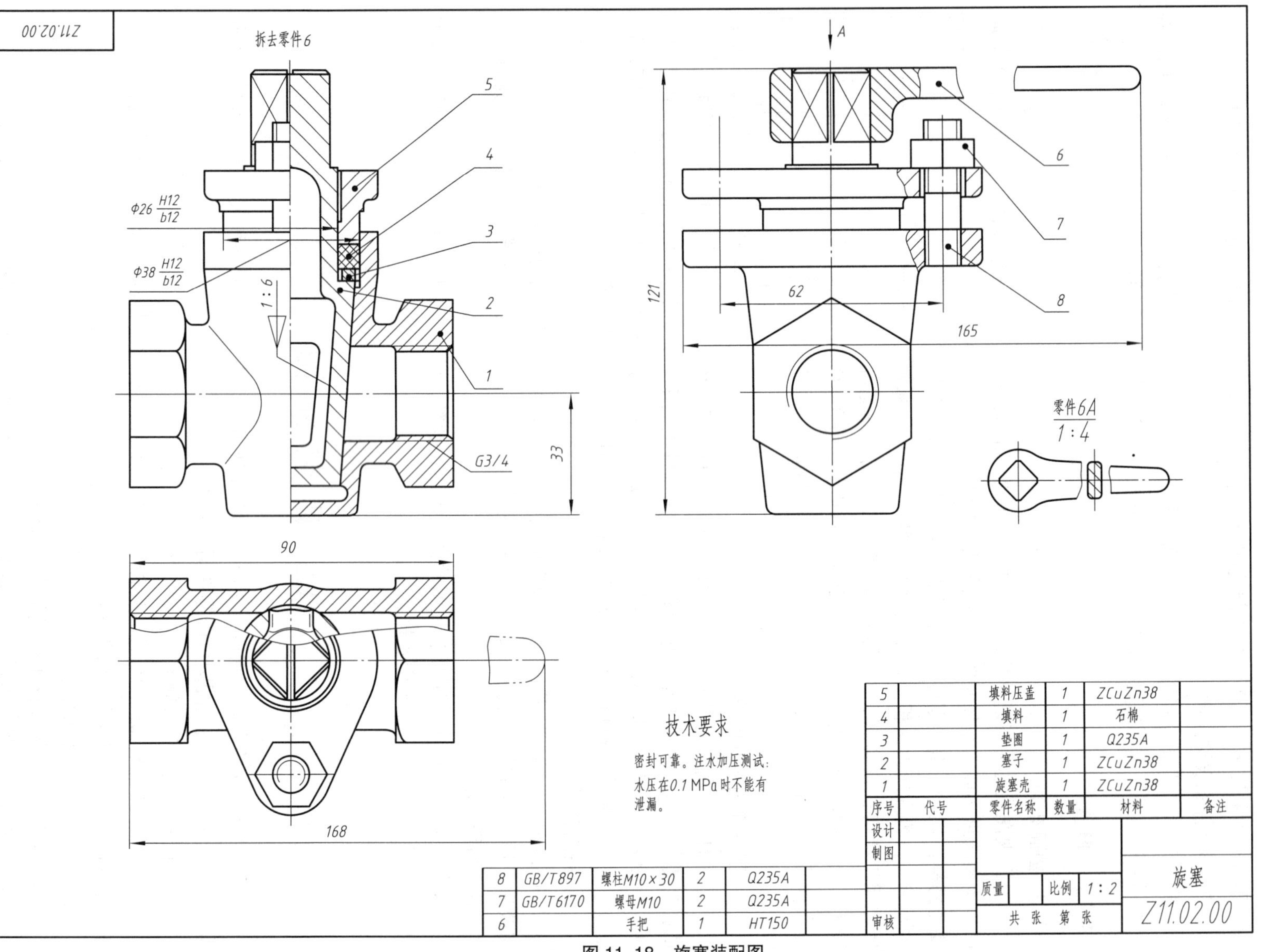

图 11-18 旋塞装配图

11.8.1 读装配图的方法步骤

1. 概括了解

（1）了解机器或部件的用途、性能和规格。从标题栏中可知该机器或部件名称和绘图比例，从图中所注性能规格、特性尺寸，阅读产品说明书等有关技术资料和结合生产实际知识，可了解该机器或部件的用途、适用条件和规格。图 11–18 所示的旋塞安装在管路上，用作开关和控制液体流量。主视图中左、右两个 G3/4 的螺孔为其特性尺寸，与其相连的管子孔径决定旋塞的最大流量。

（2）了解机器或部件的组成。由明细栏，对照装配图中的零件序号，可了解组成该机器或部件的零件（标准件和非标准件）名称、数量、规格、材料及位置。由图 11–18 可知旋塞由 8 种零件（其中两种为标准件）组成。

（3）分析视图。通过对装配图中各视图表达内容、方法及其标注的分析，了解各视图的表达重点及各视图间的关系。图 11–18 中用了三个基本视图和一个零件的向视图。主视图用半剖视图表达主要装配干线的装配关系，同时也表达部件外形；左视图表达部件外形，用局部剖视表达旋塞壳 1 与填料压盖 5 的连接关系（双头螺柱连接）；俯视图是局部剖视图，既表达部件外形，又表达旋塞壳 1 与塞子 2 连接部分的结构。为使塞子 2 上部表达得更清楚，在主视图与俯视图中采用了拆卸画法，拆去的零件是手把 6。另外，用单个零件的表示方法表达手把 6 的形状，如“零件 6*A*”。

2. 了解机器或部件的工作原理和结构特点

对机器或部件有了概括了解之后，还应了解机器或部件的工作原理和结构特点。

从图 11–18 所示旋塞的装配图中看出，左、右有液体的进、出口，塞子与旋塞壳靠锥面配合。塞子的锥体上有一个梯形通孔，当处于图示位置时，旋塞壳的液体进、出孔被塞子关闭，液体不能流通。如果将手把转动某一角度，塞子也随同旋转同一角度，塞子锥体上的梯形通孔与旋塞壳上的液体进、出孔接通，液体可以流过。当手把转动的角度增加时，液体的流量增大。按图示位置转动 90° 时，液体流量最大。这样，转动手把就起到控制液体流量和开关的作用。为防止液体从塞子上部渗漏，使用了填料函密封结构。

3. 了解机器或部件中零件间的装配关系

从反映装配干线最清楚的视图入手，了解零件间的各种配合关系和连接关系。从装配图中的配合尺寸了解零件间的配合关系，由螺纹和各种标准件了解零件间的连接关系。图 11–18 的主视图反映了旋塞中的主要装配关系。由该视图可以看到 ϕ38H12/b12、ϕ26H12/b12 分别表示填料压盖 5 分别与旋塞壳 1、塞子 2 间的配合关系，塞子 2 与旋塞壳 1 间采用锥面配合。在左视图和俯视图可以看到填料压盖 5 与旋塞壳 1 间使用两组螺母 7、双头螺柱 8 来连接的情况。由此明确了部件中各零件装配和拆卸的顺序。

4. 分析零件的作用及结构形状

根据装配图，分析零件在机器或部件中的作用，并通过构形分析（即对零件各部分形状的构成进行分析），确定零件各部分的形状。现在以旋塞壳为例，说明分析该零件的作用及结构形状的方法。

旋塞壳 1 是这个部件中最主要的零件，它包容了其他零件，并且具有与管路系统相连接的功能。从上面的分析了解到，塞子2的下部是锥体。旋塞壳1要能包容它，也必须设计成中空的锥体。旋塞用在管路中控制液体流通，所以锥体两侧要添加圆管。圆管两端要有内螺纹和六方，以便与管路相连。旋塞壳1上方开口，装上塞子2后应加密封措施。这里使用填料函密封，旋塞壳1上方的圆柱孔作填料函，用填料压盖5压紧填料4。填料压盖5与旋塞壳1的连接使用螺母7、双头螺柱8。旋塞壳1的上部要加两个耳朵，以便在其上钻螺纹孔。耳朵外形与填料压盖5相同。为了使旋塞壳1左右两端有足够的扳手空间，故将两个耳朵放置在旋塞壳的前、后这两个方向上。

图11-19是旋塞的轴测图。

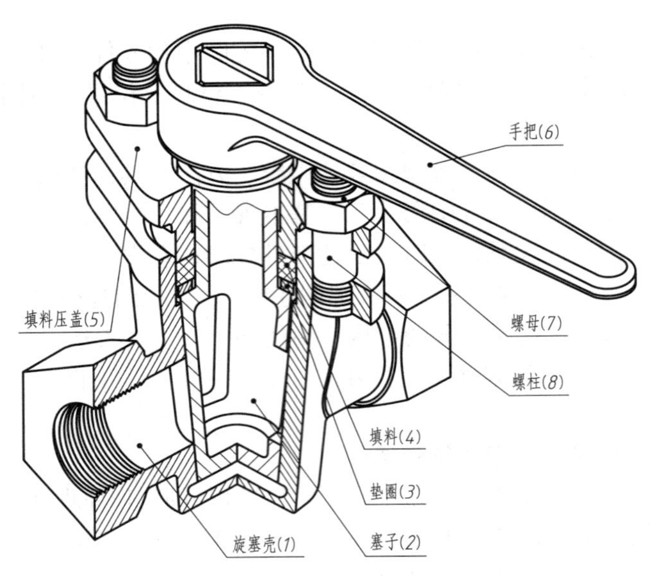

图11-19 旋塞的轴测图

5. 了解尺寸及技术要求

装配图上的尺寸表示了机器或部件的特性、外形大小、安装尺寸，各零件间的配合关系、连接关系、相对位置。其中有些尺寸（如特性尺寸、配合尺寸等）在前面已经有所了解。其余尺寸如尺寸168、165、121是旋塞的外形尺寸，尺寸62是双头螺柱的定位尺寸，尺寸90是安装旋塞时需要的长度，尺寸33是进、出口的高度。

装配图上如有技术要求也需了解。

11.8.2 由装配图拆画零件图

在机器或部件设计和制造过程中，有时需要由装配图拆画零件图，简称拆图。拆图应该在读懂装配图的基础上进行。现仅介绍拆画零件图的步骤。

1. 确定零件的视图

确定零件的视图应按照零件图的视图选择方法进行，不能盲目照抄装配图中零件的视图。但某些主要零件在装配图中的位置反映其工作位置，与零件图的视图选择原则一致，可以作为确定该零件视图的依据之一。另外，还要根据零件结构特点和零件图的要求，全面考虑其表达方案，删除重复表达内容的视图，增加对尚未表达清楚的零件结构形状的表示。

例如，确定图 11-18 中旋塞壳 1 零件的视图。由于它在主视图中的位置既反映其工作位置，又反映其形状特征，所以这一位置仍作为零件图的主视图。而旋塞壳上部端面形状及两个螺孔的位置未表达清楚，因此还需用俯视图表达。用左视图表示旋塞壳左、右两端的正六棱柱外形。经上述分析后所确定的视图表达方案如图 11-20 所示。

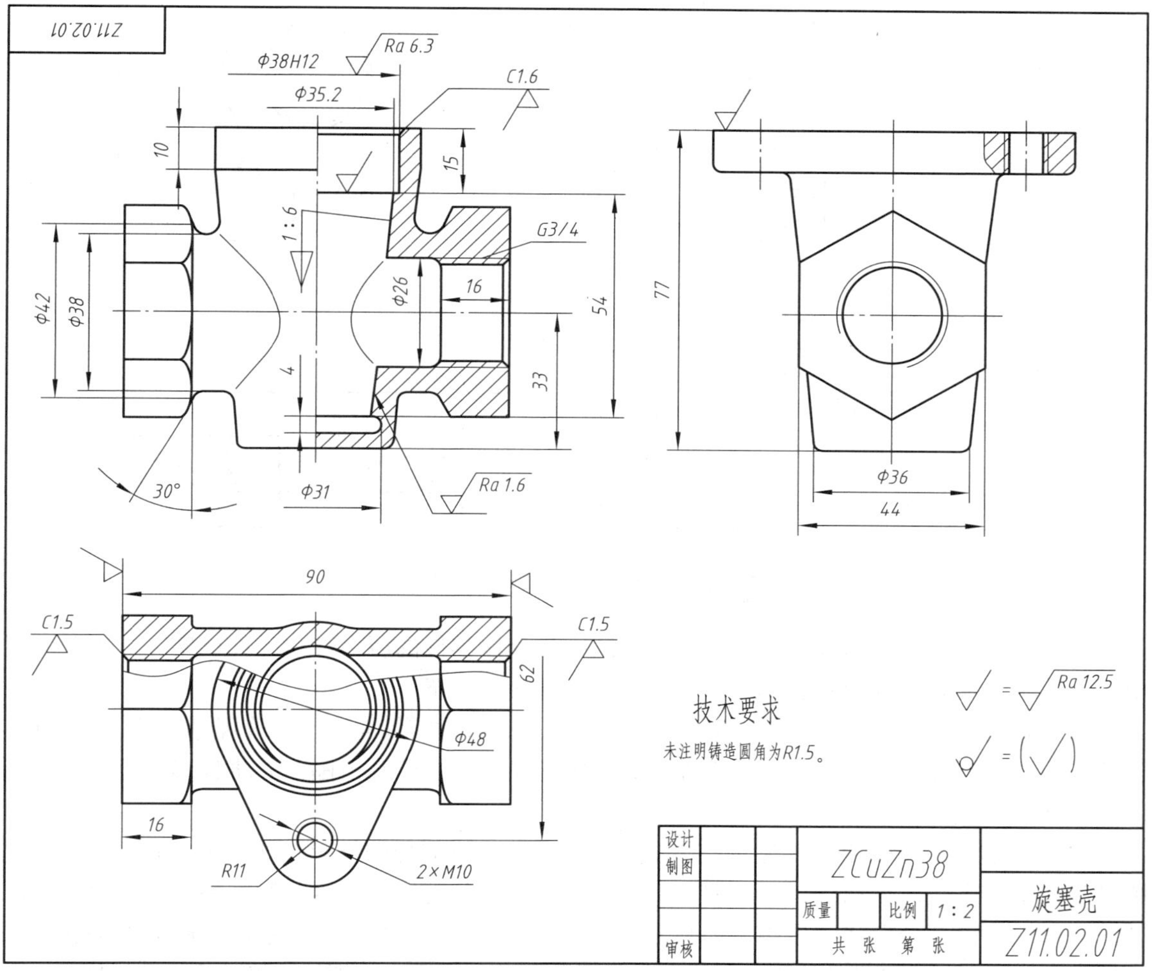

图 11-20 旋塞壳零件图

又如，填料压盖不是主要零件，考虑其加工位置和形状特征，在主视图中可将轴线水平放置。即采用了与装配图不同的摆放位置，并且只用两个视图。其零件图如图 11-21 所示。

由此可以看出，在确定零件的视图表达方案时，不论是视图数量、主视图方向，还是表达方法，都不一定与装配图相同。

2. 确定零件的投影

确定零件的投影主要是从装配图中分离该零件的投影，补充被其他零件遮住部分的投影，增补被简化掉的投影，合理设计未表达清楚的结构。

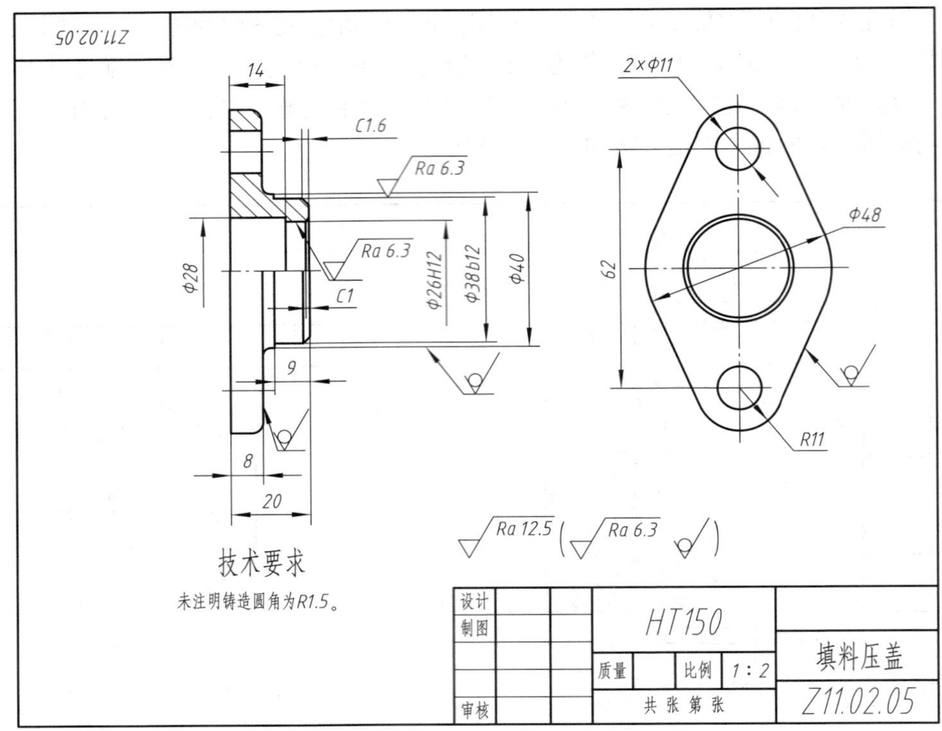

图 11–21 填料压盖零件图

（1）根据明细栏中的零件序号，从装配图中找到该零件的所在部位。如旋塞壳，由明细栏中找到其序号为 1，再由装配图中找到序号 1 所指的零件位置。

（2）利用投影分析（读图时，为了找出对应投影，有时需借助直尺、分规等工具），根据零件的剖面线倾斜方向和间隔，确定零件在装配图各视图中的轮廓范围，并将投影分离出来。旋塞壳的分离投影如图 11–22 所示。

（3）根据构形分析和投影规律，补画被其他零件遮住部分的投影，如图 11–20 所示。主视图半剖视中原来被塞子挡住，可根据该部分形状补画三条直线、圆锥孔和圆柱孔的相贯线；俯视图同样缺少该部分形状的投影，补画三个圆和左、右两条相贯线。俯视图上的局部剖还要修剪掉多余的投影，补画螺孔投影。左视图上的局部剖处，根据双头螺柱规格补画螺孔投影。

（4）增补在装配图中由于采用简化画法而被省略掉的零件结构。例如，旋塞壳与填料压盖的配合孔端应有倒角，以便于装配，零件图中应予画出。

（5）根据装配关系、零件的作用和加工工艺要求，确定零件在装配图中没有表达清楚的结构形状。这里旋塞壳的结构形状已表达清楚。

根据上述方法步骤所确定的旋塞壳零件图如图 11–20 所示。

3. 确定零件的尺寸

根据零件在机器或部件中的作用、装配和加工工艺的要求，运用结构分析和形体分析方法，选择合理的尺寸基准。如旋塞壳的尺寸基准，在高度方向是水平轴线，在宽度和长度方向是旋塞壳的对称平面。

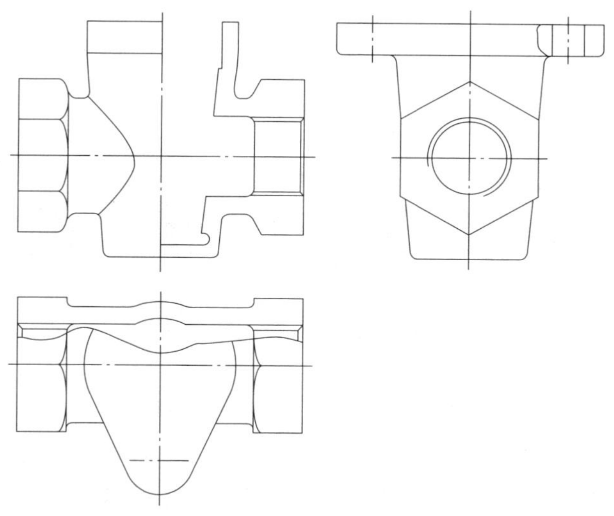

图 11-22 旋塞壳的分离投影

零件的尺寸可按以下原则确定。

（1）凡装配图中已经注出的尺寸，一般均为重要尺寸，与各零件有关的应按原尺寸数值标注到有关零件图中。如旋塞壳（图 11-20）左、右两端螺孔尺寸 G3/4，上端面螺孔中心距 62，旋塞壳水平轴线与下底面的距离 33，旋塞壳长度 90 和锥孔的锥度 1∶6。对于配合尺寸，则应将装配图中的配合代号分开，以公差带代号或极限偏差数值的形式分别标注在零件图的相应尺寸中。如旋塞壳与填料压盖的配合尺寸 ϕ38H12/b12，在旋塞壳上部圆柱孔上标注 ϕ38H12，在填料压盖的圆柱端标注 ϕ38b12。

（2）装配图中未注出的尺寸，应根据不同情况加以确定。

零件上的标准结构如倒角、退刀槽、键槽、螺纹等的尺寸，应查阅有关手册，按其标准数值和规定注法标注在零件图中。如旋塞壳上与螺柱连接的螺纹孔（2 × M10）、填料压盖上穿螺柱的通孔（2 × ϕ11），其有关尺寸均应根据明细栏中双头螺柱的规格查得。又如，ϕ38H12 孔的倒角尺寸，应根据孔的直径（ϕ38）查表获得。

其他装配图中未注出的尺寸可根据装配图的比例，直接从图中量取整数后注入零件图中。

4. 确定零件表面结构及其他技术要求

根据零件表面的作用、要求和加工方法，参考有关资料，确定表面结构代（符）号及其参数值。要特别注意去除材料和不去除材料表面的区别。

零件的其他技术要求，根据零件的作用、要求、加工工艺，参考有关资料拟订。

5. 校核零件图

在完成零件图底稿以后，还需对零件图的视图、尺寸、技术要求等各项内容进行全面校核，无误后按线型要求加深图线，并填写标题栏。

第12章　轴　测　图

本章学习导读

学习目的与要求：了解轴测图的形成、画法及应用，熟悉轴测图的投影特点，掌握正等测和斜二测的画图方法；了解轴测草图的重要作用，掌握徒手绘制轴测草图的基本技法和画法；培养空间思维能力和空间创想能力，为创新构形设计奠定基础，为读懂正投影图提供形体分析及空间想象的思路和方法。

学习内容：轴测图的形成；轴间角、轴向伸缩系数的几何意义；正等测和斜二测的画法及其剖切画法。

重点与难点：重点是正等测和斜二测的画法及徒手绘制轴测草图的基本技法。难点是平行于坐标面的圆的画法。

地位及特点：本章对二维平面图形与三维立体模型相互可逆的空间思维、空间想象能力的培养起到基础性作用。

12.1　轴测图的形成及分类

工程上常用的图样是多面正投影图，优点是作图简单、度量性好和实形性好，但缺乏立体感，必须有一定读图能力的人才能读懂。因此，为使初学者读懂正投影图，常借助一种富有立体感的轴测图（轴测投影）或立体模型图，弥补多面正投影图的不足，为初学者读懂正投影图提供形体分析及空间想象的思路及方法。

如图12–1所示，轴测图能同时反映物体的长、宽、高三个方向的尺度，富有立体感。但轴测图不能确切地表达物体的大小，且作图复杂，因此在工程上常用来作为辅助图样。常被用于产品广告、产品样品、产品设备维修指南及教材中，以进一步表明物体的形状等。

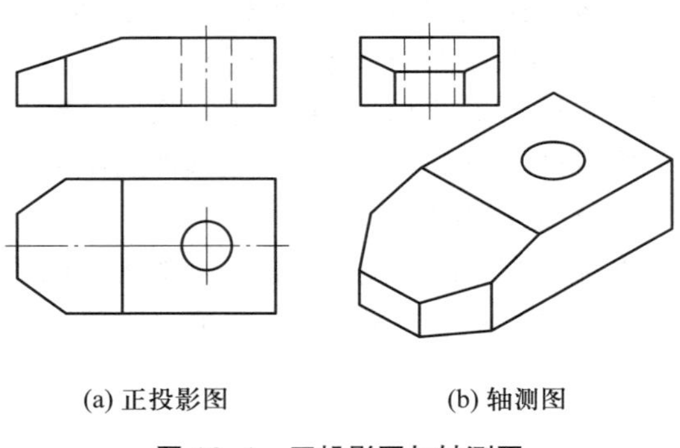

(a) 正投影图　　(b) 轴测图

图12–1　正投影图与轴测图

12.1.1 轴测图的形成及投影特性

1. 轴测图的形成

轴测投影是将物体连同其参考直角坐标系 $O_1X_1Y_1Z_1$，沿不平行于任何一个坐标面的方向（如图 12–2 中 S_1），用平行投影法将其投射在单一投影面 P 上所得的具有立体感的图形，如图 12–2 所示。平面 P 称为轴测投影面；方向 S_1 称为轴测投射方向；直角坐标轴 O_1X_1、O_1Y_1、O_1Z_1 在轴测投影面上的投影 OX、OY、OZ 称为轴测轴；任意两根相邻轴测轴之间的夹角 $\angle XOY$、$\angle YOZ$、$\angle XOZ$ 称为轴间角。轴测轴上单位长度与直角坐标轴上的单位长度之比称为轴向伸缩系数，分别用 p、q、r 表示。图 12–2 中 u 为直角坐标轴上的单位长度，i、j、k 为相应直角坐标轴的轴测投影的单位长度，则 $p=i/u$、$q=j/u$、$r=k/u$ 分别为 OX、OY、OZ 轴的轴向伸缩系数。

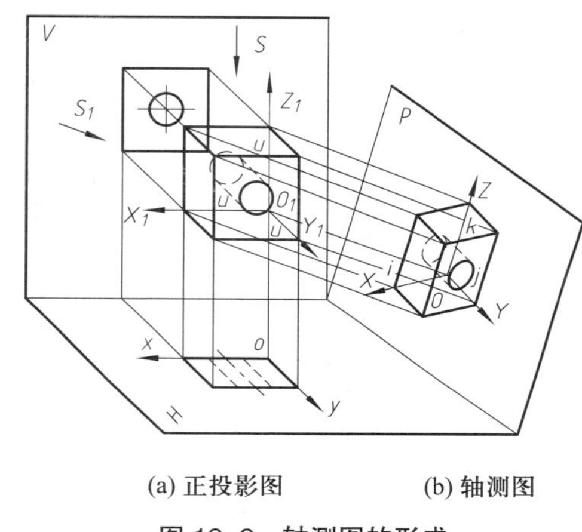

(a) 正投影图　　(b) 轴测图

图 12–2　轴测图的形成

2. 轴测投影的投影特性

轴测投影是用平行投影法得到的一种具有立体感的投影图，它具有以下平行投影的特性。

（1）线性不变、点线从属性不变。物体上的直线在轴测投影中一般仍为直线，点在直线上，则点的轴测投影仍在直线的轴测投影上，且点分该线段的比值不变。

（2）平行性不变。物体上相互平行的线段，在轴测投影上仍互相平行。

（3）物体上平行于轴测轴的线段在轴测投影上的长度等于沿该轴的轴向伸缩系数与该线段长度的乘积。

由此可知，当点在坐标轴上时，该点的轴测投影一定在该坐标轴的轴测投影（即相应轴测轴）上；物体上凡与原坐标轴平行的线段，其轴测投影一定平行于相应的轴测轴，且与该轴的轴向伸缩系数相同。与原坐标轴不平行的线段，其轴测投影也不与轴测轴平行，其轴向伸缩系数亦不定。所以，在轴测图中只有沿轴测轴的方向测量长度才与原坐标轴方向的长度有一定的对应关系，非沿轴测轴的方向不能测量，这就是“轴测”二字的含义。

12.1.2 轴测投影的分类

轴测投影可以分为正轴测投影和斜轴测投影。投射线垂直于轴测投影面的轴测投影称为正轴测投影，投射线倾斜于轴测投影面的轴测投影称为斜轴测投影。国家标准《技术制图 投影法》（GB/T 14692—2008）中有关轴测投影的分类如表 12–1 所示。

表 12–1 常见轴测投影的参数

		正轴测投影			斜轴测投影		
特性		投射线与轴测投影面垂直			投射线与轴测投影面倾斜		
轴测类别		等测投影	二测投影	三测投影	等测投影	二测投影	三测投影
简称		正等测	正二测	正三测	斜等测	斜二测	斜三测
应用举例	轴向伸缩系数	$p_1=q_1=r_1=0.82$	$p_1=r_1=0.94$ $q_1=p_1/2=0.47$	视具体要求选用	视具体要求选用	$p_1=r_1=1$ $q_1=0.5$	视具体要求选用
	简化系数	$p=q=r=1$	$p=r=1$ $q=0.5$			无	
	轴间角	Z, X, Y, O 120°, 120°, 120°	Z, X, Y, O ≈97°, 131°, 132°			Z, X, Y, O 90°, 135°, 135°	
	例图	l, l, l	l, l/2, l			l, l/2, l	

本章仅介绍正等测和斜二测的画法。

12.2 正等轴测图

12.2.1 正等轴测图的轴间角和轴向伸缩系数

1. 轴间角

正等测的三个轴间角相等，均为 120°，即$\angle XOY=\angle YOZ=\angle ZOX=120°$，一般令 OZ 轴处于竖直位置，OX、OY 轴分别与水平线成 30°，如图 12–3 所示。

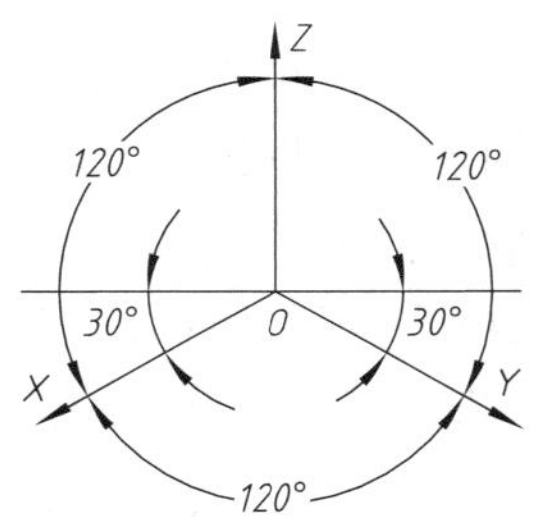

图 12–3 正等测中轴测轴的位置

2. 轴向伸缩系数

根据计算，正等测的轴向伸缩系数为 $p_1=q_1=r_1=0.82$。这说明平行于轴测轴的线段的正等测均为原长的 0.82 倍。为了作图方便，可采用简化轴向伸缩系数 $p=q=r=1$，按简化轴向伸缩系数画的正等轴测图，其形状不变，只是三个轴向尺寸比用轴向伸缩系数为 0.82 所画的正等轴测图放大了 $1/0.82\approx 1.22$ 倍。

12.2.2 平面立体的正等轴测图的画法

画平面立体正等轴测图的方法有坐标定点法、切割法、端面法、叠加法等。最基本的方法是坐标定点法。根据物体形状的特点，选定恰当的坐标原点，再按物体上各点的坐标关系画出各点的轴测投影，连接各点的轴测投影即为物体的轴测图，这样的画图方法称为坐标定点法。

为使图形清晰，一般在轴测图上不画不可见的轮廓线。

例 12–1 如图 12–4a 所示，已知正六棱柱的两面投影，用坐标定点法画出正六棱柱的正等轴测图。

作图：如图 12–4b~e 所示。

（1）在正投影图中选定坐标原点和坐标轴，其选择应以作图简便为原则，通常将坐标原点选在可见的顶面或前面上，如图 12–4a 所示的坐标原点（o，o'）和坐标轴的投影 $o'x'$、$o'z'$、ox、oy。为便于画轴测图，设正六棱柱的长、宽、高分别为 D、S、H，正六边形的边长为 L。

（2）画轴测轴，并作出顶面的轴测投影，如图 12–4b、c 所示。

（3）根据棱柱的高 H 作出棱柱底面各点的轴测投影，如图 12–4d 所示。

（4）连接对应点，擦去作图线，加粗、加深可见棱线的投影，完成正六棱柱的正等轴测图，如图 12–4e 所示。

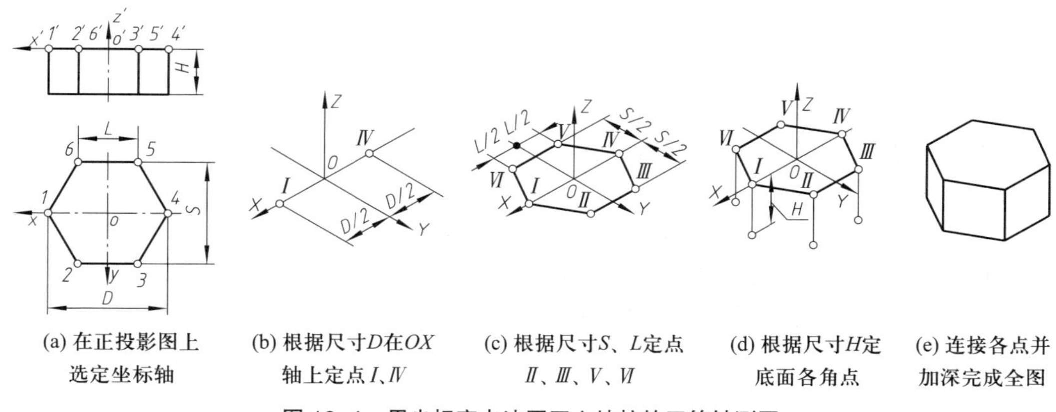

图 12–4 用坐标定点法画正六棱柱的正等轴测图

例 12–2 如图 12–5a 所示的带切口平面立体的三面投影图，用切割法画出其正等轴测图。

作图：如图 12–5b~e 所示。

（1）按切口立体的长、宽、高画出长方体的正等轴测图，如图 12–5b 所示。

（2）画出挖切左上方 Ⅰ 后的立体正等轴测图，如图 12–5c 所示。

（3）画出挖切右上方 Ⅱ 后的立体正等轴测图，如图 12–5d 所示。

（4）擦去作图线，加粗、加深投影，完成其正等轴测图，如图 12–5e 所示。

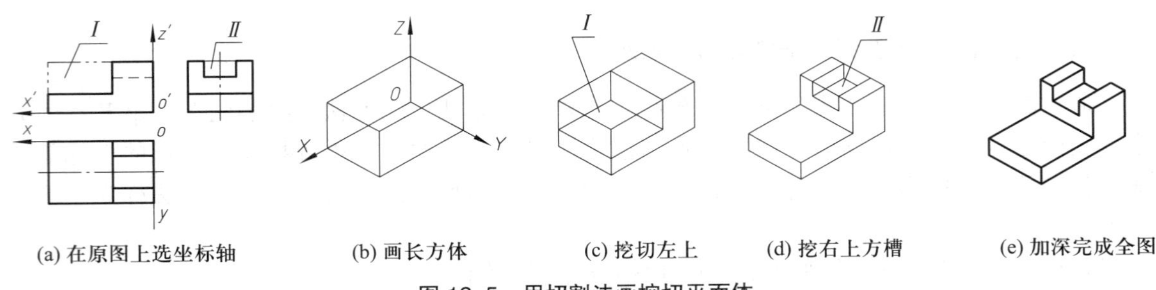

(a) 在原图上选坐标轴　(b) 画长方体　(c) 挖切左上　(d) 挖右上方槽　(e) 加深完成全图

图 12–5　用切割法画挖切平面体

例 12–3　画出图 12–6a 所示物体的正等轴测图。

分析： 对于所有断面都和端面形状相同的立体，可用端面法画其正等轴测图。

作图： 如图 12–6b、c、d 所示。

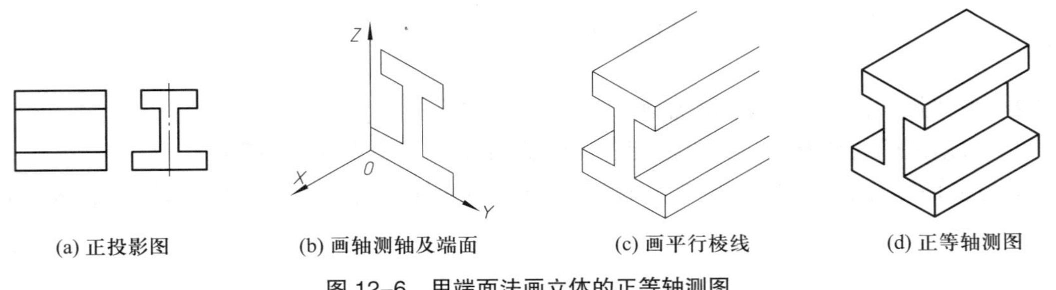

(a) 正投影图　(b) 画轴测轴及端面　(c) 画平行棱线　(d) 正等轴测图

图 12–6　用端面法画立体的正等轴测图

例 12–4　画出图 12–7a 所示物体的正等轴测图。

分析： 由给定的投影图可知，该物体由三部分叠加而成，可用叠加法作图。画图时可按各部分的相对位置依次画出其正等轴测图。

作图： 如图 12–7b~d 所示。

（1）画出第 *I* 部分的正等轴测图，如图 12–7b 所示。

（2）画出第 *II* 部分的正等轴测图，如图 12–7c 所示。

（3）画出第 *III* 部分的正等轴测图，如图 12–7c 所示。

（4）擦去多余作图线，加粗、加深投影，完成其正等轴测图，如图 12–7d 所示。

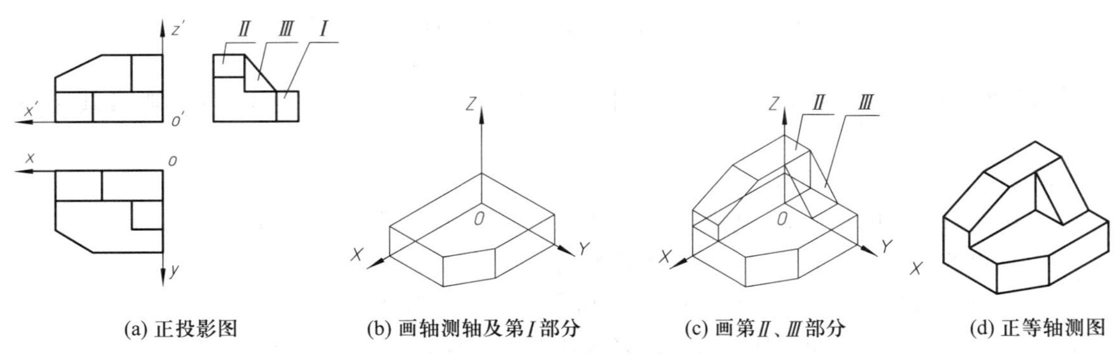

(a) 正投影图　(b) 画轴测轴及第 *I* 部分　(c) 画第 *II*、*III* 部分　(d) 正等轴测图

图 12–7　用叠加法画物体的正等轴测图

12.2.3 回转体的正等轴测图的画法

回转体的正等轴测图的关键是回转体的端面正等轴测图——椭圆的画法。

1. 平行于各坐标面的圆的正等轴测图的画法

平行于坐标面的圆，其轴测图是椭圆。画椭圆的方法有坐标定点法和四心近似椭圆法。由于坐标定点法作图较繁，所以常用四心近似椭圆法。四心近似椭圆法是用光滑连接的四段圆弧来代替椭圆。作图时需要求出这四段圆弧的圆心、切点及半径。

下面以图 12–8a 所示的水平圆为例说明四心近似椭圆画法的作图步骤。

（1）在正投影图中确定坐标原点和坐标轴，作圆的外切正方形得四个切点 *a*、*b*、*c*、*d*，如图 12–8a 所示。

（2）画轴测轴，并在 *OX*、*OY* 轴测轴上按 $OA=OB=OC=OD=d_1/2$ 测量得到四点 *A*、*B*、*C*、*D*，分别过点 *A*、*C* 作直线平行于 *OY* 轴，分别过点 *B*、*D* 作直线平行于 *OX* 轴，与前两直线相交得菱形，为圆外切正方形的正等轴测图，其长对角线为椭圆长轴方向，短对角线为椭圆短轴方向，如图 12–8b 所示。

（3）画椭圆短轴方向的两段椭圆弧。

① 分别以短对角线端点 *1*、*2* 为圆心，以 *1D*（或 *1C*）、*2A*（或 *2B*）为半径作大圆弧。

② 以 *O* 为圆心作两大圆弧的内切圆交长轴于两点 *3*、*4*，如图 12–8c 所示。

（4）画椭圆长轴方向的两段椭圆弧。

① 连接 *13*、*14*、*23*、*24* 并延长分别交两大圆弧于点 *H*、*G*、*E*、*F*。

② 分别以 *3*、*4* 为圆心，*3E*（或 *3H*、*4F*、*4G*）为半径作小圆弧 *EH*、*GF*，即得近似椭圆，如图 12–8d 所示。

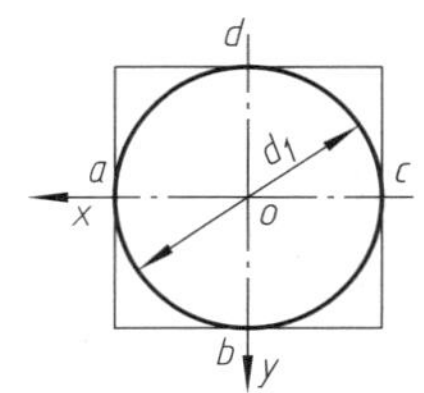

(a) 作水平圆外切正方形

(b) 在轴测轴上取四点画菱形

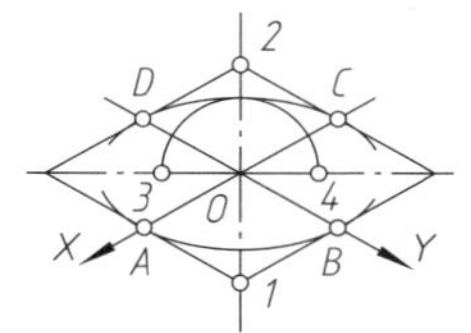

(c) 画短轴方向的弧

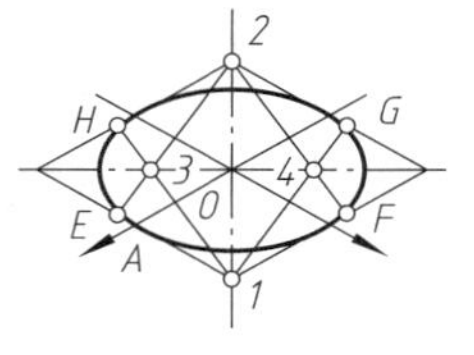

(d) 画长轴方向的弧

图 12–8 水平圆正等轴测图的四心近似椭圆画法

平行于其他坐标面的圆的正等轴测图的画法与水平圆一样，它们的形状、大小相同，椭圆的长轴≈1.22*d*，短轴≈0.7*d*（*d* 为圆的直径），但长、短轴方向各不相同，椭圆的短轴和相应的轴测轴平行，长轴与该轴测轴垂直。图 12–9 所示为正方体上分别平行于三个坐标面的平面上直径同为 *D* 的内切圆的正等轴测图。

2. 回转体的正等轴测图的画法

画回转体的正等轴测图时，首先用四心近似椭圆法画出回转体中平行于坐标面的圆的正等轴测图，然后再画出整个回转体的正等轴测图。

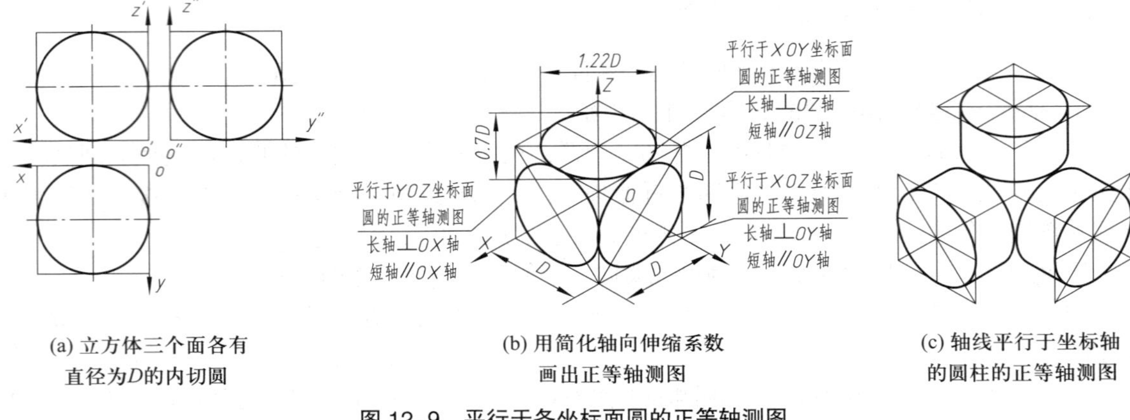

(a) 立方体三个面各有直径为D的内切圆　(b) 用简化轴向伸缩系数画出正等轴测图　(c) 轴线平行于坐标轴的圆柱的正等轴测图

图 12–9　平行于各坐标面圆的正等轴测图

例 12–5　如图 12–10a 所示圆柱的正面投影和水平投影，画出圆柱的正等轴测图。

作图：如图 12–10a~d 所示。

（1）在投影图中选定坐标原点和坐标轴，如图 12–10a 所示。

（2）按尺寸 h 确定顶、底面的中心，并画轴测轴及顶、底面的菱形，如图 12–10b 所示。

（3）用四心近似椭圆法画出顶面椭圆，利用高度 h，找出底面可见半个椭圆的绘制圆心，画出前半个椭圆，如图 12–10c 所示。

（4）画顶、底面椭圆的公切线，擦去作图线，加粗、加深投影，完成全图，如图 12–10d 所示。

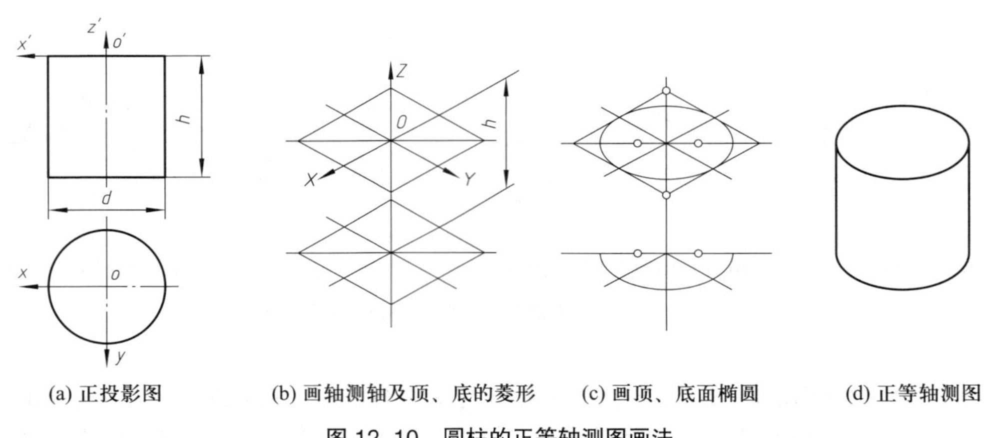

(a) 正投影图　(b) 画轴测轴及顶、底的菱形　(c) 画顶、底面椭圆　(d) 正等轴测图

图 12–10　圆柱的正等轴测图画法

例 12–6　画出图 12–11a 所示开榫圆柱的正等轴测图。

作图：如图 12–11b~d 所示。

（1）画完整圆柱的正等轴测图，如图 12–11b 所示。

（2）按尺寸 a、h 画出截交线（矩形和圆弧）的正等轴测图，如图 12–11c 所示。

（3）擦去作图线，加粗、加深投影，完成全图，如图 12–11d 所示。

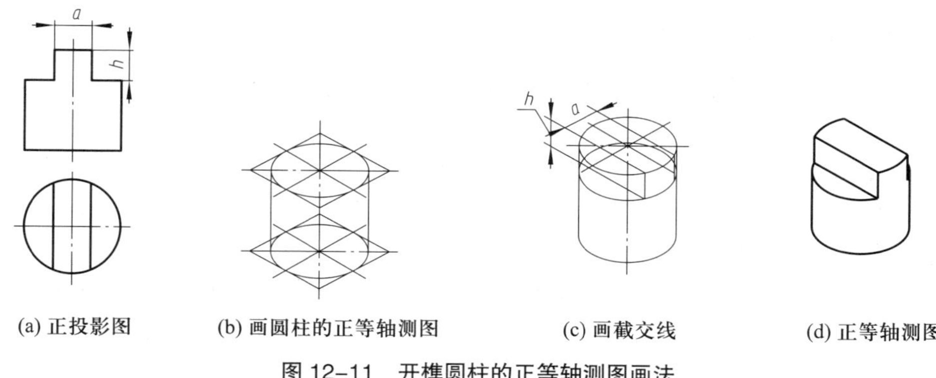

(a) 正投影图 (b) 画圆柱的正等轴测图 (c) 画截交线 (d) 正等轴测图

图 12-11 开榫圆柱的正等轴测图画法

3. 圆角正等轴测图的近似画法

例 12-7 画出图 12-12a 所示带两个圆角的长方体的正等轴测图。

作图： 如图 12-12b~e 所示。

（1）根据正投影尺寸画长方体的正等轴测图和轴测轴，如图 12-12b 所示。

（2）画圆角的正等轴测图。

① 用近似画法画出顶面圆弧的正等轴测图。按尺寸 R 确定切点 *I* 、*II* 、*III* 、*IV*，再由 *I* 、*II* 、*III* 、*IV* 作相应边的垂线，两垂线的交点为 O_1、O_2。再分别以 O_1、O_2 为圆心，O_1I（或 O_1II）、O_2III（或 O_2IV）为半径，分别画弧 *I II* 和弧 *III IV*，如图 12-12c 所示。

② 将圆心 O_1、O_2 和切点 *I* 、*II* 、*III* 、*IV* 按尺寸 h 向下平移，画出底面圆弧的正等轴测图，再作弧 *III IV* 和其底面圆弧的切线，如图 12-12d 所示。

（3）擦去作图线，加粗、加深投影，完成正等轴测图，如图 12-12e 所示。

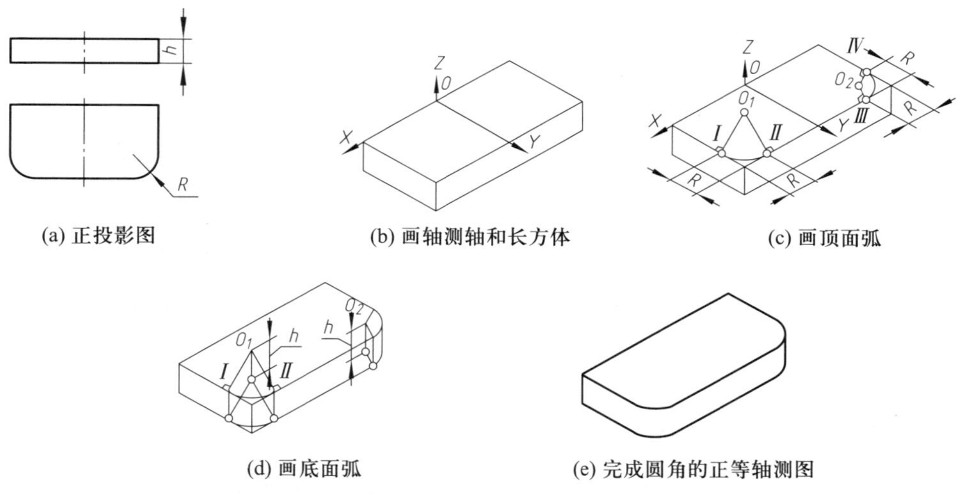

(a) 正投影图 (b) 画轴测轴和长方体 (c) 画顶面弧

(d) 画底面弧 (e) 完成圆角的正等轴测图

图 12-12 圆角正等轴测图的近似画法

12.2.4 组合体的正等轴测图

画组合体的正等轴测图时，只需按各组成部分的相对位置分别画出各基本立体的轴测图即可。

例 12-8 画出图 12-13a 所示组合体的正等轴测图。

作图：如图 12-13b~d 所示。

（1）在正投影图上定坐标系，如图 12-13a 所示。

（2）画轴测轴，分别画出底板、立板和三角形肋的正等轴测图，如图 12-13b 所示。

（3）画出立板上的上半个圆柱和圆柱孔、底板上的圆角和小圆柱孔的正等轴测图，如图 12-13c 所示。

（4）擦去作图线，加粗、加深投影，完全成图，如图 12-13d 所示。

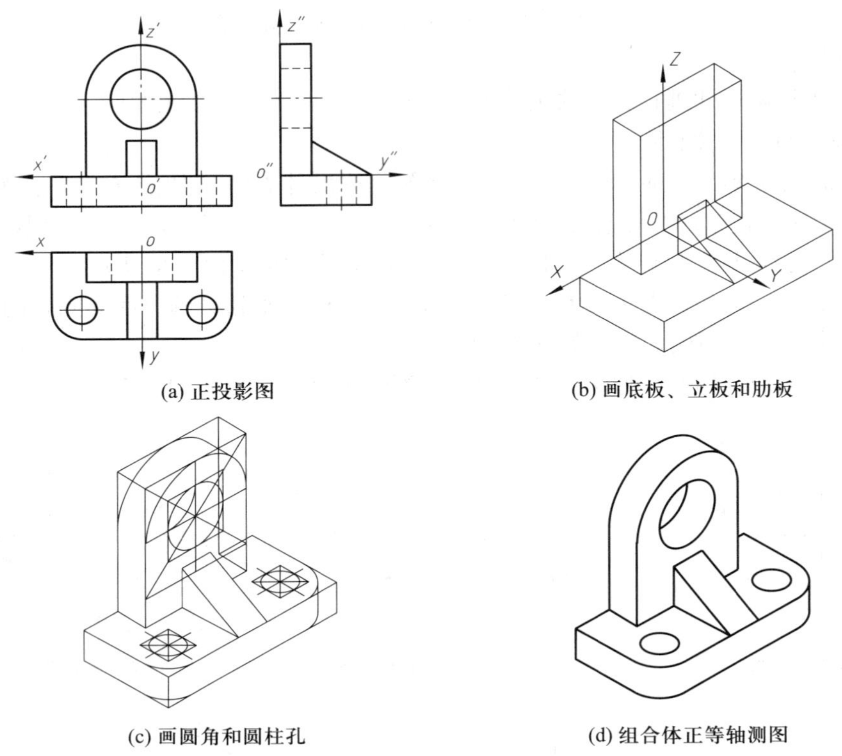

(a) 正投影图　(b) 画底板、立板和肋板

(c) 画圆角和圆柱孔　(d) 组合体正等轴测图

图 12-13　组合体的正等轴测图的画法

12.2.5 徒手绘制正等轴测图

在实际工作中，常需要徒手绘制正等轴测图。在正等轴测方格纸上沿格线徒手绘制轮廓线，如图 12-14 所示。

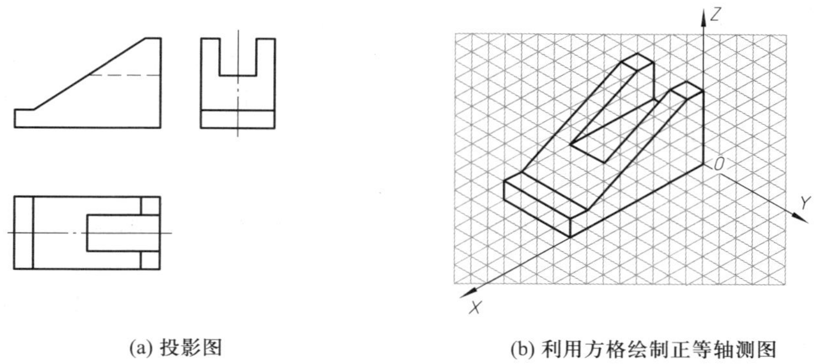

(a) 投影图 (b) 利用方格绘制正等轴测图

图 12–14 徒手绘制正等轴测图

12.3 斜二轴测图

12.3.1 轴间角和轴向伸缩系数

国家标准中规定斜二测的轴间角和轴测轴的画法如图 12–15 所示，∠*XOZ*=90°，∠*YOZ*=135°。*OZ* 轴竖直放置，*OX* 轴水平放置，*OY* 轴与水平成 45°。

斜二轴测图的轴向伸缩系数 $p_1=r_1=1$，$q_1=0.5$。画斜二轴测图时，凡平行于 *X* 轴和 *Z* 轴的线段按 1∶1 量取，平行于 *Y* 轴的线段按 1∶2 量取。

12.3.2 平行于各坐标面的圆的斜二轴测图画法

平行于各坐标面的圆的斜二轴测图的画法如图 12–16 所示。由图中可以看出，平行于 *XOZ* 坐标面的圆的斜二轴测图反映实形，平行于 *XOY* 和 *YOZ* 坐标面的圆的斜二轴测图都是椭圆，它们的形状相同，作图方法一样，只是椭圆的长、短轴方向不同。

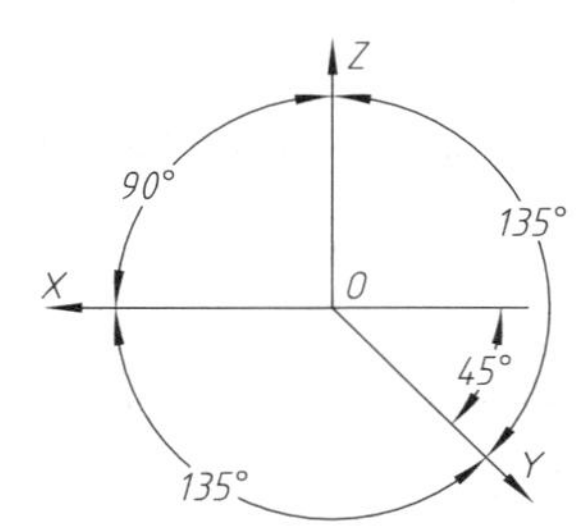

图 12–15 斜二轴测图的轴间角

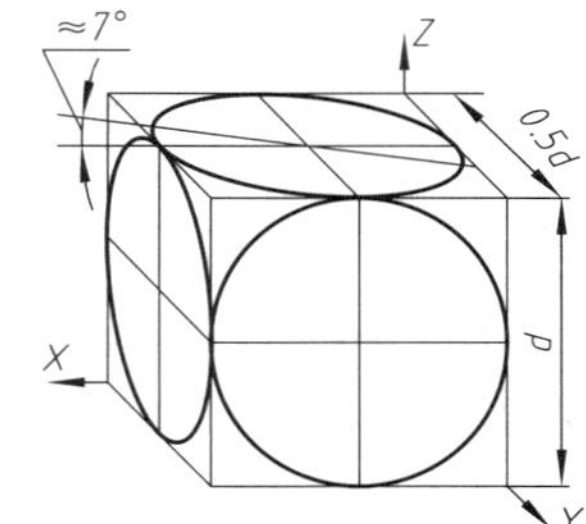

图 12–16 平行于各坐标面的圆的斜二轴测图

由于斜二轴测图能反映 *XOZ* 坐标面及其平行面的实形，故特别适合用于绘制只有一个方向上有圆或圆弧的物体。

平行于 *XOY* 坐标面的圆的斜二轴测图（椭圆）的近似画法的作图步骤如图 12–17a~d 所示。

（1）在正投影图中选定坐标原点和坐标轴，如图 12–17a 所示。

（2）画轴测轴，在 *OX*、*OY* 轴上分别取 $OA=OC=d_1/2$、$OB=OD=d_1/4$ 得点 *A*、*C*、*B*、*D*，并过这四点作平行四边形；过点 *O* 作与 *OX* 成 7° 的直线，该直线即为长轴方向，过点 *O* 作长轴的垂线即为短轴方向，如图 12–17b 所示。

（3）在短轴线上取 *O1*、*O3* 等于 d_1，连接 *3A*、*1C* 交长轴于两点 *2*、*4*。分别以 *1*、*3* 为圆心，*1C*、*3A* 为半径画圆弧 *CF*、*AE*，连接 *12*、*34* 并延长，分别交两圆弧于点 *F*、*E*，如图 12–17c 所示。

（4）分别以点 *2*、*4* 为圆心，*2A*（*2F*、*4E*、*4C*）的长为半径画小圆弧 *AF*、*CE*，即完成椭圆的作图，如图 12–17d 所示。

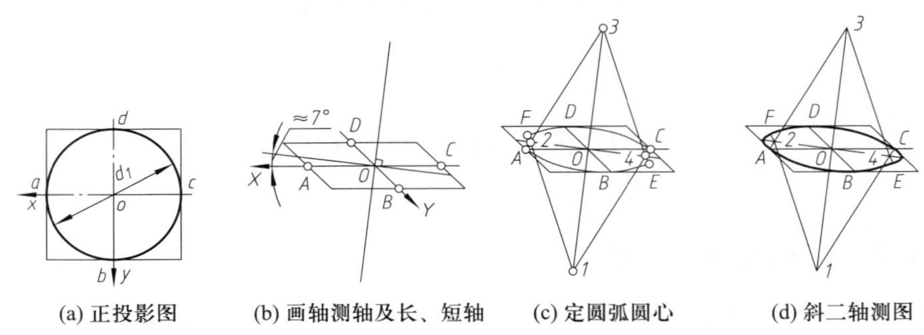

(a) 正投影图　(b) 画轴测轴及长、短轴　(c) 定圆弧圆心　(d) 斜二轴测图

图 12–17　平行于 *XOY* 坐标面圆的斜二轴测图的近似画法

12.3.3　斜二轴测图的画法

斜二轴测图的画法与正等轴测图的画法类似，只是轴间角和轴向伸缩系数不同。这里的关键是各圆或圆弧的圆心的确定。

例 12–9　画出图 12–18a 所示物体的斜二轴测图。

由图 12–18a 可知，该物体由圆筒及支板两部分组成，它们的前、后端面均有平行于 *XOZ* 坐标面的圆及圆弧。因此，画斜二轴测图时，首先要确定各端面圆的圆心位置。

作图： 如图 12–18a~d 所示。

（1）在正投影图中选取坐标原点和坐标轴，如图 12–18a 所示。

（2）画轴测轴，作主要轴线 *OY*，确定各圆心 *Ⅰ*、*Ⅱ*、*Ⅲ*、*Ⅳ*、*Ⅴ* 的轴测投影位置，如图 12–18b 所示，即点 *Ⅲ* 与原点 *O* 重合，*ⅢⅡ*=3″2″/2 定 *Ⅱ* 点，*ⅡⅠ*=2″1″/2 定 *Ⅰ* 点。利用上、下孔心距定点 *Ⅴ*，过点 *Ⅴ* 作 *OY* 的平行线，取 *ⅤⅣ*=5″4″/2 定点 *Ⅳ*。

（3）按正投影图上不同半径由前往后分别作各端面的圆或圆弧，如图 12–18c 所示。

（4）作各相应圆或圆弧的公切线，擦去多余作图线，加粗、加深投影，完成全图，如图 12–18d 所示。

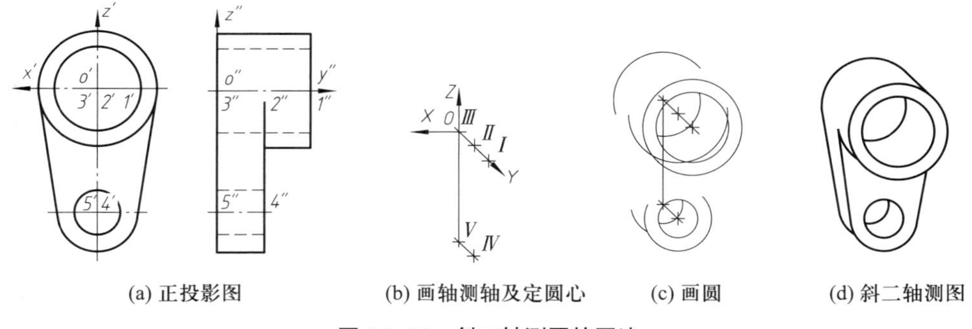

(a) 正投影图 (b) 画轴测轴及定圆心 (c) 画圆 (d) 斜二轴测图

图 12–18 斜二轴测图的画法

12.4 轴测剖视图的画法

在正投影图中用剖视表达物体的内部结构形状。在轴测图中用沿着平行坐标平面的剖切平面将物体剖开的轴测剖视图表达物体的内部结构形状。

12.4.1 轴测剖切画法的一些规定

1. 剖切平面的选择

为清楚表达物体的内外形状，通常采用两个平行于坐标平面的垂直相交平面剖切物体的四分之一，如图 12–20a 所示，一般不采用单一剖切平面全剖的轴测剖视图。

2. 剖面线的画法

（1）轴测剖视图中剖面线的方向应按图 12–19 绘制。注意平行于三个坐标面的剖面区域内的剖面线方向是不同的，但应是等距的平行细实线。

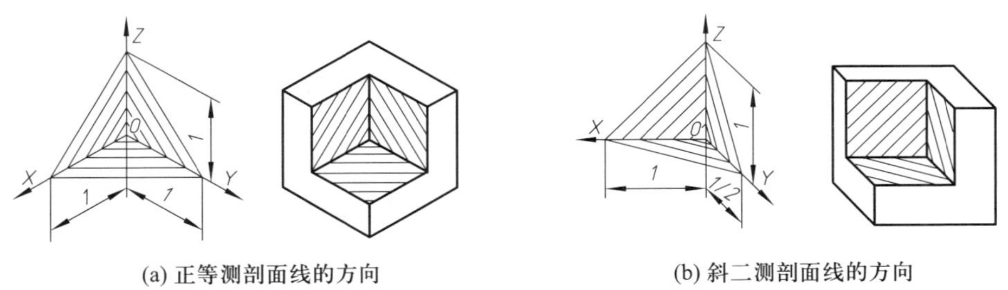

(a) 正等测剖面线的方向 (b) 斜二测剖面线的方向

图 12–19 轴测剖视图中剖面线的方向

（2）当剖切平面通过物体的肋或薄壁等结构的纵向对称平面时，这些结构都不画剖面线，而用粗实线将它与相邻部分分开，如图 12–20a 所示。当在图中表示不清时，也允许在肋或薄壁部分用细点表示被剖切部分，如图 12–20b 所示。

（3）表示物体中间折断或局部断裂时，断裂处的边界线应画波浪线，并在可见断裂面内加画细点以代替剖面线，如图 12–21 所示。

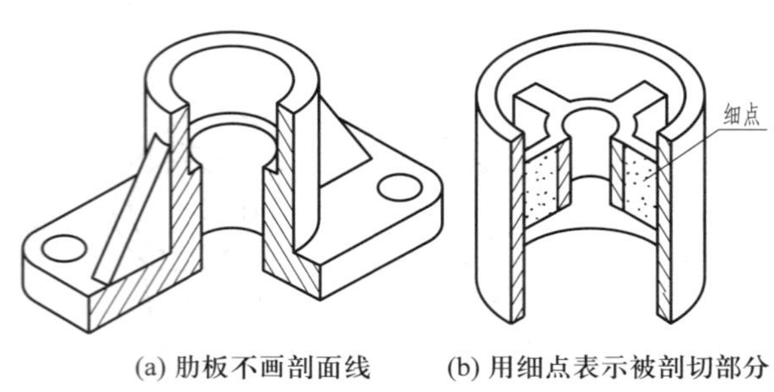

(a) 肋板不画剖面线 (b) 用细点表示被剖切部分

图 12–20 肋的剖切画法

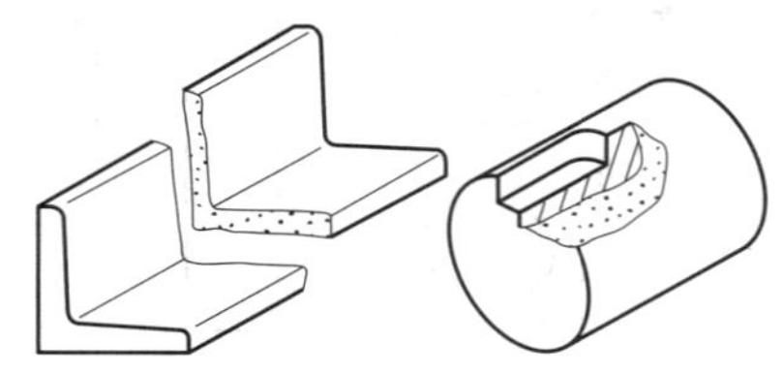

图 12–21 物体断裂面画法

12.4.2 轴测剖视图的画法

轴测剖视图的画法一般先画物体外形再画剖面区域或先画物体剖面区域再画物体外形。

1. 先画物体外形再画剖面区域的作图步骤（图 12–22a）

如图 12–22b~d 所示。

（1）用四心近似椭圆画法画出圆柱套筒的正等轴测图，如图 12–22b 所示。

（2）假想用两个剖切平面沿坐标面把套筒剖开，画出剖面区域轮廓，注意剖切后圆柱孔底圆部分的正等轴测图（椭圆弧）应画出，如图 12–22c 所示。

（3）画剖面线，擦去多余作图线，加粗、加深投影，完成全图，如图 12–22d 所示。

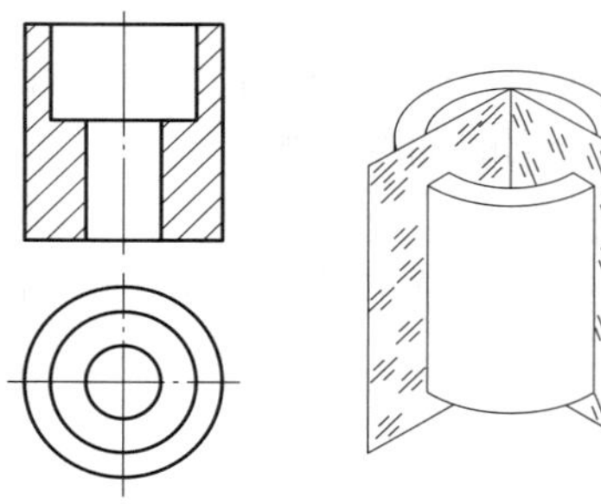

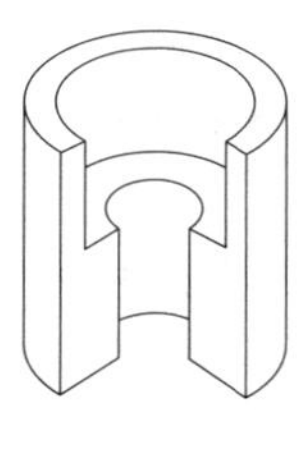

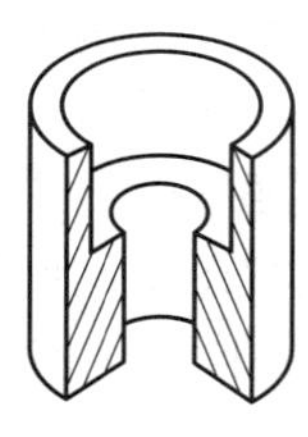

(a) 正投影图 (b) 画完整圆筒及剖切面 (c) 画剖面区域 (d) 剖切正等轴测图

图 12–22 正等测剖视图画法（一）

2. 先画物体剖面区域再画物体外形的作图步骤（图 12–23a）

如图 12–23b~d 所示。

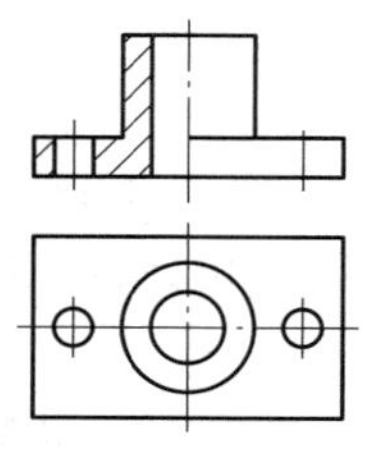

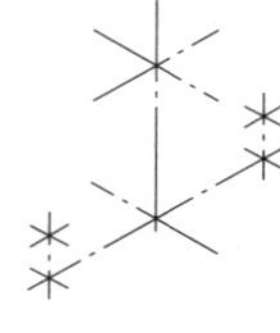

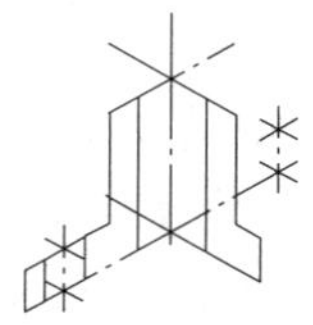

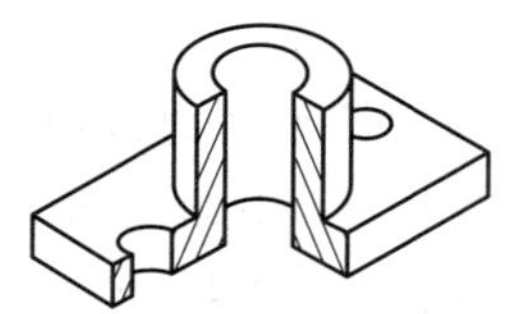

(a) 正投影图 (b) 画轴测轴及主要中心线 (c) 画剖面区域 (d) 剖切正等轴测图

图 12–23 正等测剖视图画法（二）

（1）先画轴测轴及主要中心线，如图 12-23b 所示。

（2）画剖切部分的剖面区域形状轮廓，如图 12-23c 所示。

（3）画其余部分和剖面线，擦去作图线，加粗、加深投影，完成全图，如图 12-23d 所示。

3. 斜二测剖视图的画法（图 12-24a）

如图 12-24b~c 所示。

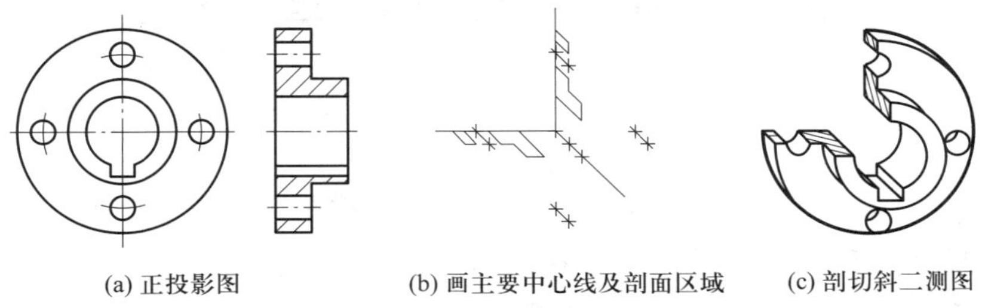

(a) 正投影图　(b) 画主要中心线及剖面区域　(c) 剖切斜二测图

图 12-24　斜二测剖视图的画法

第 13 章　电气制图简介

本章学习导读

学习目的与要求： 了解电气图的内容及表达方式。

学习内容： 介绍电路图、接线图和印制电路板图。

重点与难点： 重点是各种图的画法。

电子技术是一门发展迅速、应用广泛的现代科学技术，电子设备和产品遍布国防及国民经济各部门。设计和制造电子设备及产品需要绘制电气图，其主要包括概略图、功能图、电路图、接线图、布置图等。本章对电气图中的部分内容进行简要介绍。

13.1　电气图的分类及其内容

现行国家标准 GB/T 6988.1—2024 将电气图种类进行了简化合并，按功能划分为六类，如图 13–1 所示。

电气图
- 概略图：概略地表达一个项目的全面特性的简图
- 功能图：表达项目功能信息的简图
- 电路图：表达项目电路组成和物理连接信息的简图
- 接线图：表达项目组件或单元之间物理连接信息的简图
- 布置图：表达项目相对或者绝对位置信息的图
- 表图：用来提供理解元器件或系统功能的解释信息的图

图 13–1　电气图的功能分类

根据表达对象的不同、表达目的或用途的不同，所使用的电气图的数量和种类都是不同的，并不是每一种电气设备或者电气工程都包含上述六类图。总的原则是在表达清楚的前提下，越简练越好。

另外，从图 13–1 的分类情况来看，绝大部分电气图都是简图。这里的简图不是简略的图，而是一种术语。电气图通常是指用图形符号、带注释的围框或者简化外形表示各组成部分之间相互关系及其连接关系的一种简图，如概略图、电路图、接线图等都是电气图。

13.2　电　路　图

电路图是表示系统、装置、部件、设备等实际电路的简图，它采用图形符号并按照工作顺序和功能排列，详细表示电路、设备或成套装置的全部基本组成和连接关系，以表示功能为主而不考虑元器件的实际物理尺寸和形状，能用来详细理解项目的功能。

电路图一般应包括以下内容：

（1）表示电路中元器件的图形符号；

（2）表示元器件之间的连接线；

（3）表示项目的功能面、产品面、位置面结构的参照代号；

（4）端子代号；

（5）用于逻辑信号的电平约定；

（6）电路寻迹必需的信息（信号代号、位置检索标记）；

（7）项目功能必需的补充信息。

1. 图形符号和字母代码

图形符号是构成电路图的基本单元，同时为了将图中的图形符号和实物之间建立较为明确的对应关系，方便使用人员查找、区分各种图形符号所表示的元件、器件、装置等，设计时通常在电路图中采用一个字母组合标注在图形符号旁，这个字母组合称为字母代码，如图 13–2 所示。常用的电气图用图形符号和字母代码见表 13–1。

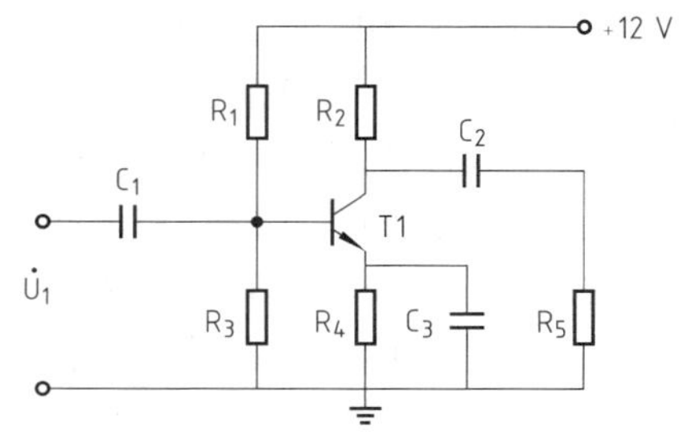

图 13–2 电路图示例

表 13–1 常用的电气图用图形符号和字母代码

元件名称	图形符号	字母代码	元件名称	图形符号	字母代码
电阻		RA（R）	电池		GB
可调电阻		RA（RP）	开关		SF
电容		CA（C）	扬声器		PG
电解电容		CA	信号灯		PG
可调电容		CA	插头		RL
电感		RA（L）	插座		XD
半导体二极管		RA（V）	接地		XE
PNP 晶体管		KF（V）	自动增益控制放大器		TF
NPN 晶体管		KF（V）	整流器		TB

注：括号内字母代码为 1985 年旧标准中规定的代码，由于旧标准应用时间较长，比较熟悉，为便于对照和应用，故上表中给出了部分旧标准字母代码。

2. 画电路图的规则

（1）绘制电路图应遵守《电气技术用文件的编制　第1部分：规则》（GB/T 6988.1—2024）的规定。

（2）所有元器件应采用图形符号来表示，同时绘出其所有连接线，如图13-2所示。图形符号旁应标注字母代号，字母代号应遵守《技术产品及技术产品文件结构原则　字母代码　按项目用途和任务划分的主类和子类》（GB/T 20939—2007）的规定。每一类元器件要按照它们在图中的位置，自上而下、从左到右地注出它们位置顺序号（位号），如 R_1、R_2、R_3 等。当电路水平布置时，标在图形符号的上方；竖直布置时，标在图形符号的左边。

（3）电路图应采用功能布局法，为了突出功能关系，将执行同一功能的元器件尽可能画在一起。电路的布置应当突出过程或信号流方向，通过将符号排列整齐并使电路连线直通。电路图中的连接线一般水平或者竖直布置，必要时可将某些线加粗，连接线的交叉、弯折一般应成直角，且应路径最短。

（4）电路图中元器件和设备的可动部分的位置通常应选择表示在非激励或者非工作的状态或位置。例如开关处于断开位置，继电器、接触器、电磁铁处于无电压作用的位置。

（5）电路图中元器件和设备应列出明细栏，明细栏一般画在标题栏的上方，也可用目录表格形式另行书写。对于较简单的电路图可不编写明细栏，元器件的数据在元器件旁直接注出。

3. 画电路图的步骤

绘制电路图可按下列步骤进行。

（1）按电路的不同功能可将全电路分成若干级，然后以各级电路中的主要元件为中心，沿水平方向分成若干段。

（2）排布各级电路主要元器件的图形符号，使其尽量位于图形中心水平线上。

（3）分别画出各级电路之间的连接及有关元器件。作图时，应使同类元器件尽量在横向或者纵向对齐。全图布局应均匀、清晰，以便看图。

（4）画全其他附件电路及元器件，标注数据及字母代码。

（5）检查全图连接是否有误，布局是否合理，最后加深图线。

13.3 接　线　图

接线图是表达项目组件或者单元之间物理连接信息的简图。接线图主要用于接线安装、线路检查、维修和故障处理等。根据表达对象和用途的不同，接线图可分为单元接线图、互连接线图和端子接线图。在连接图中，通常需要表示出项目的相对位置，参照代号，端子号，导线号，导线类型，线缆走向、捆扎、绞合、屏蔽等内容。本节将对接线图的一般表达方法进行简要介绍。

13.3.1 接线图中项目和端子的表示方法

器件、单元、组件等项目，在接线图中应用正方形、矩形或圆形等简单形状或者简化图形表示法表示。也可采用《电气简图用图形符号》（GB/T 4728.1~4728.5—2018，GB/T 4728.6~4728.13—2022）中规定的图形符号。这些项目的布局应采用位置布局法，即接线图上的元件布局位置与其实际相对位置相同，但无须按比例布置。

项目中的端子一般用图形符号和端子代号表示。接线图中应示出表示每个端子的标识。端子标识由参照代号和端子代号构成，中间用冒号分隔，例如 –A1–M1：PE，其中 –A1–M1 为项目参照代号，PE 为端子代号。

13.3.2　接线图中电缆及其组成线芯的表示方法

如果用单条连接线表示多芯线缆，而且要示出其组成线芯连接到物理端子，表示电缆的连接线应在交叉线处终止，并且表示线芯的连接线应从该交叉线直至物理端子。电缆及其线芯应清楚地标识（例如用其参照代号），如图 13–3 所示。图中线芯的参照代号分别为 –W1–1、–W1–2、–W1–3 和 –W1–4。所接端子代号分别为 –A2X1：1、–A2X1：2、–A2X1：3 和 –A2X1：4。

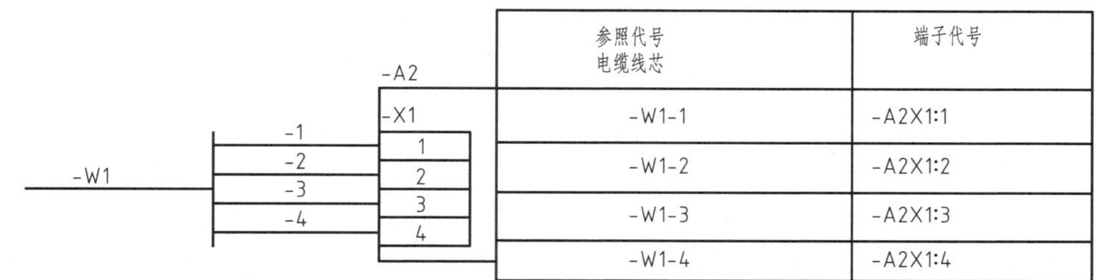

图 13–3　多芯电缆表示方法示例

13.3.3　接线图中导线的表示方法

接线图中导线的表示方法有连续线表示法和中断线表示法两种。

（1）连续线表示法。端子之间采用连续的线条来表示导线，如图 13–4 所示。

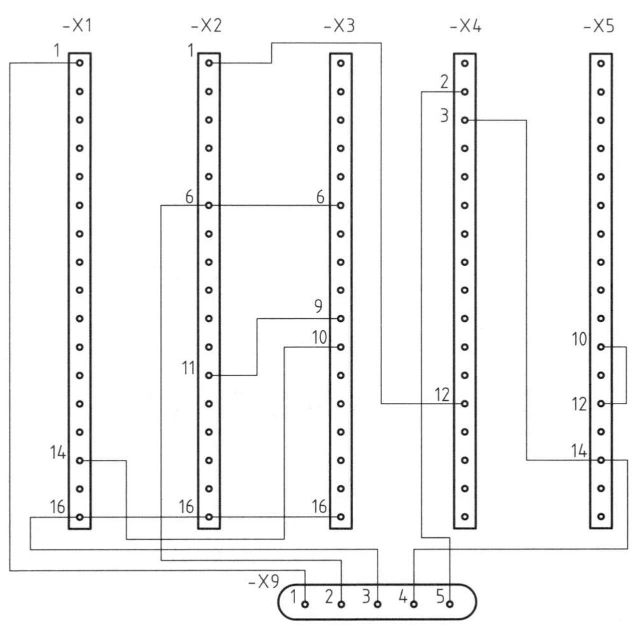

图 13–4　采用连续线表示法的分支架接线图

（2）中断线表示法。端子之间的连接导线采用中断的方式表示，并按远端标记。图 13–5 中项目 –X1 和 –X2 之间的两条连接线（8 号和 9 号线）是用中断线表示的。其中 8 号线一端连接 –X1 的 1 号端子，另一端连接 –X2 的 A 端子。需要在中断线处标明导线的去向，以及 –X1：1 和 –X2：A。

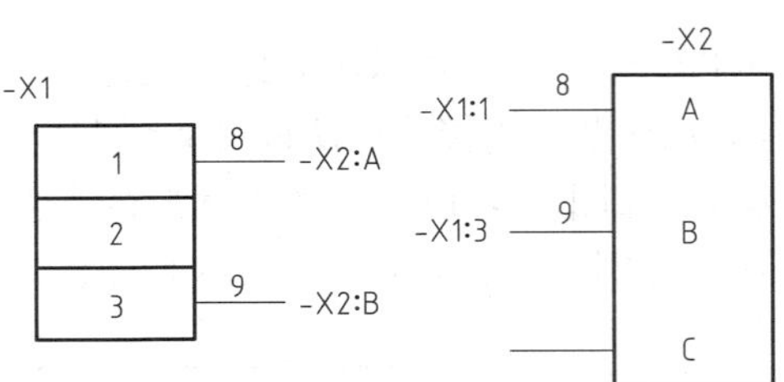

图 13–5 采用中断线表示法的连接图

13.3.4 接线图的简化表示方法

可通过竖直（水平）排列每个单元、器件和组件的端子、竖直（水平）排列不同器件、单元或组件互相连接的端子、省略项目外形等方法简化接线图。图 13–4 中完整的分支架接线图简化后如图 13–6 所示。

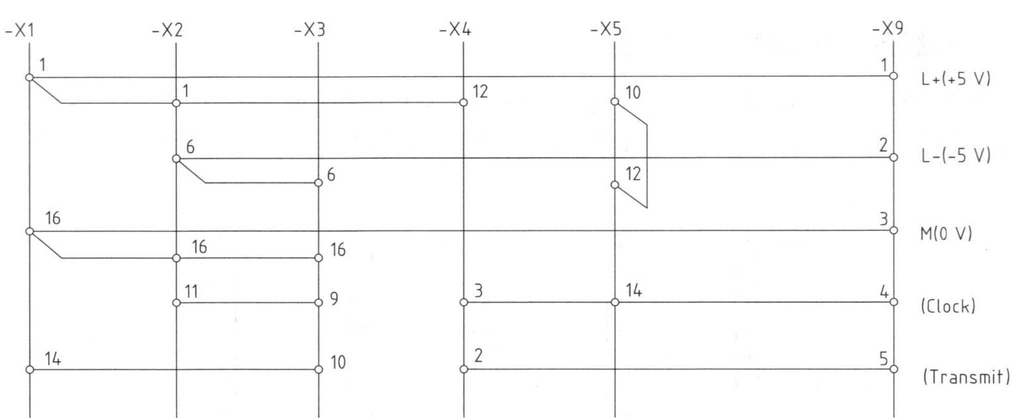

图 13–6 接线图的简化表示方法示例

13.4 印制电路板图

在敷有铜箔的绝缘基板上，采用保护性腐蚀方法将电路的全部导线印制在此板上，这种制有印制电路的绝缘底板称为印制电路板（PCB），简称印制板。印制电路板具有体积小、重量轻、接线牢固、便于大批量生产的特性，所以 PCB 在电子产品中的应用极其广泛。指导 PCB 加工制作、焊接和装配的图样，称为印制板电路图。按照用途的不同，印制板电路图分为印制板零件图和印制板装配图。本节将对这两种印制板电路图进行介绍。

13.4.1 印制板零件图

印制板零件图是表示导电图形、阻焊图形、字符图形、结构要素、技术要求和有关规定的图样。

1. 导电图形

印制板零件图中，器件间的连接线是按照实际走向绘出的，一般是不规则的。这种不规则的连接线称为导电图形，可用图 13–7 中的几种方式表示。当印制导线宽度小于 1 mm 或宽度基本一致时，导电图形可用单线绘制。

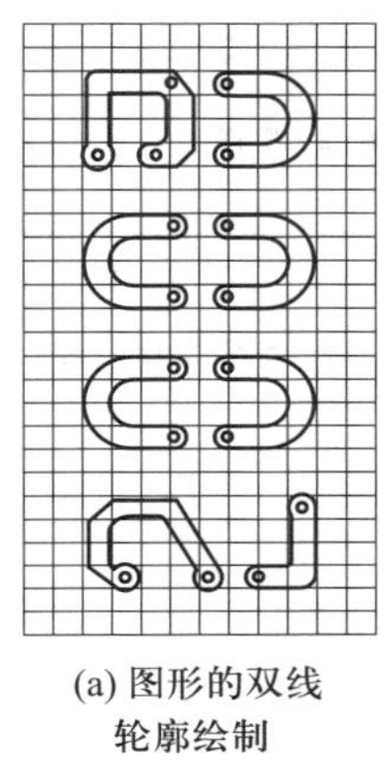

(a) 图形的双线轮廓绘制

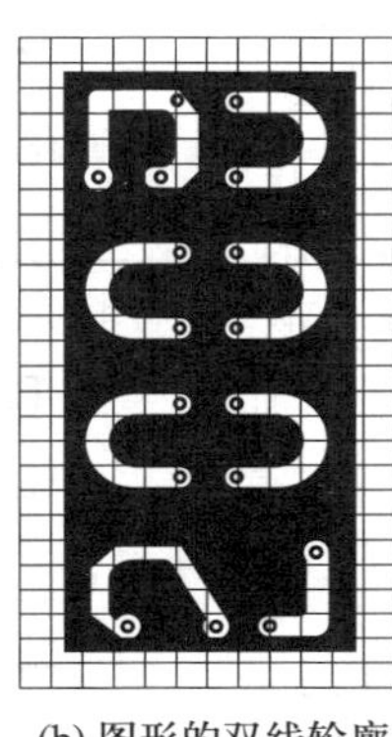

(b) 图形的双线轮廓外的涂色绘制

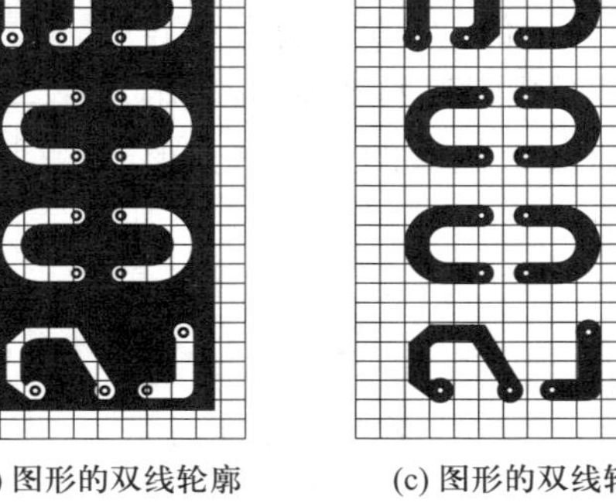

(c) 图形的双线轮廓内涂色绘制

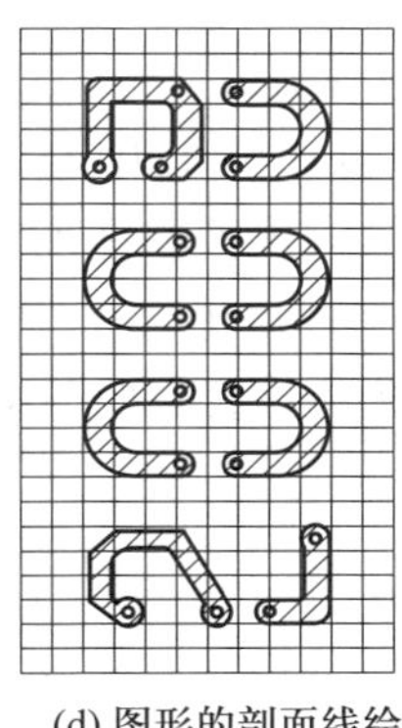

(d) 图形的剖面线绘制

图 13–7 导电图形的表示方法

2. 导电图形的尺寸标注

绘制导电图形时，需要注明导线宽度、最小间距、连接盘、环宽、边距等尺寸数据，如图 13–8 所示。

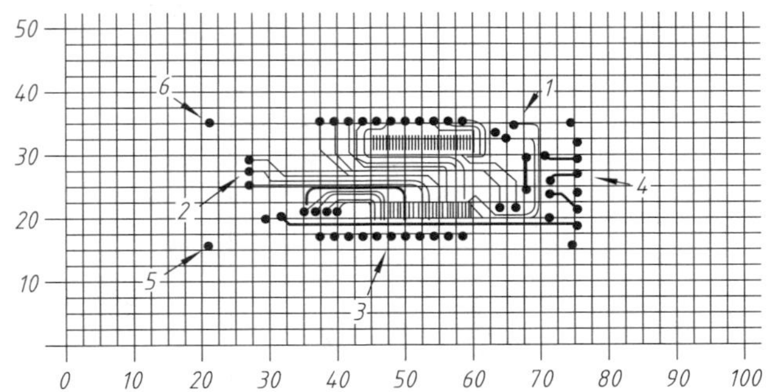

注：1. 图中的 1 号孔：16 个孔为 ϕ0.7 mm；2 号孔：3 个孔为 ϕ0.8 mm；3 号孔：22 个孔为 ϕ0.9 mm；4 号孔：6 个孔为 ϕ1.6 mm；5 号孔：2 个孔为 ϕ2.2 mm；6 号孔：2 个孔为 ϕ2.5 mm。

2. 圆形连接盘：ϕ1.4 mm 和 ϕ1.6 mm；椭圆形连接盘（r 为 0.5 mm）：1.65 mm × 1.9 mm；方形连接盘：1.65 mm × 1.65 mm；长方形连接盘：0.30 mm × 2.54 mm。

3. 印制导线宽度：0.2 mm，间距≥0.2 mm。

图 13–8 导电图形的尺寸标注

3. 焊盘图形

焊盘是指 PCB 上用于焊接元器件的金属接触点。焊盘是通过覆铜工艺形成的，通常在 PCB 的表面和内层都有。根据布线密度和制造工艺的不同选择焊盘的形状，焊盘一般包括圆形、方形、长方形、切割圆形、椭圆形等形状。各种焊盘的形状如图 13-9 所示。

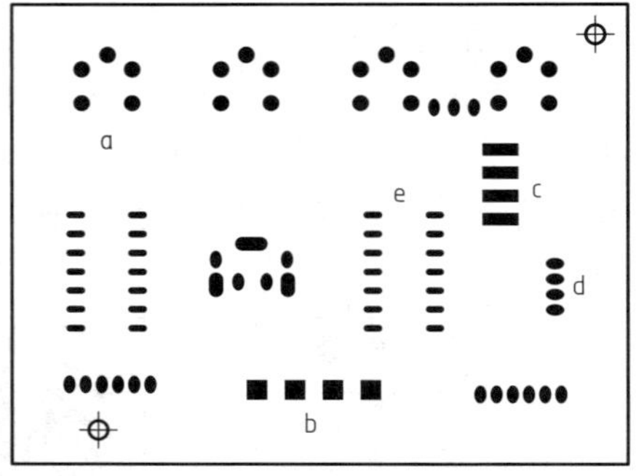

a—圆形；b—方形；c—长方形；d—切割圆形(菱形)；e—椭圆形。

图 13-9 各种焊盘的形状

4. 孔位图形

孔位图形分为孔组图和分孔图。孔组图表征了孔的形状（圆形孔和异形孔）以及孔中心的位置。

在孔组图中，除圆形孔以外的都是异形孔。异形孔的表示方法采用 x、y、l、b、r、a 六个参数值表示，其中 x、y 分别表示异形孔中心的 X 和 Y 坐标值；l、b 分别表示异形孔的最大长度和宽度；r 表示异形孔圆弧的半径；a 表示异形孔在直角坐标系中安放在 PCB 上位置的角度。异形孔的形状及其参数如图 13-10 所示。

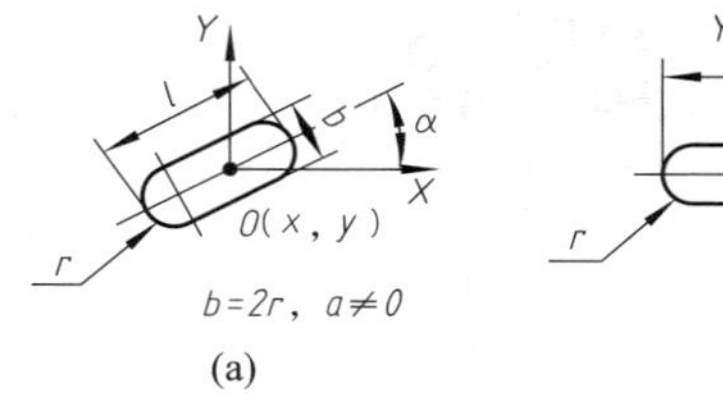

(a) (b) (c)

图 13-10 异形孔的形状

分孔图的作用是将印制板所有孔的孔径加以归类，用于钻孔和检验。分孔图应包括全部圆形孔和异形孔的孔径，并绘制在坐标网格线上；当采用不带坐标网格的绘图纸时，应标明原点（O），并在分孔图的四边用尺寸刻度线标出网格位置。相同孔用一种符号表示，并在图中标注说明。分孔图示例如图 13-11 所示。

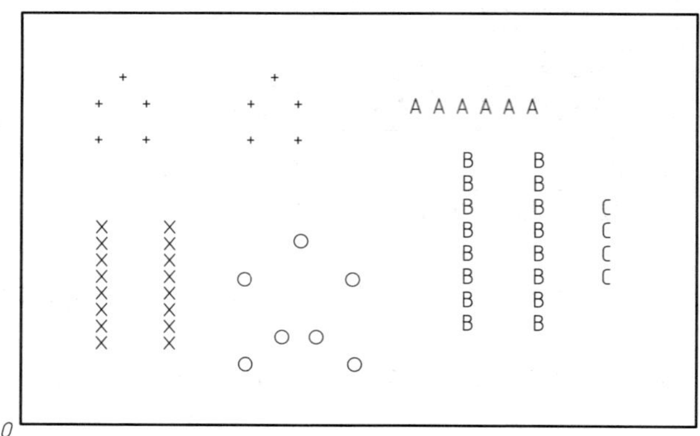

分孔图			
孔化	孔径/mm	孔数	代码
Y	2.00	10	+
Y	0.70	16	×
Y	1.70	7	○
Y	1.30	6	A
Y	0.90	16	B
N	1.45	4	C

图 13-11 分孔图

5. 字符图形

字符是印制板电路图上元器件的各种符号。字符图形在原理图、逻辑图中表示了位号及元器件安（贴）装位置等。一般采用元器件的图形符号、简易外形和它在原理图、逻辑图中的位号表示，如图 13–12 所示。

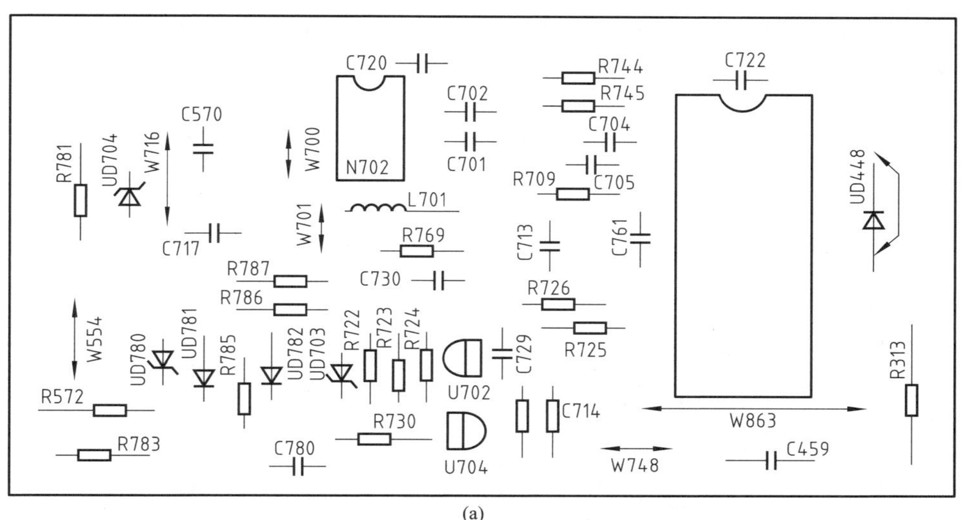

(a)

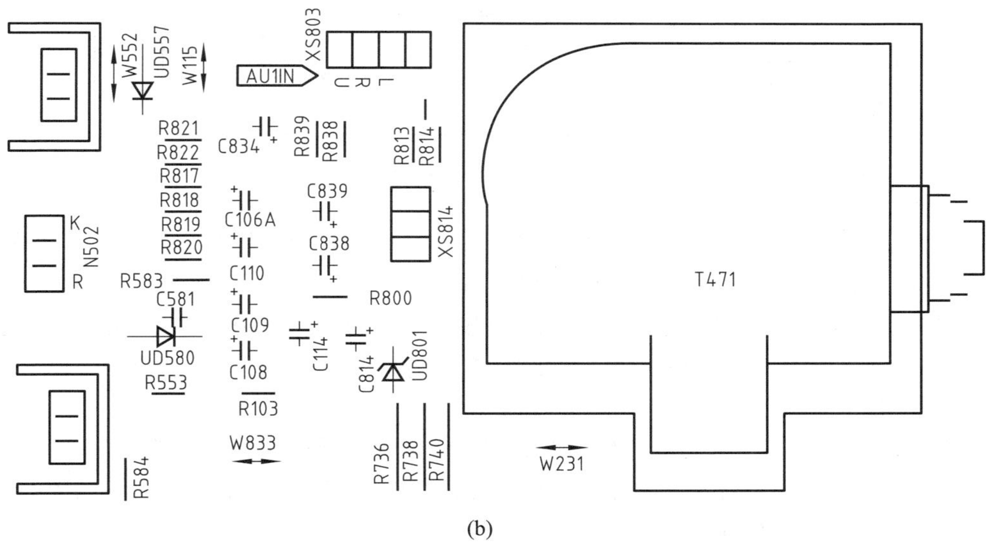

(b)

图 13–12 字符图形示例

13.4.2 印制板装配图

印制板装配图是表示各种元器件和结构件等与印制板连接关系的图样。印制板装配图绘制时应考虑如下因素。

（1）首先应考虑读图方便，根据元器件的结构特点，选用恰当的表示方法。在完整、清晰地表达元器件和结构件等与印制板连接关系的前提下，力求制图简便。

（2）图样中应有必要的外形尺寸、安装尺寸以及其他产品的连接位置和尺寸。

（3）对于各种有极性的元器件，应在图中标出其极性。

（4）允许时，技术要求和有关规范也应标注。

（5）当一个视图就能表达清楚时，可只画一个视图，此时应将镜像的元器件和结构件用虚线绘制；当元器件采用图形符号绘制时，仅引线用虚线绘制，如图 13–13 所示。

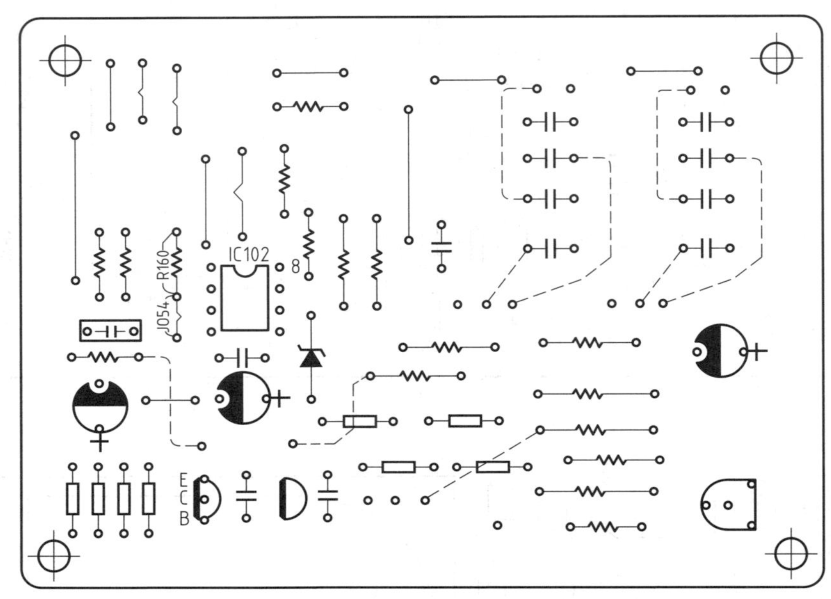

图 13–13 镜像元器件和结构件的绘制

在清楚地表示装配关系的前提下，PCB 装配图中的元器件应采用其实体外形、简化外形符号或按照 GB/T 4728 绘制图形符号的方法绘制，同时采用指引线并标注序号，如图 13–14 所示。在需要完整、详细地表示装配关系时，PCB 装配图中结构和元器件按 GB/T 4458.4—2003 中的规定绘制。对元器件和组合件的高度有要求时，应绘制侧视图，侧视图可选择一个典型件绘制，也可用文字说明。

PCB 装配图中一般不绘制导电图形，如需表示镜像面的导电图形和跨接线，可用虚线或色线绘出，如图 13–15 所示。印制板装配图中的可见跨接线用粗实线绘制，不可见的用虚线绘制，并标注位号，也可在图上标注说明。

对于 PCB 装配图中重复出现的单元图形，可以只画出其中一个单元，其余单元可简化绘制。此时，可用细实线绘出各个单元的位置，并标出单元顺序号，如图 13–16 所示。

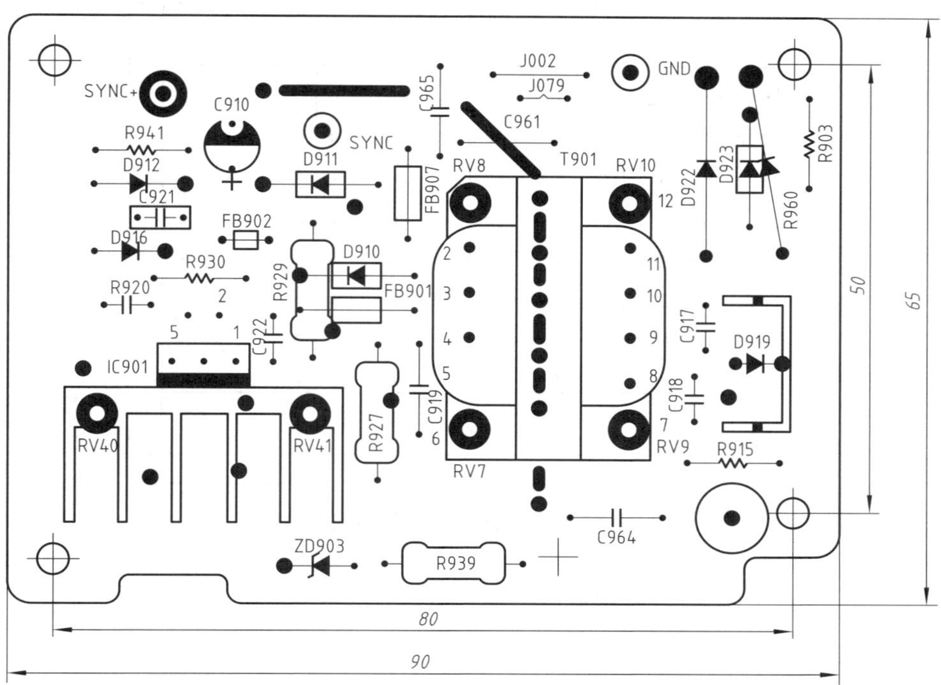

图 13-14 元器件和结构件的绘制

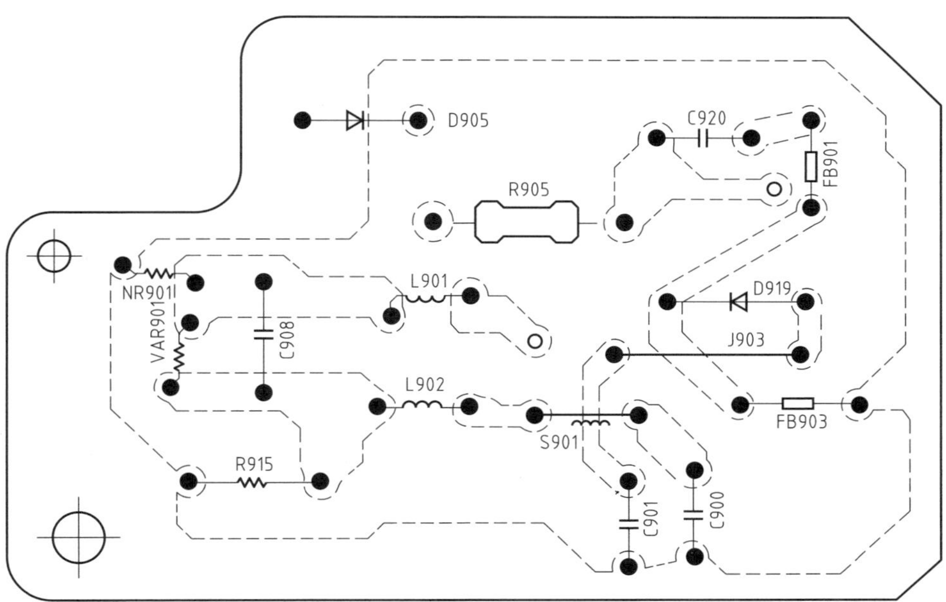

图 13-15 镜像面的导电图形和跨线

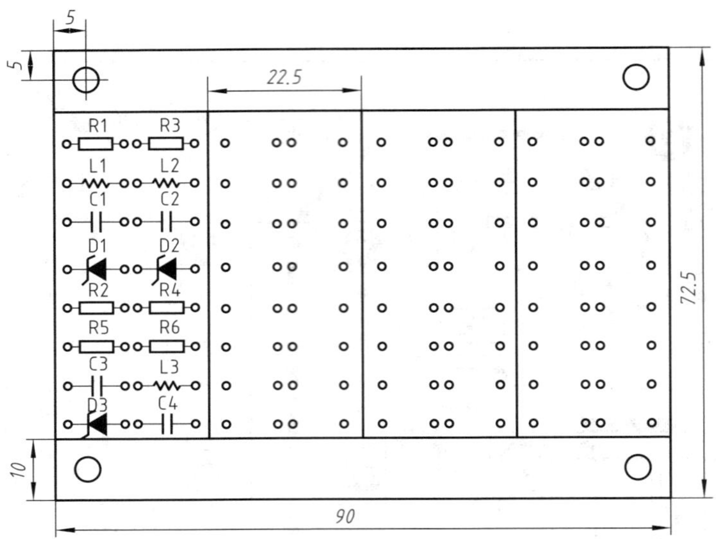

图 13-16 简化的印制板装配图

第 14 章　化工制图简介

本章学习导读

学习目的与要求： 了解化工制图的内容，了解绘制和阅读简单化工设备图的方法步骤，初步了解化工工艺图。

学习内容： 化工设备图的特点、内容、图样画法和阅读化工设备图，化工工艺图的内容和画法。

重点与难点： 如何阅读化工设备图。

化工制图是专门研究如何绘制和阅读化工图样的一门课程。化工制图与机械制图有着紧密的联系，它也是应用正投影法的基本原理和机械制图的基本方法，但也具有十分明显的专业特征。化工制图除了需要遵循机械制图的有关标准外，还要依照化工制图的若干规范。化工图样多种多样，一般分为三种：化工机器图、化工设备图、化工工艺图。化工机器图与一般机械图相同。本章简要介绍化工设备图和化工工艺图的绘制和阅读。

14.1　化工设备图

化工设备是指那些用于化工产品生产过程中的合成、分离、干燥、结晶、过滤、吸收、澄清等生产单元的装置和设备。常用的典型化工设备有反应罐（或釜）、塔器、换热器、贮罐（或槽）等。经常使用的图样有化工设备总图、装配图、部件图、零件图、管口方位图、表格图及预焊接件图等。

14.1.1　化工设备的基本结构特点

常见的几种典型化工设备（容器、反应罐、换热器和塔）的直观图如图 14-1 所示，这些化工设备虽然结构形状、尺寸大小以及安装方式各不相同，但构成设备的基本形体以及所采用的许多通用零部件都有共同的特点。

（1）基本形体以回转体为主。化工设备多为壳体容器，要求承压性能好，制作方便，省料，因此其主体结构为筒体加封头以及一些零部件（人孔、手孔、接管等）。这些零部件多由圆柱、圆锥、球和椭球等构成。

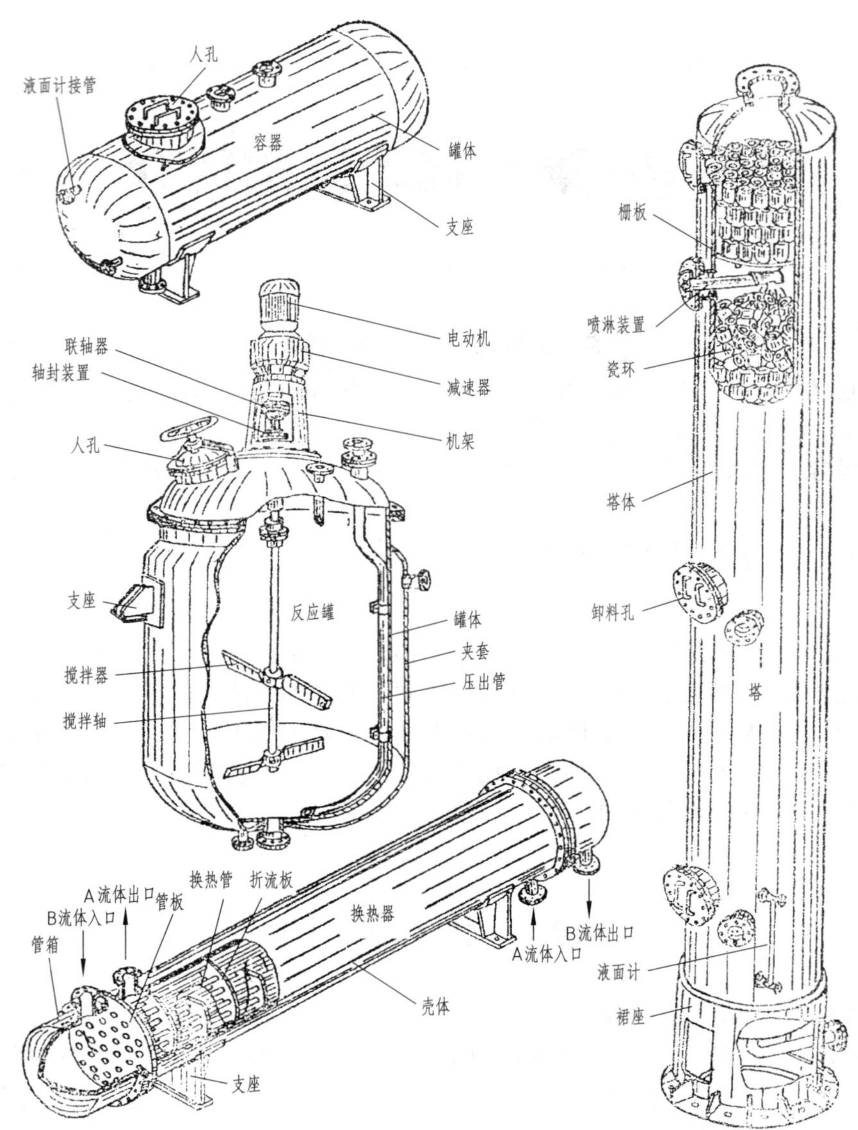

图 14–1 典型化工设备的直观图

（2）各部分结构尺寸大小相差悬殊。设备的总高（或总长）与直径、设备的总体尺寸（长、高及直径）与壳体壁厚或其他细部结构尺寸大小相差悬殊。大尺寸大至几十米，小的只有几毫米。

（3）壳体上开孔和管口多。设备壳体上，根据化工工艺的需要，有众多的开孔和管口，如进料口、出料口、放空口、清理孔、观察孔、人孔（或手孔）以及液面、温度、压力、取样等检测口。

（4）广泛采用标准化零部件。化工设备中较多的通用零部件都已标准化、系列化，如封头、支座、管法兰、设备法兰、人孔（或手孔）、视镜、液面计、补强圈等。一些典型设备中，部分常用零部件如填料箱、搅拌器、波形膨胀节、浮阀及泡罩等也有相应的标准。在设计时可根据需要直接选用。

（5）大多采用焊接结构。设备中较多的零部件如筒体、支座、人孔（或手孔）等都是焊接成形的。零部件间的连接也大都采用焊接结构，例如筒体与封头，筒体、封头与设备法兰，壳体与支座等。

（6）选用零部件材料有特殊要求。化工设备的材料除考虑强度、刚度外，还应当考虑耐腐蚀、耐高温（最高达 1 500 ℃）、耐深冷（最低为 –269 ℃）、耐高压（最高达 3 000 kgf/cm^2）、高真空（真空度高达 759.9 mmHg）。因此，常使用碳钢、合金钢、有色金属、稀有金属（钛、钽、锆等）及非金属材料（陶瓷、玻璃、石墨、塑料等）作为结构材料或衬里材料，以满足各种设备的特殊要求。

（7）防泄漏安全结构要求高。化工设备在处理有毒、易燃、易爆的介质时，要求密封性能好，安全装置可靠，以免发生“跑、冒、滴、漏”及爆炸。因此，除对焊缝进行严格的检验外，对于各连接面的密封结构也提出了较高要求。

14.1.2 化工设备图的内容

一张化工设备的装配图（图 14–2、图 14–3），除了具有与一般机械装配图相同的内容外，还有技术特性表、接管（或管口）表等内容，以满足化工设备图样特定的技术要求的需要。技术特性表中包括设计压力、设计温度、工作温度、工作压力、物料名称、焊缝系数、腐蚀裕度及容器类别等内容。接管（或管口）表中包括接管符号、公称尺寸、连接尺寸标准、连接面形式、用途或名称等项。

14.1.3 化工设备图的图样画法

1. 视图选择

化工设备的主体结构常采用两个基本视图来表达。卧式设备一般为主、左（或右）视图（图 14–2），立式设备一般为主、俯视图（图 14–3）。当设备的高（或长）较大时，由于图幅有限，俯、左（或右）视图难以安排在基本视图位置，可以将其配置在图面的空白处，注明其视图名称；也允许画在另一张图纸上，分别在两张图纸上注明视图关系。

某些结构形状简单、在装配图上易于表达清楚的零件，其零件图可直接画在装配图中适当位置，注明“件号 ×× 零件图”。某些装配图中，还有其他一些图，如支座的底板尺寸图、塔器的单线条结构示意图、管口方位图、气柜的配重图和标尺图、某零件的展开图等。总之，化工设备图的视图配置及表达较灵活。

2. 细部结构的表达方法

由于化工设备的各部分结构尺寸相差悬殊，按缩小比例画出的基本视图中，很难把细部结构也表达清楚。因此，化工设备图中较多地使用了局部放大图和夸大画法来表达这些细部结构。

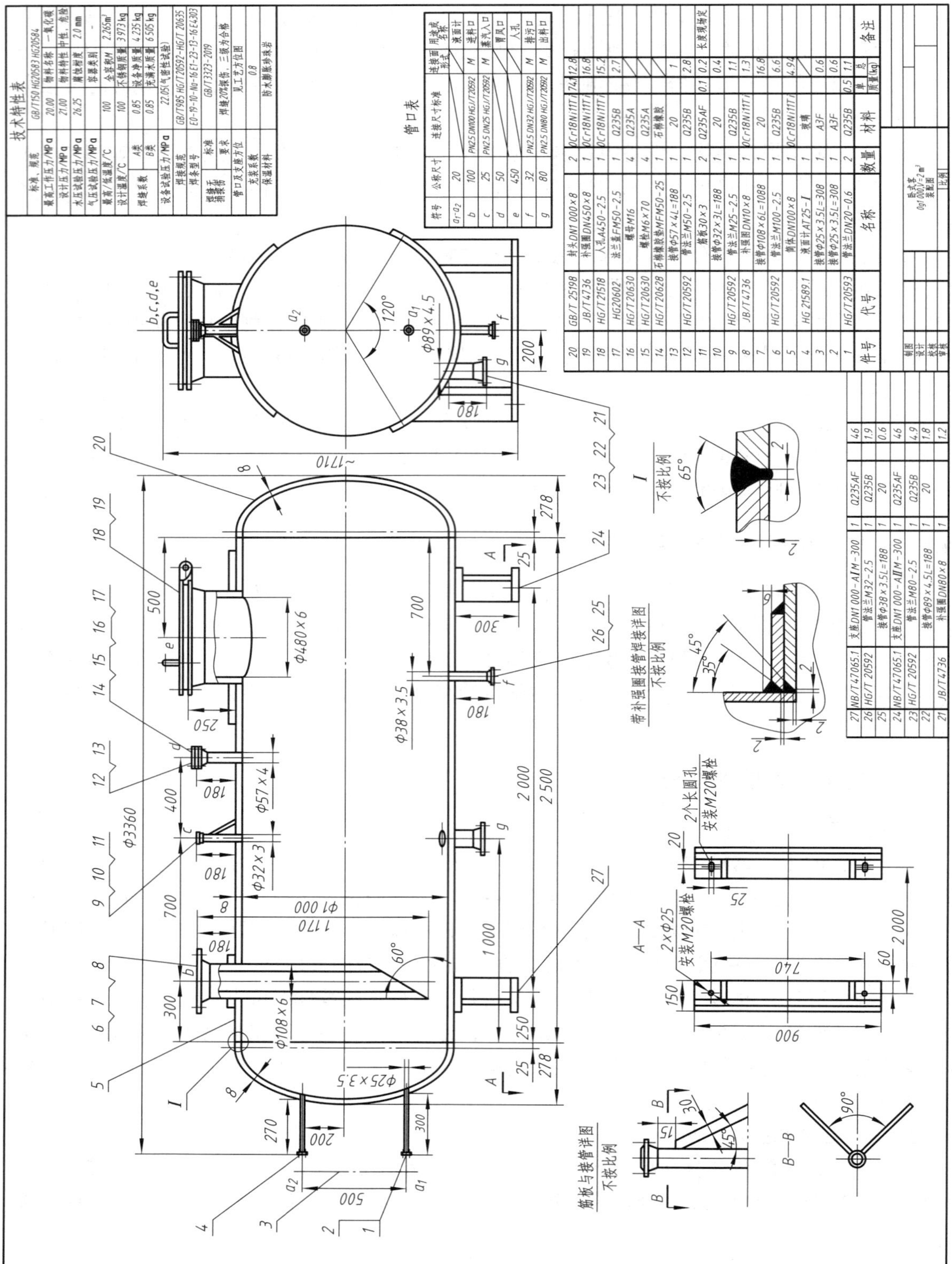

技术特性表

标准、规范		GB/T150 HG20583 HG20584		
最高工作压力/MPa		20.00	物料名称	一氧化碳
设计压力/MPa		21.00	物料特性	中性，危险
水压试验压力/MPa		26.25	腐蚀裕度	2.0 mm
气压试验压力/MPa			容器类别	-
最高/低温度/℃		100	全容积M	2.265m³
设计温度/℃		100	不锈钢质量	3 973 kg
焊缝系数	A类	0.85	设备净质量	4 235 kg
	B类	0.85	充满水质量	6 505 kg
设备试验压力/MPa		22.05(气密性试验)		
焊接规范		GB/T985 HG/T20592-HG/T 20635		
焊条型号		E0-19-10-Na-16 E1-23-13-16 E4303		
焊缝无损探伤	标准	GB/T3323-2019		
	要求	焊缝20%探伤，三级为合格		
管口及支座方位		见工艺方位图		
充装系数		0.8		
保温材料		防水膨胀珍珠岩		

管口表

符号	公称尺寸	连接尺寸标准	连接面形式	用途或名称
a_1-a_2	20			液面计
b	100	PN2.5 DN100 HGJ/T20592	M	进料口
c	25	PN2.5 DN25 HGJ/T20592	M	蒸汽入口
d	50			胃风口
e	450			人孔
f	32	PN2.5 DN32 HGJ/T20592	M	排污口
g	80	PN2.5 DN80 HGJ/T20592	M	出料口

筋板与接管详图 不按比例

A—A

带补强圈接管焊接详图 不按比例

I 不按比例

件号	代号	名称	数量	材料	单 质量(kg)	总 质量(kg)	备注
27	NB/T47065.1	支座DN1 000-AⅠM-300	1	Q235AF		46	
26	HG/T 20592	管法兰M32-2.5	1	Q235B		1.9	
25		接管Φ38×3.5L=188	1	20		0.6	
24	NB/T47065.1	支座DN1 000-AⅡM-300	1	Q235AF		46	
23	HG/T 20592	管法兰M80-2.5	1	Q235B		4.9	
22		接管Φ89×4.5L=188	1	20		1.8	
21	JB/T4736	补强圈DN80×8	1			1.2	
20	GB/T 25198	封头DN1 000×8	2	0Cr18Ni11Ti	74.1	12.8	
19	JB/T4736	补强圈DN450×8	1	0Cr18Ni11Ti		16.8	
18	HG/T21518	人孔A450-2.5	1	0Cr18Ni11Ti		15.2	
17	HG20602	法兰盖FM50-2.5	1	Q235B		2.7	
16	HG/T20630	螺母M16	4	Q235A			
15	HG/T20630	螺栓M6×70	4	Q235A			
14	HG/T20628	石棉橡胶垫MFM50-25	1	石棉橡胶			
13		接管Φ57×4L=188	1	20		1	
12	HG/T20592	管法兰M50-2.5	1	Q235B		2.8	
11		筋板30×3	2	Q235AF	0.1	0.2	长度现场定
10		接管Φ32×3L=188	1	20		0.4	
9	HG/T20592	管法兰M25-2.5	1	Q235B		1.1	
8	JB/T4736	补强圈DN10×8	1	0Cr18Ni11Ti		1.3	
7		接管Φ108×6L=1088	1	20		16.8	
6	HG/T20592	管法兰M100-2.5	1	Q235B		6.6	
5		筒体DN100×8	1	0Cr18Ni11Ti		4.94	
4	HG 21589.1	液面计AT25-Ⅰ	1	玻璃			
3		接管Φ25×3.5L=308	1	A3F		0.6	
2		接管Φ25×3.5L=308	1	A3F		0.6	
1	HG/T20593	管法兰DN20-0.6	2	Q235B	0.5	1.1	

制图			卧式容 Og1 000,V=2 m³ 装配图
设计			
校核			
审核			比例

图 14-2 卧式容器装配图

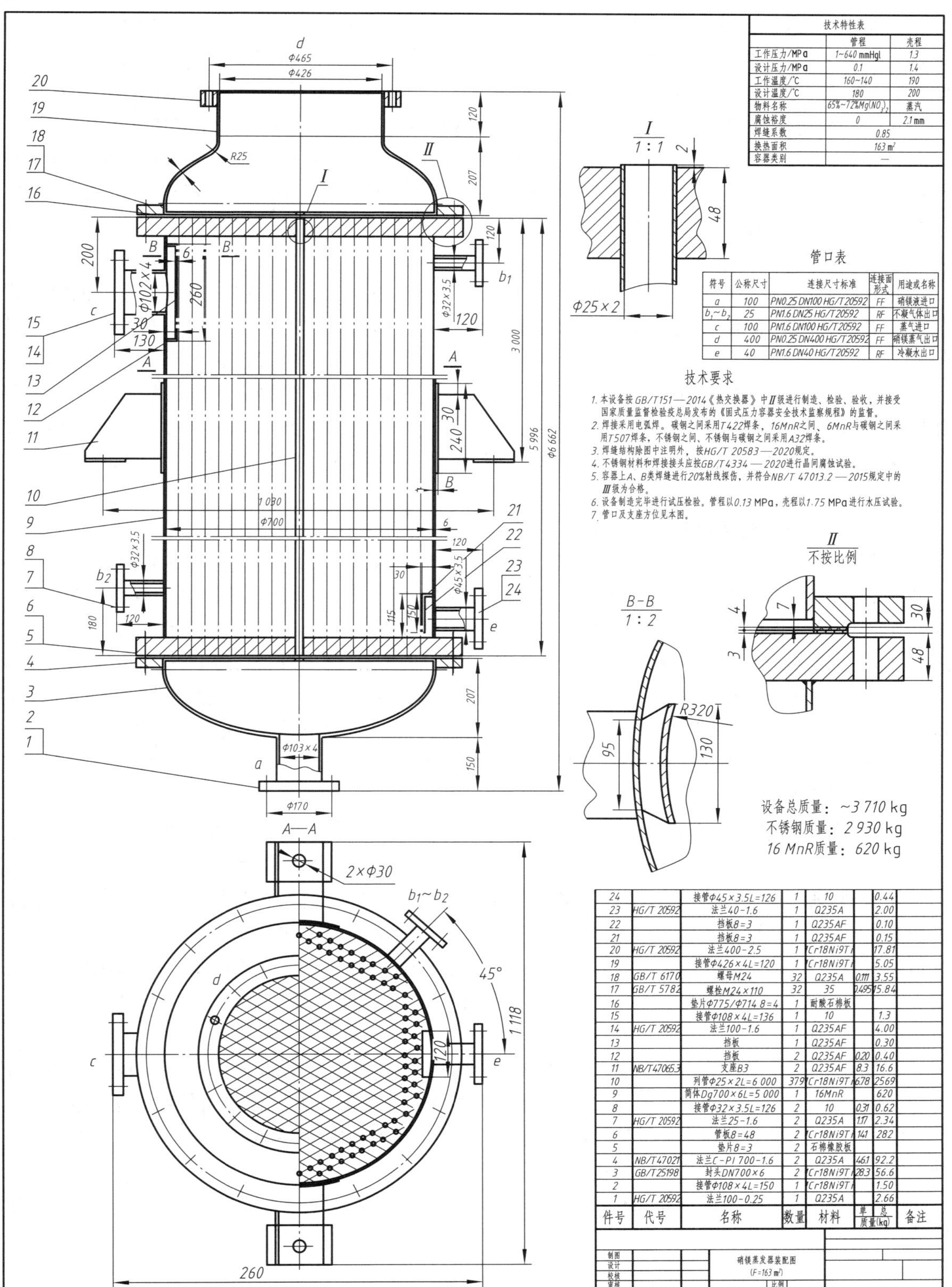

技术特性表

	管程	壳程
工作压力/MPa	1~640 mmHgl	1.3
设计压力/MPa	0.1	1.4
工作温度/℃	160~140	190
设计温度/℃	180	200
物料名称	65%~72%$Mg(NO_3)_2$	蒸汽
腐蚀裕度	0	2.1 mm
焊缝系数	0.85	
换热面积	163 m²	
容器类别	—	

管口表

符号	公称尺寸	连接尺寸标准	连接面形式	用途或名称
a	100	PN0.25 DN100 HG/T 20592	FF	硝镁液进口
b_1~b_2	25	PN1.6 DN25 HG/T 20592	RF	不凝气体出口
c	100	PN1.6 DN100 HG/T 20592	FF	蒸气进口
d	400	PN0.25 DN400 HG/T 20592	FF	硝镁蒸气出口
e	40	PN1.6 DN40 HG/T 20592	RF	冷凝水出口

技术要求

1. 本设备按GB/T151—2014《热交换器》中Ⅱ级进行制造、检验、验收，并接受国家质量监督检验疫总局发布的《固式压力容器安全技术监察规程》的监督。
2. 焊接采用电弧焊。碳钢之间采用T422焊条，16MnR之间、6MnR与碳钢之间采用T507焊条，不锈钢之间、不锈钢与碳钢之间采用A32焊条。
3. 焊缝结构除图中注明外，按HG/T 20583—2020规定。
4. 不锈钢材料和焊接接头应按GB/T4334—2020进行晶间腐蚀试验。
5. 容器上A、B类焊缝进行20%射线探伤，并符合NB/T 47013.2—2015规定中的Ⅲ级为合格。
6. 设备制造完毕进行试压检验。管程以0.13 MPa，壳程以1.75 MPa进行水压试验。
7. 管口及支座方位见本图。

设备总质量：~3 710 kg
不锈钢质量：2 930 kg
16 MnR质量：620 kg

件号	代号	名称	数量	材料	单 质量(kg)	总 质量(kg)	备注
24		接管Φ45×3.5L=126	1	10		0.44	
23	HG/T 20592	法兰40-1.6	1	Q235A		2.00	
22		挡板δ=3	1	Q235AF		0.10	
21		挡板δ=3	1	Q235AF		0.15	
20	HG/T 20592	法兰400-2.5	1	1Cr18Ni9Ti		17.81	
19		接管Φ426×4L=120	1	1Cr18Ni9Ti		5.05	
18	GB/T 6170	螺母M24	32	Q235A	0.111	3.55	
17	GB/T 5782	螺栓M24×110	32	35	0.495	15.84	
16		垫片Φ775/Φ714 δ=4	1	耐酸石棉板			
15		接管Φ108×4L=136	1	10		1.3	
14	HG/T 20592	法兰100-1.6	1	Q235AF		4.00	
13		挡板	1	Q235AF		0.30	
12		挡板	2	Q235AF	0.20	0.40	
11	NB/T470653	支座B3	2	Q235AF	8.3	16.6	
10		列管Φ25×2L=6 000	379	1Cr18Ni9Ti	6.78	2569	
9		筒体Dg700×6L=5 000	1	16MnR		620	
8		接管Φ32×3.5L=126	2	10	0.31	0.62	
7	HG/T 20592	法兰25-1.6	2	Q235A	1.17	2.34	
6		管板δ=48	2	1Cr18Ni9Ti	141	282	
5		垫片δ=3	2	石棉橡胶板			
4	NB/T47021	法兰C-PI 700-1.6	2	Q235A	46.1	92.2	
3	GB/T25198	封头DN700×6	2	1Cr18Ni9Ti	28.3	56.6	
2		接管Φ108×4L=150	1	1Cr18Ni9Ti		1.50	
1	HG/T 20592	法兰100-0.25	1	Q235A		2.66	

制图		硝镁蒸发器装配图 (F=163 m²)
设计		
校核		
审核		比例

图 14-3 硝镁蒸发器装配图

局部放大图（亦称“节点详图”）可画成局部视图、局部剖视或移出断面图。放大图可按规定比例放大，也可不按比例作适当放大，但都要标注。例如图 14–2 中的“筋板与接管详图”“带补强圈接管焊接详图”、局部放大图“*I*”，图 14–3 中的局部放大图“*I*”“*II*”和“*B—B*”局部剖放大图。对于化工设备中的壳体壁厚、接管壁厚、垫片及各种板状零部件，在按总体比例缩小后，难以表达其厚度，可作适当的夸大画出。某些细小结构或较小的零部件也允许作适当的夸大画出。图 14–2 中壳体壁厚、接管法兰等，图 14–3 中壳体壁厚、列管、垫片、接管法兰等，均采用了夸大画法。

3. 多次旋转的表达方法

化工设备壳体上分布有众多的管口、开口及其他附件。为了在主视图上表达它们的结构形状及位置高度，可使用多次旋转的表达方法。多次旋转即假想将沿设备周向分布的接管及其他附件，分别绕整体轴线、按不同方向旋转到与正立投影面平行的位置，画出反映它们实形的视图（如图 14–3 中的支座、接管 b_1 和 b_2）。为了避免混乱，在不同的视图中同一接管或附件应用相同的小写拉丁字母编号。图中规格、用途相同的接管或附件可共用同一字母，用阿拉伯数字作角标，以示个数。应注意被旋转的接管及其他附件在主视图上不应相互重叠。例如图 14–2 和图 14–3 中的各接管。

4. 断开画法、分层画法及整体图

对于过高或过长的化工设备，如塔、换热器及贮罐等，部分结构形状相同，且高（或长）度较大，常使用断开画法。断开画法是将该部分用两条平行的双点画线断开，移去中间部分，缩短图形，简化作图（如图 14–3 的主视图）。如果设备是分节（或层）的，则可将某塔节（或层）用局部放大的方法表达其内部结构。对于过高或过长的化工设备，还可用缩小比例、单线条画出设备的整体外形图或剖视图。在整体图上，应标注总高尺寸、塔盘间距尺寸、各主要零部件的定位尺寸及各管口的标高尺寸。塔盘应按顺序从下至上编号，且应注明塔盘间距尺寸。图 14–4 则是用单线条绘制的某一浮阀塔的整体剖视图。

5. 管口方位的表达方法

化工设备壳体上众多的管口和附件方位的确定，在安装、制造等方面都是至关重要的，图 14–2 中的左视图和图 14–3 中的俯视图已将各管口的方位表达清楚了。但有的化工设备仅用一个主视图和一些辅助视图，就可将其基本结构形状表达清楚，此时往往用管口方位图来表达设备的管口及其他附件分布的情况。对于立式设备采用俯视方向，对于卧式设备采用左或右视方向。图 14–5 为饱和热水塔的管口方位图，它代替俯视图，反映各管口及地脚螺栓的分布情况。

6. 简化画法

在绘制化工设备图时，为了减少一些不必要的绘图工作量，提高绘图效率，在既不影响正确、清晰地表达结构形状，又不致使读图者产生误解的前提下，大量地采用各种简化画法。

（1）一些标准化零部件已有标准图，它们在化工设备图中不必详细画出，可按比例画出反映其特征外形的简图，如图 14–2、图 14–3 中的法兰、接管、支座等。

（2）外购部件在化工设备图中，可以只画其外形轮廓简图。但要求在明细栏中注写“外购”字样。

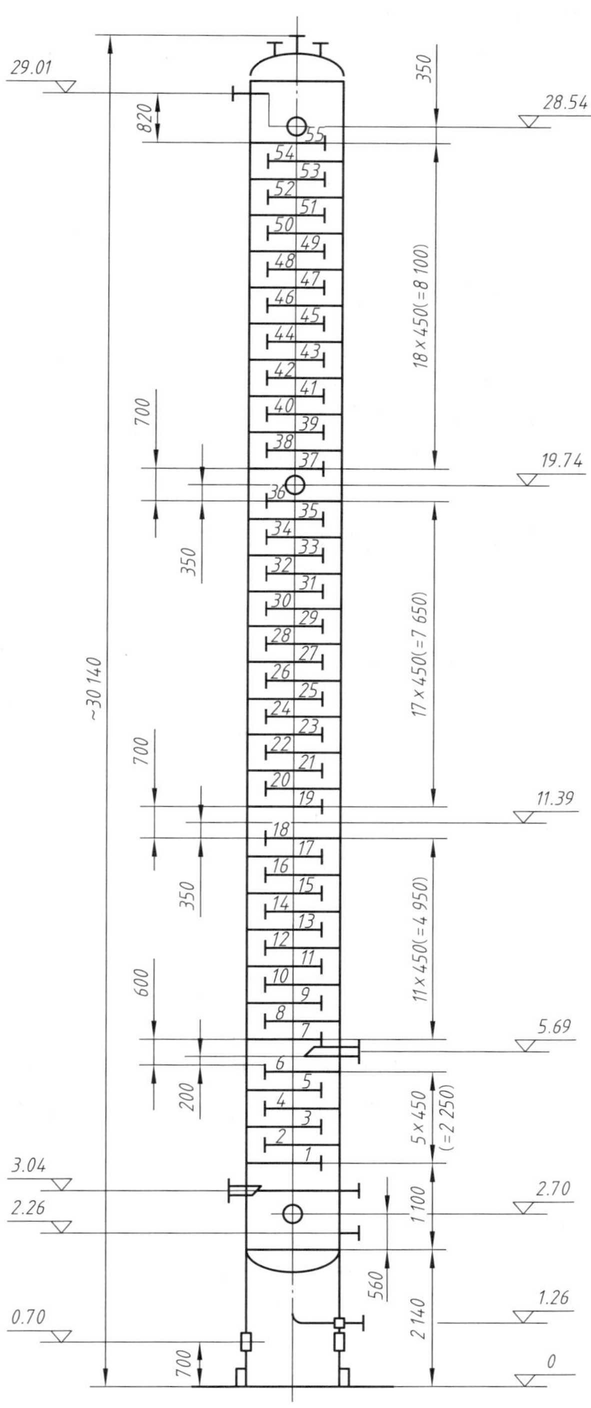

图 14-4 浮阀塔的整体图

（3）对于已有零部件图、局部放大图及规定记号的零部件，或者一些简单结构，可以采用单线条（粗实线）示意画法。例如图 14–2 中的接管、图 14–3 中的列管即用单线条画出。图 14–4 中浮阀塔的整体图也是用单线条示意画出的。

（4）化工设备图中液面计可用点画线示意表达，并用粗实线画出“＋”符号表示其安装位置，如图 14–2 中零件 3 所示。

（5）化工设备中出现的有规律分布的重复结构允许作如下简化表达。

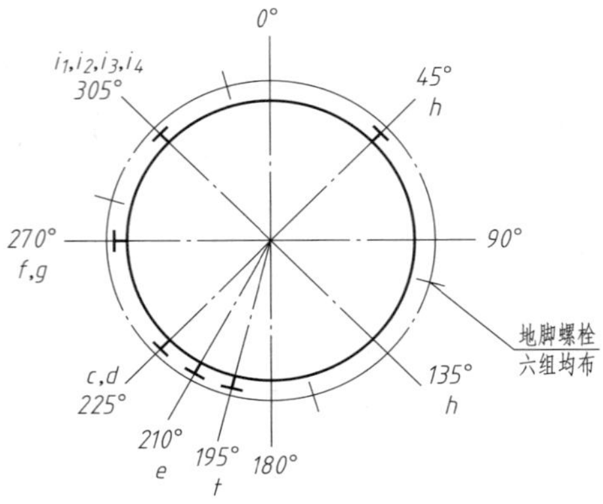

图 14–5 饱和热水塔的管口方位图

① 螺纹紧固件组，可不画出各组零件的投影，只用点画线表示其连接位置，如图 14–3 中设备法兰的螺栓连接。

② 按一定规律排列的列管，可只画一根，其余的用点画线表示其安装位置，如图 14–3 中列管的简化画法。

③ 设备中规格、材质和堆放方法相同的填料，可在堆放范围内，用交叉细实线示意表达。

14.1.4 化工设备图的尺寸标注

化工设备图的尺寸标注需要反映设备的大小规格、装配关系、主要零部件的结构形状及设备的安装定位，以满足化工设备制造、安装、检验的要求。与一般机械装配图相比较，化工设备图的尺寸数量稍多，有的尺寸较大，尺寸精度要求较低，允许注成封闭尺寸链（加近似符号 ~）。总之，化工设备的尺寸标注，除遵守国家标准中有关尺寸标注的规定外，还可结合化工设备的特点，使尺寸标注做到完整、清晰、合理。

化工设备图的尺寸基准一般为筒体和封头的轴线、环焊缝，设备法兰连接面，设备支座或裙座的底面等。

化工设备图上需要标注的尺寸有如下几类。

1. 规格性能尺寸

反映化工设备的规格、性能、特征及生产能力的尺寸。如贮罐、反应罐内腔容积尺寸（筒体的内径、高度或长度尺寸）、换热器传热面积尺寸（列管长度、直径及数量）等。如图 14–2 中筒体的尺寸 ϕ1 000、2 500，图 14–3 中筒体的尺寸 ϕ700、5 996 和明细栏中列管的直径 25、长度 6 000、数量 374 等。

2. 装配尺寸

反映零部件间的相对位置尺寸，它们是制造化工设备时的重要依据。如设备图中接管间的定位尺寸（如图 14–2 中接管 b、c、d 间的距离 300、700、400），接管的伸出长度尺寸（如图 14–2 中尺寸 180），罐体与支座的定位尺寸，塔器的塔板间距，换热器的折流板、管板间的定位尺寸等。

3. 外形尺寸

表达设备的总长、总高、总宽（或外径）尺寸。这类尺寸较大，对于设备的包装、运输、安装及厂房设计，是必要的依据。如图 14–2 中总长尺寸 ~3 360、总高尺寸 ~1 710。

4. 安装尺寸

化工设备安装在基础或其他构件上所需要的尺寸，如支座、裙座上的地脚螺栓孔径及孔间定位尺寸等（如图 14-2 中支座底板上的尺寸 2 000、740、$2\times\phi25$、25、20）。

5. 其他尺寸

（1）设计计算确定的尺寸，如主体、封头的壁厚等。

（2）不需要另行绘制图样的零部件的结构尺寸。

（3）局部放大图中焊缝的结构尺寸。

绘制化工设备图的方法及步骤与机械制图基本相同，这里不再赘述。

14.1.5 阅读化工设备图

通过阅读图 14-3 所示硝镁蒸发器装配图，说明阅读化工设备图的一般方法与步骤。

1. 概括了解

（1）通过标题栏，了解设备名称、规格、材料、质量、绘图比例等内容。从图 14-3 的主标题栏中了解该图样为“硝镁蒸发器装配图”，是一种在化工生产过程中用于交换热量的装置。换热面积为 163 m^2。

（2）通过明细栏、管口表、技术特性表及技术要求等，了解各零部件和接管的名称、数量。对照零部件序号和管口符号在设备图上查找到其所在位置。从图 14-3 的明细栏、管口表等了解该设备有 24 种零部件，6 个接管口。从技术特性表中可了解设备的工作压力、工作温度、设计压力、设计温度、焊缝系数、腐蚀裕度、容器类别等指标以及使用物料。在技术要求中，对焊接方法、焊缝结构、检验要求等都注明了相应的要求。

（3）了解视图。图 14-3 所示硝镁蒸发器装配图采用了主、俯两个视图和三个局部放大图表达。

2. 视图分析

从设备图的主视图入手，结合其他基本视图，了解设备的形状、结构、各接管及零部件方位。结合其他视图，了解各局部相应部位的形状、结构。

硝镁蒸发器装配图用两个基本视图表达了蒸发器的主体结构。主视图用全剖表达了蒸发器总体的轮廓，圆柱形筒体及椭圆形封头的主要形状与壁厚，法兰与封头、筒体与管板、列管与管板、法兰与管板及各接管口与设备主体的连接等情况。

俯视图用半剖表达了各接管口方位、支座布置和列管的排列方式。

B—*B* 是放大的局部剖视图，用以表达接管口 c 处挡板的结构形状。局部放大图 *I* 表达了列管与管板的连接情况。局部放大图 *II* 表达了管板、法兰、垫片、螺栓、螺母之间的连接情况。

3. 零部件分析

按明细栏中的序号，将零部件逐一从视图中找出，了解其主要结构、形状、尺寸、与主体或其他零件的装配关系等。对组合件应从其部件装配图中了解其结构。

如图 14-3 所示，硝镁蒸发器主体由筒体（件 9）、封头、列管（件 10）、管板、法兰组成。封头由法兰（件 4）和椭球形封头（件 3）组成。筒体与列管、管板（件 6）焊接成一体，再与上、下封头用螺栓、螺母连接（件 17、18）。管板与封头法兰间加垫片（件 5、3）密封。换热列管共 379 根，按等边三角形方式排列，两端分别固定在上、下管板上。蒸发器筒体内，c 管口处有挡板（件 12、13），e 管口处有挡板（件 21、22）。蒸发器由前、后两个悬挂式支座（件 11）支承。

4. 设备分析

通过以上对视图和零部件的分析，对设备的总体结构有了较全面的了解。再结合相关技术资料，进一步了解设备的工作原理和操作过程等内容。

图 14–3 所示硝镁蒸发器的热交换过程如下：蒸汽由 c 管口进入壳程，与管程内的硝镁液进行热交换后，冷凝水由 e 管口流出。硝镁液由 a 管口进入管程内，吸收热量被蒸发，硝镁蒸气由 d 管口将热量带出。壳程内未冷却的蒸汽，上部由 b_1 管口排出，下部由 b_2 管口排出。c 管口处有挡板，防止高压蒸汽直接冲击列管。e 管口处也用挡板阻挡剩余蒸汽从此处排出。

14.2 化工工艺图

化工工艺图是进行工艺安装和指导生产的重要技术文件。化工工艺图主要包括工艺流程图、设备布置图和管路布置图。本节主要介绍工艺流程图中的方案流程图和施工流程图。它们都用来表达生产工艺流程。

14.2.1 方案流程图

1. 方案流程图的作用与内容

方案流程图又称流程示意图或流程简图，是用来表示整个工厂或车间生产流程的图样。它既可用于设计开始时工艺方案的讨论，亦是进一步进行施工流程图设计的主要依据。图 14–6 是合成氨生产的方案流程图。

氨是由三份氢和一份氮在高压、高温和有触媒存在的条件下合成的，再经过反复冷却、分离、除杂质等过程才得到液氨和气氨。

流程中的混合气由上一工段将氢和氮混合后被送入混合气氨冷器（E0401），经由液氨贮槽来的液氨冷却，进入油分离器（V0401）。从氨分离器（V0402）分离出含氨的混合气体，经循环压缩机（C0401）提高压力后，也进入油分离器（V0401）。两部分气体在油分离器中混合并除去其中油、水等杂质后，进入冷凝塔（E0403）上部的热交换器的管内。混合气在此处被冷凝塔下部升上来的气氨冷却。然后进入氨冷器（E0402）中，被管外的液氨（由液氨贮槽来）进一步冷却，此时部分气氨冷凝为液氨。管外的液氨冷却了气体，本身即被蒸发为气氨，送往外管。

自氨冷器（E0402）来的、被冷却了的、带有液氨的气氨，进入冷凝塔（E0403）下部氨分离套筒内，分离出其中的液氨被送往液氨贮槽，气氨上升到塔上部并被从油分离器（V0401）来的气体加热后，大部分从氨合成塔（T0401）上部导入；小部分作为冷气由塔下部导入，用以调节塔内温度。

从氨合成塔（T0401）出来的气体（氨含量为 12%~20%），进入水冷器（E0404），大部分气氨冷凝为液氨，经氨分离器（V0402）分出，减压后送往液氨贮槽。从氨分离器出来的、含氨的混合气体，经循环压缩机（C0401）提高压力后，进入油分离器（V0401）继续下一循环。为了防止氢氮混合气中甲烷在系统内积累，定期地将进入循环压缩机前的小量气体放空。

由图中可以看出，方案流程图应包括下面两项内容。

① 生产过程中所采用的各种机器、设备。

② 物料由原料转变为半成品或成品的运行路线——工艺流程线。

2. 方案流程图的画法

由图 14-6 可以看出，方案流程图是一种示意性的展开图，即按照工艺流程的顺序，将设备和工艺流程线自左向右地展开画在同一平面上，并加以必要的标注与说明。

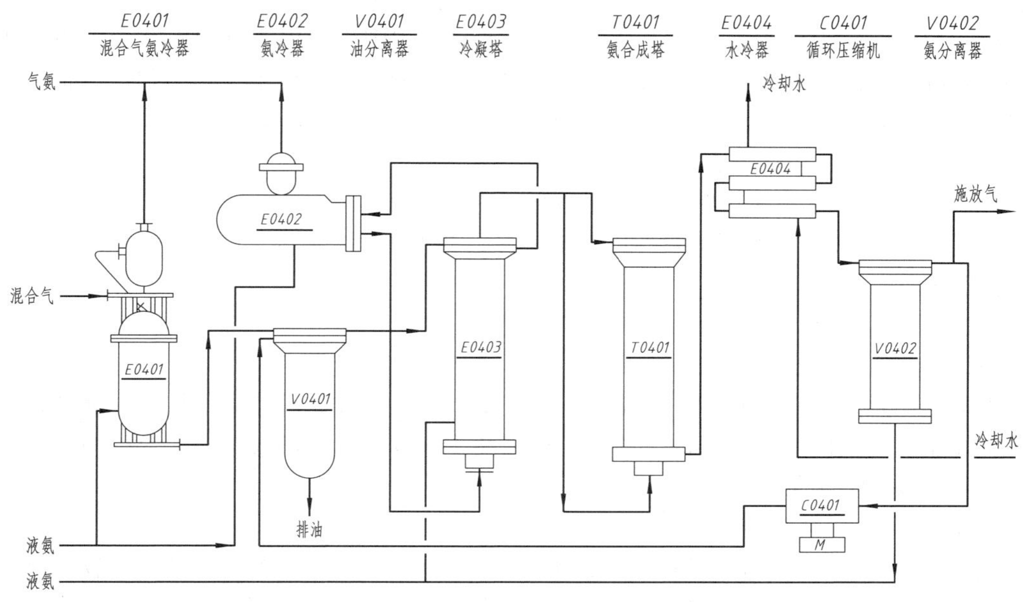

图 14-6　合成氨方案流程图

（1）设备的画法

① 用细实线画出设备的大致轮廓线或示意图，一般不按比例，但应保持它们的相对大小。设备的表示法请参考工业和信息化部发布的《化工工艺设计施工图内容和深度统一规定》。

② 各设备之间的高低位置及设备上重要接管口的位置，应大致符合实际情况。各台设备之间应保留适当距离，以布置流程线。

③ 在方案流程图中，同样的设备可只画一套。对于备用设备，可以省略不画。

（2）工艺流程线的画法

① 用粗实线画出主要物料的工艺流程线，在流程线上用箭头标明物料流向。在流程线的起始和终了位置注明物料的名称、来源或去向。

② 如遇流程线之间或流程线与设备之间发生交错或重叠而实际并不相连时，应将其中一线断开或曲折绕过，以使各设备与流程线的表达清晰明了、排列整齐。

③ 在方案流程图中，一般只画出主要工艺流程线，其他辅助流程线则不必一一画出。

（3）位号与名称注写

在设备图形内或其近旁注写设备的位号。在流程图的上方或下方列出设备的位号及名称（位号在上，名称在下），并尽可能正对设备，如图 14-6 所示。也可将设备依次编号，并在图样空白处按编号顺序集中列出设备名称。对于流程简单、设备较少的方案流程图，图中的设备也可以不编号，而将名称直接注写在设备的图形上。位号的组成应符合相应标准的规定。

对于方案流程图的图幅一般不作规定。图框和标题栏亦可省略。

14.2.2 施工流程图

1. 施工流程图的作用与内容

施工流程图又称工艺管道及仪表流程图或带控制点工艺流程图。它是在方案流程图的基础上设计绘制的内容较为详细的一种工艺流程图。这种流程图应画出所有的生产设备和全部管道（包括辅助管道、各种仪表控制点以及阀门等管件），因此它也是设备布置图和管道布置图的设计依据，并可供施工安装、生产操作时参考。图 14–7 为氨合成工段施工流程图。

施工流程图一般应包括下面几项内容。

① 带设备位号、名称和接管口的各种设备示意图。

② 带管道号、规格和阀门等管件以及仪表控制点（测温、测压、测流量及分析点等）的各种管道流程线。

③ 对阀门等管件和仪表控制点图例符号的说明。

2. 施工流程图的画法

施工流程图是在方案流程图的基础上，对方案流程图稍加修改，再添加各种辅助管道、仪表元件及控制点、阀门及管道附件等的图形符号和详细标注，就形成了施工流程图。图中的符号和标注应遵循相应标准的规定。

（1）设备的画法与标注

① 根据流程自左至右用细实线画出设备的简略外形和内部特征（如塔的填充物和塔板、容器的搅拌器和加热管等）。设备的外形应按一定的比例画出。对于外形过大或过小的设备，可以适当缩小或放大。

② 图中设备的位置一般考虑便于连接管线。当有物料从上自流而下并与其他设备的位置有密切关系时，设备间相对高度应与设备布置的实际情况相似。对于有位差要求者，还应标注限位尺寸。

③ 在施工流程图上注写设备位号及设备名称与方案流程图相同。若要取消某一设备，则被取消的设备的位号应留空。若某类设备需要增加，则所增的设备应继该类设备原有的位号后顺序编号。

④ 当一个流程中包括有两个或两个以上完全相同的局部系统（如聚合釜、气流干燥、后处理等）时，可以只绘出一个系统的流程，其他系统以细双点画线的方框表示，框内注明系统名称及其编号。

（2）管道流程线的画法

施工流程图的工艺管道流程线均用粗实线画出。对于辅助管道、公用系统管道只绘出与设备（或工艺管道）相连接的一小段，并在此管段上标注物料代号及辅助管道或公用系统管道所在流程图的图号。对各流程图间相衔接的管道，应在始（或末）端注明其连续图的图号（写在 30 mm × 6 mm 的矩形框内）以及“来自”（或“去”）的设备位号或管段号。管道流程线上除应画出流向箭头及用文字标明其来源或去向外，还应在每条管道的上方或左方进行标注。标注内容是“管道号 – 管径　管道等级 – 隔热代号”。如图 14–7 所示。

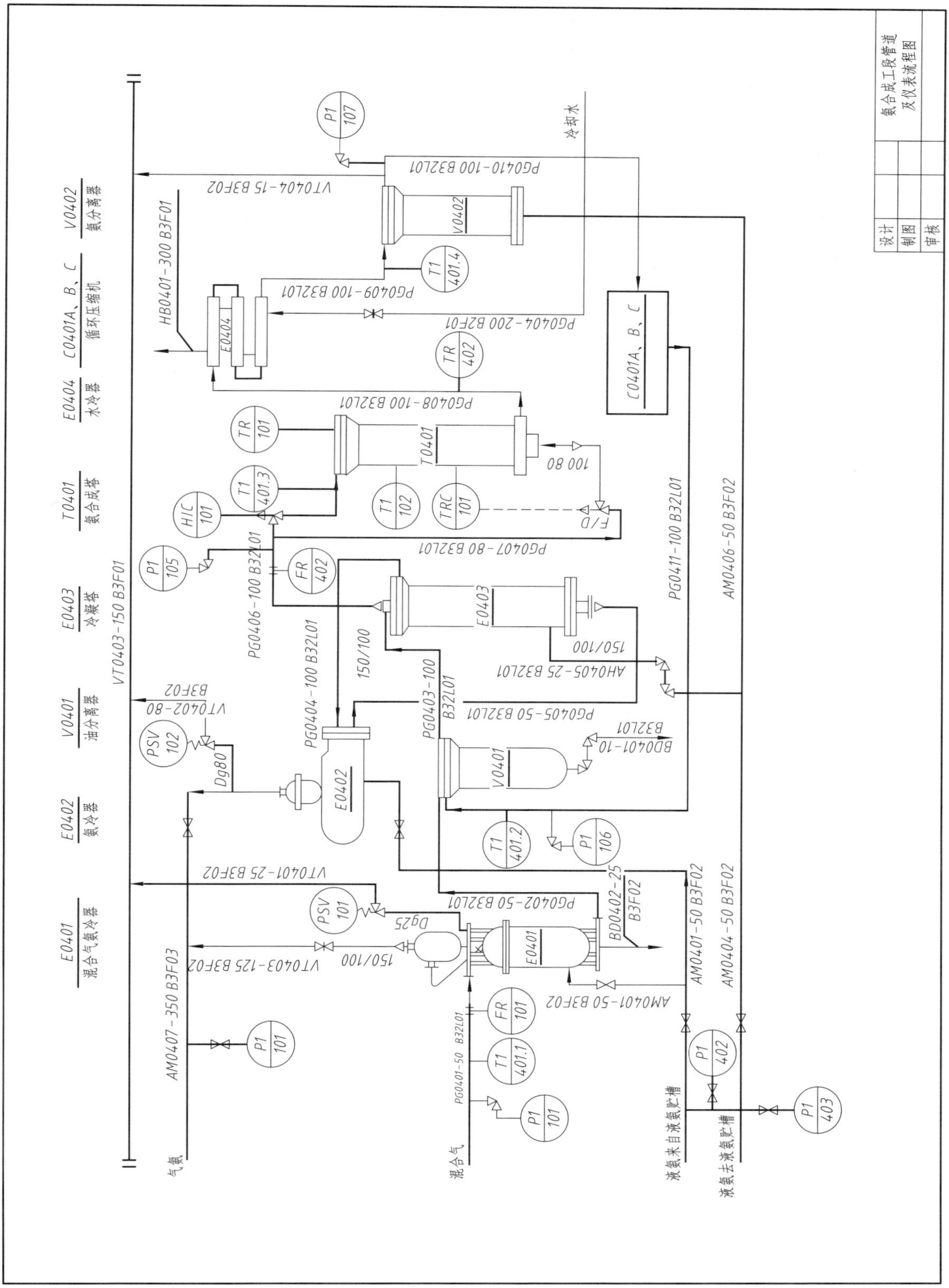

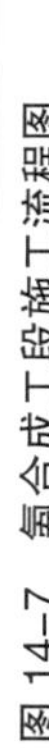

图 14-7 氨合成工段施工流程图

（3）阀门等管件的画法

管道上的阀门及其他管件应用细实线按相应标准规定的符号画出，并标注其规格代号。

（4）仪表控制点的画法

在带控制点的施工流程图中，用细实线在相应的管道上画出各种仪表的符号，一般用圆表示。在上半圆内填写字母代号，在下半圆内填写数字编号。

（5）图幅

施工流程图一般使用 A1 图纸，特别简单的采用 A2 图纸，不宜加宽或加长，要有标题栏。

第 15 章　房屋建筑图简介

本章学习导读

学习目的与要求： 熟悉国家标准《建筑制图标准》及《房屋建筑制图统一标准》等的有关规定，掌握房屋建筑图的图示特点和表达方法，具备阅读房屋建筑图样的初步能力。

内容： 房屋建筑图样的画法及阅读方法。

重点与难点： 学习平面图、立面图、剖面图的画法及阅读方法。

地位及特点： 在掌握了机械图样表达方法的基础上，学习房屋建筑图的基本知识及基本表达方法，有利于工艺设计的全面思考。

作为一名从事机械设计及制造、电子、化工、仪表等专业的工程技术人员，在工艺设计过程中，应考虑对房屋建筑的工艺要求。如：厂房应满足生产设备的布置和检修的要求，建筑物、构筑物和道路的布置应满足工艺流程和运输的需求等。因此，工艺设计与房屋建筑有着密切的联系，工艺人员应具备房屋建筑的基本知识及阅读房屋建筑图样的初步能力。

15.1　房屋建筑图的基本知识

15.1.1　房屋的组成

房屋又称建筑物，根据其用途不同通常分为民用建筑（住宅、宿舍）、工业建筑（如厂房、仓库）、公共建筑（如商场、学校、办公楼）等。由于每栋建筑的用途不同，其建筑的外形、构造以及规模都有所不同，但就建筑的基本组成来说都是相同的，主要有基础、地面、墙、柱、楼梯、楼面、屋顶、门窗、台阶、阳台、雨篷等，如图 15–1 所示。各组成部分在房屋中起着不同的作用。

15.1.2　施工图的内容及特点

房屋建造要经过设计和施工两个过程。施工图是指导房屋施工过程的一套图样和文件资料。

1. 施工图的内容

一套施工图一般包括以下内容。

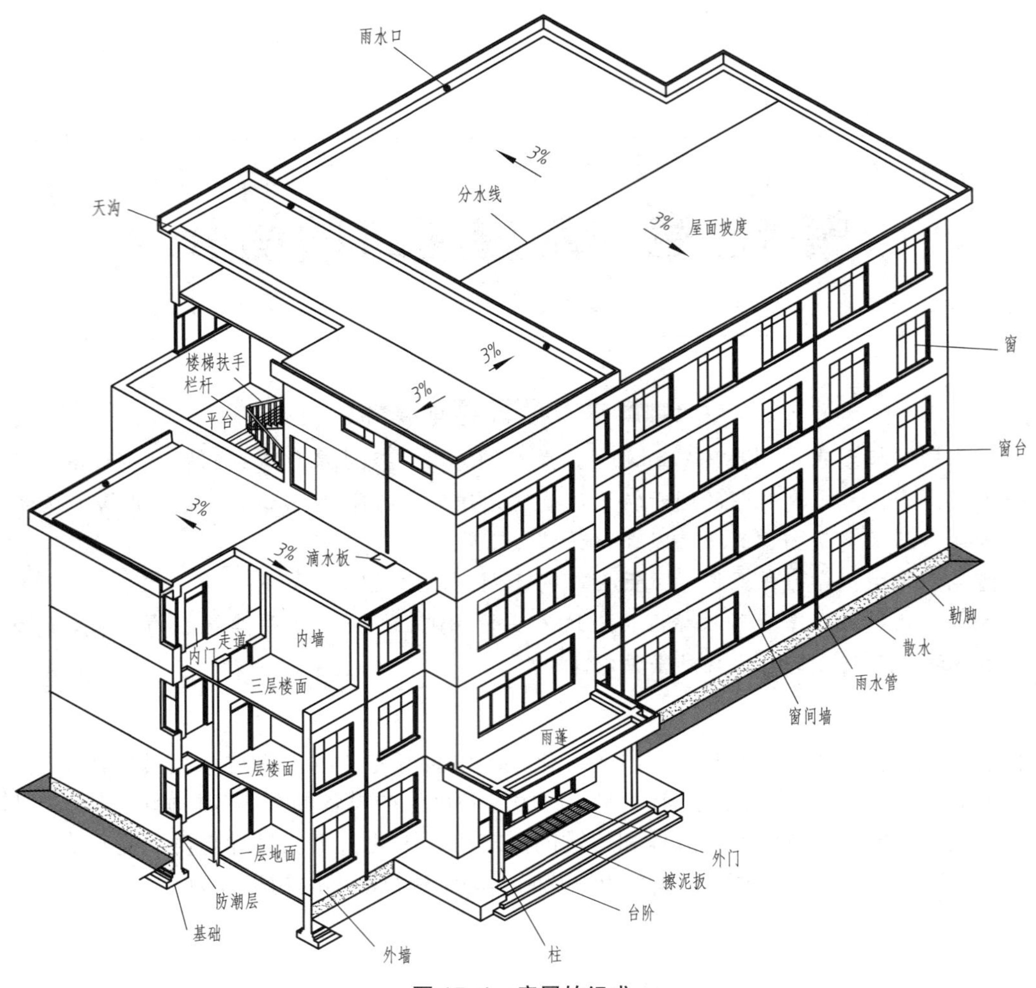

图 15-1 房屋的组成

（1）图样目录：列出新绘制的图样，所选用的标准图样或重复利用的图样等的编号和名称。

（2）设计总说明（即首页）：包括施工图的设计依据，本项目的设计规模和建筑面积，本项目的相对标高与总平面图绝对标高的对应关系，室内、室外的用料和施工要求说明，门窗表等。（一般小型工程可将此项内容写在各专业图样上）

（3）建筑施工图（简称建施）：包括建筑总平面图、建筑平面图、建筑立面图、建筑剖面图和建筑详图。

（4）结构施工图（简称结施）：包括结构设计说明书、结构平面布置图和结构构件详图。

（5）设备施工图（简称设施）：包括给水排水、采暖通风、供电照明等设备的布置图、系统图和详图。

2. 施工图的特点

施工图与机械图一样，都是用正投影法绘制的，但由于建筑物的形状、大小、结构及材料与机器设备有很大区别，采用的制图标准也不同，因此在表达方法上有自身的特点。

（1）图名

房屋的施工图与机械图的视图名称不同，见表 15–1。

表 15–1 房屋的施工图与机械图的视图名称对照

房屋的施工图	正立面图	左（右）侧立面图	背立面图	平面图	剖面图	断面图
机械图	主视图	左（右）视图	后视图	全剖俯视图	剖视图	断面图

每个图名都应标在视图的下方，并在图名下画一粗横线。通常，在 H 面上作平面图，在 V 面上作正立面图，在 W 面上作剖面图或侧立面图。平面图、立面图和剖面图（分别简称平、立、剖）是房屋的施工图中最重要的图样。它们可以单独画出，当图幅大小允许时，也可按投影关系画在同一张图纸上，以便于阅读。

（2）比例

由于房屋形体较大，所以房屋的施工图一般采用较小的比例绘制。有些结构采用较小比例无法表达清楚时，可用较大比例的详图表示。房屋的施工图的比例见表 15–2。

表 15–2 房屋的施工图的比例

图　　名	比　　例				
建筑物或构筑物的平面图、立面图、剖面图	1 : 50	1 : 100	1 : 150	1 : 200	1 : 300
建筑物或构筑物的局部放大图	1 : 10	1 : 20	1 : 25	1 : 30	1 : 50
配件及构造详图	1 : 1 1 : 20	1 : 2 1 : 25	1 : 5 1 : 30	1 : 10 1 : 50	1 : 15

（3）图线

为了使房屋的施工图中的不同内容能以层次分明的线条加以区别，必须采用不同线型和宽度的图线来表达。图线的基本线宽 b，宜按照图样比例及图样性质从 1.4 mm、1.0 mm、0.7 mm、0.5 mm 线宽系列中选取。每个图样，应根据复杂程度与比例大小，先选定基本线宽 b，再按照线宽比 $b : 0.7b : 0.5b : 0.25b$ 确定线宽组。绘制较简单的图样时，可采用两种线宽的线宽组，其线宽比为 $b : 0.25b$。绘制房屋建筑图样所使用的各种线型的应用见表 15–3。

（4）尺寸标注

建筑图中尺寸的单位一般有“m”（米）和“mm”（毫米）两种。标高的标注及总平面图中的尺寸均以“m”为单位，其余一律以“mm”为单位。在立面图、剖面图中要求标高精确度注至小数点以后第三位，总平面图中可注至小数点以后第二位。

如图 15–2 所示，建筑图中的尺寸界线应用细实线绘制，应与被注长度垂直，其一端应离开图样轮廓线不小于 2 mm，另一端宜超出尺寸线 2~3 mm；尺寸起止符号一般用长度为 2~3 mm 的中粗斜短线绘制，其倾斜方向应与尺寸界线成顺时针 45° 角。

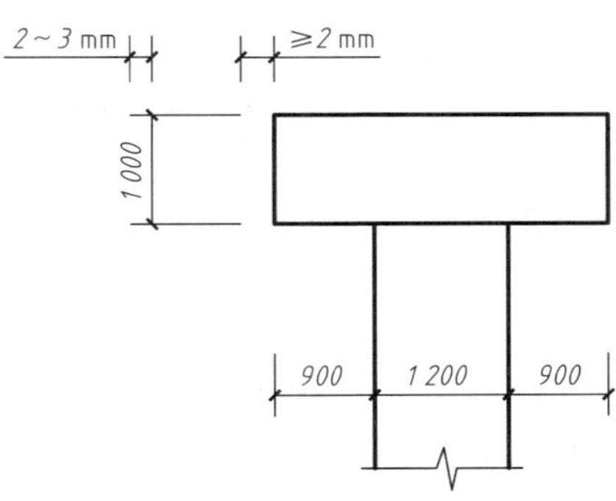

图 15–2 尺寸标注

表 15–3 各种线型的应用

名称		线型	线宽	用途
实线	粗		b	① 平、剖面图中被剖切的主要建筑构造（包括构配件）的轮廓线 ② 建筑立面图或室内立面图的外轮廓线 ③ 建筑构造详图中被剖切的主要部分的轮廓线 ④ 建筑构配件详图中构配件的外轮廓线 ⑤ 平、立、剖面图的剖切符号
	中粗		$0.7b$	① 平、剖面图中被剖切的次要建筑构造（包括构配件）的轮廓线 ② 建筑平、立、剖面图中建筑构配件的轮廓线 ③ 建筑构造详图及建筑构配件详图中的一般轮廓线
	中		$0.5b$	小于 $0.7b$ 的图形线、尺寸线、尺寸界线、索引符号、标高符号、详图材料做法引出线、粉刷线、保温层线、地面、墙面的高差分界线等
	细		$0.25b$	图例填充线、家具线、纹样线等
虚线	粗		b	总平面图中新建建筑物，构筑物的地下轮廓线
	中粗		$0.7b$	① 建筑构造详图及建筑构配件不可见的轮廓线 ② 平面图中的起重机（吊车）轮廓线 ③ 拟建、扩建建筑物的轮廓线
	中		$0.5b$	投影线、小于 $0.5b$ 的不可见轮廓线
	细		$0.25b$	图例填充线、家具线等
单点长画线	粗		b	起重机（吊车）轨道线
	中		$0.5b$	土方填挖区的零点线
	细		$0.25b$	中心线、对称线、定位轴线
双点长画线	粗		b	用地红线
	中		$0.5b$	建筑红线
	细		$0.25b$	假想轮廓线、成形前原始轮廓线

续表

名称		线型	线宽	用途
折断线	细		0.25b	部分省略表示时的断开界线
波浪线	细		0.25b	部分省略表示时的断开界线、曲线形构件断开界线、构造层次的断开界线

注：地坪线的线宽可用 1.4b。

15.1.3 阅读施工图的方法

施工图的绘制是对投影理论、图示方法及有关专业知识的综合运用，因此要读懂施工图首先应掌握相关的知识和阅读方法。

（1）掌握投影理论和各种表达方法。

（2）要熟悉施工图中常用的图例、符号、线型、尺寸和比例的意义。

（3）由于施工图中涉及一些专业知识问题，所以应在学习过程中善于观察、了解房屋的组成和构造上的知识。

一幢房屋从施工到建成，需要有全套施工图样做指导，简单的房屋可能有几张或者十几张，复杂的有几十张甚至几百张。阅读这些图样时，一般按先整体后局部，先文字说明后图样，先图形后尺寸依次阅读。具体应先看首页图，因为它有图样目录和总说明，便于查阅图样，并能对房屋有一个概括了解，然后按“建施”“结施”“设施”的顺序逐张阅读。

本章主要介绍建筑施工图的基本内容。

15.1.4 施工图中常用符号及图例

1. 定位轴线

在施工图中通常将房屋的基础、墙、柱和屋架等重要构件，用轴线定位，并对其进行编号，以便于施工时定位放线和查阅图样，这些轴线称为“定位轴线”。

（1）国家标准规定，定位轴线应采用 0.25b 线宽的单点长画线绘制，轴线的端部画细实线圆圈，直径为 8 mm，在圆圈内写上轴线编号。横向编号应用阿拉伯数字表示，从左至右顺序编写，如①，②，③，…；竖向编号应用大写拉丁字母表示，从下至上顺序编写，如Ⓐ，Ⓑ，Ⓒ，…，如图 15-3 所示。拉丁字母 I、Z、O 不能用作轴线编号，以免和数字中的 1、2、0 混淆。当字母数量不够使用时，可增用双字母或单字母加数字注脚，如 AA，BB，…，YY 或 A_1，B_1，…，Y_1。

（2）组合较复杂的平面图中定位轴线可采用分区编号，如图 15-4 所示，编号的注写形式应为“分区号－该分区定位轴线编号”。分区号宜采用阿拉伯数字或大写英文字母表示。当采用分区编号，同一根轴线有不止 1 个编号时，相应编号应同时注明。

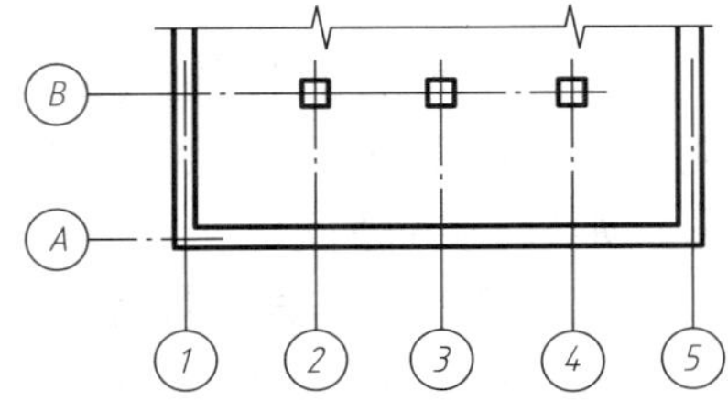

图 15-3 定位轴线的编号顺序

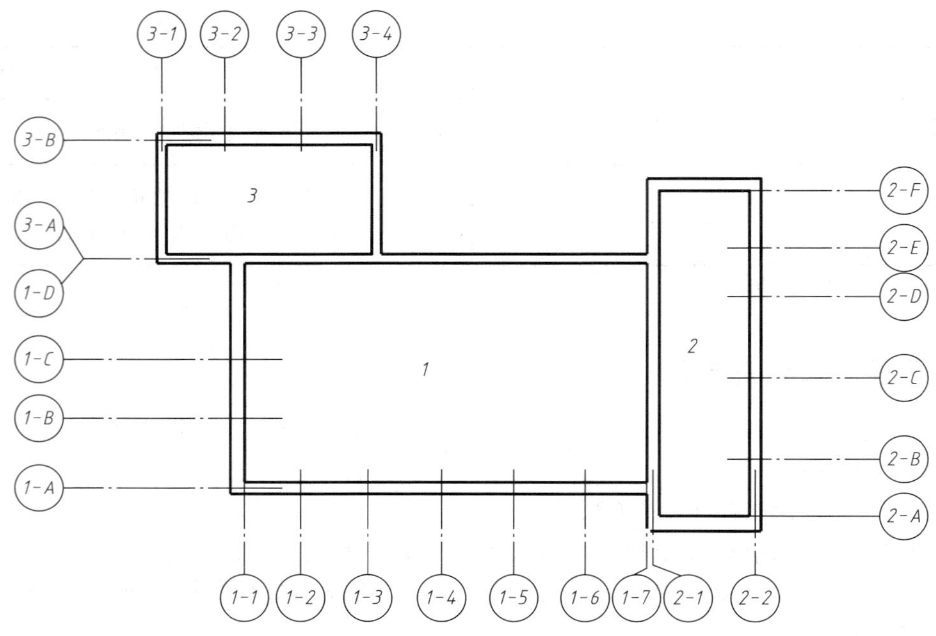

图 15-4 定位轴线的分区编号

（3）对于一些与主要承重构件相联系的次要构件，它的定位轴线一般作为附加轴线，附加定位轴线的编号应以分数形式表示。两根轴线间的附加轴线，应以分母表示前一轴线的编号，分子表示附加轴线的编号，编号宜用阿拉伯数字顺序编写，如图 15-5a 表示 2 号轴线后附加的第一根轴线，图 15-5b 表示 *C* 号轴线后附加的第三根轴线。1 号轴线或 *A* 号轴线之前的附加轴线的分母应以 01 或 0*A* 表示，如图 15-5c 表示 1 号轴线之前附加的第一根轴线，图 15-5d 表示 *A* 号轴线之前附加的第一根轴线。

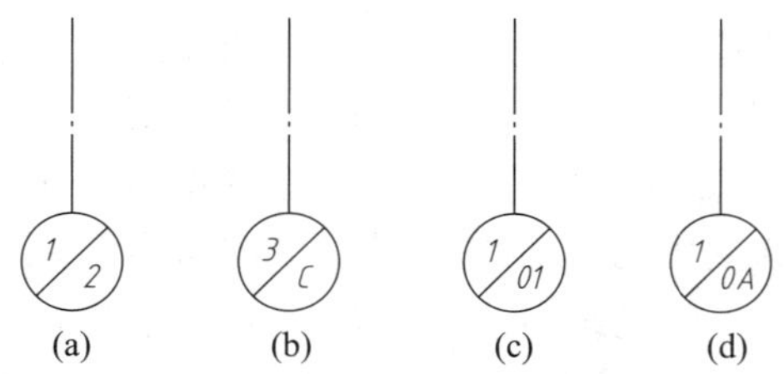

图 15-5 附加定位轴线的编号

（4）在画详图时，轴线编号的圆圈直径为 10 mm。一个详图适用于几根轴线时，应同时注明各有关轴线的编号，如图 15-6a~c 所示。通用详图中的定位轴线，应只画圆，不注写轴线编号，如图 15-6d 所示。

2. 索引符号与详图符号

（1）有时为了清楚地表达某些构造做法、图样中的某一局部或某些构件，需另画详图，应以索引符号索引，如图 15-7a 所示。索引符号应由直径为 8~10 mm 的圆和水平直径线组成，圆及水平直径线宽宜为 0.25*b*。索引符号编号应符合下列规定：

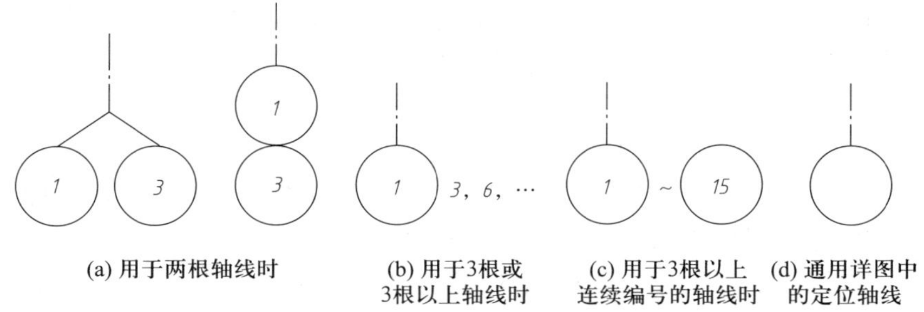

图 15-6　详图的轴线编号

① 当索引出的详图与被索引的图样在同一张图纸内，应在索引符号的上半圆中用阿拉伯数字注明该详图的编号，并在下半圆中画一段水平细实线，如图 15-7b 所示。

② 当索引出的详图与被索引的图样不在同一张图纸内，应在索引符号的上半圆中用阿拉伯数字注明该详图的编号，在索引符号的下半圆中用阿拉伯数字注明该详图所在图纸的编号，如图 15-7c 所示。

③ 当索引出的详图采用标准图时，应在索引符号水平直径的延长线上加注该标准图集的编号，如图 15-7d 所示。

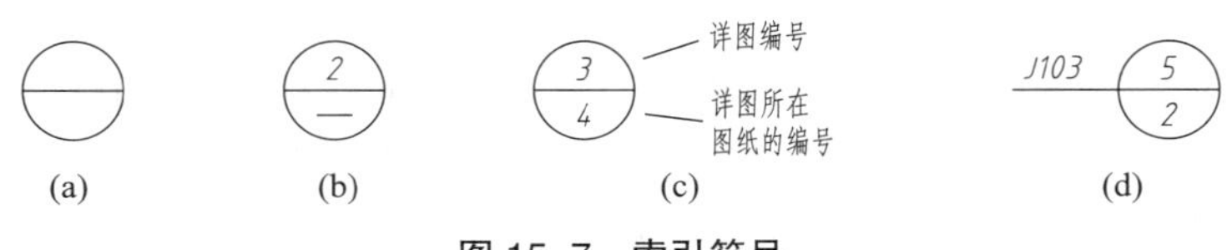

图 15-7　索引符号

（2）当索引符号用于索引剖视详图时，应在被剖切的部位绘制剖切位置线（粗实线），并以引出线引出索引符号，引出线所在的一侧应为剖视方向，如图 15-8 所示。

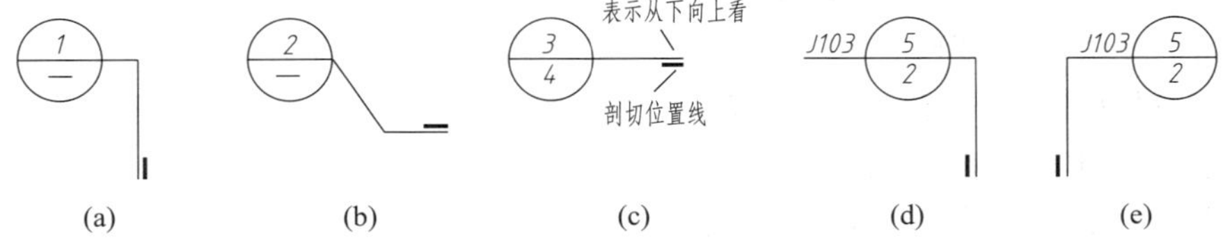

图 15-8　用于索引剖视详图的索引符号

（3）零件、钢筋、杆件及消火栓、配电箱、管井等设备的编号宜以直径为 4~6 mm，线宽为 0.25b 的圆绘制，同一图样应保持一致，其编号应用阿拉伯数字按顺序编写，如图 15-9 所示。

（4）详图符号表示详图的位置和编号，用一直径为 14 mm、线宽为 0.25b 的圆绘制。当详图与被索引的图样同在一张图纸内时，应在详图符号内用阿拉伯数字注明详图的编号，如图 15-10a 所示。如不在同一张图纸内，则应用细实线在详图符号内画一水平直径线，在上半圆中注明详图编号，在下半圆中注明被索引的图纸的编号，如图 15-10b 所示。

3. 指北针和风玫瑰

指北针用来表示建筑物的朝向。指北针应按国家标准规定绘制，如图 15-11 所示。指北针圆的直径为 24 mm，用细实线绘制；指针尾部的宽度为 3 mm，指针头部应注“北”或“N”字。如需用较大直径绘制指北针，指针尾部宽度宜为直径的 1/8。

风玫瑰也称风向频率玫瑰图，用来表示该地区常年风向频率。风玫瑰一般是在 16 个方位线上，用端点与中心的距离，表示当地这一风向在全年中发生频率的多少，实线表示冬季风向频率，虚线表示夏季风向频率，风向由各方位吹向中心，风向线最长的为主导风向。指北针与风玫瑰结合时宜采用相互垂直的线段，线段两端应超出风玫瑰轮廓线 2~3 mm，垂点宜为风玫瑰中心，北向应注“北”或“N”字，组成风玫瑰所有线宽均宜为 0.5*b*，如图 15-12 所示。

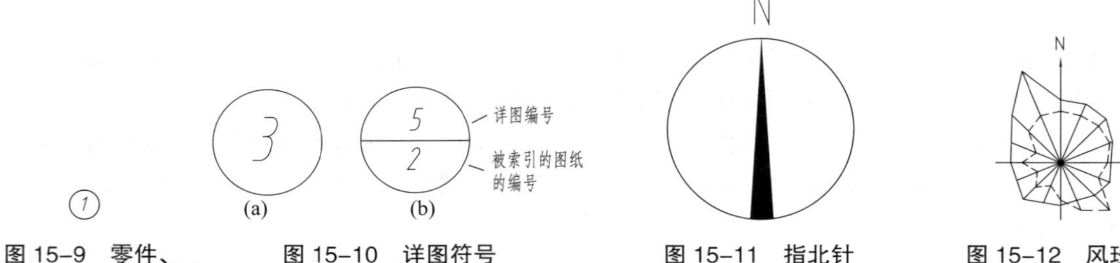

图 15-9 零件、钢筋等的编号　图 15-10 详图符号　图 15-11 指北针　图 15-12 风玫瑰

4. 标高

标高是用以表明房屋各部分高度的标注方法。标高分为绝对标高和相对标高。

绝对标高：是以一个国家或地区统一规定的基准面作为零点的标高，我国规定以青岛附近黄海夏季的平均海平面作为绝对标高的零点，所计算的标高称为绝对标高。

相对标高：一般以房屋的首层室内主要地面作为相对标高的零点，写作“±0.000”。房屋各处以它作为基准标注标高，高于基准标高的为正，可不注正号“+”，低于基准标高的为负，必须注明负号“-”。标高数值以 m 为单位，一般注至小数点后三位（总平面图中小数点后为而位数）。图中的标高数字表示其完成面的数值。

标高符号的画法规定如下。

（1）标高符号应以等腰直角三角形表示，并应按图 15-13a 所示形式用细实线绘制，如标注位置不够，也可按图 15-13b 所示形式绘制。

（2）总平面图室外地坪标高符号宜用涂黑的三角形表示，如图 15-13c 所示。

（3）标高符号的尖端应指至被注高度的位置。尖端宜向下，也可向上。标高数字应注写在标高符号的上侧或下侧，如图 15-13d 所示。

（4）在图样的同一位置需要表示几个不同标高时，标高数字可按图 15-13e 所示的形式注写。

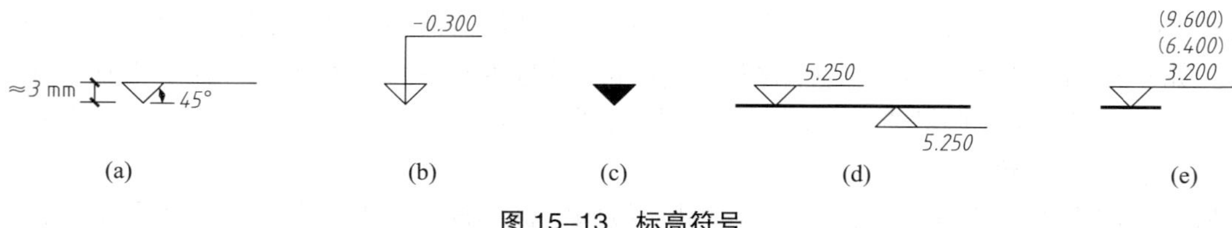

图 15-13 标高符号

5. 常用图例

由于房屋的构、配件和材料种类较多，为便于作图，国家标准规定了一系列的图形符号来代表建筑构配件、卫生设备、建筑材料等，这种图形符号称为“图例”。

表 15–4 列出了国家标准中所规定的部分常用建筑材料的图例。

表 15–5 为施工图中常用构造及配件的图例。

表 15–4 部分常用建筑材料的图例

名称	图例	说明
自然土壤		包括各种自然土壤
夯实土壤		
砂、灰土	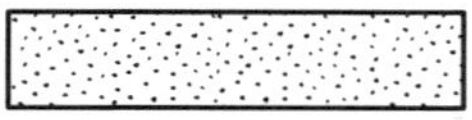	
实心砖、多孔砖	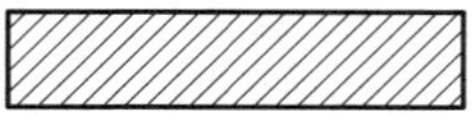	包括普通砖、多孔砖、混凝土砖等砌体
空心砖、空心砌块	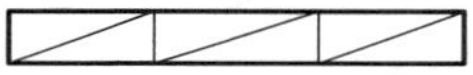	包括空心砖、普通或轻骨料混凝土小型空心砌块等砌体
加气混凝土	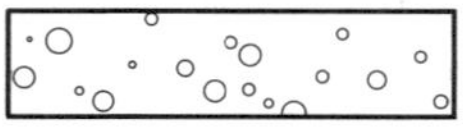	包括加气混凝土砌块砌体、加气混凝土墙板及加气混凝土材料制品等
多孔材料	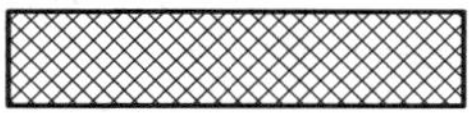	包括水泥珍珠岩、沥青珍珠岩、泡沫混凝土、软木、蛭石制品等
饰面砖		包括铺地砖、马赛克、陶瓷锦砖、人造大理石等
混凝土		1. 包括各种强度等级、骨料、添加剂的混凝土； 2. 在剖面图上绘制表达钢筋时，不需要绘制图例线； 3. 断面图形较小时，不易绘制表达图例线时，可填黑或深灰（灰度宜 70%）
钢筋混凝土	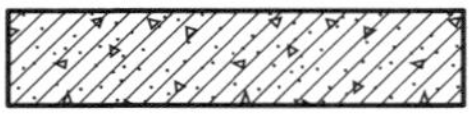	
毛石	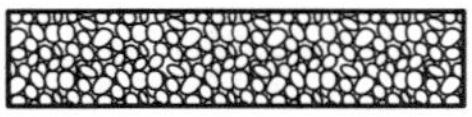	
木材	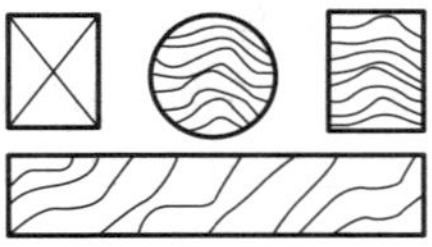	1. 上图为横断面、左上图为垫木、木砖或木龙骨； 2. 下图为纵断面
金属	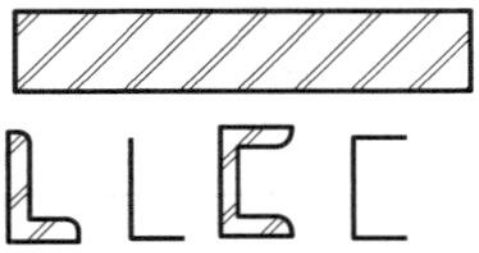	1. 包括各种金属； 2. 图形较小时，可填黑或深灰（灰度宜 70%）
防水材料		构造层次多或绘制比例较大时，采用上面的图例
粉刷	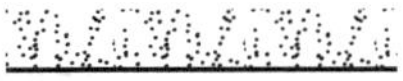	本图例采用较稀的点

表 15–5　常用构造及配件的图例

名称	图例	说明
楼梯	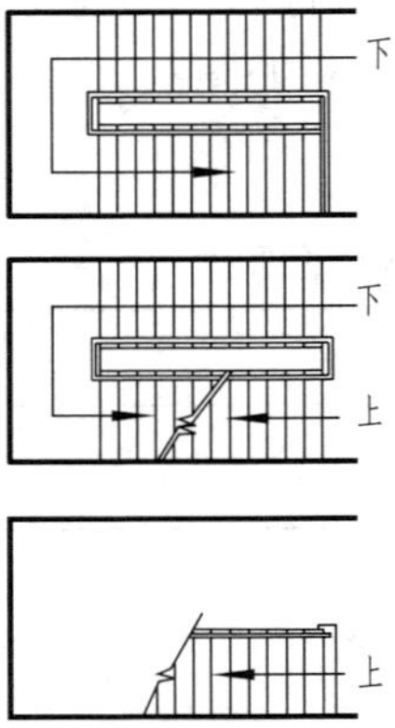	1. 上图为顶层楼梯平面， 中图为中间层楼梯平面，下图为底层楼梯平面； 2. 需要设置靠墙扶手或中间扶手时，应在图中表示
墙 体	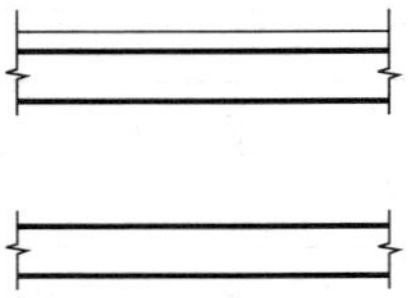	1. 上图为外墙，下图为内墙； 2. 外墙细线表示有保温层或有幕墙； 3. 应加注文字或涂色或图案填充表示各种材料的墙体； 4. 在各层平面图中防火墙宜着重以特殊图案填充表示
隔断		1. 加注文字或涂色或图案填充表示各种材料的轻质隔断； 2. 适用于到顶与不到顶隔断
坡道	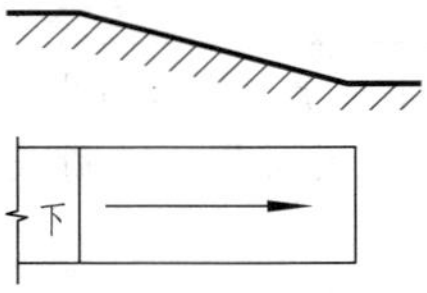	长坡道
	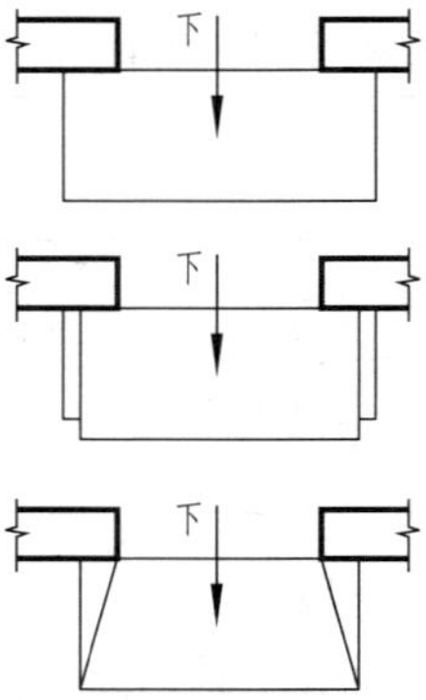	上图为两侧垂直的门口坡道； 中图为有挡墙的门口坡道； 下图为两侧找坡的门口坡道
台 阶	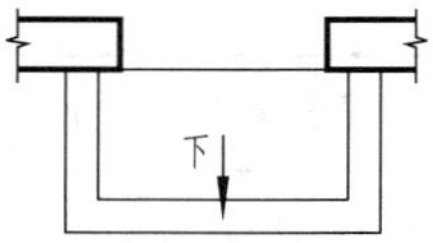	

续表

名称	图例	说明
电 梯	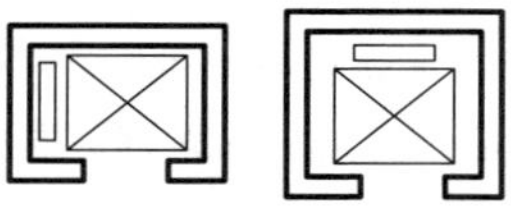	1. 电梯应注明类型，并按实际绘出门和平衡锤或导轨的位置； 2. 其他类型电梯应参照本图例按实际情况绘制
检查孔	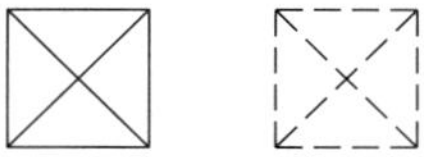	左图为可见检查孔； 右图为不可见检查孔
孔洞	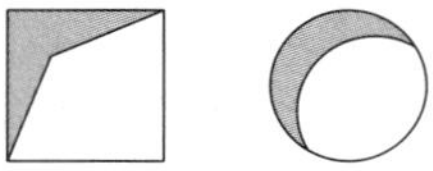	阴影部分亦可填充灰度或涂色代替
坑槽	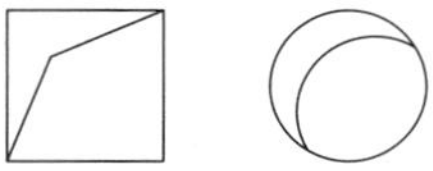	
空门洞	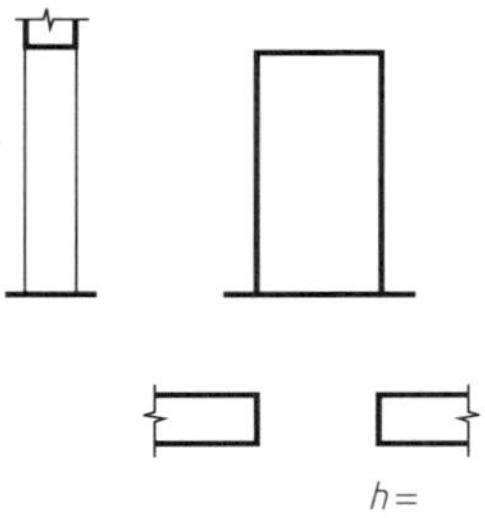 $h=$	h 为门洞高度
单面开启单扇门（包括平开或单面弹簧）	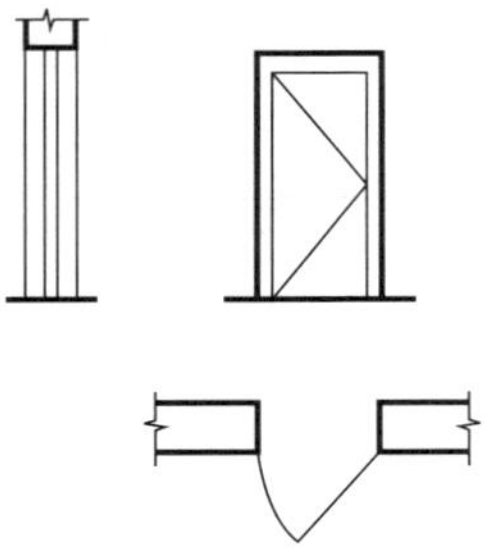	1. 门的名称代号用 M 表示。 2. 平面图中，下为外、上为内门。 开启线为 90°、60° 或 45°，开启弧线宜绘出。
双面开启单扇门（包括双面平开或双面弹簧）	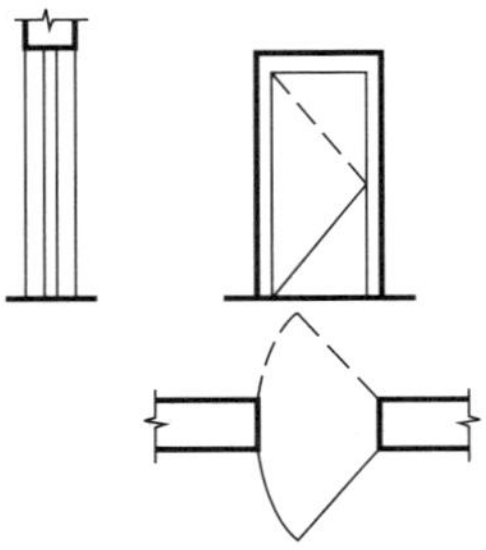	

续表

名称	图例	说明
单面开启双扇门（包括平开或单面弹簧）	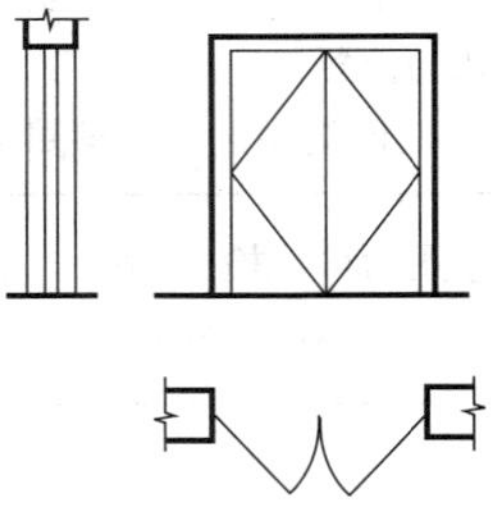	3. 立面图中，开启线实线为外开、虚线为内开。开启线交角的一侧为安装合页一侧。开启线在建筑立面图中可不表示，在立面大样图中可根据需要绘出。 4. 剖面图中，左为外，右为内。 5. 附加纱扇应以文字说明，在平、立、剖面图中均不表示。 6. 立面形式应按实际情况绘制
双面开启双扇门（包括双面平开或双面弹簧）	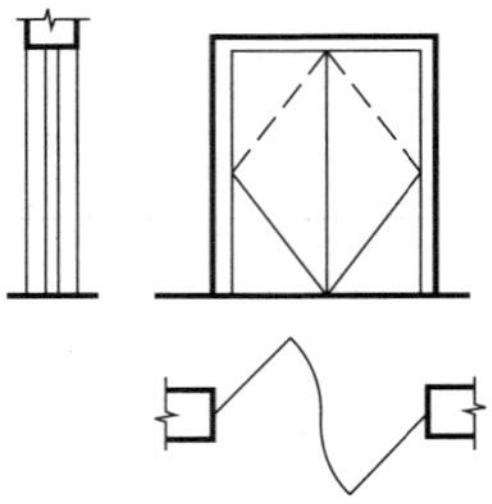	
竖向卷帘门	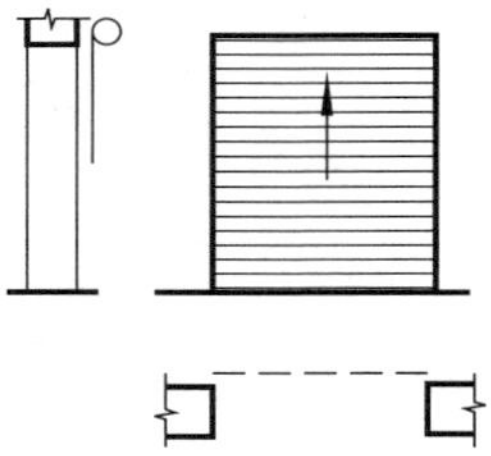	
固定窗	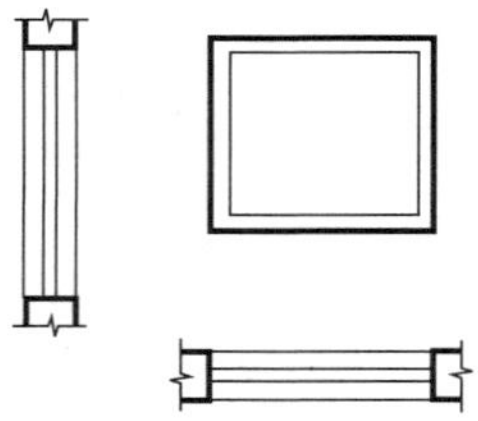	1. 窗的名称代号用 C 表示。 2. 平面图中，下为外、上为内。
中悬窗	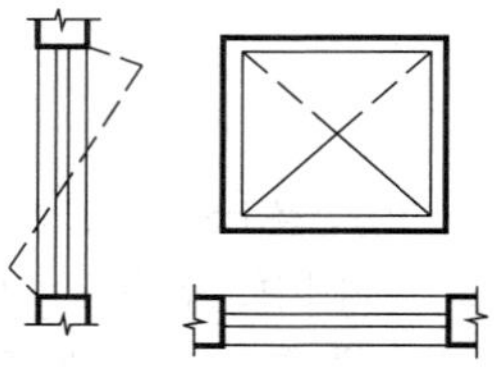	

续表

名称	图例	说明
单层外开平开窗	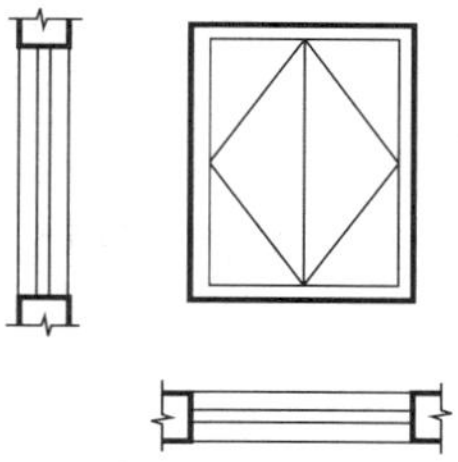	3. 立面图中，开启线实线为外开、虚线为内开。开启线交角的一侧为安装合页一侧，开启线在建筑立面图中可不表示，在门窗立面大样图中需绘出。 4. 剖面图中，左为外，右为内。虚线仅表示开启方向，项目设计不表示。 5. 附加纱扇应以文字说明，在平、立、剖面图中均不表示。 6. 立面形式应按实际情况绘制
双层内外开平开窗	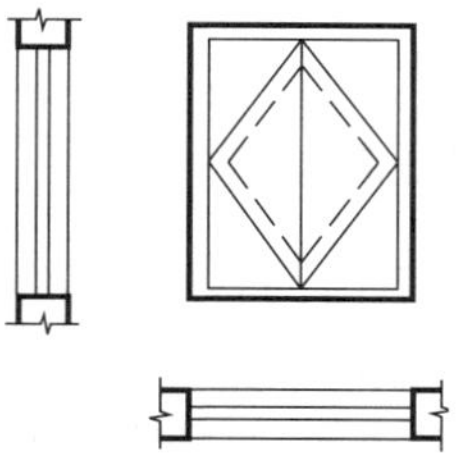	
推拉窗	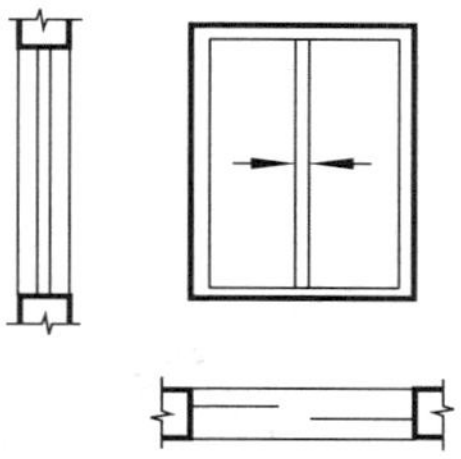	1. 窗的名称代号用 C 表示； 2. 立面形式应按实际情况绘制
高窗	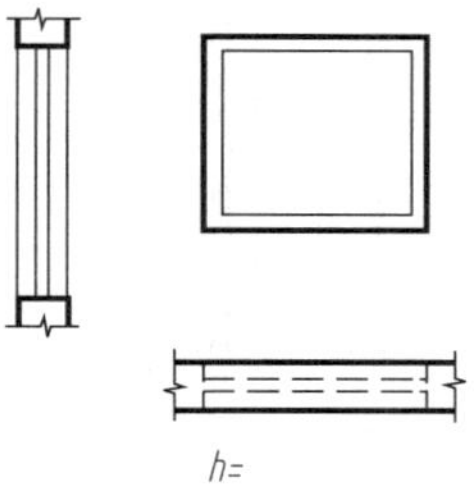 h=	1. 窗的名称代号用 C 表示。 2. 立面图中，开启线实线为外开、虚线为内开。开启线交角的一侧为安装合页一侧，开启线在建筑立面图中可不表示，在门窗立面大样图中需绘出。 3. 剖面图中，左为外，右为内。 4. 立面形式应按实际情况绘制。 5. h 表示高窗底距本层地面高度。 6. 高窗开启方式参考其他窗型

6. 引出线

（1）图样中某些部位的具体内容或要求无法标注时，常采用引出线注出文字说明或详图索引符号。引出线线宽应为 0.25b，宜采用水平方向的直线，或与水平方向成 30°、45°、60°、90° 的直线，并经上述角度再折成水平线。文字说明宜注写在水平线的上方，如图 15–14a 所示，也可注写在水平线的端部，如图 15–14b 所示。索引详图的引出线，应与水平直径线相连接，如图 15–14c 所示。

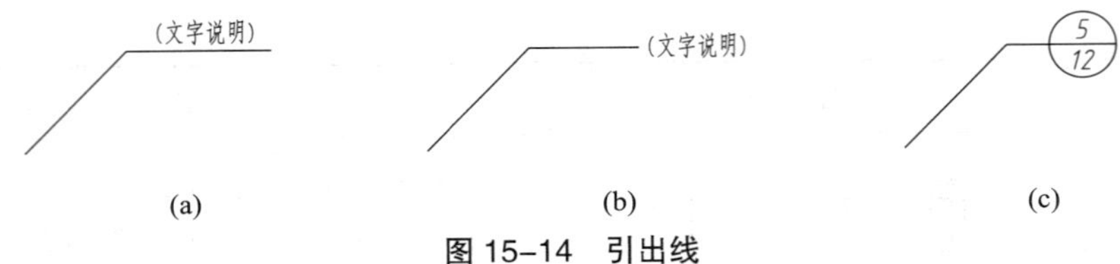

图 15-14 引出线

（2）同时引出的几个相同部分的引出线，宜互相平行，如图 15-15a 所示，也可画成集中于一点的放射线，如图 15-15b 所示。

图 15-15 共用引出线

（3）多层构造或多层管道共用引出线，应通过被引出的各层，并用圆点示意对应各层次。文字说明宜注写在水平线的上方，或注写在水平线的端部，说明的顺序应由上至下，并应与被说明的层次对应一致；如层次为横向排序，则由上至下的说明顺序应与由左至右的层次对应一致，如图 15-16 所示。

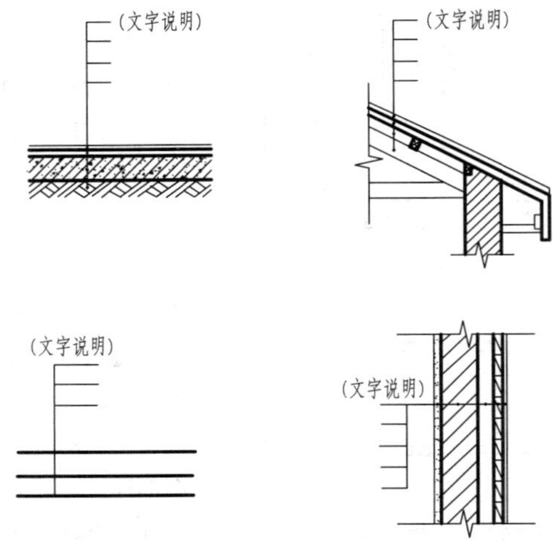

图 15-16 多层引出线

15.2 建筑施工图

建筑施工图是把一幢拟建房屋的大小、外部形状、内部布置和室内外装饰，各部结构、构造、设备等的做法，按照国家标准《房屋建筑制图统一标准》（GB/T 50001—2017）、《总图制图标准》（GB/T 50103—2010）及《建筑制图标准》（GB/T 50104—2010）（以下简称“国标”）规定，详细准确表示的图样，如图 15-17 所示。

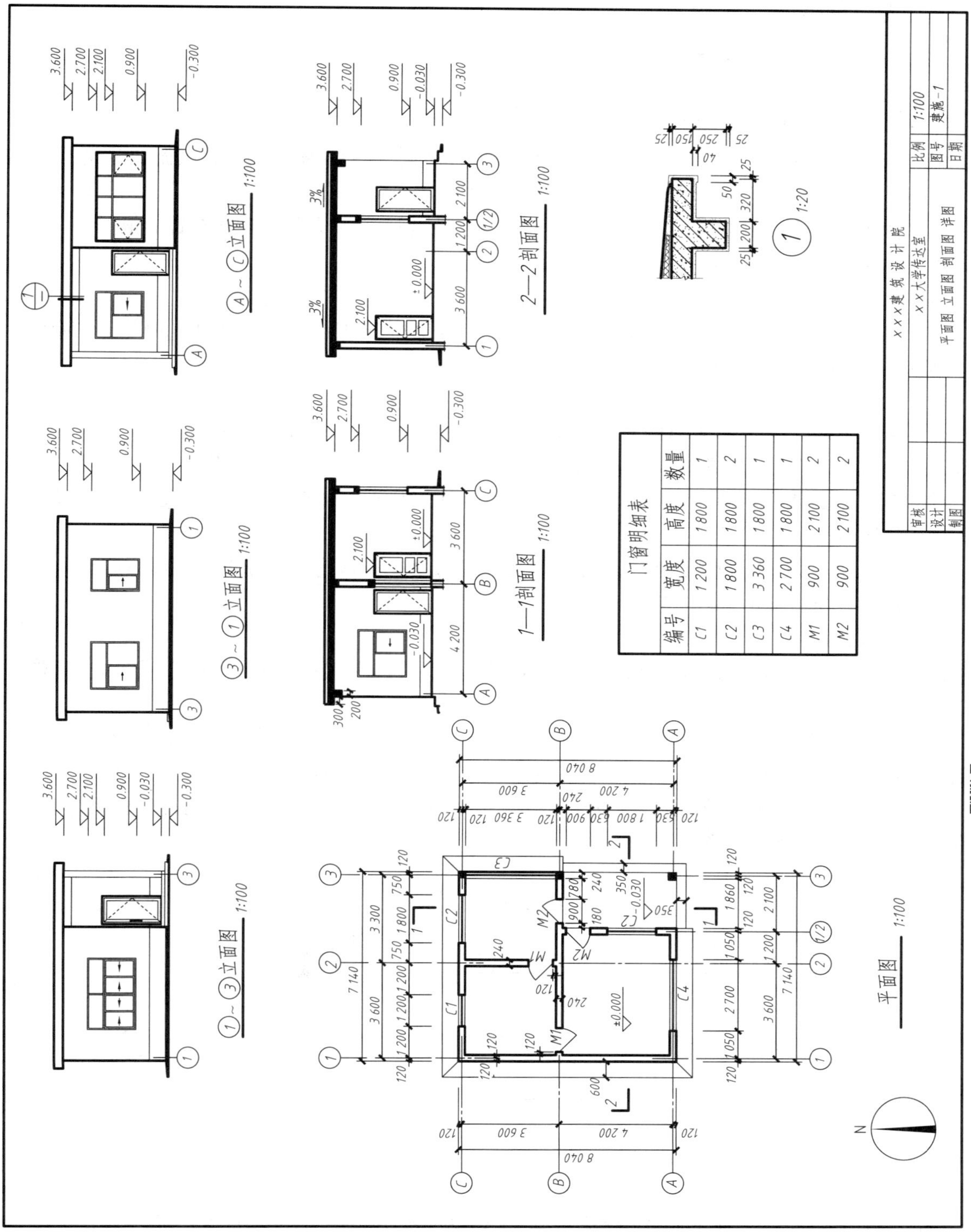

门窗明细表

编号	宽度	高度	数量
C1	1 200	1 800	1
C2	1 800	1 800	2
C3	3 360	1 800	1
C4	2 700	1 800	1
M1	900	2 100	2
M2	900	2 100	2

×××建筑设计院		
审核	××大学传达室	比例 1:100
设计		图号 建施-1
制图	平面图 立面图 剖面图 详图	日期

图 15-17 某大学传达室的建筑施工图

15.2.1 总平面图

1. 总平面图的形成及用途

总平面图是在标有等高线或坐标方格网的地形图上（对一些较简单的工程可不绘出等高线和坐标方格网），画出新建、拟建、原有和将拆除的建筑物、构筑物的水平投影图，主要反映新建、拟建工程的总体布局。如新建、拟建房屋的具体位置、道路系统、构建物及附属建筑的位置、管路、电缆走向以及绿化、原始地形、地貌等情况。

总平面图（简称总图）是新建房屋定位、施工放线、填挖土方及施工现场布置的依据。

2. 图示内容和图示特点

（1）比例

由于总平面图表达的范围较大，所以一般采用较小的比例绘制，如 1∶300，1∶500，1∶1 000，1∶2 000，1∶5 000 等。

（2）计量单位

总图中的坐标、标高、距离以米为单位。坐标以小数点后三位标注，不足时以“0”补齐；标高、距离以小数点后两位数标注，不足时以“0”补齐。详图可以 mm 为单位。

建筑物、构筑物、铁路、道路方位角（或方向角）和铁路、道路转向角的度数，宜注写到秒，特殊情况应另加说明。

铁路纵坡度宜以千分计，道路纵坡度、场地平整坡度、排水沟沟底纵坡度宜以百分计，并应取小数点后一位，不足时以“0”补齐。

（3）坐标标注

总图应按上北下南方向绘制。根据场地形状或布局，可向左或右偏转，但不宜超过 45°。总图中应绘制指北针或风玫瑰图。

坐标网格应以细实线表示。测量坐标网应画成交叉十字线，坐标代号宜用“*X*”“*Y*”表示；建筑坐标网应画成网格通线，自设坐标代号宜用“*A*”“*B*”表示，如图 15–18 所示。坐标值为负数时，应注“–”号，为正数时，“+”号可以省略。总平面图上有测量和建筑两种坐标系统时，应在附注中注明两种坐标系统的换算公式。

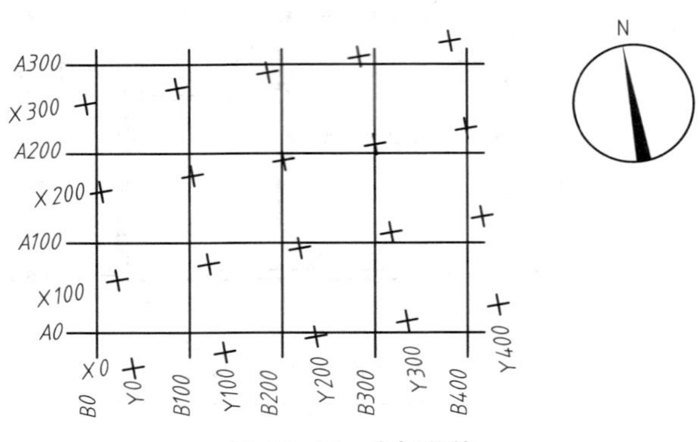

图 15–18 坐标网格

（注：图中 *X* 为南北方向轴线，*X* 的增量在 *X* 轴线上；*Y* 为东西方向轴线，*Y* 的增量在 *Y* 轴线上。*A* 轴相当于测量坐标网中的 *X* 轴，*B* 轴相当于测量坐标网中的 *Y* 轴。）

表示建筑物、构筑物位置的坐标应根据设计不同阶段要求标注，当建筑物与构筑物与坐标轴线平行时，可注其对角坐标。与坐标轴线成角度或建筑平面复杂时，宜标注三个以上坐标，坐标宜标注在图样上。根据工程具体情况，建筑物、构筑物也可用相对尺寸定位。

（4）尺寸标注

实际设计中，一般不画坐标网，在总平面图上，标注出新建房屋的总长、总宽的尺寸，还应标出新建房屋之间、新建房屋与原有房屋之间以及与道路、绿化等之间的距离，便可确定其位置。尺寸以 m 为单位，标注到小数点后两位。

（5）图例

由于总平面图采用的绘图比例较小，因此对房屋、道路、桥梁、绿化等内容都用图例表示。表 15–6 列出了总平面图中常用的图例。如果在总平面图中使用了国标中没有的图例，应在图纸的适当位置列出，并加以说明。

表 15–6 总平面图例

名称	图例	说明
新建建筑物	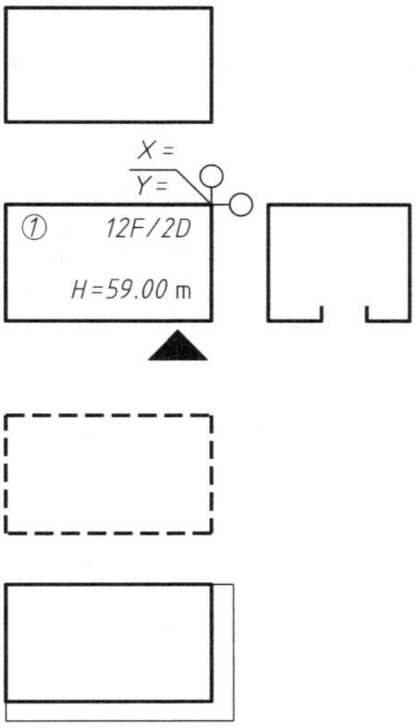 X= Y= ① 12F/2D H=59.00 m	新建建筑物以粗实线表示与室外地坪相接处 ±0.00 外墙定位轮廓线。 建筑物一般以 ±0.00 高度处的外墙定位轴线交叉点坐标定位。轴线用细实线表示，并注明轴线号。 根据不同设计阶段标注建筑编号，地上、地下层数，建筑高度，建筑出入口位置（两种表示方法均可，但同一图样采用一种表示方法）。 地下建筑物以粗虚线表示其轮廓。 建筑物上部（±0.00 以上）外挑建筑用细实线表示。 建筑物上部连廊用细虚线表示并标注位置
原有建筑物	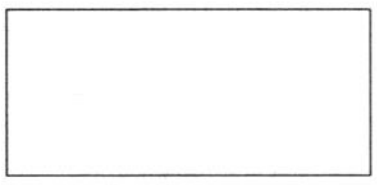	用细实线表示
计划扩建的预留地或建筑物		用中粗虚线表示
拆除的建筑物	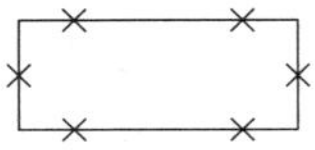	用细实线表示
建筑物下面的通道	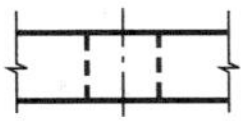	

续表

名称	图例	说明
围墙及大门		
挡土墙	5.00 1.50	挡土墙根据不同设计阶段的需要标注 墙顶标高 墙底标高
铺砌场地		
室内地坪标高	151.00 (±0.00)	数字平行于建筑物书写
室外地坪标高	143.00	室外标高也可采用等高线
坐 标	1. X=105.00 Y=425.00 2. A=105.00 B=425.00	1. 表示地形测量坐标系; 2. 表示自设坐标系; 坐标数字平行于建筑标注
填挖边坡		
原有道路		用细实线表示
拆除的道路		
计划扩建的道路		用中虚线表示
新建的道路	0.30% 100.00 R=6.00 107.50	"R=6.00"表示道路转弯半径; "107.50"为道路中心线交叉点设计标高,两种表示方式均可,同一图样采用一种方式表示; "100.00"为变坡点之间距离; "0.30%"表示道路坡度,———►表示坡向。 用中实线表示

续表

名称	图例	说明
桥梁	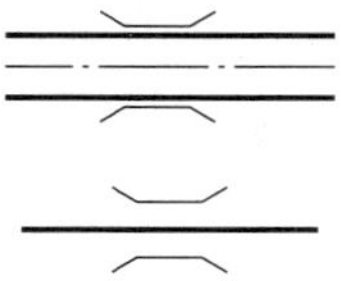	用于旱桥时应注明。 上图为公路桥，下图为铁路桥
常绿 阔叶灌木	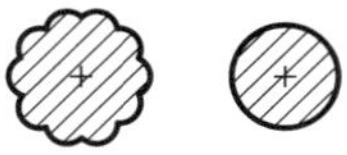	
落叶 阔叶灌木		
草坪	1. 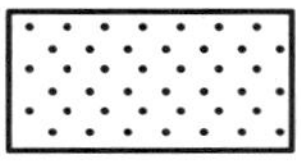 2. 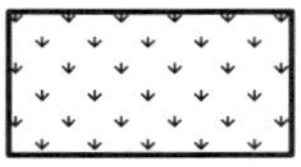 3. 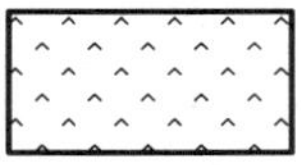	1. 表示草坪 2. 表示自然草坪 3. 表示人工草坪

（6）标高注法

总平面图上应标注标高，如建筑物的首层地面标高、室外场地整平标高、道路中心线的标高等。通常总平面图上的标高是以海平面为零点的绝对标高。当标注相对标高时，应注明相对标高与绝对标高的换算关系。根据标高可以看出地势坡向、水流方向。

（7）新建房屋的朝向和风向

一般用带有指北针的风玫瑰图既能表示朝向，又能显示该地区的常年风和季风的大小。

（8）名称和编号

总图上的建筑物、构筑物应注写名称，名称宜直接标注在图上。当图样比例小或图面无足够位置时，也可编号列表标注在图内。当图形过小时，可标注在图形外侧附近处。一个工程中，整套总图图样所注写的场地、建筑物、构筑物、铁路、道路等的名称应统一，各设计阶段的上述名称和编号应一致。

（9）房屋的层数表示

总平面图中，当新建房屋的层数不多时，可用小黑点标在房屋的右上角来表示，一个小黑点表示一层；当新建房屋的层数较多时，可在同样位置用数字来表示。同一张图上，宜统一用一种方法表示。

3. 读图举例

图 15–19 是一张比较简单的总平面图，上面有等高线，比例为 1 : 500。新设计的建筑物是 5 层宿舍楼，首层室内地面的绝对标高为 49.40 m，室外地面绝对标高为 48.80 m。新建楼房占地尺寸是长为 46.40 m、宽为 16.20 m，定位依据是西面和南面原有宿舍楼东墙外皮和北墙外皮。旁边有已建好的 3 座宿舍楼和一栋待拆的建筑物，附近还有一拟建的 3 层学生活动中心楼，此外还有简单的道路系统和绿化要求。从风玫瑰可看到建筑物朝向及本地区常年风向频率及大小。

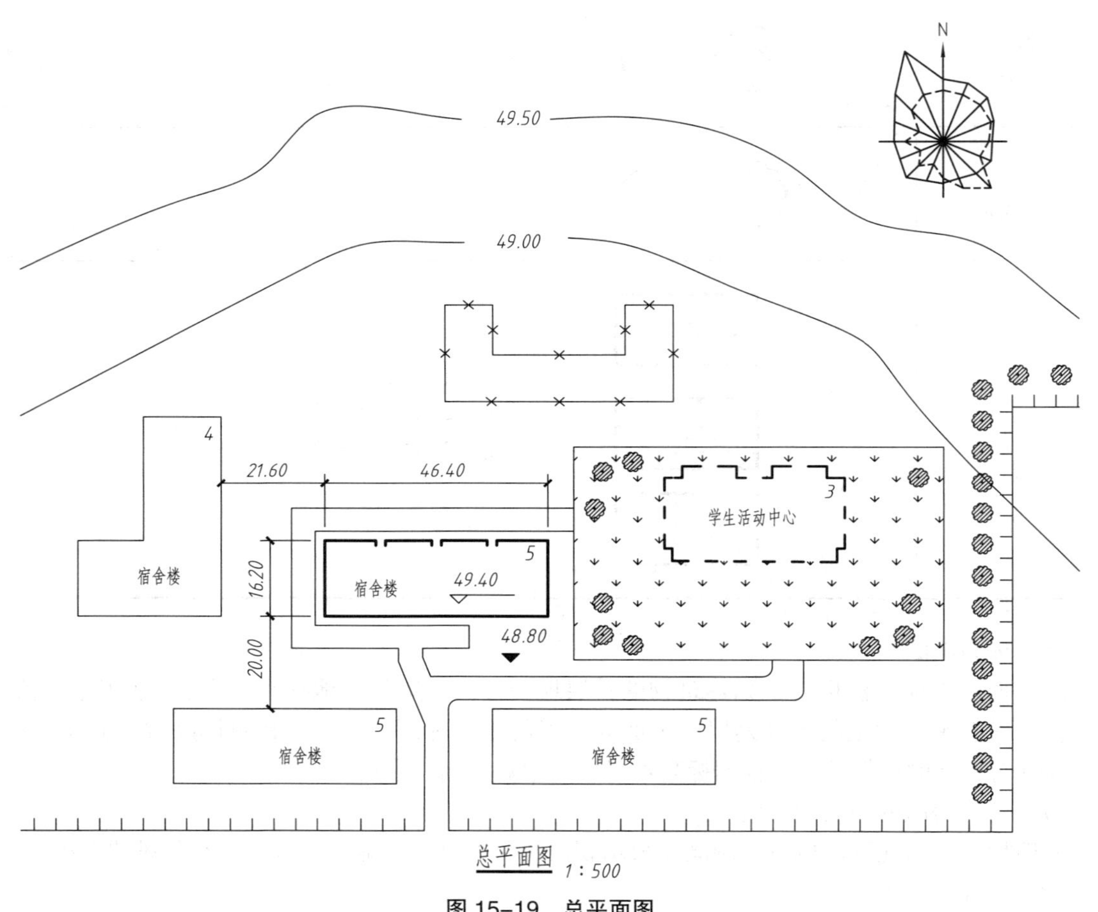

图 15–19 总平面图

15.2.2 建筑平面图

1. 建筑平面图的形成及用途

建筑平面图是假想用一个水平剖切平面沿房屋的门、窗洞的位置将房屋剖开，移去剖切平面以上部分，将剩下部分作水平投影图，简称平面图，如图 15–20 所示。

建筑平面图主要反映了房屋的平面形状、大小，房间的位置，墙或柱的位置、厚度和材料，门窗类型和位置等。

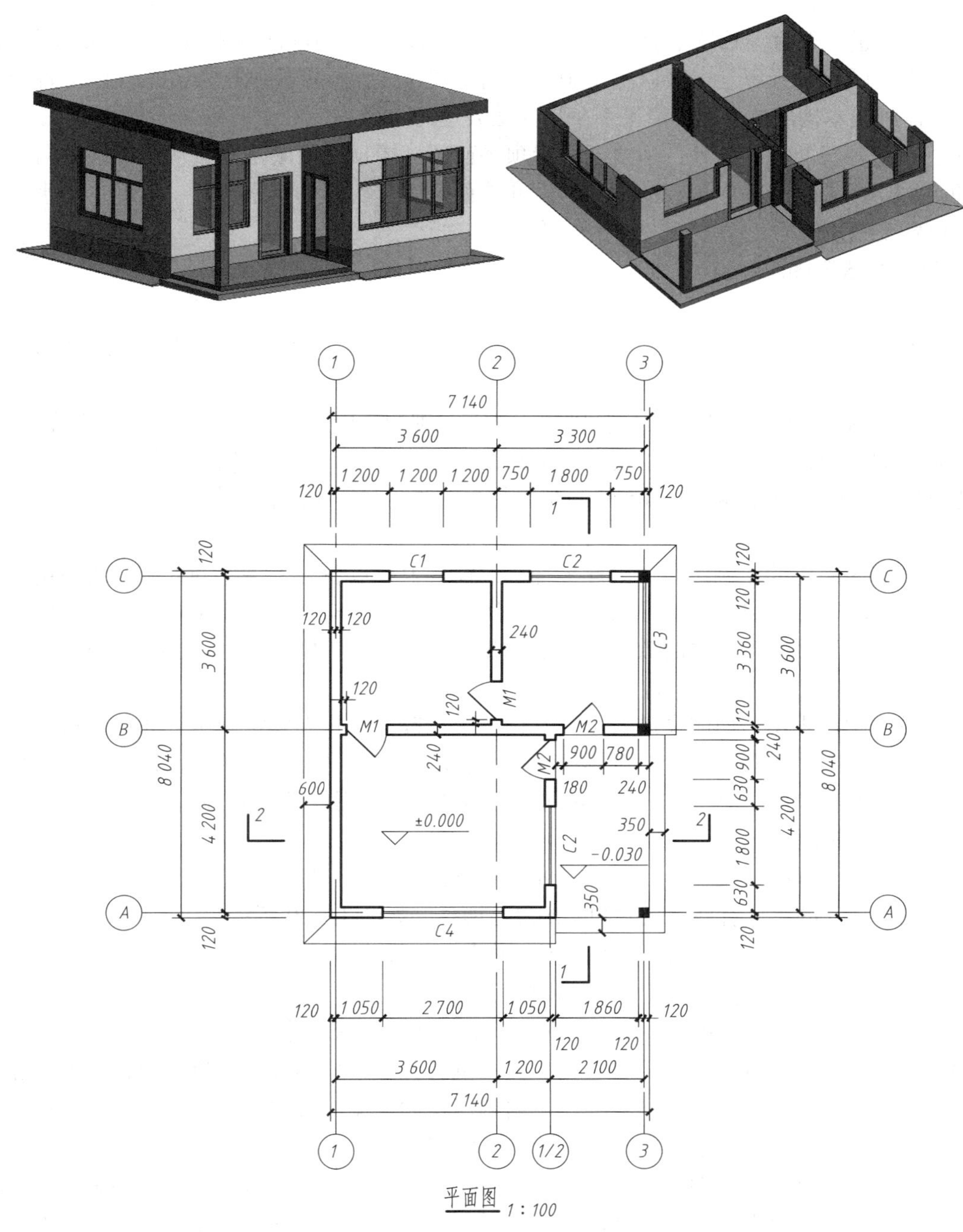

图 15-20 平面图

一般情况下，房屋有几层就有几个平面图，并在图的下方注明相应的图名，如“首层平面图”“四层平面图”“顶层平面图”，如果中间各楼层布置相同，可共用一个平面图，或称“标准层平面图”。

平面图只画两层之间的建筑物。房屋外面的附属建筑物如台阶、花坛、散水等，应根据分段表示的原则进行取舍。首层平面图应画出房屋本层的水平投影和与本幢房屋有关的室外台阶、花坛、散水等的水平投影。二层以上不画地面附属建筑，但二层应画雨篷。三层以上各层的平面图，只需画出本楼层的平面投影及下一层无法表达的内容。

除了画出各层的平面图外，还要画出屋顶平面图。屋顶平面图是直接从房屋上方向下投影得到的，主要用来表达房屋屋顶的形状、女儿墙的位置、房屋的排水方式、坡度、雨水口、雨水管的位置及做法等。

2. 图示内容及图示特点

（1）比例、线型

建筑平面图宜采用 1∶50、1∶100、1∶200 的比例绘制，绘图比例一般注写在图名右侧，如图 15–20 所示。

平面图中的墙、柱一般都应画定位轴线（没有基础的轻质隔墙，有时不画定位轴线），该轴线也是画图的基础，用细点画线绘制；被剖到的墙、柱等截面轮廓线用粗实线绘制；被剖到的次要建筑构造，如轻质隔墙用中粗实线绘制；其余一般用细实线绘制。

（2）图例

由于平面图采用的比例较小，因此楼梯、门窗、卫生设备等不需详细绘制，均采用国标规定的图例绘制，见表 15–5。门窗除用图例表示外，还应进行编号以区别不同规格、尺寸。用 M、C 分别表示门、窗代号，后面的数字为门窗的编号，如 M1、M2、…，C1、C2、…。同一编号的门窗其尺寸、形式、材料都相同。

门窗虽用图例表示，但门窗的大小及其构造形式都应按投影关系画出。如窗洞有凸出的窗台时，应在窗的图例上画出窗台的投影。高窗是表示在剖切平面以上的窗，按投影关系是不应画出的，但为了表示其位置，往往在与它同一层的平面图上用虚线表示。

（3）尺寸和标高

建筑平面图上所注的尺寸以“mm”为单位，标高以“m”为单位。

平面图上标注的尺寸有外部尺寸和内部尺寸两种，如图 15–20 所示。

外部尺寸一般标注在图形的下方及左侧，共有三道尺寸。

第一道尺寸表示轮廓的总尺寸，即房屋的总长、总宽。

第二道尺寸表示轴线间距离，用以说明房间的开间及进深尺寸。

第三道尺寸表示细部尺寸，即表示门、窗洞宽及位置，柱的大小和位置等，这道尺寸应从轴线注起。内部尺寸表示房间的净空大小、内墙门窗洞、墙厚及与轴线的关系、柱子截面、门垛等细部尺寸。首层平面图还应注出室外台阶、散水等尺寸。

平面图上还应注出室内地面的高度即标高的大小。首层地面一般标有 ±0.000，首层以下均为负数标高，二层以上均为正数标高。屋顶平面和有排水要求的房间要注坡度，以表示流水方向。

（4）其他标注

一般在首层平面图上画出指北针，说明房屋的朝向。平面图上有时需注明房间的名称。首层平面图上要画出剖面图的剖切位置，以及详图和标准构件的位置和编号，以便与剖面图对照查阅。

3. 平面图的阅读方法

（1）首先从图名了解该图是哪一层的平面图，比例是多少。从房间的内部分隔及房间的名称，可了解建筑的大致布局及房间之间的相互联系。

（2）阅读时从轴线开始，了解该层所注的尺寸：总长、总宽，每个房间的开间和深度，再了解墙的厚度或柱子的尺寸，还要看清轴线是处于中央还是偏心、门窗的位置和尺寸、门的开启形式和方向。

（3）平面图上过梁、门窗都是用代号表示的，仔细核对它们的数量、型号有无错误。

（4）根据平面图中所注的剖切符号和详图索引符号，与所对应的剖面图和详图联系起来阅读，明确剖切位置和投射方向。

15.2.3 建筑立面图

1. 建筑立面图的形成及用途

在与房屋立面平行的投影面上所作的房屋正投影图称为建筑立面图，简称立面图，如图 15-21 所示。立面图是反映建筑物外貌的投影图，其中反映主要进、出口或比较显著地反映房屋外貌特征的那一面的立面图称为正立面图，其余的称为背立面图、侧立面图等。也可以根据朝向来命名，如南立面图、北立面图、东立面图和西立面图，还可以根据房屋两端的轴线来命名。

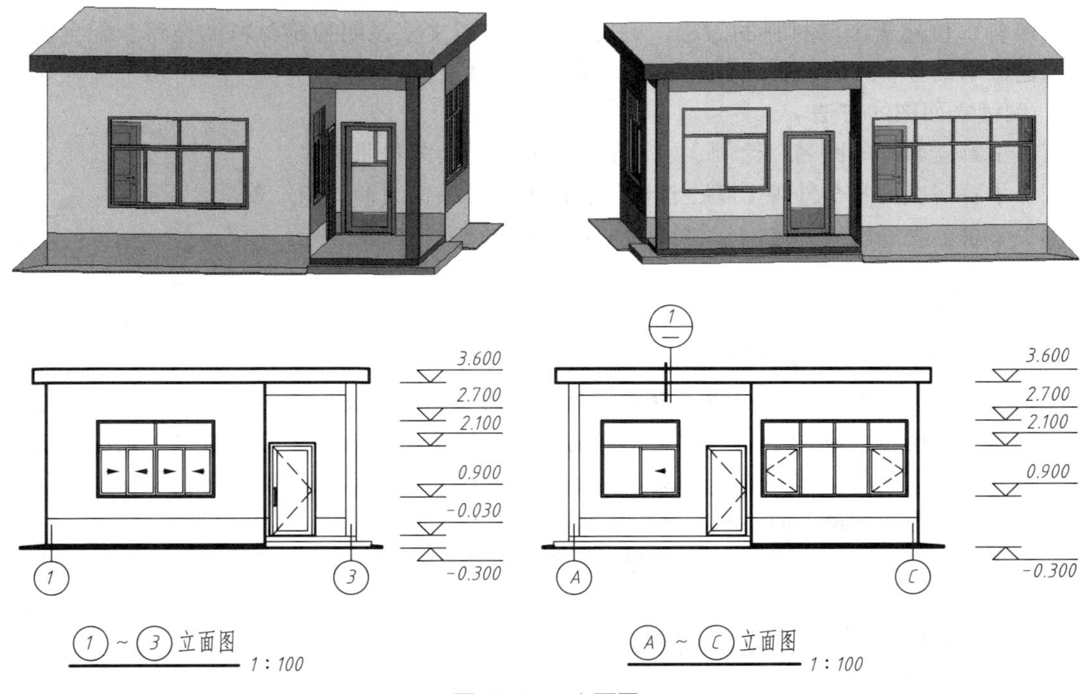

图 15-21 立面图

建筑立面图反映建筑物外貌以及立面装修的做法。具体包括房屋的外部造型、门窗位置及形式、外墙面装饰面层的材料、颜色、做法以及雨水管的具体位置等内容。

2. 图示内容及特点

（1）比例、线型

立面图的比例与平面图相同，常采用的比例有 1∶50、1∶100、1∶200。为了加强立面图的图面效果，使立面图层次分明，立面图中的室外地坪线用宽 1.4b 的粗实线绘制，地坪线应超出立面边界 10~15 mm；立面图外形轮廓线用粗实线绘制；门窗的分格线、墙面的分格线用细实线绘制；其余图形用中粗或中实线绘制。

（2）图例

立面图上的门窗等构配件也按规定的图例表示。

（3）定位轴线

立面图应画出两端的轴线并编号，以便和平面图对照。

（4）尺寸和标高

立面图要注明高度方向的三道尺寸，即总高度、分层高度、门窗的上下皮、勒脚、檐口等具体高度。除此之外，还应标出从室外地坪到屋顶及各楼层的标高，以明确表明某一位置的高度。一般不在立面图的水平方向上标注尺寸。

（5）简化画法

在立面图中相同的门窗、阳台、外檐装修、构造做法等可在局部重点表示，绘出其完整图形，其余部分可只画轮廓线。

（6）其他标注

外墙各部位建筑装修材料的做法，可用材料图例或文字说明粉刷材料的类型、配合比和颜色等，也可用编号、列表的方式分别说明不同装修的做法。

3. 阅读立面图的方法

（1）了解立面图的图名、比例，检查轴线编号与平面图对照核实。

（2）了解房屋的整个外貌形状，校核门、窗等细部结构的形式和位置是否正确。

（3）了解各立面图彼此之间在材料做法上有无不符、不协调之处。

15.2.4 建筑剖面图

1. 建筑剖面图的形成及用途

建筑剖面图是假想用一个垂直于外墙轴线的剖切平面将房屋剖开所得的剖面图，简称剖面图，如图 15-22 所示。剖切平面一般是横向的，即平行于侧立面，必要时也可以是纵向的，即平行于正立面。剖切平面的位置一般通过房屋内部结构比较复杂及典型的部位，如楼梯段、门窗洞口等。其位置和剖视方向一般在首层平面图中标注。

剖面图主要反映了房屋内部的分层情况、各部位的高度，房间的开间或进深；房屋主要承重构件的相互关系，如各层梁、板的位置及其墙柱的关系；各层的构造做法等内容。剖面图与平面图、立面图相互配合是建筑施工图不可缺少的图样。

2. 图示内容及特点

（1）比例与图线

剖面图的绘图比例与同一房屋的平面图、立面图的绘图比例相同。

剖面图中的线型按国标规定：凡是被剖到的梁、板、墙体等轮廓用线宽为 0.7b 的中粗实线绘制；未剖到的可见轮廓，如门窗洞、踢脚线、楼梯栏杆、扶手等用线宽为 0.5*b* 的中实线绘制，图例线、引出线、雨水管等用细实线绘制。

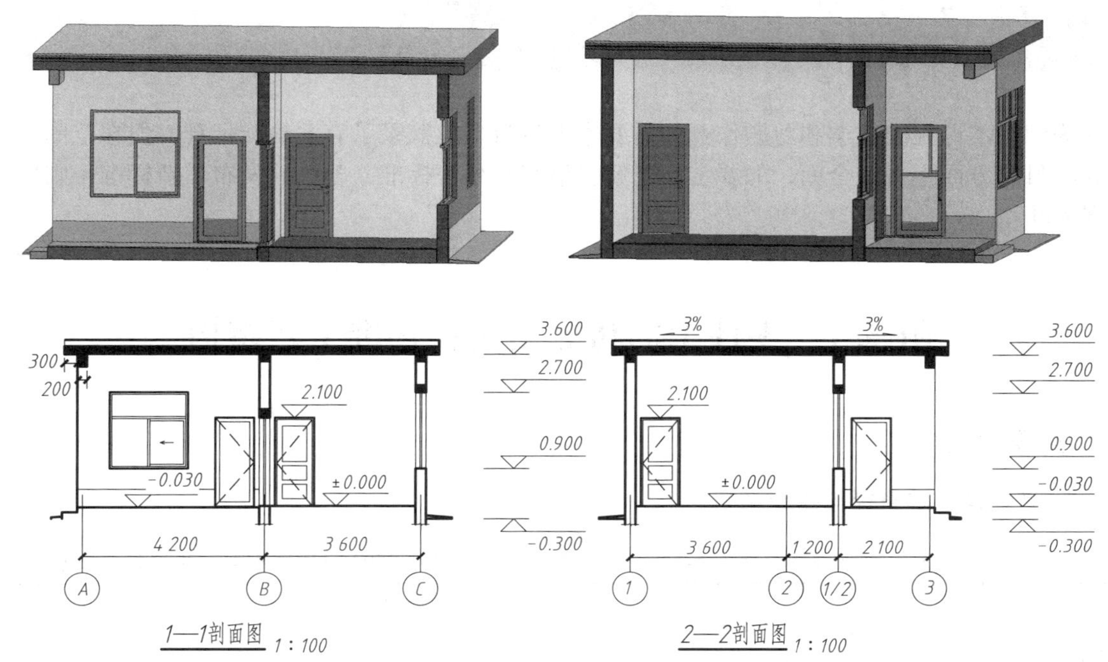

图 15-22 剖面图

（2）图例

剖面图中，应按国标规定绘制材料图例和构配件图例。当剖面图比例等于或大于 1 : 50 时，轮廓内应画出材料图例，当比例较小时，可不画图例，在底图上墙的断面可涂红，钢筋混凝土梁、板、楼梯可涂黑，实心砖以斜线填充。

（3）尺寸标注和标高

在剖面图中，应标注出各部位的高度尺寸及部分完成面的标高。如门窗洞的高度、层间高度等。

（4）定位轴线

剖面图中应标注出墙、柱定位轴线，以明确剖切位置和剖视方向。

（5）其他标注

剖面图中不能详细表达的地方，如室内地面、楼面、顶棚、踢脚等需另画详图表示，引出索引符号。房屋倾斜的地方（如屋面、散水、排水沟等）需要表明倾斜程度。

3. 阅读剖面图的方法

（1）阅读剖面图时，首先要看图名和轴线编号，并与平面图上标注的剖切符号和轴线对照，以了解剖切位置和投射方向，校核剖面图的轴线、剖切位置的内容和部位是否与平面图一致。

（2）对于有特殊要求的房间，如锅炉房、实验室、浴室等，弄清里面的固定设备的具体位置、形状和尺寸。

（3）对剖面图中的内、外高度尺寸和标高应仔细校核，检查是否与平面图、立面图中所标注的尺寸一致。

附　　录

为满足本课程的教学和习题作业的需要本书尽量多地摘录了有关最新标准，但在范围、内容和项目等方面不一定全面，如要全面了解，请查阅相关标准。若今后发布了新标准，则以新标准为准。

附录 1　零件上的功能结构和标准工艺结构

一、普通螺纹

1. 普通螺纹的直径与螺距系列

附表 1–1　普通螺纹的直径与螺距系列（摘自 GB/T 193—2003，GB/T 9144—2003）　mm

公称直径 D、d			螺距 P										
第 1 系列	第 2 系列	第 3 系列	粗牙	细牙									
				3	2	1.5	1.25	1	0.75	0.5	0.35	0.25	0.2
*10			*1.5				1.25	1	0.75				
		11	1.5			1.5		1	0.75				
*12			*1.75				1.25	1					
	*14		*2			1.5	1.25[a]	1					
		15				1.5		1					
*16			*2			1.5		1					
		17				1.5		1					
	*18		*2.5		2	1.5		1					
*20			*2.5		2	1.5		1					
	*22		*2.5		2	1.5		1					
*24			3		2	1.5		1					
		25			2	1.5		1					
		26				1.5							
	*27		*3		2	1.5		1					
		28			2	1.5		1					
*30			*3.5	（3）	2	1.5		1					
		32			2	1.5							
	*33		*3.5	（3）	2	1.5							

续表

公称直径 D、d			螺距 P										
第 1 系列	第 2 系列	第 3 系列	粗牙	细牙									
				3	2	1.5	1.25	1	0.75	0.5	0.35	0.25	0.2
		35[b]				1.5							
*36			*4	3	2	1.5							
		38				1.5							
	*39		*4	3	2	1.5							

公称直径 D、d			螺距 P						
第 1 系列	第 2 系列	第 3 系列	粗牙	细牙					
				8	6	4	3	2	1.5
		40					3	2	1.5
*42			*4.5			4	3	2	1.5
	*45		*4.5			4	3	2	1.5
*48			*5			4	3	2	1.5
		50					3	2	1.5
	*52		*5			4	3	2	1.5
		55				4	3	2	1.5
*56			*5.5			4	3	2	1.5
		58				4	3	2	1.5
	*60		*5.5			4	3	2	1.5
		62				4	3	2	1.5
*64			*6			4	3	2	1.5
		65				4	3	2	1.5
	68		6		6	4	3	2	1.5
		70				4	3	2	1.5
72					6	4	3	2	1.5
		75				4	3	2	1.5
	76				6	4	3	2	1.5
		78						2	
80					6	4	3	2	1.5
		82						2	
	85				6	4	3	2	
90					6	4	3	2	
	95				6	4	3	2	

注：1. 优先选用第 1 系列，其次是第 2 系列，第 3 系列尽可能不用。

2. 括号内尺寸尽可能不用。

3. “a” 仅用于发动机的火花塞；“b” 仅用于滚动轴承锁紧螺母。

4. “*” 普通螺纹优选系列（GB/T 9144—2003）。

2. 普通螺纹的基本牙型（GB/T 192—2003）

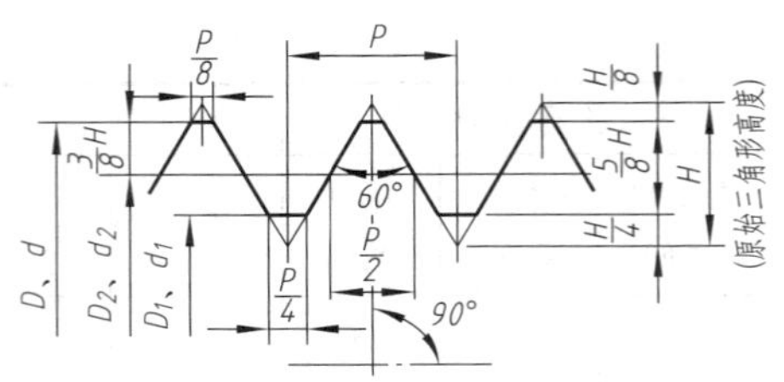

基本牙型（GB/T 192—2003）

$H=\sqrt{3}/2P=0.866\ 025\ 404P$

$5/8H=0.541\ 265\ 577P$

$3/8H=0.324\ 759\ 526P$

$1/4H=0.541\ 265\ 577P$

$1/8H=0.108\ 253\ 175P$

国家标准《普通螺纹　基本尺寸》（GB/T 196—2003）规定，附表 1-2 中的数值按下列公式计算，数值圆整到小数点后第三位。

$$D_2=D-2\times 3/8H=D-0.649\ 5P;\qquad d_2=d-2\times 3/8H=d-0.649\ 5P;$$

$$D_1=D-2\times 5/8H=D-1.082\ 5P;\qquad d_1=d-2\times 3/8H=d-1.082\ 5P$$

根据 GB/T 197—2018 中螺纹标记的规定，下面给出螺纹的标记示例。

示例 1　公称直径为 8 mm，螺距为 1 mm 的单线细牙、右旋螺纹，中径和顶径的公差带为 6H，中等公差精度螺纹，中等旋合长度组。其标记为：M8 × 1。

示例 2　公称直径为 6 mm，螺距为 0.75 mm 的单线细牙、左旋螺纹，中径和顶径的公差带为 5h6h，短旋合长度组。其标记为：M6 × 0.75-5h6h-S-LH。

示例 3　公称直径为 14 mm，导程为 6 mm，螺距为 2 mm 的三线、左旋螺纹，中径和顶径的公差带为 7H，长旋合长度组。其标记为：M14 × Ph6P2（three starts）-7H-L-LH。

示例 4　公称直径（大径）为 16 mm，螺距为 2 mm，右旋的粗牙内螺纹（外螺纹），中径和顶径公差带代号均为 6H（6g），中等公差精度螺纹，中等旋合长度组。其标记为：M16。

示例 5　公称直径（大径）为 16 mm，螺距为 1.5 mm，右旋的细牙外螺纹，中径公差带代号为 5g，顶径公差带代号为 6g，中等旋合长度组。其标记为：M16 × 1.5-5g6g。

附表 1-2　普通螺纹的基本尺寸（摘自 GB/T 196—2003）　mm

公称直径 D、d	螺距 P	中径 D_2 或 d_2	小径 D_1 或 d_1	公称直径 D、d	螺距 P	中径 D_2 或 d_2	小径 D_1 或 d_1
3	0.5	2.675	2.459	5.5	0.5	5.175	4.959
	0.35	2.773	2.621	6	1	5.350	4.917
3.5	0.6	3.110	2.850		0.75	5.513	45.188
	0.35	3.273	3.121	7	1	6.350	5.917
4	0.7	3.545	3.242		0.75	6.513	6.188
	0.5	3.675	3.459	8	1.25	7.188	6.647
4.5	0.75	4.013	3.688		1	7.350	6.917
	0.5	4.175	3.959		0.75	7.513	7.188
5	0.8	4.480	4.134	9	1.25	8.188	7.647
	0.5	4.675	4.459		1	8.350	7.917

续表

公称直径 D、d	螺距 P	中径 D_2 或 d_2	小径 D_1 或 d_1
9	0.75	8.513	8.188
10	1.5	9.026	8.376
	1.25	9.188	8.647
	1	9.350	8.917
	0.75	9.513	9.188
11	1.5	10.026	9.376
	1	10.350	9.917
	0.75	10.513	10.188
12	1.75	10.863	10.106
	1.5	11.026	10.376
	1.25	11.188	10.647
	1	11.350	10.917
14	2	12.701	11.835
	1.5	13.026	12.376
	1.25	13.188	12.647
	1	13.350	12.917
15	1.5	14.026	13.376
	1	14.350	13.917
16	2	14.701	13.835
	1.5	15.026	14.376
	1	15.350	14.917
17	1.5	16.026	15.376
	1	16.350	15.917
18	2.5	16.376	15.294
	2	16.701	15.835
	1.5	17.026	16.376

公称直径 D、d	螺距 P	中径 D_2 或 d_2	小径 D_1 或 d_1
18	1	17.350	16.917
20	2.5	18.376	17.294
	2	18.701	17.835
	1.5	19.026	18.376
	1	19.350	18.917
22	2.5	20.376	19.294
	2	20.701	19.835
	1.5	21.026	20.376
	1	21.350	20.917
24	3	22.051	20.752
	2	22.701	21.835
	1.5	23.026	22.376
	1	23.350	22.917
26	1.5	25.026	24.376
27	3	25.051	23.752
	2	25.701	24.835
	1.5	26.026	25.376
	1	26.350	25.917
28	2	26.701	25.835
	1.5	27.026	26.376
	1	27.350	26.917
30	3.5	27.727	26.211
	3	28.051	26.752
	2	28.701	27.835
32	2	30.701	29.835
	1.5	31.026	30.376

续表

公称直径 D、d	螺距 P	中径 D_2 或 d_2	小径 D_1 或 d_1
33	3.5	30.727	29.211
	3	31.051	29.752
	2	31.701	30.835
	1.5	32.026	31.376
35	1.5	34.026	33.376
36	4	33.402	31.670
	3	34.051	32.752
	2	34.701	33.835
	1.5	35.026	34.376
38	1.5	37.026	36.376
39	4	36.402	34.670
	3	37.051	35.752
	2	37.701	36.835
	1.5	38.026	37.376
42	4.5	39.077	37.129
	4	39.402	37.670
	3	40.051	38.752
	2	40.701	39.835
	1.5	41.026	40.376
45	4.5	42.077	40.129
	4	42.402	40.670
	3	43.051	41.752
	2	43.701	42.835
	1.5	44.026	43.376
48	5	44.752	42.587
	4	45.402	43.670
	3	46.051	44.752
	2	46.701	45.835
	1.5	47.026	46.376
50	3	48.051	46.752
50	2	48.701	47.835
	1.5	49.026	48.376
52	5	48.752	46.587
	4	49.402	47.670
	3	50.051	48.752
	2	50.701	49.835
	1.5	54.026	50.376
55	4	52.402	50.670
	3	53.051	51.752
	2	53.701	52.835
	1.5	54.026	53.376
56	5.5	52.428	50.046
	4	53.402	51.670
	3	54.051	52.752
	2	54.701	54.376
	1.5	55.026	53.835
58	4	55.402	53.670
	3	56.051	54.752
	2	56.701	55.835
	1.5	57.026	56.376
60	5.5	56.428	54.046
	4	57.402	55.670
	3	58.051	56.752
	2	58.701	57.835
	1.5	59.026	58.376
62	4	59.402	57.670
	3	60.051	58.752
	2	60.701	59.835
	1.5	61.026	60.376

二、梯形螺纹

梯形螺纹牙型（GB/T 5796.1—2022）、直径与螺距系列（GB/T 5796.2—2022）、基本尺寸（GB/T 5796.3—2022）

梯形螺纹的基本尺寸要符合附表 1-3 内规定，其中：

$D_1 = d - 2H_0 = d - P$；$D_4 = d + 2a_c$；$h_3 = H_4 = H_0 + a_c = 0.5P + a_c$

$d_3 = d - 2h_3 = d - P - 2a_c$；

$d_2 = D_2 = d - H_0 = d - 0.5P$；$H_0 = 0.5P$

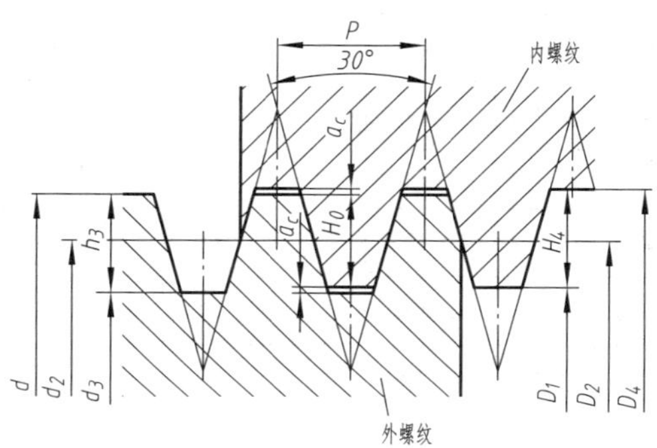

标记示例：

示例 1　公称直径为 28 mm，螺距为 5 mm，中径公差带代号为 7H，中等旋合长度组（N），单线右旋梯形内螺纹。其标记为 Tr28 × 5–7H。

示例 2　公称直径为 28 mm、导程为 10 mm、螺距为 5 mm，中径公差带代号为 8e 的双线左旋梯形外螺纹。其标记为 Tr28 × 10P5–8e–LH。

示例 3　内、外螺纹旋合所组成的螺纹副的标记为 Tr24 × 8–7H/8e（梯形内、外螺纹的公称直径均为 24 mm，单线，螺距为 8 mm，右旋，外螺纹中径公差带代号为 8e，内螺纹中径公差带代号为 7H）。

示例 4　Tr40 × 3–7H［梯形螺纹，公称直径为 40 mm，螺距为 3 mm，单线，右旋的内螺纹，中径公差带代号为 7H，中等旋合长度组（N）］。

示例 5　Tr40 × 6P3–7e–L–LH［梯形螺纹，公称直径为 40 mm，导程为 6 mm，螺距为 3 mm，双线，左旋的外螺纹，中径公差带代号为 7e，长旋合长度组（L）］。

示例 6　公称直径为 40 mm，螺距为 7 mm，单线，右旋，梯形内螺纹，中径公差带代号为 7H，长旋合长度组。其标记为 Tr40 × 7–7H–L。

示例 7　公称直径为 40 mm，导程为 14 mm，螺距为 7 mm，双线，左旋，梯形外螺纹，中径公差带代号为 7e，中等旋合长度组。其标记为 Tr40 × 14P7–7e–LH。

附表 1–3 梯形螺纹的基本尺寸（摘自 GB/T 5796.3—2022，GB/T 5796.2—2005） mm

公称直径 d 第一系列	公称直径 d 第二系列	螺距 P	大径 D_4	中径 $d_2=D_2$	小径 d_3	小径 D_1
8		1.5	8.300	7.250	6.200	6.500
	9	1.5	9.300	8.250	7.200	7.500
		$\boxed{2}$	9.500	8.00	6.500	7.000
10		1.5	10.300	9.250	8.200	8.500
		$\boxed{2}$	10.5	9.000	7.500	8.000
	11	$\boxed{2}$	11.500	10.000	8.500	9.000
		3	11.500	9.500	7.500	8.000
12		2	12.500	11.000	9.500	10.000
		$\boxed{3}$	12.500	10.500	8.500	9.000
	14	2	14.500	13.000	11.500	12.000
		$\boxed{3}$	14.500	12.500	10.500	11.00
16		2	16.500	15.000	13.500	14.000
		$\boxed{4}$	16.500	14.000	11.500	12.000
	18	2	18.500	17.000	15.500	16.000
		$\boxed{4}$	18.500	16.000	13.500	14.000
20		2	20.500	19.000	17.500	18.000
		$\boxed{4}$	20.500	18.000	15.500	16.000
	22	3	22.500	20.500	18.500	19.000
		$\boxed{5}$	22.500	19.500	16.500	17.000
		8	23.000	18.000	13.000	14.000
24		3	24.500	22.500	20.500	21.000
		$\boxed{5}$	24.500	21.500	18.500	19.000
		8	25.000	20.000	15.000	16.000
	26	3	26.500	24.500	22.500	23.000
		$\boxed{5}$	26.500	23.500	20.500	21.000
		8	27.000	22.000	17.000	18.000
28		3	28.500	26.500	24.500	25.000
		$\boxed{5}$	28.500	25.500	22.500	23.000
		8	29.000	24.000	19.000	20.000
	30	3	30.500	28.500	26.500	27.00
		$\boxed{6}$	31.000	27.000	23.000	24.00
		10	31.000	25.000	19.000	20.000
32		3	32.500	30.500	28.500	29.000
		$\boxed{6}$	33.000	29.000	25.00	26.000
		10	33.000	27.000	21.000	22.000
	34	3	34.500	32.500	30.500	31.000
		$\boxed{6}$	35.000	31.000	27.000	28.000
		10	35.000	29.000	23.000	24.000
36		3	36.500	34.500	32.500	33.000
		$\boxed{6}$	37.000	33.000	29.000	30.000
		10	37.000	31.000	25.000	26.000
	38	3	38.500	36.500	34.500	35.000
		$\boxed{7}$	39.000	34.500	30.000	31.000
		10	39.000	33.000	27.000	28.000
40		3	40.500	38.500	36.500	37.000
		$\boxed{7}$	41.000	36.500	32.000	33.000
		10	41.000	35.000	29.000	30.000
	42	3	42.500	40.500	38.500	39.000
		$\boxed{7}$	43.000	38.500	34.000	35.000
		10	43.000	37.000	31.000	32.000
44		3	44.500	42.500	40.500	41.000
		$\boxed{7}$	45.000	40.500	36.000	37.000
		12	45.000	38.000	31.000	32.000

注：1. 优先选用第一系列直径，其次选用第二系列直径。

2. 加框的螺距 P 值为优先选用的。

三、管螺纹

55° 非密封管螺纹（GB/T 7307—2001） 55° 密封管螺纹（GB/T 7306.1~7306.2—2000）

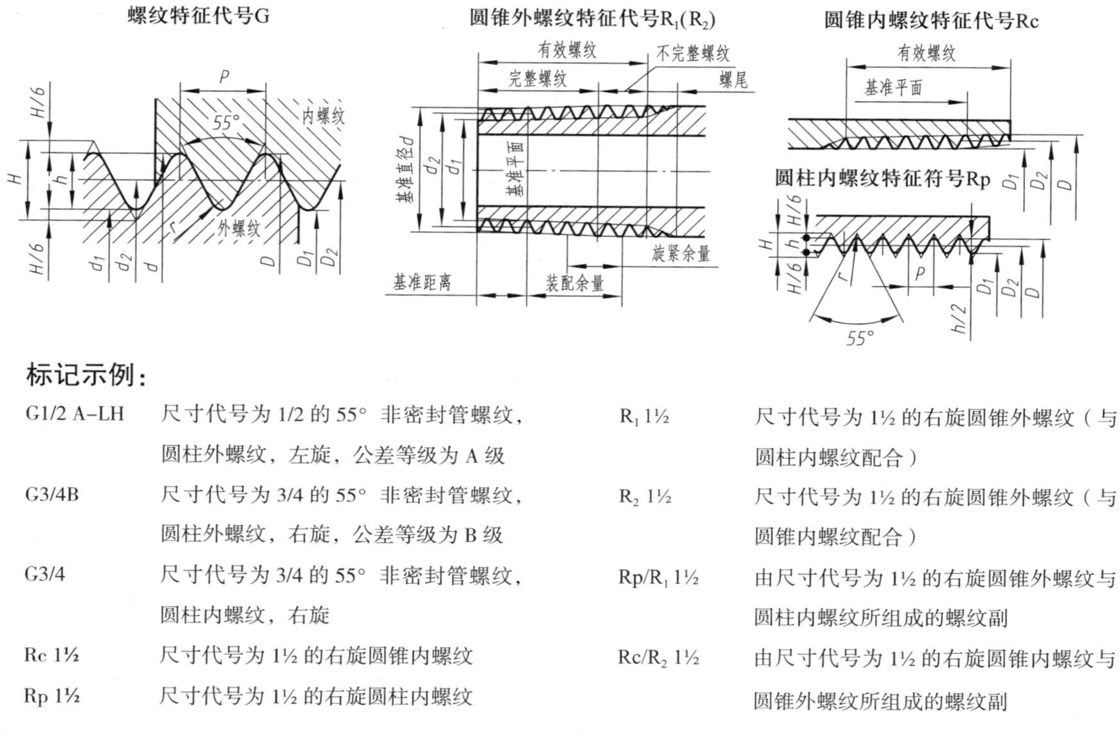

标记示例：

G1/2 A–LH　尺寸代号为 1/2 的 55° 非密封管螺纹，圆柱外螺纹，左旋，公差等级为 A 级

G3/4B　尺寸代号为 3/4 的 55° 非密封管螺纹，圆柱外螺纹，右旋，公差等级为 B 级

G3/4　尺寸代号为 3/4 的 55° 非密封管螺纹，圆柱内螺纹，右旋

Rc 1½　尺寸代号为 1½ 的右旋圆锥内螺纹

Rp 1½　尺寸代号为 1½ 的右旋圆柱内螺纹

R_1 1½　尺寸代号为 1½ 的右旋圆锥外螺纹（与圆柱内螺纹配合）

R_2 1½　尺寸代号为 1½ 的右旋圆锥外螺纹（与圆锥内螺纹配合）

Rp/R_1 1½　由尺寸代号为 1½ 的右旋圆锥外螺纹与圆柱内螺纹所组成的螺纹副

Rc/R_2 1½　由尺寸代号为 1½ 的右旋圆锥内螺纹与圆锥外螺纹所组成的螺纹副

附表 1–4　管螺纹（摘录 GB/T 7307—2001，GB/T 7306.1~7306.2—2000）

尺寸代号	每 25.4 mm 内的牙数 n	螺距 P/mm	牙高 h/ mm	圆弧半径 r/ mm	基本直径 /mm			有效螺纹长度 /mm	基准距离 /mm
					大径 $d=D$	中径 $d_2=D_2$	小径 $d_1=D_1$		
1/16	28	0.907	0.581	0.125	7.723	7.142	6.561	6.5	4.0
1/8					9.728	9.147	8.566	6.5	4.0
1/4	19	1.337	0.856	0.184	13.157	12.301	11.445	9.7	6.0
3/8					16.662	15.806	14.950	10.1	6.4
1/2	14	1.814	1.162	0.249	20.955	19.793	18.631	13.2	8.2
*5/8					22.911	21.749	20.587		
3/4					26.441	25.279	24.117	14.5	9.5
*7/8					30.201	29.039	27.877		

续表

尺寸代号	每 25.4 mm 内的牙数 n	螺距 P/mm	牙高 h/ mm	圆弧半径 r/ mm	基本直径 /mm			有效螺纹长度 /mm	基准距离 /mm
					大径 $d=D$	中径 $d_2=D_2$	小径 $d_1=D_1$		
1	11	2.309	1.479	0.317	33.249	31.770	30.291	16.8	10.4
*1 ⅛					37.897	36.418	34.939		
1 ¼					41.910	40.431	38.952	19.1	12.7
1½					47.803	46.324	44.845		
1¾					53.746	52.267	50.788		
2					59.614	58.135	56.656	23.4	15.9
*2¼					65.710	64.231	62.752		
2½					75.184	73.705	72.226	26.7	17.5
*2¾					81.534	80.055	78.576		
3					87.884	86.405	84.926	29.8	20.6
3½					100.330	98.351	97.372	31.4	22.2
4					113.030	111.551	110.072	35.8	25.4
4½					125.730	124.251	122.772		
5					138.430	136.472	135.472	40.1	28.4
5½					151.130	149.651	148.172		
6					163.830	162.351	160.872	40.1	28.6

注：1. 尺寸代号有“*”的，仅为 55° 非密封管螺纹才有，没有“*”的为 55° 非密封螺纹和 55° 密封管螺纹均有的。

2. 用 55° 密封管螺纹的“基本直径”为基准平面上的基本直径。

3. “基准距离”“有效螺纹长度”均为 55° 密封管螺纹的参数。

四、常用的零件标准结构要素

1. 普通螺纹退刀槽

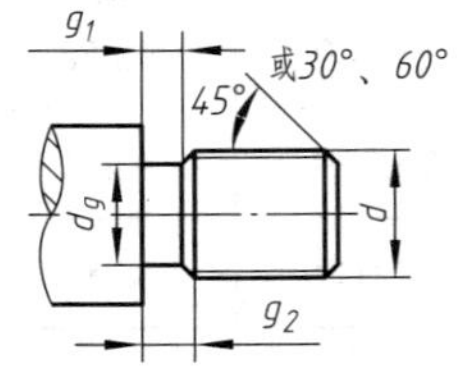

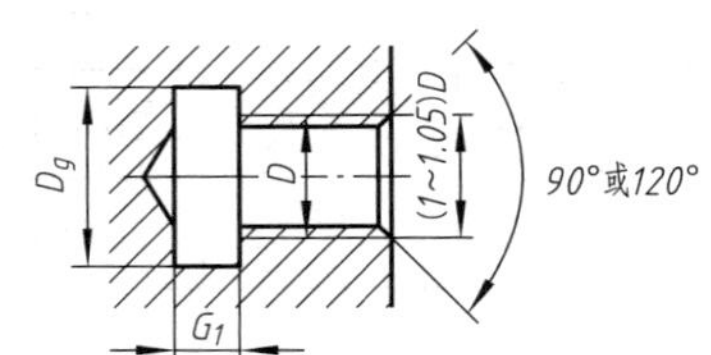

附表 1–5　螺纹退刀槽（摘自 GB/T 3—1997）　　mm

螺距	外螺纹			内螺纹		螺距	外螺纹			内螺纹	
	g_2(max)	g_1(min)	d_g	G_1	D_g		g_2(max)	g_1(min)	d_g	G_1	D_g
0.4	1.2	0.6	d −0.7			1.75	5.25	3	d− 2.6	7	D+0.5
0.45	1.35	0.7	d − 0.7			2	6	3.4	d −3	8	
0.5	1.5	0.8	d − 0.8	2	D +0.3	2.5	7.5	4.4	d −3.6	10	
0.6	1.8	0.9	d − 1	2.4		3	9	5.2	d−4.4	12	
0.7	2.1	1.1	d − 1.1	2.8		3.5	10.5	6.2	d −5	14	
0.8	2.4	1.3	d −1.3	3.2		4	12	7	d−5.7	16	
1.0	3	1.6	d −1.6	4	D+0.5	4.5	13.5	8	d −6.4	18	
1.25	3.75	2	d−2	5		5	15	9	d − 7	20	
1.5	4.5	2.5	d−2.3	6		5.5	17.5	11	d− 7.7	22	

2. 零件上倒角和圆角

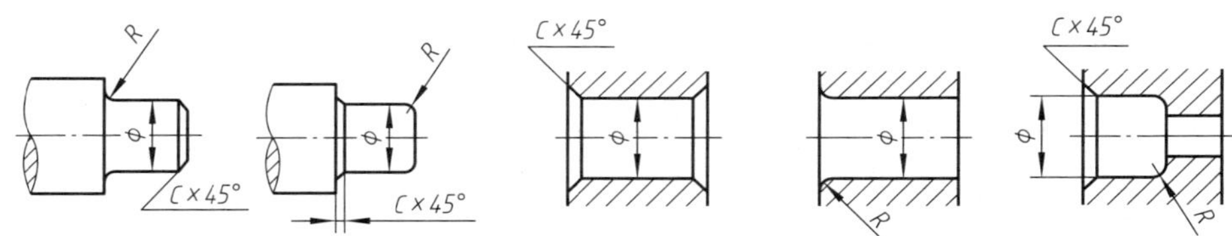

附表 1–6　与直径 ϕ 相应的倒角 C、圆角 R 的推荐值（摘录 GB/T 6403.4—2008）　　mm

直径 ϕ	＜3	>3~6	>6~10	>10~18	>18~30	>30~50	>50~80	>80~120	>120~180
C 或 R	0.2	0.4	0.6	0.8	1.0	1.6	2.0	2.5	3.0
C 或 R 系列	0.1，0.2，0.3，0.4，0.5，0.6，0.8，1.0，1.2，1.6，2.0，2.5，3.0，4.0，5.0，6.0，8.0，10，12，16，20，25，32，40，50								

注：1. 倒角一般采用 45°，也允许采用 30° 或 60°。

2. 45° 倒角的最新标准的注法如“C1”“C2”等，即将图中的“C×45°”改写成 C 值，其中的值为表中 C 的系列值。

3. 装配中的倒角与倒圆的关系

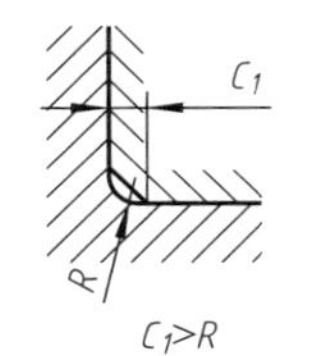

(a) 内倒圆与外倒角

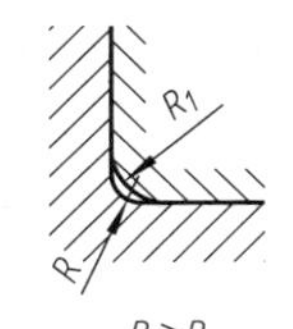

(b) 内倒圆与外倒圆

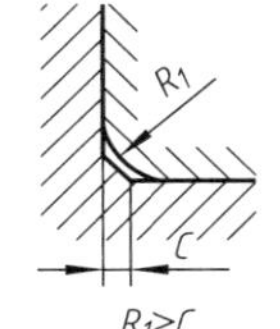

(c) 内倒角与外倒圆

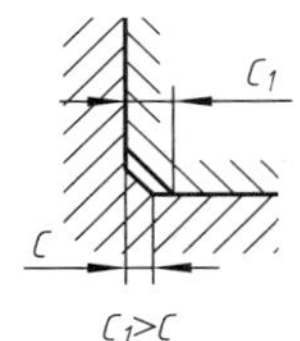

(d) 内倒角与外倒角

附表 1-7　内角倒角与外角倒圆时 C 的最大值 C_{max} 与 R_1 的关系（摘录 GB/T 6403.4—2008）　mm

R_1	0.1	0.2	0.3	0.4	0.5	0.6	0.8	1.0	1.2	1.6	2.0	2.5	3.0	4.0	5.0	6.0	8.0	10	12
C_{max}	—	0.1	0.1	0.2	0.2	0.3	0.4	0.5	0.6	0.8	1.0	1.2	1.6	2.0	2.5	3.0	4.0	5.0	6.0

注：1. 倒角为 45°。

2. R_1、C_1 的偏差为正，R、C 的偏差为负。

3 根据上述装配关系，内、外角的取值要适中，外倒角或外倒圆过大会影响零件的工作面，过小又会产生应力集中。

4. 砂轮越程槽（GB/T 6403.5—2008）

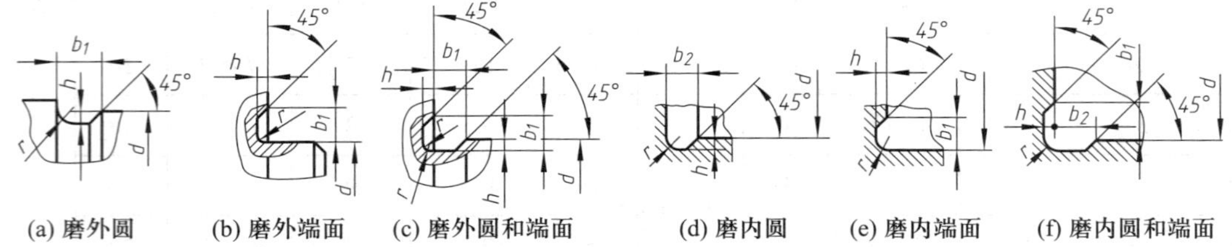

(a) 磨外圆　(b) 磨外端面　(c) 磨外圆和端面　(d) 磨内圆　(e) 磨内端面　(f) 磨内圆和端面

附表 1-8　回转面及端面砂轮越程槽的尺寸　mm

d	~10			10~50		>50~100		>100	
b_1	0.6	1.0	1.6	2.0	3.0	4.0	5.0	8.0	10
b_2	2.0	3.0		4.0		5.0		8.0	10
h	0.1	0.2		0.3	0.4		0.6	0.8	1.2
r	0.2	0.5		0.8	1.0		1.6	2.0	3.0

注：1. 越程槽内与直线相交处，不允许产生尖角。

2. 越程槽深度 h 与圆弧半径 r 要满足 $r \leqslant 3h$

（1）燕尾导轨砂轮越程槽

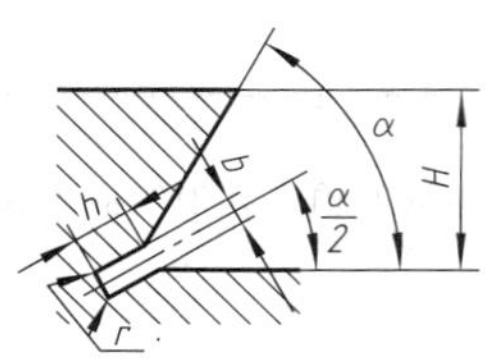

附表 1-9　燕尾导轨砂轮越程槽的尺寸　mm

H	≤ 5	6	8	10	12	16	20	25	32	40	50	63	80
b h	1	2		3			4			5			6
r	0.5	0.5		1.0			1.6			1.6			2.0

（2）矩形导轨砂轮越程槽

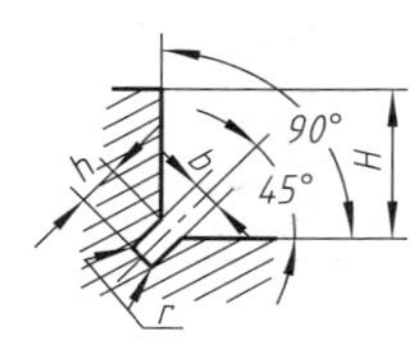

附表 1-10　矩形导轨砂轮越程槽的尺寸　mm

H	8	10	12	16	20	25	32	40	50	63	80	100
b	2				3				5		8	
h	1.6				2.9				3.0			
r	0.5				1.0				1.6		2.0	

（3）平面砂轮越程槽

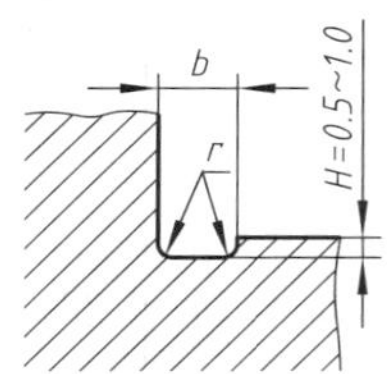

附表 1–11　平面砂轮越程槽的尺寸　mm

b	2	3	4	5
r	0.5	1.0	1.2	1.6

（4）V 形砂轮越程槽

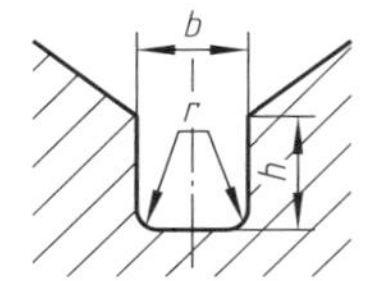

附表 1–12　V 形砂轮越程槽的尺寸　mm

b	2	3	4	5
h	1.6	2.0	2.5	3.0
r	0.5	1.0	1.2	1.6

5. 通孔与沉孔

螺栓和螺钉用通孔（GB/T 5277—1985）　沉头螺钉用沉孔（GB/T 152.2—2014）

圆柱头用沉孔（GB/T 152.3—1988）六角头螺栓和六角螺母用沉孔（GB/T 152.4—1988）

附表 1–13　通孔与沉孔　mm

螺纹规格			M4	M5	M6	M8	M10	M12	M16	M20	M24	M30	M36
通孔	d_h	精装配	4.3	5.3	6.4	8.4	10.5	13	17	21	25	31	37
		中等装配	4.5	5.5	6.6	9	11	13.5	17.5	22	26	33	39
		粗装配	4.8	5.8	7	10	12	14.5	18.5	24	28	35	42
沉头螺钉用沉孔	d_h		4.5	5.5	6.6	9	11	—	—	—	—	—	—
	D_c		9.4	10.4	12.6	17.3	20	—	—	—	—	—	—
	t		2.55	2.58	3.13	4.28	4.65	—	—	—	—	—	—
圆柱头用沉孔	d_2		8	10	11	15	18	20	26	33	40	48	57
	d_3		—	—	—	—	—	16	20	24	28	36	42
	t	①	4.6	5.7	6.8	9	11	13	17.5	21.5	25.5	32	38
		②	3.2	4	4.7	6	7	8	10.5	12.5	—	—	—

续表

螺纹规格			M4	M5	M6	M8	M10	M12	M16	M20	M24	M30	M36
六角头螺栓和六角螺母用沉孔		d_2	10	11	13	18	22	26	33	40	48	61	71
		d_3	—	—	—	—	—	16	20	24	28	36	42

注：1. t 值①用于内六角圆柱头螺钉（GB/T 70.1—2008）用的圆柱头沉孔尺寸；t 值②用于内六角花形低圆柱头螺钉（GB/T 2671.1—2017）、内六角花形圆柱头螺钉（GB/T 2671.2—2017）、开槽圆柱头螺钉（GB/T 65—2016）用的圆柱头沉孔尺寸。

2. 图中 d_1 的尺寸均按中等装配的通孔确定。

3. 对于六角头螺栓和六角螺母用沉孔中的尺寸 t，只要能制出与通孔轴线垂直的圆平面即可。

附录 2　常用标准件

一、螺栓

六角头螺栓（GB/T 5782—2016）

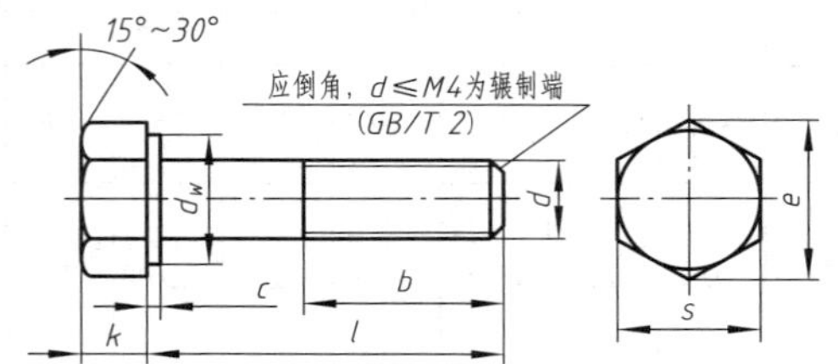

六角头螺栓—全螺纹（GB/T 5783—2016）

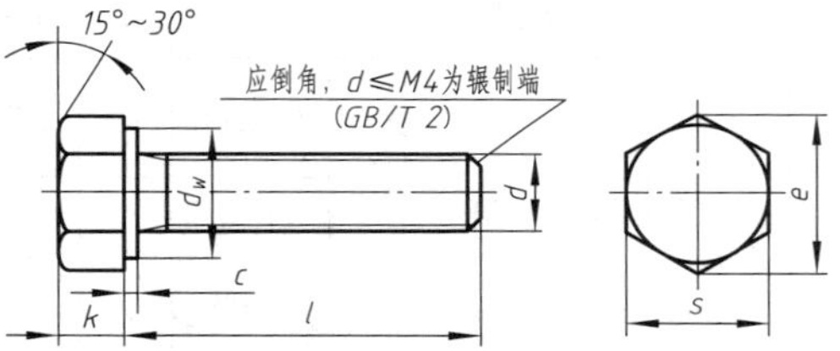

标记示例：

示例 1　螺栓　GB/T 5782　M12×80

螺纹规格 d=M12、公称长度 l=80 mm、性能等级为 8.8 级、表面不经处理、产品等级为 A 级的六角头螺栓。

示例 2　螺栓　GB/T 5783　M12×80

螺纹规格 d=M12、公称长度 l=80 mm、性能等级为 8.8 级，表面不经处理、全螺纹、产品等级为 A 级的六角头螺栓。

附表 2-1　优选的螺纹尺寸（摘录）　mm

螺纹规格 d		e_{min}		k 公称	d_{wmin}		c_{max}	l 公称		b 参考		
		GB/T 5782 GB/T 5783		GB/T 5782 GB/T 5783	GB/T 5782 GB/T 5783		GB/T 5782 GB/T 5783	GB/T 5782（商品长度规格范围）	GB/T 5783（商品长度规格范围）	GB/T 5782		
		A 级	B 级		A 级	B 级				$l \leqslant 125$	$125<l \leqslant 200$	$l>200$
优选的螺纹规格	M3	6.01	5.88	2	4.57	4.45	0.4	20~30	6~30	12	18	31
	M4	7.66	7.50	2.8	5.88	5.74		25~40	8~40	14	20	33

续表

螺纹规格 d		e_{min}		k 公称	d_{wmin}		c_{max}	l 公称		b 参考		
		GB/T 5782 GB/T 5783		GB/T 5782 GB/T 5783	GB/T 5782 GB/T 5783		GB/T 5782 GB/T 5783	GB/T 5782（商品长度规格范围）	GB/T 5783（商品长度规格范围）	GB/T 5782		
		A 级	B 级		A 级	B 级				$l \leqslant 125$	$125<l \leqslant 200$	$l>200$
优选的螺纹规格	M5	8.79	8.63	3.5	6.88	6.74	0.5	25~50	10~50	16	22	35
	M6	11.05	10.89	4	8.88	8.74		30~60	12~60	18	24	37
	M8	14.38	14.20	5.3	11.63	11.47	0.6	40~80	16~80	22	28	41
	M10	17.77	17.59	6.4	14.63	14.47		45~100	20~100	26	32	45
	M12	20.03	19.85	7.5	16.63	16.47		50~120	25~120	30	36	49
	M16	26.75	26.17	10	22.49	22	0.8	65~160	30~150	38	44	57
	M20	33.53	32.95	12.5	28.19	27.7		80~200	40~200	46	52	65
	M24	39.98	39.55	15	33.61	33.25		90~240	50~200	54	60	73
	M30	—	50.85	18.7	—	42.75		110~300	60~200	66	72	85
	M36	—	60.79	22.5	—	51.11		140~360	70~200	—	84	97
	M42	—	71.3	26	—	59.95	1.0	160~440	80~200	—	96	109
	M48	—	82.6	30	—	69.45		180~480	100~200	—	108	121
	M56	—	93.56	35	—	78.66		220~500	110~200	—	—	137
	M64	—	104.86	40	—	88.16		260~500	120~200	—	—	153
非优选的螺纹规格	M3.5	6.58	6.44	2.4	5.07	4.95	0.4	20~35	8~35	13	19	32
	M14	23.36	22.78	8.8	19.64	19.15	0.6	60~140	30~140	34	40	53
	M18	30.14	29.56	11.5	25.34	24.85	0.8	70~180	35~150	42	48	61
	M22	37.72	37.29	14	31.71	31.35		90~220	45~150	50	56	69
	M27	—	45.2	17	—	38		100~260	55~200	60	66	79
	M33	—	55.37	21	—	46.55		130~320	65~200	—	78	91
	M39	—	66.44	25	—	55.86	1.0	150~380	80~200	—	90	103
	M45	—	76.95	28	—	64.7		180~440	90~200	—	102	115
	M52	—	88.25	33	—	74.2		200~480	100~200	—	116	129
	M60	—	99.21	38	—	83.41		240~500	120~200	—	—	145

注：1. 长度系列：2、3、4、5、6、8、10、12、16、20~70 为 5 进位，70~160 为 10 进位，160~500 为 20 进位。GB/T 5782 的公称长度系列为 12~500，GB/T 5783 的公称长度系列为 2~200。

2. 螺纹公差为 6g。当材料为钢时，3 mm $\leqslant d \leqslant$ 39 mm，机械性能等级为 5.6、8.8（常用）、10.9；3 mm $\leqslant d \leqslant$ 16 mm，机械性能等级为 9.8；$d>$ 39 mm 按协议。表面处理：不经处理；电镀技术要求按 GB/T5267.1；非电解锌片涂层技术要求 按 GB/T 5267.2；热浸镀锌层技术要求按 GB/T 5267.3。$d \leqslant$ 24 mm 和 $l \leqslant 10d$ 或 $l \leqslant$ 150 mm(按较小值）的螺栓，公差产品等级为 A；$d>$24 mm 或 $l>10d$ 或 $l>$150 mm（按较小值）的螺栓，公差产品等级为 B。

3. 相应的螺距 P 值查附表 1-1，s_{max} 值查 1 型六角螺母表。

二、双头螺柱（GB/T 897~900—1988）

$b_m=1d$（GB/T 897—1988）；$b_m=1.5d$（GB/T 899—1988）

$b_m=1.25d$（GB/T 898—1988）；$b_m=2d$（GB/T 900—1988）

标记示例：

示例 1　螺柱　GB/T 898　M10×50

两端均为粗牙普通螺纹 d=M10、公称长度 l=50 mm、性能等级为 4.8 级、不经表面处理、B 型、b_m=1.25d 的双头螺柱。

示例 2　螺柱　GB/T 897　AM10–M10×1×50

旋入机件螺纹孔一端为粗牙普通螺纹、旋入螺母端为螺距为 1 mm 细牙普通螺纹、d=M10、公称长度 l=50 mm、性能等级为 4.8 级、不经表面处理、A 型、b_m=1d 的双头螺柱。

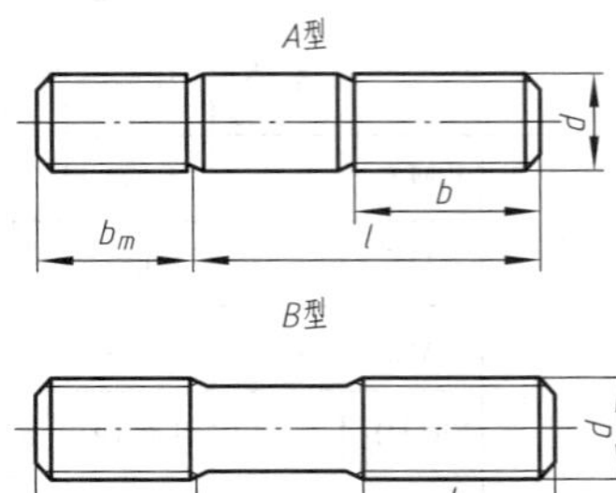

附表 2–2　双头螺柱的尺寸（摘录）　　mm

螺纹规格 d		M5	M6	M8	M10	M12	M16	M20	M24	M30	M36	M42
$b_m=1d$（GB/T 897）		5	6	8	10	12	16	20	24	30	36	42
$b_m=1.25d$（GB/T 898）		6	8	10	12	15	20	25	30	38	45	52
$b_m=1.5d$（GB/T 899）		8	10	12	15	18	24	30	36	45	54	63
$b_m=2d$（GB/T 900）		10	12	16	20	24	32	40	48	60	72	84
l/b	l	116~（22）	20~（22）	20~（22）	25~（28）	25~30	30~（38）	35~40	45~50	60~（65）	（65）~（75）	70~80
	b	10	10	12	14	16	20	25	30	40	45	50
	l	25~50	25~30	25~30	30~（38）	（32）~40	40~（55）	45~（65）	（55）~（75）	70~90	80~110	（85）~100
	b	16	14	16	16	20	30	35	45	50	60	70
	l		（32）~（75）	（32）~90	40~120	45~120	60~120	70~120	80~120	（95）~120	120	120
	b		18	22	26	30	38	46	54	66	78	90
	l				130	130~180	130~200	130~200	130~200	130~200	130~200	130~200
	b				32	36	44	52	60	72	84	96
	l									210~250	210~300	210~300
	b									85	97	109
长度 l 系列	16，（18），20，（22），25，（28），30，（32），35，（38），40，45，50，（55），60，（65），70，（75），80（85），90，（95），100，110，120，130，140，150，160，170，180，190，200，210，220，230，240，250，260，270，280，290，300											

注：括号内的数值尽可能不采用。

三、螺钉

1. 常用的开槽螺钉

开槽圆柱头螺钉（GB/T 65—2016）　　开槽盘头螺钉（GB/T 67—2016）　　开槽沉头螺钉（GB/T 68—2016）

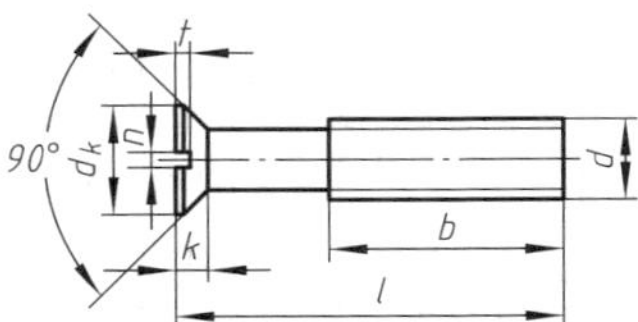

标记示例：

示例 1　螺钉　GB/T 65　M5×20

螺纹规格 d =M5、公称长度 l=20 mm、性能等级为 4.8 级、不经表面处理的 A 级开槽圆柱头螺钉。

示例 2　螺钉　GB/T 68　M5×45

螺纹规格 d=M5、公称长度 l=45 mm、性能等级为 4.8 级、不经表面处理的 A 级开槽沉头螺钉。

示例 3　螺钉　GB/T 67　M5×20

螺纹规格 d=M5、公称长度 l=20 mm、性能等级为 4.8 级、不经表面处理的 A 级开槽盘头螺钉。

附表 2-3　三种常用的开槽螺钉的优选螺纹尺寸（摘录）　mm

螺纹规格 d		M1.6	M2	M2.5	M3	M4	M5	M6	M8	M10
d_k（max）公称	GB/T 65	3.0	3.8	4.5	5.5	7.0	8.5	10.0	13.0	16.0
	GB/T 67	3.2	4.0	5.0	5.6	8.0	9.5	12.0	16.0	20.0
	GB/T 68	3.6	4.4	5.5	6.3	9.4	10.4	12.6	17.3	20.0
k（max）公称	GB/T 65	1.1	1.4	1.8	2	2.6	3.3	3.9	5.0	6.0
	GB/T 67	1.0	1.3	1.5	1.8	2.4	3.0	3.6	4.8	6.0
	GB/T 68	1	1.2	1.5	1.65	2.7	2.7	3.3	4.65	5.0
b（min）	GB/T 65，GB/T 67，GB/T 68	25				38				
开槽 n 公称	GB/T 65	0.4	0.5	0.6	0.8	1.2	1.2	1.6	2	2.5
	GB/T 67									
	GB/T 68									
开槽 t（min）	GB/T 65	0.45	0.6	0.7	0.85	1.1	1.3	1.6	2	2.4
	GB/T 67	0.35	0.5	0.6	0.7	1	1.2	1.4	1.9	2.4
	GB/T 68	0.32	0.4	0.5	0.6	1	1.1	1.2	1.8	2

续表

螺纹规格 d			M1.6	M2	M2.5	M3	M4	M5	M6	M8	M10
l 公称	商品规格范围	GB/T 65	2~16	3~20	3~25	4~30	5~40	6~50	8~60	10~80	12~80
		GB/T 67	2~16	2.5~20	3~25	4~30	5~40	6~45	8~60	10~80	12~80
		GB/T 68	2.5~16	3~20	4~25	5~30	6~40	8~50	8~60	10~80	12~80
	全螺纹范围	GB/T 65，GB/T 67	$l \leqslant 30$				$l \leqslant 40$				
		GB/T 68	$l \leqslant 30$				$l \leqslant 45$				
	系列值	2，2.5，3，4.5，5，6，8，10，12，（14），16，20，25，30，35，40，45，50，（55），60，（65），70，（75），80。									

注：螺纹公差：为 6g。当材料为钢时，机械性能等级：d<3 mm 时，按协议；$d \geqslant 3$ mm 时，4.8（常用），5.8。表面处理：不经处理；电镀技术要求按 GB/T 5267.1；非电解锌片涂层技术要求按 GB/T 5267.2。公差产品等级：A。

2. 常用的开槽紧定螺钉

开槽锥端紧定螺钉（GB/T 71—2018）

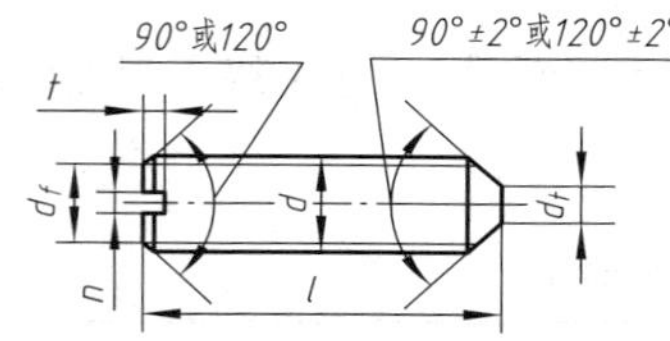

开槽平端紧定螺钉（GB/T 73—2017）

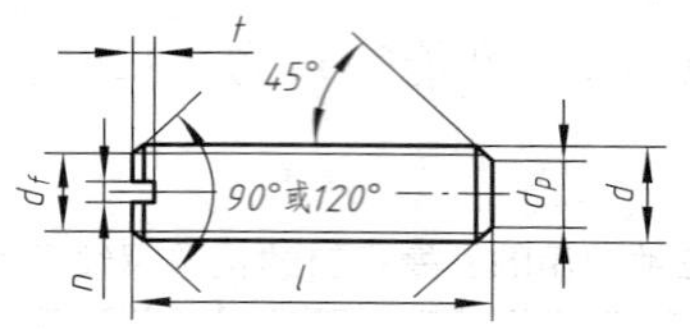

开槽长圆柱端紧定螺钉（GB/T 75—2018）

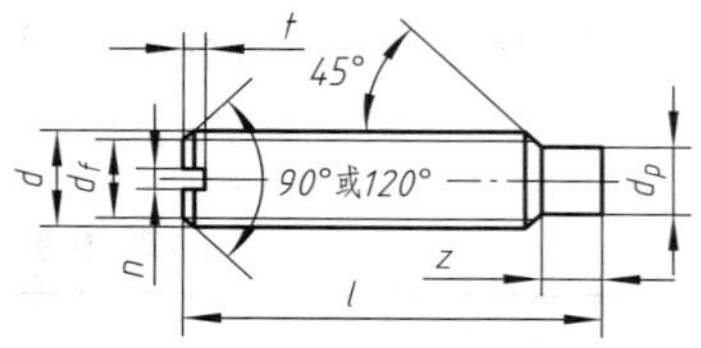

图中的 d_f ≈螺纹小径

标记示例：

示例 1 螺纹规格 d=M5，公称长度 l=12 mm，钢制，硬度等级为 14H 级，表面不经处理、产品等级 A 级的开槽锥端紧定螺钉的标记：螺钉 GB/T 71 M5 × 12

示例 2 螺钉 GB/T 73 M6 × 12

螺纹规格 d=M6、公称长度 l=12 mm、硬度等级为 14H 的紧定螺钉。

附表 2–4 紧定螺钉优选的螺纹尺寸（摘录）

mm

螺纹规格 d			M1.2	M1.6	M2	M2.5	M3	M4	M5	M6	M8	M10
n 公称			0.2	0.25	0.25	0.4	0.4	0.6	0.8	1.0	1.2	1.6
t（min）			0.40	0.56	0.64	0.72	0.8	1.12	1.28	1.60	2.00	2.40
GB/T 71	d_t（max）		0.12	0.16	0.20	0.25	0.30	0.40	0.50	1.50	2.00	2.50
	l 公称	短	2	2、2.5	—	3	—	—	—	—	—	—
		长	2.5~6	3~8	3~10	4~12	4~16	5~20	6~25	8~30	10~40	12~50

续表

<table>
<tr><td colspan="3">螺纹规格 d</td><td>M1.2</td><td>M1.6</td><td>M2</td><td>M2.5</td><td>M3</td><td>M4</td><td>M5</td><td>M6</td><td>M8</td><td>M10</td></tr>
<tr><td rowspan="4">GB/T 73</td><td rowspan="2">d_p</td><td>max</td><td>0.60</td><td>0.80</td><td>1.00</td><td>1.50</td><td>2.00</td><td>2.50</td><td>3.50</td><td>4.00</td><td>5.50</td><td>7.00</td></tr>
<tr><td>min</td><td>0.35</td><td>0.55</td><td>0.75</td><td>1.25</td><td>1.75</td><td>2.25</td><td>3.20</td><td>3.70</td><td>5.20</td><td>6.64</td></tr>
<tr><td rowspan="2">l 公称</td><td>短</td><td>—</td><td>2</td><td>2、2.5</td><td>3.5、3</td><td>3</td><td>4</td><td>5</td><td>6</td><td>—</td><td>—</td></tr>
<tr><td>长</td><td>2~6</td><td>2.5~8</td><td>3~10</td><td>4~12</td><td>4~16</td><td>5~20</td><td>6~25</td><td>8~30</td><td>8~40</td><td>10~50</td></tr>
<tr><td rowspan="4">GB/T 75</td><td colspan="2">d_p（max）</td><td>—</td><td>0.80</td><td>1.00</td><td>1.50</td><td>2.00</td><td>2.50</td><td>3.50</td><td>4.00</td><td>5.50</td><td>7.00</td></tr>
<tr><td colspan="2">z（min）</td><td>—</td><td>0.80</td><td>1.00</td><td>1.25</td><td>1.50</td><td>2.00</td><td>2.50</td><td>3.00</td><td>4.00</td><td>5.00</td></tr>
<tr><td rowspan="2">l 公称</td><td>短</td><td>—</td><td>2.5</td><td>3</td><td>4</td><td>5</td><td>6</td><td>8</td><td>8、10</td><td>10、12</td><td>12、16</td></tr>
<tr><td>长</td><td>—</td><td>3~8</td><td>4~10</td><td>5~12</td><td>6~16</td><td>8~20</td><td>10~25</td><td>12~30</td><td>16~40</td><td>20~50</td></tr>
</table>

注：表中的“短”为短螺钉；“长”为长螺钉。图中“90°”或“120°”，当为短螺钉时应制成 120°，为长螺钉时应制成 90°。

四、螺母

1型六角螺母—A级和B级（GB/T 6170—2015）　　2型六角螺母—A级和B级（GB/T 6175—2016）　　六角薄螺母—A级和B级（GB/T 6172.1—2016）

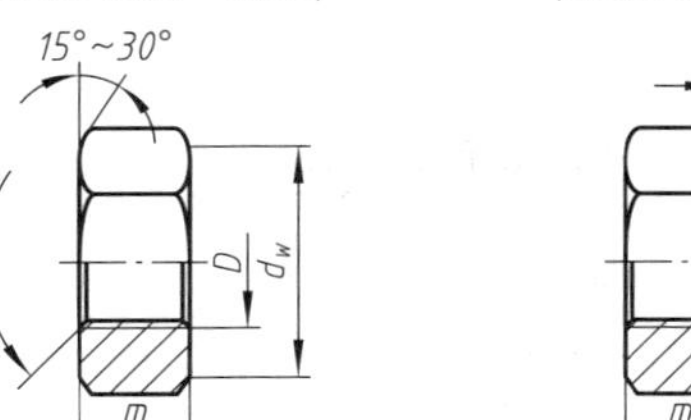

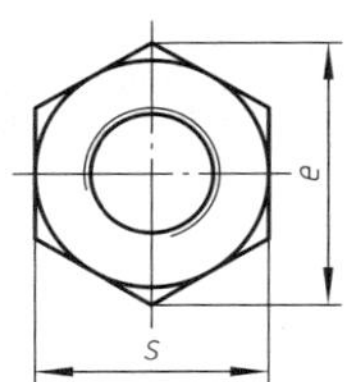

注：1 型六角螺母和 2 型六角螺母的 $\theta = 90° \sim 120°$，六角螺母的 $\theta = 110° \sim 120°$。

标记示例：

示例 1　螺母　GB/T 6170　M16

螺纹规格 D=M16，性能等级为 8 级、表面不经处理、产品等级为 A 级的 1 型六角螺母。

示例 2　螺母　GB/T 6172.1　M12

螺纹规格 D=M12，性能等级为 04 级、表面不经处理、产品等级为 A 级、倒角的六角薄螺母。

附表 2–5　优选的螺纹尺寸（摘录）　mm

<table>
<tr><td colspan="2">螺纹规格</td><td>M4</td><td>M5</td><td>M6</td><td>M8</td><td>M10</td><td>M12</td><td>M16</td><td>M20</td><td>M24</td><td>M30</td><td>M36</td></tr>
<tr><td rowspan="3">d_w（min）</td><td>GB/T 6175</td><td>—</td><td rowspan="3">6.9</td><td rowspan="3">8.9</td><td rowspan="3">11.6</td><td rowspan="3">14.6</td><td rowspan="3">16.6</td><td rowspan="3">22.5</td><td rowspan="3">27.7</td><td rowspan="2">33.2</td><td>42.7</td><td rowspan="3">51.1</td></tr>
<tr><td>GB/T 6172.1</td><td rowspan="2">5.9</td><td rowspan="2">42.8</td></tr>
<tr><td>GB/T 6170</td><td>33.3</td></tr>
</table>

续表

<table>
<tr><td colspan="2">螺纹规格</td><td>M4</td><td>M5</td><td>M6</td><td>M8</td><td>M10</td><td>M12</td><td>M16</td><td>M20</td><td>M24</td><td>M30</td><td>M36</td></tr>
<tr><td rowspan="3">e（min）</td><td>GB/T 6170</td><td rowspan="2">7.66</td><td rowspan="3">8.79</td><td rowspan="3">11.05</td><td rowspan="3">14.38</td><td rowspan="3">17.77</td><td rowspan="3">20.03</td><td rowspan="3">26.75</td><td rowspan="3">32.95</td><td rowspan="3">39.55</td><td rowspan="3">50.85</td><td rowspan="3">60.79</td></tr>
<tr><td>GB/T 6172.1</td></tr>
<tr><td>GB/T 6175</td><td>—</td></tr>
<tr><td rowspan="3">s（max）
公称</td><td>GB/T 6170</td><td rowspan="2">7</td><td rowspan="3">8</td><td rowspan="3">10</td><td rowspan="3">13</td><td rowspan="3">16</td><td rowspan="3">18</td><td rowspan="3">24</td><td rowspan="3">30</td><td rowspan="3">36</td><td rowspan="3">46</td><td rowspan="3">55</td></tr>
<tr><td>GB/T 6172.1</td></tr>
<tr><td>GB/T 6175</td><td>—</td></tr>
<tr><td rowspan="3">m（max）</td><td>GB/T 6170</td><td>3.2</td><td>4.7</td><td>5.2</td><td>6.8</td><td>8.4</td><td>10.8</td><td>14.8</td><td>18</td><td>21.5</td><td>25.6</td><td>31</td></tr>
<tr><td>GB/T 6172.1</td><td>2.2</td><td>2.7</td><td>3.2</td><td>4</td><td>5</td><td>6</td><td>8</td><td>10</td><td>12</td><td>15</td><td>18</td></tr>
<tr><td>GB/T 6175</td><td>—</td><td>5.1</td><td>5.7</td><td>7.5</td><td>9.3</td><td>12</td><td>16.4</td><td>20.3</td><td>23.9</td><td>28.6</td><td>34.7</td></tr>
<tr><td rowspan="2">c（max）</td><td>GB/T 6170</td><td>0.4</td><td colspan="2" rowspan="2">0.5</td><td colspan="3" rowspan="2">0.6</td><td colspan="5" rowspan="2">0.8</td></tr>
<tr><td>GB/T 6175</td><td>—</td></tr>
</table>

注：GB/T 6170、6175、6172.1 的螺纹公差均为 6H。

五、垫圈

1. 平垫圈

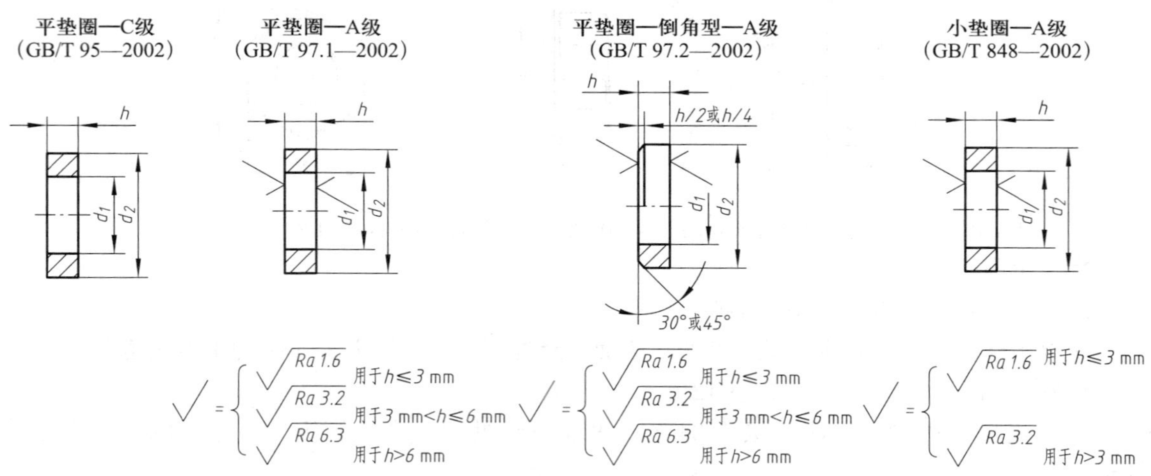

标记示例：

示例 1 垫圈 GB/T 95 8（标准系列、公称规格 8 mm、硬度等级为 100HV 级、不经表面处理、产品等级为 C 级的平垫圈。）

示例 2 垫圈 GB/T 97.1 8（标准系列、公称规格 8 mm，由钢制造的硬度等级为 200HV 级、不经表面处理、产品等级为 A 级的平垫圈。）

示例 3 垫圈 GB/T 97.1 8 A2（标准系列、公称规格 8 mm，由 A2 组不锈钢制造的硬度等级为 200HV 级、不经表面处理、产品等级为 A 级的平垫圈。）

示例 4　垫圈　GB/T 97.2　8（标准系列、公称规格 8 mm，由钢制造的硬度等级为 200HV 级、不经表面处理、产品等级为 A 级、倒角型平垫圈。）

示例 5　垫圈　GB/T 97.2　8　A2（标准系列、公称规格 8 mm，由 A2 组不锈钢制造的硬度等级为 200HV 级、不经表面处理、产品等级为 A 级、倒角型平垫圈。）

示例 6　垫圈　GB/T 848　8（小系列、公称规格 8 mm，由钢制造的硬度等级为 200HV 级、不经表面处理、产品等级为 A 级的平垫圈。）

示例 7　垫圈　GB/T 848　8　A2（小系列、公称规格 8 mm，由 A2 组不锈钢制造的硬度等级为 200HV 级、不经表面处理、产品等级为 A 级的平垫圈。）

附表 2-6　优选尺寸（摘录）　mm

<table>
<tr><td colspan="2">公称规格（螺纹大径 d）</td><td>4</td><td>5</td><td>6</td><td>8</td><td>10</td><td>12</td><td>16</td><td>20</td><td>24</td><td>30</td><td>36</td><td>42</td><td>48</td></tr>
<tr><td rowspan="4">内径 d_1
公称
（min）</td><td>GB/T 848</td><td rowspan="2">4.3</td><td rowspan="3">5.3</td><td rowspan="3">6.4</td><td rowspan="3">8.4</td><td rowspan="3">10.5</td><td rowspan="3">13</td><td rowspan="3">17</td><td rowspan="3">21</td><td rowspan="3">25</td><td rowspan="3">31</td><td rowspan="3">37</td><td>—</td><td>—</td></tr>
<tr><td>GB/T 97.1</td><td rowspan="3">45</td><td rowspan="3">52</td></tr>
<tr><td>GB/T 97.2</td><td>—</td></tr>
<tr><td>GB/T 95</td><td>4.5</td><td>5.5</td><td>6.6</td><td>9</td><td>11</td><td>13.5</td><td>17.5</td><td>22</td><td>26</td><td>33</td><td>39</td></tr>
<tr><td rowspan="4">外径 d_2
公称
（max）</td><td>GB/T 848</td><td>8</td><td>9</td><td>11</td><td>15</td><td>18</td><td>20</td><td>28</td><td>34</td><td>39</td><td>50</td><td>60</td><td>—</td><td>—</td></tr>
<tr><td>GB/T 97.1</td><td>9</td><td rowspan="3">10</td><td rowspan="3">12</td><td rowspan="3">16</td><td rowspan="3">20</td><td rowspan="3">24</td><td rowspan="3">30</td><td rowspan="3">37</td><td rowspan="3">44</td><td rowspan="3">56</td><td rowspan="3">66</td><td rowspan="3">78</td><td rowspan="3">92</td></tr>
<tr><td>GB/T 97.2</td><td>—</td></tr>
<tr><td>GB/T 95</td><td>9</td></tr>
<tr><td rowspan="4">厚度 h
公称</td><td>GB/T 848</td><td>0.5</td><td>1</td><td colspan="3">1.6</td><td>2</td><td>2.5</td><td>3</td><td colspan="2">4</td><td>5</td><td>—</td><td>—</td></tr>
<tr><td>GB/T 97.1</td><td>0.8</td><td rowspan="3">1</td><td rowspan="3" colspan="2">1.6</td><td rowspan="3">2</td><td rowspan="3">2.5</td><td rowspan="3" colspan="2">3</td><td rowspan="3" colspan="2">4</td><td rowspan="3">5</td><td rowspan="3" colspan="2">8</td></tr>
<tr><td>GB/T 97.2</td><td>—</td></tr>
<tr><td>GB/T 95</td><td>0.8</td></tr>
</table>

注：1. GB/T 848—2002、GB/T 97.1—2002、GB/T 97.2—2002 中，当材料为钢和不锈钢时，其机械性能硬度等级为 200 HV 级时，硬度范围 200~300 HV；当材料为钢时，硬度等级为 300 HV 级，硬度范围 300~370 HV。产品公差等级为 A 级。GB/T 95—2002 的机械性能硬度等级为 100 HV 级，产品公差等级为 C 级。

2. GB/T 97.1 的公称规格 1.6~64 mm 和 GB/T 97.2 的公称规格 5~64 mm 的硬度等级为 200 HV 级的垫圈适用于：性能等级至 8.8 级、产品等级为 A 级和 B 级的六角头螺栓和螺钉；性能等级至 8 级、产品等级为 A 级和 B 级的六角螺母。不锈钢及类似化学成分的六角头螺栓、螺钉和六角螺母；表面淬硬的自挤螺钉。

硬度等级为 300 HV 级的垫圈适用于：性能等级至 10.9 级、产品等级为 A 级和 B 级的六角头螺栓和螺钉；性能等级至 10 级、产品等级为 A 级和 B 级的六角螺母。

3. GB/T 848 的公称规格 1.6~36 mm 的硬度等级为 200 HV 级的垫圈适用于：性能等级至 8.8 级或不锈钢制造的圆柱头螺钉；性能等级至 8.8 级或不锈钢制造的内六角圆柱头螺钉；性能等级至 8.8 级或不锈钢制造的内六角花形圆柱头螺钉；表面淬硬的圆柱头自挤螺钉。

硬度等级为 300 HV 级的垫圈适用于：性能等级至 10.9 级内六角圆柱头螺钉；性能等级至 10.9 级内六角花形圆柱头螺钉。

4. GB/T 95 公称规格 1.6~64 mm 的硬度等级为 100 HV 级的垫圈适用于：性能等级至 6.8 级、产品等级为 C 级的六角头螺栓和螺钉；性能等级至 6 级、产品等级为 C 级的六角螺母；表面淬硬的自挤螺钉。

2. 标准型弹簧垫圈（GB/T 93—1987）

标记示例：

垫圈　GB/T 93　16

规格 d =16 mm，材料为 65Mn，表面氧化的标准型弹簧垫圈。

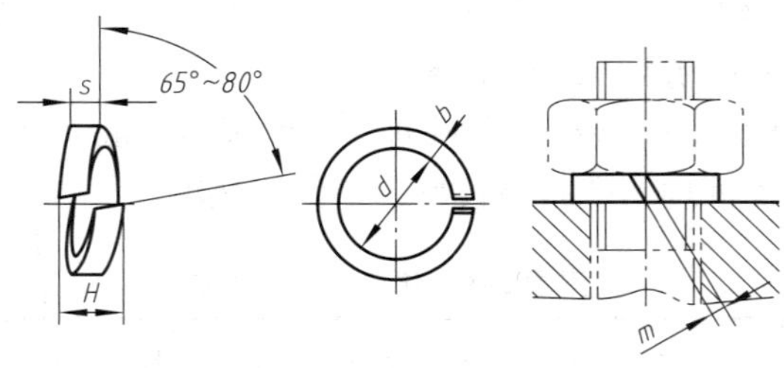

附表 2-7　标准型弹簧垫圈（摘录）　mm

规格（螺纹大径）		3	4	5	6	8	10	12	16	20	24	30	36
d	min	3.1	4.1	5.1	6.1	8.1	10.2	12.2	16.2	20.2	24.5	30.5	36.5
	max	3.4	4.4	5.4	6.68	8.68	10.9	12.9	16.9	21.04	25.5	31.5	37.7
s（b）公称		0.8	1.1	1.3	1.6	2.1	2.6	3.1	4.1	5	6	7.5	9
H	min	1.6	2.2	2.6	3.2	4.2	5.2	6.2	8.2	10	12	15	18
	max	2	2.75	3.25	4	5.25	6.5	7.75	10.25	12.5	15	18.75	22.5
m ≤		0.4	0.55	0.65	0.8	1.05	1.3	1.55	2.05	2.5	3	3.75	4.5

六、销

1. 圆柱销

不淬硬钢和奥氏体不锈钢（GB/T 119.1—2000）；

淬硬钢和马氏体不锈钢（GB/T 119.2—2000）。

标记示例：

示例 1　销　GB/T 119.1　6　m6×30（公称直径 d=6 mm，公差为 m6、公称长度 l=30 mm、材料为钢、不经淬火、不经表面处理的圆柱销。）

示例 2　销　GB/T 119.1　6　m6×30-A1（公称直径 d=6 mm、公差为 m6、公称长度 l=30 mm、材料为 A1 组奥氏体不锈钢、表面简单处理的圆柱销。）

示例 3　销　GB/T 119.2　6×30［公称直径 d=6 mm、公差为 m6、公称长度 l=30 mm、材料为钢、普通淬火（A 型）、表面氧化处理的圆柱销。］

示例 4　销　GB/T 119.2　6×30-C1（公称直径 d=6 mm、公差为 m6、公称长度 l=30 mm、材料为 C1 组

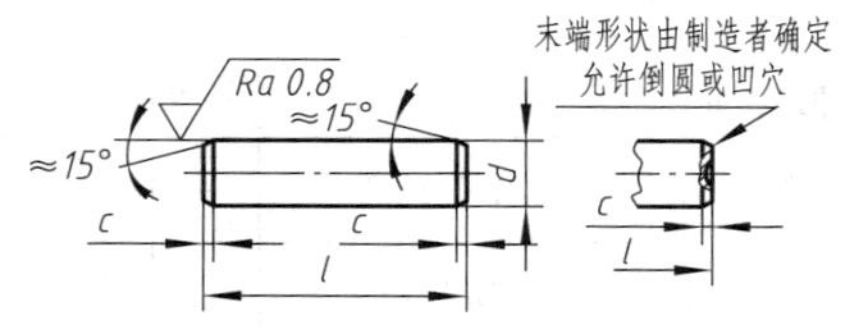

(a) 圆柱销

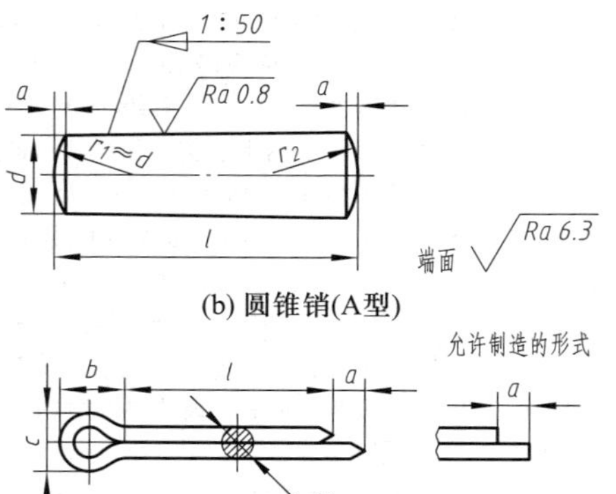

(b) 圆锥销(A型)

(c) 开口销

马氏体不锈钢、表面简单处理的圆柱销。）

2. 圆锥销（GB/T 117—2000）

A 型（磨削）：锥面表面粗糙度 Ra=0.8 μm。

B 型（切削或冷镦）：锥面表面粗糙度 Ra=3.2 μm。

$r_1 \approx d$，$r_2 \approx a/2+d+(0.021)^2/(8a)$。

标记示例：销　GB/T 117　6×30

公称直径 d =6 mm，公称长度 l=30 mm，材料为 35 钢，热处理硬度 28~38 HRC，表面氧化处理的 A 型圆锥销。

3. 开口销（GB/T 91—2000）

标记示例：销　GB/T 91　5×50

公称规格为 5 mm，公称长度 l=50 mm，材料为碳素钢 Q215 或 Q235，不经表面处理的开口销。

附表 2–8　销（摘录）　mm

类别	项目														
圆柱销	d m6/h8[①]		0.8	1	1.2	1.5	2	2.5	3	4	5	6	8	10	12
圆柱销	$c\approx$[②]		0.16	0.2	0.25	0.3	0.35	0.4	0.5	0.63	0.8	1.2	1.6	2	2.5
圆柱销	l	GB/T 119.1	2~8	4~10	4~12	4~16	6~20	6~24	8~30	8~40	10~50	12~60	14~80	18~95	22~140
圆柱销	l	GB/T119.2	—	3~10	—	4~16	5~20	6~24	8~30	10~40	12~50	14~60	18~80	22~100	26~100
圆锥销	d h10		0.8	1	1.2	1.5	2	2.5	3	4	5	6	8	10	12
圆锥销	$a\approx$		0.1	0.12	0.16	0.2	0.25	0.3	0.4	0.5	0.63	0.8	1	1.2	1.6
圆锥销	l（商品规格范围）		5~12	6~16	6~20	8~24	10~35	10~35	12~45	14~55	18~60	22~90	22~120	26~160	32~180
l（公称）系列			2，3，4，5，6，8，10，12，14，16，18，20，22，24，26，28，30，32，35，40，45，50，55，60，65，70，75，80，85，90，95 等												
开口销	公称规格[③]		0.8	1	1.2	1.6	2	2.5	3.2	4	5	6.3	8	10	13
开口销	d max		0.7	0.9	1.0	1.4	1.8	2.3	2.9	3.7	4.6	5.9	7.5	9.5	12.4
开口销	a max		1.6		2.5				3.2	4				6.3	
开口销	c	max	1.4	1.8	2.0	2.8	3.6	4.6	5.8	7.4	9.2	11.8	15.0	19.0	24.8
开口销	c	min	1.2	1.6	1.7	2.4	3.2	4.0	5.1	6.5	8.0	10.3	13.1	16.6	21.7
开口销	适用的螺栓直径	>	2.5	3.5	4.5	5.5	7	9	11	14	20	27	39	56	80
开口销	适用的螺栓直径	≤	3.5	4.5	5.5	7	9	11	14	20	27	39	56	80	120
开口销	b	≈	2.4	3	3	3.2	4	5	6.4	8	10	12.6	16	20	26
开口销	l(商品规格范围)		5~16	6~20	8~25	8~32	10~40	12~50	14~63	18~80	22~100	32~125	40~160	45~200	71~250
开口销	长度系列		4，5，6，8，10，12，16，18，20，22，25，28，32，36，40，45，50，56，63，71，80，90，100，112，125，140，160，180，200，224，250，280												

① GB/T 119.1—2020 中 d 的公差带代号为 m6 或 h8，而 GB/T 119.2—2000 中 d 的公差带代号为 m6；其他公差由供需双方协议。

② GB/T 119.1 和 GB/T 119.2 的相应公称 d 所对应的 c 值相同，故表中圆柱销一栏的 c 值中未指明标准编号。

③ 开口销的公称规格等于开口销孔的直径。对开口销孔的直径推荐的公差为：公称规格≤ 1.2 时，公差选 H13；公称规格 >1.2 时，公差选 H14。

七、普通型平键

1. 普通型平键的形式与尺寸（GB/T 1096—2003）

标记示例：

示例 1　GB/T 1096　键 16×10×60

宽度 b=16 mm，高度 h=10 mm，长度 l=60 mm，普通 A 型平键。

示例 2　GB/T 1096　键 B16×10×60　（b=16 mm，h=10 mm，l=60 mm，普通 B 型平键）。

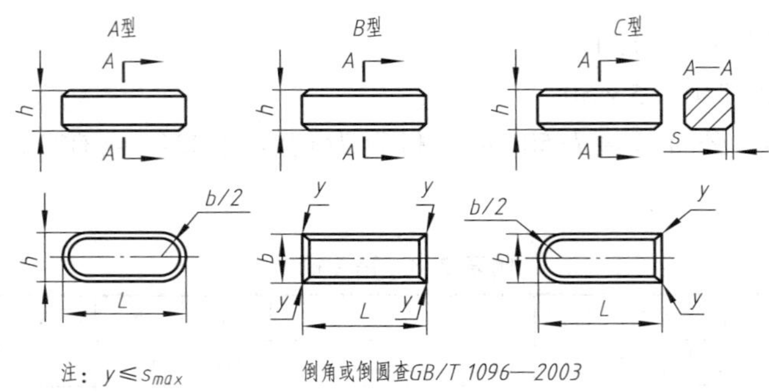

附表 2–9　普通型平键的尺寸与公差（摘自 GB/T 1096—2003）

<table>
<tr><th>轴</th><th colspan="8">键</th></tr>
<tr><th rowspan="4">公称直径
d</th><th colspan="5">键的基本尺寸 $b×h$</th><th rowspan="4">倒角或倒圆 s</th><th colspan="2" rowspan="2">长度 L</th></tr>
<tr><th colspan="2">宽度 b</th><th colspan="3">高度 h</th></tr>
<tr><th rowspan="2">公称尺寸</th><th rowspan="2">极限偏差（h8）</th><th rowspan="2">公称尺寸</th><th colspan="2">极限偏差</th><th rowspan="2">标准长度范围</th><th rowspan="2">极限偏差 h14</th></tr>
<tr><th>矩形（h11）</th><th>方形（h8）</th></tr>
<tr><td>自 6~8</td><td>2</td><td rowspan="2">0
− 0.014</td><td>2</td><td rowspan="2">—</td><td rowspan="2">0
−0.014</td><td rowspan="3">0.16~0.25</td><td>6~20</td><td rowspan="2">0
−0.36</td></tr>
<tr><td>>8~10</td><td>3</td><td>3</td><td>6~36</td></tr>
<tr><td>>10~12</td><td>4</td><td rowspan="3">0
− 0.018</td><td>4</td><td rowspan="3">—</td><td rowspan="3">0
−0.018</td><td>8~45</td><td rowspan="2">0
−0.43</td></tr>
<tr><td>>12~17</td><td>5</td><td>5</td><td rowspan="3">0.25~0.40</td><td>10~56</td></tr>
<tr><td>>17~22</td><td>6</td><td>6</td><td>14~70</td><td rowspan="2">0
−0.52</td></tr>
<tr><td>>22~30</td><td>8</td><td rowspan="2">0
− 0.022</td><td>7</td><td rowspan="5">0
−0.090</td><td rowspan="5">—</td><td>18~90</td></tr>
<tr><td>>30~38</td><td>10</td><td>8</td><td rowspan="4">0.40~0.60</td><td>22~110</td><td rowspan="2">0
−0.62</td></tr>
<tr><td>>38~44</td><td>12</td><td rowspan="3">0
−0.027</td><td>8</td><td>28~140</td></tr>
<tr><td>>44~50</td><td>14</td><td>9</td><td>36~160</td><td rowspan="2">0
−0.74</td></tr>
<tr><td>>50~58</td><td>16</td><td>10</td><td>45~180</td></tr>
</table>

续表

<table>
<tr><th>轴</th><th colspan="8">键</th></tr>
<tr><th rowspan="4">公称直径
d</th><th colspan="5">键的基本尺寸 b×h</th><th rowspan="4">倒角或倒圆 s</th><th colspan="2" rowspan="2">长度 L</th></tr>
<tr><th colspan="2">宽度 b</th><th colspan="3">高度 h</th></tr>
<tr><th rowspan="2">公称尺寸</th><th rowspan="2">极限偏差（h8）</th><th rowspan="2">公称尺寸</th><th colspan="2">极限偏差</th><th rowspan="2">标准长度范围</th><th rowspan="2">极限偏差 h14</th></tr>
<tr><th>矩形（h11）</th><th>方形（h8）</th></tr>
<tr><td>>58~65</td><td>18</td><td>0
−0.027</td><td>11</td><td rowspan="6">0
−0.110</td><td rowspan="6">—</td><td>0.40~0.60</td><td>50~200</td><td rowspan="2">0
−0.87</td></tr>
<tr><td>>65~75</td><td>20</td><td rowspan="4">0
− 0.033</td><td>12</td><td rowspan="5">0.60~0.80</td><td>56~220</td></tr>
<tr><td>>75~85</td><td>22</td><td>14</td><td>63~250</td><td rowspan="2">0
−1.0</td></tr>
<tr><td>>85~95</td><td>25</td><td>14</td><td>70~280</td></tr>
<tr><td>>95~110</td><td>28</td><td>16</td><td>80~320</td><td rowspan="2">0
−1.15</td></tr>
<tr><td>>110~130</td><td>32</td><td rowspan="5">0
−0.039</td><td>18</td><td>90~360</td></tr>
<tr><td>>130~150</td><td>36</td><td>20</td><td rowspan="4">0
−0.130</td><td rowspan="4">—</td><td rowspan="4">1.00~1.20</td><td>100~400</td><td rowspan="2">0
−1.30</td></tr>
<tr><td>>150~170</td><td>40</td><td>22</td><td>100~400</td></tr>
<tr><td>>170~200</td><td>45</td><td>25</td><td>110~450</td><td>0
−1.40</td></tr>
<tr><td>>200~230</td><td>50</td><td>28</td><td>125~500</td><td rowspan="2">0
−1.55</td></tr>
<tr><td>>200~230</td><td>56</td><td>0
−0.046</td><td>32</td><td>0
−0.160</td><td>—</td><td>1.60~2.00</td><td>140~500</td></tr>
</table>

注：上表中“公称直径 d”一列摘自旧国标 GB 1095—1979，其表示轴公称直径尺寸范围，供读者选键时参考。

2. 普通型平键键槽的断面尺寸与公差（GB/T 1095—2003）

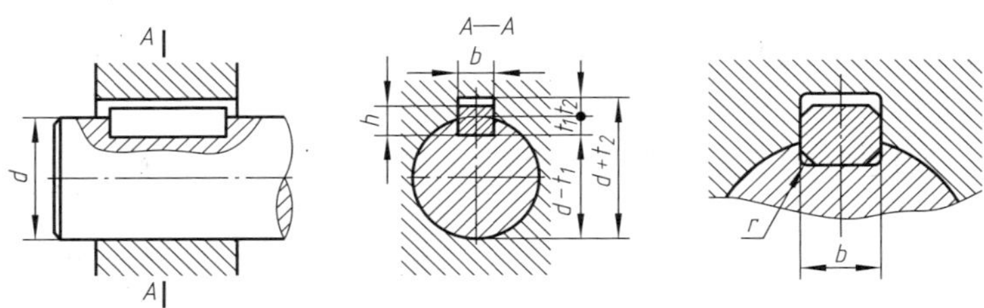

附表 2-10　普通型平键键槽的尺寸与公差（摘自 GB/T 1095—2003）　mm

$b\times h$	槽宽 b						深度				半径 r	
	公称尺寸	极限偏差					轴 t_1		毂 t_2			
		正常连接		松连接		紧密连接						
		轴 N9	毂 JS9	轴 H9	毂 D10	轴和毂 P9	公称尺寸	极限偏差	公称尺寸	极限偏差	min	max
2×2	2	-0.004 -0.029	±0.012 5	+0.025 0	+0.060 +0.020	-0.006 -0.031	1.2	+0.1 0	1	+0.10 0	0.08	0.16
3×3	3						1.8		1.4			
4×4	4	0 -0.030	±0.015	+0.030 0	+0.078 +0.030	-0.012 -0.042	2.5		1.8			
5×5	5						3.0		2.3		0.16	0.25
6×6	6						3.5		2.8			
8×7	8	0 -0.036	±0.018	+0.036 0	+0.098 +0.040	-0.015 -0.051	4.0	+0.2 0	3.3	+0.20 0		
10×8	10						5.0		3.3		0.25	0.40
12×8	12	0 -0.043	±0.021 5	+0.043 0	+0.120 +0.050	-0.018 -0.061	5.0		3.3			
14×9	14						5.5		3.8			
16×10	16						6.0		4.3			
18×11	18						7.0		4.4			
20×12	20	0 -0.052	±0.026	+0.052 0	+0.149 +0.065	-0.022 -0.074	7.5		4.9		0.40	0.60
22×14	22						9.0		5.4			
25×14	25						9.0		5.4			
28×16	28						10.0		6.4			
32×18	32	0 -0.062	±0.031	+0.062 0	+0.180 +0.080	-0.026 -0.088	11.0		7.4			
36×20	36						12.0	+0.3 0	8.4	+0.30 0	0.7	1.00
40×22	40						13.0		9.4			
45×25	45						15.0		10.4			
50×28	50						17.0		11.4			

技术条件：

（1）轴槽的长度公差用 H14。

（2）轴槽、轮毂槽的键槽宽 b 两侧面 Ra 参数值推荐为 1.6~3.2 μm；轴槽、轮毂槽的底面 Ra 参数值推荐为 6.3 μm。

（3）轴槽、轮毂槽的键槽宽对轴、轮毂轴心线的对称度，一般按 GB/T 1184 表 B4 中对称度公差 7~9 级选取

3. 普通型半圆键的形式与尺寸（GB/T 1099.1—2003）

标记示例： GB/T 1099.1 键 6×10×25

宽度 b=6 mm，高度 h=10 mm，直径 D=25 mm 的普通型半圆键。

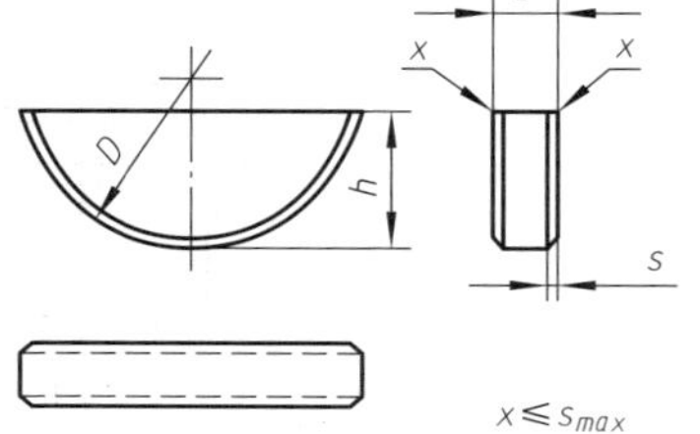

附表 2-11　普通型半圆键的尺寸与公差（摘自 GB/T 1099.1—2003）　mm

轴公称直径 d①	键的基本尺寸 $b \times h \times D$	宽度 b		高度 h		直径 D		倒角或倒圆 s	
传递扭矩用		公称尺寸	极限偏差	公称尺寸	极限偏差（h12）	公称尺寸	极限偏差 H12	min	max
自 3~4	1×1.4×4	1	0 −0.025	1.4	0 −0.10	4	0 −0.120	0.16	−0.25
>4~5	1.5×2.6×7	1.5		2.6		7	0 −0.150		
>5~6	2×2.6×7	2		2.6		7			
>6~7	2×3.7×10	2		3.7	0 −0.012	10			
>7~8	2.5×3.7×10	2.5		3.7		10			
>8~10	3×5×13	3		5		13	0 −0.180		
>10~12	3×6.5×16	3		6.5	0 −0.15	16			
>12~14	4×6.5×16	4		6.5		16		0.25	0.40
>14~16	4×7.5×19	4		7.5		19	0 −0.210		
>16~18	5×6.5×16	5		6.5		16	0 −0.180		
>18~20	5×7.5×19	5		7.5		19	0 −0.210		
>20~22	5×9×22	5		9		22			
>22~25	6×9×22	6		9		22			
>25~28	6×10×25	6		10		25			
>28~32	8×11×28	8		11	0 −0.18	28		0.40	0.60
>32~38	10×13×32	10		13		32	0 −0.250		

①新标准未提供与键的基本尺寸对应的“轴公称直径 d”，为便于选键，本书在表中保留了旧标准 GB 1098—79 这部分。

4. 普通型半圆键和键槽的断面尺寸（GB/T 1098—2003）

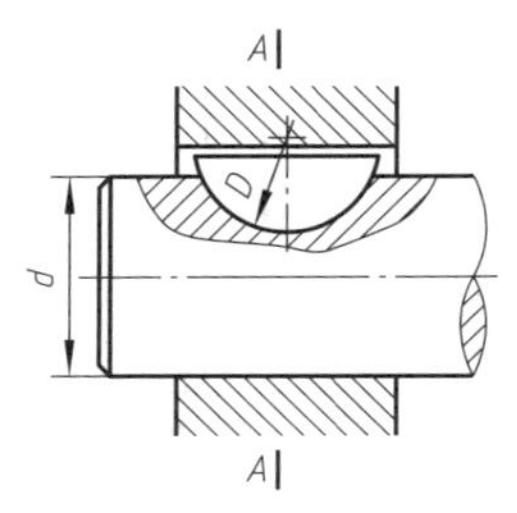

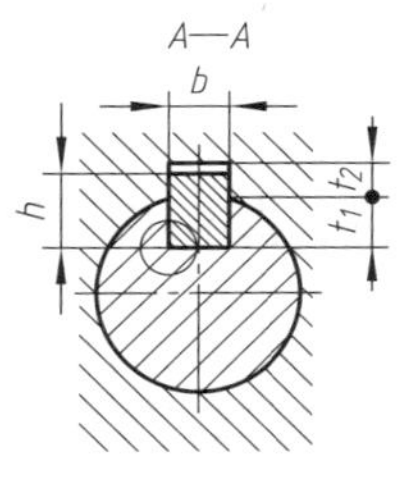

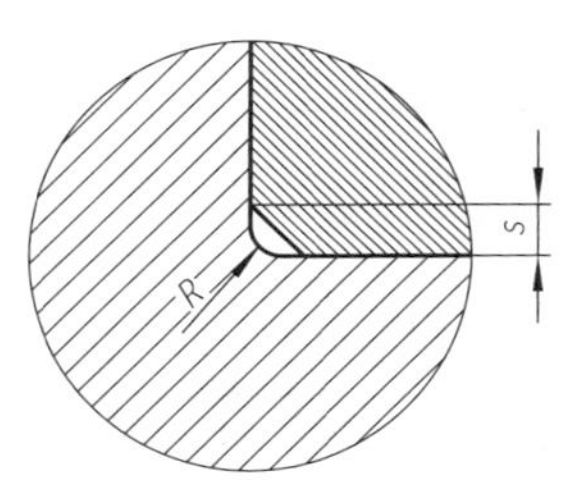

附表 2-12 普通型半圆键键槽的尺寸与公差（摘自 GB/T 1098—2003） mm

<table>
<tr><th>轴</th><th>键</th><th colspan="12">键 槽</th></tr>
<tr><th rowspan="2">公称直径 d</th><th rowspan="4">键尺寸
$b\times h\times D$</th><th colspan="6">宽度 b</th><th colspan="4">深度</th><th rowspan="3" colspan="2">半径 R</th></tr>
<tr><th rowspan="3">公称尺寸</th><th colspan="5">极限偏差</th><th colspan="2">轴 t_1</th><th colspan="2">毂 t_2</th></tr>
<tr><th rowspan="2">传递扭矩用</th><th colspan="2">正常连接</th><th>紧密连接</th><th colspan="2">松连接</th><th rowspan="2">公称尺寸</th><th rowspan="2">极限偏差</th><th rowspan="2">公称尺寸</th><th rowspan="2">极限偏差</th></tr>
<tr><th>轴 N9</th><th>毂 JS9</th><th>轴和毂 P9</th><th>轴 H9</th><th>毂 D10</th><th>max</th><th>min</th></tr>
<tr><td>自 3~4</td><td>1×1.4×4
1×1.1×4</td><td>1</td><td rowspan="6">−0.004
−0.029</td><td rowspan="6">±0.012 5</td><td rowspan="6">−0.006
−0.031</td><td rowspan="6">+0.025
0</td><td rowspan="6">+0.060
+0.020</td><td>1</td><td rowspan="5">+0.1
0</td><td>0.6</td><td rowspan="13">+0.1
0</td><td rowspan="6">0.16</td><td rowspan="6">0.08</td></tr>
<tr><td>>4~5</td><td>1.5×2.6×7
1.5×2.1×7</td><td>1.5</td><td>2</td><td>0.8</td></tr>
<tr><td>>5~6</td><td>2×2.6×7
2×2.1×7</td><td>2</td><td>1.8</td><td>1.0</td></tr>
<tr><td>>6~7</td><td>2×3.7×10
2×3×10</td><td>2</td><td>2.9</td><td>1.0</td></tr>
<tr><td>>7~8</td><td>2.5×3.7×10
2.5×3×10</td><td>2.5</td><td>2.7</td><td>1.2</td></tr>
<tr><td>>8~10</td><td>3×5×13
3×4×13</td><td>3</td><td>3.8</td><td rowspan="5">+0.2
0</td><td>1.4</td></tr>
<tr><td>>10~12</td><td>3×6.5×16
3×5.2×16</td><td>3</td><td rowspan="8">0
−0.030</td><td rowspan="8">±0.015</td><td rowspan="8">−0.012
−0.042</td><td rowspan="8">+0.030
0</td><td rowspan="8">+0.078
+0.030</td><td>5.3</td><td>1.4</td><td rowspan="8">0.25</td><td rowspan="8">0.16</td></tr>
<tr><td>>12~14</td><td>4×6.5×16
4×5.2×16</td><td>4</td><td>5.0</td><td>1.8</td></tr>
<tr><td>>14~16</td><td>4×7.5×19
4×6×19</td><td>4</td><td>6.0</td><td>1.8</td></tr>
<tr><td>>16~18</td><td>5×6.5×16
5×5.2×19</td><td>5</td><td>4.5</td><td>2.3</td></tr>
<tr><td>>18~20</td><td>5×7.5×19
5×6×19</td><td>5</td><td>5.5</td><td>2.3</td></tr>
<tr><td>>20~22</td><td>5×9×22
5×7.2×22</td><td>5</td><td>7.0</td><td rowspan="5">+0.3
0</td><td>2.3</td></tr>
<tr><td>>22~25</td><td>6×9×22
6×7.2×22</td><td>6</td><td>6.5</td><td>2.8</td></tr>
<tr><td>>25~28</td><td>6×10×25
6×8×25</td><td>6</td><td>7.5</td><td>2.8</td><td rowspan="3">+0.2
0</td></tr>
<tr><td>>28~32</td><td>8×11×28
8×8.8×28</td><td>8</td><td rowspan="2">0
−0.036</td><td rowspan="2">±0.018</td><td rowspan="2">−0.015
−0.051</td><td rowspan="2">+0.036
0</td><td rowspan="2">+0.098
+0.040</td><td>8.0</td><td>3.3</td><td rowspan="2">0.40</td><td rowspan="2">0.25</td></tr>
<tr><td>>32~38</td><td>10×13×32
10×10.4×32</td><td>10</td><td>10</td><td>3.3</td></tr>
</table>

注：

（1）“$b\times h\times D$”表中所列的粗体字尺寸为 GB/T 1099.1—2003 和 GB/T 1098—2003 共同提供的，非粗体字尺寸仅 GB/T 1098—2003 才有。

（2）键尺寸中的公称直径 D 即为键槽直径最小值。

（3）轴、轮毂槽上的键槽宽 b 两侧面 Ra 参数按 GB/T 1031，选 Ra 值为 1.6~3.2 μm，槽底面的 Ra 参数按 GB/T 1031，选 Ra 值为 6.3 μm

注：为便于选键，本书在表中保留了旧标准（GB 1098—79）中键的基本尺寸对应的“轴公称直径 d”这部分，新标准未提供。

附录 3　极限与配合

一、标准公差

公称尺寸小于 500 mm 的标准公差数值（GB/T 1800.1—2020）

附表 3–1　标准公差数值

公称尺寸/mm		标准公差等级																			
		IT01	IT0	IT1	IT2	IT3	IT4	IT5	IT6	IT7	IT8	IT9	IT10	IT11	IT12	IT13	IT14	IT15	IT16	IT17	IT18
大于	至	μm													mm						
—	3	0.3	0.5	0.8	1.2	2	3	4	6	10	14	25	40	60	0.1	0.14	0.25	0.4	0.6	1	1.4
3	6	0.4	0.6	1	1.5	2.5	4	5	8	12	18	30	48	75	0.12	0.18	0.3	0.48	0.75	1.2	1.8
6	10	0.4	0.6	1	1.5	2.5	4	6	9	15	22	36	58	90	0.15	0.22	0.36	0.58	0.9	1.5	2.2
10	18	0.5	0.8	1.2	2	3	5	8	11	18	27	43	70	110	0.18	0.27	0.43	0.7	1.1	1.8	2.7
18	30	0.6	1	1.5	2.5	4	6	9	13	21	33	52	84	130	0.21	0.33	0.52	0.84	1.3	2.1	3.3
30	50	0.6	1	1.5	2.5	4	7	11	16	25	39	62	100	160	0.25	0.39	0.62	1	1.6	2.5	3.9
50	80	0.8	1.2	2	3	5	8	13	19	30	46	74	120	190	0.3	0.46	0.74	1.2	1.9	3	4.6
80	120	1	1.5	2.5	4	6	10	15	22	35	54	87	140	220	0.35	0.54	0.87	1.4	2.2	3.5	5.4
120	180	1.2	2	3.5	5	8	12	18	25	40	63	100	160	250	0.4	0.63	1	1.6	2.5	4	6.3
180	250	2	3	4.5	7	10	14	20	29	46	72	115	185	290	0.46	0.72	1.15	1.85	2.9	4.6	7.2
250	315	2.5	4	6	8	12	16	23	32	52	81	130	210	320	0.52	0.81	1.3	2.1	3.2	5.2	8.1
315	400	3	5	7	9	13	18	25	36	57	89	140	230	360	0.57	0.89	1.4	2.3	3.6	5.7	8.9
400	500	4	6	8	10	15	20	27	40	63	97	155	250	400	0.63	0.97	1.55	2.5	4	6.3	9.7
500	630	—	—	9	11	16	22	32	44	70	110	175	280	440	0.7	1.1	1.75	2.8	4.4	7	11
630	800	—	—	10	13	18	25	36	50	80	125	200	320	500	0.8	1.25	2	3.2	5	8	12.5
800	1 000	—	—	11	15	21	28	40	56	90	140	230	360	560	0.9	1.4	2.3	3.6	5.6	9	14
1 000	1 250	—	—	13	18	24	33	47	66	105	165	260	420	660	1.05	1.65	2.6	4.2	6.6	10.5	16.5
1 250	1 600	—	—	15	21	29	39	55	78	125	195	310	500	780	1.25	1.95	3.1	5	7.8	12.5	19.5
1 600	2 000	—	—	18	25	35	46	65	92	150	230	370	600	920	1.5	2.3	3.7	6	9.2	15	23
2 000	2 500	—	—	22	30	41	55	78	110	175	280	440	700	1 100	1.75	2.8	4.4	7	11	17.5	28
2 500	3 150	—	—	26	36	50	68	96	135	210	330	540	860	1 350	2.1	3.3	5.4	8.6	13.5	21	33

注：1. 当标准公差等级与代表基本偏差的字母组合形成公差带代号时，IT 省略，如 H7。

2. 从 IT6 ~ IT18，标准公差是每5级乘以因数10。该规则应用于所有标准公差，还可用于表中没有给出的IT等级的外插值。

二、常用及优先配合中的极限偏差（GB/T 1800.2—2020）

附表 3–2　常用及优先轴的极限偏差（摘录） μm

公称尺寸/mm		常用及优先公差带（带圈者为优先公差带）																
		d	f					g			h							
大于	至	⑨	5	6	⑦	8	9	5	⑥	7	5	⑥	⑦	8	⑨	10	⑪	12
—	3	−20 −45	−6 −10	−6 −12	−6 −16	−6 −20	−6 −31	−2 −6	−2 −8	−2 −12	0 −4	0 −6	0 −10	0 −14	0 −25	0 −40	0 −60	0 −100
3	6	−30 −60	−10 −15	−10 −18	−10 −22	−10 −28	−10 −40	−4 −9	−4 −12	−4 −16	0 −5	0 −8	0 −12	0 −18	0 −30	0 −48	0 −75	0 −120
6	10	−40 −76	−13 −19	−13 −22	−13 −28	−13 −35	−13 −49	−5 −11	−5 −14	−5 −20	0 −6	0 −9	0 −15	0 −22	0 −36	0 −58	0 −90	0 −150
10	18	−50 −93	−16 −24	−16 −27	−16 −34	−16 −43	−16 −59	−6 −14	−6 −17	−6 −24	0 −8	0 −11	0 −18	0 −27	0 −43	0 −70	0 −110	0 −180
18	30	−65 −117	−20 −29	−20 −33	−20 −41	−20 −53	−20 −72	−7 −16	−7 −20	−7 −28	0 −9	0 −13	0 −21	0 −33	0 −52	0 −84	0 −130	0 −210
30	50	−80 −142	−25 −36	−25 −41	−25 −50	−25 −64	−25 −87	−9 −20	−9 −25	−9 −34	0 −11	0 −16	0 −25	0 −39	0 −62	0 −100	0 −160	0 −250
50	80	−100 −174	−30 −43	−30 −49	−30 −60	−30 −76	−30 −104	−10 −23	−10 −29	−10 −40	0 −13	0 −19	0 −30	0 −46	0 −74	0 −120	0 −190	0 −300
80	120	−120 −207	−36 −51	−36 −58	−36 −71	−36 −90	−36 −123	−12 −27	−12 −34	−12 −47	0 −15	0 −22	0 −35	0 −54	0 −87	0 −140	0 −220	0 −350
120	180	−145 −245	−43 −61	−43 −68	−43 −83	−43 −106	−43 −143	−14 −32	−14 −39	−14 −54	0 −18	0 −25	0 −40	0 −63	0 −100	0 −160	0 −250	0 −400
180	250	−170 −285	−50 −70	−50 −79	−50 −96	−50 −122	−50 −165	−15 −35	−15 −44	−15 −61	0 −20	0 −29	0 −46	0 −72	0 −115	0 −185	0 −290	0 −460
250	315	−190 −320	−56 −79	−56 −88	−56 −108	−56 −137	−56 −185	−17 −40	−17 −49	−17 −69	0 −23	0 −32	0 −52	0 −81	0 −130	0 −210	0 −320	0 −520
315	400	−210 −350	−62 −87	−62 −98	−62 −119	−62 −151	−62 −202	−18 −43	−18 −54	−18 −75	0 −25	0 −36	0 −57	0 −89	0 −140	0 −230	0 −360	0 −570
400	500	−230 −385	−68 −95	−68 −108	−68 −131	−68 −165	−68 −223	−20 −47	−20 −60	−20 −83	0 −27	0 −40	0 −63	0 −97	0 −155	0 −250	0 −400	0 −630

续表

公称尺寸/mm		常用及优先公差带（带圈者为优先公差带）														
		js			k			m			n			p		
大于	至	5	⑥	7	5	⑥	7	5	6	7	5	⑥	7	5	⑥	7
—	3	±2	±3	±5	+4 0	+6 0	+10 0	+6 +2	+8 +2	+12 +2	+8 +4	+10 +4	+14 +4	+10 +6	+12 +6	+16 +6
3	6	±2.5	±4	±6	+6 +1	+9 +1	+13 +1	+9 +4	+12 +4	+16 +4	+13 +8	+16 +8	+20 +8	+17 +12	+20 +12	+24 +12
6	10	±3	±4.5	±7	+7 +1	+10 +1	+16 +1	+12 +6	+15 +6	+21 +6	+16 +10	+19 +10	+25 +10	±21 +15	+24 +15	+30 +15
10	18	±4	±5.5	±9	+9 +1	+12 +1	+19 +1	+15 +7	+18 +7	+25 +7	+20 +12	+23 +12	+30 +12	+26 +18	+29 +18	+36 +18
18	30	±4.5	±6.5	±10	+11 +2	+15 +2	+23 +2	+17 +8	+21 +8	+29 +8	+24 +15	+28 +15	+36 +15	+31 +22	+35 +22	+43 +22
30	50	±5.5	±8	±12	+13 +2	+18 +2	+27 +2	+20 +9	+25 +9	+34 +9	+28 +17	+33 +17	+42 +17	+37 +26	+42 +26	+51 +26
50	80	±6.5	±9.5	±15	+15 +2	+21 +2	+32 +2	+24 +11	+30 +11	+41 +11	+33 +20	+39 +20	+50 +20	+45 +32	+51 +32	+62 +32
80	120	±7.5	±11	+17	+18 +3	+25 +3	+38 +3	+28 +13	+35 +13	+48 +13	+38 +23	+45 +23	+58 +23	+52 +37	+59 +37	+72 +37
120	180	±9	±12.5	+20	+21 +3	+28 +3	+43 +3	+33 +15	+40 +15	+55 +15	+45 +27	+52 +27	+67 +27	+61 +43	+68 +43	+83 +43
180	250	±10	±14.5	+23	+24 +4	+33 +4	+50 +4	+37 +17	+46 +17	+63 +17	+51 +31	+60 +31	+77 +31	+70 +50	+79 +50	+96 +50
250	315	±11.5	±16	±26	+27 +4	+36 +4	+56 +4	+43 +20	+32 +20	+72 +20	+57 +34	+66 +34	+86 +34	+79 +56	+88 +56	+108 +56
315	400	±12.5	±18	±28	+29 +4	+40 +4	+61 +4	+46 +21	+57 +21	+78 +21	+62 +37	+73 +37	+94 +37	+87 +62	+98 +62	+119 +62
400	500	±13.5	±20	±31	+32 +5	+45 +5	+68 +5	+50 +23	+63 +23	+86 +23	+67 +40	+80 +40	+103 +40	+95 +68	+108 +68	+131 +68

附表 3–3 常用及优先配合中孔的极限偏差（摘录） μm

公称尺寸/mm		常用及优先公差带（带圈者为优先公差带）																		
		F	G		H							JS			K			M		
大于	至	⑧	6	⑦	6	⑦	⑧	⑨	10	⑪	12	6	7	8	6	⑦	8	6	7	8
—	3	+20 +6	+8 +2	+12 +2	+6 0	+10 0	+14 0	+25 0	+40 0	+60 0	+100 0	± 3	± 5	± 7	0 −6	0 −10	0 −14	−2 −8	−2 −12	−2 −16
3	6	+28 +10	+12 +4	+16 +4	+8 0	+12 0	+18 0	+30 0	+48 0	+75 0	+120 0	± 4	± 6	± 9	+2 −6	+3 −9	+5 −13	−1 −9	0 −12	+2 −16
6	10	+35 +13	+14 +5	+20 +5	+9 0	+15 0	+22 0	+36 0	+58 0	+90 0	+150 0	± 4.5	± 7	± 11	+2 −7	+5 −10	+6 −16	−3 −12	0 −15	+1 −21
10	18	+43 +16	+17 +6	+24 +6	+11 0	+18 0	+27 0	+43 0	+70 0	+110 0	+180 0	± 5.5	± 9	± 13	+2 −9	+6 −12	+8 −19	−4 −15	0 −18	+2 −25
18	30	+53 +20	+20 +7	+28 +7	+13 0	+21 0	+33 0	+52 0	+84 0	+130 0	+210 0	± 6.5	± 10	± 16	+2 −11	+6 −15	+10 −23	−4 −17	0 −21	+4 −29
30	50	+64 +25	+25 +9	+34 +9	+16 0	+25 0	+39 0	+62 0	+100 0	+160 0	+250 0	± 8	± 12	± 19	+3 −13	+7 −18	+12 −27	−4 −20	0 −25	+5 −34
50	80	+76 +30	+29 +10	+40 +10	+19 0	+30 0	+46 0	+74 0	+120 0	+190 0	+300 0	± 9.5	± 15	± 23	+4 −15	+9 −21	+14 −32	−5 −24	0 −30	+5 −41
80	120	+90 +36	+34 +12	+47 +12	+22 0	+35 0	+54 0	+87 0	+140 0	+220 0	+350 0	± 11	± 17	± 27	+4 −18	+10 −25	+16 −38	−6 −28	0 −35	+6 −48
120	180	+106 +43	+39 +14	+54 +14	+25 0	+40 0	+63 0	+100 0	+160 0	+250 0	+400 0	± 12.5	± 20	± 31	+4 −21	+12 −28	+20 −43	−8 −33	0 −40	+8 −55
180	250	+122 +50	+44 +15	+61 +15	+29 0	+46 0	+72 0	+115 0	+185 0	+290 0	+460 0	± 14.5	± 23	± 36	+5 −24	+13 −33	+22 −50	−8 −37	0 −46	+9 −63
250	315	+137 +56	+49 +17	+69 +17	+32 0	+52 0	+81 0	+130 0	+210 0	+320 0	+520 0	± 16	± 26	± 40	+5 −27	+16 −36	+25 −56	−9 −41	0 −52	+9 −72
315	400	+151 +62	+54 +18	+75 +18	+36 0	+57 0	+89 0	+140 0	+230 0	+360 0	+570 0	± 18	± 28	± 44	+7 −29	+17 −40	+28 −61	−10 −46	0 −57	+11 −78
400	500	+165 +68	+60 +20	+83 +20	+40 0	+63 0	+97 0	+155 0	+250 0	+400 0	+630 0	± 20	± 31	± 48	+8 −32	+18 −45	+29 −68	−10 −50	0 −63	+11 −86

续表

公称尺寸/mm		常用及优先公差带（带圈者为优先公差带）											
		N			P		R		S		T		U
大于	至	6	⑦	8	6	⑦	6	7	6	⑦	6	7	⑦
—	3	−4 −10	−4 −14	−4 −18	−6 −12	−6 −16	−10 −16	−10 −20	−14 −20	−14 −24	—	—	−18 −28
3	6	−5 −13	−4 −16	−2 −20	−9 −17	−8 −20	−12 −20	−11 −23	−16 −24	−15 −27	—	—	−19 −31
6	10	−7 −16	−4 −19	−3 −25	−12 −21	−9 −24	−16 −25	−13 −28	−20 −29	−17 −32	—	—	−22 −37
10	18	−9 −20	−5 −23	−3 −30	−15 −26	−11 −29	−20 −31	−16 −34	−25 −36	−21 −39	—	—	−26 −44
18	24	−11 −24	−7 −28	−3 −36	−18 −31	−14 −35	−24 −37	−20 −41	−31 −44	−27 −48	—	—	−33 −54
24	30										−37 −50	−33 −54	−40 −61
30	40	−12 −28	−8 −33	−3 −42	−21 −37	−17 −42	−29 −45	−25 −50	−38 −54	−34 −59	−43 −59	−39 −64	−51 −76
40	50										−49 −65	−45 −70	−61 −86
50	65	−14 −33	−9 −39	−4 −50	−26 −45	−21 −51	−35 −54	−30 −60	−47 −66	−42 −72	−60 −79	−55 −85	−76 −106
65	80						−37 −56	−32 −62	−53 −72	−48 −78	−69 −88	−64 −94	−91 −121
80	100	−16 −38	−10 −45	−4 −58	−30 −52	−24 −59	−44 −66	−38 −73	−64 −86	−58 −93	−84 −106	−78 −113	−111 −146
100	120						−47 −69	−41 −76	−72 −94	−66 −101	−97 −119	−91 −126	−131 −166
120	140	−20 −45	−12 −52	−4 −67	−36 −61	−28 −68	−56 −81	−48 −88	−85 −110	−77 −117	−115 −140	−107 −147	−155 −195
140	160						−58 −83	−50 −90	−93 −118	−85 −125	−127 −152	−119 −159	−175 −215
160	180						−61 −86	−53 −93	−101 −126	−93 −133	−139 −164	−131 −171	−195 −235

续表

公称尺寸/mm		常用及优先公差带（带圈者为优先公差带）											
		N			P		R		S		T		U
大于	至	6	⑦	8	6	⑦	6	7	6	⑦	6	7	⑦
180	200	-22 -51	-14 -60	-5 -77	-41 -70	-33 -79	-68 -97	-60 -106	-113 -142	-105 -151	-157 -186	-149 -195	-219 -265
200	225						-71 -100	-63 -109	-121 -150	-113 -159	-171 -200	-163 -209	-241 -287
225	250						-75 -104	-67 -113	-131 -160	-123 -169	-187 -216	-179 -225	-267 -313
250	280	-25 -57	-14 -66	-5 -86	-47 -79	-36 -88	-85 -117	-74 -126	-149 -181	-138 -190	-209 -241	-198 -250	-295 -347
280	315						-89 -121	-78 -130	-161 -193	-150 -202	-231 -263	-220 -272	-330 -382
315	355	-26 -62	-16 -73	-5 -94	-51 -87	-41 -98	-97 -133	-87 -144	-179 -215	-169 -226	-257 -293	-247 -304	-369 -426
355	400						-103 -139	-93 -150	-197 -233	-187 -244	-283 -319	-273 -330	-414 -471
400	450	-27 -67	-17 -80	-6 -103	-55 -95	-45 -108	-113 -153	-103 -166	-219 -259	-209 -272	-317 -357	-307 -370	-467 -530
450	500						-119 -159	-109 -172	-239 -279	-229 -292	-347 -387	-337 -400	-517 -580

附录 4　几 何 公 差

附表 4-1　几何公差的公差值（摘自 GB /T 1184—1996）　μm

公差项目	主参数 L/mm d（D）（轴孔直径）	公差等级											
		1	2	3	4	5	6	7	8	9	10	11	12
		公差值											
直线度、平面度	≤ 10	0.2	0.4	0.8	1.2	2	3	5	8	12	20	30	60
	> 10~16	0.25	0.5	1	1.5	2.5	4	6	10	15	25	40	80
	> 16~25	0.3	0.6	1.2	2	3	5	8	12	20	30	50	100
	> 25~40	0.4	0.8	1.5	2.5	4	6	10	15	25	40	60	120
	> 40~63	0.5	1	2	3	5	8	12	20	30	50	80	150
	> 63~100	0.6	1.2	2.5	4	6	10	15	25	40	60	100	200
	> 100~160	0.8	1.5	3	5	8	12	20	30	50	80	120	250
	> 160~250	1	2	4	6	10	15	25	40	60	100	150	300

续表

公差项目	主参数 L /mm d（D）（轴孔直径）	公差等级											
		1	2	3	4	5	6	7	8	9	10	11	12
		公差值											
圆度、圆柱度	≤ 3	0.2	0.3	0.5	0.8	1.2	2	3	4	6	10	14	25
	＞ 3~6	0.2	0.4	0.6	1	1.5	2.5	4	5	8	12	18	30
	＞ 6~10	0.25	0.4	0.6	1	1.5	2.5	4	6	9	15	22	36
	＞ 10~18	0.25	0.5	0.8	1.2	2	3	5	8	11	18	27	43
	＞ 18~30	0.3	0.6	1	1.5	2.5	4	6	9	13	21	33	52
	＞ 30~50	0.4	0.6	1	1.5	2.5	4	7	11	16	25	39	62
	＞ 50~80	0.5	0.8	1.2	2	3	5	8	13	19	30	46	74
	＞ 80~120	0.6	1	1.5	2.5	4	6	10	15	22	35	54	87
	＞ 120~180	1	1.2	2	3.5	5	8	12	18	25	40	63	100
	＞ 180~250	1.2	2	3	4.5	7	10	14	20	29	46	72	115
平行度、垂直度、倾斜度	≤ 10	0.4	0.8	1.5	3	5	8	12	20	30	50	80	120
	＞ 10~16	0.5	1	2	4	6	10	15	25	40	60	100	150
	＞ 16~25	0.6	1.2	2.5	5	8	12	20	30	50	80	120	200
	＞ 25~40	0.8	1.5	3	6	10	15	25	40	60	100	150	250
	＞ 40~63	1	2	4	8	12	20	30	50	80	120	200	300
	＞ 63~100	1.2	2.5	5	10	15	25	40	60	100	150	250	400
	＞ 100~160	1.5	3	6	12	20	30	50	80	120	200	300	500
	＞ 160~250	2	4	8	15	25	40	60	100	150	250	400	600
同轴度、对称度、圆跳动、全跳动	≤ 1	0.4	0.6	1.0	1.5	2.5	4	6	10	15	25	40	60
	＞ 1~3	0.4	0.6	1.0	1.5	2.5	4	6	10	20	40	60	120
	＞ 3~6	0.5	0.8	1.2	2	3	5	8	12	25	50	80	150
	＞ 6~10	0.6	1	1.5	2.5	4	6	10	15	30	60	100	200
	＞ 10~18	0.8	1.2	2	3	5	8	12	20	40	80	120	250
	＞ 18~30	1	1.5	2.5	4	6	10	15	25	50	100	150	300
	＞ 30~50	1.2	2	3	5	8	12	20	30	60	120	200	400
	＞ 50~120	1.5	2.5	4	6	10	15	25	40	80	150	250	500
	＞ 120~250	2	3	5	8	12	20	30	50	100	200	300	600

附录5　常用金属材料及热处理方法

附表5–1　常用金属材料

名称	牌　　号	应用举例	说　　明
碳素结构钢	Q235 A级 B级 C级 D级	金属结构件，心部强度要求不高的渗碳或氰化零件，吊钩、拉杆、车钩、套圈、气缸、齿轮、螺钉、螺栓、螺母、连杆、轮轴、楔盖及焊接件	其牌号由代表屈服强度的字母（Q）、屈服强度值、质量等级符号（A、B、C、D）组成

续表

名称	牌号	应用举例	说明
优质碳素结构钢	15	为常用低碳渗碳钢，用作小轴、小模数齿轮、仿形样板、滚子、销、摩擦片、套筒、螺钉、螺柱、拉杆垫圈、起重钩焊接容器等	优质碳素结构钢牌号数字表示平均碳的质量分数（以万分之几计），含锰量较高的钢需在数字后标“Mn” 碳的质量分数≤ 0.25% 的碳钢是低碳钢（渗碳钢） 碳的质量分数为 0.25%~0.60% 的碳钢是中碳钢（调质钢） 碳的质量分数＞ 0.60% 的碳钢是高碳钢
	45	用于制造齿轮、齿条、连接杆、蜗杆、销、透平机叶轮、压缩机和泵的活塞等，可代替渗碳钢作齿轮、曲轴、活塞销等，但须表面淬火处理	
	65Mn	适用于制造弹簧、弹簧垫圈、弹簧环，也可用作机床主轴、弹簧卡头、机床丝杠、铁道钢轨等	
灰铸铁	HT150	用于制造端盖、齿轮泵体、轴承座、阀壳、管子和管路附件、手轮、一般机床底座、床身、滑座、工作台等	“HT”为灰铁二字汉语拼音的第一个字母，数字表示抗拉强度，如 HT150 表示灰铸铁的抗拉强度 σ_b ≥ 175~120 MPa（2.5 mm ＜铸件壁厚≤ 50 mm）
	HT200	用于制造气缸、齿轮、底架、机架、飞轮、齿条、衬筒，一般机床铸有导轨的床身及中等压力（8 MPa 以下）油缸、液压泵和阀的壳体等	
一般工程用铸钢	ZG270–500	用途广泛，可用作轧钢机机架、轴承座、连杆、箱体、曲拐缸体等	“ZG”为铸钢二字汉语拼音的第一个字母，后面的第一组数字代表屈服强度，第二组数字代表抗拉强度值
5–5–5 锡青铜	ZCuSn5Pb5Zn5	在较高负荷、中等滑动速度下工作的耐磨、耐腐蚀零件，如轴瓦、衬套、缸套、活塞、离合器、泵体压盖以及蜗轮等	铸造非铁合金牌号的第一个字母“Z”为“铸”字汉语拼音的第一个字母，基本金属元素符号及合金元素符号，按其元素名义含量的递减次序排列在“Z”的后面，含量相等时，按元素符号的字母顺序排列

附表 5–2　常用的热处理方法及硬度（摘自 GB/T 12603—2005，GB/T 7232—2023）

名称	工艺代号	说明	应用
淬火	513	工件加热奥氏体化后以适当方式冷却获得马氏体或（和）贝氏体组织的热处理工艺	用来提高钢的硬度和强度极限。但淬火会引起内应力使钢变脆，所以淬火后必须回火
回火	514	将淬火后的工件加热（或冷却）到 Ac_1 以下某一温度，保温一定时间，然后冷却到室温的热处理	用来消除淬火后的脆性和内应力，提高钢的塑性和冲击韧性

续表

名称	工艺代号	说明	应用
调质	515	工件淬火并高温回火以形成回火索氏体的热处理工艺	用来使钢获得到高的韧性和足够的强度。重要的齿轮、轴及丝杠等零件常进行调质处理
退火	511	将工件加热到适当温度，保持一定时间，然后缓慢冷却的热处理工艺	用来消除铸、锻、焊零件的内应力，降低硬度，便于切削加工，细化金属晶粒，改善组织，增加韧性
发蓝、发黑		在氧化性介质中室温或加热到适当温度下，使工件的抛光表面覆盖一层致密的氧化膜的表面处理工艺	防腐蚀、美观。用于一般连接的标准件和其他电子类零件
布氏硬度	HBW	材料抵抗变形，特别是压痕或划痕形成的永久变形的能力 注：常用的有布氏硬度（HBW）、洛氏硬度（HR）、维氏硬度（HV）、努氏硬度（HK）	用于退火、正火、调质的零件及铸件的硬度检验
洛氏硬度	HR		用于经淬火、回火及表面渗碳、渗氮等处理的零件硬度检验
维氏硬度	HV		用于薄层硬化零件的硬度检验

参考文献

[1] 丁红宇 . 制图标准手册 . 北京：中国标准出版社，2003.
[2] 王健石 . 工业常用紧固件优选手册 . 北京：中国标准出版社，2002.
[3] 谭建荣，张树有，陆国栋，等 . 图学基础教程 . 3 版 . 北京：高等教育出版社，2019.
[4] 王槐德 . 机械制图新旧标准代换教程 . 3 版 . 北京：中国标准出版社，2017.
[5] 高俊亭，毕乃全 . 工程制图 . 4 版 . 北京：高等教育出版社，2014.
[6] 焦永和 . 机械制图 . 北京：北京理工大学出版社，2003.
[7] 左宗义，冯开平 . 工程制图 . 广州：华南理工大学出版社，2002.
[8] 何铭新，钱可强，徐祖茂 . 机械制图 . 7 版 . 北京：高等教育出版社，2016.
[9] 王昌琳，等 . 机械制图（非机类）. 修订本 . 天津：天津大学出版社，1996.
[10] 远方，刘继海，王桂梅 . 土木工程图读绘基础 . 4 版 . 北京：高等教育出版社，2021.
[11] 朱文博，李海渊，瞿元赏 . 机械制图 . 4 版 . 北京：高等教育出版社，2024.
[12] 大连理工大学工程画教研室 . 画法几何学 . 7 版 . 北京：高等教育出版社，2011.
[13] 大连理工大学工程画教研室 . 机械制图 . 7 版 . 北京：高等教育出版社，2013.
[14] 贺匡国 . 化工容器及设备简明设计手册 . 北京：化学工业出版社，2002.
[15] 赵大兴，李天宝 . 现代工程图学教程 . 武汉：湖北科学技术出版社，2002.
[16] 王成刚，张佑林，赵奇平 . 工程图学简明教程 . 武汉：武汉理工大学出版社，2003.
[17] 何斌，陈锦昌，王枫红 . 建筑制图 . 8 版 . 北京：高等教育出版社，2020.
[18] 王丹虹，宋洪侠，陈霞 . 现代工程制图 . 2 版 . 北京：高等教育出版社，2017.
[19] 何利民，尹全英 . 电气制图与读图 . 3 版 . 北京：机械工业出版社，2012.
[20] 赵惠清，杨静，蔡纪宁 . 化工制图 . 3 版 . 北京：化学工业出版社，2019.

郑重声明